李顿调查团档案文献集

主编 张生

《大公报》报道与评论（下）

编者 宋书强 马海天 苏 凯

南京大学出版社

本书由

国家社会科学基金"抗日战争研究"专项工程
"国外有关中国抗日战争史料整理与研究之一：李顿调查团档案翻译与研究"（16KZD017）

教育部人文社会科学重点研究基地"南京大学中华民国史研究中心"
重大项目"战时中国社会"（19JJD770006）

南京大学人文基金

江苏省优势学科基金第三期

资助

编译委员会

主　编　张　生

副主编　郭昭昭　陈海懿　宋书强　屈胜飞　陈志刚

编译者　张　生　南京大学中华民国史研究中心教授
　　　　　王希亮　黑龙江省社会科学院历史研究所研究员
　　　　　郭昭昭　江苏科技大学马克思主义学院副教授
　　　　　陈志刚　西南大学历史文化学院副教授
　　　　　宋书强　中国药科大学马克思主义学院讲师
　　　　　屈胜飞　浙江工业大学马克思主义学院讲师
　　　　　陈海懿　南京大学历史学院助理研究员
　　　　　万秋阳　南京晓庄学院外国语学院日语系讲师
　　　　　殷昭鲁　鲁东大学马克思主义学院副教授
　　　　　孙洪军　江苏科技大学马克思主义学院副教授
　　　　　李英姿　江苏科技大学马克思主义学院副教授
　　　　　颜桂珍　浙江工业大学马克思主义学院副教授
　　　　　黄文凯　广西大学文学院副教授
　　　　　翟意安　南京大学历史学院讲师
　　　　　杨　骏　南京大学历史学院讲师
　　　　　向　明　江苏科技大学马克思主义学院讲师
　　　　　王小强　江苏科技大学马克思主义学院讲师
　　　　　郭　欣　中国药科大学马克思主义学院讲师
　　　　　赵飞飞　鲁东大学马克思主义学院讲师
　　　　　孙绪芹　南京体育学院休闲体育系讲师
　　　　　刘　齐　南京大学历史学院博士后
　　　　　徐一鸣　南京大学历史学院博士研究生

常国栋	南京大学历史学院博士研究生
苏　凯	南京大学历史学院博士研究生
马　瑞	南京大学历史学院博士研究生
菅先锋	南京大学历史学院博士研究生
吴佳佳	南京大学历史学院博士研究生
张圣东	日本明治大学文学研究科博士研究生
张一闻	日本明治大学文学研究科博士研究生
叶　磊	中山大学历史学系博士研究生
史鑫鑫	南京大学历史学院硕士研究生
李剑星	南京大学历史学院硕士研究生
马海天	南京大学历史学院硕士研究生
张雅婷	南京大学历史学院硕士研究生
杨师琪	南京大学历史学院硕士研究生
潘　健	南京大学历史学院硕士研究生
唐　杨	南京师范大学马克思主义学院硕士研究生
郝宝平	江苏科技大学马克思主义学院硕士研究生
陈梦玲	江苏科技大学马克思主义学院硕士研究生
张　任	江南大学马克思主义学院硕士研究生
黎纹丹	西南大学外国语学院硕士研究生
朱心怡	西南大学外国语学院硕士研究生
杨　溢	西南大学外国语学院硕士研究生
孙学良	西南大学外国语学院硕士研究生
孙　莹	西南大学外国语学院硕士研究生
费　凡	浙江师范大学人文学院硕士研究生
竺丽妮	浙江师范大学外国语学院硕士研究生
戴瑶瑶	浙江师范大学外国语学院硕士研究生
杨　越	西安电子科技大学
曹文博	浙江工业大学外国语学院
余松琦	西南大学含宏学院

序　言

中国历史的奥秘，深藏于大兴安岭两侧的广袤原野。

明治维新以来，日本企图步老牌帝国主义后尘，争夺所谓"生存空间"；俄国自彼得大帝新政，不断东进，寻找阳光地带和不冻港。日俄竞争于中国东北，流血漂杵；日本逐步占得上风，九一八事变发生，中国面临亡国灭种的新危机。

日本侵华之际，世界已进入全球化的新时代，民族国家成为国际社会的主体，以国际条约体系规范各国的行为，以政治和外交手段解决彼此的分歧，是国际社会付出重大代价以后得出的共识。而法西斯、军国主义国家如德、意、日，昧于世界大势，穷兵黩武，以求一逞。以故意制造的借口，发动侵华战争，霸占中国东北百余万平方公里土地、数千万人民，是日本昭显于世的侵略事实。

国际联盟(League of Nations)应中国方面之吁请，派出国联调查团处理此事。1932年1月21日，国联调查团正式成立。调查团团长由英国人李顿爵士(The Rt. Hon. The Earl of Lytton)担任，故亦称李顿调查团(Lytton Commission)。除李顿外，美国代表为麦考益将军(Gen. McCoy)，法国代表为亨利·克劳德将军(Gen. Claudel)，德国代表为希尼博士(Dr. Schnee)，意大利代表为马柯迪伯爵(H. E. Count Aldrovandi)。为显示在中日间不做左右袒，国联理事会还决定顾维钧作为顾问代表中国参加工作，吉田伊三郎代表日方。代表团秘书长为国联秘书处哈斯(Mr. Robert Haas)。代表团另有翻译、辅助人员。1932年9月4日，代表团完成报告书，签署于中国北平。报告书确认：第一，九一八事变之责任，完全在于日本，而不在中国；第二，伪满洲国政权非由真正及自然之独立运动所产生；第三，申明东三省为中国领土。日本为此恼羞成怒，退出国联，自

1

绝于国际社会。

《李顿调查团档案文献集》就是反映李顿调查团组建、调查过程、调查结论、各方反应和影响的中、日等国相关资料的汇编,对于研究九一八事变和李顿调查团,具有重要的参考价值。

如何看待李顿调查团来东亚调查的来龙去脉?笔者认为应有三个维度的观照:

其一,在中国发现历史。

美国历史学家柯文提出的这一范式,相比"冲击—反应"模式,即从外部冲击观察中国历史的旧范式,自有其意义。近代以来,由条约体系加持的列强,对中国社会产生了巨大的影响。中国沿海通商口岸是中国最早接触西方世界的部分,在资本主义全球化的过程中得风气之先,所谓"西风东渐",对中国旧有典章制度的影响无远弗届。近代中国在西方裹挟下步履跟跄,踽踽竭蹶,自为事实。但如果把中国近代历史仅仅看成西方列强冲击之结果,在理论、方法和事实上,均为重大缺陷。

主要从中国内部,探寻历史演进的机制和规律,是柯文提出的范式的意义所在。

事实上,九一八事变发生、国联调查团来华前后,中国社会内部对此作出了剧烈的反应。在瑞士日内瓦所藏国联巨量档案文献中,中国各界通过电报、快邮代电、信函等形式具名或匿名送达代表团的呈文引人注目,集中表达了国难当头之时中华民族谴责日本侵略、要求国际社会主持公道、收回东北主权、确保永久和平的诉求,对代表团、国联和整个国际社会形成了巨大影响,显示了近代中国社会演进的内在动力。

东北各界身受亡国之痛,电函尤多。基层民众虽文化程度不高,所怀民族国家大义却毫不含糊。东北某兵工厂机器匠张光明致信代表团称:"我是中华民国的公民,我不是'满洲国'人,我不拥护这国的伪组织。"高超尘说:"不少日子以前,'满洲国家'即已成立了,但那完全是日本人的主使,强迫我辽地居民承认。街上的行人,日人随便问'您是哪国人',你如说是'满洲人'便罢,如说是中国人,便行暴打以至死。"辽宁城西北大橡村国民小学校致函称:"逐出日本军,打到[倒]'满洲国',宁做战死鬼,不做亡国民。"陈子耕揭露说:"自事变以后,日本恶势力已伸张入全东北,如每县的政事皆由日人权势下所掌握,复又收买警察、军人、政客等,以假托民意来欺骗世界人的耳目,硬说建设'满洲国'是中华人民的意思,强迫人民全出去游行,打着欢迎建设'新国家'的旗号……我誓死不忘我的中华祖国,敢说华人莫非至心不跳时、血停时,不然一定于[与]他们周旋。"小学生何子明来信说:"我小学生告诉您们'满洲国'成立我不赞成……有一天我在学校,日本人去了,教我们大家一齐说'大日本万岁',我们要不说他就杀我们,把我迫不得已的就说了。其中有一位七岁的小孩,他说'大中华万岁!打倒小日本!'日本人听了就立刻把那个小同学杀了,真叫我想起来就愁啊。"

经济地位和文化水平较高者,则向代表团分析日本侵占中国东北的深远危害。哈尔滨商民代表函称:"虽然,满洲吞并,恐不惟中国之不利。即各国之经济,亦将受其影响。世界二次大战,迫于眉睫矣。"中国国民党青年团哈尔滨市支部分析说:"查日本军阀向有一贯之对外积极侵略政策,吾人细玩以前田中义一之满蒙大陆政策,及最近本庄繁等上日本天皇之奏折,可以看出其对外一贯之积极侵略政策,即第一步占领满蒙,第二步并吞中国,第三步征服世界是也。……以今日之日本蕞尔岛国,世界各国尚且畏之如虎,而况并有三省之后版图增大数倍,恐不数年后,即将向世界各国进攻,有孰敢撄其锋镝乎?……勿徒视为亚洲人之事,无关痛痒,失国联之威信,而贻噬脐之后悔也。"

不惟东北民众,民族危亡激起了全中国人的爱国心。清华大学自治会1932年4月12日用英文致函代表团指出:中国面临巨大的困难,好似1806年的德国和1871年的法国,但就像"青年意大利"党人一样,青年人对国家的重建充满信心。日本的侵略,不仅危害了中国,也对世界和平形成严重威胁,青年人愿意为国家流尽"最后一滴血"。而国联也面临着建立以来最大的危机,对九一八事变的处理,将考验它处理全球问题的能力。公平和正义能否实现,将影响到人类的命运。他们向代表团严正提出"五点要求":1. 日本从中国撤军;2. 上海问题与东北问题一起解决;3. 不承认日本侵略和用武力改变的现状;4. 任何解决不得损害中国的领土和主权完整;5. 日本必须对此事件的后果负责。南京海外华侨协会1932年3月16日致电代表团:日本进兵东三省和淞沪地区,"违反了国联盟约和《凯洛格—白里安公约》,扰乱了远东地区和世界的和平。

同时,日本一直在做虚假的宣传,竭力蒙蔽整个世界。我们诚挚地请求你们到现场来,亲眼看看日军对中国人民的生命财产进行怎样的恣意破坏。希望你们按照国际法及司法原则,对其进行制裁。如果你们不能完成这一使命,那么世界上将无任何公平正义可言。在这种情况下,为了民族的生存,我们将采取一切手段自卫,决不会向武力屈服。"

除了档案,中国当时的杂志、报纸,大量地报道了九一八事变和国联调查团相关情况,其关切的细致程度,说明了各界的高度投入。那些浸透着时人忧虑、带着鲜明时代特色的文字表明:九一八事变的发生,对当时的中国社会是一场精神洗礼,每个人都从东北沦陷中感受到切肤之痛。这种舆论和思想的汇合,极大地改变了此后中国社会各界的主要诉求,抗日图存成为压倒性的任务,每一种政治力量都必须对此作出回应。

其二,在世界发现中国历史。

以中国为本位,探讨中国历史的内生力量,是题中应有之义。但全球化以来,中国历史已经成为世界历史的一部分。仅仅依靠中国方面的资料,不利于我们以更加广阔的视野看待中国历史和"九一八"的历史。

事实上,奔赴世界各地"动手动脚找东西",已经成为中国学者深化中国近现代史,特别是抗战史研究的不二法门。比如,在中日历史问题中占据核心地位的南京大屠杀问题。除中国各地档案馆、图书馆外,中国学者深入美、德、英、日、俄、法、西、意、丹等国相关机构,系统全面地整理了加害者日方、受害者中方和第三方档案文献,发现了大量珍贵文献、图像资料,出版《南京大屠杀史料集》72卷。不仅证明了日军进行大屠杀的残酷性、蓄意性和计划性,也证明南京大屠杀早在发生之时,就引起了各国政府和社会舆论的关注;南京和东京两场审判,进行了繁复的质证,确保了程序和判决的正义;日方细致的粉饰,在中国人民和全世界正义人士的揭露下真相毕露。全球性的资料,不仅深化了历史研究,也为文学、社会学、心理学、新闻传播学、艺术学等跨学科方法进入相关研究提供基础;不仅摧毁了右翼的各种谬论,也迫使日本政府不敢公然否认南京大屠杀的发生和战争犯罪性质。

国际抗战资料,展现了中国抗战史的丰富侧面。如美国驻中国各地使领馆的报告,具体生动地记录了战时中国各区域的社会、政治、军事等各方面情形,对战时国共关系亦有颇有见地的分析;俄、美、日等国档案馆的细菌战资料,揭示了战时日本违反国际法研制细菌武器的规模和使用情况,记录了中国各地民众遭遇的重大伤亡和中国军民在当时条件下的应对,以及暗示了战后美国掩饰"死亡工厂"实情的目的;英美等国档案所反映的重庆大轰炸和日军对中国大中小城市的普遍的无差别轰炸,不仅记录了日本战争犯罪的普遍性,也彰显了战时中国全国军民同仇敌忾、不畏强暴的英勇气概。哈佛大学所藏费吴生档案、得克萨斯州州立大学奥斯汀分校所藏辛德贝格档案、曼彻斯特档案馆所藏田伯烈档案等则从个人角度凸显了中国抗战在"第三方"眼中的图景。

对于李顿调查团的研究,自莫能外。比如,除了前述中国各界给国联的呈文,最近在日内瓦"国联和联合国档案馆"中发现:调查团在日本与日本政要的谈话记录,在中国各地特别是在北平和九一八事变直接相关人士如张学良、王以哲、荣臻等人的谈话记录,调查团在东北实地调查、询问日军高层的记录,中共在"九一八"前后的活动,中国各界的陈情书,日本官方和东北伪组织人员、汉奸的表态,世界各国、各界的反应等。特别是张学良等人反复向代表团说明的九一八事变前夕东北军高层力避冲突的态度,王以哲、荣臻在"九一八"当晚与张学良的联系,北大营遭受日军进攻以后东北军的反应等情况,对于厘清九一八事变真相,有着不可取代的意义。

我们通过初步努力发现,李顿调查团成立前后,中方向国联提交了论证东北主权属于中国的篇幅巨大的系统性说帖,顾维钧、孟治、徐道邻等还用英文、德文进行著述。日方相应地提交了由日本旅美"学者"起草的说帖,其主攻点是中国的抗日运动、东北在张氏父子治下的惨淡、东北的"匪患",避而不谈柳条沟事件的蓄意性。日方资料表明,即使在九一八事变发生数月后,其关于"九一八"当晚情形的说辞仍然漏洞百出、逻辑混乱,在李顿询问时不能自圆其说。而欧美学者则向国联提供了第三方意见,如 *The Verdict of the League: China and Japan in Manchuria*(《国联的裁决:中日在满洲》),哈佛大学法学院教授曼利·哈德森(Manley O. Hudson)著;*Manchuria: Cradle of Conflict*(《满洲:冲突的策源地》),欧文·拉铁摩尔(Owen Lattimore)著;*The Manchuria Arena: An Australian View of the Far Eastern Conflict*(《满洲竞技场:远东冲突的澳洲视角》),卡特拉克(F.M. Cutlack)著;*The Tinder Box of Asia*(《亚洲的火药桶》),乔治·索科尔斯基(George E. Sokolsky,中文名索克斯)著;*The World's Danger Zone*(《世界的危险地带》),舍伍德·艾迪(Sherwood Eddy)著;等等,为国联理解中国东北问题提供了有益的视角。另外,收藏在美国斯坦福大学胡佛研究所的蒋介石日记等也反映了当时国民政府高层的态度和举措。

这次出版的资料中,收集了中国台湾地区的"国史馆"藏档,日本外务省藏档,国联和联合国档案馆 S 系列藏档等多卷档案。丰沛的资料说明,即使是李顿调查团这样过去在大学教材中只是以一两段话提出的问题,其实仍有海量的各种海外文献可资研究。

可以说,世界各地抗日档案和各种资料,不仅补充了中国方面的抗日资料,也弥补了"在中国发现历史"范式的不足,体现了历史唯物主义对历史研究全面性、客观性的要求,自然地延伸推导出"在世界发现中国历史"的新命题。把"中国的"和"世界的"结合起来,才能更深广、入微地揭示抗日战争史的内涵。

其三,在中国发现世界历史。

中国历史,是世界历史的重要组成部分;中国抗战,构成了第二次世界大战的东亚主战场。离开中国历史谈世界历史注定是不周全的。只有充分发掘中国历史的世界意义,世界史才能获得真正的全球史意义。

过往的抗战史国际化,说明了中国抗战的世界意义。研究发现,东北抗联资料不仅呈现了十四年抗战的艰苦过程,也说明了战时东北亚复杂的国际关系。日方资料中的"华北治安战""清乡作战"资料,从反面反映了八路军、新四军的顽强,其牵制大量日军的事实,从另一面说明中共敌后游击战所发挥的中流砥柱作用。1937 年 12 月 12 日在南京江面制造"巴纳号事件"的日军航空兵官兵,后来是制造"珍珠港事件"的主力之一,说明了中国抗战与太平洋战争的联系。参与制造九一八事变、华北事变和南京大屠杀的许多日军部队,后来在太平洋战场上被美澳等盟国军队消灭,说明了太平洋战场和中国战场的相互支持。中国军队在滇缅战场的作战和在越南等地的受降,中国对朝鲜、马来亚、越南等地游击战和抗日斗争的介入和帮助,说明了中国抗战对东亚、东南亚解放的意义和价值。对大后方英美军人、"工合"人士、新闻界和其他各界人士的研究,彰显了抗日统一战线的多重维度,等等。这对我们的研究富有启发性意义。

李顿调查团的相关资料表明,九一八事变及其后续发展,具有深刻的世界史含义。

麦金德1902年在英国皇家地理学会发表文章,提出"世界岛"的概念。麦金德认为,地球由两部分构成:由欧洲、亚洲、非洲组成的世界岛,是世界上面积最大、人口最多、最富饶的陆地组合。在"世界岛"的中央,是自伏尔加河到长江,自喜马拉雅山脉到北极的心脏地带,在世界史的发展中具有重要意义。其实,就世界近现代史而言,中国东北具有极其重要的地缘战略意义,堪称"世界之砧"——美国、俄罗斯、日本等这些当今世界的顶级力量,无不在中国东北及其周边地区倾注心力,影响世界大局。

今天看来,李顿调查团的组建,是国际社会运用国际规约积极调解大国冲突、维护当时既存的凡尔赛—华盛顿体系的一次尝试。参与各国均为当时世界强国,即为明证。

英国作为列强中在华条约利益最丰的国家,积极投入国联调查团的建立。张伯伦、麦克米伦等知名政治家均极愿加入代表团,甚至跟外交部官员暗通款曲,询问排名情况。李顿在中日间多地奔波,主导调查和报告书的起草,正是这一背景的反映。

美国作为国联非成员国,积极介入调查团,说明了美国对远东局势的关切,其态度和不承认日本用武力改变当时中国领土主权现状的"史汀生主义"是一致的。日美之间的紧张关系,一直延续到珍珠港事变发生。在日美最终谈判中,中国的领土和主权,仍然是美方的先决条件。可以说,九一八事变,从大历史的角度看,是改变日本和美国国运的大事。

苏联在国联未能采取强力措施制止日本侵略后,默认了伪满洲国的存在,后甚至通过对日条约加以承认,其对日本的忍让和妥协,延续到它对日本宣战。但日本关东军主力在苏联牵制下不敢贸然南下,影响了中国抗日战争的形态。

日本侵占中国东北,却始终得不到中国和国际主流社会的承认,乃不断扩大侵略,不仅影响了对苏备战,也使得其在"重庆政权之所以不投降,是因为有英美支持"的判断下，不断南进，最终自取灭亡。2015年8月14日，日本首相安倍晋三在战后70年讲话中承认："日本迷失了世界大局。满洲事变以及退出国际联盟——日本逐渐变成国际社会经过巨大灾难而建立起来的新的国际秩序的挑战者，前进的方向有错误，而走上了战争的道路。其结果，70年前，日本战败了。"从这个意义上说，九一八事变—李顿调查—退出国联，成为日本近代史的转折点。

亚马孙雨林的蝴蝶振动翅膀，可能在西太平洋引发一场风暴。发生在沈阳一个小地方的九一八事变，成为今天国际秩序的肇因。其故焉在？马克思和恩格斯在《德意志意识形态》中指出：在历史演进的过程中，人的"普遍交往"逐步发展起来，"狭隘地域性的个人为世界历史性的、真正普遍的个人所代替"。近代以来中国人民的历史，与世界历史共构而存续。

回望李顿调查团的历史，我仿佛感受到了太平洋洋底的咆哮呼啸前来，如同雷鸣。

是为序。

张　生

2019年10月

出版凡例

一、本文献集所选资料，原文中的人名、地名、别字、错字及不规范用字等，为尊重历史和文献原貌，均原文照录。因此而影响读者判断、引用之处，除个别需说明情况以脚注"译者按"或"编者按"形式标出外，别字、错字在其后以"［］"注明正字；增补的字，以"【】"标明之；因原文献漫漶不清而缺字处，用"□"标识。

二、凡采用民国纪年或日本天皇年号纪年者等，为尊重历史和文献原貌，均原文照录。台湾地区的文献中涉及政治人物头衔和机构名称者，按有关规定处理，在页下一并说明。

三、所选资料均在起始处说明来源，或在文后标注其详细来源信息。

四、外文文献译文中，日本人名从西文文献译出者，保留其西文拼法，以便核对；其余外国人名，均在某专题或文件中第一次出现时标其西文拼法。不同时期形成的中文文献中涉及的外国人名、地名翻译差异较大，为尊重历史和文献原貌，一般不作改动。

五、所选文献经过前人编辑而加脚注注释者，以"原编辑者注"保留在页下。

六、所选资料中原有污蔑中国人民、美化日本侵略之词，或基于立场表达其看法之处，为尊重历史和文献原貌，不改动原文，或在页下特别说明，请读者加以鉴别。

本册说明

本册文献编纂收录的资料主要是《大公报》（天津）对李顿调查团的报道和评论，起止时间为1932年8月至1933年5月。

九一八事变发生后，南京国民政府将中日冲突诉诸国联。经过数月的争论，国联决议派遣调查团前往远东，调查"满洲问题"和中国的一般形势。国联调查团由英、美、法、德、意五国代表组成，团长是英国人李顿爵士，故又称李顿调查团。作为民国时期具有影响力的重要报刊之一，《大公报》密切关注九一八事变后中日冲突的情势，对李顿调查团进行了大量的追踪报道和评论，披露了许多关于调查团的重要信息。本册文献收录资料的主要内容包括：一、李顿调查团报告书的编制过程；二、报告书发表后中日两国和国际社会的评价和反应；三、国联以李顿调查团报告书为依据调解和处理中日争端的经过；四、中日两国围绕国联展开的外交折冲和政治应对情形；五、各国对中日纠纷的态度和国际舆论态势；六、国联报告书的通过和日本退出国联的情形；七、《大公报》相关的社评和时事评议类文章，等等。

《大公报》对李顿调查团的报道内容非常详尽。为免芜杂以及和其他九一八事变主题的文献集重复，本册文献的部分内容以节选的方式收录，节选之处加以长省略号（……）。文献标题原则上采用《大公报》原文标题（个别节选文章采用该篇章节标题为题名），其中，评论类文章题名中加以原版块栏目名（"社评""短评""读者论坛"等），以与报道类文章相区别，便于读者查考。原文大多只有简单句读，标点、断句亦有不准确之处，收录时参考现代汉语规范和习惯对其加以重新标点。文中不少异形词（如豫备/预备、部份/部分、答覆/答复、澈底/彻底、计画/计划等）和通假字等使用不合于今日规范、前后字词写法不统一者，为尊重史料原貌，按照原文录入；有碍于读者理解和引用之处，加以按语说明。另外，原文中的译名与今译多有不同，甚至同篇中原译也有前后不一者，也照此方式处理。书末索引归并了若干不一致的译名，可供读者查考检索。

目 录

序 言 ………………………………………………………………… 1
出版凡例 …………………………………………………………… 1
本册说明 …………………………………………………………… 1

1. 莱顿病愈，克劳德尔昨赴北戴河 …………………………… 1
2. 日政府准备应付国联大会，内田拟派石井加入代表团 …… 1
3. 津沽民众救国会向中央暨调查团呼吁：请中央助张军器实行援热，望国联主持正义制裁日阀 ………………………… 1
4. 调查团报告书即将起草，莱顿爵士一二日内出院 ………… 2
5. 顾维钧昨返平，调查团事实报告书脱稿，日内即将编制全书结论 ……… 3
6. 莱顿昨病愈出院，到北京饭店参加委员会，下午仍返院，暂不赴海滨 …… 4
7. 郭泰祺昨已视事，定九日呈递国书，郭对调查团表示信任 … 4
8. 编制报告书结论部份尚未着手，顾维钧、吴秀峰等赴北戴河 …… 5
9. 莱顿谈报告书尚未编至最后部 ……………………………… 5
10. 郭泰祺抵英后谈话：日本不能吞并满洲，望莱顿报告书指出解决方针，决反对伤害国权之任何办法，郭定下周内呈递国书 … 6
11. 调查团拟经西比利亚返欧，曾向俄国接洽护照 …………… 7
12. 调查团报告书结论尚未起草，对侵热及攫夺关邮均有补充，顾维钧、吴秀峰昨由海滨返平 ……… 7
13. 美国务卿之演词引起世界重大反响：显指日本违犯非战公约，世界文明各国概不承认，英国两大报认为最重要宣言 … 8
14. 顾维钧决赴日内瓦出席国联大会，斯蒂生又有重要声明 … 10
15. 顾维钧将任驻法公使，出席国联大会 ……………………… 11

1

16. 调查团加紧工作 ……………………………………………………… 12
17. 调查团昨在德国医院开会 ……………………………………………… 12
18. 华北大势定,中央亦将解决,蒋决日内回京,汪亦允赴宁,北平绥靖公署决由军委分会接收,重要外人对中国政潮慨叹 ………………………… 12
19. 顾维钧赴任期未定 ……………………………………………………… 13
20. 调查团昨晨开会 ………………………………………………………… 14
21. 美、英对远东能否一致?美欲与英国提携行动,否则绝不愿再议缩军——调查团报告发表前国际暗流 ……………………………………… 14
22. 顾维钧昨晚赴北戴河 …………………………………………………… 15
23. 钱泰昨返京,将放洋赴日内瓦 ………………………………………… 15
24. 调查团下月离平,报告书正赶制,连日上下午均开会,顾维钧将与该团同轮赴欧 …………………………………………………………………… 15
25. 社评:调查团与未来大局 ……………………………………………… 16
26. 日本拟九一八承认伪国,调查团正加紧编制报告,中政会昨对外交有重要讨论,中美公断条约决修正批准 ………………………………………… 18
27. 向国联挑战、背九国公约,内田演说当然惹起世界反响,各国舆论哗然,惟官方暂沈默 ……………………………………………………………… 19
28. 世界舆论第二次动员:日本承认伪国足使战云四布 ………………… 22
29. 调查团下月初离平,决分水陆两组返欧,顾维钧与莱顿同行 ……… 23
30. 美、日尖锐化,日本谋疏解,将派海军特使赴美游说,罗外长将驳斥内田谬论 ……………………………………………………………………… 23
31. 调查团公布预定行程,顾维钧下月一日飞京 ………………………… 24
32. 罗文干今晨飞汉谒蒋,调查团报告书不日即脱稿,将由法、德两委员携呈国联 ………………………………………………………………………… 25
33. 罗文干昨日飞谒林、蒋,外交益趋严重商决应付方策,顾维钧定明日乘飞机赴京 …………………………………………………………………… 25
34. 调查团报告书全部完成,结论内容:另外召开国际会议?国联助成中日交涉?顾维钧谈应自动的定方针 ……………………………………… 26
35. 顾维钧昨抵京谒汪,今日飞汉谒蒋,莱顿明日离平赴沪,顾、莱同船五日放洋,莱顿今日招待平新闻界临别谈话 …………………………… 27

36. 国联调查一幕终场,调查团今日离北平,今晨行前签报告书,德、法两委携赴欧,莱顿飞沪,顾维钧一日间往返京、沪、汉 …………………… 28
37. 国联调查团德、法委员今晚过津,本市当局已布置欢送 …………… 30
38. 调查团昨离平归国,报告书已签字完竣,莱顿、顾维钧等今晨由沪放洋,德、法两委员经西伯利亚返日内瓦 ………………………………… 30
39. 日政府显然将吞并满洲,英报对远东时局表悲观 …………………… 34
40. 社评:外交关键在内政 …………………………………………………… 34
41. 莱顿昨由沪放洋,希望中日勿再生纠纷,顾维钧同轮赴欧出席国联,报告书将由国联及中日同时发表 ……………………………………… 36
42. 东北事变杂讯 …………………………………………………………… 38
43. 调查团德、法委员抵大连 ……………………………………………… 39
44. 调查团秘书长哈斯南下,预定在京沪勾留半月北返,由西伯利亚返欧 ……………………………………………………………………… 39
45. 日本绝对欲分割中国,对调查团任何建议将反对,有吉谈话意在劝服,汪未见有吉,莱顿一行已过港 ……………………………………… 39
46. 哈斯昨抵京,赴沪小勾留仍来平 ……………………………………… 42
47. 德、法两委员过沈阳赴哈 ……………………………………………… 42
48. 东京所传调查团结论主张以东省为自治区,日阁议竟通过承认伪国,美政府密切注意其内容 ………………………………………………… 42
49. 皮尔特返欧 ……………………………………………………………… 45
50. 美欲维持一国际联合战线,日枢府正审查承认伪国案,驻日蒋公使昨访问荒木何为? ……………………………………………………… 45
51. 德、法两委员明日由满洲里返欧 ……………………………………… 47
52. 日本承认傀儡组织,我将援用九国公约,日枢府将举行御前会议 …… 48
53. 日承认伪国明日将签字,日枢密院审查犹顾虑国际上影响,内田康哉声明决排万难向前迈进,英报又披露报告书要点 ………………………… 49
54. 莱顿昨抵新嘉坡 ………………………………………………………… 51
55. 哈斯来津 ………………………………………………………………… 51
56. 哈斯来津,当晚即返浦口 ……………………………………………… 51
57. 日本外交罪恶新纪录,承认傀儡组织今日签字,中国抗议当与日本公报同时送出,九国公约签字国何以处此? ……………………………… 52

3

58. 日本悍然承认伪国以后:美国于沈著中见严重,其他各国官方尚无何等表示,惟英、法两著名大报发表正论 …… 55

59. 全世界之震动,认日本破坏九国公约,美特使到法有重要协商 …… 57

60. 十二国照会难邀得覆,国联及美国专待莱顿报告书,《泰晤士》促英取积极政策 …… 61

61. 莱顿爵士一针见血之论,日本占东北世界无和平,满洲门户关闭美京震动,颜代表请国联授权敏捷行动 …… 62

62. 日增兵东北将总攻义军,国联徇日请展缓讨论报告书 …… 65

63. 欧、美、亚一片风云,美、法重大交涉从远东到欧洲,英电传法国将坚拥国联立场,日军部极诋中国作国际宣传,傀儡组织恫吓列强冀获承认 …… 67

64. 国联行政院昨日开会,十月一日公布报告书,法代表对长冈表明态度 …… 70

65. 国联运命系于下届大会,美京预料国联将与日本决裂 …… 73

66. 驻美日使馆发表白皮书 …… 74

67. 日本答覆承认伪国抗议强词夺理,自卫权可以任意滥用?东北人谁曾自愿建国?伪独立当然日本负责!擅承认自系违反盟约! …… 74

68. 莱顿报告书后日公布,颜代表请国联召集特委会 …… 76

69. 调查团报告书明晚发表,全文十余万字,正由外交部赶译,日内瓦在公表前保守空前秘密,官方对其立言公正满意? …… 77

70. 哈斯赴美 …… 78

71. 短评:报告书 …… 78

72. 报告书撮要昨午译竣,今午以飞机送平并转津,全国同时下午八时发表,今晚揭开数月来一重厚幕! …… 79

73. 日阀崛强,悍然蔑视报告书 …… 80

74. 社评:国联调查团报告书发表 …… 81

75. 莱顿报告书摘要昨晚发表:九一八为日方预定精密计划所造成,伪独立出于日本参谋部之援助指挥,建议组顾问会议,中日订三种条约,另订东省地方制,与中央权限划分 …… 82

76. 报告书甫发表,日方已示反对 …… 106

77. 报告书天津晚见四小时,零时二十分发表 …… 107

78. 十九国特委会开会,大会一致抨击日本,我代表请设法阻止事态恶化 …… 107
79. 社评:东省事变责任确定之后 …… 108
80. 外部对报告书初步表示:两点特注意,全案正考量;日本果反对,竟欲要求再调查;美政府表欣慰,将有意见发表 …… 110
81. 莱顿报告书大体尚公正,张学良对本报记者谈话,张谓宋子文北来意打销 …… 117
82. 社评:是非明矣,国民更须努力 …… 117
83. 报告书掀起国际巨潮,胡佛、斯蒂生已作重要会商,日本极力反对正准备对策,英国在国联开会前不发言,中政会今日讨论本案 …… 119
84. 各国报纸反响,世界目光集中报告书 …… 124
85. 王正廷对报告书之感想:认为尚能主持公道,希望国人努力图存 …… 126
86. 胡适谈赞成莱顿报告 …… 126
87. 报告书交外委会讨论,外部请中央确定方针 …… 127
88. 读者论坛:中美联合,抑中俄复交? …… 128
89. 外委会昨开正式会议审议国联调查团报告书,顾维钧已抵日内瓦,唐绍仪谈话表反对 …… 131
90. 张学良谈话 …… 134
91. 外交委员研究莱顿报告书,宋子文到沪征汪意见,粤委今日开会决定态度,政府派四代表到美活动 …… 134
92. 日本陆、海军部恣意抨击报告书:发表声明责为越权,对满行为不受影响 …… 135
93. 社评:要人口中之团结与自决 …… 136
94. 宋子文昨访汪谈报告书,外交委员会昨开会详商,当局望舆论界确定交涉前提! …… 138
95. 短评:一手掩不尽天下耳目 …… 140
96. 十五中委指摘报告书,日相谓报告书于日非常不利,日本拟正式联法被拒 …… 140
97. 海外华侨对莱顿报告书不满 …… 143
98. 美国对莱顿报告之反响:一九一八年出兵西伯利亚事谓系美国提议引起官方惊讶 …… 143

5

99. 汪对报告书意见已告宋,外委会昨晚续开会讨论,将拟初步计划提请中政会审议,顾告报界中国准备条件附接受 …… 143
100. 西南两机关指摘报告书,国联邀调查团出席大会,外委会尽量征询各方主张 …… 145
101. 社评:华北国防上之危机 …… 147
102. 日本图热河又将加紧,丁逆士源口中之复辟卖国梦,日本意见书要点望国联旁观,中央外委会再集会内容不宣 …… 148
103. 社评:读国联调查报告书全文 …… 153
104. 罗文干飞汉商外交,正注意国际空气与日方态度,日遣重要军官视察华北! …… 157
105. 社评:苏联之远东政策 …… 159
106. 征求蒋、汪对报告书意见,罗文干昨飞汉日内再赴沪,外委会并将征询全国学术界意见 …… 160
107. 西南执行部及政委会对报告书通电全文:明知日本侵略而不敢作公正主张,领土主权只有凭我民族力量维持 …… 162
108. 汪下周放洋赴德疗养,罗即赴沪征汪对报告书意见,苏炳文电国联申明兴师除暴 …… 164
109. 莱顿广播演说,深信国联可以应付困难 …… 165
110. 湘省党部电国联,述对报告书意见 …… 166
111. 国联行政院会议新阵容,莱顿等均列席,美国当然参加,颜长大会代表,顾出席行政院,汪决出洋,宋仍代长行政 …… 167
112. 李、白电粤,严驳报告书 …… 169
113. 外委会昨再开会,报告书意见已大体决定,罗文干今日赴沪谒汪请示,伍朝枢谈必须要自己努力,国联我代表团电京请速制止内战 …… 169
114. 一集团特别党部通电指摘调查团报告:解决东北问题惟有抵抗 …… 171
115. 李宗仁对报告书意见:建议部份自相矛盾,收复失地全靠自己 …… 172
116. 读者论坛:读了国联调查团报告书之后 …… 173
117. 外委会对报告书意见将提今日中政会审核,罗改明日与宋同赴沪谒汪,孙科继长行政院呼声甚高 …… 175

118. 莱顿答日记者问：确认伪国非真正民意，分割中国领土即抵触各种条约，日本如排斥任何妥协必遭牺牲，报告书内容与其谓亲华无宁谓祖日 …… 176
119. 调查团报告书日方陈述索隐，附几句忠告之言 …… 179
120. 罗文干今日赴沪谒汪，决定对报告书意见，返京后即训令颜代表遵照，汪出洋期近，宋子文等往晤 …… 183
121. 政治重心移到上海，中央要人联翩莅沪谒汪，汪发表告别书明日放洋，三中全会将于十二月初召集 …… 184
122. 港电汇志 …… 187
123. 社评：报告书中之国际合作 …… 187
124. 罗文干谈外交原则不变，汪精卫今午赴欧疗养，中央要人盼汪康复早归，川战影响外交，汪主查办 …… 189
125. 读者论坛：救国之急务 …… 192
126. 汪过法将小作勾留，中央要人联翩返京，国府应付国联方针已训示代表团，斋藤宣称现状之下不能直接交涉 …… 193
127. 读者论坛："不适合于公断人合法形式"的李顿调查团报告书 …… 194
128. 英下院质问上海情势，日侨组织保卫团将引起严重事件，外长西门展期答覆 …… 199
129. 读者论坛："不适合于公断人合法形式"的李顿调查团报告书（续） …… 200
130. 社评：中日战线又移到日内瓦 …… 204
131. 日方对报告书意见：不顾事实图卸责任，即由吉田携欧提出国联 …… 205
132. 伍朝枢抵绥游览，伍谈话对报告书建议不满 …… 206
133. 日本意见书吉田昨已启程携往日内瓦，明明武力造成伪国偏要说是民意 …… 206
134. 莱顿对日本之新论战：非战、九国两约存在为事实，国联为现代文化之生命线 …… 207
135. 短评：现代文明的生命线 …… 208
136. 如何解决中日纠纷，英美方面之两种倾向：国联组特委会审查莱顿报告；设国际委员会监视中日交涉 …… 209

137. 国联行政院会将展期,拟改本月二十一日举行,武力侵略报告书已明白裁定,日政府仍复强辩欲矇蔽世人 ………………………………… 209
138. 社评:国联之展望 ………………………………… 212
139. 日意见书要点反对撤军最力,全文俟提出国联即公布 ………… 213
140. 三中全会粤方提案大纲:收复失地,肃清"共匪",纠正报告书之谬误 ………………………………………………………………… 214
141. 英、法、美态度日趋鲜明,英下院辩论东北问题,莱顿说明报告书用意,西锡尔请英政府拥护国联 ………………………… 214
142. 莱顿爵士定期演说 ………………………………… 216
143. 我国向国联提案原则注重确定事变责任,日本狡谋悉被国际间看破 ………………………………………………………………… 217
144. 莱顿报告书日本竟图抹杀,拟在国联大会扩大活动,英、美既定政策不致变更 ………………………………………… 218
145. 顾维钧对法记者谈:中国尊重国际义务,竭全力拥护国联之工作,东北问题应求澈底解决 ………………………………… 220
146. 国联将采纡回曲折方式,另立解决中日案新机构,拟组国际委员会,加入美、俄代表,利用国际力量迫日本采纳调解,昨外交委员开会讨论我方应付态度 ………………………………… 221
147. 成立国际委员会问题国联正征求各关系国同意,谢冠生谒蒋请示后已返京 ………………………………………………… 223
148. 必须根据过去事实与责任,中日问题始能公正解决,日虽力图规避,我则决难放松,关于损害赔偿亦决定向国联提出 ………… 224
149. 外委会将开会讨论对国际委员会意见,报告书建议之东北顾问会议外部决反对,已电令我代表团 ………………………… 226
150. 顾维钧昨抵日内瓦,驳斥松冈宣言:中国并不排外 ………… 228
151. 外委会昨晚决定新策略,国联大会明年始能举行,行政院会专议莱顿报告,国际委员会问题国联考虑中 ………………… 228
152. 国联行政院会后日开幕,将正式表示否认伪组织,莱顿赴日内瓦出席行政院会 ………………………………………… 231
153. 粤中委明日讨论外交方策,行政院会将有强烈争辩,日本意图阻碍国联进行 ……………………………………………… 233

154. 国联行政院会今晨开幕,空气紧张国际焦虑,中日问题难望速决,松冈准备提出裁军问题 …… 235
155. 社评:日内瓦此会与中国 …… 239
156. 国联形势五里雾中,中国要求迅予解决 …… 240
157. 平教界宣言:满案真相已明,须谋积极奋图 …… 245
158. 行政院会今日续开,中日问题即付讨论 …… 246
159. 国际形势渐趋明显,英、美一致关系重大,国联行政院会之第二幕;有吉到沪称日本无意直接交涉 …… 251
160. 顾代表再痛驳松冈,日方竟阻莱顿发言,昨日续会莱顿驳覆日本 … 255
161. 莱顿报告书的讨论,《外交月报》专号出版 …… 261
162. 社评:国联今后之趋势 …… 261
163. 行政院预定昨晚结束,下月五日开全体大会,宋子文否认直接交涉之谣 …… 263
164. 解决中日问题方案国联大会直接负责,行政院决定移大会讨论 …… 267
165. 行政院会昨日闭幕,大会决下星期召集 …… 269
166. 日本左派的莱顿报告书观——室伏高信揭露日政府欺蒙国民的罪恶 …… 272
167. 短评:莱顿报告与日本国民 …… 275
168. 日本意见书之谬妄——就法律观点的驳斥 …… 276
169. 大会定下月六日召集,十九国特别委员会明日开会 …… 278
170. 中日问题移送大会,十九国委员会今日开会通过 …… 280
171. 王德林反对莱顿报告书:所谓顾问会议决难承认,电全国及国联抵抗到底 …… 281
172. 国联有无解纷权能,关键全在此次大会,颜惠庆请确定延期限度 … 282
173. 蒋电日内瓦郑重声明,绝未主张直接交涉,深信国联必能谋公平解决,大会将通过不承认伪国案 …… 283
174. 沪战损失统计共二十万万,将送国联补充莱顿报告,准备将来提出赔偿问题 …… 285
175. 国联小国代表活动,力主否认傀儡组织 …… 285
176. 对于国联调查团报告书建议之批评 …… 287
177. 国联大会今日开幕,中日问题偏重调解,颜代表促国联切实应付 … 289

178. 国联大会开幕,颜代表提严正要求:一、宣布日本违反公约;二、促令撤兵,解散伪国;三、国联宣布否认傀儡 ········· 291
179. 对于国联调查团报告书建议之批评(续) ········· 293
180. 国联大会之第二日:世界公论痛责日本,西班牙代表郑重宣言"中国之东三省不许变为日本之'满洲国'" ········· 296
181. 莱顿爵士之演说:已到最后关头,国联对日本之两种期待 ········· 300
182. 国联趋势侧重调解,将邀美、俄两国参加,四国合提决议草案,严正宣布日本罪状,郭代表昨有重要演说 ········· 301
183. 社评:对于英外相演词之质疑 ········· 306
184. 国联大会闭幕,四国提案竟被搁置,昨日决议令人失望,十九国委员会下周开会,决请美、俄两国参加调解 ········· 308
185. 英代表在国联言论直不啻为日本作说客,世间宁复有公理正谊! ········· 311
186. 短评:国联的前途 ········· 312
187. 中国代表处结束,案卷等均交外部保管 ········· 313
188. 东北问题与联盟:中日代表在国联之舌战 ········· 313
189. 国联通过决议草案,内容空泛不着边际 ········· 316
190. 东北问题与联盟(续):中日代表在国联之舌战 ········· 318
191. 东北问题与联盟(续):中日代表在国联之舌战 ········· 321
192. 东北问题与联盟(续):顾代表在国联之演词 ········· 323
193. 社评:中日关系永陷绝地 ········· 326
194. 东北问题与联盟(续):顾代表在国联之演词 ········· 328
195. 东北问题与联盟(续):顾代表在国联之演词 ········· 330
196. 东北问题与联盟(续):顾代表在国联之演词 ········· 333
197. 东北问题与联盟(续):顾代表在国联之演词 ········· 335
198. 英国外交政策——英外长西门演词全文 ········· 338
199. 国联对中日案意向:承认中国在东省主权,俟明年美国总统就职后或将引用盟约第十五条;顾谈国联应采有力步骤 ········· 339
200. 如何解决中日纠纷(一)——杨华德提出之三方案 ········· 341
201. 如何解决中日纠纷(二)——杨华德提出之三方案 ········· 343
202. 调查团轶事:调查报告书签字前之曲折 ········· 347

203. 榆城全破坏,人民死数千,世界文明人类一齐震惊,日军暂未西进,我军在秦皇岛一带 ………… 347

204. 国联调解趋于绝望,特委会决议案发表,解决纠纷必尊重盟约,不承认目前满洲政局 ………… 348

205. 汪精卫谈话:国联应判别是非并有解决争端职责,中国不望列强物质上援助,但将以全力反对暴日侵略 ………… 350

206. 社评:国联之最严重时期 ………… 351

207. 九门口不守,秦皇岛紧张,外部据《辛丑条约》促各国注意,十六以后为国联最严重时期 ………… 352

208. 英国对华政策显然袒护日阀侵华——外报记者发表正论 ………… 353

209. 国联决用十五条第四项,敌军飞机活动,前线仍对峙中,英国对日表示关心本身利益 ………… 355

210. 十九国委员会和解途穷,势将报告大会用十五条第四项,国联入最终阶段,中国守最后立场 ………… 356

211. 和解绝望中之最后一会:十九国委员会昨讨论修正案,罗斯福宣言美国必拥护条约 ………… 359

212. 国联最后努力,调解系于今日一会,日对决议草案如仍刁难,即依十五条四项制报告 ………… 361

213. 日本已答覆,昨夕再开会,明知调解失败尚作最后周旋,胡、罗两总统昨晤商远东问题 ………… 362

214. 国联宣告调解失败,将由全体大会自发表解决案,罗外长对内田演说纠正谬妄 ………… 365

215. 国联已正式起草报告,特委会指派九国起草委员,内容分事实、结论、建议三段,事实部份将根据莱顿报告 ………… 366

216. 报告中应具确定意见,各小国力持坚决勇敢态度,德国代表亦反对英法理论,英报称国联必须揭出日本罪状 ………… 370

217. 报告书措词考量中,英代表不主张宣布调解失败,叙述中将引用莱顿报告要点 ………… 371

218. 报告书内容大体决定,将声明东三省为中国领土,九一八事变中国不负责任 ………… 373

11

219. 报告草案声明责在日本,东三省确为中国领土之一部,九一八事变非日本自卫行动,满洲无独立运动,抵货为报复性质 …… 375

220. 英外部正式辟谣,否认所传英日密约之说,英使亦向外部解释误会;报告建议部份候特委会决定 …… 378

221. 短评:英国之辟谣 …… 380

222. 社评:国联特委会之最近行动 …… 380

223. 《大美晚报》社评:特委会不承认伪国,实接受斯蒂生政策 …… 382

224. 西门演词全文,去年在国联大会发表(一) …… 383

225. 西门演词全文,去年在国联大会发表(二) …… 384

226. 西门演词全文,去年在国联大会发表(三) …… 386

227. 国际形势重大化,日本将答覆国联否认中国主权,对侵略热河之质问仍承认不讳,调解陷绝境,日本对国联将决裂 …… 388

228. 社评:九国委员会之报告案 …… 390

229. 国联宣布报告草案:伪国非民意,主权在中国,建议设监视委员会促日本撤兵,劝全体会员国一致否认"满洲国" …… 392

230. 列强变态度,日本感觉危险 …… 395

231. 报告书将提大会,日本已覆拒国联,全局甚紧张,我认为道义上胜利奋斗在己 …… 396

232. 时局顿趋紧张,十九国委员会通过建议案,日本将于二十五日退国联,将发最后通牒迫热河退兵 …… 398

233. 莱顿演说,反对经济制裁 …… 402

234. 报告书指摘日本,莱顿报告全被采纳作为谈判会之指导,解决方法须根据三大条约 …… 402

235. 日阁决反对建议案,倘大会通过令代表离日内瓦,是否退出国联今日继续讨论 …… 403

236. 报告书全文发表,大会将发正式宣言,并讨论十六条问题 …… 404

237. 否认"满洲国",承认中国主权,国联与美完全一致,美国对报告书甚表同情,认系世界舆论集中表现 …… 407

238. 报告书全文(以上接第三版) …… 408

239. 莱顿发表声明:国际的制裁不仅限于经济上的封锁,必要时可引用其他方式 …… 412

240. 热河炮声中国联大会开幕,调解破裂责在日本,主席报告后即延会,星期五再开会讨论报告书 …… 413
241. 日内瓦乎?莫斯科乎?超政府之日参谋部对两方竟俱加蔑视,日本未能追随西方思想与行为,实受陆海军未脱封建基础影响——莱顿惊人之演说 …… 414
242. 国联报告书草案全文(续十九日本报第四版) …… 415
243. 国联报告书今日将通过大会 …… 432
244. 国联大会通过报告书,对日本侵略行为毅然宣布判决,一致表决后日本代表全体退席 …… 433
245. 莱顿谈中日纠纷:盼日阀觉悟,拒绝供给军火问题须世界采一致行动,欧洲军械业仍积极活动中 …… 439
246. 国联报告书外交部付印发售 …… 440
247. 美国拥护条约神圣,愿与国联诚意合作,我代表团促政府下决心,莱顿主张英国应履行条约责任 …… 440
248. 莱顿主张维护盟约,应即向日本提外交劝告,并佐以渐进的有力压迫,郭泰祺谈裁军会议将因日本侵略中国而搁浅 …… 441
249. 《中日问题之真相》——中国致国联调查团之说帖 …… 442
250. 日枢密院今晨举行御前会议,讨论退出国联案 …… 443
251. 社评:日本通告退出国际联盟 …… 443
252. 日本退出国际联盟,我国将有重要表示 …… 445
253. 对于满洲事件国联今后采何步骤?莱顿爵士著,赵谱巨译 …… 447
254. 日本蔑视全世界,日、俄、美三国及国联之地位与影响 …… 449
255. 日本蔑视全世界,日、俄、美三国及国联之地位与影响(续) …… 452

索　引 …… 454

1. 莱顿病愈，克劳德尔昨赴北戴河

国闻社云。国联调查团法委员克劳德尔将军，昨晨五时五十分搭北宁车赴北戴河海滨休息，日内偕德委员希尼、义委员阿露温德同行返平。又莱顿病已大愈，两三日内可以出院云。

（《大公报》，1932年8月1日，第三版）

2. 日政府准备应付国联大会，内田拟派石井加入代表团

二十四日大阪《朝日新闻》载称，审议满洲问题之国联大会，将于十一月中旬在日内瓦开会。从过去国联之形势及调查团与内田会见时之情形观测，则今秋联盟大会将惹起纠纷，不难想象。故目下日本政府以外务省中心，正在审议种种应付国联之策。内田鉴于该会议之国际的重大性，以为有充实日本代表团之必要，代表中至少须有一人为精通日本国内事情、对于满洲政策有正确认识之政治家。内田得到斋藤之谅解，复参酌军部及其他方面之意见，从事此项代表之人选，希望枢密顾问石井菊次郎担任，并决定松冈洋右为代表团之一员，日本大使馆参事官伊藤述史及外务省情报部长白鸟敏夫均为辅佐人员。

（《大公报》，1932年8月1日，第三版）

3. 津沽民众救国会向中央暨调查团呼吁：请中央助张军器实行援热，望国联主持正义制裁日阀

津沽民众救国会自七月组织成立以来，对于救国运动之进行颇为努力，入会会员极为踊跃，内部纪律甚佳。该会工作标的，在于唤起津沽一带数十万民众，精诚团结，训练军事，准备与暴日作殊死战，并积极设法剷除津沽各地之奸商

与汉奸。近因热边形势紧急,平津处境危险,昨特发出快邮代电二件,分致国府及顾代表,转达国联调查团。原文云:"电南京国民政府(衔略)钧鉴:窃自九一八沈阳事变以还,海上[上海]有'一·二八'之役,天津有便衣队之乱,日人对华武力侵略之野心,阴谋毕露。近日复进窥热河,迭用飞机轰炸朝阳,数日以来,大军麇集锦州。日人之得陇望蜀,已明若观火。中央若不速筹有效抵抗之善策,转饬北平张绥靖主任率部援热,则朝阳将非我有,平津亦将陷落。为此迫切陈词,谨呈三事,伏祈转饬施行,则国家幸甚,民众幸甚:(一)即饬张绥靖主任,于最短期间率部援热;(二)转饬航空署,迅拨飞机若干架,归张绥靖主任指挥;(三)由中央购置最新式高射炮,运热应敌。特此驰电奉闻,不胜企盼待命之至。"

"电北平顾代表维钧译转国联调查团(衔略)钧鉴:窃自沈阳事变以来,我中华民族为爱护世界和平,维持人道正义,乃诉诸国联,静待裁判。孰意因循迄今,犹未解决。日兵遂益肆侵略,既弄兵沪上,复觊觎热河,其蓄意藐视九国公约,违反国联盟约,弁髦国联决议,破坏世界和平,已无容庸讳。我中华民众为维护公理公约计,惟有精诚团结,奋起抵抗。为保护国际公法计,亦惟有一致实行正当防卫行为,并希报告国联,为自身威严与世界和平计,亟宜迅采断然有效办法,制止日军在热军事行动,藉保公理公约,而免重演世界大战。人类幸甚,国联幸甚。"

(《大公报》,1932年8月1日,第七版)

4. 调查团报告书即将起草,莱顿爵士一二日内出院

国闻社云。国联调查团义委员阿露温德、德委员希尼偕中国代表顾维钧等,定昨晚由北戴河返平,今晨十时即可到达。据调查团发言人昨晚宣称,莱顿爵士最近两三日可出院,已取消北戴河之行,即与各委开始起草报告书。全书准在八月底编成,寄往国联。调查团一部分秘书,准九月五日前由沪乘轮回欧,其余各委员将于工作完毕,分途返国云。

【东京三十一日合众社电】 日政府人员某,论及未来之莱顿报告,谓日本最后退出国联,似仍不能避免。外务省已知莱顿报告将于九月中旬提交国联秘书长德留蒙,然后分发各理事,但日本对此并不重视。该员谓:"在实际上,

吾人并不注意莱顿报告措词如何，予信内田外相已尽量告调查团矣。日本政策已经决定，无论国联或美国之意见如何，并无关系。"又称，在莱顿提出报告前，日本承认日本制造之伪国，并不足惊奇，如此则莱顿报告即无义意[意义]。所谓满洲问题，无需国联协助，即行解决。日本外交政策必须有一整个转变，此事已露端倪，第二步即为正式承认"满洲国"。该氏谓："吾人外交政策改变之关键，即为'回至亚洲'运动。日人参加国联，并未获得利益，现应集中注意于自己门前之事。"

（《大公报》，1932年8月2日，第三版）

5. 顾维钧昨返平，调查团事实报告书脱稿，日内即将编制全书结论

【本市消息】　顾维钧昨偕德、义两代表由北戴河返平，昨晨十时过津，径赴北平云。

国闻社云。国联调查团发言人谈，该调查团报告书一部分之事实报告，业已编制，其重要部分须莱顿爵士出院后与各委开会讨论，再开始编制云。调查团德委员希尼、义委员阿露温德与中国代表顾维钧等，前赴北戴河海滨游息，于前晚搭北宁车返平，昨晨十时抵平，中国代表办事处秘书长王广圻，参议萧继荣、刘洒藩[藩]等到站迎接。义、德两委及顾氏下车后，分返北京饭店铁狮子胡同私邸休息。据顾维钧氏语记者："调查团报告书一部分已经编制。至全书结论，前传有取消之说，据本人所知，调查团并无此意，仍将编□。此为全书之重要部分，对国联为建议性质。义、德两委员由北戴河归来，俟莱顿爵士出院，即开会讨论，从事起草。现时调查团鉴于东北事态严重，切望报告书八月底完成，寄到日内瓦，由国联九月大会讨论，预料届时必可编竣。热河问题我政府已提出国联，调查团对之极注意，然尚无向国联报告之准备。本人回平，为赶制送致该团之备忘录所余最后两三种。计我国送交该团之备忘录，已二十四五件。该团向我方询问之问题，经我答复之文件，亦达十余件，统计约四十余件云云。

（《大公报》，1932年8月3日，第三版）

6. 莱顿昨病愈出院，到北京饭店参加委员会，下午仍返院，暂不赴海滨

国闻社云。国联调查团委员长莱顿病已痊愈，昨日上午十时出院，赴北京饭店与克劳德尔、希尼、麦考易、阿露温德等四委举行例会，下午一时仍返德国医院。据调查团发言人昨晚谈称：昨日例会讨论比较重要，内容不便宣布；报告书重要部分即将着手起草；莱顿爵士北戴河之行，业经取消云。

【东京四日新联电】 国联日本事务局长伊藤述史，三日已接到外务省命其回任之命令。该氏将于日内动身，惟因调查团现在北平，将到北平会晤，即于哈尔滨、长春亦拟滞留一两日，大约九月可以回日内瓦。

(《大公报》，1932年8月5日，第三版)

7. 郭泰祺昨已视事，定九日呈递国书，郭对调查团表示信任

【南京五日下午八时三十分发专电】 郭泰祺电外部，四日抵伦敦，五日视事，定九日呈递国书。

【伦敦四日路透电】 郭泰祺于接见路透记者时，宣称：不论国联调查团报告如何，中国愿加以热忱赞助，希望能按照国联盟约与九国公约精神，获得和平解决；中国极端信任国联为和平机关与世界新制度之起点，自日本侵略开始以来，中国对于国联行政院与大会之决议案一一遵守；中国对于国联调查团之纯正公允极为信任云。氏又称：彼信和平与建设之新时代开始后，中英贸易将大为增加；彼信中国市场具有广大潜力，一经发展，对于世界经济病状与失业问题将予以最后之解决；吾人相信，中英关系在根本上颇为和谐云。

(《大公报》，1932年8月6日，第三版)

8. 编制报告书结论部份尚未着手，顾维钧、吴秀峰等赴北戴河

国闻社云。调查团发言人昨晚谈称："调查团报告书业经编制，现在已无所谓开始，前规定组织之起草委员会，即于每晨例会中举行之。今晨（即昨晨）例会莱顿爵士及意、法、德、美四委皆出席，莱顿会后仍返德国医院。结论一部份截至现在止，尚未着手，惟不久亦可编制"云云。又该团秘书亚斯托、华文秘书吴秀峰夫妇等，定昨晚八时十五分偕中国代表顾维钧氏，乘北宁车赴北戴河游息，定星期二返平云。

（《大公报》，1932 年 8 月 6 日，第三版）

9. 莱顿谈报告书尚未编至最后部

国闻社云。国联调查团编制总报告，连日工作极紧张。昨日该团例会于下午二时举行，莱顿爵士等五委皆参加，至六时半始散。莱顿于七时返德国医院，记者遇之于饭店楼下，当叩以昨日东京方面传出调查团报告已草至结论，与该团将于九月二日离平，经由西伯利亚铁路返欧之两项消息。据莱氏答称："调查团报告书现逐日编制，尚未编至最后一部份，至下月二日经西伯利亚铁道返欧，本人希望如此"云云。

（《大公报》，1932 年 8 月 7 日，第三版）

10. 郭泰祺抵英后谈话：日本不能吞并满洲，望莱顿报告书指出解决方针，决反对伤害国权之任何办法，郭定下周内呈递国书

【伦敦五日路透电】 新任中国驻英公使郭泰祺于接见《曼哲斯德卫报》记者时谈称："日本在满洲之冒险尝试，必将失败。日人不能在满洲天气严寒之平原发展拓殖事业，而与三千万华人竞争。日方占领满洲后，不但不能维持治安与繁荣，且引起无秩序与纷扰：农民生产减少，前此南满路每年盈余约八千万日元，顷间则蒙受损失；日侨人数在二十万以下，内包括大批占领军队与铁路人员。观察一切情况以及日本内部之严重情势，满洲对于日本不但无益，且将为一担负[负担]。氏继称，中国希望莱顿报告书能领导国联，获得一种公平荣誉的解决，俾能维持国联之威势与远东之永久和平云。

【伦敦六日哈瓦斯社电】 中国驻英新公使郭泰祺昨日接见哈瓦斯社记者。郭氏谈："余向英王呈递国书之日尚未决定，但将不出下星期初，惟余须事先往访外相西门爵士。当余离中国时，国内尚感最近事件之影响，但目下国内情形希望较佳，与广州、南京间意见亦已和缓。南京政府实际代表全国，国内完全统一，惟觉对国外和平尚远。日人虽屡次声明保守和平，但仍乘机破坏和平，如东北海关问题然。此问题与大部问题无关，然迄未解决。中国决以全力反对伤害中国利益之任何解决办法，但中国对其他国之债务并不受其影响"云。郭氏又谓，中国财政情形困难，但中国能继续履行对各债权国之义务："中国因内战及水灾，故经济方面感受影响，但工商业之发展并未被阻。吾人对沃大瓦举行之英帝国经济会议甚为注意，因中国直接、间接皆有关系。吾人关切银问题及复本位制度，于此二问题中，英国之步骤于中国之经济影响甚大。吾人对关于涉及中国对坎拿大、印度及澳洲所负之义务事，亦甚关切。中国与其他各国相同，皆间接受经济会议结果之影响。"关于东北问题，郭氏谓，日人所传马占山阵亡消息不确，但尚无官方之否认。继又谓："传日政府已决承认'满洲国'，此事完全违反国联盟约及九国条约。中国将根本否认'满洲国'，有如一人不欲割断其手臂然。吾人信任调查团之报告书，吾人虽不知其内容如何，但中国仍如以往，遵守国联之决定。"郭于谈话后，论及彼于参加凡尔塞[赛]和

会后,曾以私人游历资格,首次至英云。

(《大公报》,1932年8月7日,第四版)

11. 调查团拟经西比利亚①返欧,曾向俄国接洽护照

【北平七日路透电】 据上海日方讯,称国联调查团向莫斯科请领护照,将经西比利亚赴欧云。今晨据调查团发言人称,该团曾向莫斯科接洽,询问驻哈俄领能否发给九月份任何星期日动身护照,该团或将经哈赴欧。该发表人称,此仅系普通之询问,至于调查团由远东返日内瓦时究采何道,顷间尚未决定云。

(《大公报》,1932年8月8日,第三版)

12. 调查团报告书结论尚未起草,对侵热及攫夺关邮均有补充,顾维钧、吴秀峰昨由海滨返平

【南京十日下午九时发专电】 外交界息。国联调查团在平起草报告书,业已竣事。该报告书系由莱顿亲自指导,出自哈斯手笔。关于最后结论一部,仅拟定原则,尚未着手起草。闻该团对东北事件新发展,如日军侵热、攫夺关邮等,均有补充说明。

国闻社云。国联调查团中国代表顾维钧,偕该团秘书吴秀峰、亚斯托等,于昨晨十时十分由北戴河海滨返抵北平。该团发言人昨晚对记者谈:调查团最近两日例会,莱顿爵士未出席,仍住德国医院;报告书结论部分何时着手起草未定,起草前之准备如何,不便发表;全书八月底或九月初完成,届时团员将分途各作归计,一部分经西伯利亚赴欧,一部由沪放洋云。又莱顿今年五十七岁,前日为其生辰。

(《大公报》,1932年8月11日,第三版)

---

① 编者注:即西伯利亚的译名。后同。

13. 美国务卿之演词引起世界重大反响：显指日本违犯非战公约，世界文明各国概不承认，英国两大报认为最重要宣言

【纽约十日路透电】 国务卿斯蒂生在外交调查委员会席上演说，称"余信非战公约已成为吾国伟大的、永久的政策之一"。氏详述在此约缔结前经过之种种事件后，又述及一般对该约之批评，谓有若干人称此约并非一条约，而仅为签约人共同发表之片面宣言，陈述其祥和之宗旨云云。氏称，此种批评殊属错误，因该约实具有一确切的承诺。斯氏述及中日满洲冲突时，美国曾经向双方暗示对于违反国联盟约与非战公约义务所造成之任何情势，均不能承认。此种意见嗣经国联承认，且获有五十国之赞助。美政府此种行动，系向一种新的共同情绪从事呼吁，当文明国家全体赞助时，即具有一种新意义："精神上之不承认，成为全世之不承认，其意义重大，为迄今国际法上所未见"云。

九日《满洲日报》载七日华盛顿电云，际此国联调查团报告行将结束、美国对此之态度极为人所重视之时，美国国务卿斯蒂生氏于本日在外交调查会席上演说，力陈非战公约现为世界万国和平希望所寄托之有效协约。氏演说称，对于以满洲为焦点之中俄或中日间之纷争适用非战条约事，当为该约签字国当局间所协议之问题。中俄纷争时，因美国及其他三十七国劝告，该两国从事和平解决，俄军遂行撤退；次则中日纷争时亦适用非战条约，由美国与国联协力警告该两国，谓凡违反该约所订之一切条约及协定，均不承认。美国曾于一月七日先于列强而致通牒于日本政府，此乃诉诸未经适用之非战条约条项及世界公共之新感情，其后其他文明各国全体赞助美国之意见，表明其真意。盖精神上之不承认，即为全世一致之不承认，此为从来国际法上所未见而有重大意义之事，如此万国一致之唤起，亦为世界历史上所未曾见之事。

英报评论

【伦敦九日路透电】《泰晤士报》社评称，华盛顿方面认斯蒂生演词为披露美国外交方针之极重要正式宣言。氏在该演词中，陈述美国对于非战公约

之态度，尤注意满洲争端。彼间认此项演词，系特别关于国联调查团提出报告时或将发生之某种情势而发。斯氏解释之政策，除对于特别问题之关系外，于将来之整个国际关系，亦殊有重要之价值云。《曼哲斯德卫报》宣称，非战公约效力已经过切实试验，惟日本虽经签约国家抗议，仍占领全满如故。该报称，美国与国联均担保不承认满洲状况，但此点对于日本积极政策之进行，或难予以显著之干涉，不过究可代表世界公意之转变云。

【伦敦十日路透电】《每日快报》之华盛顿电报谓，国联调查团报告书将直指日本为有意造成目前东三省之局势。日前美国务卿拥护非战公约之演讲，乃系深含意味之文字，欲于调查团报告书发表前，先造成美国舆论一致拥护非战公约。

【伦敦十日哈瓦斯社电】 此间官方尚未悉日本致美大使之通牒内容如何。该牒涉及斯蒂生日前演说之旨趣。一般意见，斯氏之演说，并无影响日本之词句云。

美报观察

【纽约九日路透电】《纽约时报》称，斯蒂生氏演词意味深长，不仅因其宣布美国愿遵守协商之原则，且因其发表时间正在国联大会又将辩难远东和平之棘手问题以前云。美国出席裁军大会代表史旺生自日内瓦返国，暗示因日本态度，致令该会难作更进一步之削减海军运动。氏宣称，顷间之经济状况，成为世界难关。氏主张各小国应增加使用银币，俾能增进世界半数人口之购买力，并令世界贸易较能恢复常态云。

【华盛顿十日哈瓦斯社电】《波迪摩尔太阳报》载华盛顿访员讯，谓国联调查团于未向国联提出报告之先，将预示国联对中日问题仅有两种办法：由国联实力解决，或表示无能解决。该报记者谓，美国务院预测，日本不能满意调查团之报告。据谓斯蒂生星期一（八日）之演说，有两种用意：（一）得舆论之拥护；（二）复述于非战公约有效期内之战争为非法。又斯氏欲鼓励日内瓦反对日本，于国联调查团将提报告之时采取强硬态度。

....

(《大公报》，1932年8月11日，第四版)

14. 顾维钧决赴日内瓦出席国联大会，斯蒂生又有重要声明

【南京十一日下午六时发专电】 我国出席国联代表，确定颜惠庆、顾维钧、郭泰祺三人。顾最近以国难日亟，义不容辞，决将赴日内瓦折冲，大约下月初可启程。是否与调查团同行，尚未定。

【南京十一日下午九时发专电】 国联中国代表团参加铁道专家，顷铁部派颜德庆、华南圭充任，现正搜集东北铁路积案，携往日内瓦。

【伦敦十一日路透电】 关于出渊与美国务卿会见情形，《泰晤士报》华盛顿专电称，斯蒂生向日使郑重声明，美国对于日本之管理满洲或管理以武力攫取之中国境内任何部份，决将继续反对。美国并决与国联合作，协力维护和平公约及莱顿报告书。日使将于下周返国，惟当日使与斯氏会谈时，犹称渠定今冬回国。

【华盛顿十日路透电】 日大使出渊本日访国务卿斯蒂生，会谈一小时。氏于会晤后，否认有请斯氏解释演词之事，但承认曾谈及满洲一般情势。

【华盛顿十日合众社电】 本日日大使出渊与国务卿斯蒂生会商，预料中之日美外交争论，未能实现。出渊与斯蒂生在国务部密谈一小时，出渊谓，彼并未要求斯蒂生解释在外交调查委员会之演说，对于斯蒂生指责日本为中日事件中之侵略者仅非正式论及。出渊与斯蒂生谈话后告记者，彼否认报载中日将在平津一带冲突。氏谓此种消息过于夸大，系由上海传出。此间指陈，日外务省尚未决定因此事将正式向美国提出抗议。

【伦敦十日路透电】 一般消息灵通方面认中国政府各部长辞职，系鉴于下届日内瓦国联大会辩论之重要，决定巩固中枢。中国新任驻英公使郭泰祺在此间得一极良好印象，在各报颇博好评。郭氏告路透记者，称英王对彼所述中国军队情形极为注意，并对于中国有三十岁之元帅表示惊讶，因英国元帅通常为六旬耆老云。《每日捷报》驻华盛顿访员称，国联调查团报告书将指摘日本有心促成满洲战事，并得悉斯氏拥护非战公约之演词在国联报告书提出前发表，命意系欲令美国舆论准备团结，以拥护非战公约。工党机关《前锋报》社评称，日内瓦将有一团体，其主要宗旨系为日本疏通排解，因鉴于今春各小国

对此团体曾经勇猛奋斗云。

【北平十一日路透电】 国联调查团发言人关于伦敦《每日捷报》驻华盛顿访员讯称报告书将指摘日本有心促成满洲战事云云,本晨对路透记者谈话,申述关于报告书内容之任□预测,均系绝对神经过敏之谈,顷间调查团正在编制叙事部分,结论尚未制成。记者询结论何时制成,该发言人答称:"结论将于最后着手。"该发言人于答覆其他询问时,称报告编制进行颇佳。在已往一二日中,调查团主席莱顿氏体温稍高,惟一般康健,堪称满意,于编制报告工作,应稍予以休息。氏顷在德国医院,由德医克礼诊治。据该院谈,今晚莱氏体温略低,情形颇有进步。

【华盛顿十一日哈瓦斯电】《波罗的莫尔太阳报》访员声称,在莱顿调查团报告书向国联提出之前,莱氏对于国联行政院将有所声述。该访员更声称:"莱顿氏向国联表示,国联对远东问题结果,只有依照调查团报告书而为决定态度之根据,否则,调查团报告书将竟无价值之可言。"外交界消息,斯蒂生星期一之演说有两种意义:第一,彼再度指摘破坏非战公约之不合法,以期得到世界舆论之同情;第二,表示与日内瓦之反日团携手,俾莱顿报告书送达国联后,即将采取坚决态度,以应付远东问题。

(《大公报》,1932年8月12日,第三版)

15. 顾维钧将任驻法公使,出席国联大会

【南京十二日下午十时专电】 政府将任顾维钧为驻法公使,以大使待遇随调查团启程,出席国联大会。

国闻社云。记者昨访顾维钧氏,询以将赴日内瓦出席国联大会消息。顾谈:"政府确拟派本人赴日内瓦,已有接洽,本人现时在考虑中,尚未决定。"记者又叩以对时局之意见,顾谓:"外患凭陵,国难日亟,甚盼全国能一致团结。现在政潮发生,说来说去,总是一家之事,当无不能商量者,不久必有妥善解决办法,俾一致对外。本人半年来参与调查团工作,尤形忙碌,对内部政治,久未与闻。今日日本报纸所载解决时局之三项办法,并非本人主张"云云。

(《大公报》,1932年8月13日,第三版)

16. 调查团加紧工作

国闻社云。国联调查团发言人昨晚谈称："调查团现时希望报告书于九月二日以前由平寄出，于国联大会前到达日内瓦。本日（即昨日）例会议决，以后每日例会上下午共举行两次，加紧工作。连日莱顿爵士未参与开会，但其工作每日仍照常进行"云。

（《大公报》，1932年8月13日，第三版）

17. 调查团昨在德国医院开会

【北平十三日路透电】 调查团今日复在德国医院开会，莱顿主席。日外务省发言人称，日政府预料调查团将不建议中日直接交涉。据接近调查团者称，依据国联调查团职权纲领，中日是否直接交涉，完全应归双方自行决定。调查团之报告书须用英法两国文字，预料需时甚多，但希望国联大会开会时可以赶到。调查团回欧之日期及路程，此时尚未解决。

（《大公报》，1932年8月14日，第三版）

18. 华北大势定，中央亦将解决，蒋决日内回京，汪亦允赴宁，北平绥靖公署决由军委分会接收，重要外人对中国政潮慨叹

....

【北平特讯】 华北政局及外交形势，概述如下。

张学良氏辞职照准之令，将与军事委员会北平分会之任命同时发表。关于军委会分会之组织及人选，此间之意见，已电陈蒋委员长，大概：（一）用常

务委员制,不设委员长;(二)该会直辖于国府军委会;(三)华北各重要将领,大抵俱在委员之列,鲁韩亦将参加,另由中央派熟悉华北情形及有军事资望者数人参加;(四)张学良氏当然为常委之一,其他在拟议中。张群氏是否参加,尚未定,因其本人不欲担任,而情势上则有需于彼之参加也。

张学良氏有出洋游历之意,惟何时成行,及是否能以成行,目下皆尚难判断。盖实际情势恐不许彼远离,亦未可知。现在已决定者,绥靖主任之职务,将以合议制之军委会分会接管,而华北绝不至发生任何波澜是也。

外交界对于汪、张辞职后之政局深切注意,各公使纷由避暑地归平,询问一切,国联调查团亦极表关切。盖西人对中国政情本认为费解,此次变动,果如何归宿,在西人以为难于判断,而其尤认为费解者,外患如此严重,何以尚不能一致团结是也。闻有人与中国重要方面闲谈,谓中国真大,失了如许广大领土,尚忙于对内,不作真正对外之奋斗。抱此感慨者,外人中大抵不少也。国联调查团之工作,照常进行中。莱顿近日颇病,报告书之起草,尚未到达结论,其内容如何,要可想见。外人一致之感想,以为中国事必须中国自己作主耳。

此间对于中央政局,亦不知其详。颇有人判断,俟华北改造一切办妥后,汪有回任之可能。而最近各方传来确讯,证明汪、蒋提携,依然巩固,现所盼者,行政院事从速解决,不至久悬而已。

(《大公报》,1932年8月15日,第三版)

19. 顾维钧赴任期未定

平讯。国民政府前日正式任命顾维钧氏为驻法公使。闻顾氏已决定赴任,并将受命出席国联九月大会。惟以参加调查团工作,尚未全部竣事,故离平行期现时亦尚不克决定。又闻顾氏决定将关于参与调查团经手事件办理完竣后,即行赴京,其行期大约在旬日以后。顾氏并已致电外部,请备护照,俟赴京向中央当局请训后,即启程赴法就任云。

(《大公报》,1932年8月15日,第三版)

20. 调查团昨晨开会

【北平十五日路透电】 国联调查团今晨又在德国医院开会，由莱顿氏主席。

(《大公报》，1932年8月16日，第三版)

21. 美、英对远东能否一致？美欲与英国提携行动，否则绝不愿再议缩军——调查团报告发表前国际暗流

【巴迪穆尔十八日路透电】 据《巴迪穆尔太阳报》驻华盛顿访员讯，美国将于九月间派代表赴伦敦，讨论削减海军问题。但政府将训令彼等："如英国关于满洲问题，不能担保赞助美国之立场，即舢板一艘，亦不愿削减"云。

【伦敦十八日路透电】 《每日电讯报》外交访员讯，国联调查团报告书基调，或与美报近项预料者不同。大概其中有数种结论，或将引起日本刺激的愤怒。此项结论，或将显然引起严重争执，令英国对于日美及国联关系，发生种种影响。此项整个问题，不但西门外长与外部加以注意，即首相麦克唐纳亦颇为关心云。

【伦敦十八日哈瓦斯社电】 行将在伦敦召集海军会议之说，伦敦半官消息虽加以否认，然由美国传来之消息，则似美国方面仍在斟酌此事。《巴迪穆尔太阳报》谓美政府有意遣派代表，赴伦敦磋商裁减海军问题，并将训令该代表，谓美国对于满洲问题见地若不能确得英国援助，则美海军虽一只小艇，亦不能牺牲云。

美国对满洲政策之立场，曾于一月七日表明，最近又由斯蒂生覆述，即不承认以违反非战公约及九国条约之方法所取之领土或政治权力。按最近英报之论调，英国似同情"满洲国"及日本在满洲之欲望，故《太阳报》之报告，可认为表示美国有意使英国于日美对峙中协助美国。至新海军军缩会议消息，已经英国各可靠方面否认云。

(《大公报》，1932年8月20日，第四版)

22. 顾维钧昨晚赴北戴河

国闻社云。参与国联调查团中国代表顾维钧,定昨晚八时十五分偕随员等赴北戴河海滨,共留三日,星期二返平云。

(《大公报》,1932年8月20日,第四版)

23. 钱泰昨返京,将放洋赴日内瓦

国闻社云。参与国联调查团中国代表办事处参议钱泰氏,近经中央任命为中国主席国联大会代表处专门委员,于昨日下午五时十五分搭平浦快车返京,俟与外部接洽,即赴沪放洋,转往日内瓦云。

(《大公报》,1932年8月21日,第四版)

24. 调查团下月离平,报告书正赶制,连日上下午均开会,顾维钧将与该团同轮赴欧

国闻社云。国联调查团报告书结论部分,已在编制中,连日上下午在德国医院举行例会,工作极忙碌。该书月底准可制成,该团即于九月初离平。原拟分两批返欧,因西伯利亚铁路遭受北满水灾影响,现时极不便利,故决俱经海道返欧,离平后或赴上海登轮。中国代表顾维钧决随该团同去,赴日内瓦出席国联大会。又顾维钧氏于昨晨十时,由北戴河海滨返平云。

(《大公报》,1932年8月24日,第三版)

25. 社评：调查团与未来大局

国联调查团报告书下月初即将寄出，以时计之，此时殆正起草审议报告书之结论。

莱顿诸君自日本归来，埋头工作，莱顿君抱病主持，贤劳尤甚。今者此贡献世界和平之工作，即将完成，而诸君亦将离吾国即返欧洲。是则此旬日之时间，乃诸君东来使命中之最重要关键，亦为此行在中国永留纪念之日也。吾人既嘉其劳苦，而祝其成功，故愿于该国对远东纠纷下最后判决之时，更贡献吾民若干诚挚之意见，以资其参考。

吾人所望于调查团诸君者，第一，当制作报告之时，刻刻勿忘今后五十年或百年之亚洲全局！勿忘因亚局而起之世界全局之变动！何以言之？世界未来之大问题，无过于亚洲；亚洲未来之大问题，无过于中国。此一大问题之运命，中国当然自负最大之责，然世界对之作何观察，尽何援助，亦自有极大影响。其祸福得失之间，世界任何国民皆密切相关，正不独中国直接收获已也。吾中国所最负于世界者，为其国家之积弱，一切困难由此而起。然而其聪秀勇敢之民族，广漠丰富之资源，在此二十世纪之未来，定将负世界重要之责任。而尤可注目者，中国民族最无种界、无洲界、无东西新旧界。其国产业幼稚，无资本阶级，亦无传统的一切关于宗教、文化、学术之偏见。其国文化最古，而无所不包。欧洲近世一切思想之争，在中国皆非新奇，故闻任何主义，不感讶异，故亦不盲崇。中国锁关之时，诚不能领会泰西，今则五洲为一家，万里若比邻，吾民对于任何国民之思想感情，与其在世界文化上之成就，皆感兴味而致同情，故对任何国民，不排斥、不嫉视，绝不欲侵略人、征服人，其所求者，光荣的独立，而所望者，平等的合作而已。故吾人以为丁此世界艰难、危机四伏之时期，在今后五十年、百年中，其足以缓冲政局，调和思潮，阻世界大战，免文明灭亡，同时助经济改造以解决世界困难者，惟赖有中国在！此首愿国联代表诸君明确认识者也。

中国近年在政治改造途中，此诚艰难大业，自不可旦夕完成，本身弱点颇多，不足为讳。然有一点可以告世界者，此若干年来，因政治上、经济上之重重逼迫，与夫世界政潮之波及及国内科学技术之渐兴，此一大远东国民之社会全体,正在挣扎移动,必求到达一出路!如航海也,已离岸而趋中流;如登山也,已启足而望绝顶。盖有前进之决心,而处不能休止之大势。世界各先进国民,对此远东民族之改造事业,道义上、利害上,皆似有不堪旁观漠视者在。而正当此紧急关头,忽遇日本占满洲之变,尔来一年,正如惊涛骇浪,震撼远东。国际公约为其蹂躏,中日友谊为其摧毁。我国民处大水大旱之后,在无防无备之时,突遭祸患,蒙受奇羞,全国鼎沸,誓求昭雪。于是从来深信无疑之和平观、法律观、世界观,皆因此而发生根本疑问,遂以为世界重恢复于弱肉强食之时代,而不得不自决其应付非常之方针。此半年中所以略维系人心,使之未整个狂化者,徒以国联调查团之存在耳。是以吾人敢断言:今秋明春间,为最后试验国联权威时期,同时为决定中国针路时期!又敢断言:中国政府甚至不能支持,但中国民族之奋斗,则永不息止!仅举一例:若关外义勇军,赤手空拳,与现代式日军不断拼战,万死不辞者,此岂如日阀所谓张学良操纵之力?生死之间,人类之大事也,岂他人所能操纵乎?调查团由此一点,足证明中国民族有卫国拼命之素质,而日本军阀无并吞征服之可能,及今收束,世界和平之幸也,否则此一大悲剧之展开,甚或将撼动世界之全局。此非妄言也。此四万万人口之中国,一旦被迫弃其传统的平和之信仰,而完全为牺牲精神所支配,则其影响当然波及于全世界也。世界今日原潜伏无数火种,中国之地位,巨量之柴薪也,一旦火燃,其延烧结果,孰复能推料之哉!

吾人愿具体的奉告莱顿诸君:(一)中国永远不能放弃我东三省之主权!中国之于日本,只能承认正式条约上之权利;(二)中国永远不能放弃其在东三省之三千万人民!不能容忍其在日阀之下受奴隶俘虏待遇,而伪称为独立国;(三)中国永远不能承认日本以武力侵略方法对待中国。倘日本不悟而国联无方,我四万万人决与永久周旋,以为自卫。凡此皆自明之理论,亦皆符于国联之正轨。吾人甚望莱顿诸君念念勿忘亚洲全局及国联生命,勿忘中国为世界所需,与其忠于国联,及本愿于国联主义之下与各国合作!更勿忘现到最后关头,今冬国联之处理如何,将影响今后五十年、百年间全世界之政局!

吾人本至诚立言,应可供莱顿诸君参考于万一也。

(《大公报》,1932年8月25日,第二版)

26. 日本拟九一八承认伪国，调查团正加紧编制报告，中政会昨对外交有重要讨论，中美公断条约决修正批准

【南京二十四日下午九时发专电】 政局解决后，各方视线现集中日军侵热问题。二十四日晨中政会，除讨论要案三十八例外，罗文干被邀列席，报告日军侵热真相及最近外交形势。席间各委对东北问题有讨论，对改善中美邦交亦提出研究。罗望中央能于短期间批准伍朝枢使美时所签订之中美公断条约。该约当经修正，交国府批准。

【南京二十四日下午一时发专电】 罗文干打消辞意，语人，因汪允在中枢负责，是秉承有人，自当仍本初衷，服务国家。

【南京二十四日电通社电】 国府外交部已于昨日，向驻日中国公使蒋作宾致一训电，命即就日军侵热问题对日政府提出严重抗议，且要求从速停止军事行动，并声明因此次事件所引起一切纠纷，应归日方负责。一方并向国联报告日军再度侵热情形，要求主张公道，且复向其他驻外华使致一训电，命促各国政府加以注意。

....

编制报告工作调查团正赶办

【北平二十四日路透电】 国联调查团每日在德国医院开会，进步颇速，主席莱顿氏顷仍由德医克理格诊视。据闻编制报告工作与预定日程相符，预料全文在下月国联大会开会初期可资应用。该报告完成后，将由最捷路程送往日内瓦，到后立即付印。日内瓦有特别印刷设备，印刷英法两国文正式报告，翻译中日文或其他文字之工作，则将在各该国进行。据闻调查团现仍在编制报告书中关于历史及叙述部分，相信其包罗之范围甚广。各项整个材料汇集齐备，将再分成特别项目，然后制成最后方式之报告书，以备向国联行政院会提出。提案之起草，则将于最后着笔，预料将包罗报告书寄欧前发生之任何重要事件。关于此点，可注意之处，即中国外部顷曾通知日内瓦请注意近来之热河事件。调查团赴欧日期与路线迄今均未定，彼等是否取道西比利亚，尚为一

种问题。查此路线虽属最捷,但顷间北满大水,必须顾及,且因灾区发生虎疫,在满洲里恐须检疫,各团员分道赴欧说,亦未尝不可能云。

调查团回欧后国联议事日程

【东京二十四日新联电】 目下滞留北平之国联调查团一行,本月中可以编竣报告书,而于下月初旬回日内瓦。调查团回国后之国联日程,据日本驻日内瓦之代表部报告外务省云:(一)行政院于九月底报告书之翻译及整理完毕后,即分送中日两国政府及各理事国;(二)各理事国将该项报告书约研究一个星期后,即于十月一日开行政院会议,开始正式审议;(三)其审议期间大约一星期,审议完毕即行移入总会;(四)十月二十日举行十九国委员会后,即由总会审议。由以上之日程观之,问题之临时总会,本定十一月中旬开会,现则提早于十一月上旬举行之预定。

....

(《大公报》,1932年8月25日,第三版)

27. 向国联挑战、背九国公约,内田演说当然惹起世界反响,各国舆论哗然,惟官方暂沈默[①]

【南京二十六日下午八时发专电】 某外交家谈,日本拟九一八承认伪组织,其唯一理由,即谓东北为脱离中国政府之新独立"国家",诚令人齿冷。溥仪等完全为叛逆行为,根本说不到独立,何况日人从事操纵,人人皆知。中国现正待调查团正式报告,倘日本对此报告所列举者表示否认,中国政府除于国联会席上与之抗争外,亦将于日本承认伪国之时,再作特殊严重之表示。

【南京二十六日下午十时发专电】 罗外长定二十九日在外部纪念周发表重要演词,闻系关于东北问题,对内田昨在日议会中之演说将加以纠正,并宣示中政府态度。

【南京二十六日路透电】 此间各华文报纸注意内田演词,标题均加以指

---

① 编者按:今作沉默。后同。

斥，但社评未曾论及。官场意见，以为日本政府因国联大会开会在即，恐日本对满行动将引起世界舆论强烈之指责，因此决定强赖到底，拟早日正式承认"满洲国"，以束缚国联之手。一般意见，此种行动不但中国将提出抗议，即有关系各国，亦不能听日本扯破国联之决议案云。

美政府认日本违犯九国公约

【纽约二十六日路透电】 据《先锋讲坛报》消息灵通之访员讯，美国对于日本决定承认"满洲国"之答覆，将为运用其势力，在外交上将其摈绝。该访员以为世界其他各国亦具有此意向。华盛顿方面视内田演词根本系针对国联而发，其注意点集中调查团报告书。美政府方面声明，将视日本承认"满洲国"为违犯九国公约。但官场确称，胡佛总统与国务卿斯蒂生均将不答覆内田之演词，在国联采取行动前，亦将不发表任何关于"满洲国"之声明。《纽约时报》社评称，内田对于日本在满洲行动所陈述之理由，与一九一四年德国侵略比、法时所陈述者相同。该报认内田演词系预防援用九国公约与非战公约，针对莱顿报告书，对于国联权力予以直接的锋利之挑战云。

【华盛顿二十五日合众社电】 内田在日议会之演词，引起全世界深切注意。美国务部认内田陈述"满洲国"有早日承认需要之演词，根本系针对国联而发。华盛顿官方称，日本承认"满洲国"只可视作直接破坏九国公约。内田演词已在伦敦引起迅速反响，包括报纸之批评与郭泰祺曾发表强烈宣言。美国务部视内田演说根本系对国联而发，故不拟作任何答覆。华盛顿官场观察人以为日本承认"满洲国"之举，自法律观点言之，应视"满洲国"之成立是否能证明为人民自动产生，或系日本造成之傀儡政府。预料下月国联调查团报告书在日内瓦发表后，对于"满洲国"是否为傀儡政府，将不难揭穿云。

英国各报评论揭破日本阴谋

【伦敦二十五日合众社电】 本日英国工党与自由党各报，认内田演词时机尚未成熟。本日伦敦《新闻纪事报》社评称："在国联调查团报告书发表前，日外相对于满洲国际情事之干涉，似非智举，且未加以熟虑。日本不能令他国接受其片面宣言，以为非战公约与其他条约并未为日本在满洲之举动所破坏。"郭泰祺氏于阅读该演词后称："吾人不知国联调查团报告书中，有何事迫日本外相作此预料的宣言。其对于去年九月以来，满洲发生之事，以为世界全无所知，似与废物无异。内田氏第一应忆及者，即关于满洲地位应发表宣言与判决之处所，为日内瓦而非东京"云。

【伦敦二十五日路透电】 此间大半报纸晨刊，对于内田为日本政策辩护之演词，仅简短登载，惟有《泰晤士报》予以重视。公众注意点顷正集中于德国情势与沃大瓦会议结果，以及棉织业劳资争端。查内田演词未经各报论及，显因演词中对于一般已知之日本立场外，增益甚少。是种立场，为一般所熟知。消息灵通人士对日本承认"满洲国"之举，早经料及，但官方谢绝发表意见。顷间伦敦市场日圆价格疲弱，日本证券亦继续跌落。据闻西锡尔氏对内田演词已加以审慎阅读，但认为最好不必发表意见，因内田所述各点，或将在日内瓦提出。中国公使郭泰祺称，判决满洲地位之处所，为日内瓦而非东京，并指陈中日二国均须对该法庭负责云。

【伦敦二十六日哈瓦斯社电】 内田氏昨在日议会中发表之演说，给予此间人士深刻印象，而尤予中国使馆方面特别冲动。中国驻英公使郭泰祺顷向本社伦敦记者宣称，日外相此种肆无忌惮之演词，中国政府必将提出严重抗议。国际调查团在北平起草东三省问题最后报告书之际，内田公然发表此种言论，其用意所在，至为深刻。内田之言，实具有一种烟幕弹之作用，俾能掩饰其狰狞之面目。但调查团报告书，竟能引起内田之谬论，未免可怪。在日人之意，或以为虚伪宣传，即能淆乱世界听闻，用心亦太苦矣。不过日人应知，负责审判东三省问题者，国联也，非日本也。中日均为国联会员，则国联之判决，双方均应遵守。日本不惜以最卑劣之手段，助成中国纷乱之局，然而中国犹能逐步渐进，固未尝以暗杀手段为政争之工具。但就个人观察所及，知世界各国对于中国政治上、经济上之发展，尚未有充分之认识。内田自谓，东三省日军如撤退，则欧洲列强之利益将无保障，但《曼哲斯特报》日前曾谓，英国在东三省商业，因日人实行非法占领，损失极重。观此，则日人之假宣传，不攻自破。郭氏于结束时声称，内田原系当日代表日本签订非战公约之人，今竟以保护日本权利之假名，而为日军强占他国领土之借口，可见心劳日拙。

…………

（《大公报》，1932 年 8 月 27 日，第三版）

28. 世界舆论第二次动员：日本承认伪国足使战云四布

【伦敦二十六日路透电】 保守党报纸对于内田在议会所发表阐明日本承认"满洲国"理由之演说，未加批评。而自由、劳工两党之报纸，据《新闻纪事报》及《每日前锋报》所反映，认内田演说乃预示危险的可能性。《新闻纪事报》观察，远东方面有再发生冲突之可能，并引证日来相传日本在上海增兵一节，足为引起重大不安之原因。该报称，内田竟在国联调查团报告书发表前遽尔出此，既不聪明，亦欠精审。《每日前锋报》著一论说，其标题为"日本之傀儡"宣称内含有世界悲剧一切可能性之一出滑稽剧，刻正在远东开演，并称日本之承认"满洲国"，乃公然侮蔑世界道德意义之最后步骤，足使战云四布。《曼哲斯德卫报》著论，标题为"'满洲国'乃'满洲国人'者乎"。该报称，仅就日本而论，对于"满洲国"之承认，不啻默示日本蔑视莱顿报告之意旨，而强令国联各会员国家最后承认满洲之形势，乃用与日本所负之国际义务不相并立之手段所演出。该报又称，按照美国务卿所主张之不承认主义，足使各国在任何情形之下，拒绝与"满洲国"发生关系云。日债券因日金回涨，价格增涨。

【伦敦二十六日路透电】 此间某高级官吏于接见路透记者时，谈称："英国对远东整个纠纷，必须视作仍在检查中之法律案。英国为国联行政院会理事，本此资格，故应视作审判人之一。"该官吏对于日本在国联调查团报告书接到前承认"满洲国"，将发生若何结果，不能预料，彼相信报告书须于九月底方能由各国详加研究。伦敦方面对于日本承认"满洲国"是否违犯九国公约，观察不一。某方意见，以为在时会推移中，一般如承受"满洲国"为事实政府，则西方各国或许将予以承认，如此，则显然不能援用九国公约。另一意见，以为日本承认"满洲国"，当然为破坏九国公约，故应召集一缔约国会议，决定对付此破坏条约者之步骤云。

(《大公报》，1932年8月28日，第三版)

29. 调查团下月初离平，决分水陆两组返欧，顾维钧与莱顿同行

国闻社云。国联调查团报告书现正加紧赶制中，仍希望在预期之本月底完全编竣，该团全部工作即属完毕。兹悉该团已定下月初分道离平，委员长莱顿爵士与美委员麦考易及副秘长皮尔特等，定下月四日由平乘飞机飞往上海，搭翌日之义国邮船返欧。德委员希尼、法委员克劳德尔、义委员阿露温德及秘书长哈斯等，则定下月二日由平经大连赴海参崴，转西伯利亚铁路赴欧。中国驻法公使兼出席日内瓦国联大会代表顾维钧氏，因调查团方面希望同行，已定于下月二日由平入京，向外部及各方面接洽后，转往上海，五日前准可到沪，参与莱顿一组，由沪搭轮启行，先赴法国，再去日内瓦出席国联大会。至日本代表吉田，俟调查团离平，亦返日本报告。盖彼参与调查团之工作，届时亦告终了云。

(《大公报》，1932年8月28日，第三版)

30. 美、日尖锐化，日本谋疏解，将派海军特使赴美游说，罗外长将驳斥内田谬论

....

调查团报告书九月底提出

【北平二十七日路透电】 据闻调查团或将经苏彝士运河返欧。据称该团或乘甘吉号义大利邮船，于九月五日自沪启行。团员于一星期内，或将离平，赴欧最敏捷之路，须最后决定。莱顿爵士因康健原因，无论如何将由海路返欧。据调查团方面观察，因报告书篇幅浩繁，提出国联行政院最早期限将在九月底。届时临时报告可以完成，而不附任何附录。此项报告书在提出前，将先付印云。

【上海二十八日电】 外讯。调查团报告即将编竣,内容仍严守秘密。闻全文约二十五万言,报告部份占十六万五千言,结论占七八千言,外有附件十五件,各五千言。

平讯。参与国联调查团中国代表顾维钧氏,决于二日下午乘平浦车先行南下,四日晨抵京,停留半日,办理出洋手续,当日晚车即离京,五日晨抵沪,与莱顿等同乘义大利船放洋,期于十月一日赶到日内瓦。顾氏并以离平在即,特于前晚八时与其夫人在宅欢宴调查团。除莱顿因病未到外,余如美、法、德、义各代表,秘书长哈斯夫妇等均到,并约有王广圻、萧继荣等作陪,至十时始尽欢而散。

(《大公报》,1932年8月29日,第三版)

31. 调查团公布预定行程,顾维钧下月一日飞京

国闻社云。国联调查团发言人昨晚六时对记者谈称,连日所传调查团离平行程,大致确实。截至本日止,预定行程如下:(一)委员长莱顿与美委员麦考易,偕一部随员于九月二日乘火车赴沪;如赶不及,则于四日乘飞机飞沪,五日搭义国邮船赴欧。由沪至义大利须二十二天,由义再到日内瓦一天,预计九月二十三四可抵日内瓦。(二)法、义、德三委员偕一部随员,于九月二日离平,转轮赴大连,由连再赴哈尔滨,经西伯利亚返欧,总计由平至日内瓦须十四天,九月十六七日即可到达。(三)秘书长哈斯偕莱顿赴沪后,办理某项公务毕,仍返平。约九月中旬再偕一部留平随员离平,经西伯利亚返日内瓦。以上俱为预拟之计划,须视今明两日工作情形,作最后决定。报告书现时仍在加紧赶制中,连日皆在德国医院开会。书中有一部份尚未着手,明日当可开始。全书仍期望在本月三十一日编竣,惟亦须视今明日工作情形而定。如三十一日不克竣事,则经西伯利亚返欧之一组,将稍缓一两日再为首途,而莱顿等一组,必须于四日乘机飞沪。但无论如何,报告书必在北平编制完竣。外传如本月底不克编竣,而于返欧途中编制说不确,事实上亦做不到云云。又中国驻法公使兼参与调查团代表顾维钧氏,原定九月二日车行赴京,承商一切,兹以行政院及外交部各方电促早日南下,行期已有变更。据顾氏左右昨语记者,顾氏现

拟于九月一日乘福特机飞京,约留两三日,转往上海。届时有无变更,不得而知,惟已定五日偕莱顿等一行乘轮赴欧,先抵法接任后,再赴日内瓦出席国联大会云。

(《大公报》,1932年8月30日,第三版)

32. 罗文干今晨飞汉谒蒋,调查团报告书不日即脱稿,将由法、德两委员携呈国联

【南京三十日下午十时发专电】 罗外长因国联大会期近,外交形势亦趋严重,有与林、蒋商谈必要,定三十一晨偕秘书向哲浚乘中国航空公司机飞汉谒蒋,商谈一切。在汉拟留一二日,即飞浔谒林。在浔留一日,约二日或三日返京。

【汉口三十日下午十发专电】 罗文干定三十一日来汉,向蒋商外交事,留一日赴浔谒林,总部三十日已接电报告。

国闻社云。国联调查团发言人昨晚谈称,委员长莱顿爵士与美、义两委员等,准九月四日上午乘飞机飞往上海,翌日搭义国邮船返日内瓦。法、德两委员经西伯利亚返欧,是否九月二日离平,尚未确定。秘书长哈斯及秘书吴秀峰,定九月五日赴沪,有所公干。哈斯事毕仍返平,九月中旬返欧,吴氏由沪赴香港,转轮赴日内瓦。报告书今日可编制完竣,将由法、德两委员经西伯利亚返日内瓦时,携呈国联云。

(《大公报》,1932年8月31日,第三版)

33. 罗文干昨日飞谒林、蒋,外交益趋严重商决应付方策,顾维钧定明日乘飞机赴京

【汉口三十一日下午九时发专电】 罗文干三十一日下午二时由京飞抵浔,即换车赴庐山谒林,定一日午乘原机来汉。

【南京三十一日下午七时发专电】 罗文干三十一日午乘机飞汉谒蒋,临行谈:"日本拟于九一八承认伪国组织,同时将积极准备进犯热河,外交形势益趋严重。中央方面曾议应付方策,惟仍待与林、蒋一商决定。本人先至汉,后至浔,约三四日返京。"

国闻社云。国联调查团昨日上午十时、下午四时在德国医院及北京饭店各举行例会一次,编制报告书。莱顿于七时半始离北京饭店返医院。据闻报告书昨日未能依原定计划编制完竣,今明或继续赶制,本月三日总可竣事。据调查团发言人昨晚谈称,委员长莱顿及美、义两委员准于四日上午乘飞机赴沪,五日返欧。德委员希尼及法委员克劳德尔,亦定四日乘火车离平,经由大连赴哈抑出关赴哈,现时尚未定,惟确定由哈搭西伯利亚车返日内瓦云云。又中国驻法公使顾维钧定明日上午乘飞机飞往南京,四日转沪,五日搭义国邮船与莱顿等赴欧云。

【北平电话】 国联调查团报告书预定昨晚作完,但是否已完成,刻尚不悉。惟昨日上下午均曾开会,一如常时,其结论则守秘密,无从知悉云。

(《大公报》,1932年9月1日,第三版)

34. 调查团报告书全部完成,结论内容:另外召开国际会议? 国联助成中日交涉? 顾维钧谈应自动的定方针

【北平电话】 国联调查团之报告书已于昨日下午四时三十分全部完成,调查团各委员准四日分二批离平。我国代表顾维钧氏则已确定今晨乘飞机赴京,向政府报告,并预定明日赴汉谒蒋后,赶于五日与乘飞机到沪之莱顿氏同船赴欧。调查团之工作,至斯告终。至报告书全文,该团并不提示中日两国政府,因报告书专为呈报国联,并不必向中日公开。不过结论内容,大概可告中日双方当局。据曾由该团非正式相告,其结论大概系条陈数种解决途径,如另行召开国际会议或由国联助成中日开始交涉之类。其余事实部分,对于满洲伪国自不能依照日人解释,而对于中国行政亦有所批评。至关于中国领土主权之问题,则该报告性质系依法论事,自依国联决议案主张也。该报告到达国联后,将先由行政院开会审议,然后提出大会。其间经何修改,皆不可知。

【北平电话】 本社记者昨午特访顾代表,叩其感想。顾氏谓外交之根本关键实在内政,且不问国际形势如何,必须决定自己决心及办法如何。中国应自动的决定方针以运用外交,若持被动的态度,则效果难期。一般外人对中国内政上时有不了解处,彼等常以为言,是以欲求外交之胜利,必须内政上趋向一新,全国团结,而后有确定之方针,如斯则国际上自然多助,盖国际形势应由中国自己去运用也。顾氏末谓此次赴欧,不过尽国民一份子责任,而外交官之地位,实际不过一传话机,全赖政府指导、国民后援云云。顾氏启程在即,忽忙殊甚,昨晚八时张学良氏在宅设宴,以壮行色。

国闻社云。国联调查团报告书,原定八月三十一日编成。加紧赶制结果,仍未能照预定计划实现。昨晨十时至十二时,在德国医院开会,下午四时又在北京饭店开会,七时始散。莱顿原定昨日赴顺承王府访张学良,代表该团向张氏辞行,因事忙未果,拟于今明前往云。又义大利驻华公使齐亚诺,定今晨八时与顾氏同乘福特飞机飞京,转往上海云。

(《大公报》,1932年9月2日,第三版)

35. 顾维钧昨抵京谒汪,今日飞汉谒蒋,莱顿明日离平赴沪,顾、莱同船五日放洋,莱顿今日招待平新闻界临别谈话

【南京二日下午八时发专电】 顾维钧二日下午一时半乘机抵京,寓励志社。汪定即晚在官邸宴顾,席后将有重要会商。三日晨顾飞汉谒蒋。

【南京二日下午十时发专电】 义使夫妇随顾到京,略休息,二时半乘机飞沪,不久将来京呈递国书。下午四时,顾谒汪长谈二小时。顾原拟往牯岭谒林,因时间不及作罢,四日由汉直飞沪,五日放洋。顾语记者,调查团报告书二日全部完成,由莱顿携往日内瓦。将先由行政院讨论,转到大会,再交十九国特别委员会缜密研究,作和平公正处置,内容未便宣布,但调查团为国联所派,当不违背国联公道主张云。顾电罗文干,请在汉暂留晤面。本届国联大会议程列二十余案,重要者有修改盟约适合非战公约问题、行政院三非常任理事选举等。

【汉口二日午十时半发专电】 罗文干偕沈觐鼎二日晚九时乘湘和轮回京。

国闻社云。中国驻法公使兼出席国联代表顾维钧，于昨日上午八时偕萧继荣、傅冠雄、顾善昌等乘福特飞机飞往南京。义国驻华公使齐亚诺同机赴京，转任上海。到清河航站送行者有张学良代表万福麟、于学忠、王树常、朱光沐、汤国桢，与王广圻、王承传、刘洒藩［蕃］、施肇夔、顾夫人黄女士及义使馆职员等多人。顾氏一行计昨日下午一时左右可抵京。顾谒汪精卫后，定今日再飞汉口，谒蒋、罗承商一切。四日由汉赴沪，五日上午十一时偕四日飞抵上海之调查团委员长莱顿等，同乘义国邮船赴欧。顾氏抵义大利后，先赴法接任，再去日内瓦出席国联大会。又调查团美委员麦克易、秘书长哈斯，于三十一日午晚分别宴请顾夫妇，法使韦礼德及张学良于前日午晚亦分别设宴行，顾氏深致谢意云。

又调查团报告书业于前日下午四时三十分编制完成。昨日上午该团复在德国医院开会，加以复核并讨论离平行程及其他事务。该团工作决定今日完全结束。委员长莱顿定于今日下午公务完毕后，于晚餐前假北京饭店招待平市新闻界及欧美、日本驻平记者，作临别之谈话，时间今日上午可规定。又莱顿并拟今日赴顺承王府访张学良氏，代表该团辞行。该团一行决定明日离平。莱顿与美委员麦考易、义委员阿露温德等，于明日上午八时乘福特机飞往上海，搭五日义邮船赴欧；德委员希尼、法委员克劳德尔等，则于明日下午四时乘北宁专车赴塘沽，搭轮赴大连，转哈埠经西伯利亚返欧。

（《大公报》，1932 年 9 月 3 日，第三版）

36. 国联调查一幕终场，调查团今日离北平，今晨行前签报告书，德、法两委携赴欧，莱顿飞沪，顾维钧一日间往返京、沪、汉

【北平电话】 国联调查团报告书兹悉确于一日下午四时半完成，近二日仅系覆核，并有一部份誊抄。直至昨晚十一时，莱顿始离北京饭店，返德国医院休息。据闻调查团五委员对报告书结论意见完全一致，定今晨临行时在北京饭店签字，即交由德、法两委员携带，经由西伯利亚赴日内瓦。莱顿所乘飞机定今晨九时启航，计程五小时可抵沪。关于接见新闻记者事，莱顿因过于繁

忙,未克实现。昨晚莱顿离北京饭店时,有日记者询问何故不接见,莱顿答称,明晨(即今晨)八时如有暇时,或能一谈云云。

【南京三日下午三时发专电】 顾维钧三日晨六时三刻乘福特机飞汉谒蒋,临行语记者:"余昨谒汪,请应付国联大会方针,内容未能详告。但政府既任颜、郭及余出席会议,余等誓必力争公道正义,以求民族国家之生存,并当秉承中央所订方针,不为强权暴力所屈服。国联为主持正义机关,对东省问题必能谋公道解决。"

【汉口三日下午七时发专电】 顾维钧三日上午十一时乘福特机抵汉,即乘车至怡和村谒蒋。谈一小时半,下午一时许仍乘原机回京。

【南京三日下午八时发专电】 顾维钧抵汉即谒蒋后,下午一时仍乘原机回京。四时二十分抵明故宫飞机场降落,下机后至站长室进茶点。四时五十五分乘原机飞沪,同行有刘崇杰、傅冠雄。顾谈:"余与蒋谈约二小时,对东北及国联大会我国应取步骤,已完全决定,中央各领袖对外问题意见一致。在汉时因罗外长已离汉,故未晤。因时间忽促,亦未赴浔谒林主席。到沪后决五日与莱顿等同放洋。"顾并称,蒋虽在军事忽忙中,对外交极为关心,关于东北问题之应付方针,蒋已相当指示云。罗文干四日午可到,拟下午乘车赴沪,晤汪、宋、顾,接待莱顿等。

【上海三日下午八时发专电】 钱泰、戈公振均准五日晨九时偕莱顿、顾维钧等同船放洋。

【上海四日上午一时发专电】 顾维钧三日晚七时到沪,当晚晤汪,甚劳顿。

调查团昨谒张辞行,定今日分两组离平

国闻社云。国联调查团报告书,业经编制完竣。委员长莱顿及各委员,昨晨十时在北京饭店开会。该团工作预定昨夜全部终了,重要团员准于今日分两组离平返欧。昨日下午四时,该团委员长莱顿偕美委员麦考易、法委员克劳德尔、德委员希尼、意委员阿露温德、秘书长哈斯,赴顺承王府访张学良氏辞行。张接见会谈,并致慰劳意。至四时三刻莱顿等始告辞,五时返抵北京饭店,拟于下午七时招待北平新闻记者及欧美、日本记者作临别谈话,以事忙未果。莱顿与阿露温德、麦考易、麦夫人、莱顿之秘书亚斯托,今日上午八时或十时,乘福特飞机赴上海,张学良并派代表端纳伴送。一行预定下午二时左右抵沪,五日上午十一时偕中国新任驻法公使顾维钧,同搭义国邮船返日内瓦。希尼与克劳德尔携带该团报告书,于今日下午四时乘北宁专车赴塘沽,七时过天津,八时到塘沽登日本轮船。该轮于明晨二时由塘沽开行,抵大连后,转往哈尔滨经西伯利亚返日内瓦。闻日本方面以哈埠迤西义勇军势力极盛,德、法两委由哈赴满洲里登车时,决备飞机送往。日本代表吉田亦于今日随德、法两委同时离平,赴大连转道返国覆命。其书记官盐崎已于昨晨八时,携大批行囊乘车先赴塘沽。调查团秘书长哈斯,定明日下午与秘书吴秀峰赴京,转往上海公干。哈斯公毕返平,于九月中旬经西伯利亚返欧,吴则由沪赴港,转轮返日内瓦。

(《大公报》,1932年9月4日,第三版)

37. 国联调查团德、法委员今晚过津,本市当局已布置欢送

国联调查团以调查东北报告书业已编制完成,各委员决定今日全体离平。委员长莱顿等将于今日上午由平乘飞机赴沪返欧,德委员希尼及法委员克劳德尔等,则定于今日下午四时乘北宁专车由平赴塘沽,搭日轮赴大连,经西伯利亚返欧。昨日本市当局决定于该委员过津时,仍照上次欢迎办法,在车站方面悬挂万国小旗及装置五色小电灯,藉表欢送之意。至在车上服务人员,北宁路局已嘱令今晨赴平,以便随车服务云。

(《大公报》,1932年9月4日,第七版)

38. 调查团昨离平归国,报告书已签字完竣,莱顿、顾维钧等今晨由沪放洋,德、法两委员经西伯利亚返日内瓦

国闻社云。国联调查团编制报告,业经竣事。昨晨八时,报告书已由各委员签字完毕。全团除秘书长哈斯在华稍留外,其余重要团员即于昨日分两组

离平。委员长莱顿、美委员麦考易、义委员阿露温德等于昨晨九时五十分乘飞机飞沪,定今日上午九时,偕中国驻法公使顾维钧由沪搭义国邮船赴欧。德委员希尼、法委员克劳德尔,昨日下午四时乘车赴塘沽,转大连、哈尔滨,经西伯利亚回欧。抵欧后,莱顿、希尼、阿露温德等将先行返英、德、义各国一行,再赴日内瓦。

调查团报告书覆核誊抄,迄至前夜十一时,工作完全终了。昨晨八时,各委员及秘书长哈斯齐集德国医院签字。莱顿首先签署,各委对结论部分意见完全一致,故皆签字(按外国习惯,少数不同意者可以不签)。哈斯最末签字。该书签字后,即作为调查团报告书之正本,并由德、法两委员经西伯利亚返欧时携往日内瓦,转呈国联。

莱顿等昨晨福特机飞沪

报告书签字后,莱顿等即于八时半出德国医院,分乘汽车,驰往清河。乘福特机离平飞沪者,除莱顿、麦考易、阿露温德三委外,尚有麦考易夫人,莱顿之秘书亚斯托,麦考易之秘书毕德,秘书文格司、莱瑞,与中国代表办事处及张学良所派之代表端纳共九人。张氏特派福特机新机,备与一行乘坐。清河航站由卫队营担任警卫,军分会、卫戍部亦各派部队与乐队到站欢送。昨晨自六时后,送行车即络绎驰车往清河航站。卫戍司令于学忠与外交部保卫处长王承传等到场最早,继来者有军分会常委万福麟、北平市长周大文、中国代表处秘书长王广圻、参事刘迺藩[蕃]、宪兵司令部邵文凯、第十四军长庞炳勋、汤国桢、沈祖同、调查团秘书吴秀峰、德国公使陶德曼、英使馆代办应格兰、义代办安芳素、其他各使馆重要职员连同各国记者约百余人。莱顿偕麦考易夫妇、阿露温德、克劳德尔、希尼及秘书长哈斯夫妇等,于九时二十分乘汽车抵站,军乐大作,莱顿等三委员与各送行者纷纷握手致谢。九时四十五分张学良氏亦到站致送,并与莱顿等在机前合摄一影纪念。摄影后,莱顿、麦考易等相继登机。九时五十分飞机于乐声里展翼腾空,并绕场一周,始向南飞去。送行者于是亦离站返城。莱顿等一行旅程约需五小时,下午三时左右可以到达上海。

德、法委员晚过津赴塘沽

德国委员希尼、法国委员克劳德尔、日代表吉田及随员等一行十五人,于昨日下午四时乘北宁专车离平。到东站送行者与晨间清河情况大致相同,计到张学良、于学忠、万福麟、周大文、邵文凯、朱光沐、汤国桢、唐宝潮、王广圻、王承传、王卓然、哈斯夫妇、皮尔特、吴秀峰及日本等使馆职员。军分会派张伟斌、中国代表办事处代表刘迺藩[蕃]护送离平。专车昨晚七时抵津，有小勾留，十二时抵塘沽，换乘日轮，于今晨二时由塘沽启程赴大连。吉田将由连返国覆命。德、法两委则由连赴哈尔滨，由该地再乘飞机至满洲里登西伯利亚车赴欧，途经东省时，不受任何招待。

【本市消息】 国联调查团德、法两委员于昨日下午乘北宁专车来津，本市军警当局接得报告后，即于东车站从事戒备，临时宣布戒严，禁止车马行人通行，并有公安局保安队及便衣特务分布附近弹压。车站站台悬有万国小旗，缀以五彩电灯。莅站欢迎者计有民政厅长王玉科、第二军参谋长刘家鸾、教育厅长陈筱庄，及各机构代表、德法日各国领事及武官等。七时十分压道车抵津，七时十五分专车进站。两委员于军乐声中下车，与欢迎人员略事寒暄。德领偕德委赴特一区福德饭店设宴款待，法领偕法委克劳德尔赴法领馆晚宴，日代表吉田未下车，日领后藤与谈数分钟即去。外交部派刘迺藩[蕃]陪送至塘沽。十时各委员登车，即开赴塘沽。今晨日轮长城丸赴大连，该委员等赠北宁路纪念品一件，该赠品为厚纸一方，上绘英、法、德、美、义、中、日七国国旗，并有代表十四人之签字。此外有英文字数行，大意为国联调查团为维持世界和平公理起见，于一九三二年三月至九月到中国与日本，本团主席莱顿爵士率全团到华北各处，北宁路局负责备车迎送，深为感谢，特作如下之文字，以兹纪念云。

莱顿离平时对记者谈话

莱顿临行前，在飞机场对记者一度谈话，因送行者多，只略谈数语，兹志如后（以下记者问，莱答）。问："报告书结论内容可得阅乎？"答："报告书将以最敏捷之方法寄到日内瓦，加以印制，分送中日两国，将来即在日内瓦、南京、东京三处同时发表。届时对结论内容当可明悉，现在未便奉告。"问："何时可以发表？"答："此刻尚不能预定。"问："报告书是否亦送英、美、法、德、义等国各一份？"答："同时发表。"问："闻报告书约四百页，确否？"未答。问："此次来远东之感想如何？"亦未答。问："贵体已康复否？"答："余现在精神甚好，惟以旅行时间过多，腿部稍感不适。"

又德国委员希尼博士，昨晨在航站对记者谈话如次。问："调查团报告书是否由博士与克劳德尔将军携往日内瓦？"答："并非余个人携往。"问："由哈尔滨登车，闻将乘坐飞机，确否？"答："或乘用飞机。"问："返欧先至何地？"答："余个人预定九月二十四日左右先到柏林一行，九月二十九日到日内瓦。"问："莱顿博士是否亦先返英，再赴日内瓦？"答："大约彼将先到英伦。"最后并谓此来得识许多朋友，殊为欣幸。

又调查团秘书长哈斯及其夫人定明日（六日）下午五时乘平浦车赴南京、上海，闻将与我方有所接洽。预定本月中旬北返至津，由津赴山海关视察，再取道东北经西伯利亚返日内瓦。副秘书长皮尔特定七日赴沪，将由沪返欧。秘书吴秀峰偕其夫人已于昨晚五时十五分乘平浦快车赴京，稍留去沪，搭轮赴广州原籍省亲，本月中旬由港放洋回欧。

莱顿等今晨由上海返欧

【上海四日下午九时发专电】 刘崇杰四日晨先访汪，谈外交方针，约一小时。据称中央对日本承认伪组织，已决定对付办法。旋宋子文、蔡廷锴至，偕汪至宋宅。顾维钧偕吴铁城亦到，密谈一小时。汪四日晚不回京。四日午刘崇杰假李拔可宅践顾，各界领袖十余人作陪。刘致欢迎辞，顾亦述中日外交情况。宴毕，顾、刘赴虹桥机场欢迎莱顿等，吴铁城、温应星、义使、美总领及各界领袖百余人均到。机三时三刻飞到，机场保护严密，各秘书先下机，美、义委员及莱顿先后下，由吴铁城等分别招待寒暄，即出场，乘汽车至华懋饭店。莱顿力守缄默，且以病躯劳顿，即登楼休息。义委旋赴义领署。定五日晨九时登船。随顾去者为颜德庆、钱泰、萧继荣等七员。据可靠方面讯，报告书确持公平态度，尊重国联地位及条约尊严。下午五时二十分，汪偕顾及刘崇杰至华懋饭店，旋宋子文亦至。汪与莱顿谈二十分钟，偕顾、刘先行。汪言所谈未得莱顿同意，不能发表，此来不过代政府慰劳。宋、莱谈至六时半，始偕端纳出。

罗文干抵沪与汪、顾长谈

【南京四日下午六时发专电】 罗文干、沈觐鼎二日晚由汉启程，四日午到京，外次徐谟及各司长等均赴下关欢迎。罗、沈到部休息，徐报告数日来外交情形，罗以调查团莱顿等一行及我代表顾维钧已定五日离沪赴欧，决前往一晤。下午一时，即请京沪路挂专车一辆，赶往会晤，徐谟、沈觐鼎、向哲浚等同行。罗俟与莱顿、顾维钧等会晤后，定五日夜车返京。罗谈："此次赴浔、汉谒林、蒋，对今后外交应付方针，已商有具体办法。现以顾定明晨放洋，本人尚未与晤谈，对应付国联大会之方针，必须晤洽，调查团莱顿等一行返欧，余亦应送行，以尽地主之谊，故特兼程前往"云。

【上海四日下午十时发专电】 罗文干、徐谟晚七时到沪。罗当晚与汪、顾会谈。在汉谒蒋所谈，罗不欲言。

【上海五日上午零时十五分发专电】 汪、罗、顾、徐谟、刘崇杰，四日晚九时半往访宋子文，谈至十一时一刻始散。据汪谈，系乘顾未出国前，于国际外交方针讨论作一结束。

（《大公报》，1932年9月5日，第三版）

39. 日政府显然将吞并满洲，英报对远东时局表悲观

【伦敦三日路透电】 伦敦《观察报》假定莱顿报告书将指摘日本政策以及日本将退出国联事，撰论劝告，宣称日内瓦对日应采强硬手段之人士，必须运用常识，并承认日内瓦除承受己身不幸与日本退出外，不能作任何举动。该报称，日政府无疑已着手割裂满洲、将"满洲国"作为日本属国之充分目的。该报又称，此事颇可悲观，但政界当局之责，在提出任何建议的与能以实行之代替方法。顷间可以左右吾人意旨之点，即日本为远东有势力之惟一强国。日"满"草约附带的与策略的目标，显欲于莱顿报告书到达时，以既成事实示日内瓦。又在此危岌之纠纷中，最令吾人注意之点，即倘令日本退出国联，则与满洲命运最有关系之日、美、俄三国，将无一为国联会员云。

（《大公报》，1932年9月5日，第三版）

40. 社评：外交关键在内政

顾维钧氏临行向本社记者发表感想曰：外交关键，在于内政。此老生常谈也，然出自参与调查团工作、身负外交责任者之口，则知其必有深切之感触，足窥破时局一切之真相。

日本将承认伪国，分割三省，而国联不能阻，公约不能制；近且上海一夕数

惊，热河刻刻可虑，外患严重，至是而极。虽然，此犹国难之一面已耳。试回首九一八以来，瞬届周岁，中国在此一年中，政治上、军事上，果何事有进步，何地曾改良？东三省为日军占领，国家权力竟不能及，痛矣；然榆关以内，固未受外患之干涉，一年来，举国言准备，何以未准备？言改革，何以不改革？由今回顾，除国家财政、人民经济更增加困穷之外，政治军事之任何方面，绝不异于一年以前。国家于东三省不能行使其统治之权，而东省以外则固可自由行使也，而一岁严重宝贵之光阴，又何以听其轻轻空过？以此泄沓不振之状，而徒号呼救国御侮，岂不令帝国主义者狞笑其旁哉！或又曰：此共党问题为之祟也。然通全国而言，赤化暴动区域，毕竟为一小部分。如华北数省即未受此患，西北、西南亦皆无之，何以大部分之各省，其行政及一切方面，绝未有非常准备，亦且不见政治上之新气象哉？是以中国今日之病症，为外患内忧两重。外患等于猛烈毒菌之侵袭，虽极可畏，而不能致命，其最足致命者，即此膏盲[肓]间之内忧。由今观之，除非极力输新血液，成新生命，则此百病丛生之巨人，定奄奄而自殆。何也？其神经系及一切组织，皆现麻痹不可用之状故也。夫欲雪非常之耻，必须有非常之备，其事艰巨，全国之人，宝寸阴、竭全力以谋之，犹恐不逮；如此麻木，虽俟河之清，依然此破碎支离之状态耳。纵偶而张脉偾兴，攘臂以呼，亦不旋踵而嗒然僵卧矣，宁有济乎！近因人多羡慕苏联五年工业计画之成功，然岂知所难者，不在计画，亦不在技术，实在于实行计画之有人，与其能节缩一切以供建设之国家整个的设施。故其工业之成功者，果也，有以使其成功者，因也。倘只羡其果，而不究其因，以为彼能之我亦能之者，误矣。况中国现状，不独不造善因，并且继续造恶因，政治上之一切现象，无不与国民经济之利益相背，国库民财皆穷而竭矣，焉能产生非常之建设哉！夫国难至此，凡有良知之中国人，无论何界，无不寝馈难安，而血气青年，更准备为国拼命，一般民气实有可称；然而不肖官吏，虽在此存亡呼吸之时，依然不放弃其中饱生涯。自世界恐慌以来，中国出口货大受打击，其中数大宗几于不能复振，此种危象，西北尤甚。然而非法捐税，跋扈依然，一般业出口货之内地中小商人，一两年中，恐非完全破产不止。商业既断，生产者之工农如何，不问可知矣，凡此皆仅举例言之耳。全国政治上整个现象，实趋向自杀之途，国难以来，不独无改良，恐且更改恶，盖财政日穷，民生日枯，则搜括之苦痛，势必日重，而农工商各业之消沉，势必日加，其最后非崩溃不止矣。以此瘝政灾民，而空言攘外，此必无幸理者也。顾维钧氏所谓外交关键在于内政之言，其意义是否如此，吾人不知；惟事实上，倘非内政有伟大之改革，则不独不能积极的抗外患，且日渐不能消极的保现局。是则存亡之判，尽在内政，更不止为外交之关键矣。虽然，中国民族，绝非麻痹者！苟善导之，新血液可以立刻遍全身。现在当局者能否于此最后关头，自救救国，则又今后内政趋势如何之关键也。

（《大公报》，1932年9月6日，第二版）

41. 莱顿昨由沪放洋，希望中日勿再生纠纷，顾维钧同轮赴欧出席国联，报告书将由国联及中日同时发表

【上海五日下午六时发专电】 调查团主席莱顿、美委麦考易夫妇、义委马柯蒂、顾维钧及秘书随员等一行，五日晨十时登干治轮。莱等由吴铁城陪往，汪精卫、宋子文、罗文干、徐谟、刘崇杰、褚民谊先乘小轮往，此外如义使齐亚诺及中外人士欢送者，七八十人。码头戒备甚严，船主亲在甲板招待，引入客厅，以香槟、饼点款待。莱顿登船后，与欢送者一一握手道别，刘崇杰女赠花。汪、罗、宋、顾、莱顿等围坐一桌，举香槟互祝，旋谈话约半小时。至十时半，汪等辞别下船。临行，吴铁城祝莱顿旅途快乐，欢迎再来中国。莱顿答谢，并谓希望中国与日本不再发生纠纷。顾立甲板上，与送行者握手道谢。干治轮于十一时启碇。顾随行者有秘书傅冠雄、参事萧继荣。顾临行语记者："予此次代表出席国联大会，当努力奋斗，为国争荣。同时希望国内一致团结，为外交后盾。"顾抵法递国书后，即赴日内瓦。莱等携文件百余箱。

【上海五日下午八时发专电】 罗文干、徐谟、沈觐鼎、向哲浚，五日下午四时挂包车返京。吴铁城到站送，刘崇杰、褚民谊夜车回，汪、宋定六日同入京。刘崇杰谈，外交具体办法虽已决定，但临时当有变更，须视环境情形，定进行步骤。

【南京五日下午十时发专电】 汪来电，六日晚返京。罗文干五日由沪乘车先回，五日陈调元由清江浦来京。

【上海五日路透电】 据可靠消息，调查团离平后，留报告书两份，妥交某外交代表保管，以备事后同时送达中日政府，约定时期，在日内瓦、南京、东京三处同时发表。

日方不重视调查团报告

【东京五日路透电】 据外务省讯,莱顿报告书性质较前此所传者,或稍和缓。另据暗示,报告书并无结论,故亦未向国联有所提议,惟注明请考虑在编制报告书与接到报告书中间所发生之事件。日方某发言人于批评此项消息时,称日本应注意之重要点,即调查团经半年时间在当地作密切之研究,如尚不能获得结论,则相距辽远之日内瓦,何能具有作平允公正判决之资格云。

英伦方面仍持沉默态度

【伦敦五日哈瓦斯社电】 自中日问题发生后,英国政府即力采观望态度。英国与远东利害关系极为密切,今日之态度如此,殊属欠解。此间人士指陈,英国除与中国发生经济及政治关系外,且系非战公约与九国公约之签约国及国联会员,对中日纠纷似应特别关切。英美态度各有异同,故美国政治上重要人物,如波拉之流,先后发表演说,英国对之,亦苦未能确定其本国之立场。英国似乎不愿充当中日问题之审判官及公断者,最近更因国内政务纷繁,对于此种任务尤其有难于应命之感。换言之,英国现政府不愿扮演国联舞台上之主要角色。英国此种态度或有利莱顿调查团之工作,而使中日问题得到一种法院式之审判。英国之观望态度,与美国斯蒂生之明白而坚决之表示,适成绝妙之对照。斯氏最近谈及军缩问题时,曾对中日纠纷之责任问题为确切之表示。英国政界对远东纠纷,虽未有直接之表示,唯对美国根据非战公约而加予干涉之举动,深表同情。官方承认在九国公约规定之下,必须加以考虑之点有二:一系九国公约签约国中,尊重中国领土完整之条文;一系关于莱顿之报告书,九国公约规定,凡有企图分割中国领土之一部份者,均为违反该约之人。故有人指陈,莱顿报告书中如果承认"满洲国"之成立乃日人军事行动造成之结果,则对此"满洲国"之予以承认者,亦违反九国公约之精神。

(《大公报》,1932年9月6日,第三版)

42. 东北事变杂讯

（一）冯庸是条好汉，事变后第二天，被日兵勒走，备受艰辛。幸其有一日本友人名平山次郎者，系满铁社员。彼诚从中说解，得将冯庸载至日本。平山并以生命作质，保证冯庸日后不再反日。及冯庸到日，日人已信其所为。彼乃托赴美留学，日人更与以出国护照。彼乃得机中途折归上海，组织抗日义勇军。孙科嘉其行，捐大宗款项，命其恢复冯庸大学，并将昔日北平国立陆军大学校址，归冯庸大学占用。

（二）事变后有好多冯大毕业生，服务于东北各机关，甘为日人奴役。冯庸怒甚，乃不[布]通告，凡为日人继续服务者，必取消其毕业文凭。学生乃悔，而均来平。

（三）万福麟之子万国宾，事变后仍在洮昂路服务。日人到后，大厦已倾，而彼仍在铁路维持，希冀国军攻击。然候月余，仍少声息。日人欲拘之，彼乃取道欧洲回国。

（四）国联调查团到沈时，寓于日人之大和旅馆。当时有好多公民，欲面谒莱顿爵士，均惧日人权威，无敢谒者。惟利雅大药房齐恩茹大夫（留美医学博士），毅然不顾一切，据云在家书就遗嘱，身怀自书之文天祥正气歌，径赴大和旅馆，面见莱顿。其果见否，不得而知，然其被拘，至今尚未释放，则系事实也。

（五）当国联调查团到沈，各界士女争相用各国文字书就请愿书，致调查团诸委员。利用各国领事馆为转递机关，甚致有一人书就数百封者。内容不外伪国系日人手创、公民被受压迫等情。至于莱顿等果收见此等信否，亦不得而详，不过表示民心不死，一片爱国心耳。

（《大公报》，1932年9月6日，第九版）

43. 调查团德、法委员抵大连

【大连六日新联电】 国联调查团德、法委员陆行组,偕同吉田参与员以次日方随员,搭乘华山丸五日午后九时于严戒里抵大连,即寓于星之浦大和旅馆。将滞留数日,俟明确哈尔滨之铁道状态之后,即回日内瓦。

(《大公报》,1932年9月7日,第三版)

44. 调查团秘书长哈斯南下,预定在京沪勾留半月北返,由西伯利亚返欧

国联调查团各委员,业于前日离平返欧。秘书长哈斯因事须与我当局接洽,故未同行。迄昨日下午四时,始偕其夫人搭北宁特备包车一辆,附挂于平浦快车之后,八时零五分抵津,十时离站南下。闻过南京时,尚须勾留数日,再往上海。预定半月后北返,由津赴山海关,经锦州、沈阳,取道西伯利亚,遄返日内瓦云。

(《大公报》,1932年9月7日,第七版)

45. 日本绝对欲分割中国,对调查团任何建议将反对,有吉谈话意在劝服,汪未见有吉,莱顿一行已过港

【南京七日下午六时发专电】 日使有吉七日晨到京,至日领馆休息,午谒孙陵,下午三时偕同矢野、崛内、上村等六人至外部,谒罗外长。有吉首对罗表示钦敬之意,并称前次在京,匆匆未获多叙,此次到华,领教之日方长等语。罗当表示谦让之意。关于中日问题,有吉申述希望两国人士互相谅解之意,并问候林主席起居及罗之目疾,又谈蒋公使在日近况。其谈约十分钟,即辞去。有

吉此行完全为拜访性质,闻定八日晚夜车赴沪,俟订定呈递国书日期后再来京。

【南京七日下午十一时发专电】 有吉语人:"中日关系恶劣,为一时的现象,不必悲观。个人将努力打开中日僵局,恢复亲善。东北诚为中国领土一部,日本政府无占人领土野心。十数年来,东北事实之表演,中日人士颇多论列。因利益之冲突,见解之不同,各云其是。九一八事变诚属不幸,在日政府殊已忍耐至最后时期,为保护本身利益,亦为一个国家自图生存之原则。至现时东北新组织,为东北人民自动所组织,日本承认,亦不违背国际公约。"

【南京七日下午八时发专电】 唐有壬谈,此次日使有吉来华,抵沪时并未与汪晤面。中日问题,经汪与顾维钧会商,仍信赖国联以谋解决,我国之态度毫不变动。

【南京七日日本新联电】 有吉入京,传将进行直接交涉之事。嗣经询问罗文干,据云:"中日直接交涉,乃无稽之说。我国之满洲问题解决方针,已决定一任国际联盟,况且国联大会即行开会之今日,直接交涉更谈不到"云。

【东京七日日本新联电】 日首相斋藤,本日午前搭乘列车赴御殿场访问西园寺,关于临时议会经过之结果、时局匡救预算、诸法律实施方针,以及六日阁议决定之"满洲国"承认问题与其基础事项,暨一般政务以至政府今后之施政方针等,有详细说明及报告,以求谅解。嗣经种种恳谈后,即日回东京。斋藤于出发时在车中谈称:"议会通过之预算案及诸法律案内容对西园寺详细报告之后,即将对于其实施征求西园寺之意见。八年度预算将编成包含更根本的匡救对策之方针,政府目下正考虑中。至对于时局,拟亲自进出于街头与阁僚协力,为自力更生而活动。十一月以前,无论如何拟予以实行。关于藏相之静养,虽有此说,但辞职之事则非事实。承认'满洲国'之事乃既定之事实,惟因手续之一部未完毕,故不能即行实现,然拟从速行之。日本对于国联之态度无论如何,决向既定方针迈进"云云。

莱、顾昨过香港,发表谈话

【香港七日下午十一时发专电】 莱顿及美、义代表及顾维钧等,七日晨九时乘义轮干治号抵港。莱谈:"调查东北事件已完竣,报告书已拟就,准备呈国联大会,以谋解决。国联讨论报告书日期,约在十月中。该书内容,暂不能宣布。预计下星期到日内瓦,即将该书呈递。东北事件,在三个月内当可由国联解决。"顾谈："此次出国,首往巴黎。赴欧使命,乃出席国联。报告书已脱稿,准备呈国联大会讨论,以谋解决,约十月中可开始讨论。本人此次出席,当力争,希望有圆满结果。民众与政府应团结一致,为代表后盾。出席代表除本人外,尚有郭泰祺及颜惠庆,本人月底可到日内瓦。中央对东北,一面谋和平解决,一面准备抵抗。今热河告急,沪日舰集中,亦采上述两办法。如日军再侵入,当以武力抵抗。"莱等登岸后,即赴港督署拜会。港督设宴款待,宴毕乘汽车环游港岛一周。李宗仁则宴顾于南唐酒家,下午五时返轮离港。

东报载调查报告书内容

【东京七日日本新联电】 今早东京《朝日新闻》,关于调查团报告书结论之内容,有下之记载："关于调查团处理满洲问题,并非提供解决案,不过提出其意见。拟对'满洲国'与以广范围之自治,一方于极微弱之程度,于承认中国宗主权之原则下,依据中日直接交涉以谋纷争之最后的解决,认为上策。又对于直接交涉之经过,国联则随时接受报告。上述之意见,审议该调查报告书之前,若见满洲形势变化之场合,当然不能不重新的考虑。同时所云之宗主权,即使单系名目的,仍明确的与日本之主张相反,故日本政府对此,相信将以断乎的决意予以抗争"云。

日方企图获得美国谅解

【东京七日合众社电】 日本准备在横滨欢迎驻美大使出渊。出渊将与日政府要人讨论其离美前与美国务卿斯蒂生之秘密谈话详情。据此间消息,出渊极注意美国对于日本在满洲及中国他处活动之意见。若干观察者相信出渊将坦率告诉日政府,除非日本能使美人谅解其实行之军国主义,日本将蒙重大损失。

【东京七日合众社电】 本日据闻计划令野村赴美解释日本政策之举,因日本极端国家主义派之反对,遂行抛弃。官方解释,谓野村因病不能赴美。军人意见,谓派野村赴美,英美各国将认日本对满洲态度软化。此地某方意见,仍认应派有声望人员赴美,增进日美关系,一如去年英、法首揆之拜访美国云。

(《大公报》,1932年9月8日,第三版)

46. 哈斯昨抵京，赴沪小勾留仍来平

【南京八日下午八时发专电】 调查团秘书长哈斯夫妇八日晨抵京，我专门委员张汶、秘书施肇夔同来，罗外长于正午假外交官舍设宴洗尘。哈斯等八日晚乘车赴沪，在沪勾留四五日，即返平。报告书副本二份，哈未携来。闻将俟原本送达日内瓦，约定正式公布日期后，始由哈斯派员分送中日政府，同时公布。公布后哈即由平返日内瓦。

(《大公报》，1932 年 9 月 9 日，第三版)

47. 德、法两委员过沈阳赴哈

【沈阳七日新联电】 克劳德尔将军及希尼博士等国联调查团德、法委及随员，七日午后三时三十分抵沈。定八日经由长春赴哈尔滨，然后拟由哈尔滨搭乘航空会社之旅客机赴满洲里。因此，当局将特开辟齐齐哈尔至满洲里之航空路。

(《大公报》，1932 年 9 月 9 日，第三版)

48. 东京所传调查团结论主张以东省为自治区，日阁议竟通过承认伪国，美政府密切注意其内容

【东京九日路透电】 据似属可靠方面讯，莱顿报告书承认满洲不能恢复事变前状态。该报告书提议：排除满洲军备，许其在日顾问协助下施行自治，但应由中国保持名义上之主权；又中日与"满洲国"，应在国际联盟监视下，进行直接谈判。日官方对此项消息发表意见，暗示日本虽拟在最近将来期中，承认"满洲国"独立，但以后或可提议，由"满洲国"与中国谈判云。

平讯。我方向国联所提出之说帖,计二万余字。中代表处已结束,秘书长王广圻将偕刘迺藩[蕃]赴京。据使团息,莱顿离平前向人表示,报告书结论要点,承认东北主权仍为中国所有,对傀儡组织据实陈述。因国联以前迭次决议案,均未认日本在东北行动为合法,对东北过去政治,站在维持条约精神方面,作严格批评。昨东京来电所传内容,绝非事实,系有作用宣传。

【东京九日路透电】 据官方所得消息,与国联调查团有关系之某方面称,日方所持各点大都达到,故日本对于调查团之报告,应认为满意。据报,调查团之报告如次:(一)叙述中日两方之理由,但不加断语;(二)声称"满洲国"之设立虽受日人援助,但日政府则未与闻其事,惟嗣后满洲对日表示好感,故日政府加以援助;(三)日军在满之行动超出自卫范围之外,但日军确信其行动不离自卫原则;(四)报告书内始终未用"侵略"一字;(五)东省义军确受张学良援助。此外莱顿报告书尚分别讨论下列问题:(一)中国混乱情形;(二)日本在满之权益;(三)日本对于满洲物产之需要;(四)九一八后之军事经过情形;(五)经济情形;(六)抵货问题。

日阁通过承认伪国

【东京九日日本新联电】 日政府前决定关于承认"满洲国"之一切准备的基本条项,并得元老重臣方面之谅解,乃于本日之阁议正式决定,即日上奏,并进行咨询枢府之手续。因对于枢府曾经进行非正式交涉,故通过枢府之事已甚明显。日政府俟该案批下后即开紧急阁议,请阁员副署后,即行承认。至枢府本会议,似于十二日或十三日开会,故对于"满洲国"之正式承认,将在十三日,至迟亦在十四日之模样。又日政府于承认时,将有大纲向国内外宣布。至对于国际联盟行政院,亦将进行登录之手续。又电,关于承认"满洲国"之基本的条项,日来经外务省锐意考究,已得成案。本日阁议席上由内田详细说明内容,以求各阁僚谅解,遂经正式决定,故由内阁上奏,进行咨询枢府之手续。内田乃于即日午后二时半访问仓富、平沼于枢府事务所,恳请促进审议,并对于审查方法有种种之恳谈。枢府方面鉴于该案之重要性,将指定审查委员进行审查之方针,并应政府方面之要求,俟该案批下时,将于十日开审查委员会,然后于十二日或十三日于宫中东溜间举行临时紧急本会议,审议决定。日政府则俟该案批下时,开临时阁议,请阁员署名,然后专俟接到板垣之"'满洲国'方面一切准备完毕"之电报,大约十四日将向国内外公表声明书,同时即将其内容发表。

【沈阳九日日本新联电】 为磋商关于"满洲国"承认问题回日本之板垣,本日已回抵沈阳。关于承认问题,谈称:"日本承认'满洲国'之准备,一切进行顺调,最近将可实现。关于其内容,现不能发表。余日内拟赴长春,访武藤全权。"

内田竟谓我已谅解

【东京九日日本新联电】 内田昨日访问西园寺,归途于车中对于承认"满洲国"之意义谈话云:"日本此次断然较列国率先承认'满洲国',实有下述之三大意义:(一)他国无论如何压迫,日本对满政策确固不动;(二)安定'满洲国'之人心;(三)明示日本无并合满洲之野心,一扫各方面对此之错念,对此中国亦可谅解。故承认结果,排日排货之运动,当无发生之虑"云云。

【东京九日日本电通电】 往访西园寺之内田已于昨日下午四时,由御殿场出发,六时四十分回抵新桥车站。内田并在车中向记者谈话云:"关于承认满洲问题,业已获得枢府方面谅解,一俟日皇批准后,即可向武藤拍发关于发表宣言之训电。至其时期,则可任君等揣想。盖非常时期之外交,固应从权办理,而不可过于拘泥也。现政府方面,为徇'满洲政府'之希望,以期安定在满民众人心起见,决即实行承认该'国'。盖若果承认过迟,则有使各国疑日本将并吞满洲之虞。故望不受国联及其他各国之掣肘,而对满洲问题依自主独立之立场,断行其所信,而昭示全世界。又现虽有谓日本若承认'满洲国',则将使中国之排日抗日运动愈益激烈化者,但华方既已充分谅解,度不至有此种情形。而出渊、吉田、广田各大使之相继奉召归国,亦不过意在使彼等瞭然于非常时期之国内近状耳。"

美国官方密切注意

【华盛顿八日合众社电】 美国认日本承认伪国,仅为时间问题,国务部顷正期待官方报告日本与伪国所缔新约之正确内容。据此间讯,国务卿斯蒂生自休假期满归华盛顿后,亲自详细研究现时远东情势之各方面。本日合众社据可靠消息,满洲情形虽将有新发展,但在莱顿等国联调查报告书发表之前,不再有劝告致日本。莱顿报告书之完成,此间官方颇觉欣慰,国务部现正等待世界对于莱顿报告书之公论。据本日指陈,现在国务部之态度,或有变更可能,须视日本与伪国新约之内容或斯蒂生研究远东外交情形之结果而定。本日国务部人员称,日本承认伪国虽仅时间问题,但美国现时不认日本与伪国关系为外交之承认。此间显然注意远东情形,较以前任何时皆密切。

国联大会势将展期

【东京九日路透电】 日政府通知日内瓦,称日本对于莱顿报告书经详细研究后,对满洲事件意欲发表一声明书,故请求国联对报告书暂缓发表,俾一般能同时阅读报告书与日方之声明云。

【东京九日日本电通电】 外务省方面,定于十一日命日内瓦日代表团向国联秘书厅作如下之意思表示:"帝国政府拟于接到莱顿爵士之报告书后,即遵照国联盟约明文,对该项报告书提出意见书,并要求视该项意见书为与报告书相关联,而转达国联行政院。至意见书之作成期间,则预定为四星期至六星期。"按莱顿爵士之报告书应于月底寄至日本,故提出时期当在十一月十日左右,且须经行政院作一星期间之审议,并交十九国委员会作十日间之审议后,始克开大会讨论。故度大会势难于十一月内召开,而将展至十二月。

(《大公报》,1932年9月10日,第三版)

49. 皮尔特返欧

国闻社云。国联调查团副秘书长皮尔特,于昨晨十一时乘北宁车赴塘沽,搭轮赴大连转往哈尔滨,经西伯利亚返日内瓦。又该团专门委员杨华特博士,亦定日内离平赴沪,搭轮返美。

(《大公报》,1932年9月10日,第三版)

50. 美欲维持一国际联合战线,日枢府正审查承认伪国案,驻日蒋公使昨访问荒木何为?

【东京十日日本新联电】 驻日公使蒋作宾本日午前十时赴官邸访问荒木,陈述回任之辞,并谓:"中日关系如今日之恶化,实为遗憾。然今后两国间将如何始能达到亲善之域,愿听无顾虑之意见"云云。荒木答称:"余以中日两国今日之关系,殊为远东和平极抱遗憾。然此乃中国从来之对日态度为其最大之祸根。中国应将满洲、上海之事变,以区区之问题而忘却,并反省从来之态度,而为东洋和平尽力于两国亲善外,无他途"云云。又蒋公使对于日本之承认"满洲国",努力于发见妥协点之事,荒木对此以承认"满洲国"已成过去之问题,遂详述中、日、"满"之亲善为确保东洋和平之理由。会谈约二小时,最后蒋公使约定对于荒木所言俟充分考虑后,于一二日内再行会见。至十一时四十分辞去。

【东京十日日本新联电】 关于"满洲国"承认问题之枢府预备审查,业于九日午后举行。因尚未完竣,今早九时半续行审查,本日可全部审查完毕。咨询案亦经日皇正式批下,故由仓富议长指定审查委员九名,委员会于十一日开会,十二日续开,俟决定后,即于十三日开临时枢府本会议予以可决。又电,枢府关于承认"满洲国"之基础的条项之预备审查会议,本日午前九时半继续昨日之会议,在枢府事务所开会。二上、堀江、武藤三书记官,及政府方面之松田条约局长、北泽外务事务官、堀切长官及金森第一部长等出席,已将概案全部豫备审查完毕,午零时十分散会。又电,枢府关于承认"满洲国"之审查委员名单,已内定委员长金子坚太郎或副议长平沼,委员为富井政章、荒井贤太郎、水町袈裟六、黑田长成、石井菊次郎、镰田荣吉、原嘉道、河合操等人,目下二上书记官长奉议长命令正交涉中。

【沈阳十日电通电】 坂[板]垣昨早十一时飞抵沈,就承认"满洲国"之手续,向武藤覆命。坂[板]垣并谓将于日内随武藤前赴长春,办理最后手续。

【华盛顿九日合众社电】 本日合众社据可靠方面讯,胡佛政府虽切望保障中国主权以及其领土完整,但决定对目前日方承认"满洲国"之迅速发展置之不理。据闻国务部已拟定一审慎方针,官方希望持此方针可收最后效果。美方策略即企图维持一联合国际阵线,由美国与国联采有力合作方法,拥护九国公约与非战公约。此间官方相信,现时美方对于日本承认"满洲国"为独立政府如提出抗议,不但不能生效,且将牵动国际阵线。据顷间表示,在国联行政院会与大会接到莱顿报告书前,除中国外,将无任何国家对日提出劝告。按十一月八日之总统选举期已在目前,此间关于选举事对美国远东政策将发生若何影响,颇为注意。如胡佛继续当选,当然将维持国务卿斯蒂生氏之政策。但倘令民主党执政,则华盛顿方面对中日事件之态度,或将有某种之变更云。

【日内瓦九日合众社电】 本日国联秘书厅承认调查团在东京时，莱顿试与日外相内田讨论解决中日纠纷之折衷办法失败。但国联秘书厅人员，对于最近东京推测甫完成之莱顿报告书所提建议，并不重视。此间相信，东京对于报告书内容，类皆推想之辞。日内瓦方面郑重表示，莱顿报告起草结论时严守秘密，结论内容即日内瓦亦尚未悉。此间官方相信，东京之推测与莱顿努力与内田谈判之折衷解决方案相混。此间称，现时东京任何方面对莱顿报告性质之正确推测，皆不可能。

【伦敦九日路透路电】《曼哲斯德卫报》社评称，满洲三省一定不能任其变成朝鲜第二。又谓莱顿报告书之结论，因恐其结论或致开罪于日本，是以有展期发表之说。国联同志会会长穆莱教授投函该报，指陈国联不能因慑于日本退出国联之恫吓，而舍其主张公道之正路，以偏其方向。穆氏发表意见：今有一区域于此，包括汉、满、韩三千万人口，幅员等于法、德两国之大，即以最强大国家，欲加以统驭，亦非易易。氏又表示意见：日本倘不得其他大国之援助，即欲谋局部及暂时之成功，亦不可得。彼相信日本目下所持之政策，必归崩溃，乃难免之事实。氏于结束时，对于该民族之勇敢磊落颇为钦佩，但可惜其竟为执政者之极端军国主义所领导云。

【柏林十日路透电】 此间报纸对于莱顿报告书之预测尚无批评，惟柏林《指导报》谓莱顿报告仅为"权宜之计"，国联企图公允之解决已告失败云。

（《大公报》，1932年9月11日，第三版）

51. 德、法两委员明日由满洲里返欧

【齐齐哈尔十日电通电】 调查团委员克劳德尔将军及希尼博士等，已于昨早十一时行抵齐齐哈尔。彼等预定本日乘飞机前往满洲里，然后再由该地于十二日转乘国际列车归国。

（《大公报》，1932年9月11日，第三版）

52. 日本承认傀儡组织，我将援用九国公约，日枢府将举行御前会议

【南京十一日路透路[电]】 此间因日本决定拟立时承认"满洲国"之结果，政府与报界方面盛称，中国不久将援用九国公约。据闻中国准备以同样照会致缔结九国公约国家，称日本承认"满洲国"系破坏九国公约。中国宣布援用九国公约，大概将于日本承认"满洲国"时发表。

【东京十一日日本新联电】 枢府审查委员会本日午前九时半开会，斋藤说明奏请咨询之理由，内田说明政府决定承认"满洲国"之经过与颠末，遂即入于质问。平沼委员长以次富井、石井、荒井、河合等委员，对于日本急速承认"满洲国"之理由、承认该国与国际联盟及欧美各国之情势暨对于今秋国联大会之对策方针，以及基本事项之总括的内容等有所质问。对此主要由内田及谷亚细亚局长答覆。午零时半休息，下午一时半续开，继续质问。本日中委员会可以审议完毕，预定十二日或十三日于宫中开临时紧急御前会议上程。又电，关于咨询枢府之承认"满洲国"基本的事项，十日夕刻由仓富议长指定以平沼副议长为委员长之审查委员九名，委员八人名单如下：富井政章、河合操、荒井贤太郎、石井菊次郎、镰田荣吉、有马良橘、原嘉道、栗野慎一郎。

【东京十日路透电】 《朝日新闻》特载一文，称按照中国中政会正式决定，赋予顾维钧氏一秘密使命，令在法国拨起反日情绪，疏间法日两国之友谊关系云。

【南京十日路透电】 某高级官吏斥《朝日新闻》所载消息为莽撞的造谣。据称中国深信不须采用幕后之国际阴谋，即可获世界道义力量之赞助。又谓中国对于法人，认为彼等决不致为国外势力所左右，中国使节在外国之工作，在增进中国与列强间之谅解，并非播散国际不和之种子云。

【伦敦十日路透电】 英人虽认莱顿报告及"日满条约"之发表将促成远东危机，但负责者现仍静待莱顿报告全部之露布，目前不欲作任何言论。且谓外间对莱顿报告之推测，殊足引起误会，于舆论方面无所裨补。《财政新闻》评称，就现时所知，已足表明该两项文件，性质互相凿柄。此种根本反对的性质，

必将令国联或日本，甚或双方，产生意义极为深远之决定。该报又谓，太平洋关系刻下殆陷僵局。美国大西洋舰队继续集中太平洋，虽无须过分重视，但中日民族主义之激昂，则为一种深刻情势，不易使彼此妥协。今秋危机，端视民族主义之争是否低减或增剧而定。该报又谓，日本经济困难之背景，将迫其一往直前，或阻碍其对满之野心，必为本年重大决定之一端云。

（《大公报》，1932年9月12日，第三版）

53. 日承认伪国明日将签字，日枢密院审查犹顾虑国际上影响，内田康哉声明决排万难向前迈进，英报又披露报告书要点

【南京十二日下午十时发专电】 张群谈，关于最近各重要地带日本军事当局之对付承认叛逆后可能的发展之虚张声势行动，中央已有相当准备，并命令各地当局严切注意。

【东京十二日日本新联电】 关于"满洲国"之正式承认书，因手续上关系，十四日将在长春由武藤与谢介石正式签字。俟得其报告后，十五日在东京、长春同时公布。日政府并向国内外声明，同时将向国联进行登录手续。

【长春十二日日本新联电】 日本承认"满洲国"向国内外发表之"满洲国"重要声明书，本日午后九时经谢介石、大桥及其他干部起草，已于正午脱稿。午后二时提出"国务会议"通过，并得溥仪批准；专俟承认之日发表。

【东京十二日日本电通电】 关于承认"满洲国"案，昨在政府审查委员会中枢府方面质问，要点如左：（一）承认"满洲国"及于国际间之影响；（二）政府对其及于国际间之影响所采对策如何。内田答以虽似难免遽受冲动，但可不至发生重大影响，且纵即有加以抨击者，政府亦决意力排万难，向前迈进。次更就各国态度说明如下：在英国方面，劳工党大体尚持好意的态度；德则有赞、否两说，尚未决定；美之哈斯特系报纸虽表赞意，而其他方面则倡反对论调；又法政府虽表好意，而第三国际在俄"满"国境活动情形须加警戒。要之，就大体情形言，实无足忧虑也。又电，关于承认"满洲国"案之枢府本会议，定于十三晨十时开会审查该案，予以通过。彼时枢府方面因重视承认后之善后

措置，似将于其通过时，附以须讲求万全方策之希望条项。又电，外务省方面虽有视片面的宣言日"满"公式关系为未足，而主张向国联秘书厅登记"日满条约"，以期使国联确认满洲为日本缔约国者。但另一部人士，则以为"满洲政府"自身既尚未谋从速加入国联，则其作此项登记，而使国联容喙于日"满"关系，殊为对"满洲国"第一不智之举，而持反对意见。因是各方面颇重视外务省将来究采若何措置。

【伦敦十一日合众社电】 本日伦敦《观察报》宣称：国联调查团报告书并未"对日本猛烈攻击"；莱顿提议动机，集中于"保障日本之经济权利以及中国之政治权利，并期望与远东危局有关各方面，获得妥协"；提议之命意，在劝日本勿退出国联。据该报称，报告书主要内容如下：（一）在一九三一年前在满洲合法权利所蒙受之损害，并不足造成一种严重问题；（二）中国在满洲之主权虽不发生问题，但不幸中国当局似不能充分肩负其责任；（三）解决满洲问题之最良方法，即在中国主权范围内，规定某种自治方式；（四）对于日本应保障有特种权能，以保护其满洲之经济与军事利益，俾一九三一年以前发生事件，不致重演；（五）为组成一种确定机构，以有力遂行上述之第三、第四条所列原则计，应于来年初召集一中日与关系远东之列强代表会议。据《观察报》宣称，上述莱顿报告书内容之预测，系得自负责方面。

【伦敦十一日路透电】 伦敦《观察报》评论莱顿报告书内容已"披露"之各点时，称该报感觉一般误解之热心人士希望报告书对日本痛加攻击者，将恍然于莱顿提议对于一切关系方面具有解决办法，远出一般所料想。"吾人相信莱顿提议之命意，在劝日本勿退出国联。此项文件在外交精义上，可视作一种机智的文件。"自明瞭实际人士观之，此项问题可归纳于三种因素：（一）保障日本经济权利；（二）保障中国政治权利；（三）各方面妥协。其间以第二项为最难，盖对于原告方面之政治权利，系假定其有政治实质也。

（《大公报》，1932年9月13日，第三版）

54. 莱顿昨抵新嘉坡

【新嘉坡十二日哈瓦斯社电】 国联调查团主席莱顿爵士一行,今日乘干治号轮船抵此,转道赴欧。莱顿向记者谈,调查团报告书九月二十五日可到日内瓦。并谓日本曾要求于报告书未发表前,先由日本审查,此事须由国联决定可否,因只国联有此决定之权。同行者顾维钧氏谈称,中国准备遵守调查团之决定云。

(《大公报》,1932 年 9 月 13 日,第三版)

55. 哈斯来津

【济南十二日下午七时专电】 哈斯十二晚过济赴津。据谈日前赴沪,为接洽国联经济方面事,与调查无干。今赴津,系因有事须与调查团留平办事人接洽,约定在津晤面。日内将再赴沪,取道何途未定。

(《大公报》,1932 年 9 月 13 日,第三版)

56. 哈斯来津,当晚即返浦口

国联调查团秘书长哈斯,于昨晨七时乘平浦车由浦口抵津,闻预定当晚仍行遄返浦口云。

(《大公报》,1932 年 9 月 14 日,第七版)

57. 日本外交罪恶新纪录,承认傀儡组织今日签字,中国抗议当与日本公报同时送出,九国公约签字国何以处此?

【南京十四日下午九时发专电】 外部人称,日承认傀儡组织,我一俟接到日皇正式下令讯,即向日提出严重抗议,郑重否认由日军武力占领下东省不合法之傀儡组织。傀儡非国家团体,无资格与任何国缔结条约,日本竟加承认,破坏中国领土完整,忘其九国公约签字国神圣义务。该照会中并对一年来东省被侵占事实详细说明,作一总结算,同时援用九国公约第一条、第二条,照会英、法、美、比、义、荷、葡七国,备述九一八后日军侵占东省、包办制造傀儡事实,声明我国始终维护远东和平,遵守一切公约之苦心。对日本承认傀儡组织、违反公约,中政府深为遗憾,应请签约各国政府严重注意对该约所负之神圣责任。如何维持该约尊严效力,中政府极愿闻教。

【南京十四日下午八时发专电】 外部以日本将承认叛逆,除于十五日向日提严重抗议,并通知国联严予制止外,决照会九国公约签字国,唤起注意,并请履行条约上应尽义务。致英、法、义、比、荷、葡各国照会内容相同。致美照会,除述日方破坏条约外,并请召集签字国开会,解决中日纠纷。各项文件均已备齐,十五日午后送出。对日抗议十五日将公布全文,致各国照会,则按惯例俟送达后再发表。外部发言人称,我援用九国条约与提请国联制止并不冲突,以中日同为国联会员,亦同为九国条约签字国,同时并进,实不相悖。

【南京十四日下午十时发专电】 外部人员十四日非常忙碌,预备对日各项文件,另有宣言昭告世界各国。

【上海十四日下午九时发专电】 陈公博谈:日本承认伪国,我仍照已定方针应付;倘用九国公约,当通知有关系各国;中政会尚未讨论及此,政府对全盘计画早有准备;调查团未离华时,曾有人以友谊向政府谈及,在报告书未公布前不必有何举动云云;伪国必须讨伐,时期未便宣布。宋子文谈:伪国我可随时讨伐;成立伪国为一事,日本承认之又为一事,并非因日承认而有讨伐。全国商会、市商会、银钱两会电国联,请制止日本违法承认伪国。

【香港十四日下午十一时发专电】 粤委因日正式承认伪国,定十六日召集会议,通电反抗。又讯,西南将发重要通电,内容分四点:(一)速开三全会;(二)国联不可靠,须发奋自救;(三)倘热河有失,由北平军分会负责;(四)对中央政治不闻问。

【东京十四日路透电】 长春电称,签订"日满条约"之筹备现已完毕。武藤今日下午由沈抵长春,日"满"当局欢迎备至,且为保护武藤特别戒备。明晨郑孝胥及武藤将在执政公署即前盐务稽核所签订草约,溥仪将设午宴款待武藤。长春刻尚安靖,大批日本军人及新闻记者聚集该处,预备庆祝九一八纪念。

【东京十四日日本新联电】 日政府俟十五日午前十时半,武藤、郑孝胥关于承认"满洲国"之正式签字在长春完毕,即于同日午后四时发表。同时并以日政府名义,向国内外声明:日本于过去二十余年赌死命经营满洲而完成现在之独立,若能健全的发达,不仅日本,即为东洋和平,实亦不可缺,故予以承认。又电,承认"满洲国"之调印式,预定明早十时举行,十时三十分完毕,已于本日由川越首席随员向外务省电告。日本之声明书,将于同日午后四时公表。

【沈阳十四日日本新联电】 携有关于承认"满洲国"正式签字之重大使命之武藤,本日午前七时半偕同川越以次幕僚,于严戒里以铁甲车为先导,乘专车赴长春。

【长春十四日日本新联电】 出席十五日调印式之日"满"双方人员决定如下:日本方面武藤、小矶、川越、栗原、林出,"满洲国"方面郑孝胥、谢介石、大桥、驹井、郑垂。

【长春十三日日人电讯】 "日满协定"经日"满"双方详密之讨论,草案业已决定。正文极简,不足一页。惟闻尚有秘密条件若干条,将附带签字。内容秘密,已定于十五日上午十时在长春正式换印。该项签字日期决不改变,于即日午刻签字后,将"日满协定"全文在东京、长春两地同时发表。

【东京十四日日本电通电】 闲院昨日下午入宫,奏陈今后之重要统帅事项。经日皇批准后,即行折回参谋一本部,向满洲方面之武藤司令官及其他关系方面,发出某项命令。

日方阻止侨民庆祝,京沪日舰又有准备

【上海十四日下午九时发专电】 华租界当局严防九一八发生意外纠纷。日领馆诫日侨镇静,日侨区域增派陆战队巡逻,并宣称日舰不作特殊行动。

【南京十四日下午十一时发专电】 十三日夜十时左右，停泊下关之日舰天龙号有水兵两班，约二十余人，携机枪两架并子弹数箱，登大阪趸船驻守。十四日警厅函知外部，请注意，晚在江边大阪码头附近警察禁止行人通行，免起误会。日本军舰共有四只停泊江心。

【东京十四日路透电】 外务省为防激刺华方感情计，训令驻华日本使领知照日侨，勿庆祝承认"满洲国"。据闻日方原拟将"日满议定书"全文于签字前通知列强，顷已确切决定，因全文将于明日公布，认为无正式通知列强必要。同时内田将在各报发表宣言，并决定议定书无存置日内瓦需要，或于以后补送。日官场郑重声明，此项用中日文字草成之文件，为一议定书，而非条约。据闻议定书详情与二日所传者实际无异，惟内容小有修改。又闻在以后续订之详备军事草约外，预料并将谈判一商务协议云。

【上海十三日路透电】 据日方讯，上海当局鉴于日政府决定正式承认"满洲国"，顷正尽力采取防范办法，避免任何危机。本午日总领事馆开会，日领馆与海陆军人员全体出席。会议结果虽未宣布，惟闻讨论主要事项为保护上海日侨办法，并恐日本承认"满洲国"后或将引起纷扰。据闻驻沪日舰已奉训令，准备应付任何危机。

【南京十三日路透电】 停泊下关江面日舰之陆战队，今晚在大阪邮船会社码头装置机关枪一架，并在码头附近巡行。下关人心恐慌，颇令人忆及二月一日日舰炮轰南京炮台后情景。华当局顷与日方接洽，劝日舰将机关枪与哨兵撤去，以免误会。此间相信，日方行动因鉴于日本承认"满洲国"在即，仅系一种防范手段云。

【上海十四日路透电】 据此间日方消息，上海西郊及北郊等地日本工业区之警卫队人数已增加，以备万一。日领署人员并嘱驻沪日侨，于最近数日内勿入华界及法租界。新由日本来沪之领馆警察八十名，已被分派驻虹口服务。日本海军人员谈，已接东京训令，命第三舰队准备应付扬子江区一切意外事变。泊扬子江各地日舰，已奉令集中南京、上海、汉口三处。

【南京十四日路透电】 日领馆发言人于今晨接见新闻记者时，对华方消息谓日本海军当局因承认"满洲国"事，采用防范手段云云，否认得悉有采取此项办法之事。该发言人表示：深信此间日侨"十分安全"，并无采取防范手段必要；今晨华方称昨夜有日本陆战队在大阪码头消息，想因有某日本海军司令登陆所误传云。

莱顿对日记者谈话，调查团否认伪组织

【东京特约通讯】　九月九日大阪《朝日新闻》载有七日香港电，国联调查团委员长莱顿，七日在港对日本新闻记者谈称："调查报告书十五日可到日内瓦，彼时即可发表。除通知各理事国外，中日两政府各交副本一册。翻译文字，吾人不负责任。报告书全文，约十万字左右。余对于内容及结论，颇可自信，确信问题可望圆满解决。唯有应声明之一点，即报告书内吾人之意见，系对于联盟当局提出，并非供献于中日两国。本调查团对于'满洲国'之承认，坚决否定。不过为调查旅行之关系，在满洲虽受地方的援助，并非认'满洲国'为一国家，受何等之帮助"云。（九月九日镜寄自东京）

【伦敦十四日路透电】　日皇已批准承认满洲事，此间尚未接到官报，故英政府当局尚不愿发表意见。各方觉国联所以派莱顿等赴东三省调查中日纠纷情况者，因九国公约各签约国对东三省实况无切实调查，不能擅断，故有国联调查团之组织。今调查团报告书尚未公布，各方自未能预下断语也。

（《大公报》，1932年9月15日，第三版）

58. 日本悍然承认伪国以后：美国于沈著①中见严重，其他各国官方尚无何等表示，惟英、法两著名大报发表正论

【华盛顿十五日路透电】　据《纽约时报》记者在国务部探悉之意见，日本承认"满洲国"将不致引起美政府之新行动，须待莱顿报告书经考虑后再说。驻哈美领事所提请制止匪患之任何抗议，不能视作承认伪国之表示。如中国请援用九国公约时，国务部于莱顿报告书发表前将无所举动，甚至在国联对此事有所举动前，亦将无表示云云。

【华盛顿十五日合众社电】　本日国务卿斯蒂生于每周照例接见记者时，谓现时美国将不注意日本之承认伪国。对于此事，斯蒂生不愿表示意见。国务部人员称，彼等观察，对此"既成事实"之争辩并无益处。再者，国务部人员

---

①　编者按：今作"沉着"，后同。

不愿证实巴黎消息：九国公约签字国将开会，讨论日本承认伪国违反该约。此间指陈，所有国际对于中日危机之行动，现皆期待国联调查团报告之公布，美国对日本承认伪国早已料及。

【巴黎十五日路透电】 法国政府尚未接到关于日本承认"满洲国"之正式通告，亦未接到中国政府关于此事之抗议。闻法国将不采任何单独行动，但与英、美及国联密切接洽。此间一般感觉，对于莱顿报告书有明瞭之必要，应于明瞭后始能发表意见。同时法国各报皆守缄默，与政界无异。《巴黎时报》预料"远东将有令人不快之意外"，谓为初步的礼貌计，关系之两造应静候莱顿报告发表与国联结论发表后，再采取此项深切改变中日关系之步骤。该报希望日本无论如何不退出国联，因此种步骤不过将此问题由国联转移至九国公约之签署国，此事若能避免，实大家之利。该报敦促日本政府，须对保障合法权益范围内所允之事，与夫在国际提携及以信用签署之诺言限度内尊重权利所应禁止之事间，加以三思。

【柏林十五日路透电】 日本正式承认"满洲国"事，并未引起此间许多惊异，因早已料及其必致如此。官场宣称德国在远东之政治权益，仅就其商务关系而言并未有何危险。日本向来赞成门户开放主义，而本国政府并未接到驻远东代表关于日本已改变此项门户开放政策之表示。此间新闻纸均以重要地位刊登在长春签字之"日满议定书"以及中国之抗议，除保皇党之《十字报》外，皆不加批评。该报深恐中日间之严重形势既趋剧烈，或将引起不宣而战之举。该报并预料俄、美将乘机放弃彼等莫[漠]不相关之态度云。

英报痛斥日本军阀狂暴

【伦敦五日路透电】 日本承认满洲伪国后，外交界及消息灵通者关怀綦切。关于日本承认满洲伪国后可能之影响，在此一月内英人时加讨论，无不感觉此后远东时局之严重。今日之《纪录日报》称，从国际德[道]义上着想，今日远东局势之恶劣已达极点。英国外交进行迟钝，以致日军阀气焰益壮。迨目前，则日人之态度，几视国联、美国以及莱顿报告为无物。日军阀之狂暴一日存在，则世界之前途一日未容乐观。和解仲裁既不足解决中日问题，则当前之任务，自为援助中国之国家主义，打破日本之帝国主义云。

【伦敦十五日合众社电】 社会公知东北义军与日逆军之便衣战袭击火车，在满洲旅行之危险。英国官方本日警告其国民，勿乘西伯利亚火车经返欧亚。伦敦之外交部发表声明,谓鉴于现在满洲之情形,劝告人民勿冒险乘哈尔滨——西伯利亚火车。

法报抨击日本攫夺满洲

【巴黎十六日哈瓦斯社电】 日本在"满洲国"地位及最近远东发生之风云,为《巴黎时报》昨日所著社评"日本与满洲"之论题。该报声称,去年九一八沈阳事件发生以后,中日问题即带有极重大之危险性。时至今日,对此初系地方性质之事件,可一谈其解决方法,俾为中日当局谋一妥协谅解之途径。国联遣派调查团驰赴肇事地点,调查其真确事实,固为当然应取之步骤。中日双方之最初主张,即谓在调查团正式报告书公布以前暂不采取新行动,以免中日关系更受严重之影响。在东京政府协助之下,满洲诸省脱离中国主权而宣告独立,在法理固有可议之点,唯"满洲新国"尚未受列强承认,而日本遽与之订立同盟条约,则其情形全然不一。盖所谓日满军事协定,性质上无以异于日人单独攫取满洲地盘,实际即为破坏权利均等原则、远东现行之政治条约。中日问题既经提出国联,今未得国联解决即行签订此种条约,实难调和。道路传言,日本有最后退出国联之意思,日本与国联之关系,将自陷于万劫不复之境地。为慎重计,日本应努力避免造成无可挽救之局面。世界之反响,一时正未可预料也。日本者,世界之大国也,政治上业已成熟,应自知其对于促进世界和平所负之道德上责任。条约上之权益,东京政府固有尽力维护之权,其一举一动,应审虑周详,而不得危害国际合作及其先前自由而忠实结成之条约。

(《大公报》,1932年9月17日,第四版)

59. 全世界之震动,认日本破坏九国公约,美特使到法有重要协商

【伦敦十六日路透电】 前驻英公使施肇基氏,昨由英启程赴美。此行系私人性质,但相信系代表中国政府与美外交界人物及一般人商谈远东情形。驻美公使兼出席国联代表颜惠庆氏,今晨由英返日内瓦。氏过去一星期中,在伦敦勾留,于出席国联行政院会前,与郭泰祺氏讨论刻间情势。郭氏将于二十

日前往日内瓦。郭于接见路透访员时,不愿批评日本承认"满洲国"事。彼发表意见,认日本行动俨如暴徒污一女子,复要其举行伪婚礼。谈及莱顿报告时,郭氏谓彼尚不知该报告内容如何,但相信该报告必确立一般共知之事实,且指摘日本为戎首。列强倘长此采用敷衍搪塞之政策,势非使形势更见恶化。此刻所需要者,为积极与坚定之政策。郭氏力言满洲形势与裁军会议之密切关系,谓倘无保障,安有减裁军队可言。

【巴黎十六日合众社电】 美共和党上议员李德,本晚十一时自伦敦抵此。报纸迭载李氏赴法,将与法总理赫里欧讨论中日问题,故李氏来此,大引起各方之注意。巴黎负责方面相信,李氏赴欧,劝导英、法与美国联合,加压力于中日,阻止其作任何行动,俾避免在国联行政院讨论莱顿报告前,强迫九国公约签字各国进行协商。按一九三○年伦敦海军会议时,李氏曾代表美国与日本作重要之谈判云。

美

【华盛顿十六日路透电】 斯蒂生与美国务部,对日本承认"满洲国"保持一种缄默期待的观望态度。《先锋讲坛报》称,顷间官场一般观点,认九国公约显然已被破坏。据暗□,在国联有所行动前,美政府对于"满洲国"在外交方面暂将置之不理,并将与日内瓦合作。相信国务部同情中国主张,认"满洲国"事件亦在所谓胡佛主义范围。不过一般希望,将以莱顿报告为与日本谈判根据,俾令情势可以矫正云。

【华盛顿十六日合众社电】 美国务部人员本日明白表示,美国对承认伪国,认为不值一顾,虽日本花言巧语,谓在满洲维持门户开放政策。此间官方指示,彼等不能放弃反对日本目前在远东之地位。国务部指示,美国无意承认伪国,在国联仍旧反对日本现在之地位时,美国将继续与之合作。

【纽约十六日路透电】 《纽约泰晤士报》登载华盛顿电,称美国拟将其驻满各埠领事依然留驻该处,于必要时与"满洲国"当局非正式办理例行交涉。该领事等既系派驻中国,在法律上依然保留此资格云。

【华盛顿十六日合众社电】 集中远东中日危机之新外交战,第一炮本日爆发。中国驻美使馆致送国民政府正式照会于国务部,指责日本承认伪国,违反九国公约。据此间所知,日本大使馆方面密切注意美国对于日本承认伪国之反应。日大使馆尚未将承认伪国之条文照会国务部,亦未致送近数星期来远东发展之声明于美国。此间日大使参赞虽详细观察美国对于最近远东情形之反应，显然视日内瓦为国际戏剧第二重要发展之中心。此间预料，本月底国联调查团将提出报告于国联行政院，相信该报告在十月十日前不至发表，且在该时前亦将无例外发展。普通认为美政府喉舌之《华盛顿明星报》，本日在社论中声称，据该报意见，华盛顿将等待远东情势进一步之发展，不拟加以压力。《明星报》认美国对于中、日、"满"之态度，颇为明显。华盛顿一重要报纸《华盛顿邮报》称，日本在长春树立之傀儡政府，自日本加以承认，已变为日本以外各国之笑柄。本日《纽约晚报》对于上星期满洲情势，大事讽刺。《纽约世界电讯报》，一斯克利浦氏赫维尔特之报纸也，谓日本已完全破坏九国公约。《世界电讯报》锋利批评日本，对一般未采取步骤制止日本侵略中国领土，表示遗憾。该报相信，欧洲列强已赞助日本政府之行动，至少已加以默认。

英

【伦敦十六日路透电】 伦敦各报对承认"满洲国"事著论批评者，仅《泰晤士》与《曼哲斯德》两报。《泰晤士报》称，其他列强未必步武日本，而承认"满洲国"。该报指陈，日本在满经条约所允之各企业利益，向被中国官吏所剥夺者，由该议定书重获保障。日本以欧战前政治家之头脑作成此结果，将向国联原则与九国公约以及其他经日本签署之条约挑战，故意隐藏，实为无用之举。《泰晤士报》批评日方所发"满洲国"行将开放内地供外人通商一节之说明时，以为英人不愿到满洲内地游历，恐被土匪架去，且该地掠夺火车行旅之事层见迭出，此种旅行或将令人裹足。依前列之事实，英国舆论，愈受感动。《曼哲斯德卫报》称，日本之鬼蜮伎俩姑置不论，日本业从中国有生命之体魄上割去一块。日本假暴力以取得之，虽实为战争，而日本则不肯称为战争，将中日两国共同签署之条约破坏无余。彼之行动，予整个国际秩序以打击。此种秩序，自大战以来，东西各国皆力谋建立者也。《伦敦晚报》左袒日本在满行动，该报为罗式米尔氏所主办。该报称，关于满洲问题之显明事实，即其他关系国在满商业利益，倘不横遭威胁，姑不论彼等如何不满意此举或抱将来之杞忧，必不对日本根究既往，而公然向其争论也。

【伦敦十六日合众社电】 《伦敦经济学报》以全社论之地位，批评日本要求国联行政院在接到莱顿报告书后，延迟六星期讨论，俾日本有时间可以疏论及派一特别代表至日内瓦事。该报称："日本政府之种种手腕无庸批评，只须不允许彼等达到显然非法之目的。在现时观之,日本对满洲问题,不能施展裕如之地。惟有在满洲境内,东北三省自中国政权被日军推翻后,无政府之状态日愈恶劣"云。

【伦敦十六日哈瓦斯社电】《曼哲斯德卫报》著文,论日本承认"满洲国"事,视"满洲国"为日本一手造成。该报将其对日本不满意之点一一说明,后谓国联及列强对日行动袖手旁观,毫无举动,其影响特别严重。国联机关对远东问题无所举动,将使该机关威望为之大减。日本之行动,足使吾人对太平洋问题之恐惧再行发生固不待言,然其影响尚不止此。缘欧洲之国家,亦有侵略者与受威胁者。中日事变发生以来,欧人咸集其视线于国联,观其究竟能否阻止侵略国攻击中国。然最后目的,仍在由此窥见国联毕竟有何精神上威权,保护弱国,及使强国势力缩减。该报结论谓,莱顿报告书发表以前,国联应有举动,对日本表示不赞成,更以美国之反对为之声援,务使日本知晓,日本应承认该国已签字之条约,不应承认"满洲国"云。

德

【柏林十六日路透电】《伏锡时报》社评,标题为"日本保护国之满洲",申述满洲独立,自伪政府藉日本枪刺成立时,实际已经存在。叛立各省现时自国际观点言之,顷已成为一能要求一切文明政府权利之单位。日本以满洲为保护国,将可筑成一有利的作战根据,进行不可免的中日歧见之清算。日本现时可以不损碍本身而施行其手腕,因将来之战事,可目为中"满"战争。此后当日军侵略中国中部时,日内瓦与华盛顿将感遗憾。盖废战各种条约,留有一致命的漏罅,即"满洲国"未加以批准是也。民主党《交易所邮报》之评论,倾向日方观点。据谓:"日本征服政策成功之秘密,在日本能担保满洲比较和平与进步的发展,较在中国其他部分为优。彼间有其他帝国主义国家运用其优势。"该报结论称:"欲打倒日本立场,惟有使用残酷优越的武力"云。

法

【巴黎十六日路透电】 法国报纸对于批评日本承认"满洲国"事,颇守缄默及慎重。但一般感想,咸以此举为无理由。《新闻报》宣称,以日本在满洲之权益,不能证明其所采姿态之具有理由,此种姿态不能改善远东之情势。《劳动报》表示意见,称日本此次承认"满洲国",实形成对美、俄之直接威胁,并破坏九国公约，或须引起严重结果。《民众报》发表意见：此种议定书，仅为遮蔽军事并吞之一层薄膜。《辩论报》指陈"满洲国"之建立，确系日本一手造成，然而满洲人久有希望恢复一独立国家之渴望。该报希望于考虑此问题时，应顾及事实情形及远东外交之惯例云。

（《大公报》，1932年9月18日，第三版）

60. 十二国照会难遽得覆，国联及美国专待莱顿报告书，《泰晤士》促英取积极政策

【南京十八日下午七时发专电】 据外交界某要人谈，我国因日本承认伪组织，特向日抗议，并照会九国公约签字国。其覆照除日本于日内或有答覆外，其余各关系国须征得一致意见方能答覆，故须相当时日云。

【日内瓦十七日合众社电】 "日满议定书"之通知及中国对日抗议同时达到日内瓦。据郑重申述，日本照会仅在通知国联，并未请国联登记该项议定书。中国抗议已送呈国联大会主席比外长西姆斯，在公布前，将该项文件分致国联会员国。国联现正期待莱顿报告到达，翻译及印刷该项报告均准备齐全，俾能迅速分配于会员国。

美国暂不表示，英报主张积极

【华盛顿十七日路透电】 中国使馆将抗议日本承认"满洲国"照会转达美国务卿斯蒂生，并声明有同样抗议致其他九国公约签字国。斯氏谢绝发表意见。一般以为在莱顿报告书发表前，国务部似不至采取任何步骤。

【伦敦十八日路透电】 《星期泰晤士报》社评，请英国方面对中日问题采取积极政策，谓日本行动自经济与军事见地言之，成为一种严重威胁。该报称，如不采取有效行动，则裁军成功之机会更见微弱。且美国正盼英国采取积极政策，英国如不能勉徇此望，则将干冒两国间发生误会之危险，对于与美磋商战债协定之希望，将大见薄弱。盖裁军失败，已令此项磋商濒于棘手矣云云。伦敦星期日各报，对于德国不允再度出席裁军会议以及远东目前之情势，均注意于国联顷间所抱之忧虑。《观察报》称如西欧情势使日内瓦感觉不安，

远东事态更足令其增剧。该报称,目前问题即为国联是否能令日本不退出。其结论以为,如果日本退出,受害者将为日内瓦而非东京。盖果然如此,则远东将与国联不发生关系,俄、美均非国联会员,而中国则为一"似有若无之个体"云。

义国各报论调,期待莱顿报告

【罗马十七日路透电】《义大利纪事报》论日本承认"满洲国"事,称"满洲问题应以国际为根据,而不应离开迄今指定之共同外交讨论的平稳范围,此层殊属必要"。该报申述意大利对中日两国之友谊,并谓"满洲问题已托付国联处理,中日均系会员国,而且不承认以武力造成之领土变更,已为一切会员国所担保"。该报结论谓满洲问题之讨论为可能与必需,但须一切有关系国家参加,在莱顿报告书审查完竣前,不应仓卒决定云。

【罗马十七日哈瓦斯社电】 义大利对远东问题态度颇引起各方注意,因义、日均有退出国联说。截至目下止,义大利报纸对满洲事件论载绝对慎重。日昨《晨报》节论时局真正冲突在日与美之间,指责中政府弱点,美则维护中国条约,保障中国完整。评论如此,视其态度究系赞成日本抑系责备日本,不得而知。本日《义大利日报》云:义为中立国,但对时局仍留心观察;对满洲应加以讨论,不过与一切有关系国共同行之,且在莱顿报告书研究未完及各大国立场尚未表示以前,不宜急于作何决定。义报纸决不助日宣传,实无疑义。

(《大公报》,1932 年 9 月 19 日,第三版)

61. 莱顿爵士一针见血之论,日本占东北世界无和平,满洲门户关闭美京震动,颜代表请国联授权敏捷行动

【孟买二十日路透电】 莱顿爵士于赴欧途中,本日抵此。谈及其报告中之预测时,称尚不失有先见之明。除此外,氏不允发表意见,但希望报告能被接受,作为永久解决根据。氏认满洲事态极为严重,称欲将三千万华人置诸二十万日人管理之下,极为困难。氏又谓,日本以武力攫取土地,当然可任意为之,然其意义,即为世界其他部分自此将无和平可言矣。

【日内瓦二十日电】 关于满洲问题，恐将发生国际之严重新危机，此点系因日本外务省有锋利的暗示所引起。据日方称，"满洲国"门户开放，仅能由承认该"国"之国家享受。华盛顿方面闻日方此讯后，颇为震动，准备请欧洲各国政府在外交上予以援助，提出对抗办法。按美政府已决定不承认伪国，但颇恐他国为商务关系计，坠入东京恫吓之圈套云。

【华盛顿十九日新联电】 美国官方本日关于满洲问题及波利比亚问题，发表左之见解："美国对于由违反条约而变更领土不能承认之事，以前已言明，故此赞成法国代表于次届国联行政院，与欧洲同样关于东洋诸条约之神圣之主张。"

【巴黎十九日合众社电】 本日法外部对裁军及中日问题举行重要谈话，参加者有总理赫里欧、美国驻法大使前上议员艾奇、接近胡佛之美共和党议员李德及法国陆长保罗·彭考，谈话自午饭以至下全午。据悉美国人员对英、法答覆德国军备平等之要求，表示同情。据郑重申述，本日谈话中，美国赞成进步之裁军，对任何之武装皆表示惊讶。据悉本日谈话中论及中日问题，但谈话性质并未公布。本日长时间之谈话，各方甚为注意。会后艾奇与自伦敦甫抵巴黎之李德举行会议。

【柏林十九日电】 据《柏林日报》驻东京访员电讯。"满洲国"外次日人大桥向新闻记者谈话，称"满洲国"仅欢迎予以正式承认国家之人民。又谓，据现时状况，仅能容许日本人在"满洲国"居住及投资。氏又谓，日本在满洲之领判权将立即取消云。

【日内瓦二十日路透电】 国联将"日满议定书"条款通告各方，日代表于议定书外附有声明，称"满洲国"政府将按照条款，遵守门户开放政策。结束处并望列强对承认"满洲国"勿观望。

颜惠庆函国联，请采敏捷行动

【日内瓦十九日路透电】 出席国联之中国代表颜惠庆，十七日致函国联秘书长德留蒙氏，请求国联行政院速采敏捷行动，以便维持国联决议。该函内称，日本依对朝鲜之成法，在满洲建设一保护国，实系日满合并之第一步。此无异实行撕破条约之政策，且预为否认莱顿报告。

【伦敦十九日路透电】 驻英中国公使郭泰祺今日访外相西门，面交中国政府关于日本承认"满洲国"致英之照会。

【日内瓦十九日合众社电】 国联中国总代表颜惠庆本日致函国联大会主席比外长西姆斯,促采敏捷行动,处理远东中日纠纷。颜氏主张国联对于满事最近之发展,应采最敏捷之行动,指责日本不顾国际责任、撕碎条约,现时日本完全施行并吞朝鲜之政策。颜氏声称,日本实以满洲为其保护国,暂名之曰"满洲国",乃趋向并吞之一步骤。中国之要求国联采取敏捷行动,盖因日本要求国联接到莱顿报告公布后,延期六星期讨论。日本极盼在讨论莱顿报告前,对该报告有一答覆。日本政府并希望派一特别代表,至日内瓦参加辩论。

英报责国联模稜①、英政府懦弱

【伦敦十九日路透电】 九一八沈变纪念日,自由党某某数报撰文,叙述满洲经过情形,并促读者注意:当时日政府种种之声明及嗣后满洲局势之发展,事实声明,前后矛盾。《新闻纪录报》称,西门外相应乘此最后机会,采有力方略,藉释美国疑团。国联于实际上虽无能力,但其模稜态度立应终止。与其遇事含糊,无有果断,不如宣告日本已失其会员国之资格云。《曼哲斯德卫报》以讽刺态度称,满洲门户虽曰开放,但门户虽大,尚有铁栅一座,未承认满洲者,殊难闯入云。牛庄英侨二人被绑,迄今未克释放,英人甚为愤激。《每日捷报》指责西门外相之懦弱,并以此事与中村事件比较,以示英政府态度之欠积极。

《华盛顿明星报》之国联解散论

【东京十二日新联电】 国际联盟解散论,最近传闻于各方面。美国《华盛顿明星报》十七日有左之记载,颇为各方面所注目。以下为日本外务省所接电报之大要:"国联目下遭遇重大危机。英、法两国排斥国联,即美国关于国际机关,亦在考究中。其理由为:(一)美国及苏俄自始未加入国联,且美国今后亦无加入之希望。(二)英国无从来之热心,两三年来对于国联颇示消极的态度。如麦克唐纳首相,关于世界问题,希望以其由国联,不若由关系国间之直接交涉而解决为妥。(三)最近一年间,关于极东问题之国联之活动,颇为无力。日本完全无视国联,且国联若推行其规约,日本则以退出国联之气势为胁迫。(四)德国退出军缩会议,法国倘若以德国为违反条约而利用国联机关以压迫,则德国难免退出国联。是时义大利若同情德国亦退出,则匈牙利、澳地

---

① 编者按:今作模棱,下同。

利、葡萄牙等国将相继退出国联。(五)南美之波利比亚及巴拉圭之纷争问题,国联亦无力解决。此外尚有秘书长德留蒙氏之辞职问题、国联经费及其分担问题等之许多重大问题。其中为国联之最重大危险事项者,即满洲问题与德国问题。日本之进退问题,系依据莱顿报告书内容如何而决定。假使日、义、德三国退出,则大国仅剩英、法两国。然英国对国联之态度既如前述,因此诸国对于此种情势颇为焦虑。同时改造国联、造成能使美国欢迎之机关之空气,亦渐加其浓厚之程度"云。

(《大公报》,1932年9月21日,第三版)

62. 日增兵东北将总攻义军,国联徇日请展缓讨论报告书

【秦皇岛二十一日下午八时发专电】 八、九两月中即频传日阀秘密增兵东北,疑信参半;至十九日东京讯,始证明前传有根据,并证此种军事计划系两月前预定步骤。今据由沈归来之某军官谈,三日前起,始有日军十七列车陆续由安东方面输送过沈,估量人数约三四万之谱,传有第六师团在内。至待归日整理之部队,包括有在江省之十四师团。其实现交防期,预料恐有相当期待。入境新军其一小部以沈阳为中心区配备,其大部开北满。因目下吉林省内愈趋混乱,故第一步决协同逆军对吉省内及吉黑边区义军施以总攻。我义军盼有充分不断之接济,日军虽谓精锐,亦难缨其锋。现南北满各站因调度军运关系,车辆缺乏,吉海等路已暂行停车。吉垣紧加戒备,交通机关与公用场所均临时派宪警把守,娱乐场所亦停,并全城大搜查。现王、冯部队距吉垣不远,另有别动队潜留城内。

【南京二十一日下午十一时发专电】 外部发言人称,日承认傀儡后,顷复传双方将另订新约,如系事实,我政府绝对不能承认为有效。

【日内瓦二十一日路透电】 莱顿报告书之印刷,两周可以完毕,国联方面采取一切方法,防止内容之泄漏。该报告之摄要现已草拟完毕,预备将来发与各报及新闻机关。此间预料报告书将于十月九日或十日分发各会员国,并提交国联行政院。但行政院暂不讨论,因已允许日政府之要求展缓讨论,以待日政府提出声明书并派特别代表赴日内瓦。预料国联将于十一月二十日召集特

别大会，讨论莱顿报告书，会期约两星期。

【南京二十一日电】 外交界息。日本请求国联缓期讨论莱顿报告书，已经国联行政院允许，将于十一月二十日召集特别大会讨论。闻我政府对国联缓期讨论报告书之原则虽不坚决反对，但缓期达六星期之久则认为时间太长。闻莱顿报告书下月初即可送达国联秘书处，经印刷装订后，约下月九日或十日即可分送各会员国，并于日内瓦、南京、东京三处同时公布。

【东京二十日路透电】 官场消息称，国联在未来之行政院会与大会中，将尽力避免与日本正面冲突，颇有应允日本要求、延缓讨论莱顿报告书之倾向。惟一般颇恐各小国或将继续反对和平对待日本，盖各小国多为彼等自身利益与安全着想，而不能顾及国联之完整也。日方对此次行政院会主席大概将由爱尔兰执政狄凡勒拉充任，表示遗憾，盖恐彼或将"有意欲与美国亲善，对英加以掣肘"。据暗示，日政府虽准备应付任何事件，但国联如不采取日本不能接受之步骤，则仍将继续与国联合作云。

【柏林二十日合众社电】 国联调查团德国委员希尼博士，本日自北平返此。希尼抵此后一小时，即在其住宅接见合众社记者。氏主张中日直接谅解为达到圆满解决满洲冲突之惟一方法，谓："自中国政府宣称对'满洲国'独立表示不满，现时殊难希望满洲之和平。据予个人感想，如中日能趋妥协，满洲可有较好之发展；但此事失败，殊难达到两国最大利益之解决。满洲现较一年前日军未占领时尤为紊乱，予恐此种不安势将继续。"希尼郑重申述，相信日俄间尚无尖锐战争之危险。

【伦敦二十一日哈瓦斯社电】《每日电讯报》外交访员批评中日争执时声称，中日问题刻有引起国际关系上严重纠纷之危险。该访员谓，有人主张未承认"满洲国"之国家，不能适用满洲门户开放原则，此种建议华盛顿当局极为注意。又称，此项建议来自日本方面，殆无疑义。现在美政府拟请欧洲列强协助，以便打消日方此项建议。美国虽无承认"满洲新国"之意念，但恐其他列强态度因受日本最近对于商业上之威胁而软化，其结果将危及美国在满之商务利益。美国舆论界对于满洲问题之惊骇，与其对于欧洲裁军问题之惊骇程度相若。某方且谓美国国务部已与国联当局接洽，俾使讨论莱顿报告之时期，延至十一月美国总统选举以后。唯因目前形势之变化，及日本之首先承认"满洲国"，故讨论远东问题之再度延期，实为事实上所不可能，是即该外交访员之结论也。

苏俄无意承认伪国

【华盛顿二十日合众社电】 本日此地有资格负责之观察者表示,相信日本现与苏俄纳普加煤油公司谈判一大煤油合同,证明美国在远东之外交不顺利。多人相信,此项谈判将令日、俄接近。此地有若干观察者预测,美国努力拥护处理远东情势之条约,将陷于孤立。彼等预料,英、法对于美国之拥护九国公约及其他公约,仅予以微弱之赞助。据此地宣称,美国未能与俄国缔结某种协定,致令莫斯科政府在自卫上将与日本亲善。但此项观点,美国务部官方并不同意。据此地负责方面云,苏俄不确悉美国在政策之歧路上究将如何。美国官方相信,苏俄政府虽拟与"满洲国"磋商办法,合作管理中东路,但并不拟承认"满洲国"。此地对日本实业代表与苏俄煤油公司谈判订立煤油合同,仍甚注意。

【哈尔滨二十一日路透电】 吕荣寰被任为哈尔滨市长,平田为副。"满洲国"外部驻哈办事处主任施履本于接见日人所办俄文报记者时发表谈话,谓彼获得此间苏俄某代表口头担保,称苏俄政府令彼代达关于承认"满洲国"之观点:苏俄政府在原则上准备承认"满洲国",但须由两国代表讨论妥协条件,作为初步之办法,并须取得双方同意。施并未指出该苏俄代表姓名。

(《大公报》,1932 年 9 月 22 日,第三版)

63. 欧、美、亚一片风云,美、法重大交涉从远东到欧洲,英电传法国将坚拥国联立场,日军部极诋中国作国际宣传,傀儡组织恫吓列强冀获承认

【伦敦二十一日路透电】 关于德国要求军备平等,英政府近发备忘录。兹据《泰晤士报》驻美京访员探悉,美政界中人颇表同情,因美政府极不愿军备之增加也。外间对于美参议员李德之赴法甚为注意。闻李德昨向法总理表示,如法国援助美国对于远东之态度,美国对于德国军备要求可以援法。查李德为拥护胡佛政府最有力之参议员,如李德赞助国联对日施用任何方式之压

力，美参院谅可通过，不成问题。以前美国与国联合作之情形受一阻碍，即美参议院不能与政府完全合作也。美国务卿斯蒂生对于李德之任务不发任何言论，但众信李德曾受政府训令向英国表示，如国联对日有何决议，将得美国之援助云。

【伦敦二十一日路透电】《新闻纪事报》日内瓦访员讯，法政府决定改变其关于中日两国之远东方针。该访员称，此项决定之意义，即法国放弃其对于日本行动之"暧昧的赞助"，今后将"坚决拥护国联盟约"。该访员又称，法国改变方针，系因与德国作军备争论，将坚执以严格态度援用国联盟约云。

【东京二十二日日本电通电】 据某方电讯。美国上院议员李德已向法总理赫里欧提议，谓美国对战债问题愿考虑法国之立场，故望法国亦对中日问题赞助美国之立场云云。闻此系美国务卿斯蒂生对满洲问题倡不承认主义后，竟致遭受内外各方面之讥评，故为挽回此种情形，而资利用于下届大选起见，特由胡佛予法以此种好饵，藉图使法国左右国联，压迫日本。法总理赫里欧接到此项提议后，刻正就对日关系及对美关系加以考虑中。当兹本秋将届对美战债支付期之际，其结果如何，颇足令人重视。而属于法国外部机关报之《时报》，近稍露反日的论调，似亦与此事有关。

【东京二十二日日本新联电】 据东京《朝日新闻》长春特电载称，谢介石最近对列国要求承认"满洲国"。今后四个月乃至六个月以内，列国中有不承认"满洲国"或未开始承认之交涉者，则不承认该国于"满洲国"内所有之权益，将予以无条约国之待遇。此项宣言之发表，目下正锐意准备中。

【南京二十二日下午十时发专电】 外部发言人称，国联对调查团报告书发表时间，并不因徇日本之请求稍缓讨论而延期，仍决于十月初在日内瓦、南京、东京三处同时公布。我政府对延期讨论一点，现在尚未决定作何表示，惟觉其延长时间太长，颇不利于我国。查东三省纠纷发生已一载有余，国联对此曾一再图谋解决。现报告书既已制就，更应迅谋解决，不可一味迁就日本。盖东省问题之解决如迁延一日，即不知有若干中国人之生命财产受不知若干之损失。

【南京二十二日下午八时发专电】 外交界息。日本承认叛逆组织，我外部除向日本提出严重抗议外，并致牒国联请求制止，照会九国公约签约国，请予有效之制裁。现除国联已接受我方请求，将提行政院会报告外，闻日方毫无觉悟，最近期内将向我送覆照，以图强词狡辩。至九国公约签约各国，现正互相交换意见,并候莱顿报告书之公布,暂不表示意见。

【里士本二十二日哈瓦斯社电】 中国驻葡萄牙公使王廷璋,昨转递中国致葡萄牙关于日本承认"满洲国"之照会,因该国为九国公约签字国之一云。

【东京二十二日日本电通电】 内田原拟向国联秘书处请求登记"日满议定书",闻因下述理由,复决定从缓办理:(一)依惯例言,国联规约第十八条系属任意规定,并无关于登记时期之限制;(二)如"日满议定书"等类重要条约,应自签字时起即在当事国间发生效力,殊无获取第三国承认之必要;(三)在实际上已依外务省十五日之通告,而收同样效果;(四)一度登记后,当事国之一方纵即属非国联会员国,而于国联讨论该议定书时,不免负有声辩之义务。

【日内瓦二十二日路透电】 莱顿报告已达国联。全文占打字机四百张,英文本现已完竣,法文译本大体虽已就绪,但尚须整理。国联现极力督促印刷事宜。法、德两委已抵欧洲,莱顿及其他团员三十日可达义国之威尼斯。

【纽约二十二日路透电】 日代办佐藤称,如莱顿之报告书迫日本退出国联,日本将毫不疑虑,退出国联。

为亲者所痛,为仇者所快

【伦敦二十一日路透电】《曼哲斯德卫报》评称:"山东军阀纵非确切为日本臂助,亦予东京以一极佳之机会。"该报称:"内战残杀,几为中国常轨,但山东乱事特别重要。盖日本帝国主义者,对此半岛垂涎已久。中国北方如发生军事,将于满洲日军及日本外交家大有裨益。"

【东京二十一日日本新联电】 当此国联大会开会前,因日本之承认"满洲国",中日关系已渐尖锐化。日本陆军当局为此,对于中国之现状特发表总括的所见如下:(一)南京政府目下成为空虚之状况(蒋介石在汉口,而汪兆铭亦不在南京);(二)对内问题穷困;(三)日前对国内外宣布之对日抗议及对国联之通告,简言之不过一外交部长之私言而已;(四)山东省韩复榘与刘珍年之势力正在竞争中。并谓如此不统一、无机构及无责任,乃系中国之实情。喝破中国无统一之国论,颇引起各方面之注目。

(《大公报》,1932年9月23日,第三版)

64. 国联行政院昨日开会，十月一日公布报告书，法代表对长冈表明态度

【日内瓦二十四日路透电】 国联行政院今日讨论伊拉克问题、中国声请书及莱顿报告等事件。闻日方要求展缓六星期公布莱顿报告，或将邀国联之同意。但国联将否赞同承认满洲，仍在不可知之数。狄凡勒拉为会议主席。狄氏称行政院现应考虑日本请求展缓问题，但在未提出此项议案前，渠欲声明日本不待国联讨论或公布莱顿报告，遽行承认满洲且与之缔结条约，此种步骤有碍中日争端之解决，渠诚不得不表示遗憾。继言渠提议于原则上接受日本请求，但展缓期限宜加讨论云云。日本代表声称，日本为适应事实上需求，不得不请求展缓，并请国联斟酌欧亚交通情形，而规定之期限勿过紧迫。关于承认满洲问题，日代表保留于适当时期发表意见。中国颜代表反对国联接受日本请求。颜称日本或将乘此展缓期间，使局势更趋严重。至于日方请求派一特别代表备代政府□令赴欧一节，日内瓦之日代表团既有充分人员，电讯交通复无梗阻，日方为何应有此举，殊不可解云云。颜代表旋提出法律问题，谓行政院无权允许日本之请求，唯有十九国委员会始可解决此项问题。继言日本屡次倚赖延宕政策，乘机取利。如日本现已扩大占领区域，计占中国土地四十万方里，同时破坏海关、邮政以及盐税等行政制度。中国代表团昨日甫得来电，谓日本准备攻击热河。国联如再迟缓，前途危险殊多，国联非特不可延缓，且应赶速谋一解决云云。行政院遂表示赞同休会，并提出十一月二十一日为可能之集会时期。行政院旋决于十月一日公布莱顿报告，并定同日将报告书及附件送与中日两政府，并决定十一月十四日重行集会，但授权主席必要时可展缓会期，惟以一星期为限。

【日内瓦二十三日路透电】 国联行政院今日举行不公开会议，议事日程中并无中国所提请求案。中国首席代表颜惠庆博士请主席解释，为何本日议事日程中未列入中国提案，且为何将中国提案列于议事日程之最末后。颜博士继称，中国提案实有提前讨论之必要。主席答称，莱顿报告书印刷尚未完竣，且日本复要求延期六星期、报告书公布后暂不讨论，故中国提案此时可无

须提出讨论。

【日内瓦二十三日日本新联电】 第六十八次国联行政院会二十三日午前十一时半,于爱尔兰自由国总理狄凡勒拉主席之下开秘密会议。本日之会未讨论中国代表团所提满洲问题审议促进案,中国代表颜惠庆对此颇表不满,因中国代表团之提案置于议程之末,遂要求说明理由。主席答称:"莱顿报告书刚接到,提出行政院会之准备尚未完竣,且审议中国代表团之提案,将在报告书公布后经六星期之检讨期间,然后与日本政府之意见书合并讨论"云云。其次行政院会为解决巴、波国境察柯地域问题,任命三人组成特别委员会。再次挪威代表汉布洛氏对于联盟各国延缴国联会费事加以指摘,并谓此种事态若不改善,明年度国联之财政必遭重大危机。最后行政院会对于中国教育调查团之报告予以审议采择。当其审议之际,颜惠庆对于各调查委员之劳苦,特致谢辞云:"该委员会克服异常之困难,而完成其调查事业,中国政府殊为满足。余对于报告书之劝告,虽未尽能同意,但对于调查团之努力,殊值至高之赞辞。东洋与西洋之教育思想若能打成一片,余确信当能举教育上最善之结果"云云。又行政院会预定二十四日午前十一时续开。

【日内瓦二十三日合众社电】 国联秘书厅本日从事工作,准备公布莱顿报告书。中国总代表颜惠庆发表对于远东危机之态度。颜氏论及莱顿调查团之报告书云:"莱顿报告书只须根据国联盟约、非战公约、九国公约之重要原则草成,中国接受自无疑义。吾人猜想,报告必能按上述作成也。"颜氏声明,中国可以要求执行国联对满事件之决议,勿须期待莱顿调查团报告,且曾有此要求,但中国相信报告书最后将巩固中国之地位。并谓,日本虽承认伪国,彼对满事之结果仍抱乐观。氏认即世界今日最强之国家(日本并非多人相信之强国),最后亦将屈伏于世界公论之前。又称,欧洲大战时,公论在最后决胜中曾占重要之地位,日本野心希望由统制中国及太平洋而独霸亚洲,绝不能实现。总之,满洲危机对全世并非完全无益,氏信此困难问题将予以永久解决,使世界和平之威胁可以结束,此事之解决,并可以制止他国假借国联盟约及非战公约,实行侵略。颜氏对莱顿报告书如于日本不利日本将退出国联说,殊不置信。氏认太平洋日本委任统治之各岛价值甚大,彼绝不忍抛弃。颜氏谓:"日本由国联所得者,较国联自日本所得者为多。"氏论及满洲贸易之停顿云:"除非威胁世界将来之满洲问题获得解决,无论沃大瓦协定或未来世界经济大会所获之任何谅解,均不能令贸易复兴、财政安定。今日满洲因日人侵略,商业停顿,人民饥馑,东北三省世界贸易之发展,被日本军人斩绝。即令日军自明日起撤退,满洲之秩序与繁荣,亦需若干年方能恢复。吾国较富阶级皆避居中国本部,商业停顿,故日本在满洲之投资,成为不能挽救之损失。"氏指陈日圆之形势,即足代表日本重大之损失,盖日本在伦敦、纽约须用金偿付也,中国公债价格前此较日本利率相同之公债为低,现则反较日本为高矣。颜氏之结论称,凡此均足以觇中日事件之风向云。

【日内瓦二十三日日本电通电】 当兹外传美国以战债问题为交换条件,使国联对日情势恶化之际,法代表彭考在国联行政院会中就南美波、巴国境问题所述言辞,足以证实上项消息,故颇为一般人士所注意。彭考之言曰,两国间纷争勃发时,竟不遵守国联盟约,是实属无视国联之举,而致使国联受一重创。又电,国联日代表长冈于昨日访问法代表彭考,质问关于满洲问题之法国所采政策。彭答以现虽尚未阅读莱顿报告,但法国愿在日本之合法的权利范围内予以赞助。又关于美、法协调,法方持慎重态度,尚未在巴黎、华盛顿间正式成立协定。

【日内瓦二十三日合众社电】 本日国联秘书厅人员宣称,预料国联调查团报告书定十月五日在此发表。国联特别大会讨论中日满洲纠纷,大概将于十一月中旬举行。项间国联行政院会议程发生变动,日本请求展缓辩论莱顿报告书之提案,已由议程最后一项移至第一项。日本要求将报告书展期六星期讨论,俾日政府能草成答覆,并派一特别代表赴日内瓦。行政院会定星期六(二十四日)晨开会,届时日代表长冈将说明日方提案理由。项间行政院一般理事以为,预料中国首席代表颜惠庆氏虽将严责日本要求展缓讨论莱顿报告书之提案,但国联运用策略尚须展缓。因日本已采取正式承认"满洲国"之行动,令世界遭逢一既成事实。查满洲事变提出日内瓦,于兹已经一载,星期六之行政院会当可表明国联是否能运用任何努力云。

【日内瓦二十三日日本电通电】 关于日本要求将莱顿报告书审议日期展缓六星期事,可望在行政院会中获其承认。该项报告书将于十月五日以前从事审议,故满洲问题开始审议日期,度在十一月左右。国联秘书长德留蒙已向日代表长冈通告,行政院会将于十一月十五日或二十一日开会。又日方虽主张在行政院会中作该项审议,而国联方面则似主张在特别大会中审议。

【东京二十四日日本新联电】 长冈本日致电外务省报告称,国联秘书厅对于莱顿报告书已决定于九月三十日公布,又审议该报告书之行政院会,对于日政府要求延期审议六星期间之事,决改为延期七星期间。此项将于本日午前十时开会之行政院会正式决定,因此审议报告书之行政院会将于十一月十七日开会,而临时小会则迟延两星期开会。

（《大公报》,1932年9月25日,第三版）

65. 国联运命系于下届大会,美京预料国联将与日本决裂

【伦敦二十五日路透电】 据伦敦《观察报》驻纽约访员讯,华盛顿若干人士均认国联运命悬于大会对莱顿报告书所采之行动。美方各报一般论调,以为国联如放弃反对占领满洲之立场,不认其为中国完整之一部,即将暴露国联盟约第十条之无效,会员国无异取消其以前之担保。华盛顿专家大半预料国联将与日本完全决裂,但谢绝推测以后情形。

【日内瓦二十五日哈瓦斯社电】 国联行政院会昨日会议,狄凡勒拉主席。中国代表颜惠庆反对日本要求延期讨论调查团报告书。狄氏谓行政院会因欲得中日问题之报告,故派调查团,该团之报告实致行政院会者,且行政院会为讨论报告书之正当机关。言至此,西班牙代表马德里亚加发言,谓:此事为技术上之问题,可置不论;中日争执案与军事行动区别显然,日军越出南满线占领东北,此为军事行动,为国际间可注意之意外事件,且与国联盟约发生直接关系;日本承认"满洲国",亦有国际趣旨,"恐将严重妨及国际关系"。后国联秘书处法律专家讨论行政院会是否有权应允日本之要求。讨论毕,狄氏宣布通过日本要求报告书延期讨论。

【日内瓦二十四日合众社电】 出席日内瓦法国首席代表保罗·彭考氏,本日在行政院会之演词,此间认为法国远东方针转向之证明。氏于讨论巴、玻两国察柯问题时,称"参加国联盟约国家如发生冲突,不论其冲突地点在世界何处,均应视作国联之失败"云云。此间观察家相信,彭氏所言意中系指中日满洲冲突。日内瓦方面确信,法国外交方针将以无条件赞助国联为根据,故一般相信,法国今后对于远东之方针将与美国一致云。

【东京二十五日日本新联电】 陆军当局特派出席今秋国联大会之前关东

军参谋石原及参谋本部办事员土桥,定二十七八日由东京出发,经西比利亚赴日内瓦。

(《大公报》,1932年9月26日,第三版)

66. 驻美日使馆发表白皮书

【华盛顿二十五日电】 此间日使馆发表白皮书,陈述日本侵占满洲之片面理由。查莱顿报告书顷方送达国联,目前正为日本与国联在日内瓦决定局后胜负之前夕,故一般认日方文件性质异常重要云。

(《大公报》,1932年9月27日,第三版)

67. 日本答覆承认伪国抗议强词夺理,自卫权可以任意滥用?东北人谁曾自愿建国?伪独立当然日本负责!擅承认自系违反盟约!

【南京二十八日下午九时发专电】 日本于本月十五日正式承认叛逆组织,外部即于当日电驻日公使蒋作宾,向日政府提出严重抗议,同时并将抗议书送交日本驻京代表。闻外部顷已接得蒋公使转来日政府之覆照,内容大意谓:日军在东三省行动,系本正当合法之自卫权;叛逆组织之成功,系出于该地人民自由意志,与日本无关;叛逆组织之行为,日本不能负其责任;日本承认与否,乃日本之自由,与国联行政院决议、国联盟约、非战公约、九国协约及国际法毫无抵触等语,强词夺理,至为荒谬。外部日内或将再提抗议,严予驳斥。

【日内瓦二十八日哈瓦斯社电】 国联大会昨日会议,中国代表郭泰祺演说,谓中日问题对国联各问题皆有影响,故此问题可为条约之试验。关于裁军问题,郭氏谓,中国希望成立裁军协定,较他国为切。但裁军与安全有连带关系,如法国之立场然。中国不欲为一军事国,但须能维持国防。郭氏后对各国协助救济水灾表示谢忱,并对已故法前外长白里安于一九三一年日本侵占东北时指导国联工作表示敬意,彼谓白氏受中国永久敬仰云。

莱顿报告书要点:尊重我领土主权

【东京二十八日日本新联电】 据外务省所接之情报云,莱顿报告书之重要点在于依据中日直接交涉处理,已属确实。该报告书不仅主张中日两国,即满洲居民亦参加商议,殊值注目。但报告书一方支持直接交涉之原则,同时并有希望国联行政院及大会更行树立为原则之意。报告书所支持之原则,系以抽象的文字表示,以尊重领土主权为中心,而与国联规约第十条之精神相符合。其用意乃系为国联设立退步,同时并为国联留发挥相当程度威力之余地。

【日内瓦二十七日合众社电】 合众社本日得悉,莱顿报告书中重要条款之一,指责日本去年九月十八日攻击沈阳。上述重要条款,乃调查各委员间经长时间讨论后所得之妥协。该条款大致如下:"调查团相信一九三一年九月十八日之军事行动,不能认为自卫行动。但同时调查团之结论,相信负沈阳事变发动责任之日本军官,自信系根据自卫权。关于此点,不能确切将其排除。"莱顿报告书公布之期日近,各方愈注意其内容。但因推测中日政府如何接受此项报告,对于实际报告内容,注意较差。

报告书副本送日,日方请延缓发表

【东京二十八日日本新联电】 携带面交莱顿报告书副本与日政府之国联政治部副部长巴斯吉法夫氏,偕同三十日由横滨回国之秘书长哈斯夫妇及秘书齐尔鲁氏,本日午前九时抵东京。巴氏手提装有四百页巨大报告书之皮包,与日本参与员吉田握手,遂于警戒中乘汽车赴帝国旅馆。

【日内瓦二十七日路透电】 莱顿报告书发表办法或将修改,因日本请求在接到后延缓三日发表,俾能加以研究。国联提议于十月一日清晨通知中日政府,俾得熟览该报告书内容,至晚间通知新闻界,而国联秘书厅则将于是日午刻发表报告。故实际日本能有八小时阅览报告之时间,并将其译出。报告书发表或将延至星期日(十月二日),但刻间尚未决定。

(《大公报》,1932年9月29日,第三版)

68. 莱顿报告书后日公布，颜代表请国联召集特委会

【南京二十九日下午十时发专电】 调查团报告书致我国之副本，存北平英使馆。闻国联已电嘱遣派妥员，于二日晨八时送达我方。外部方面已准备接得后择要先行公布。

【日内瓦二十八日日本新联电】 莱顿报告书之公布日期，曾于二十四日之行政院会议决定为十月一日。嗣因日本政府为翻译等故要求延期发表，遂改为十月二日正午于日内瓦公布，时东京时间为二日午后八时。

【日内瓦二十八日路透电】 颜惠庆有公文一件致国联秘书厅，系中国政府二十日所发，历陈日本关于满洲事件破坏各种国际协定情形，此种侵略行动之影响，应由日本负责。颜氏请十九国特委会主席西姆斯氏召集会议，考虑七月一日决议案中规定之展期事件，并加以决定，以备特别大会采纳。氏又称，中国政府对此问题极为重视，并坚持委员会应设法防止日本利用任何展缓之时间，俾情势更形严重云。

【日内瓦二十九日哈瓦斯社电】 中国代表团昨日请国联秘书长德留蒙，将中国政府之宣言一则转送大会及行政院会各会员国，内中包括九一八至目前所有日人违约暴行之总报告。

【伦敦二十八日路透电】 《曼哲斯德卫报》评称，鉴于已往经验，日本或将充分利用国联展缓考虑莱顿报告书之让步。又谓日本军人私地承认，欲平服满洲华人之抵抗，至少需费时六年，用军队八万人以上，但在另一方面，则不欲西方批评人士攻击满洲"独立"之事实。展期之六七星期，于彼等大有作用。彼等早晚将开始在热河建设政权。日军因热河真正独立，无疑的将藉口侵略热河云。

【华盛顿二十八日合众社电】 此地著名国际法学家本日宣称，国联虽能革除日本，但日本除非于国联关于中日满洲纠纷之决定发表后，不能自愿退出国联。本日国际法学者考虑报载日本不满意莱顿报告即将退出国联讯，此地官方相信，莱顿报告发表后，中日纠纷中不确定之事项皆可消减，预料调查团报告可以扫除若干争执之点。

（《大公报》，1932 年 9 月 30 日，第三版）

69. 调查团报告书明晚发表,全文十余万字,正由外交部赶译,日内瓦在公表前保守空前秘密,官方对其立言公正满意?

【南京三十日下午十时发专电】 调查团报告书三十晚七时由英使馆派员送达外部,罗文干即派各司长、参事、秘书、全体条约委员会同研究,并翻译中文,打字员澈夜工作。预定二日晚八时发表。

【南京三十日下午十一时发专电】 英使馆职员梯莱奉调查团之命,携带报告书副本,二十九夜自沪乘车来京。梯于三十晚送至外部。全文十余万字,外部现正择要起草节略,准备派员赴沪,二日晚送至各报。北方电北平路透社转,官场中人对报告书立言公正,颇表满意。

【日内瓦二十九日合众社电】 日内瓦方面准备莱顿报告书发表,保守空前未有之秘密。本日国联秘书厅下级职员均在被监视中,凡打字员、印刷工人、校对员、装订工人等与其他准备报告书有关者,均有密探看守。国联办公处与印刷局来往文件,均密封铁箱中递送。有关系人于进餐及休息时,均受监视。此间得悉,迄今关防严密,戒备可算成功。该报告书定二日下午在日内瓦正式发表,届时并将发表一撮要。据闻在中国方面,则定二日晚八时发表云。

【东京二十九日日本新联电】 驻日内瓦之泽田,二十九晚致电外务省,关于莱顿报告书之公布有下列决定:(一) 对于各国新闻通信及各国代表团之公布,定十月二日午后一时(南京时间为同日午后八时,东京为午后九时),日内瓦、南京、东京同时举行;(二) 在上列时刻以前,内容绝对不泄露。又日政府为考虑翻译时间,特于三十日午后七时,由国联秘书厅职员巴斯吉法夫交到后,当即以二十小时澈夜的翻译。

【东京三十日日本电通电】 莱顿报告书将于本日下午七时,由曩曾充任国联调查团随员之巴斯吉法夫携赴外务省,递给有田次官。外务省当局现声称,于接到该项报告书后,当即澈夜从事翻译,期于一日午前完成,二日晚即可发表。

【东京三十日日本电通电】 莱顿报告书定于二日下午九时公表。该项报告书系由九篇而成,共有三百页。惟其中关于结论者仅十余页,余均置其重要点于叙述中日间之历史的关系,并满洲事变勃发前后情形。又其结论中避用劝告之辞,而另作关于考察感想之语。又电,莱顿报告书将于本晚送致日外务省。该省当局因预料此项翻译之工作当极忙碌,故特于昨午召集有田次官、吉田伊三郎及亚细亚局长等,开翻译准备会。结果决定推举吉田大使为委员长,而以条约局之各课课长及各事务官计二十名为委员,俾组织一翻译委员会。

(《大公报》,1932年10月1日,第三版)

70. 哈斯赴美

【东京三十日日本电通电】 本月二十五日偕同巴斯吉法夫乘加拿大皇后号由沪来东之调查团秘书长哈斯及霞列尔氏,已于本日下午三时,仍乘加拿大号由横滨向美出发。巴斯吉法夫亦定于明日夕刻离东返国。

(《大公报》,1932年10月1日,第三版)

71. 短评:报告书

四百页的调查报告书,昨晚七时交到外交部。一般人民在十月三日可以在报上看见一部分译文。望眼欲穿的报告书,其实内容也不过尔尔,一定不会符合中国国民的愿望,并且敢断言还赶不上去冬日本在币原时代所提的基础大纲。

一年多的外交奋斗,结果得一个名存实亡,而且日本还反对。国联误我,我误国联。国联想藉报告书下台,中国却无台阶可下。

调查团报告书,就是中国国联外交成绩的总结晶!国民在未阅读之前,先想一想是甚样况味!

(《大公报》,1932年10月1日,第四版)

72. 报告书撮要昨午译竣，今午以飞机送平并转津，全国同时下午八时发表，今晚揭开数月来一重厚幕！

【南京一日下午七时发专电】 外部重要员司徐谟、吴南如、刘师舜等二十余人，三十日澈夜工作，审阅国联调查团报告书。一日午将英文部份节略拟就，即开始翻译中文，由罗文干亲加校订，晚七时分交书记二十余人缮写。外部准备各地同于二日晚八时宣布，中央社电台预备两架报机拍发全文。

【南京一日下午九时发专电】 调查团报告书副本于三十日下午七时由英使馆派员送达外交部后，外部立即从事翻译工作，通宵未辍。报告书原文长达四百余页，并未另备撮要，故第一步工作即从事撮要，由情报司长吴南如，将报告书全文一一分开。参加撮要工作者达十余人，均闭处室内，拒绝会客，关防殊为严密，而工作之紧张，亦为前此所罕见。直至今日清晨，始告完毕，随由吴综核后，再分派各员翻译中文。经竟日之努力，至下午完全译完，文长万余言。乃由书记二十余人，在外部大礼堂缮写誊清。凡参与缮写者，一概不准外出，此外不论部内、部外人员，亦一概不准入内。大约今夜即可写竣，再经校对、装订，二日上午十时以前可全部告竣，而于下午八时公布。

【南京一日下午十时发专电】 报告书二日午以飞机送平，到后即转寄津，托周龙光转交各报。该书节略，外部三十日未收到，故自行草拟。一日上午十时，英使馆员另将节略送来，外部即根据翻译。惟结论部份，外部将尽量发表，俾各方明瞭调查团建议国联解决中日问题之办法。

【南京一日下午八时发专电】 外部对报告书在未发表前，极端秘密。参与起草节略等工作人员，皆停止见客，办公室并派警戒备。报告书最后结论，由徐谟亲自翻译。据官场中人云，报告书发表后，政府将暂取缄默，不愿有何表示，以静待国联讨论。又报告书节略，外部决二日以飞机送平，下午八时在平该部档案处发表。

【日内瓦三十日新联电】 国联大会十九国委员会，定十月一日午前十时开会，审议九月十八日颜惠庆提出之要求确定延期报告书提出期间之书翰。

【日内瓦一日哈瓦斯社电】 国联徇中国代表团请求，召集十九国委员会临时紧急会议。

【东京一日路透电】 日本全国等候莱顿报告书发表,感觉敏锐注意。报告书定二日晚九时发表。报告书系于昨晚七时由英大使馆人员送达外务省,外务省人员三十六名立时开始翻译,并有打字员五十人协助,缮成文件若干份。预料翻译工作可于本日完成,届时内田将入宫,以一份呈览。

【东京一日电通社电】 耸动全世界视听之莱顿报告书正本一册及副本三册,并附属书与附属地图,已于昨日下午七时,由驻日英国大使馆一等参赞谷林氏携赴外务省,正式亲递给外务省次官有田。该省于接到此项报告书后,即运赴守岛亚细亚第一课长室,闭户着手整理,而由趣町区警署派警三名,在廊下严加警戒。至七时五十分整理完毕后,复运至翻译室,由精通外国语之少壮事务官三十六名,分居四室,澈宵从事翻译。文书课亦派欧文打字生十五名,在楼上开始复写原文。该省预定于译竣后,即将所译成之日文一千三百页,于本早七时用日文字机复写并装订成本,以便明晚九时公表。内田拟俟报告书于本早翻译完毕后,即于本日下午入宫,奏陈该项报告书要点。

【东京一日新联电】 三十日午后七时,于外务省翻译室将严密封固之莱顿报告书打开,由三十六名之翻译委员澈宵的努力于翻译,迄至午前五时始译竣。午前七时校对委员总动员,以严密的眼光校阅。然后交付五十名之打字员打出,并经七八名之修正委员修正,截至夕刻始告完成,当即付印刷。原文二百部及译文二百部,预定今夜中可以印刷完竣。

(《大公报》,1932 年 10 月 2 日,第三版)

73. 日阀崛强,悍然蔑视报告书

【东京一日电通社电】 日陆军方面关于对莱顿报告书之态度,已于本日下午零时四十分,发出大要如左之声明:"军部方面对于莱顿报告书之正式的意见,虽应先行考察其内容后,再于二日晚发表,但以鉴于调查团本来的使命在调查事态真相之故,其关于在中国及满洲方面日方军事行动之调查,若有误谬之点,自当严加指摘。至调查团对于解决满洲问题之意见,则自其使命上言,殊无重视必要,而应坚持我国既定方针也。"

(《大公报》,1932 年 10 月 2 日,第三版)

74. 社评：国联调查团报告书发表

昨晚八时，发表莱顿报告书摘要，天津独落后。在本文起草时（今晨零时），尚未到津，仅由北平电话及南京广播无线电，知第九、第十两章结论之要点。因此尚不能对该报告书作详细评论，仅先述吾人简单之感想。

第一，东三省事件，中国自始恪守国联决议，而国联决议系促日本尽速撤兵，恢复两国通常关系。今调查团报告书结论，乃谓恢复原状之不宜。夫自九一八以来，一年余矣。国联决议勿令事态恶化及军事扩大，而日本益恶化之、扩大之。今调查团报告书，乃牵就日军侵占后造成之现状，建议作薄弱中国统治权之解决，此为吾人所遗憾。

第二，调查团报告书系五国委员数月苦心之结晶，吾人对诸委员之劳苦，自表敬意。且报告书中有充分表示该团之公正精神者，如证明九一八事变出于日方预定之精密计画，及伪独立运动由日本参谋部之援助指挥。国联所派五大国代表，于实地调查半年之后，郑重研究而为此言，此当然为世界舆论之指归，足彰日本军阀欺瞒世界之罪恶。

第三，该团建议中日应订新约，解决纠纷，互保亲睦。此点本吾人所赞同，诚以远东大局，非中日相安，永无平和确定之可能也。然国联及各会员国国民须知：中日不能友善之责，不在我而在日本！其最明确之证据，即如此次报告书本绝对有利日本，然日本外务省陆军省，昨已表示反对，将对于该报告书之结论完全反驳。荒木更屡屡昌言：调查团任何建议，与日本军部政策不生影响。是可知日本目的在分割中国，独占亚洲，与调查团之希望完全相左也。

第四，由今日之事实，证明国联及各主要会员国，自始即态度错误。盖各国志在维持和平，故始终只持调解态度，不能为拥护公约之有力措置。然宁知日本军阀专恃武力，憧憬战争，故各国愈调解，愈长其气焰，愈迁就，愈促其侵吞。年来事实，可为明证。今调查团报告书，较之去年九月三十日国联决议，更迁就多矣。几关切平和维持公约之各国，倘仍持去年以来之态度，仅空言劝告，无护约决心，则莱顿建议案必遭日本峻拒，或且因此更促日阀进一步之逞凶。

第五，中国于此自应守其正当不变之立场，即绝对保持领土主权及行政完整，而对日关系则以两国条约为范围。凡合此原则之建议，应赞成，不合者，应反对。此原则贯澈，则进一步与日本订立互不侵犯及公断仲裁等条约，如莱顿报告书所建议者，自应为中国所深愿。虽然，此理论则然耳，事实上必无从达此目的。盖日本志在分割中国，安有和平解决之望？是以中国应在世界上牢守正当立场，鼓励国际舆论，同时应觉悟国联劝告调解式办法之毕竟难成，而自求其御侮图存之真正出路！

(《大公报》，1932年10月3日，第二版)

75. 莱顿报告书摘要昨晚发表：九一八为日方预定精密计划所造成，伪独立出于日本参谋部之援助指挥，建议组顾问会议，中日订三种条约，另订东省地方制，与中央权限划分

【南京二日下午八时发专电】 国联调查团报告书节要于一日上午十时送达外交部，至下午六时翻译完竣，随即缮写付印。经澈夜之工作，至二日晨五时全部装订就绪。八时许即专派飞机二架，装载多份，一飞上海，交外部驻沪办事处，一飞北平，交档案保管处，并由平转送天津市长周龙光。十时半可由中国航空公司飞机带往汉口，交第三特区管理局。约定二日晚八时在京、沪、平、津、汉各地同时公布，交各报发表。全文共分十章，约二万言。

【又电】 外部二日晨将报告书节要译文装订就绪后，一面即分送在京之中枢各重要领袖，一面又电沪办事处，于飞机到沪后，立即派员专送莫干山汪委员，并命赴汉之飞机，过浔时专送牯岭蒋委员长。闻外部方面，以报告书内容政府现正详细审查研究，目前决暂守缄默，不表示意见。

【又电】 外部二日所公布者，除第九、第十两章系报告书之全文外，其余八章，则系报告书之节要，且以时间忽促，文字难免有草率之处。现外部已着手翻译报告书全文，约旬日可以竣事，并将印成专册，作为正本。又该报告书系九月四日在平签字，除绪言外，计分十章，对于种种问题之特殊研究，均载入附件内。此外尚有一附录，载明该团所取之行程、所会见之人物姓名表及中日双方所提交该团之文件。附录及附件缓日公布。

【南京二日下午十时发专电】 外部二日晨以报告书节略二份,派员乘机飞莫干山、牯岭,送与汪、蒋审阅。全文已开始翻译,准备提四日行政院会议、五日中政会议讨论。外部在未奉到中央训令前,将不表示若何意见。记者二日午访某当局,询政府对报告书所持之态度。据谈,渠颇望汪、蒋各要人,能即日回京,共同研究。因此问题重大,关系政府整分外交方针,非单独一部或任何一人可轻率决定主张。渠阅报告书已两昼夜,仅及一半,其中头绪纷繁,问题复杂,非一时能以瞭然。中央方面至少须一星期研究,始可筹划对策。渠以为报告书中述我方好者,不必引以为荣,恶者不必引为悲。所指出过去东北地方措置失宜之处,如系事实,政府应坦白表示承认,无须自辩掩饰。只问自己有无补救办法,能否发奋图强,举国一致,健全政府组织,如不能反求诸己,而依赖他人,则国家安能有救云云。二日晨九时何应钦、朱培德至外部访罗文干,交换对报告书意见。

【上海二日下午九时发专电】 外部派科长陆企云携报告书节略一小箱,乘飞机送沪,二时半到。除致林主席及宋子文各一份即送出外,余八时公布。

中日争议调查团报告书,系于一九三二年九月四日在北平签字。除绪言外,计分十章,对于种种问题之特殊研究,均载入报告书附件内。此外尚有一附录,载明该团所取之行程、所会见之人物姓名表,及中日双方所提交该团之文件。此项附录及关于特殊研究之附件,容后公布。

绪　言

绪言首述中国因一九三一年九月十八日沈阳事件发生,而将中日争议提交国联行政院时(中国之要求系于一九三一年九月二十一日依国联盟约第十一条提出)之情形、国联所采之行动及依一九三一年十二月十日之决议指派调查团。该调查团由左列各员组成之:马柯迪伯爵(义)、克劳特将军(法)、李顿爵士(英)、麦考益少将(美)、希尼博士(德)。

在一九三二年二月三日,该调查团启程经由美国来远东之前,曾在日内瓦举行两次集会,并经一致选举李顿爵士为调查团主席。嗣经日本政府及中国政府指定参与代表如左:中国前国务总理、前外交部长顾维钧,日本驻土耳其大使吉田。国联秘书厅股长哈斯嗣被任为调查团之秘书长,在调查团进行工作之时,并有各专门家供其顾问。在该调查团启行之前数日,中国政府曾于一月二十九日依照国联盟约第十条、第十一条及第十五条提出更进一步之要求,及于一九三二年二月十二日请求行政院依国联盟约第十五条第九项之规定，将中日间之争议提出国联大会讨论。自此以后，该调查团即未从行政院得有任何训令，故仍本十二月十日之行政院决议，解释其本身之任务如左：

（一）审查中日间之争议（包括此项争议之原因、发展及在调查时之现状）；

（二）考虑中日争议之可能的解决办法（务须对于两国之根本利益，予以调和）。

调查团对于其自身使命所具之概念　调查团工作及旅程之纲领，以及报告书之计划，均决于该团对于其自身使命所具之概念，其概念如次：

（一）中日两国在满洲之权益，实为此次争议之根本原因。该团对于此项权益曾加以叙述，以作此次争议之历史背景。

（二）对于争议发生前最近发生之特殊争端加以考察，并对一九三一年九月十八日以后事件进展之情况加以叙述。在研究此项争议之过程中，该团声明对于已往行动之责任坚持较轻，而对于寻求防止将来再发生此类行动之方法，坚持较重。

（三）最后该团对于各项争执点加以考虑，并依据该团认为足以永久解决此次冲突并恢复中日间好感之原则，提出建议数条，而报告书即告结束。

旅程　在未达满洲以前，该团曾与中日两国政府及代表各方意见之人物发生接触，以求确定各方利益之性质。该团于二月二十九日行抵东京，三月十四日至二十六日停留于上海。三月二十六日至四月一日在南京，再在中国续行，于四月九日抵北平。然后前往满洲，在该地勾留至六月四日，历时六周，中间曾巡视该地各重要城市。最后调查团于六、七两月中再度赴北平、东京各一次后，即于七月二十日留居北平，而在该地从事于报告书之起草。

现时争执之背景　第一、第二、第三章，说明九一八沈阳事变之发生，乃历年轻微冲突之结局，足以显出中日关系日趋紧张。如欲澈底了解两国间最近争议之真相，必须明瞭最近两国间之关系，例如中国民气之发达、日本帝国及旧俄帝国之拓展政策、最近苏联共产主义之广播、中日苏三国经济及国防策略上之需要。凡此诸端，皆认为研究满洲问题之重要事实。九一八以前，中日两国在满洲之若干主要交涉，亦有叙述之必要。盖必如此，然后可以确定满洲何以成为争议之焦点，以及将来彼此争议平息，双方根本利益如能真正调和，为求此项争议永久解决起见，何种问题值得研究。

第一章　中国近年发展之述要

支配中国之重要原素,即为中国自身徐徐之进行之近代化。今日之中国,乃系一正在演进之国家,其国家之一切生活,均在在显出一过渡之现象。政治上之波澜、内战、社会及经济上之不安,以及其相缘而生之中央政府之脆弱,均系为一九一一年革命以来中国之特殊现象。凡此种种情形,均足使彼与中国发生接触之各国,蒙受不利之影响,而于其改善以前,又必将继续威胁世界之和平,以构成世界经济不景气之一原因。本章将酿成此种种现象之过程简单申述,如满清之推翻、民国首数年之情状、一九一四——一九二八年间之内战与政潮、孙中山先生之组织国民党、一九二七年南京中央政府之成立、中央政府与其反对分子之竞争、共产主义在华之发展,以及中央政府在中国南部与共党组织之冲突,均有简要之陈述。

由该项简要之陈述以观,即可知分离力之在中国,现仍具有威权。此等不能黏合之原因,则以大多数民众,除于中国与外国间呈极度紧张状态时,均系侧重于家族或地方观念,而不重国家观念。现在虽已有若干领袖不复拘于此种狭隘之思想,但欲有真正国家之统一,则必以大多数民众具有国家观念为前提。

至于在中国之共产主义,则又与在他国之情形不同。盖共党主义之在中国,并非如在他国仅为一种政治上之主义,为若干现存政党中之党员所信仰,亦并非一种特别政党之组织,冀与其他之政党争夺政权。中国之所谓共党,则实系对国民政府为实际之对抗者。不特此也,由共党战争所产生之扰乱,则更因中国正在内部改造之困难时期,而增加其严重。过去十一月间,且更因特别重大之外患,而愈增其纠纷。盖共党问题之在中国,实与一较大之问题,即国家改造之问题,有不可分离之关系。

中国当此过渡时期,具有此不能避免之政治的、社会的、智识的及道德的种种紊乱情形,虽不免使友邦失望且产生忿恨之念,足以为和平之危险。调查团却认为虽有此种种困难、迟滞与失败,中国方面实已有许多之进步。试将现在中国之情况,与一九二二年中国之情况,两相比较,即可知此言之非诬。现在中国中央政府之权力,在若干省分①固仍属薄弱,但中央政权,要并未被否

---

① 编者按:今作省份,下同。

认,至少要未被明白否认。如果中央政府能照此维持,则各省行政、军队及财政,要均可逐渐使其具有国家性质。总之现政府对于改造之努力,虽不免有若干之失败,实已有甚多之成就。

现代中国之民族主义,固系其经过此过渡时代之正当的现象,良以一国国民,既有国家统一之觉悟,则当然具有一种对外解放之愿望。但在中国,则于此种愿望之外,因有国民党之势力,遂更引入一种极力反对外国势力之不规则的色彩。本章即申述中国民族主义中所包含之重要的要求,以及各国对于此种要求之态度(而尤以关于领事裁判权之放弃及其对于维持中国法律秩序之关系为尤详)。中国前于华盛顿会议时,即早已踏入以国际合作解决中国困难之途径。果克遵循此途继续迈进,则自华会以来之十年中,中国殆早已可有具体之进步。惟不幸因排外宣传之热烈,遂顿使进步迟滞。其中如经济抵制及将排外宣传导入学校两事进行太猛,遂以造成本案发生时之特殊空气。

日本为中国最近之邻邦,且为其最大之顾客,其因中国流行之情形所遭逢之损害,自较其他之各国为巨。不过此项问题,虽使日本受有较他国更巨之影响,要非仅为一中日问题,且也现在之极端的国际冲突,如能由国联予以满意之解决,则正可使中国相信国际合作政策之利益。此项国际合作之政策,固系导源于华盛顿,而于一九二二年发生极优良之影响者也。

第二章 满洲之状况及其与中国其他部份及俄国之关系

本章叙述一九三一年九月前满洲一般的状况,及其与中国其他部份及俄国之关系。称东三省为一广大膏沃区域,四十年前几未开辟,迄今人口仍形稀少,对于解决中日人口过剩问题,极占重要位置。河北、山东省之贫民移殖于东三省者,以数百万计。日本则将其工业品及资本输入满洲,以换取食粮及原料。若无日本之活动,满洲不能引诱并吸收如此巨额人民;若无中国农民及工人之源源而往,满洲亦不能如此迅速发展。但满洲虽极需要合作,因有前述理由,初则成为日俄竞争区域,继则成为中国与其两强邻之冲突地方。

当初中国对于发展满洲甚少努力,几令俄国在该处有管辖之权。即在《朴资茅斯条约》重新确认中国在满洲之主权后,在世界人士眼光中,仍认日俄两国在东三省之经济活动,较中国本身为显著。同时中国数百万农民之移殖,确定该处将来永为中国之所有。当日俄国致力于划分利益范围时,中国农民即占有土地,故目下满洲之属中国,已为不可变易之事实。自一九一七年俄国革命后，中国对于东三省之管理及发展开始积极进行，近年来更欲计划减削日本在南满之势力。此种政策使冲突益形扩大，至一九三一年九月冲突达于顶点。

本章又叙述张作霖及张学良时代，对于满洲之政策及统治状况。张作霖屡次对于北京政府宣告独立，但此种宣告并不表示张氏或满洲人民愿与中国分离，其军队之入关不能与外兵侵略相比拟，实则不过参加内战耳。在一切战争及独立时期中，满洲仍完全为中国领土。张作霖虽不赞成国民党主义，但深盼中国之归于统一。其对于日俄两国利益范围之政策，证明若彼能将两国在该处之势力加以肃清，彼必为之。对于苏俄之利益范围，几乎告厥成功，并提倡建筑铁路政策，其结果即将南满铁路与其若干供给食料区域之联络切断。自张作霖神秘被害案发生后，张学良不顾日本之劝告，与南京方面及国民党更为密切联络。一九二八年十二月，宣告服从中央政府，实则在满洲之武人统治制度依然存在，与从前无异。但在国民党势力之下，党义宣传及抗日活动，更为紧张。

一九三一年九月前，关于东三省滥用私人、官僚腐化及行政窳败之普遍状况，调查团获得重要的申诉。但此种情形不为东三省所独有，在中国其他各部亦有同样状况，或且过之。虽有上述行政上弊病，但在中国亦有数处地方，努力改良行政，其成绩颇有可观，在教育、市政及公用事业方面，尤多进步。其更可特别留意者，在张作霖及张学良统治时代，关于满洲中国人民及利益，其经济富源之发展及组织，较从前确有显著之进步。

本章复叙述自订立建筑中东铁路合同及一八九六年同盟协约后，所有俄国及满洲经过情形之各阶段。一八九八年租借辽东半岛于俄国，一九〇〇年俄国占据满洲、日俄战争及《朴资茅斯条约》，一九一七年俄国革命及一九一八年至一九二〇年协约各国对俄干涉在满洲之影响，一九二四年之中俄协定、张作霖对于苏俄利益采取侵略政策后之事变，一九二九年苏俄武力侵入满洲北部，及使中俄恢复原状之一九二九年十二月伯力议定书，均一一叙述，最后，一九〇五年后日俄关于满洲问题之关系，亦加以说明。

自《朴资茅斯条约》至俄国革命时期，日俄在满洲之协调政策，因俄国革命及协约【国】出兵西伯利亚而终止。加以苏维埃政府态度，对于中国民族希望与以猛烈的兴奋，日本或认苏维埃政府将拥护中国恢复主权之奋斗。此种进展，使日本对于俄国旧有之忧虑又复发生。北满边境外进入危险之可能，常使日本不能忘怀，北方共产学说及南方国民党反日宣传或相联络，益使日本渴望在两者之间，介以一与两者不生关系之满洲。近年来苏俄在外蒙古势力之扩张及中国共产党之发展，均使日本忧虑日益加增云。

第三章　一九三一年九月十八日以前中日关于满洲之争执

本章叙述一九三一年九月十八日以前中日间关于满洲之主要争执。近二十五年来，满洲与其余中国部分关键益密，而同时日本在满洲之利益亦逐渐增加。满洲之为中国之一部，本无待证明，惟在此部份之内，日本得有非常权利，且是项权利限制中国主权之行使至一种程度时，使中日两国不得不发生冲突。是项权利根据于继《朴资茅斯条约》而订立之一九〇五年《中日会议东三省事宜条约》、一九一五年之条约即所谓"二十一条"者，以及各种铁路合同。试检阅是项权利之细目，即知在满洲境内，中日间政治、经济、法律关系之非常性质矣。如斯情势，世界各国无可比拟。一个国家在邻国领土内，竟能享受范围如此广大之经济及行政权利，可谓绝无而仅有矣。此种情势只有在两种条件之下，或者可以维持而不至于引起不断之纷争。其条件惟何？其一，即出于双方自由志愿，并同意承受；其一，即出于双方在经济、政治事项上，曾经详细考虑之合作政策。非然者，其结果决不能免于冲突也。

本章并叙述从一九三一年九月以前，数年来中日两国政府之态度及政策上表现之中日在满洲根本利益之冲突。中国认满洲为粮食策源地及国防第一线，而日本之态度则异是。日本要求在满洲享有特殊权利，过去历史及情绪之联想、战略之成见、经济利益、爱国观念、国防心理，与夫条约上特殊之权利，凡此种种，皆造成日本要求满洲特殊地位之原因也。是项要求与中国主权冲突，并与国民政府减少外人现有之特殊权益及抑止是项权益将来扩充之企图，亦不能兼容。而日本所持享有特殊利益之要求，在日本间有解释谓为维持满洲之和平秩序起见，遇必要时日本有干涉之权者。

是项双方态度及政策之根本冲突，遂引起两国当局关于有效或认为有效之各项复杂条约之解释及适用上之种种具体争执。是项争执中之较重要者，在本章内曾经分析列举。如关于一九〇五年《中日会议东三省事宜条约》之争执、并行线问题、关于各种铁路合同之争执、关于一九一五年条约之争执，如日本人民在满洲居住及商租土地权、南满铁地道带内之行政权、领馆警察行使某种权力、朝鲜人民之地位等皆是也。至一九三一年而中日两国间关系益呈紧张，万宝山案、朝鲜暴动排斥华侨案、中村大尉被杀问题等，于是联翩发生，非偶然也。

一九三一年八月杪，中日间关于满洲之关系因种种纠纷与不幸事件而紧张至于极度。双方抗争各有是处，亦曾用外交常用之方式企图解决种种问题。但因长时间迁延不决之故，日本方面竟不复再能忍耐，尤以日本军界为甚，当时曾要求中村案立刻解决。军人团体如帝国在乡军人会鼓动日本舆情，尤为有力。于是解决一切中日悬案，必要时用武力解决等口号，遂嚣腾于日本民众之口矣。

第四章　一九三一年九月十八日以后满洲事变之叙述

第四章叙述此种日益增长之紧张情形，如何达到九月十八夜之爆发。关于九月十八夜之事变，中日两方持论不同，互相抵触。调查团尽量接见在事变发时及在事变发生不久以后旅居沈阳各外籍代表，包括报馆访员，其结果乃得下列之结论。

关于九月十八日沈阳事变之结论　"中日双方军队感情之紧张，无待疑义。"（此节述报告书原文）

"依据调查团所得【种】种确切之说明，则可知日方系抱有一种精密预备之计画，以因应该国与中国方面万一发生之敌对行为。"

"一九三一年九月十八夜，该项计画曾以敏捷准确之方法实行之。"

"中国方面依照其所奉训令，并无进击日军，亦并无在特定时间及地点危害日侨生命财产之计画，对于日本军队并未作一致进行或曾经许可之攻击，日方之进攻及其事后之军事行为，实出中国方面意料之外。"

"九月十八日下午十时至十时三十分之间，在铁路上或铁路附近，确曾有炸裂物爆发之事。惟铁路即使受有损害，但事实上并未阻碍长春南下列车准时之到达，且即就铁路损害之本身而论，实亦不足以证明军事行动之正当。"

"是晚日方之军事行动，不能视为合法自卫之办法。"

"惟当地官佐，或以为彼等之行为系出于自卫。调查团于说明上开各节时，并未将此项假定予以摈斥。"

后来之军事行动　本章继述日本军队在满洲之配置，及其在九月十八夜及以后之行动。凡关九月十八日至十九日长春之占领、九月二十一日吉林之占领、十月八日锦州之轰炸，及起自十月中、终于十一月十九日日军占领齐齐哈尔之嫩江桥战事，均有详细之溯述。其时天津又于十一月八日及二十六发生事变。关于诸项事变之陈述,颇有参差,且不明瞭,本报告书中,则解释此项事变对于东省情况之影响,并述久寓天津日租界之废帝潜赴旅顺,又叙明一九三二年一月三日锦州被占之经过。

本章复继续追述日军在北满之军事动作,包含今年二月五日哈尔滨之被占,直叙至本年八月底之军事动作为止,其中曾详叙在东省各地之混战。此项战地,大率仍为中国正式军队及非正式军所占有,由日军及伪组织军队与之对峙。调查团对于此项战事,认为无法叙述其确切之状况。良以中国当局,关于是项仍在东省与日军对峙之军队,当然不愿露泄确切之情报,而在日本方面,则对于此等仍与日军为敌之军队之数目与战斗力,则又喜故意为之贬损也。

一九三二年九月初间之军事状况　调查团并表示在最近之将来满洲之一般状况,能否预期其变更,殊觉不能遽断。在报告书脱稿之际,战事尚在继续且蔓延甚广。至关辽热边境之军事动作,该报告书以为该地战区之推广,实为难于逆料之事,不可不计虑者也。

第五章　上海

本章叙述自二月二十日起,迄日本军队最后撤退时止之上海战事。国联所派领团委员会亦于此结束其报告。调查团谓该团于三月十四日抵上海,实一机会。盖以职务言,虽可无庸继续领团委员会之工作,亦不必对此地方事件作特别之审查,但既已抵沪,对于和缓空气之造成,或亦不无裨益。调查团分析中日双方最后签订之协定后,曾表示意见,谓上海事件对于满洲形势确发生重大影响,因中日战事深入全国人心,结果使中国抵抗之心愈坚。时在满洲地方,自接上海消息后,顿使现在散处各地之抗日军队,精神为之一振。本章末段叙述一九三二年二月一日之下关日舰开炮事件,此案中日双方报告大相径庭。

第六章　"满洲国"

本章叙述"满洲国",分为三部。第一部"'新国'成立之过程",首述日本占领沈阳后所发生之混乱情形,次述沈阳及各省秩序及行政之逐渐恢复,又次述"新国"之成立、废帝溥仪之被命为临时执政、三月九日在长春就职之典礼,及"满洲国"组织下之一切法令。此段以下列文字作结束:

"自一九三一年九月十八日以后日本军事当局之行动,在军事、民事上均以政治作用为目标,逐步以武力占领东三省。由中国治权之下,递次夺去齐齐哈尔、锦州、尔哈滨[哈尔滨],最后并及于所有满洲境内之重要城市,并在每次占领之后,即将该处行政机关改组。由此可知在一九三一年九月以前,满洲毫未闻有独立运动,其所以有此运动者,乃日本军队在场所致也。"

"一群日本文武官吏(现任与退职者均有),图谋组织并实施此项运动,以为解决九月十八日以后满洲局面之办法。"

"以此为目的,该员等利用某某等华人之名义及行动,又利用不满以前政府之少数居民。"

"由此亦可知,日本参谋部最初或不久已知可以利用此项独立运动,因此该部对于独立运动之组织者,予以援助及指挥。"

"以各方面所得之一切证据而论,本调查团认为'满洲国'之构成,虽有若干助成份子,但其最有力之两种份子,厥为日本军队之在场及日本文武官吏之活动。盖以本调查团之判断,若无此二者,则'新国'决不能成立也。"

"基此理由,现在之政权,不能认为由真正及自然之独立运动所产生。"

本章第二部述现在之"满洲国"政府,由基本法及行政立场上详察其组织,并及于财政、教育、司法、警察、陆军、金融情况等等,又述如何接收盐政、海关及邮政之情形,最终乃列入调查团对于本案之评判。在此段中,调查团宣称:"满洲国"政府之计划画有若干开明之改革,其实行不仅利于满洲,即中国之其余部分亦属相宜,而在事实上此种改革已多见于中国政府计划之中。然调查团意见,以为"满洲国"实施此种改革计划之时期虽短,及对于其已施步骤虽已予以相常注意,然仍认为并无象征足以证明该"政府"在事实上能实施甚多改革。例如业经颁布之预算及钱币改良计划,其实施之前途似有严重之阻碍。在一九三二年之不安定及扰乱情形之下,澈底的改革计划、安定情况及经济繁荣,决难实现。

至于该"政府",其各部名义上之领袖,虽系住居满洲之中国人,但其重要之政治行政权则仍操诸日本官史[吏]及日人顾问之手。该"政府"之政治的及行政的组织,不仅予此项官吏及顾问以供献技术上意见之权,抑且予以实行管理及指挥行政之机会。此辈固不受东京政府之训令,其政策亦非与日本政府或关东军司令部之政策常相符合。但遇重要问题时,该官吏与顾问于新组织成立之初期,稍有自主行动之能力者,已渐受胁迫,遵照日本当局意旨行事。此当局者因其军队占领满洲土地,而"满洲国政府"又依赖该军队维持其对内对外权威，同时"满洲国"管辖下之铁路，又委托南满铁路株式会社代行管理，最后又以有日本领事驻在各重要城市，以通声气，以故无论遇何事机，彼日本当局者均有运用其绝大力量之方法。"满洲国政府"与日本当局间之联络，新近因派遣专使更觉密切。此专使虽未正式授权，但已驻在满洲都城，以关东租借地总督之名义管辖南满铁路株式会社，同时兼行外交代表、领事及驻军总司令之职权。"满洲国"与日本之关系，前此颇不易解说，但据调查团所得之最近消息，日本政府有不久即将此项关系加以确定之意向。今年八月二十七日，日本代表曾致函调查团，谓武藤专使已于八月二十日离东京赴满洲，抵满后，即与"满洲国"开始谈判缔结日本与满洲间之基本友谊条约，日本政府认此项条约之缔结为对"满洲国"之正式承认。

本章第三部分论及满洲居民对于"新国家"之态度。调查团首说明在当时情况之下，搜集此项证据颇多困难。良以因防范实在或想象的危险而加诸调查团之特殊保护，颇足使一般证人望风却走，诸多华人甚至有不敢与调查团团员一面者，以故与各界接谈殊匪易易，非秘密约会不可。然调查团仍排除万难，除与各官长公开谈话外，仍得达到与商人、银行家、教员、医师、警察、职工等私人谈话之目的。

调查团并曾接到书信一千五百余件，其中有亲手交来者，但大多数系由邮局辗转递到。如此得来之消息，均于可能范围内向中立方面加以复证。调查团次解释其所接触之各群民众之心理状态，最后下一结论，谓少数团体间或有拥护"满洲国"者，但"一般华人均异其趣，此所谓'满洲国政府'者，在当地华人心目中直是日人之工具而已"。

第七章　日人之经济利益与华人之经济绝交

本章对于中日间之斗争，认为不仅属于军事性质，抑且属于经济性质。中国以抵制货物、船舶暨银行等事，为反抗日本之武器，其目的在与日方完全断绝经济及财政之关系。

调查团于既经指出日本以发展工业及输出制成物品为解决日本人口问题主要方法之一，并经调查日本之在华经济与财政利益后，即进行研究经济绝交之运动。调查团以为华人所用之经济绝交，系导源于一世纪以来之习惯。其因此所得之训练及心理态度，与国民党所代表之现代民族主义相混合，遂以构成今日经济绝交之运动。其影响中日关系，自物质与心理两方面观察，俱甚重大。

结论

调查团已得有结论,以为华人之经济绝交,既属普遍,且有组织,发端于强烈之民族情绪,而强烈之民族情绪又从而鼓舞之。然此项经济绝交,有团体主使之、指挥之。该样团体能发之,亦能收之,且有威吓之法以实行之。在组织方面,虽包括多数个别团体在内,而重要支配之机关厥为国民党。至关于经济绝交之方法,调查团声明非法举动常所不免,但于此对于直接反对日本侨民之举动,与意在损害日人利益因而反对违背经济绝交章程之中国人民举动,二者要应分别观察。第一种之情事与往昔之经济绝交相比,现已较为少见,而第二种之情事则层见叠出。调查团之意见,以为中国政府因未曾充分制止此种举动,且对于经济绝交运动并曾予以某种直接援助之故,应负责任。调查团并未提议谓政府机关援助经济绝交之运动系属不正当之事,但仅愿表而出之者,即官方之鼓励不无含有政府之责任耳。

中国政府宣称,经济绝交系抵御强国武力侵略之合法武器,尤以在仲裁方法未经事先利用之事件中为然。此说就调查团之意见,引起一性质更广之问题。中国人民在不以越出国家法律范围之条件下,其个人拒绝购买日货,或以个人行动或团体行动宣传此项意见之权,无人可予否认。然而,单独对于某一国家之贸易实行有组织之抵制,是否合于睦谊,抑或与条约义务不相抵触,乃系一国际法之问题,而不在调查团调查范围之内。为举世各国之利益计,调查团希望此项问题应及早加以讨论,并以国际协约加以规定。

本章结论称,以中日贸易之互相依赖及双方之利益而言,经济接近实有必要。但两国间政治关系一日不圆满,以至于一方采取武力,一方则采取经济抵制力量以相扼持,则一日无接近之可能。

第八章 在满洲之经济利益

本章简单讨论在满洲之经济利益,注重中日两国关于此项利益之详细研究,另有特别说帖附于报告书之后。该项说帖涉及种种问题,如投资、日本与满洲之经济关系、中国与该区之经济关系、日本移民满洲之机会、中国移民于满洲之影响、铁路与货币问题等等。调查团于本章中表示,深信中日两国在满洲之经济利益,就其本身(离开近年来政治事件)而言,应入于互谅合作之途,不应发生冲突。欲求满洲现在富源以及将来经济能力之充分发展,双方修好实为必要。

调查团并声明：门户开放之原则，不独就法律观点言，即就实际观点言，要均必须维持。此项原则之维持，乃日本、"满洲"及中国其他各部之福也。

第九章　解决之原则及条件

前章之复述　中日问题之本身，用公断方式非无解决之可能，然因各该国政府处理此问题，尤以满洲问题为甚，使两国关系益臻恶化，遂致冲突迟早不能避免，业已于本报告书之前数章述明。中国乃一由政治上之纠纷、社会上之紊乱与夫因过渡时代所不可避免之分裂趋势而进展之国家，业经大概叙及。日本所主张之权利与利益，如何因中国中央政府权力薄弱致受重大之影响，及日本如何急欲使满洲与中国政府分离，业经阐明。是稍一研究中、俄、日三国政府在满洲之政策，即可知以前东三省地方政府虽对中国中央政府宣布独立非仅一次，特其人民悉为中国人，固未尝有与中国脱离之意。最后吾人曾悉详察自一九三一年九一八以来之真确事件，并曾发表吾人对此之意见。

问题之复杂　现在吾人可对于过去之感想作一结束，而集中注意点于将来。凡阅过前章者，必明瞭现在冲突中之问题，并不如寻常所拟议之简单，实则此项问题异常复杂。而惟深悉一切事实及其历史背景者，始足以表示一正确之意见，良以此案既非此国对于彼国不先利用国际联合会盟约所定和平处理之机会而遽行宣战之事件，亦非此一邻国以武力侵犯彼一邻国边界之简单案件，实因满洲具有许多特点，非世界其他各地所可确切比拟者也。此项争议系发生于国际联合会两会员国间，涉及领土之辽阔与法、德两国相埒，双方均认有权利与利益于其间，而且权益中为国际公法所明白规定者仅有数端耳。又该领土在法律上虽为中国不可分之一部，其地方政府实具有充分自治性质，得与日本直接谈判事件，而此类事件，乃此次冲突之根源也。

满洲情况非他地所可比拟　日本管有一条铁路及及由海口直达满洲中心之一段土地，约有一万兵士保护该地。日本并主张依照条约于必要时有增兵至一万五千之权，对于在满洲之日侨，亦行使其本国裁判权，领事警察之设置遍于东三省。

解释之不同　上述各节为辩论此问题者所必须考虑，其事实为未经宣战、现有一大部分地面向为中国领土显无疑义者，竟为日本武力强夺占领，且因此种行为使其与中国分离并宣布独立焉。此案经过所采之步骤，日本谓为合于国际联合会盟约、非战公约暨华盛顿九国条约之义务,而实则各该约之意义正在防止此种行为,且此种行为开始于提出报告于国际联合会之初,而完成于嗣后之数月。乃日本政府以为此种行为与其代表在日内瓦九月三十日暨十二月十日所提出之保证相符合,为此项行动作辩护者,谓一切军事行动为合法之自卫运动。该项自卫权利,在上述各项国际条约中既均有包含,即国联行政院亦未有任何决议加以取销。至于替代中国在东三省之行政组织之新组织,则谓系当地人民之行动,自愿独立而与中国分离另组政府,此种真正之独立运动,自不为任何国际条约或任何国联行政院之决议所禁止,且此项事实之发生,已将九国条约之引用予以重大之改易,并将国联正在调查事件之性质完全变更。此种辩护论调,实使该项冲突顿行复杂与严重。本调查团之任务,并不在就该案作辩论,但欲设法供给充分之材料,使国联能得一适合于争议国双方之荣誉尊严暨国家利益之解决办法。仅恃褒贬,不足以达此目的,必须从事于调解之切实努力。吾等曾力求满洲事件过去之真相而坦白说明之,并承认此仅为一部分之工作,且非最要部分。我等在调查期间曾迭告双方政府,愿以国联之力助两国调解争端,且决定向国联建议以适合于公道与和平之办法。保持中日两国在满洲之永久利益。不能认为满意之解决办法:

一、恢复旧状。由上述各节观之,可以明瞭如仅恢复旧状并非解决办法。系因此次冲突,原系发生于在去年九月前所存在之各种情形之下,故今日如将各该情形恢复原状,亦徒使纠纷重见,是仅就该案全部之理论方面着想,而未顾及其局势之真相者也。

下转第四版

二、维持"满洲国"。从前述两章观之,维持及承认满洲之现在政体,亦属同样不适当,因我等认为此种解决办法与国际义务之主要原则不合,并与远东和平所系之两国好感有碍,且违反中国之利益,不顾满洲人民之愿望,兼之此种办法日后是否可以维护日本永久之利益,亦尚属疑问。满洲人民对于现时政体之情感如何,可无疑义,中国亦决不愿接受以东三省与本国完全分离之办法作为一种最后之解决。即以远处边陲之外蒙古与满洲相比拟,亦欠确当,因外蒙古与中国并无经济上与社会上之密切关系,且人口稀少,大部分均非汉人,而满洲之情形则与外蒙古大异。现今在彼方耕种之数百万汉人,竟使满洲成为关内中国之天然延长,且从种族、文化及国民性情各方面言之,东三省之中国化程度,直使其与其邻省之河北、山东无异,因其大部分之移民均来自该两省也。且就已往之经验，可以证明从前在满洲当局曾对于中国其他各部——至少华北——之事务有重大之影响，且占有毫不容疑之军事上与政治上之便利，无论在法律上或事实上将该省等自中国他部割离，日后恐将造成一严重难解之问题，使中国常存敌意，并或将引起继续抵制日货之运动。本调查团曾接到日本政府关于该国在满洲重大之利益之一明晰而有价值之声明书。关于日本对于满洲经济上之依赖，前章已经论及，本调查团不必再为之铺张。本调查团亦不主张日本因经济关系而得享有经济甚至政治管理权，但吾人仍承认满洲在日本经济发展上之重要性，日本为该国经济发展之必要要求，建设一能维持秩序之巩固政府，吾人亦不以为无理。但此种情况，惟有一合于当地民意，而完全顺乎彼等之情感及志愿之管理机关，始能切实担保。吾人更信惟有在一种外有信仰、内有和平，而与远东现有情形完全不同之空气中，为满洲经济迅速发展所必要之投资始可源源而来。现虽有人口过剩增加之苦，日本似尚未充分使用其现所之便利，以从事于移民。日本政府迄今尚无大规模移民满洲之计划，但日本确欲刺[利]用再进一步之实业计划，以谋农业危机及人口问题之解决。此种实业计划，需要更大经济出路，而此种广大而比较可靠之市场，日本仅能在亚洲，尤其在中国，始能获得。日本不仅需要满洲市场，即全中国市场，亦在需要之列。而中国之巩固与近代化，自能使生活程度抬高，因而使贸易兴奋，并增加中国市场之购买力。

中日间此种经济之接近，固与日本有重大之利益，与中国亦有同等之利益。盖中国籍此经济上及技术上与日本合作，可获得建设国家主要工作上之助力。中国若能抑制其国家主义难堪之趋势，并俟友好关系恢复后，切实担保有组织之抵货运动不再发生，则于此项经济接近大有裨助。在日本一方面，若不用使中国友谊及合作成为不可能之方法，以图谋使满洲问题脱离中日全部问题而单独解决，则此项经济接近，亦当易于实现。

使日本决定其在满洲之动作及政策者，经济原因或较次于其切身安全之顾虑。尤其日本文武官员，常谓满洲为日本之生命线。常人对于此种顾虑可表同情，并欲谅解其人因欲预防万一，而不惜冒重大责任之行动与动机。但日本欲谋阻止满洲被利用为攻击日本之根据地，并欲于满洲边境被外国军队冲过之某种情形下，日本得为适当之军事布置，吾人对此种种固可承认，然吾人仍不无怀疑者，无期限之军事占据满洲，致负财政上之重责，是否为抵制外患之最有效方法耶？设遇外患侵袭之时，日本军队受时怀反侧之民众包围，其后有包含敌意之中国,试问日本军队能不受重大之困难否耶?为日本利益计,对于安全问题,亦可考虑其他可能的解决方法,使更能符合现时国际和平机关之基本原则,并与世界其他列强间所缔结之协定相类似。日本甚或可因世界之同情与善意,不须代价而获得安全保障,较现时以巨大代价换得者为更佳。

国际利益　中日两国以外,世界其余列强对中日争议,均有重大利益,亟应维持。例如现行各种多方面条约,前已提及。又此问题之真正及最后之解决,必须适合世界和平机关所依据之根本条约。再华府会议各国代表所提出之主张,现仍有效。列强现时所持之权利主张与一九二二年时同,即仍以扶助中国、建设维持中国领土主权完整,为保持和平之必要条件。各种分解中国之行为,必致立即引起国际间之竞争。此种国际竞争,如与相异的社会制度间之冲突同时发生,则将更形激烈。要之,对于和平之要求,在世界各地皆然。倘国联规约及非战公约原则之实施,在某地失其信仰,及在世界任何处所,皆减少其价值及功能。

苏联之利益,调查团对于苏联在满洲之利益范围,未能获得直接之报告,而苏联政府对于满洲问题之意见,亦未能臆断。但虽无直接报告,而苏联在满洲之举动及在中东路暨中国国境外北部及东北部领土上之重要利益,均不容忽视。故解决满洲问题时,倘忽略苏联之重大利益,则此项解决必不能持久,且将引起将来和平之决裂,事极显然。

结论

倘中日两国政府均能承认彼此主要权利之性质,并愿在彼此间维持和平,树立睦谊,则上述各节足以指示问题之解决途径。至恢复一九三一年九月以前状态之不可能,前已述及之矣。一种满意合适之制度,必须就现有制度改进,不能采极端变动。吾人在次章提出若干种建议,以贯澈此旨。兹先规定适当解决所采之原则于下。

适当解决之条件

(一)适合中日双方之利益。双方均为国联会员国,均有要求国联同样考虑之权利。如某种解决双方均不能取得利益,对于和平前途毫无善果。

(二)考虑苏联利益。倘仅促进相邻二国间之和平,而忽略第三国之利益,则非特不公,亦且不智,更非和平所要求。

(三)遵守现行多方面之条约。某种解决必须遵守国联盟约、非战公约及华盛顿九国条约之规定。

（四）承认日本在满洲之利益。日本在满洲之权利及利益，乃不容漠视之事实。倘某种解决不承认此点，或忽略日本与该地历史上之关系，亦不能认为适当之解决。

（五）树立中日间之新条约关系。中日二国如欲防止其未来冲突，及回复其相互信赖与合作，必须另订新约，将中日两国之权利、利益与责任，重加声叙。此项条约，应为双方所同意之解决纠纷办法之一部分。

（六）解决将来之有效办法。为补充上开办法，以图便利迅速解决随时发生之轻微纠纷起见，有特定办法之必要。

（七）满洲自治。满洲政府之改组，应于无背于中国主权及领土完整之范围内，使其享有自治权，以求适合于该三省之地方情形与特性。新民政机关之组织与行为，务须具备良好政府之要件。

（八）内部须有秩序，并须安全以御外侮。满洲之内部秩序，应以有效之地方宪警维持之。至为实现其足御外侮之安全起见，则须将宪警以外之军队扫数撤退，并须与关系各国订立互不侵犯条约。

（九）掖励中日间经济协调之成立。为达到此目的，中日二国应订新通商条约。此项条约之目的，须为将两国间之商业关系置于公平基础之上，并使其与两国间业经改善之政治关系相适合。

（十）以国际合作促进中国之建设。中国政局之不稳定，既为中日友好之障碍，及为其他各国所关怀，远东和平之维持，既为有关国际之事件，而上述办法，又非待中国具有强有力之中央政府时不能实现，故其适当办法之最终要件，厥为依据孙中山博士建议，以暂时的国际合作，促进中国之内部建设。

上述办法实行后结果之预测　现在情势之改变，如能包括上述意见及满足上述条件，则中日二国当可将其困难解决，而两国间之密切谅解及政治合作之新时代，或将由此开始；如二国间不能成立协调，则无论具有何种条件之解决办法，必将毫无效果可言。即在险象横生之今日，而上项新关系之能否出现，仍难预期。是则吾人之所不容讳言者，少年日本现正力主对中国采取强硬政策，及在满洲采取澈底政策。凡为此项主张之人，靡不对于九一八以前之延宕政策以及搔不着痒处之手段表示厌倦。彼辈现甚急燥及缺乏耐心，以求其目的之达到。现在日本，一切适当方法亦尚在寻求中。经与主张积极政策最力之辈（就中尤曾于一般具有确定不移之理想及对之终身拳拳服膺，甚而至于身任树立"满洲国"之奇巧工作之先锋而亦不恤者,加以注意)接近之后,本团遂不得不承认此问题之核心,自日人方面言之,纯为日人对于新中国之政治发展及此种发展之未来趋势表示焦虑。此种焦虑,已使日人采取种种以统制上项发展与左右上项趋势为目的之行动,俾日人之利益得以安全,及其帝国国防战略上之需要得以满足。但日本舆论已有一空洞的觉悟,深知日本对满洲及对满洲以外之中国,绝无采取两个分离的政策之可能,是故纵以满洲之利益为主眼,日人亦或可对于中国民族精神之复兴,表示同情的欢迎,亦或可视之为友,引导其进程,而畀之以帮助。但使日人此举足使中国不另乞外援,则日人已乐出此也。

中国有识之士,既已承认建设与近代化为该国之根本问题,亦即该国之真正国家问题,则彼等不能不确认此种业已开始且有如许成功希望之建设及近代化政策之完成,实有赖于一切国家培植友好之关系,而与彼在咫尺之大国维持良好之关系,尤属重要。在政治上及经济上,中国均需要列强之合作,而日本政府之友善态度及在满洲方面之经济合作,尤为可贵。中国政府应将基于新唤醒之民族主义之一切要求(即使正当而且急切),置于此种国家内部建设之最高需要之下。

第十章　审查意见及对于行政院之建议

向中日两国政府直接提出解决现时争议之建议,非本调查团之职责,但为便利两国间目前争议原因之最后解决(引用白里安向行政院说明组织本调查团之决议时所用之言),本调查团特于此将研究结果建议于国际联合会,以为联合会适当机关起草提交争议国之确定方案时之帮助。此项建议之用意,在表明前章所设条件足以适用之一端耳。建议性质仅涉及广泛之原则,至于细目则留待补充。如争议国愿意接受基于此种原则之解决方法时,尽有修正之余地。假令日本在日内瓦方面尚未考虑本报告以前,已经正式承认"满洲国"(此为不容忽视之可能的事实),吾等工作决不因此而丧失其价值。吾等深信本报告书所载建议,对于行政院将来为满足中日两方在满洲之重大利益而为之决定,或向两国所为之建议,将有所裨助。

吾等以此为目的,故一方面顾及国联原则及关于中国一切条约之精神及文字,以及和平之普遍利益,而在另一方面,仍不忽视现存之实况及正在演化中之东三省行政机关。为世界和平之最高利益计,无论将来将发生若何之事态,行政院之职责,终将为决定如何始能使本报告中之建议,推行并适用于现在发展中之一切事件,以期利用现正在满洲酝酿之一切正当势力,或为理想,或人力,或为思想,或行动,藉谋获得中日间长久之谅解,请当事双方讨论解决办法。首先建议国联行政院,应请中国政府暨日本政府依照前章所示之纲领,讨论两国纠纷之解决。

顾问会议　此项邀请如经接受,第二步即应及早召集一顾问会议,讨论并提出详密之建议,设立一种特殊制度,以治理东三省。

此项会议可由中日两国政府之代表暨代表当地人民之代表团两组组成之。该两代表团,一由中国一由中国政府规定之方法选出之①,一由日本政府规定之方法选出之,如经当事双方同意,亦可得中立观察员之协助。

如该会议有任何特殊之点不克互相同意时,该会议可将此意见参差之点提出于行政院,行政院对此当设法觅得一同意之解决办法。

同时于顾问会议开会期间,所有中日间关于各该国权利与利益所争论之事件,应另行讨论。倘经当事双方同意,亦可得中立观察人员之协助。

吾等末后提议此项讨论与谈判之结果,应包括于下列四种文件之中:

(一)中国政府宣言。依照顾问会议所提办法,组织一种特殊制度,治理东三省;

(二)关于日本利益之中日条约;

(三)中日和解公断不侵犯与互助条约;

(四)中日商约。

在顾问会议集会之前,应由当事双方以行政院之协助,对于该会议应行考量之行政制度之方式,先行协定其大纲。此际所应考虑之事件如下:

顾问会议之集会地点,代表之性质,是否愿有中立观察人员,维持中国领土行政完整之原则及准许东省有高度之自治,以一种特殊宪兵为维持内部治安唯一办法之政策。以所拟各种条约解决所争各项事件之原则,对于所有曾经参加东省最近政治运动之人员准予特赦。

此种原则大纲既经事先同意,关于其详细办法得以最充分可能之审择权,留诸参加顾问会议或磋商条约之代表。至再行诉诸国联行政院之举,仅得于不能同意时行之。

---

① 编者按:原文如此,多"一由中国"四字。

此项程序之优点 此项章序之各种优点中可称道者,在于此项程序既与中国主权不相违反,仍可采取实际有效之办法,以适应满洲今日之局势,同时为今后因应中国内部现状之变迁留有余地。例如,在满洲最近所已提议或已实际施行之某种行政与财政之变更,本报告书中所已注意者,如省政府之改组、中央银行之设立以及外国顾问之雇用等等,此类特点,顾问会议或可因其利便而予以保留。又如依照吾等所提议,而选出满洲居民代表出席顾问委员会之方法,亦可为现政体与新政体递嬗之协助。

此项为满洲而设之自治制度,拟仅施行于辽宁(奉天)、吉林、黑龙江三省。日本现时在热河省(东内蒙古)所享有之权利,当于关系日方利益之条约中,加以说明。

兹将四项文件依次讨论如下。

(一) 宣言

顾问会议之最后提议,当送交中国政府,由中国政府以该项提议列入宣言之内,转送国际联合会及九国条约之签字各国。国联会员国及九国条约之签字国对于此项宣言当表示知悉,而是项宣言将被认为对于中国政府有国际协定之约束性质。此项宣言嗣后倘须修改,其条件当依照上述之程序,彼此同意宣言本身中预为规定。

此项宣言对于中国中央政府在东三省之权限及该地方自治政府之权限加以划分。

保留于中央政府之权限 兹提议保留于中央政府之权限如下:(一)除特别规定外,有管理一般的条约及外交关系之权,但应了解中央政府不得缔结与宣言条款相违反之国际协定。(二)有管辖海关、邮政、盐务所之权,或于可能范围内有管辖印花税及烟酒税行政之权。关于此类□款之纯收入□中央政府与东三省政府间如何公平分配,当由顾问会议决定之。(三)有依照宣言所规定之程序,任命东三省政府行政长官之权,至少初步应当如此。至出缺时或以同样方法补充,或以东三省某种选举制度行之,当由顾问会议合意议定,并列入宣言之内。(四)对于东三省行政长官,为颁发某种必要训令,以保证履行中国中央政府所缔结关于东三省自治政府管辖下各事项之国际协定之权。(五)顾问会议所合意议定之其他权限。

地方政府之权限 凡一切其他权限,均属于东三省自治政府地方民意之表现，应计划某种切实可行之制度，以期获得人民对于政府政策所表示之意见。或即袭用自昔相沿各机关，如商公所及其他各市民机关，亦可。

少数民族　应订立某种规定，以保护白俄及其他少数民族之权益。

宪兵　兹提议由外国教练官之协助，组织特别宪兵，为东三省境内之唯一武装实力。该项宪兵之组织，或于一预定时期内完成之，或在宣言内预定程序，规定其完成时期。该项特别队伍既为东三省境内唯一武装实力，故一俟组织完成，其他一切武装实力即应退出东三省境内。所谓其他一切武装实力，包括中国方面或日本方面之一切特别警队或铁路守备队。

外国顾问　自治政府行政长官得指派相当数额之外国顾问，其中日本人民应占一重要之比例。至细目应依上述程订定，并于宣言内声明之。各小国人民有被选之权，与大国同。行政长官得就国联行政院所提名单中，指派国籍不同之外籍人员二名监督（一）警察，及（二）税收机关。该二员在新政体草创及试行期内，当掌有广泛权限。顾问权限当在宣言中规定之。

行政长官就国际清理银行董事会提出之名单中，当指派一外国人为东三省中央银行之总顾问。

至于雇用外籍顾问及官员一节，实与中国国民党总理及现今国民政府之政策相符。吾等希望中国舆论，对于在东省方面外人权利与势力之复杂及其实际状况不难认识，为谋和平及善良政治起见，不能不有特殊之处置。须知此间所提议之外籍顾问及官员，及在组织新制度时期内应有特别广泛权限之顾问，纯为代表一种国际合作之方式。此项人员之选出，应在中国政府所能接受之状态内行之，且须与中国主权不相抵触。经指派后，此项人员应认自身为雇用国政府之公仆，与在过去时期内关税及邮政或国联与中国合办之专门机关所雇用之外籍人员相同。

关于此节，内田氏于一九三二年八月二十五日在日本议会演说中之一段，可予注意："我国政府自明治维新以后，雇用多数外籍人员为顾问或正式官吏，在一八七五年前后，其数目超过五百人之多。"当有一点可注意者，即在中日合作空气中指派较多日籍顾问，可使此项官员贡献其特别适合于当地情形之训练与学识。此项过渡时代所应抱之最后目的，乃为造成一种纯粹中国人之吏治，使无雇用外人之需要。

（二）关系日方利益之中日条约

中日间拟议之三种条约商订人，自应有完全审择之权，但于此处略示订约时所应议之事项，不为无益。

提及东省方面日方利益及热河省日方一部分利益之条约，自必涉及日侨之某种经济利益及铁路问题。此项条约之目的应为：1.东省经济上之开发，日方得自由参加，但不得因此而取得经济上或政治上管理该地之权；2.日本在热河省现在享有之权力，予以维持；3.居住及租地之权推及于东省全境，同时对于领事裁判权之原则酌予变更；4.铁路使用之协定。在南满与北满间虽并未订有固定界线，但日本人民之居住权，向仅限于南满及热河。日本人民行使此项权力之态度，常使中国方面认为不能容受，因是而发生不断之龃龉与冲突。在纳税及司法方面，日本人民及朝鲜人民俱认为享有领事裁判权之待遇。关于鲜民方面，实另有特殊规定，不过此项规定未能完善，致常为争执之焦点。就调查团所得证明，吾等相信若不附有领事裁判权，中国愿将现在有限制之居住权推及于东省全境。因附带领事裁判权之结果，认为可使在中国境内造成一日本民族之国家也。

居住权与领事裁判权关系密切，至为明显，而在东三省司法、行政及财务行政未达到较前此更高之程度以前，日本不欲放弃领事裁判权地位，其事亦同样明显。

于是有调和方法二种：其一，现有之居住权及其附带之领事裁判权地位，应予以维持，其范围应加以扩大，俾在北满及热河之日本人民及朝鲜人民均得享受，但无领事裁判权；其二，在东三省及热河省内之任何地方，日本人民应予以居住权及领事裁判权，而朝鲜人民则仅有居住权而无领事裁判权。是两项建议各有优点，亦各有可以严重反对之处，果能将东北各省之行政效率增高，使领事裁判权不复需要，此则本问题最满意之解决方法也。本调查团以是建议地方最高法院，应延用外国顾问至少二人，其一须为日本国籍。其他法院延用顾问，亦殊为有利。法院审理涉及外国人之案件时，顾问对于各案之意见不妨公布。本调查团以为在改组期间，财务、行政方面参以外人之监督，亦殊属相宜。本调查团讨论中国宣言时，关于此节业已有所提议矣。

更进一步之保障，可依和解条约设立公断法院，以处理中国政府或日本政府以政府名义或其人民名义所提出之任何声诉。

此项复杂与困难问题之裁决，必须归诸议订条约之当事国。但现时所取之保护外国人制度，苟施于多如朝鲜人之少数民族，在朝鲜人数目继续增加及其与中国人民密接杂处情形之下，发生刺激之机会，因而引致地方意外及外国干涉，殆为必然之事。为和平利益计，此项冲突之源应予消弭。

日本人民之居住权利如有任何推广，应在同样条件之下，适用于其他一切享有最惠国条款利益之国家之人民，只须此类享有领事裁判权人民之国家，与中国订立同样条约。

铁路　关于铁路，在过去期中，中国与日本之铁路建造者及当局者缺乏合作，不知成就一广大而互利之铁路计划，此在第三章中已论之矣。将来苟欲免除冲突，则在现时拟议之条约中必须加以规定，使已往之竞争制度归于消灭，而代以关于各路运费及价目之共同谅解。此项问题在本报告书之附件特别研究第一号内，另有讨论。在本调查团之意，以为有两种可能之解决，此两种解决可择一而行，或可视为达到最后解决之步骤。

第一种方法范围较为限制，系中日铁路行政之业务协定，足以便利彼此合作者。中日两国可根据合作原则，协议管理在满洲之各有铁路制度，并设一中日铁路联合委员会，至少加以外国顾问一人，其行使之职务，则类若他国现行之理事会然。至于更澈底之救济方策，莫若则将中日两国之铁路利益合并。如双方能同意于此种合并办法，即为中日两国经济合作之真实表记。使中日得有经济上之合作，固为本报告书目的之一，且此种合并办法，一方面既可保障中国之利权，一方面又可使满洲一切铁路得有利用南满铁路专门经验之利益，而援照近数月来应用满洲铁路之制度，引伸推用，当亦可无困难，且将来更可藉此辟一种范围较广之国际协定新径途［途径］，将中东铁路包含在内。此种合并方法之较详释明，现虽载在附件之内，只能视为一种举例，其详细计画惟有由双方直接谈判始可产生耳。铁路问题如此解决，则南满铁路全为纯粹的营业性质。特别警察保安队一旦完全组成，铁路得有保障，则可使护路警撤退，而节省一种极大开支。此项办法如果实行，特别地产章程及特别市政制度应即在铁路地域范围内预先制定成立，俾南满铁路与日本国国民之既得利益得有保障。

如能遵循以上途径议订条约，则日本在东三省与热河之权利，可有法律根据，其有益于日本，至少当与现有之条约协定相同。而在中国方面，亦常易予接受，如一九一五年等条约与协定所给予日本一切确定让与，未为此项新条约所废弃或变更者,中国方面对之当不致再有承认之困难。至于日本所要求之一切较为次要之权利,其效力可发生争执者,当以协定解决之。如不同意,应照和解条约中所载之办法解决之。

(三) 中日和解仲裁不侵犯及互助之条约

本条约之内容,因已有许多先例及现行成案可稽,自可不必详细叙述。

照此条约,应设一和解委员会,其职务专为帮助中日两方解决两政府间所发生之任何困难。并设一公断庭,以具有法律经验及明瞭远东情形者组织之,凡中日两国间关于宣言或新条约之解释,以及其他由和解条约所列举之争执,均应归诸公断庭办理。复须依照加入约文内之不侵犯及互助各规定,缔约国双方同意满洲应逐渐成为一无军备区域。以此为目的,应即规定俟宪兵队组织完竣后,缔约国之一方或第三者对无军备区域之任何侵犯,即认为侵略行为。其他一方如遇第三者攻击时,则双方有权采取认为应行之任何办法,以防卫无军备区域,但并不妨害国联行政院依照盟约处理之权。

倘苏联共和国政府愿意参加于此种条约之不侵犯及互助部分时,则此项相当之条款,可另行列入一种三方协定。

(四) 中日商约

商约自应以造成可以鼓励中日两国尽量交易货物,而同时并可保护他国现有条约权利之情形为目的。此项条约,并应载入中国政府担认在其权力之内,采取一切办法禁止并遏抑有组织之抵制日货运动,但不妨害中国买主之个人权利。

评论　以上关于拟议之宣言,及各种条约目的之建议及理由,系提供国联行政院之考虑。无论将来协定之细目为何,最要在尽早开始谈判,并应以互信之精神行之。

本调查团工作业已告竣。

满洲素称天府之国,沃野万里。一年以来迭经扰攘,当地人民创巨痛深,堪称前此所无。中日关系已成变相战争,瞻念前途,可胜忧虑。其造成此种景况之情形,本调查团于本报告书中已言之矣。

国联应付本案,其严重之情势及解决之困难,尽人皆知。本调查团正在结束报告之际,报章适载中日两国外交部长之宣言。披阅之余,各有要旨一点,兹特为揭出：

八月二十八日罗文干先生在南京宣称："中国深信将解决现在时局之合理办法,必以不背国联盟约、非战公约及九国条约之文字与精神,与夫中国之主权,同时又确能巩固远东永久之和平者,为必要条件。"

八月三十日据报,内田伯爵在东京宣称："政府认中日关系问题较满蒙问题更为重要。"

本调查团以为结束报告,莫妙于重述此两项宣言所隐伏之意思。此种意思,与本调查团所搜集之证据,及本调查团对本案之研究暨其判断,如是之确切相同,故敢信此种宣言所表示之政策倘迅为有效之应用,当能使满案达到圆满之解决,不特有裨于远东两大国之利益,即世界人类,亦胥受其赐焉。(完)

(注：第九章、第十两章因内容较为重要,故照全文译出,并非摘要。)

(《大公报》,1932年10月3日,第三版转第四版)

76. 报告书甫发表,日方已示反对

【东京二日新联电】 国联莱顿报告书之日本政府对国联之意见书作制,因鉴于问题之诸点重要,故不仅依据三省委员会之讨议而作成,将采取斟酌各政党、财界各方面之意见,并请其协力之方针。然阅览报告书内容之关系方面,大体抱有左之意见,故意见书似将按照左之线索作成。(一)莱顿报告书内容,大体日本有六分利,而中国四分利,然一部分过于感情作用,一部分亦有故意夸大事实之点。对于此点,无论如何决予以澈底的批评。例如满洲之历史的情实,英、美、法等国对其殖民地常认为当然之事而实行之政治行动,乃仅日本对满洲所取之态度则予以不当,偏颇之观察点甚多。外务省可举出具体的实例与列国之殖民政策比较,而与以断乎之反驳。(二)报告书结论日本不能不与以全般的否认,尤其报告书之否认将来于满洲之驻兵权。此事殊暴露调查团如何的不认识日本于满洲之历史的特殊性及满洲治安之现状,陆军当局对于此点将加以反驳。

(《大公报》,1932年10月3日,第四版)

77. 报告书天津晚见四小时，零时二十分发表

国际联合会调查团报告书摘要，由飞机送达北平后，由外交部驻平档案处派庶务主任徐振铎，昨晚八时乘北宁车赍送来津，十一时半车抵新站。市政府第二科长沈迪家在站迎接，偕同徐氏赴市府。市府秘书处帮办陶坚及第三科长穆道厚已在市府相候。徐氏径赴市长办公厅与陶会晤，并将北平档案处公函及中文报告书十份，英文报告书五份当面点交，即离市府。陶氏与穆、沈两科长浏览全文，并改正错误后即向新闻界发表，各报均分给一份，时已深夜十二时二十分，同时将外交部改更错误电一封发表。故昨日京、沪、平、汉俱于昨晚八时发表，天津独落后四小时。

（《大公报》，1932 年 10 月 3 日，第四版）

78. 十九国特委会开会，大会一致抨击日本，我代表请设法阻止事态恶化

【日内瓦一日路透电】 今晨十九国特委会召集公开会议，考虑颜惠庆氏所提请求，将按照盟约第十五条允可之六个月延缓展期事予以限制（按七月一日国联特别大会曾通过决议案，内有大会于收到国联调查团之报告书后，得根据十九委员会之提议，确定限期延长之长度云云，故颜氏加以敦促）。捷克代表贝尼斯严厉指摘日本承认"满洲国"，并披露该委员会实际上曾经考虑，采取强硬办法。颜氏除请求限制延长时限外，又请该委员会采取行动，阻挡日本利用此项展缓使事态更见恶化。主席比代表西姆斯决定，将以上两点分别处理。氏称，关于延期问题，大会曾通决议案数次，申述促进讨论程序之需要，行政院会已允尽可能之极端速度处理此项事件。查行政院会现又决定将等候十一月十四日起始之一星期，考虑莱顿报告书，故彼感觉委员会之适当程序，莫如先等候行政院会对此事提出报告书，然后彼即立时召集特委会，考虑行政院会之报告与提案，并起草一报告致国联特别大会。

至于阻止事态恶化一层，氏称中日政府双方曾经庄严承诺，不作任何于情势有妨碍之举，但日政府已经承认"满洲国"。西氏言至此，遂宣读狄凡勒【拉】氏对于此项行动表示遗憾之演词，谓此举用意在妨碍国联努力。氏并称，委员会委员有意一致赞助此项遗憾之表示。贝尼斯氏称，委员会曾经考虑采用更有力办法之问题，嗣将其屏弃不用，而赞成一较合智理之办法，据事件证明，彼等之信任殊属谬误云云。该委员会于同意将本届会议纪录通知中日两国政府后，宣布散会。

【伦敦一日电】莱顿报告书二日发表，其结论如何，全世界均予以密切注意。据《星期泰晤士报》称，据一般意见，结论将于日本不利。顷有两事，饶有意味：一为美国务卿斯蒂生氏之宣言，谓满洲危机威胁各种伟大的和平条约权威，此种条约为战后各国防止战祸再见计，用无上努力所缔成；一为本日国联十九国委员会中一致通过之决议案，赞成爱尔兰代表狄凡勒拉氏之宣言，谓日本在国联接到莱顿报告书以前，承认所谓"满洲国"政府，妨碍满洲纠纷之解决，对此不胜遗憾云云。中国已请求国联采取一切必需办法，阻止日本令情势更见恶化。本晚外长西门爵士作广播演词，称英政府所遭遇之主要事件为国际问题，如欧洲情势之紧张、战债问题、经济危机、全世之失业以及裁军问题等等。西门定二日赴日内瓦。

【日内瓦二日哈瓦斯社电】法总理赫里欧昨日与各方代表往返磋商，极为忙碌，先后接见捷克代表贝尼斯、美裁军代表道威斯及中国代表颜惠庆。

（《大公报》，1932年10月3日，第五版）

79. 社评：东省事变责任确定之后

通读莱顿报告书第一至第八章摘要及第九、十两章全文，可知不论国联若何采纳，及其建议之解决方法是否合宜，但报告书本身业已对本案为重大之贡献。此无他，即证明日本为侵略国是也。

报告书第四、六两章，虽不明指日本为侵略者；但于九一八之变，既称"依据调查团所得确切之说明，可知日本系抱有一种精密预备之计画"，"一九三一年九月十八夜，该项计画曾以敏捷准确之方法实行之"。同时证明"中国方面依照所奉训令，并无进击日军，亦并无在特定时间及地点危害日侨生命财产之计画"。至于铁路炸毁事，则谓"铁路即使受有损害，但事实上并未阻碍长春南下列车准时之到达，且即就铁路损害之本身而论，实亦不足以证明军事行动之正当"。故断言"是晚日方之军事行动，不能视为合法自卫之办法"。根据本章可知九一八之变，纯为日本侵略的挑衅。又第六章说明"满洲国"成立经过，尤为公正。即：(一)"一九三一年九月以前，满洲毫未闻有独立运动，其所以有此运动者，乃日本军队在场所致"。(二)"一群日本文武官吏，图谋组织并实施此项运动，以为解决九月十八日以后满洲局面之办法"。(三)"日本参谋部对于独立运动之组织者，予以援助及指挥"。(四)"本调查团认为'满洲国'之构成，其最有力之两种份子，为日本军队之在场及日本文武官吏之活动。若无此二者，'新国'决不能成立"。(五)"基此理论，现在之政权，不能认为由真正及自然之独立运动所产生"。(六)"该'政府'重要之政治行政权，操诸日本官吏及日人顾问之手"。(七)"所谓'满洲国'政府者，在当地华人心目中，直是日人之工具"。根据本章，可知伪国成立纯为日本侵略之手段。

凡以上所云，本为完全事实，报告书尚婉曲言之而已。夫就莱顿及诸委员言，甘于犯一强国之怒而揭开事实，宣诸世界，其忠于职务之精神及主张公道之勇气，殊足令世界人类赞佩。而就国联各关系国及美国言，则调查团此项调查事实之结论，实为对于满洲事变责任之最后的判决，其性质意义，诚重大无伦。盖由此结论，证明日本为以武力手段占领邻国领土之侵略者！是则为与国联盟约、非战公约、九国公约绝对抵触之行为。日本此项行为不能纠正，则各和平公约势成废纸。各关系国既称维护国联及各公约，则对于此侵略的行为，势不应不加以纠正，此论理的必然之结论也。夫上述理由本中国一年来所主张，然中国为争执中之一造，所言未能生效，且因争执不能决，诉诸国联。国联亦不能即决也，而后派遣调查团。此调查团者，五大国代表所组织，国联所任命，其人皆当代名流，皆忠于国联，尤忠于其本国而得其本国政府信任者也。而此五国者，与中日皆为友邦，此五委员者，对中国复向无关系，而其东来职务，第一即为调查满洲事变之事实。今其所报告之事实如此，是则在现代国际社会中，此当然为法律上、事实上最有权威之证言。易言之，是非曲直，已因此而定谳矣。

夫国联约章既禁侵略他会员国，非战公约既禁侵略战争，而九国公约既禁破坏中国领土主权行政完整，然现据调查团报告，日本既用武力侵略中国而破坏其完整矣,是则或护约或承认侵略,二者之中,必须居一。苟承认侵略也,勿论已,若言护约,则最迁就事实之解决,亦必须如调查团建议之原则,即一切办法,要以日本交还东三省于中国为前提,此绝无通融曲解之余地者也。吾人因念调查团五委员本五大国政府所自荐,则该团报告,理应受五国政府所支持。倘五国一致主张,自增加国联权威。虽然,今不能不望世界注意者,远东问题万分紧张,稍一懈怠更酿巨祸。单看日本军部对报告书之愤怒,便知大局酝酿之危机。国联及各主要国苟决心护约,须有坚固一致之步骤,倘若依违理势之间,仍欲以空言模棱,听其推移,则东亚前途更不可问。中国人民誓抗日本之侵略,同时愿望中日之和好,其志只在保土建国,并不欲与日本结未来之仇、种东亚民族不幸之根,是以苟日本悔悟,纠纷本可立决。惟观近势,日阀对于一切公论及公共利益完全不顾,野心无限,备战日亟,以莱顿报告书之善为日谋,保其一切利益,委曲迁就以图解决者,而日阀且愤然一蹴焉,是问题之性质可知已。在满洲事变责任已明之今日,吾人愿一问国联及各关系国之决心及认识如何也?

(《大公报》,1932年10月4日,第二版)

80. 外部对报告书初步表示:两点特注意,全案正考量;日本果反对,竟欲要求再调查;美政府表欣慰,将有意见发表

【南京三日下午六时发专电】 三日罗外长发表对于国联调查团报告书宣言称:"国联调查团报告书业经公布,此乃莱顿爵士与其同事诸君数月来为国际和平而不辞劳瘁坚苦工作之结果也。吾人犹忆去年十二月十日国联之所以决定派遣调查团,乃欲对于因日本侵犯中国领土而引起之局面,贡献一最后根本解决之办法。当白里安氏于是日提出派遣调查团之决议案于国联行政院,以备其考虑并采纳时,曾言调查团职务范围在原则下极为广泛,任何问题足以影响国际关系而有扰乱中日两国间和平或和平所赖以维系两国间谅解之虞,经调查团认为须加研究者,均不得除外。故就调查团之职务而言,调查团所称得审查一切有关系之事实,并得以和平解决办法建议于国联云云,固为完全正确之解释。试将报告书略加浏览,即觉有最显明呈现之两点:一为九一八日及

九一八以后之一切日本军事动作，均无正当之理由，不能认为自卫之手段；一为所谓'满洲国'者，并非真正及自然之独立运动所产生，而为日本军队及日本文武官吏操纵造出之结果。报告书包含许多性质极重要之问题，现正在中国政府当局悉心考量之中。"

【南京三日下午八时发专电】 国联调查团报告书节要业已公布，我政府之对策亦急待决定。代理行政院长宋子文三日下午五时由沪乘飞机抵京，晚间即邀请行政院各部会长罗文干、何应钦、顾孟余、陈公博等，在私邸会谈，席间罗外长有详细之意见报告，会谈历时颇久。四日上午行政院会议时，将作正式之讨论，汇集意见后提五日之中政会讨论，同时并电汪、蒋，征求意见，期于最短期内决定对策。现中枢各委对报告书之节要虽经浏览一过，但仍候详细审阅报告书之全文。外部现正赶速翻译，日内即可完竣。

【上海三日下午九时发专电】 记者三日晨访伍朝枢，询对报告书意见。伍答："尚未阅竟，惟谓报告中对九一八事变责任、伪国非出民意等点，确予日方重大打击。惜该团始终未具有效解纷方法，宛如劝打架者，明知一方蛮横，而不得不说彼此均有不是，俾能解纷。经济绝交之力，各国未免连带害怕，故对此似意欲加以制裁。惟中国弱到如此地步，若并此武力而无之，则国家安能存在？世上无丧失土地永不收复者，一切全视国民努力耳。日本军力固称雄东亚，但未认明经济上弱点。吾人最有效力量，仍在经济武力。欲保持此力量，必须一致团结，坚持到底。"

美国官方赞同，即将表示意见

【华盛顿二日路透电】 官方对莱顿报告书印象，表示赞同，认该报告书赞助胡佛、斯蒂生政策，即不承认以侵略行动结果所获得之利益。国务卿斯蒂生现时不在华盛顿，顷正研究此项报告，大概将于明日发表意见。外交界方面称赞报告书编制之态度，以及其用直接谈判调解中日歧见之计画云。

【华盛顿二月合众社电】 在美国国务卿斯蒂生由费城归来前，官方对莱顿报告书不愿表示意见。斯蒂生归后将立即详细研究报告书。此间负责方面，显然对于莱顿及其他委员起草复杂中日问题之报告，应用九国公约及非战公约于远东情势，颇表欣慰。此间负责官方欣慰莱顿报告之建议能保持中国主权，与美国国务部之观念吻合。此间官方有人颇为乐观，相信莱顿报告可达到解决中日纠纷之希望。另有人相信，此项报告仅证明有道德价值，国联调查团报告解决方案,仅在理论上可以实行。

英国态度沉静,期待美国论调

【伦敦二日哈瓦斯社电】 莱顿报告书发表,适星期日休息,故英国正式与非正式方面对此书作何感想,无从探知。吾人所知者,仅各政治团体所得之最先印象耳。大抵自由党及工党多希望莱顿报告书对日本能出威吓态度,而保守党则否。此次报告书之精神,既系劝告双方互相调解,故保守党颇为满意。报告书对双方劝告和解,保守党认为适宜,双方如能诚实缔约,以规定其商务关系,则彼此定能获益。此种建议系由事实上着眼,不注重法律,故易得一部分英国舆论同情。自由党及工党则自今晚起,即认报告书过于缓和。此派人士中,数月来即时时要求严责日本,命其将军队迅由满洲退出者,今观报告书即发表,不免明示不满。同时某派人士,却示一种实在满意。伊等以为国联索以调解见功,此项报告实本其原旨,国联此后仍可本该项精神进行工作。此间批评报告书时显极审慎,原因伦敦极欲视美国之论调如何云。

日阀态度崛强,反对莱顿报告

【东京三日日本新联电】 为补救报告书所载国联调查团之认识不足,日本政府将向国联提出意见书,现已由外务省及军部组织委员会着手于作制。外务当局对于报告书之结论的部分,即第九章及第十章,完全取无视之方针,将立脚于事实,反驳调查团,以期矫正其认识。又统观莱顿报告书,调查团对于中国方面提出之材料的观点完全接受之事殊堪注目。调查团结局对于中国之本态尚无把握之点,发见许多有兴味之事例可以证明。关于此项诸点,将加以严重批评。

【东京三日日本新联电】 日枢密院方面对于莱顿报告书有下之见解:"莱顿报告书之摘要,与从来报纸上片段的记载,无甚差别。对于报告书之内容,现暂不能陈述意见。因为外务省所发表者系其摘要,斯此报告书一字一句均含有慎重之意味,故非充分的检讨全文之后,殊不能论其是非。然此项报告书对于国联之空气无论如何变化,帝国政府之承认'满洲国'理由,及满洲事变以来迄至承认,所取之手续方法仍极正当,而毫无可加以非难者也。"

【东京三日日本新联电】 关于日本对于报告书之意见书,以外务、陆军为中心,委员正在人选中。军部对于此次之报告书,指摘完全充满误谬之诸点,并谓仅两星期间即能对"满洲国"下断定之事,殊不近现实,故有唱议要求再行调查之说。

【东京三日日本新联电】 日本陆军当局为决定对来顿报告书之态度,午前九时半于陆军省最高首脑部参集协议结果,以报告书意外的与所期待者相反,其对日本军事行动之认识不足,与偏向中国之极度不公正的态度,决不能予以容认。但国联大会之讨论报告书,仅及报告而已,殊不能断定国联之最后的态度,故此军部无论如何,决按照既定方针,对于基于误解日本行动由于自卫权发动及日本驻满军备之必要等而作成之报告书,与以正确之辨明,并尽最后之最善。万一大会若出于无视日本之正义的立场之行动,则退出国联,并于国家重大决意之下,诉诸排击国联之手段以救日本外,别无他道等之意见,已归一致。军部呈现紧张状况。

【东京三日日本新联电】 日本之意见书定六星期内提出国联,现以外务、参谋本部第二部及军务局为中心,正准备中。据军部方面多数之意见,以该报告书完全不足成为问题,可按照既定之方针迈进。然一部则以调查团仅二星期之满洲调查即下断定,是以不近现实,当然可以要求再度调查,且亦有再度调查之先例。此项意见颇为有力,已为世界注视之焦点。

【东京三日日本新联电】 民政党声明书略称:"莱顿委员会有由满洲撤退中日军队而以具有国际的政策之特别宪兵队维持之建议。然满洲千零十五万方英里①之宏大危险地带之秩序,委诸宪兵队维持之事实,乃纸上空论。又谓由中央政府掌握满洲诸权云云,在此无力之中央政府之下而行自治政治之事,乃系一大错觉。满洲之秩序维持乃今日之急务,其由列国招聘顾问之主张,乃系增加国际纷扰之机会,而使东洋和平陷于危险者也。吾人希望不为报告书所误,真正为东洋和平而树立百年之大计,同时并声明日本断不能盲从委员会之无理解结论"云。

【东京二日路透电】 外务省对于莱顿报告书之最初反响,其梗概似对于"报告书第一、二、三、七、八各章小有争执,但对于第六章指摘甚烈,认为削减全报告书之价值,其起草时,似抱有极强烈之偏见"。自大体上言之,该报告书之主要批评,即为太限于满洲一隅,而对于中国及远东全局太少注意。倘令调查团正当了解其在国联决议案下规定之职权范围,将不至以第九与第十两章

---

① 编者按:原文如此。

列入报告,惟承认该两章中,确含有"若干健全的结论"。在其他部分之主要批评点,为第八章称述日本主张在满洲所呈之特别地位与九国条约不符,又如第九章称述九一八夜间轰炸铁路事,不足为采取军事行动之理由,故逾越自卫权范围等等。据发言人称,日政府观点以为当场者为判定采取何种需要最佳之人,故调查团本身之结论不能接受,惟对于该团无意污蔑日军为侵略者表示满意。关于第六章,该发言人称,调查团似重视卑贱隐名之华人之证据,而对于日本及"满洲国"所提证据则似不信。该发言人指陈,调查团在满仅两星期,时间不足,尤因"满洲国"成立伊始,一切仍在混乱中,且调查团以后在北平勾留颇久,有意或无意间,无疑的过分受张学良之势力影响。该发言人于评论报告书最后两章时,称其中有若干健全结论,并申述日本对于满洲争端之解决,绝不容第三者置喙,且不能同意承认现时之"满洲国"改为自治区域之建议。该发言人以为经考虑后,中日对于满洲问题无谈判余地,惟关于满洲之建议如施用于中国与列强间之关系,或为有益,例如组织某种国际共管之问题。该发言人对调查团辛苦之工作,表示领情,惟彼对于报告书情绪之结晶语,则谓"该报告书对日不公正之处甚多,但对华不公正之处则绝无"。彼又宣称,日政府将强烈驳斥满洲独立运动系日本参谋总部所煽动与赞助而成之主张。该发言人结束时暗示,日本宣言将仅限于驳斥并修正第一与第八章中事实与理想错误之点云。

日内瓦之批评,英、法报纸论调

【日内瓦二日路透电】 一般认莱顿报告书显然于中国方面有利。国联历次发表之文件,以此最为出色。其对于事实,作详审的、缓和的、慎重的、有含蓄之申述,并能以特出的英国式之文件出之,字里行间,显然流露为莱顿爵士之手笔。至于某种加入之处,痕迹亦易于辨识。一般视该报告意旨,在指摘日本。关于报告书建议部分,一般感觉,对于除宪兵外撤退一切武装军队,以及完全变更满洲现时统治,俾能在中国主权与行政完整下实现自治之新办法二点,恐均不能取得日本同意。在另一方面,调查团建议之顾问会议办法,使谈判范围获得明显之规定,故中国一向反对与日本直接谈判之障碍,或可因此消灭。

英

【伦敦三日路透电】 工党《每日前锋报》称,莱顿报告书判决日本为"有罪"。在此判决下,"不识外长西门如何再继续曲宥日本之行动"。然国联能获得解决之希望,颇为轻微。如日本拒绝接受此项解决办法,国联必须采取其次之步骤(该报未指明何种步骤),否则吾人将"返回至无阻碍与拘束之武力强权时代"。所幸者,国联对于表明法律优胜之任何办法,能仰赖美国之充分合作云。自由党《新闻纪事报》请首相麦克唐纳对于外交事件重新施用力量。该报称,满洲问题之处理,殊未尽力。英国迄未采取与美国携手之明显途径,以决定一确切方针。此种方针他国将愿意接受,而日本亦不得不加以尊重。莱顿报告显然为国联能力严重之测验。吾人不欲推测日本对调查团之报告除尊重以外,另持他种态度。欧洲各国之安全,仰赖维持一联合之阵线,但最要者,即英、美步骤应趋一致。倘令麦氏之政府仅采取观望政策,则其声望以及其代表全国之要求,将大受损碍云。保守党《每日电讯报》称,莱顿报告书对于中日问题之是非曲直,作一诚恳透澈之断定,一方认为满洲脱离中国无效,一方承认日方利益曾受中国重大损失。报告书之建议顾全两国荣誉,极饶良好之理解。惟日政府视满洲问题为已经决定,故国联成功之希望极为辽远。解决之另一更重大阻碍,即为报告书结论中所称,以为中国不能缺少一强有力之中央政府,如解决办法须俟"国际对中国内部建设之合作"发生效果,等候之时间太为长久。倘令日本获得其满洲重要利益之行动,不能认为具有充分理由,其解释即在中国政治之真相。保守党《每日邮报》称,莱顿报告书无任何结果可言,其反日程度不及某方所预料,但显然对于中国方面有所偏袒。该报告书未计及一极重要之事实,即在一九〇四—五年日俄战争时,苟无日本庞大之牺牲,则满洲至今将为苏俄之一省矣。该调查团之建设的提议,须经过若干年之谈判与会议,日本利益现时所需要之秩序与安全,就中国现时情形言之,不能获得。该报劝西门勿赞助任何行动,使日本有退出国联之虞,此举将引起各种严重纷扰。该报结论称,日本之在满洲,其自然与有益,无异英国之在印度与埃及云。保守党《晨报》专注意于莱顿宣称"中国有强有力中央政府"需要一点,并谓中国命运或将粉碎。该报称,中国有"满洲国"在北,粤省亦无异独立,蒙古又有苏维埃共和国,中国政府在任何方面之权力,均不能及远。中国政府之统治,仅有虚名。如日本与列强能联合产生一强固之中央政府,将为一伟大之成就,但此种假设不能做到云。《每日捷报》对莱顿报告未有评论。

【伦敦三日路透电】 伦敦《泰晤士报》社评称,莱顿报告书结论并不难接受,惟惜此项结论,不幸在签字与到达日内瓦间,相隔之时间太久。调查团之损失在派遣太晚,而返欧又在日本承认"满洲国"之前。调查团抵远东,在事变勃发后之五个月。顷间国联与美国遭遇一种事实,即满洲已变为一"新国",实际成为日本之保护国。该报告书建议之解决方法,于满洲情形或极合宜,对于日本政治经济之特别利益,亦有充分之领会。建议之作成,并非凭借一仲裁者之法律的仪文,但以中日两国友人之智慧出之。惟现时发生一问题,即按照今日状况,中日是否立时在实际上不愿接受此议。调查委员确信满洲当地人民感想反对日人。日本进行一重大事件,其财政不能胜任继续派遣援军,而日人将来或有赞同调查团结论之一日,以为抹煞满洲人民之情感,于日本之永久利益,最后无利。各国政府当然需要时间,以研究报告书之全般意义。关于此事,当然不需仓卒之决定,且毋宁需要大众之外交行动,而不仅为一国之事。此项报告书在下月以前,国联行政院将不予以讨论。届时发生之问题,即为一方维持国联盟约之原则,而不漠视一空前情势之各种事实。国联积极调停之适当时机,毋宁在讨论期以后,而不致提前云。

法

【巴黎三日路透电】 各报对于国联在势不得不决定满洲问题,极感同情。《新闻报》赞扬莱顿爵士对中日间能维持平衡态度,并强烈赞同中日自行解决之建议,谓两国间因感情参商,惟有用国际行动加以敦促。《小巴黎人报》与《晨报》意见,谓莱顿之结论现已过时,因日本在目下不能撤消承认"满洲国"云。

【巴黎三日路透电】 法报对于莱顿报告最先发表之评论,谨慎而微温。《自由日报》称,莱顿报告难以解决中日争端,且亦难提高国联已损之威信。《评论日报》对于调查团之本于良心办事表示赞扬,但谓调查团之错误,在于一方既认"满洲国"为不可避免,而一方又欲变更现有之状况云。

【巴黎三日哈瓦斯社电】 法国著名新闻著作家卜瑞斯在《日报》上批评调查团报告书,谓:"调查团报告书,予国联一大帮助。该报告书之结论,颇有兴味。使中日二国自行解决,二国皆愿互相谅解,如国际干涉,反激成紧张。"该氏又谓,双方平等之范围,无如以前预料之扩大。该氏结称,该报告书无抵触之可言,一方代中国要求主权,另一方又谓须置于监护之下,先谓中日二国实难并立,后又谓二国必须趋近为了结之惟一良法。无论如何,该报告已详述,恢复东北以前制度势难办到云。

【巴黎二日哈瓦斯社电】 《巴黎晨报》载称,调查团报告书有惹人注目之一点,该团建议满洲政府应加改组,以便保持中国主权及行政之完整,并成立自治政府,此与本地情形及东三省之特别情形相合。然此时改变似非易事,因日本已承认"满洲国"十日矣。

(《大公报》,1932年10月4日,第三版)

81. 莱顿报告书大体尚公正,张学良对本报记者谈话,张谓宋子文北来意打销

【北平电话】 本报记者顷(四日下午八时)访问张学良军委于顺承王府,询其对于国联调查团报告书之感想。氏谓:"仅见节要,未阅全文,故不能有何详细批评。大致政府诸当局亦在研究之中,是何意见,亦非能知,故个人尤不便有何意见发表。惟依个人感想,对于书中某某诸点,固不能认为满意,而大体上不失为公正。且用字之委婉曲折,极尽斟酌,其用心良苦,不能不认为难能可贵"云云。据张称,宋子文前曾拟北来,现已打销,本人早欲南下,与国府诸当局商洽一切,行期则不能定云。

(《大公报》,1932年10月4日,第三版)

82. 社评:是非明矣,国民更须努力

国联调查团报告书公布后,一般认为满意者,为揭破日本侵略之行为,指出伪国成立之内幕,是非大明,公理炳耀,使日本精神受"有罪"之裁判,在国际历史上永成信谳,石烂海枯,不容翻案,此为报告书最有权威之一点。彼日本官方虽晓晓强辩,其如案经判决,已成定谳何?虽然,天下事是非是一事,成败又是一事。报告书虽于是非方面表现公正,而其建议之内容,殊不尽与公道之原则相合。矧日本既根本否认报告书之论旨,纵令国联建议以妥协方法勉强牵就,冀图了案,亦终不能得日本之赞同。故自吾人观之,建议之内容,在中国已不得谓为成功,而以日本如此态度,则即此不成功之建议,前途仍归失败,断难实行。国人年来希望国联主持中日争端,今哑谜揭开。是非明矣,结果则依

然于事无济。而今而后，其应死心塌地，努力自救，论势与理，有必然矣！

本来第三者调解纷争，首贵判明是非，以彰公道。至于了结办法，因无强制执行之力，自不免于妥协互让，以期和解之成立。自调查团东来，吾人迭次著论，亦只希望其能公表事实，阐明是非，于解决之成功，原非敢望。盖明知利于我者，必不容于彼，而利于彼者，又断非吾国之所能堪；且以日阀之醉心侵略，迷信武力，尤非以长期斗争，发挥中国民族的抵抗力，使彼方痛感牺牲之巨大、野心之难成，焦头破额之后，幡成觉悟，方可冀其改弦更张，另觅解决之途径。今日阀一年以来，在东三省虽已迭受中国民族意识强烈之教训，犹未被澈底之打击，现在国联调解希望已穷，国人亟应振起精神，组织全民族，用种种方法与日本军阀奋斗。吾人深信：中国国家虽无实力，而整个的民族对于外侮，则具有永劫不挠、抵抗到底之弹力性。自东北沦陷，三省农民泰半起而抵日，其全国各处，远至海外华侨，秘密组织，对抗日运动输财助人者，日多一日，此种潜势力，有意想不到之大。吾人苟以日本标榜欺人之"共存共荣"，易以"共亡共尽"之口号，抱定决心与日阀相周旋，则东北失土必有自力恢复之日。吾人深知日本国民，自九一八以还，完全受军阀朦蔽，有力报纸，悉仰鼻息，纪载主张，罔敢立异。即如马占山将军之死，日本各报详细叙述，俨若目击，马之遗物且尝进呈天皇，开会展览，而实则吾人得有确讯，不特证实马氏未死，更甚安健，方在整饬部伍，准备再战，足见日本军阀朦蔽国民，为罪大矣。此次调查团报告书所以撄日阀之怒者，不仅对世界披露真相，宣明曲直，使日阀无地自容，即对日本国民，亦将日阀平日欺骗同胞、黩武启衅之罪恶，和盘托出，有如秦鉴照妖，无从遁形，石破天惊，宜其狼狈。犹忆日军初占东北，少年军人如狂如醉，既厉行帝国主义，乃反对资本阶级。如大仓，如三井，其代表皆曾受军人之重辱，既而省悟其非，乃转而宣传欢迎资本家之投资。然以资本家利害冲突之故，所谓经济统制之理论，到处感觉"自家冲[撞]著，此路不通"。按日本资本家向来迷信武力，专赖政府为之开辟市场，依军阀为之保护贸易。如本年上海战事，实起于日本资本家之请求出兵。乃今则满洲伪国受日本主使，另立海关，新颁税则，上海日本纱厂首受二重课税之打击！日本纱厂联合会长船津辰一郎等到沈请愿，失败而去，请君入瓮，"自业自得"，其他类此之事，不一而足。要可证明中日经济关系之复杂与密切，两国国民实不应立于敌对地位。而中日之"共存共荣"，易为"共亡共尽"，实出日本挑衅，中国国民不负其责。日本资本家至此苟再不觉悟，裁抑军阀，改变方针，速图善后，则偕亡之恸，在中国为实逼处此,而为日本计,又岂是求仁得仁?

总之,莱顿报告书发表以后,是明大明,吾人一面应断绝倚赖他人之希望,一面应鼓舞自力恢复之勇气。从前因顾虑国联之劝阻,迭次对日示弱,今形势大定,既知国联调解不过如此,又知日阀野心决未缓和,则所以自处之道,应有坚决之意志,为自力之求存。其法不外数点,即:(一)党国中心,速加改造,使中央常委、行政机枢,均行充实,以振作国民之气势,统一全国之意志。(二)热冀要冲,严密设防。苟再被侵,绝对抵抗,成败利纯,不必顾忌,同时于省内各地,组织民众,整饬军备,务能于必要时,人自为战,步步抗拒。(三)对于关外义士,宜以全国之力,为之后援,务崇实际,勿徒宣传,必使东北三千万民众,人人皆倚三万万七千万以上之同胞为后盾,永不屈服,以弱日本之势。(四)日阀今既决心与世界为敌,利害相通,不止一国,吾人嘤鸣求友,此正其时,自力御侮与共同制敌,亟应同时并进,以策久远。

以上所陈,为国人今日刻不容缓之工作,须知世界公论已属吾人,得道多助,制胜不难,是在吾人之努力耳!

(《大公报》,1932年10月5日,第二版)

83. 报告书掀起国际巨潮,胡佛、斯蒂生已作重要会商,日本极力反对正准备对策,英国在国联开会前不发言,中政会今日讨论本案

【南京四日下午八时发专电】 四日晨行政院会议,宋子文主席。罗文干将调查团报告书提付讨论并陈述意见,谓外部已在准备应付方针,供政府采择。出席各员次第发言,交换主张。最后决定四日晚六时在宋邸集议,作缜密研究,签署具体论述,送呈中政会审议。报告书原文外部四日晚全部译成,正由罗文干、徐谟、吴南如等校正,拟五日付印。据可靠消息,五日中政会议对报告书仅将作初步大体的讨论。中央将另行指定专员从事审查,并分交参谋、军政、内政、财政、铁道各有关系机关,分别研究报告书第九、第十两章所提出之办法,在下月举行国联行政院会议时,将整个方案训令颜代表提出。

【南京四日下午十一时发专电】 宋子文四日晚七时,在邸宴何应钦、顾孟

余、黄绍雄、罗文干等各部会长,席间讨论报告书对策。闻宋、罗对九、十两章极重视,正注全力研究补救办法。据官场中人云:我方对报告书大体上将表示同意,惟其中有若干点必须提出异议,如变更东三省政治制度及将来由宪警维持地方治安,此与中国领土主权及国防问题大相违背。在国联方面,欲使东三省成为一无军备区域,永久和平,但只可限制日本或其他国之军队屯驻,而不能抹煞中国在自己领土内之驻军权也。

【南京四日下午九时发专电】 报告书公布,我政府现正详细考量其内容,俾决定一致具体意见,故政府负责人员均不愿单独发表个人之意见。据记者从各方面探听非正式意见,大致认报告书尚属公道,惟其中有若干点,我方必须提出异议及修正,但大体上可表同意接受。现时日本方面对报告书大肆攻击,认为大蒙不利,不足引为解决东省问题之根据,且拟另具意见书,与调查团报告书对抗。各要人对此则并不惊异,良以调查团系国联所正式派出者,国联对东省问题之解决,自必以报告书之意见为准,则日本之意见书不具法律之根据。另据外交界息,报告书现已公布,国联方面仍将按照预定程序,于十一月十四日由行政院首先开会讨论,盖调查团之派出,系由行政院所决定者。预料行政院之会议,对报告书必决定一具体意见,然后提请国联大会讨论,或由国联大会交十九国委员会审查后,再由大会讨论。

胡汉民、孙科昨发表批评

【香港四日下午十一时发专电】 胡汉民四日发表批评调查团报告书,大意:(一)认此书为决不必要,调查团草此报告,为自毁立场,国联采取,不啻自行宣告破产。(二)该书内容矛盾,不一而足。我人当进而否认有所谓"满洲政府"之存在及所谓"满洲国境"之存在。东北之权利及责任,惟中国有之,既无庸与日本协商,更无庸顾及所谓第三方面之利益。(三)东北问题之解决,无国际合作、越俎代谋之可能与必要。末又谓东北问题之最终解决,不在国联,不在公约,而在我国人民最后之自决。

【上海四日下午九时发专电】 孙科四日午后对报界批评报告书,谓书中确能认清九一八责任,说明日人非出自卫,非自卫者即侵略是已。书中又说明日本造成伪国。由此两点,实感该团能辨是非,明公道。惟于解决东北方案及种种建议,日本实获益较多。对不能恢复九一八前事态主张,认为语言模棱,以为若非恢复九一八前领土行政状态,似与国联盟约矛盾。若所谓自治实现,东省无异名存实亡。该团此种建议,未免有迁就事实处。今欲就理论解决东省难题,恐非联盟,还须看国民与政府决心。日本今实欲并吞东北,当然彼此时不肯公认,此无异甲午战时声言维持高丽独立,今安有独立之高丽耶？孙认为现在仍应同时运用经济、武力及外交手腕,但最后仍恃武力。询以我国接受报告书否？孙答:若全国无决心,东北真正亡去,无法收回,彼时迫而接受,当然比名存实亡较胜一筹云。

莱顿前日抵英京时谈话

【伦敦三日路透电】 国联调查团主席莱顿爵士本日安抵伦敦,到站欢迎者有其长公子尼勃沃斯子爵及外长西门代表。氏于接见路透社记者时宣称:凡阅读报告书人士,可瞭然于调查团之动机在企求和平,并无意于指摘吹求。彼望世界政治当局、国联以及舆论界人士均附和报告书倡导之义。氏称彼聆悉日方意见,以为"满洲国"之建设与独立,致令日本不能接受报告书中之建议云云,并不惊异。氏称,此项事实当调查团在东京时某方已明白表示,惟吾人须看全世界是否接受日本之前提。彼本人所欲言者,仅希望报告书中之材料,能作为中日建立将来和平之基础云。

美政府满意,候国联行动

【华盛顿三日合众社电】 本日美国务卿斯蒂生详细研究莱顿报告书,仅忽忽赴白宫一行,与胡佛总统举美行会议。斯蒂生居华盛顿近郊别墅,在详细分析调查团之莱顿报告前,不愿发表意见。斯蒂生在白宫讨论之性质,尚未公布。但据悉,彼在胡佛今日赴埃欧瓦州作竞选演说前,与之讨论美国对于远东情形之政策。据本日此间称,美国与其他列强在表示对中日紧张情形采取第二步骤前,期待中日政府对莱顿报告书之反响。此间中日使馆对于莱顿报告尚守沉默,谓正式批评必须发自南京与东京。美国务部远东司长洪贝克与斯蒂生共同研究莱顿报告,对于报告之优点及可能之效率,亦不愿表示意见。胡佛在戴蒙发表竞选之政治演说后,立即回华盛顿。在彼归来前,美国对远东事件及日内瓦不表示意见。此间官方及报纸,对于日本不接受报告之事,并不惊讶。此间非官方负责方面承认,中国、列强及国联自去年日本占领沈阳以来,已遇最严重之危机。美国现虽距多年来最重要之选举期日近,社会仍集中注意于莱顿报告。

【华盛顿四日路透电】 据各方面表示,美国政府方面认莱顿报告书大体可称满意,惟美国官场在未知国联方面将采如何行动前,暂不发表意见。斯蒂生昨回寓,静阅莱顿报告书,旋赴白宫,与胡佛总统谈约一小时后,复返寓,继续审阅莱顿报告。

法表示信任,义、德守缄默

【罗马四日路透电】 义大利官方及舆论机关,对莱顿报告均守缄默。

【巴黎四日路透电】 法国官方对于报告书之明白透澈表示赞扬,但此外不欲发表意见。据指陈,法政府当然完全信任报告书,不拟否认法国调查委员克劳德尔氏之意见云。

【柏林四日路透电】 德国官方在未接到莱顿报告书全文前,暂不发表意见。或谓莱顿报告因满洲最近之发展,应加修改。

【柏林四日哈瓦斯社电】 调查团报告书全文尚未到德国,官方舆论亦无若何表示。但据当局方面谓,报告书之内容对德国之立场无何影响,只限远东事件之范围。

英国暂不发表任何意见

【伦敦三日路透电】 莱顿报告书乍观之,显为一极干练与详尽之文件。惟消息灵通之政界观察者,极不愿作任何详尽批评。据指陈,现时可供考虑者仅为报载之摘要,故必需许多时间,方能详察完备之正式报告书,然后始可作详尽之批评。且不仅需要考虑单独之建议,且需加以整个的观察,俾能按照比例的力量,加以估计。至于英政府之态度,据闻确定不准备于十一月中国联讨论前,发表任何批评与意见云。

日内瓦方面发出之反应

【日内瓦三日路透电】 顷间国联方面已有从容机会审查莱顿报告书,故能从较广大角度观察,发表较完备之反应。例如最初印象,似表示报告书赞助中国,于日本完全不利,现时持此种见地者虽仍甚普遍,但某某方面不尽赞同。例如波兰人士谓,莱顿报告书中所列之佐证,实属援助日本,而其结论则不利日方。若以结论与佐证对照,报告书之结论,殊觉遗憾。波兰人士复谓,报告书明白表示,中国不能恢复秩序或组织安常状态,且恢复九一八前原有之状况为不可能之事。其他欧人方面,则认莱顿报告书,尤其是关于满洲自治计划,可为解决方针之基本。众意莱顿报告书乃由审慎透澈及客观之调查所产生、沉着镇静,而合于适用之计划。

日阁议讨论反对报告书

【东京四日日本新联电】 日政府于本日之阁议,以报告书为主要议题,阁僚间有意见之交换。决定由明日起,关系省间着手于意见书之作制,并决定出席十一月十四日于日内瓦开会之国联行政院会议之全权人选,行将树立根据既定方针,宣明日本之立场,以矫正世界认识之具体案。然日本全权已有长冈及佐藤两大使,又加派代议士松冈洋右,惟视从来之关系上,驻英大使松平亦将被任为全权。松冈十五日偕同秘书兵库、选出代议士小林缉治,经由美国赴欧洲。又陆军方面代表土桥、石原等,亦于七日经由西比利亚赴欧洲。

【又电】 日政府今早于首相官邸开阁议,陆相报告"满洲国"之状况后,铁相三土关于列国对报告书之反响质问内田。内田答称,各国言论机关之论调业经转载报纸上,当局目下正锐意搜集情报,俟结束后即行报告。其次各阁僚殆全部指摘报告书,尤其陆相谓:"统览报书告,乃全然立脚于认识之不足,实系纯粹之旅行记而已。斯此,殊无介意之必要,基于既定方针迈进可也"云云。海相、拓相对于报告书亦加以非难。关于日本政府之对策方针,俟各阁僚慎重考虑之后,将于次回之阁议再行协议。

【又电】 荒木及内田于阁议散会后,留于首相官邸,与斋藤鼎坐,对于莱顿报告书开重要协议。

【又电】 报告书发表之后,外务、军部自昨日起,分头着手作制意见书。其内容虽认报告书为稀有之名文,但其组字语法则完全失却中立的态度,自始即显然包藏偏见与恶意,故决加以无完肤的痛击,直至国联对于中国及满洲得到正当的认识。假使需要数年间之抗争,亦所不辞。且征诸一般附托国联以求解决之事件,未有获得满足解决之事例,以此满洲问题之附托国联,有使其成为永久审议之议题化之可能性甚大,故日本今后将向持久方针迈进。

(《大公报》,1932年10月5日,第三版)

84. 各国报纸反响，世界目光集中报告书

英国

《曼哲斯得报》赞助报告书意见，主国联坚强应付

【伦敦三日路透电】《曼顿斯得卫报》评称，莱顿报告书运精密之思虑，以和缓与合理的态度陈述一切，令日本行动更为瞭然，而愈感朕兆之可危。吾人必不能纵令日本之承认"满洲国"，完成其打倒报告书之主要目的。该报告赞助调查团意见，以为日本现时在满洲之成功，并于其自身无利，因其将结成仇雠，尤其将与中国永远参商。此事于日本前途，极形严重。该报又谓，日本现时呈于国联面前之请求，国联不能容认。中国要求其在条约上应享之权利，国联盟约与非战公约如在远东遭人嘲弄，则将普遍的堕丧其声威云。

《经济学报》记者演讲裁军，痛斥日本态度

《经济学报》记者莱敦，在伦敦传道师集会中演讲，称即以裁军问题言之，日本对于调查团报告书所采态度，将成国际全局中极严重之因素，对于裁军会议前途，或将予以严重之损害云。

美国

《先锋讲坛报》指斥日本错误

【纽约三日路透电】《先锋讲坛报》表示，谓日本不待莱顿报告书发表，即先行承认"满洲国"，铸成错误。该报称，倘令获得中国承认及国际之善意，满洲能成为撤销军备之自治区域，较诸徒招当地愤懑、增加中日恶感及国际猜忌之长期武力占领，即自策略言之，亦有更大之价值云。

法国

《巴黎时报》恐日本将退出国联

【巴黎三日路透电】《巴黎时报》称,倘令日本尚未曾正式承认"满洲国",则莱顿调查团之提案,无疑可用作永久协定之切实基础。今日本必甚难将独立国取消,而另赞成自治形式。然而此报告将辟一原则妥协之蹊径,无论如何,该结论将令日本退出国联成为显然或有之事,不必再事预测云。

《劳动报》化为一单纯之讼案,各报俱称调查团公正

【巴黎三日路透电】 法报对莱顿报告书一般均采缄默态度,相信该报告书之效力平常,因建议案已为事实所遮掩。此间主要注意点,在一般对报告书于国联将生若何反响。若干报纸指陈报告书中抵触与妥协之点,恐该报告书将令国联陷于困难地位,因报告中唯一明显之点仅有不能返回原状一端。各报均称许调查团之公正。《劳动报》以乐观态度称,报告书不啻将中日冲突化为一单纯之诉讼事件云。

德国

国权党各报绝不作好评

【柏林三日路透电】 左翼急进派与民主党各报对莱顿报告书不加评论,而国权党报之论调则一无好评。据谓报告书已过时,且为事实所超越。《德意志时报》称,此又为国联之另一谬举,且为一无价值之文件。《十字时报》等称,此种秉国联精神制成之高调文件,乃有德代表之签名在上,殊属遗憾,"尤其于目前吾人与日内瓦之关系,不久即将达到一极严重之阶段时,更有此感"。又谓:"吾人不信国联有采取强硬行动之力量。较国联决定更形严重者,即为美国与其他与美合作列强之意向与准备,东京对此当然加以怀疑的注视"云。

【柏林三日路透电】 国权党机关[报]《星期一日报》称,莱顿调查团之工作,未必有助于远东方面之严重问题。继称,该调查团建议,倘中日两国不能允诺时,国联应出而干涉,毫无意义,因日本已拒绝此种解决办法云。

【柏林三日电】 此间各报于批评报告书时,注重非国联会员之美、俄两国

对于今后之发展,将占重要地位。美国企图与苏俄成立谅解之努力,将为决定美国对其他国际问题所持态度之重要因素,德国将凭此点,决定其结论云。

(《大公报》,1932年10月5日,第三版)

85. 王正廷对报告书之感想:认为尚能主持公道,希望国人努力图存

【汉口四日下午九时发专电】 四日王正廷答访者:(一)报告书认定九一八事变日方之军事行动不能视为合法自卫之办法,此点责任分明,调查团尚能主持公道。(二)认定所谓"满洲国"之成立非根据东三省人民的意思,全系日本军队及日本文武官吏以武力并利用不满以前地方政府之少数份子之名义及行动所造成者,此点亦颇为公道,足证公理尚存。将来吾人读过报告书全文后,尚可进一步知其内容用意之所在,再研究吾国应取之途径,故现在只能述个人之感想,尚无若何意见云。王氏并谓在此外交严重之际,国内应力谋团结,努力自存,不可专恃国联。但吾人对各国人士之同情互助,自应感谢。末谓欧战前德国外交家之运用权威,称雄一世,迄战败后,当时之外交家依然存在,而外交之权威已随国力而衰微,可见外交完全以国家力量为后盾。故吾人当大声急呼,国内不可再有内战,庶保全国家元气,以图生存云。又王对孙科大陆联俄、海洋联英美之主张,后者表示赞同,前者谓尚须考量云。

(《大公报》,1932年10月5日,第三版)

86. 胡适谈赞成莱顿报告

【北平四日路透电】 昨晚胡适与路透社记者谈话,称彼对莱顿报告书感觉满意,认为颇属公允,尤以关于沈阳事变之责任与缘起以及设立傀儡政府之第四及第六两章为最。彼对于报告书中所列圆满解决中日纠纷之原则十项,亦表同意。彼惟一反对之点,为关于顾问会议建议之组织比例,感觉此种建议办法,稍迁就日本军阀去岁在满造成之情势。记者询以华报反对组织特别制

度治理东三省事，氏答称，彼认此项计画无须严重反对。彼信此项计画可代表莱顿、麦考易与希尼三委员之理想，盖彼等预测中国将来政治之发展，将按照集中自治制。彼对于此种观点，亦表赞同云。

(《大公报》，1932年10月5日，第三版)

87. 报告书交外委会讨论，外部请中央确定方针

【南京五日下午七时发专电】 五日晨八时中政会议，到宋子文、陈果夫、叶楚伧、顾孟余、居正、何应钦、朱培德、贺耀祖等，并召外长罗文干出席。首由宋子文以行政院长名义将报告书提出，继由罗文干将外部印就最近数月来办理外交经过数册，分送各委员参阅。罗并口头陈述对报告书意见，希望中央确定方针，俾外部有所遵循。旋开始讨论。各委均以此案应付外交委员会慎重研究，筹划对策，以外委会过去负责办理对日事件甚有成效；现各委虽散处四方，亟应去电敦促入京集会；其有因职务不能来京者，可由中央另行推人补充。当经决议通过。

【南京五日下午九时发专电】 中政会加推朱家骅、居正、陈果夫、叶楚伧、何应钦、贺耀祖、唐慕松、朱培德等为外委会委员，推定汪、宋、罗、朱培德、顾孟余等为常委，轮流召集会议。五日下午三时，罗即在外交官舍召开第一次会，讨论颇久，闻尚须经多次之会商，并征汪、蒋意见后，始可得具体意见，再提中政会讨论。报告书全文外部五日译竣并付印，九日可就绪，十日分发。立院外委昨向外部索报告书，分发各委研究。

颜惠庆表示：重事实轻条约为报告书遗憾

【日内瓦五日路透电】 颜惠庆博士对于莱顿报告，向报界发表意见。据称，渠对于莱顿报告之披露甚为欢迎。报告书对于中国国家思想之发展及国内之纷扰状态均有叙述，报告书对于日本之对外扩充政策及国内之危机亦有同样叙述，则中日纠纷之实在原因更可明瞭。颜继引报告书内之论断，证明日本对华之指责全无根据，如此则日本之有心以武力及阴谋占领满洲、破坏国际条约、违反国联威权以及世界舆论，更为明显。至于报告书内所提出解决原则

以及建议,颜认为偏重所谓满洲事实者,而中日事件之是非、双方权益之条约根据及国际条约之某项原则,反居于次要地位,颜对此引为遗憾。颜末称,渠对于调查团所采政策之意旨甚为欣感,中国政府当依亲邻之意旨,并为世界和平前途计,充分研究报告书第九、第十两章之建议。

怀德爵士谈:日本自陷孤立,中国急需改革

【伦敦四日路透电】 怀德爵士关于莱顿报告书向《曼哲斯德卫报》发表谈话,称国联调查团所举理由,暗示一方面中国本身需要急进的改革,但日本所采行动实属违犯其所负之国际义务。吾人可谓,报告书之实质,即系呼吁日本之重新考虑其政策。现时问题之核心,在日本故意承认"满洲国",以妨碍国联采取任何可能行动。国联与美国当前之问题,即为设法敦促日政府重加考虑,作为莱顿呼吁之后援。一般信日本不久将发现其自处于孤立地位太为危险,彼不能同时激怒苏俄、嘲弄美国且抹煞国际联合会,顷间逐渐明瞭。中国舆论断不许政府承认"满洲国",大概反满之军队获得关内武器与金钱之赞助。怀氏赞同莱顿所称远东和平途径在中国内部之改革,而一部分之反日政策或将令中国军阀延长其生命,并转移中国人民复兴工作之力量云。

(《大公报》,1932年10月6日,第三版)

88. 读者论坛:中美联合,抑中俄复交?

以贫弱之中华民族,惨遭大和民族之残暴,以濒危之中华民国,重受帝国主义之侵略,既无重炮利器以挫日寇之锐锋,又难上下一德以戢强暴之野心。我最敬爱之中华民族、中华民国乎,将何以自免于灭族亡国之祸耶?

今之策者,不曰中美联合,既曰中俄复交。夫中美不已联合乎?我人之呼吁,美人之舆论,已极表示中美之亲善。中俄复交,宜也。列强固有与订交者矣,矧吾弱国也。若惧复交而"赤祸"愈炽,则数年来之"赤祸",固十倍于绝交前也。日本非赤色帝国主义也,今且在江浙之间,大煽助我国之共党矣。故中俄复交,"赤化"非虑也,虑在政府当道是否为共党造机会耳。中俄苟复交矣,谓足以使日寇自退乎?吾知犹之中美联合,未曾丝毫戢日寇之野心也。

今之苏俄,国势粗定,二步计划,犹未完成。日方握亚洲海陆空军之牛耳,远耀于欧美列强之前。今之视苏俄,非若日俄战争时代之视帝俄也。两国之势悬殊,而在东三省之利益,又迥异于曩时。八国联军后之帝俄驻兵东三省,侵略野心正如今之日本驻兵满洲。向者俄之不能攘日,犹之今日日之不能攘俄。加以帝俄小视蕞尔之岛国,日则自负维新之进步,故终不相让,而至于战也。今之苏俄方尽全力经营已侵占之蒙古,何有余力更夺已侵占之满洲?无论日俄有无瓜分满蒙之秘密协定,然苏俄已侵占我蒙古,固已与日以抗俄之口实,今之苏俄,何敢得陇更望蜀?今之日本,势必保全其数十年来传统政策,巩固满洲之权利,苏俄亦知之也,何至与日拼哉?且今日之苏俄,以共产号召世界,列强视之若毒蛇,已成孑立无援之孤势,又非日俄战争时代之日得英援可拟。曰:然则苏俄今之调兵秣马于满蒙之边者,何也?曰:乃所以紧守蒙古,与所以坚日人之承认苏俄在蒙古之权利,非对日战备也。

曰:然则日之占满,俄曾不稍动心乎?曰:奚为其然也?俄之敷设数千里西伯利亚铁路于东方也,非欲伸张势力以攫我满蒙乎?日俄战争,非为满洲乎?奚为其不动心也?然其虽动终戢者,特势焉耳!有猛虎焉,方壮且健也,动辄噬人。及伤且疲也,辄伏于人,是岂虎之本心?不得已也。观于俄美复交之宣传,美固欲联俄以制日,俄亦实欲联美以制日,效日俄战争时代日联英之故智。是亦苏俄作伏虎之挣扎也。

然则俄美复交,可乎?曰:交,非不可复也,复交而必共同抗日,未可必也。俄之心病,美知之矣。美具夙心扩张势力于远东,究未若英人之急进也。美知俄之未能独力抵日,俄则恐美之欲如日俄战争时代之英而不可得,两国间自又未免淡然。况际满云紧急而复邦交,与世人以强烈之注目,非俄美抗日具有绝大之决心,决不出此,否则即愚且笨之外交也。

惟美于远东态度,究如何乎?今之未能急进者,究何因乎?吾人不能不求而明之,亦中美联合以图抗日之所应先决问题也。

美之不满于日之占满,朝野迭有表示,固已与吾人以言论上之援助矣。惟日既视满洲为第二生命,又为满而已绝大牺牲,欲其片语折退,服从公约,是绝不可能者!据约而争,非仅无效,且益其焰。美将出以最后之武力干涉乎?惟既不能助俄抗日,又奚能助我抗日?在今日情势之下,此吾人所敢断言者。美虽挟有强大之海军与盖世之财富,尽足一耀威武于远东,惟兴大军,涉重洋,又失海军根据地,欲与以逸待劳、挟有强大海陆空军之强日以相抗衡,军事上已先输一筹矣。且美之财富，因世界经济恐慌，各债务国不能偿还战债，近且欲取消之，已足使美之经济上发生重大之影响。是美之财富，亦远逊于欧战前也。对日军事上既不能操胜券，又虑苏俄之抗日力弱，欲图有事于远东，自不得不求欧洲之助。此美之所以恋恋于英，而求英美一致行动，以解决远东之纠纷。英美联合苟能成功，则抗日之势成，苏俄亦必挺身而出，与日为难。远东问题苟至此步，日美必各显其外交手段，多求与国之助，而世界大战起矣，此即国人所谓远东问题将引起世界大战也。惟美之大选期近，朝野上下方竭其精力，从事自身之大选问题之进行，何能举其全力注及远东之纠纷。此则美之态度，万不能急予决定者。观于最近美竟与英售二万万金元以上之军械于日，可知美之决不有事于远东。使所传不虚，而其态度，转益令人莫明也。

满洲问题足以引起世界大战乎？斯亦吾人所宜研求者。一九一四年世界大战之生也，虽含有各种复杂之原因，而其最大主因，即德皇威廉二世欲称雄于世界。余在欧洲，尝闻人之云："威廉第二拟以全德之力，征服欧洲，再以全欧之力，征服亚洲，征服世界。"此德皇威廉二世之雄略也。故战事爆发，不畏强御，顺者联合，逆者迎攻，蔓延三十余国，虽由协约国之外交成功，亦实德皇之雄略逼成之。故德皇之所欲者，欧洲也，其目的非比利时，亦仅非一法兰西，故足引起世界各国之震惊，而发生世界大战。今之日则不然。日之所欲者，吾土地也——满洲——非但无征服世界之心，且除中华民国外，不愿开罪任何列强，尤不愿与任何列强发生战争之事实。故对俄美则大试其敏捷外交之手段，以求其谅解；对列强亦极尽其外交之能事，四出疏解。于此，足知日之所欲者，吾土地也，无他志也。谚有之："各人自扫门前雪，莫管他人瓦上霜。"人同此心，心同此理。在昔秦越相视，肥瘠无关。同一国土，同一民族，尚且如此，今欲求助于异种民族之国，使为吾人任过受祸，中外古今，万无此理！况世界各国经济日趋恐慌，大非欧战前比，而被害者又毫不抵抗，袖手若旁人，欲人之助也，难矣！德之侵比者，比国虽小，不足以抗大国，然固未尝不抗也。责任必先尽其在我者，大难必先身受之，然后始可博世人之同情，而得世人之援助。己不抵抗，任寇深入，岂仅不能得世人之同情，必且遭世人之讪笑，或竟启列强之觊觎！世界大战，诚呓语耳！是则俄美既不足以助我抗日，国联又未可望其主持公道，调查团乃掩世人耳目之具耳。遑论不敢开罪于日也，即言辞之间稍持正论，亦不过言论上之声援耳！美之公论，既不足以遏日人之野心，国联公论，又岂能使日人之俯首，况国联惧日退出而影响其命运乎？尚忆巴黎和会开会之日，日要求继承德在山东之权利，以退出和会为要挟，列强不欲和会破裂，遂压迫中国，将德在山东之权利完全让归日本。此世界大战甫定，以和平为号召，侈言公理之时也。苟非我国上下一致，拒绝签字，山东权利，讵能收回？此仅要求继承他人权利，非若今日满洲问题日之视为已受绝大牺牲也。既冒世界大不韪于前，何顾国联公论于后，自非战败屈伏，决无退还满洲之可能！乃国人尚集视线于国联调查团之报告与今后之国联会议，诚可怜亦可羞也！

然则今日我国何为而可？曰：中美联合，可也！中俄复交，可也！谓中美联合可以共同抗日，不可也！中俄复交后可以共同抗日，亦不可也！满洲问题听国联公断，可也！谓满洲可由国联公断归还，是尤不可也！夫今之列强，非昔之侵略我国者乎，吾恐今犹未戢其心也！我国东西南北，非尽为列强蚕食乎？然则谓前者之侵略为是，认后者之侵略为非。列强固已辞穷，小国哓哓，仅获弱小者之同情。此满洲问题之正当解决，万不能过望于国联也！

国人乎！欲救我中华民族于不灭乎？端赖我四万万同胞之一致自决！欲救我中华民国于不亡乎？端赖我政府国民之一致御侮！而致治之要，则在任贤使能，各尽其才，赏善罚恶，各尽其当，则百废自举，政治自清，何有于人？何有于列强？当局以为何如？国人以为何如？

（《大公报》，1932 年 10 月 6 日，第八版）

89. 外委会昨开正式会议审议国联调查团报告书，顾维钧已抵日内瓦，唐绍仪谈话表反对

【南京六日下午七时发专电】 外委会六日下午一时在中央党部开会，到罗文干、宋子文、何应钦、朱培德、贺耀祖、顾孟余、叶楚伧等。议至四时始散，对报告书大体讨论完竣，将第九、第十两章中各条款分别由各委起草具体意见，于每日上午由罗文干召集会议一次，各个提出研究。记者访问参与会议诸委对报告书意见，彼等皆一致取缄默态度，不愿作何批评，仅云在下月十四日国联开会时，彼等将完成其工作，目前正探寻实际的应付方法，以供政府参考。

【南京六日下午十一时发专电】 外委会各委五日在外交官舍集议，略谈即散，六日系首次正式会议。宋子文语人，渠对报告书因事关国际听闻，在中

央未决定办法前,个人未便表示意见。贺耀祖谈,二次会定八日举行。

【上海六日下午十一时发专电】 顾维钧今夜到日内瓦。

【南京六日下午十时发专电】 传行政院任施肇基代理驻美公使说不确,惟政府以施于美国国情甚熟悉,确付以相当使命,以便随时接洽。

【香港六日下午十一时发专电】 陈济棠患便闭,向政委会请假一星期,邹鲁六日请假来港,赴青山养病,政委会只唐绍仪主持。唐谈报告书不利之点甚多,最著者为建议特殊制度治理东省,如所议果行,不啻陷东省于国际共管。他如关于日本在东省之利益,亦不迫日本寻源。此而不注重,其他枝节谈之无用。总之,世界无所谓公理与公法,黑铁赤血耳。西南当局俟详细讨论后,当有所表示。

【伦敦五日路透电】《泰晤士报》称莱顿报告书概括言之,在英国、日内瓦以及除日本外之其他有关系各国,均已引起良好印象。众认该报告书对于复杂之满洲问题作一能干及坦白之剖解,日本斥报告书偏袒华方,此断不能承认,且无论任何最近之发展,均不足摇动报告书所根据之原则。报告书之价值,第一在于解剖满洲情形之真实,第二在于建议之适合于适用,而富有建设之性质。日本若以征服满洲为目的,定遭当地人民仇视,而满洲于地理上又与中国本部接连,断难分离。征服政策之不智,日本日后亦当了解。此时国联会员不必指责日本,应以诚意谋一同意之解决,但于原则方面不宜再有选择。各国外交家于谋莱顿建议之实行,即为满洲人民图福利。

【伦敦六日路透电】 英国工党在勒斯特会议,关于远东情形通过决议案,略谓本会议阅读莱顿报告后,认为英政府应于其权力范围内采取一切行动,保障国联会章以及非战公约。关于军缩问题,工党会议认为世界和平应赖各国缩减军备为永久之保障,任何一国不应重新设置军备。

日政府准备起草意见书

【东京六日日本新联电】 关于意见书之作制,外务省之方针于五日晚间会议略已决定,乃与陆海军方面交涉开联合委员会。陆军方面遂于本日午后二时开陆军部参谋本部之联合专门委员会,加以审议。午后六时复在外务、军部联合准备委员会再行交换意见之后,决定七、八两日举行正式联合委员会。七日起出席联合协议会之委员如下:(外务省)松冈、有田、吉田、松田、谷、松岛、武富、白鸟、坪上;(参谋本部)永田第二部长、松元欧美课长、酒井中国课长、武藤中佐;(陆军省)山冈军务局长、山下军事课长、铃木、原两军事课员、本间新闻班长、矶田新闻课长。又电,外务省委员会五日午后六时在次官官邸开会,关于意见书起革之大纲方针重复的慎重审议,至十时半散会。六日午后仍继续开会,以期决定外务当局之态度。七、八两日与军部开联合协议会后,着手起草。外务当局之起草方针大体如下:对于报告书"误谬"之点,逐条列举反证并论驳;关于军事行动之部分,则于联合协议会决定;报告书之结论完全不能实现,认为无一顾之价值,可予以完全无视;报告书对于日本方面及"满洲国"方面提供之资料完全无视,而仅对于中国方面提出之材料予以无批评的采用,关于此点决严重纠弹其非;"满洲国"之现状与调查团作制报告书时已显著的变化,故将现在之新事实明示,并强调主张"满洲国"之独立乃确固之事实,对于报告书否认该国独立之主张,予以基本的论证;此外再进而指摘中国内政不统一之现状,及阐明日本之外交政策,并说明国联对于远东问题不能以无用的介在之事为解决问题最善策之理由。

【东京三日日本新联电】 出席十一月十四日在日内瓦开会之国联大会之日代表松冈洋右,本定十五日由东京出发,经由加拿大赴欧洲。兹因须俟日政府对莱顿报告书之意见书作制完毕后以便携往,乃决定改期二十一日出发,经由西比利亚赴日内瓦。

【东京五日路透电】 顷间日方对于莱顿报告书某部分虽仍续有强烈之批评,但一般论调较前已见缓和。此点显因批评者对于报告书已有较完密之研究,领会报告书中具有许多材料,必能使外国对于日本之地位予以同情的了解。外务省某发言人今晨接见外国记者时,坦然承认外务省在原则上虽反对将最后二章列入,惟认其中具有许多建设的提议,谓日本起草致日内瓦意见书之委员会,对此定然将予以审慎之研究云。又陆军省舌人虽讥评报告书所称中国情形自一九二二年华盛顿会议以来具有进步之语,但亦坦率承认,阅读报告书叙述中国情形之处,颇获有裨益云。

(《大公报》,1932年10月7日,第三版)

90. 张学良谈话

莱顿报告书文章甚佳

国闻社云。张学良氏因日来中外记者迭经询问对于国联调查团报告书之感想及东北义勇军问题,张氏为公开发表起见,特于昨日下午五时招待中外记者于顺承王府。席间由张氏报□谈话意义,称:"今日招待诸君之意,因有中外记者找本人询问数事,故今日约诸位公开一谈。今欲说者有三个问题:一、关于莱顿报告书本人之感想。本人对全部报告书尚未寓目,只看过外部□译之一部份。本人为政府官吏,政府尚未发表意见,故本人所愿谈者只能作为本人之感想。本人认为该报告书文章甚佳,极委婉周到之致。此问题本□不易着笔,故可称赞。其中对中国部份虽有数点不能令我人满意,但大体上尚周到。此问题极困难,故我人不能过于苛责。

…………

(《大公报》,1932年10月7日,第三版)

91. 外交委员研究莱顿报告书,宋子文到沪征汪意见,粤委今日开会决定态度,政府派四代表到美活动

【南京七日下午七时发专电】 七日行政院会议散会后,宋子文偕褚民谊至飞机场,飞沪探视汪病。宋临行语人,赴沪探视汪病,请示一切政务,并敦促如体力稍复,即力疾入京,主持中枢。

【上海七日下午九时发专电】 宋子文七日午到沪,拟即访汪,请示对报告书意见。

【南京七日下午九时发专电】 外交委员会昨日会议,决定由各委员分别拟具对调查团报告书意见后,今日各委员均埋头工作,闻八日将再举行一度会议。各委员现均殷望汪、蒋之意见,宋子文今日特为此飞沪,征汪意见,蒋方亦

去电征询,最近可望电示。

【香港七日下午十一时发专电】 邹鲁由港回省,与唐绍仪、陈济棠商对报告书应表示之意见。邹主根据胡汉民评论,唐主暴露日本历来阴谋,陈济棠则谓结论绝对不能接受。随交陈融起草电文,并电李宗仁、邓泽如征求意见,定八日开联席会议决定。

【华盛顿六日合众社电】 中国外交人员特别努力,计划使世界注意集中于公布之国联调查团报告书,此项报告书为华盛顿今日所注意。官方推测,中国将利用世界舆论压力,希望制止国联将莱顿报告书置之高阁。不久中国政府有特别代表四人来美活动,彼等总办事处即设华盛顿中国使馆。闻四人为施肇基、李锦纶、孔祥熙、余日章等,现正取道赴华盛顿,与此间中国使馆人员合作。中国参赞严鹤龄已完成中国外交推进之计划,据悉余氏赴美,负有特别外交使命,现在华盛顿之中国人员不批评其计划。美国官方对于中国之活动颇为注意,因现时中国在华盛顿之外交人员,为自一九二二年华盛顿会议以来之最多者。中国在日内瓦之人员亦有同样之集中,以颜惠庆为领袖,以次有顾维钧、郭泰祺,亦在欧洲方面活动。此间观察者深切注意中国外交之策略行动,日本亦有密切之发展,但日本大使馆对中国集中外交人员于华盛顿,并无批评。胡佛总统本日返华盛顿,预料将再与斯蒂生会议,讨论莱顿报告书。斯蒂生上星期已详细研究莱顿报告及其建议,国务部人员似悉中国拟充分利用莱顿报告书中之各种条款。

【伦敦六日哈瓦斯社电】 拥护国联协会执行委员会赞成莱顿报告书,谓其指定之大纲,可为建立中日及满洲未来繁荣与睦谊之基础。执行委员会通过一决议案,请英政府采纳莱顿报告书。开会时莱顿在场。

(《大公报》,1932年10月8日,第三版)

92. 日本陆、海军部恣意抨击报告书:发表声明责为越权,对满行为不受影响

【东京特约通讯】 国联调查团报告书,由驻日英大使馆参赞克莱氏,于九月三十日午后六时携报告书副本四册,赴霞关日本外务省,面谒外务次官有田

氏点交清楚。原报告书长一尺三寸,宽一尺,厚三百九十页,全部均用打字机誊清。当分交亚细亚局及欧美局各一册,分头研究。其余二册,交翻译室译成日本文。由翻译员三十四人,分头翻译,澈夜工作,计译成日本文一千三百页。至一日晨七时,由女打字员四十人照稿誊清,订成一百册,由外务省分送各内阁阁员、陆海军机关、各大报社。据各报所载消息,日政府当局认莱顿报告书内容颇多认识不足之点,俟报告书公布后,将由陆军及外交当局用谈话形式发表声明。三十日晚,外务、陆军、海军三部长官,在外务省开会研究报告书内容,作为声明材料。一日,陆军方面首先发表声明云:"日本军部对于莱顿报告书意见,俟详细研究报告书内容后,再行发表。陆军方面,认为调查团本来使命在于调查事态真相,尤重于调查中国及满洲实在情形,如发见谬误,应严正加以指摘。调查团解决满洲问题之意见,在本来使命上原不必过于重视。至于满洲事态之变化,日本当照既定方针,以澈底贯澈其主张"云。对于报告书结论一节,日军部竟指为越权,所持理由"莱顿报告书不过使国联能充分认识中国,并非用供国联之参考。报告书并无拘束国联之力,报告书中之结论,就调查团本来使命言之,完全为越权"。又断言"报告书断不能影响日本对满洲问题之国策",又谓"报告书详记满洲事变之颠末,有背调查团本来使命"。其不满意于报告书之原因,于此数语尽之矣,外务省声明至一日午后止,尚未见发表。海军当局仅发表谈话云:"关于满洲事件,以陆军为主体,其与海军有关系事项,俟详加研究后,再行发表意见。总之,报告书内容不必过于重视,海军当局感于今后问题,含有重大性"云。(十月二日镜寄自东京)

(《大公报》,1932年10月8日,第四版)

93. 社评:要人口中之团结与自决

  国联调查团报告书披露后,国府负责当局,只罗外长于三日发表意见,指出书内最显明呈现之两点,其他如汪如蒋,迄今概无表示。此外党国要人如孙科、伍朝枢、胡汉民、冯玉祥、唐绍仪等则各有谈话。大抵孙科尚有相当认为满意之点,伍亦如之;胡氏则于四日发表批评,认该报告书为决不必要,且以调查团如此报告为自毁立场,国联如果采取,不啻自行宣告破产;冯氏前日过济南天津，公开谈话，赞成胡氏意见；唐绍仪在粤表示亦然。姑就孙、胡所说，可分列为相对反对与绝对反对两组，此实值得注意。夫依党治之正解言之，方今全国政权握于国民党之手，故国民党人实居在朝之地位，不得以在野论，其具有中央委员之资望者，尤不得比附于在野之身，自居局外，此至明之理也。独怪年来领袖要人，似仅认国府主席、五院院长等人为在朝，其他无论拥有任何资望与地位，殆俱以党国之第三者自视，凡所表示，显与在朝负责任者应取之态度不侔，此极可怪之现象也。日来所谓领袖人物对于国联调查团报告书种种歧异之批评，显然证明此等情态，乃同时又各以希望团结自决之说，勖国民、望政府，实则由国民眼中观看此曹，固皆政府之一部分，谁亦不能免除责任，而所谓团结与自决，毋宁系国民所吁求于诸大人物而不可得者。故不论诸公反对报告书系相对的，抑绝对的，要之苟领袖要人自身不能团结，不知有责任心，则对外之国民自决云云，根本无从说起。此吾人所愿以至诚悱恻之怀，唤起诸公注意者也。

抑吾人尤不解者，年来以广东为中心，尝宛若西南别有一政治分野者，实则所谓"西南团体"云者，在民国历史上有无限之创痕。查自民四反对帝制，云南起兵，肇庆军务院成立，是为西南结合之典型。其后广州历经设置政府，最盛之时，有海军，有国会，而结局则内讧破坏，只余痛史。就地域言，四川曾受广州政府之统治，而民国以来，第一次成渝战争即起于熊克武与杨庶堪之间，二人固同隶西南政府而又同为【国】民党也。又如湖南，迭为西南军阀与北洋军阀势力角逐之场，地方糜烂，有余痛焉。今之所谓西南范围，不特不能包括川湘，对滇黔又何尝有笼罩之力？即粤桂两省，亦显然不能诉合无间。依吾人所闻，桂省政治渐入正轨，而广东军治色彩仍旧奇浓，商民痛苦，一无解除。吾人最不解许多先进有识之党国要人，果不满于中央现状，何不号召内外，促开三中全会，堂堂正正，相与争论于议场，虽改组中央可也，变更政策亦可也。乃不此之图，而恋恋于西南组织，甘于在广州军治下，局促若辕下驹，以求建号自娱，遇事惟为局外之讥评，甚至无聊之极，割裂司法权，别立最高法院分院于广东，号为管辖"西南"上告案件，用冀自树一帜以为快，此真令人无从索解者也。夫使所谓西南各省，真有确定之组织，在政治上真有特殊之作用，犹可说也，乃实际则地域不过空泛之称谓，政治主张依然不能超越军人之意旨，然则标榜西南组织，纷纷扰扰，显示不能团结，本是局中人，而乃自居于第三者，果何所为乎？吾人默察国家大势，将来惟有在大一统与小自治两路并进。大一统者，外交、军政、司法、国税诸端，必须立于统一的体系之下，以求国家人民之安全发达；小自治者，一切民生问题，教育、警卫诸端，必须因地而异，缩小范围，由民众自力自决，以期社会生活之安宁进步。前者务取严格而有力量，后者务尚伸缩而重效能，故不特割裂数省，自成区域，为时代过去的理想，即现行行政区划，且已嫌其太大，终须加以改造。窃意今日党国要人，不问政见如何、感情奚似，胥应化除成见，实行团结，弃小异而就大同，在党内为正当公开之论辩，共赴国难，丕造新基，果其情不甘于合作、量不能以自屈，尽不妨退出政界，暂居局外，示人以责任分明，且可不为党内团结之梗，不作国民自决之障碍物，此正办也。

夫究极言之，调查团报告书之是非不必问，国际联盟之有无力量调解东北问题亦可勿庸问。要之，中国国民终需要自决，党国内部终需要团结，此无论中外与夫党与非党，意见皆是一致。故吾人目前迫切希望：（一）不问从前与现在，自身是何立场，凡主张团结者，从自身起，应立即打破芥蒂，大家团结，与其勉人，何若励己；（二）凡在党国有地位者，人人宜有严正的责任意识，不应自居局外，动辄以不负责任之意见，宛若是第三者，甚至"非中国人"，贻外人以不良之印象，显示中国不成其为现代的国家；（三）政治家无论在朝在野，亟应领导政治向正当轨道进展，举凡割据式之地域集团、军阀式之政治结合，一切落伍过时的政治企图，胥应澈底扫除。必如此乃可云团结，乃可望自决，又必如此而后赞成或反对调查团报告书，乃为有意义。愿领袖要人之主张团结与自决者，幸猛省焉可也。

（《大公报》，1932年10月9日，第二版）

94. 宋子文昨访汪谈报告书，外交委员会昨开会详商，当局望舆论界确定交涉前提！

【南京八日下午七时发专电】 外委会八日下午三时在外部开会，到罗文干、何应钦、贺耀祖等，朱培德、居正、叶楚伧、顾孟余、陈果夫均因事未出席，宋子文在沪未来。罗、何、贺会商时间甚久，闻系何、贺以参谋部、军政部之立场，提出对报告书意见。罗为明悉蒙古方面情形，临时请蒙藏委员长石青阳赴会。

石述日人在蒙活动甚力,但蒙王公不为所动。谈至六时许始散。某当局称,观察国内舆论界对报告书之批评,已应有尽有,现全文外部拟印成即公表,甚盼舆论界再进一步探讨究竟政府应接受或反对,接受应以何种程度为限,反对应采何种其他有效方法,或抛弃外交方式,另求解决途径。舆论界依此立言,确立交涉前提,政府受益当甚大。

【上海八日下午九时发专电】 宋子文八日晨访汪,谈报告书,越一小时出。宋不欲述汪意见,返寓后,接见李应超、翁照垣等,午后访褚民谊后再晤汪。宋言定十日返京。褚述医言,谓日来汪正注射杀虫剂。李应超言,张学良暂不离平。

【香港八日下午十一时发专电】 西南执行部定十日通电中央,反对报告书结论,及电国联主张公道,请颜惠庆提反驳。

【南京八日下午七时发专电】 国联调查团报告书全文已译就,付印五千份。九日可装订就绪,十日分发并出售,每部售价一元。

【伦敦七日路透电】 美国务卿斯蒂生近谓非战公约既为全球舆论所拥戴,故凡遇有国际纠纷,必交各签字国协商,藉谋统一舆论。又讯,此间国联协会执委会今日通过决议案,对于斯氏之见解表示热烈欢迎,唯美官方对于该决议案尚无表示。按莱顿爵士及其他英国名流,均为国联协会执委会委员。义外部对于莱顿报告书尚未正式表示赞同,至于国联行政院考莱顿报告时,美政府是否委派代表列席,目前亦未明白表示。

【日内瓦七日合众社电】 国联秘书厅本日宣布,星期六(八日)发表国联调查团所制之中日纠纷地图十二幅。此项地图在说明莱顿报告,其一为九一八事件爆发之沈阳,图中有×之记号下,注明"所谓的"爆炸地点。日本对于此字面表示不满,因彼等对于解释占领东北之藉口,尚未被普遍接受。

【东京八日日本新联电】 制作对莱顿报告书之意见书之外务、陆军、海军三省联合委员会第一次会议,七日午后七时开会,松冈洋右、谷、守岛、柳井、铃木、原、本间、松元、大木户、武藤、寺岛、盐泽、岛田等均出席。关于意见书起草之根本方针,审议三省提案。结果意见大体一致,意见书将根据下述方针制作:"关于莱顿报告书之意见书,决再坚持日政府对内对外所主张之意见,而始终迈奋斗之方针,并示日本之襟度,不取姑息态度。世界无论何国倘站于日本之立场,当能认识日本所取之态度为妥当、公正而不得已。"会议至午后十时散会。下次会议因各省须搜集材料及准备之故,预定十二日开会。

(《大公报》,1932年10月9日,第三版)

95. 短评：一手掩不尽天下耳目

调查团报告书说明"满洲国"成立不是民意，是日军所指挥，这不过是将人人共知的事实，轻轻表现了一下。

看最近的日本报纸，尽载着反对的文字，恼羞成怒，本在意中，但硬要说调查团"认识不足"，实属可笑。天下还有比这个制造伪独立之事再容易认识的吗？不用问东三省中国人，那个日本人心里不瞭然？

世界十六万万人类，都说调查团对此点认识明瞭，只有日本说他认识不足，一只手如何掩尽天下人耳目？

(《大公报》，1932年10月9日，第四版)

96. 十五中委指摘报告书，日相谓报告书于日非常不利，日本拟正式联法被拒

【上海九日下午十一时发专电】 十五中委由冯玉祥领衔发佳（九日）电，指摘报告书不妥之点，略谓：（一）对争端之责任未作正面解答；（二）责难经济绝交行动，隐为日本卸责；（三）满洲不驻华兵，则非我有；（四）设自治政府与顾问会议办法，使我于受日本侵略之外再受国际共管束缚。末认为当局果有挽救国难决心，应在政策上坚持转变，放弃不抵抗主义及依赖国联之谬想，与民合作，全国动员，民众并应严密监督政府。署名者李烈钧、柏文蔚、熊克武、刘芦隐、程潜等。在粤各委及孙科等，均不列名。

【香港九日下午十时发专电】 西南执行部八日派邓青阳携唐绍仪、邹鲁会商对报告书意见各要点，赴港与胡汉民会商。待邓返省，用粤中委名义发表。

【巴黎八日哈瓦斯社电】 中国驻法公使顾维钧氏，顷正式访问法国陆军部长保罗·彭考。顾氏虽未表明中国政府对于莱顿报告书正式意见，但对彭考言，中国官方及新闻界一般意见，对于莱顿报告书并无不利云。

【日内瓦八日电】 中国代表顾维钧,八日访国联秘书长德留蒙及英国、捷克斯拉夫两国代表。又电,中国代表定九日招待各国新闻记者,举行茶会,并将于下星期一、二、三分宴各国代表。

【东京九日日本新联电】 斋藤为周末之静养,八日午后五时抵一宫,转赴一本松之别庄,定十日回东京。斋藤于车中谈话云:"莱顿报告书于日本非常不利,然此均系他国之意见,实为不得已。日政府应付办法一概委诸外务省,目下外、陆、海三省联合协议会正锐意考究中。问题实在于国联如何措置报告书,然日本决保持既定方针,断不能为其所动。关于设置统制日满经济之调查委员会事,正在次官会议协议中。然调查委员会无论如何计划,总须与'满洲国'磋商,殊非简单也。"

【东京九日日本新联电】 为制作日政府提出国联之意见书,七日开会之外、陆、海三省联合协议会,强硬主张日本立场之意见已归一致。外务省亚细亚局目下总动员,于谷氏指挥下以守岛第一课长为主任,赶速进行起草。预定本月二十日制作完毕后,由松冈洋右携往日内瓦提出国联,其内容大体如下:(一)使各国谅解日本之立场,意见书本文约占洋纸五十页;(二)对于莱顿报告书之"误谬"加以澈底的反驳;(三)中国为无统制之国家,亦经莱顿之承认,兹再举其事实,以作澈底的证明;(四)根绝排斥日货之事,说明其为不可能;(五)说明军事行动为纯粹之自卫手段;(六)"满洲国"之独立,系依据住民之自由意志,并举出历史上许多之前例;(七)举出过去中国对列国外交之例,以强调解决中日之纷争,系在于国联避开无用之干涉。

日本提议法日联盟,法外交部业已拒绝

【伦敦九日路透电】 本日《泰晤士报》称,数星期前日本曾向法国提出正式缔结联盟。当时法外部加以审慎讨论后,认莱顿调查团正在调查中日争端,法国倘于此时与日本缔结联盟,对于其他关系各国未免失信。法某外交家在远东有多年外交经验,亦向当局郑重表示,此时缔结法日联盟为不荣誉之举,故法外部兹已拒绝日本之提议。又电。《泰晤士报》特约外交访员电称,巴黎及其他各处人士现均从事研究一九〇七年之法日条约及其换文是否继续有效。是项条约及换文,虽表示尊重中国主权及领土之完整,但对于日法在华特别权益之范围表示互相尊重。目前巴黎及其他方面热烈讨论上述日法条约及换文是否已因国联会章第二十条而失其效力。

按法日协约之缔结,适在日俄战后。时日本经营东三省,对英因新法铁路计划不惬意,而法国则专注意于非洲之霸权,无暇东顾,因有此约缔成。兹志其内容如次:"日本帝国政府与法兰西民国政府,为巩固两国敦睦关系与免除因此等关系将来发生误会计,决定缔结下列协约:法日两国政府因同意尊重中国之完整与独立,与各国在中国之商业及臣民同等待遇之原则,并因在与两国所统治、保护或占领土地接壤之中国地域内,对其秩序与事物和平状态之保障有特别之关切,故约定互相协助,以确保该项地域内之和平与安宁,以维持两缔约国在亚洲大陆各自之地位与领土权利。签字:栗野慎一郎、毕勋。一九〇七年六月十日,签于巴黎。"此外同时并签订一关于日本与安南间相互最惠待遇之宣言如下:"关于在法属印度支那之日本臣民生命一切以及其财产之保护,得享用最惠国待遇,关于在日本帝国内之法属印度支那人民及受保护者,亦适用同等之待遇,以迄一八九六年八月四日法、日签订之《通商航海条约》届满时为止。"

英报论列远东情势,《旁观人报》议论警辟

【伦敦八日路透电】 各星期末周刊鉴于莱顿报告书发表,对远东情势多所论列。《旁观人报》之精警语句,足代表一般论调。该报称:"'满洲国'目前情势为日本武力所造成,且加以维持。顷间全世界当前之惟一问题,即为武力或法纪之统治,孰应占胜。"但一般倾向,相信日本能为己身利益计,明瞭亚洲之和平,系于彼是否决定根据莱顿报告书,于中国有意赞同时进行谈判。如中日间有一国谢绝邀请按照调查团建议讨论争端之解决,则国联大会无疑的将处置此事,认为遇一头等之危机。莱顿调查团已为解决办法辟一途径,日本如愿意时即可接受,并不致失去体面,任何迫促之企图将发生致命的结果云。《星期评论》认莱顿报告书极为缓和,将日本方面情形尽量揭穿,并促起全世界之良心。倘令日本拒绝接受报告书,则国联将宣布日本违犯国联盟约、九国公约与非战公约,并行使经济压力,以促日本反省其所持方针。《新政治家与国家报合刊》之意见,与上相同。《星期评论》又称,国联如采此项行动,定可获得美国之赞助。按照日本内部情形,外方如施行此种坚决压力时,或可于意外的短期内,能使日本一蹶不振云。

(《大公报》,1932年10月10日,第三版)

97. 海外华侨对莱顿报告书不满

【南京九日下午十时发专电】 归国华侨郑螺生、张永福、方之桢、林有壬等,以莱顿报告书公布后,海外华侨极为不满,纷请政府立即驳斥,主张实力收回东北。九日招待首都新闻界,请求舆论一致主张,唤起民众注意,使能达到收复失地目的。

(《大公报》,1932年10月10日,第三版)

98. 美国对莱顿报告之反响:一九一八年出兵西伯利亚事谓系美国提议引起官方惊讶

【华盛顿八日合众社电】 国联调查团报告书宣布一九一八年各国联合进兵东部西伯利亚为美国所提议,本日颇引起美国官方之惊讶。包括此项声明之莱顿报告,为本日此地热烈批评及考察之问题,尤使人惊异者。因一九一八年一月至七月,美国与欧洲各国曾交换文件,指示协约国提议进兵西伯利亚,美国经数月考虑后,方始同意。国务部人员对于莱顿报告指示出兵西伯利亚事,不愿表示正式意见。彼等仅告询问者,谓据美国务部之档案,指示协约国提议出兵西伯利亚。

(《大公报》,1932年10月10日,第四版)

99. 汪对报告书意见已告宋,外委会昨晚续开会讨论,将拟初步计划提请中政会审议,顾告报界中国准备条件附接受[①]

【南京十日下午八时发专电】 褚民谊十日晨返京,谈汪对报告书意见已详告宋子文,其重要点一一摘出,交宋带京,供献外委会,付众讨论。宋子文十

---

① 编者按:今作"附条件接受",下同。

日午后五时乘机来京,至私邸略息,即往外交官舍访罗。六时召集外委会各委开会,宋报告晤汪商谈情形,各委亦均有具体意见书提出,综合讨论,归纳成一总案。据消息灵通者称,外委会拟先草一初步计划,提请中政会审议,俟原则决定后,再根据之起草详细办法。报告书十一日午可印成,外部将外送全体中委、各院部会长官。

【上海十日下午十一时发专电】 宋子文十日午后三时飞京,曾仲鸣夜车返京。

【香港十日下午十时发专电】 邹鲁病痊,十日销假,对报告书定十一日讨论。据称本人对胡评论甚表同情。

【日内瓦十日哈瓦斯社电】 顾维钧昨夜接见日内瓦各国新闻记者,对东北情形及调查团报告书发表意见。依顾氏意见,东北问题为国联从来未见之重大事件,因其涉及条约之遵守,此种条约为国际合作之基础。顾氏称,此事之构成并非中国政府之过,中国对国联应负之义务已完全履行,自始即愿寻求与日本和平解决之法。因日本反复无常,日本军事当局蓄意使争执扩大,苦心计划在东北组织傀儡政府,殊违背国联盟约及九国公约,并破坏该政府所予国联行政院会及大会之担保。日本不但未照其允许退兵,兵额反较争执初起时增加三倍。去年日本占领满洲之前,该处极为安谧,按调查团报告书结论,即知该处之纷乱系由日本造成,所称东北因日本之干涉而渐兴盛,殊与事实不符。关于东北铁路问题,顾氏谓,日本虽管理东北铁路之半,然中国于过去十年内,虽经日本百般阻难,已建筑新路一千公里,调查团报告书已证实日本对铁路之垄断,全案不久即将由国联行政院会及大会评断。顾氏继称:中国接受行政院会去年十二月十日之决议案,始有调查团之成立;中国协助该团工作,今准备接受将来讨论之同意基础,然须保留批评此种基础之权利;望国联有忠诚永久之解决方法,俾中日两国咸能获益。

【日内瓦九日电】 本日顾维钧与法陆军部长保罗·彭考晤见后,向新闻记者发表谈话,称中国准备接受莱顿报告书,作为谈判满洲问题时一般认作满意之永久解决方法之根据。氏称,中国进行此项谈判时,当然将保留其一切权利。氏又简单说明满洲情势,称现时满洲日本驻军较一九三一年九月前增加三倍,自彼时起,和平安静之地方遂陷于纷扰云。

【日内瓦九日路透电】 本日顾维钧招待新闻记者,说明中国对于莱顿报告书之态度。氏称中国将接受此项报告书,作为讨论根据,但其有提出批评与考虑之权利。又称彼希望能获得一顾全荣誉之解决方法云。

【东京十日日本新联电】 对于出席今秋国联行政院会之日本代表松冈洋右之资格,日来正由当局考究中。其资格究为全权委员或日本代表,将于十一日之阁议决定,然似将特赐为亲任官待遇。又电。松冈洋右定今夜十时十五分由东京出发赴京都,十七日将访西园寺于洛外清风庄,关于列国对于莱顿报告书之反响及本人出席国联大会之所信加以披沥,以求西园寺之谅解。

(《大公报》,1932年10月11日,第三版)

100. 西南两机关指摘报告书,国联邀调查团出席大会,外委会尽量征询各方主张

【南京十一日下午七时发专电】 接近汪者称,汪决遵医嘱休养三个月,日内将致电中央继续请假。行政院方面为使各方明瞭汪系真病,令卫生署长刘瑞恒负责发表汪病诊断书。宋子文语人:"汪对中央政务关怀甚切。本人在沪时,汪颇多垂询,实因病体不支,不能入京。汪对报告书意见,已由本人代向外委会提出,其中关键自颇重要,暂时未便对外发表"云云。外委会对报告书现尽量征询各方主张,行政院各部会亦正分头签注意见,供外委会参考。十二日中政会议尚不能有何具体讨论,因国联须下月开会,时间甚长,自可充分研究,不必过事匆忙。外委会各委现一致希望鲁川之事速了,免影响其工作。报告书全文定十三日各地同时发表。

【香港十一日下午十一时发专电】 西南执行部、政委会十一日电中央党部、国府,首言报告书之矛盾、迁就强权之不合,次言既知东省为我领土,不应主张在顾问会议下组织特殊制度之政府,美其名曰自治,直国际共管,而与日本代管无异。该书所谓树立中日新条约关系,对日则主张自由参加东北经济上之开发,推广居住及租借权利,扩大领判权范围,至热河亦包括在内,对我则主张满洲应逐渐成立无军备区,并于商约上承认禁止排货,比"二十一条"所列举者尤酷。末言该书对日本侵略我国事实观察非不明晰,而为此建议,不敢作公正主张,益见国联与公约实无倚赖可言。东北问题只有凭我民族力量,乃可以自决,领土主权亦如是。今后惟有迅下坚决意志,本牺牲之精神,以为继续

抵抗，而求失地恢复。

【日内瓦十日电】 我国代表团各代表及专门委员，九日晚研究莱顿报告书，并决定向政府贡献意见。又电，国联已邀请调查团委员莱顿爵士等出席下次大会，参加讨论中日问题。

【东京十一日日本新联电】 对于莱顿报告书之意见书的制作，业已根据第一次外、陆、海三省联合会议所决定之根本方针，由外务省起草。十二日将开第二次联合会议，将该项草案提出讨议，并决定于是日之会议制作意见书。又该项意见书之外，似另制一指摘莱顿报告书"误谬"之反驳书，以为附属文书，提出国联。

【东京十一日日本电通电】 日政府以关于莱顿报告书之日方意见书即将脱稿，故拟于本日阁议中，正式任命松冈洋右氏为国联日本代表，俾携赴日内瓦。一方并拟命曾任调查团参与员之吉田大使及松平大使，随时前赴日内瓦，与各国代表作侧面的折冲。又曾任调查团随员之盐泽、吉泽两书记官，亦将派赴日内瓦。

李德返美报告胡佛，各国绝不承认伪国

【华盛顿十日合众社电】 本雪凡尼亚州共和党上议员李德负重要使命赴欧，顷已遄返。本日氏报告胡佛总统，称顷间除日本外，无任何国家有承认"满洲国"之意向。氏在欧时，曾行经伦敦、巴黎、柏林与日内瓦各处。氏抵华盛顿后，即谒见胡佛总统，在白宫密谈许久，嗣接见华盛顿新闻记者，谈"余在欧时观察，任何欧洲国家绝无承认'满洲国'之表示"。记者询以欧洲是否将联合赞助美政府之远东政策，氏对此问未发表意见。氏否认在欧谈话之结果，曾与英、法政府获得谅解，由彼等赞助美国远东政策。氏亦未述及日内瓦对莱顿报告书将采何行动。惟李氏有一语颇堪注意，氏称"如国联不能解决满洲问题，则国联本身将所余无几"，又称对于裁军会议立时发生任何结果，不能乐观。氏信欧洲各债务国将偿付债务，又称美法新商约不久即可缔成云。

【华盛顿十日日本新联电】 以美政府非正式代表资格与欧洲各国政府当局关于时局重要会谈完毕后回国之共和党上院议员李德，十日向胡佛总统报告该项会谈之内容后，对记者谈称："本人关于满洲状势及一般经济状态，与欧洲各国当局协议之结果，业已报告大总统。许多国家之一般经济状态非常恶化，即关于军缩问题，亦曾讨议。本人与欧洲各国政府当局关于满洲状势，曾披沥交换意见,故已明瞭彼等对于满洲之状势如何的考虑。所遗憾者,本人对于此事无发表之自由。惟传对满洲问题,美国提出磋商或有某种缔约等说,乃绝非事实"云。

(《大公报》,1932年10月12日,第三版)

101. 社评:华北国防上之危机

　　两月前热河吃紧,形势重大,近旬以来,表面略沉静。而自莱顿报告书发表之后,世界视线于焉集中,我国民一般遂亦专注意于外交形势,而较忽略北方军事上之危机。

　　外交与军事,二而一者也。日阀初意固欲急取热河,兼扰华北,近月之未动,其主因为应付国际方针之待决,亦以北满多故,形势棘手。然其计划并未放弃也,实行如何,则视中国之自处及国际之推移如何以为断。就现在论,第一,日本正密切研究英、美、法对莱顿报告书持何态度,尤注意于英美之间对中日间之满洲问题,以及日本进一步侵占中国时果有无共同行动之可能及其限度若何。简言之:倘发见列强步调齐一、态度强固,则侵略关内之计划,将暂中止;反之,倘见英、美实不一致,既无干涉决心,徒作口舌论辩,则不独对满洲问题坚不放松,且将进一步逞其破坏。第二,关于北满问题,正考虑对苏联之关系及外蒙之近情。苏炳文军克复满洲里一带业已多日,而日军未敢轻派者,即以此故。盖若认为有与苏联恶化之可能,则问题重大,不能简单应付。最近日阀对满洲里、海拉尔一带,尚未大举进兵者,可证明其对苏联关系之研究,尚无结论也。

　　是以在此沈默的外交暗斗之中,华北国际上,实伏有重大危机! 日来最值注意者,为丁逆士源昨日在东京之声明。盖彼直揭穿所谓复辟之逆谋,其计画即欲于亡华北于日本,建一亡国伪朝,分割中国,受日本保护。丁逆此种声明,丧心病狂,百身不足蔽其罪。而其捏造全无根据之谣言,竟谓蓟、鲁、晋三省愿参加伪国,此真天良丧尽,令人发指。惟国民所亟须戒备者,即丁逆之言,可认为日阀最后一种恶毒计画。此在去冬以来本已盛传,今既藉丁逆之口,公然发表,殆可证明日阀现确欲施行此计画! 至其能与不能,则视中国军事上之支持力，及外交战之效果如何而已。吾人认定在两种情态之下，日阀将实行此毒计：其一，看穿国际形势，绝无一国或数国能干涉其行动，所谓绝对乐观之时；其二，国际形势，对日极恶，而一时不至爆发，则日阀将为军事上先发制人之冒险。现在未动者，因一切尚未看穿；而丁逆已公然宣传者，可见确已作此准备也。

  总之，中日问题倘于今冬国联开会时不能得一解决，则势必更险恶化、重大化。各国近态仍侧重调解，然现在形势调解无望。是以国联开会之日，当即为问题紧张之日。吾人今提出此问题，望政府当局及一般国民，速予以严切之注意，全力作自卫之设施。外交上，须各别的及综合的，向各主要友邦作切实商榷，俾早能判断究竟。时局重大如此，一切肆应，不容含糊。同时无论外交形势如何，我须迅速自行布置自卫之准备。近日全国公私各方面之注意多为莱顿报告书所占，此大危事。报告书者，外交材料之一种而已。东亚大危机，岂仅一报告书所能解决者哉？近在沪中委指摘报告书缺点，广州执行部亦已宣言，而南京中政会外委会，正以全力研究对于报告书之对案。凡此皆题中应有之义，然实不足以概括全部问题。彼报告书者，要之第三者之建议而已。中国自己如何卫国守土之问题，较之研究报告书，更重大紧急万倍也！

（《大公报》，1932年10月13日，第二版）

102. 日本图热河又将加紧，丁逆士源口中之复辟卖国梦，日本意见书要点望国联旁观，中央外委会再集会内容不宣

  【热河特讯】 热边蒙古自治军人数颇多，如包善一部约八千余人，佟连升（蒙古人）部约一千余人，腾海山部约一千五百余人，包殿卿部约一千余人。自去年九一八事变以后，日军对热即暗中积极活动。日军曾派松井专事收买及指挥以上各部，使供日军利用，幸被我方义军设法联络，一致抵抗日逆，敌计终未得逞。现蒙军多已觉悟，包善一等部绝不再受日人利用，更有参加我方义军者。惟日方仍在积极进行以前之计划，最近除增加正式军队外，又在通辽征兵一千余名，并在各处招有蒙军四千余人，经日军指挥，目下正在钱家店、通辽、仁发和等处集合，更在当地征发大车数百辆，积极动作中。又日军飞机连日向

边侦察，并不时散发传单。十日开鲁附近住民又拾得华、蒙文合印之传单，大意鼓吹满、蒙联合独立之利益。又日人在通辽曾办有《蒙边日报》，极力鼓吹蒙古独立，并谓有建设"蒙古国"之必要，对于我国力事诬蔑，并制造种种谣言，以耸动蒙民之听闻云。

【东京十二日日本新联电】 陆军省今晨九时开省部联合首脑部会议，对于"满洲国"目下尚未解决之呼伦贝尔及热河之今后根本方策，举行重要协议。惟对于满洲里被监禁日侨二百三十名之营救，因考虑其邻接苏俄国境，故拟尽力采取平和的解决策，惟至万不得已之际下重大决意一层，亦曾加以考究。最后对于热河问题之今后对策亦有所决定。至正午散会。

【北平电话】 据榆关十二日下午七时电，江省战区扩大，日军输送困难。沈军部向附近各县征发大车马匹，应者寥寥。现集百余辆，已运往江省应用。日军在绥中县车站南建一大规模军营，共五百余间，以备长期屯军。现筑成三百余间，全部初冬完竣。

【哈尔滨十二日路透电】 日人消息，呼海路日兵车一列误触地雷炸毁，伤亡未详。哈埠与齐齐哈尔电讯交通已恢复，但火车仍通至甜草岗止。大队义军在安达附近集中，甜草岗以西目前尚难通车。

外委会昨开会，研究莱顿报告

【南京十二日下午九时发专电】 我国对国联调查团报告书之意见，虽经外委会迭次商讨，但以关系重大且全文尚未发表，故各委意见虽交换颇多，尚未具体决定，十二日中政会议亦未提出讨论。下午四时罗文干又召集外委会各委员开会，闻尚须经数度会议方可具体决定。外委会殷望汪、蒋有所表示，仍在审慎研究中。汪之意见虽经宋子文代为报告，但未备有具体之意见书。报告书全文外部译就付印后，十一日已印就一部份，在沪添印之英文本亦于昨日运京。外部当即托中国航空公司飞机携带二份，分送沪、汉，转交汪、蒋，并分送外委会在京各委员。十二日已全部印就，当即分送各院部会长，以资研究。外部并定十三日在京、沪、平、津、汉各地同时公布。外部发言人对报界宣称，国民信闻社稿载外部高级职员呈请罗部长反对调查团建议各节，纯属谣传，绝无此事。外交方面称，报告书政府当局正缜密研究中，外传政府态度如何，大抵系揣测之词。又报告书十三日开始出售，英文本价一元二角五分，中文本六角，分在外部庶务科、外部驻沪办事处、北平外部档案保管处、汉口第三特区管理局出售,天津托《大公报》代售。

丁士源之呓语:溥仪竟思称帝

【东京十一日路透电】 溥仪私人代表丁士源现在日本,将赴日内瓦。渠谓建立伪国,乃恢复中国帝制之初步。

【东京十二日路透电】 丁士源之声明,加重自长春外人方面所接消息之意义。该消息谓,在日本承认伪国后不久,长城以南各省有重要代表晋见溥仪、郑孝胥、谢介石,表示信念,谓河北、山东、山西各省,准备参加伪国。据此项消息,溥仪希望不久可以重登帝位,第一步须进取热河,预料本年底或明春,日军可以实行此项计划。据称溥仪顾问相信,制止共产主义传播及恢复中国统一及安定之惟一方法,为恢复帝制。彼等希望如溥仪统一华北及伪国,中国全国可以响应。

日政府意见书内容大体决定

【东京十二日日本新联电】 日政府对于莱顿报告书之意见书大要如下:(一)国联宜静观今后"满洲国"之发展;(二)日本之国策为假使国联或第三国有介入"满洲国"之事,即予以一切排击;(三)调查团之调查,系在于贡献解决满洲问题,乃其报告"因认识不足而不公平",致问题之解决加一层纠纷;(四)对于莱顿之报告,不期世界之识者及新闻之论调皆对其价值抱甚大之疑问,是以颇有唱议国联静观论者,即美国之唱议静观论者亦渐次增加;(五)列国舆论对于"满洲国"之发展及日本对于满洲之经营,有结局归于失败之论调,然若如此主张,则对于日"满"关系与将来之推移,尤其可以默视,国联之态度可作如是决定。

胡汉民评莱顿报告

【香港通信】 国联调查团报告书摘要发表后,胡汉民氏于本月五日发表一文,加以详述。原文如左:

"举世瞩目之国联调查团报告书经于一日公布,我人以受时间及空间之限制,截至今日,犹未睹此报告书之全文。然就报章所载,则此所谓报告书之内容,亦足以窥见大凡。该报告书所提出之所谓能令满意解决满案之基础原则,计共十项,核其要点,则:(一)满洲问题之解决,其方案应合乎国联盟约、巴黎非战公约及九国公约条文之所规定,然亦必须承认日本在满洲之权利,并顾及第三方面(指苏俄)之利益;(二)应改革满洲政府,俾符合中国主权及政权之完整,然此政府又必须含有大部份自治性质,期适合当地之环境及特性,同时中日两国间最好能另订新条约,规定如何回复彼此在满之权利及责任;(三)满洲应组织地方宪兵师团,以维持地方之秩序,而确保"满洲国境",又当与各关系国订立一非侵略协定,以避免外来之侵略,同时并主依照孙逸仙博士之主张,由国际共同合作,以完成中国之内部复兴。

调查团之所谓解决满案之基础原则,虽列为十项,而归纳之,则实为如右之三端。上述三端,为报告书全文精萃所在。换言之,我中国政府自九一八事变发生以来,徒事依赖国联,不图抵抗,不讲外交,不求办法,丧失土地至七千四百万方里之结果,即为获得如右之原则。今后之国联会,即将依据上述之原则,进而解决(?)①所谓中日满案之纠纷,故我人对于国联之态度及此报告书之大要,未忍默尔,愿为单简之评述。

第一,我人在根本上,认此国联调查团之报告书为绝不必要。进言之,国联派遣调查团而草拟此项报告书,几于为自毁其立场,而暴露其无维护正义主持公道之能力,故国联而苟采取此项报告书,资为解决我东北问题之依据,实不啻自行宣告国联之破产。按国联盟约第十条"联盟会员国应担任尊重保持各盟约会员国之领土完整及现存政治之独立,以防御外国之侵犯",第十二条"联盟会员国中倘有任何一国,漠视本约第十二、第十三或第十五条之规定,而径向他一联盟国开战,则该国当认为为即与其他联盟国全体挑衅,其他联盟国全体应立即截夺与该国之商务或财政关系……凡遇此项事件,联盟理事会应尽其职,陈述意见,通告有关系之各政府,使联盟国得以派遣任何有效之陆军、海军,以保护联盟约章"。基于上述之规定,则自九一八事变发生,国联而诚有维护盟约、主持公道之决心,应立即采取有效之处置,严重制裁日本违约之暴行。然事实不尔,事变之始,既一再限令日本撤兵无效,则又于十二月十日作此派遣调查员之空洞决议。我人或不愿过为苛酷之论,然迹国联此决议之用心,实不啻故意挨延时日,予日本以从容囊括我东北之时机。今日本已悍然承谈其在东北之傀儡组织,又未闻国联出一言以为纠正,而此内容无聊之报告书,国联乃尚允许日本为延期之讨论,日本此种全无公理之行为,何足深责?

---

① 编者按:原文如此。

然国联而有此举措，我人实深感其劣弱与无聊。

第二，就国联调查团之报告书言，则其内容之冲突矛盾，实不一而足。该报告书中既已确认满洲问题之解决，其方案应合乎国联盟约、巴黎非战公约及九国公约条文之所规定，乃忽又承认所谓"满洲政府"之存在，谓此政府必须含有大部分自治性质，期适合当地之环境及特性。不特此也，且言满洲当组织地方宪兵师团，以维持地方之秩序，而确保"满洲国境"，此种不合论理、自相矛盾之句语，竟联系而成为一国联调查团之报告，苟非文字之技巧已穷，适用之辞句已尽，又何至此极？

国联盟约之内容如何，已如上文之所引述，至巴黎非战公约之精神，厥为确保世界之和平，九国公约之要义，惟在维护我领土主权之完整。我人试问日本在东北之暴行，及其在上海、平津各地所引起之不断的骚扰，果已符合于巴黎非战公约之精神否？我人再问日本侵袭我东北并造成傀儡组织、企图永久割据之行为，果已符合于九国公约之要义否？藉曰不合，则解决所谓满案之方案，除国联及一切签字于公约之国家一致奋起严重制裁日本外，更无其他应取之途径。我人根据过去一切历史的事实，认东北为中国领土之一部，东北之主权及政权，应纯为中国政府所掌握。依此事实，我人当进而否认有所谓"满洲政府"之存在，及所谓"满洲国境"之存在。东北之"权利及责任"，惟中国有之，既无庸与日本协商，更无庸顾及所谓第三方面之利益也。

第三，东北问题之解决，果如国联调查团报告书所言，当顾全国联所谓第三方面之利益，我人在事实上亦实无从是认。我人认为东北问题果不幸而必致扩大，则此问题应为整个太平洋问题之一，而非只为日本与所谓第三方面之问题。此我人所当郑重为国联调查团告者。

其次，国联调查团报告书中谓："当如孙逸仙博士所主张，由国际共同合作，以完成中国之内部复兴。"据中国电讯所传布，即易其辞曰："政治适当办法之最终要件，厥为依据孙中山先生之建议，以暂时的国际合作，促进中国之内部建设。"使此消息而不误，则我人丁此场合，当根据孙中山博士之遗教，确认国联调查团之建议为误解孙博士主张之原意，而严予纠正。孙中山博士拟具国际共同发展实业计划，系国际共同发展实业，而非所谓"政治适当办法之最终要件"。孙博士之言曰："欧战甫完之夕，作者始从事于研究国际共同发展中国实业。而成此六种计划，盖欲用开战时宏大规模之机器及完全组织之人工，以助长中国实业之发达，而成我国民突飞之进步……惟发展之权，操之在我则存,操之在人则亡,此后中国存亡之关键,则在此实业发展之一事也。"我人体察孙博士之遗教,则所谓国际合作促进中国内部之建设者,论其时则为欧战之后,而非东北沦陷、"共匪"遍地之今日,论其事则为开发实业,而非从事作所谓政治适当办法之最终要件,尤要者则必须权操在我。故在我国尚无强固之中央政府树立之先,在事实上当无国际合作、越俎代谋之可能与必要。

上述三端,仅其荦荦大者,其他小节,未遑评述。总言之,则以我人过去一年来之经验,不能不认国联处置东北事变之手段为失当、国联调查团之报告为无聊。我人更深信东北问题之最终解决,不在国联,不在所谓公约,而在我国人民最后之自决。领土之完整、主权之确保,非白纸黑字之条文所能胜任,非现时之国联所能负担。能胜任负担者,厥为我国民坚决之意志与抵抗之精神,换言之,亦即为由此意志与精神所产生之伟力。虽然,就国联言,苟诚不能负荷其维持正义之责任,则国联之信用将尽行丧失,不复能起人些微之信仰。此我人所当为国联进最后之忠告者也。

(《大公报》,1932年10月13日,第三版)

103. 社评:读国联调查报告书全文

国联调查报告书节要,曾于本月三日发表,记者当时尝就断片之感想,有所论述。昨日外交部已将全文刊行,通读一遍,于莱顿诸氏等努力之勤、用心之苦、设想之周,更得整个之明瞭,爰叙所见,以资扬榷。

查调查团本系国联之顾问性质,其所建议,不过外交材料之一种,初不含有拘束性,故报告书纵令被采纳而能实现至何等程度,要须看国联大势如何、日本真意何在,更澈底言之,终须视中国在自卫上有何决心、在外交上如何运用而已。此□吾人昨论《华北国防之危机》文中,已略言之。昨晚接京电,外交某要人对于报告书之谈话,与吾人所见大致相同,是以今日中国过分指摘报告书与过分期待调查团,同一不合实际。吾人今兹之申论之者,盖对此重要外交文书,固不容漠视,而中日间为东北问题,终须有解决办法,则报告书所列原则,要自有其价值也。

报告书第一章述中国近年变迁之概况,于[与]中国内部之分裂形势。慨乎言之，此为日本引为快意之一点，而为主张国际联盟放任"满洲国"，静观数年之惟一论据，谓非中国有力的中央政府成立，不能解决东北问题也。然而报告书中，固明明将现在政象与华盛顿会议时代比较，认为此善于彼，谓"当时中国境内，不啻有三个政府存在，其他事实上独立之省分，更无论矣"。其于现在则谓："现虽在数省内政府威力未免稍弱，惟并未有敢公然否认中央政权者，若能照此现象维持下去，则各省行政、军队与财政等等，当能遂渐变为国家性。"由此观之，日本认中国为无组织、无政府，乃日本之恶意武断，诚不能断章取义，认调查团与有同感，而据为搁置报告书之口实也。虽然报告书虽认今日中国情形较佳于华府会议时代，而于国际对华之情感，则显视其比较一九二二年为劣。观其叙述国民党容共之影响，与夫所谓"学校内介入排外宣传"之弊害，足知数年来"宣传外交""标语政治"，空疏无当，予外人以误解，授中伤者以口实，贻祸国家之深刻巨大，至于何地。其言有曰："试一翻阅各校课本，即使读者感觉，著书之人，图以嫉恨之火焰，燃烧爱国观念，又欲于仇害心理之上，建树人格。"字里行间，血脉兴奋，诚不知彼等所接触者，究为何种文字，乃使其激昂至此？报告书续又言曰："此种态度，既无有效之内政改革或国家程度之增进，以为之陪榇，徒使各国震骇，对于现时藉为唯一保障之权利，至增不愿放弃之感。"此则谅直之忠告，国人极应有嘉纳反省之雅量者也，然而报告书中渗有此种感情的成分在内，要为读全文者所应了解。

第二章关于满洲之状况、第三章关于九一八以前中日关于满洲之争执，叙述大抵翔实。其最要之点，在于说明满洲在中国历史、地理上虽居特别地位，然而其地实中国之地，人实中国之人，以张作霖之强有力，屡次宣布东三省独立，却始终无另立一国之意志，用以为结论中"否认'满洲国'"而建议设置"高度的自治制"之张本，同时更说明日本与东三省之关系，与夫中日在满洲经济利益之不可分。更于朝鲜人在东北之情形，作详细之叙述，而指出中国地方官吏，对朝鲜人政策之张驰不一、游移不定，愈以形成韩侨问题之严重化。此则吾人历年迭有指陈，不幸当世无人注意。今日读此，弥感于曲突徙薪之不如焦头烂额为有效。此则东北过去之官吏，苟有良知，应当惭悔者也。

在第三章中关于万宝山事件、中村大尉事件，叙述皆尚公正。第四章中叙九一八事变经过，尤不惮为事实真相之揭破。一则曰："日本于事先确有充分计画，以应付中日间万一发生之战事，此计画于九月十八日，十九日之夜，见诸实行，迅速正确。"再则曰："日军在是夜所采之军事行动，不能认为合法之自卫手段。"其于中国之不抵抗,更举出张学良氏九月六日之密令为证,谓:"无论如何挑衅,均应忍耐,不准冲突,以免事端。"此实有力之证据,愈见日本之侵略行为,虽未宣告其为"侵略者",要之事实最雄辩,世界公论自能裁判也。惟文中于中国放弃锦州一节,谓与关内政治不无关系,且为之说曰:"中国军人向喜从事内战,此时吾人所应注意者。厥惟此内战,自满洲肇事后,迄未稍戢。"吾人读此,不禁颜汗,转念以思,固无辞以相难。盖报告书起草之际,广东两陈之事方起,报告书公布之后,川鲁两省内讧又作。调查团某氏固尝语吾国顾代表,谓中国真大,偌大的东三省虽经丧失,而从事内争者依然行所无事也!

第六章"满洲国",缕述建设之历程、现在之伪府、民众之态度,直有禹鼎铸奸之感。其中指出"自治指导部"为"造成独立之主要机具",谓一月一日,该部布告即有"统一东北之组织、拥护'新国家'、拥护独立"诸语,实为有力之证据。中间更说明曰:"自一九三一年九一八以后,在日本军事当局之行动中,不论军事或民政方面,政治意味特别浓厚。日方逐步以武力占据东三省,使齐齐哈尔、锦州、哈尔滨及最后满洲境内一切重要城市,脱离中国之统治;并于每次占据之后,即将该地之民政机关改组,故独立运动在一九三一年九月以前,在满洲从未听得,所以能有此项运动者,仅由于日本军队之在场,甚为明显。"此点之外,对于日本文武官吏之活动,亦认为"满洲国"成立之一原动力,故其断语为:"现在政体,不能认为由真正的及自然的独立运动所产生!"至其叙述在东北实地调查之困难以及与华人接谈之不易,而归结于"一般中国人对'满洲国政府',均不赞助,此所谓'满洲国政府'者,在当地中国人心目中,直是日人之工具而已"。其于描写在压迫下之中国民众心理,曰:"系一种消极的默认与仇视之混合性",尤为透骨破的之论。日本之举国哗然,盖不胜其羞愤也。

第七、八两章关于中日间经济问题与日本在满洲之经济利益,指出"相互间实隐伏为政治冲突所不能割断之经济关系",诚哉不诬,中国有识之士,亦非不知之。然以日本对华偏重强权,好为高压,不知好感、善意系为国际经济合作之铁则,从不于亲睦精神上建树国民友好之基础,结果成为长久参商,两败俱伤,此非中国人之咎也。夫以中国对日感情之恶,历年中日贸易犹且始终保持相当数额,可见有无相需之际,非尽感情所能支配。而如此关系,设再以好感相与,则经济提携,双方互利,宁有限量? 报告书以中国国民排斥日货与政府党部联为一体,殆仍囿于第一章所列"宣传外交""标语政治"之成见,所说殊非真确,然旁观之言,亦有足以启发两国国民之深省者。至于东三省之经济开发,中日双方更有不可离之关系,犹之乎资本、劳工之不能偏废。报告书谓:"任何各国,如不得华人好感及诚意的合作,不能在从事支配满洲之尝试中,开发其富源,或获取任何利益。"此为爱好日本之良言。日人之理智,今方受热情与梦想所支配,然一旦收排斥华人之恶果,焦头烂额之后,则当知外人忠告,实有至理也。

关于九、十两章之解决原则与建议办法,最为国人议论集中之焦点。吾人以为国际联盟原非有强制执行之实力,调查委员又各有其本国独自之立场,故起草之后,签字之前,文字间已多争执。初则某国代表要求修正,嗣则莱顿爵士又持异议,既冶种种不同之意见与情感于一炉,中间自有妥协迁就之点。故报告书本身之有矛盾,势也;既曰调停劝告,自无命令式的绝对主张,合乎整然一贯之理论,其有矛盾,又理也。如以矛盾为报告书咎,是根本否认调查团之使命,根本强国际联盟以难能,此于中国历来对国联之政策不符,吾人不见其可。吾人主张,应候国联开会之日,表示原则的接受报告书之解决原则而付〔附〕以条件,其具体办法应为,对于报告书顾问会议之说,绝对反对,但中国愿派全权与日本代表在国联斡旋之下,采取报告书意见,商定东北事件善后大纲,包含:(一)中国承认自动建设东三省自治制度,日本应承认遵国联迭次议决案,撤兵交还占地。(二)以保安队维持三省治安,中日两国均不驻军队,即日本铁道守备队亦应撤退。(二)①双方共同发表宣言,释仇修好,将来任何事件,概依政治方法商决,不再诉之军事,同时商定缔结经济上互惠条约及政治上互不侵犯条约之大纲。(三)中国承认自动的与"满洲国"当局相商,劝告取消伪国,同时召集地方法团代表会议,依建立省自治区之原则,根据民意,改造政治,保障蒙旗人民生计,特赦伪国负责人员;日本承认听凭中国国民自决,对于"满洲国"之取消,不加干预。(四)中国宣言承认日本在东三省条约上之经济权益;并以日本放弃领事裁判权为条件,开放东三省内地,供日本人民经商居住。此五项大纲如能商定,则中日关系即划一新时代,东北纠纷亦可永绝。至如何收交地方,实施自治,编练保安队,订立新条约,当分别由中国单独或会同日本办理,仍将办理情形,随时报告国联备案。如此则国联保威信,中日得互利,地方得平和发达之新生命,复杂的民族问题,因法权之统一而得公平之解决、一体之待遇。

---

① 编者按:原文如此,应为(三)。

要之,吾人以为对于调查团报告书不必过于重视,亦不可完全抹杀,应于实力准备之中,同时运用外交,不但可为条件附之接受,且应为对案式之主张。吾人自九一八以来,迭次著论,谓中国应宣布对日外交之整个方案,以为国际上之肆应,今日尤其时也。

(《大公报》,1932年10月14日,第二版)

104. 罗文干飞汉商外交,正注意国际空气与日方态度,日遣重要军官视察华北！

【南京十三日下午十时发专电】 罗文干定十四日乘机飞汉,谒蒋磋商对报告书意见,一二日返京,再赴沪与汪相商。

【南京十三日下午八时发专电】 某要人谈,政府对调查团报告书之商讨,现仍在郑重研究中,尚未有具体之决定。现在各方对报告书已有极多之批评,或谓某条某点尚属公正,或谓某章某节断难接受,实则此种章节条文之讨论研究,尚非吾人目前精力所应集中。今日所最应注意者,为国际空气及日方态度。调查团报告书不过是向国联之一种报告而已,对于中日问题之解决,仍将由国联大会讨论。如日方能改变其向来之倔强态度,在国联监视之下谋中日问题之适当解决,则吾人应从大处看,在不丧权不辱国的原则之下,考虑解决办法。如日方仍蛮强横行,不顾一切,则吾人一面应妥筹对付,一面应随时注意国际形势因此而发生之变化。如国际风云因此而趋恶化,则我国对于一切准备,此时尤应妥为筹划云。

【东京十三日日本新联电】 参谋本部第二部长少将永田偕同支那班长中佐大城户,本日午前九时由东京出发赴满洲。该少将此行,似系携带十一日参谋本部与陆军省首脑部会议所决定之对满洲里方面之日侨监禁事件及热河方面之今后中央部之重要对策,传达与武藤之重要使命。该少将对于满洲各地、华北、山东方面将往视察,预定下月中旬回国。

苏炳文电国联,报告日军暴行

【海拉尔十二日公电】 顷致国际联盟一电,文曰:日本军阀以暴力占据满洲后，凡属完善区域，无不被其侵袭。即以黑龙江一省言之，江桥战后，遂集其全力于东荒各县，军队咸被屠杀，地方均遭蹂躏，民不堪命，村镇坵墟。中东铁路哈长、哈绥两线，肆意破坏，不能通车。近更集结兵力，压迫我哈满线之护路军，并派遣爆炸机六架，于阳(七日)佳(九日)两日，将富拉尔基铁桥破坏，残害路员多人。复以大炮四门，步骑兵约千余人，向我富拉尔基站护路军猛攻。陆空并进，凶暴异常。我护路军为护路及自卫计，决与周旋，现已激战数日，士气振奋，公理所在，胜券可操。查东铁满哈线本为欧亚旅行孔道，关系世界人士之福利，此次日军无端构衅，任情爆炸，桥身全毁，将来恢复困难，此项责任应由日方负之。又日军在昂昂溪、富拉尔基一带，对于显明标揭红十字旗之救护人员特加射击，毫不顾《国际红十字会公约》，实属大悖人道，罔顾信义，甘冒全世界之不韪，不能不宣告世人，俾知曲直所在也。除饬前方将士力维正义、竭尽职责外，合并电闻，诸希公鉴。东省铁路护路军哈满总司令苏炳文叩。印。谨电奉闻。苏炳文。文(十二日)。印。

日政府对莱顿报告书之强辩

【东京十三日新联电】日本政府对于莱顿报告书之意见书，本日已起草完毕，分送各关系方面，俾加以最后之添改。意见书内容如下：(一)莱顿报告书全部充满极端之偏见，以国联调查团而作此不公平之态度及观察，殊为日本最感不快之处。(二)日本之军事行动，以其仅由于柳条沟事件而起而认为自卫行动之范围外，此乃无视作成事件背景之历史的事情，可谓极认识之不足。(三)柳条沟事件由于军事行动迅速之结果，而判断为有计划的行动之事，乃其不知军队之本质。(四)说明中国之国情，暴露其无统一无秩序，并强调谓其为非国家。(五)排日排货显然为中国政府之责任。(六)报告书称满洲无独立运动存在，此乃不明事实之言。历史上满洲已有数次独立运动，如其轻率信赖满洲居民一千五百名之投函，竟无视"满洲国"方面之意见之事，尤为不谨慎。(七)满洲共同管理之事断不能行，问题之解决，要之在中国内政之改造，对此可由国际协力。

(《大公报》，1932年10月14日，第三版)

105. 社评：苏联之远东政策

莫斯科电所传拉达克批评莱顿报告书文之大意，足代表苏联立场之一斑，甚值重视。莱顿报告书主张宜邀苏联参加满洲问题之解决，此自调查团言，为对苏联示好意。然拉达克则谓其一方面使日本帝国主义对抗苏联，而同时故留一线出路，企图引苏联加入反日阵线。其言极刻，而苏联远东政策之真相，亦由此可窥焉。

读拉达克文者，首勿误解为日苏妥协，及苏联坐视日本侵略亚陆而不问。拉氏之文，意不在此。世人须知苏联基本政策，在欲旁观彼所谓帝国主义国家之自相火并。在此行将爆发之世界第二大战中，苏联务欲收渔人之利；即不然，亦务欲维持武装平和，至于最后。除非有进攻苏联、迫其不得不应战之事变发生，则苏联此项基本政策，不欲轻有变更也。然同时须知苏联对远东问题，实抱有极大之关心，其关心范围，绝不止中国东三省，其关心事项，亦绝非仅区区一中东路。自苏联观之，远东问题与中欧问题同等重要。苏联刻刻不能忘中欧，即刻刻不能忘远东。其在远东之对象，第一即日本。尤自九一八以来，日本占领中国东三省，以北满为对苏联备战根据地，其军人昌言不讳，数月前拉达克亦尝为文以论之。是以日苏冲突，为必然之事，所问者时期问题，而苏联目前尚利于缓耳。由此两点以论最近拉达克之文，则其真意何在，不难了解。盖第一，苏联于远东，乃行其独立的政策，拒绝附和国联。此事本易解，苏联固从不与国联衷心合作，且极藐视之者也。第二，苏联视对日问题为重大问题，固不欲附和彼所谓帝国主义国家之政策，而轻遽卷入任何漩涡。第三，苏联始终认定国际间常有对彼不利之酝酿，而同时认定列强间有尖锐之矛盾，故乐得作壁上观。苏联态度自始如此，故拉达克之言，可认为代表苏联意见者也。抑吾国国民有应极端注意者，远东问题之【关】键，实在中国己身。中国虽受环境影响，环境实亦中国所造！以远东大陆之主人翁国而不能自卫，既无以弭祸于未然，又不能决心于事后，自身无政策，安问他人？中国两大邻国，曰日本，曰苏联，以理想言，此三国者互保平和，岂不甚善？然日本横相侵略，竟危害中国生存；而当此之时，中国与另一邻国之苏联，依然无外交关系。就中国言，诚愚拙无伦，就苏联言，事实上除暂时旁观形势推移外，自无态度可表矣。

夫中国,主人也,东三省问题,中国之问题也。主人之中国,与苏联无交涉且无交际,而主张请苏联参加者,乃出自国联调查团之口,则苏联方面之不接受,岂非当然之事哉?是以中国苟欲运用对苏外交,须自恢复外交关系始!即读拉达克之文,亦深感其必要矣。

(《大公报》,1932年10月15日,第二版)

106. 征求蒋、汪对报告书意见,罗文干昨飞汉日内再赴沪,外委会并将征询全国学术界意见

【南京十四日下午七时发专电】 罗文干十四日上午十一时,偕朱鹤翔及秘书一人,乘塞可斯机飞汉谒蒋。在机场对记者谈:"此行纯为与蒋商讨对报告书问题。外交委员会各委员意见大体已趋一致,惟为广征各方主张。本人决访汪、蒋一谈,十五日午后返京,拟即赴沪。确闻汪对报告书并无只字意见提出。宋子文在沪晤汪,仅谈数语,告汪接到报告书后情形。汪尚未发言,医士即从旁劝阻,以休养身体为重。宋未得要领而出,竟语人汪有意见书托其带京,致引起误传。"

【汉口十四日下午十一时发专电】 罗文干乘塞可斯机,十四日下午二时半抵汉,降王家墩飞机场。外部参事朱鹤翔、秘书林德贤同来。罗等下机后,即乘汽车赴德明饭店休息。记者往访,罗因航程劳顿,派朱鹤翔代见。据谈:"罗部长此来,系向蒋委员长报告外交情况,并征询对报告书之意见。定十五日原机返京,并将赴沪谒汪。政府对报告书意见,须汇集各方意见后,再由会议具体决定,现正慎重商讨中。国人此时于研究报告书外,尤应留意国际情势及日人态度"云。下午六时许,罗乘汽车赴怡和村谒蒋。

【南京十四日下午九时发专电】 外交委员会对报告书研究结果,规定为三类:(一)可以接受者;(二)可以为将来讨论之根据者;(三)不能接受者。该会现拟征求全国学术界闻人对报告书意见,以作参考。

苏联机关报指摘报告书

【莫斯科十三日路透电】 拉达克氏在《消息报》顷撰一文,分析莱顿报告

书之结论,意间似指示莱顿报告书暗中企图离间日俄两国。氏称,该报告书绝对不明瞭满洲实情,对于帝国主义者在远东斗争行动,完全未经提及。氏宣称,苏俄在满洲甚至不能目为与日本竞争之国家,调查团对远东之苏俄因素具有成见。关于此点,氏归咎调查团有意转移阵线应付苏俄,以避免帝国主义者之斗争。拉氏称,莱顿一方面使日本帝国主义对抗苏俄,但亦不惮故留一线出路,企图引苏俄加入反日阵线。氏对于报告书之结论,认为在日本与世界帝国主义间之一种协调办法云。

【莫斯科十四日哈瓦斯社电】 苏联政府言论机关《消息报》主笔拉达克氏发表长篇论文,批评莱顿报告书,谓调查团完全不明瞭苏联实情,但对于苏俄在远东问题中之地位仍加以臆测。拉氏谓苏俄并未进行任何反日政策,并不能视为日本之竞争者。拉氏责备调查团,谓其欲使世界帝国主义与日本帝国主义联为一气,以抵抗苏联。拉氏又责列强一方面挑拨日本,使其反对苏联,他方又复买好苏联,至一旦有事时,可使其加入反抗日本之联合阵线。列强此种行动,诚极挑拨离间之能事云。

日本意见书将送日内瓦

【东京十四日新联电】 制作日本政府意见书之外务、陆、海军联合委员会,外务省方面松冈洋右,谷亚细亚局长,守岛第一、三浦第二、柳井第三课长,陆军省方面山下军事课长、本间新闻班长、原中佐,参谋本部方面松本欧美课长、酒井支那课长、武藤第四班长,海军方面寺岛军务局长、岛田军令部第四班长、盐泽军事普及委员长等参集,根据第一次协议会决定之事项,业于外务省起草完毕。遂以该草案为基础,经昨日协议结果,意见书遂略见完成。对于细部再加以修正,分送各省作最后之决定,然后经阁议定,即将交与松冈洋右,于二十一日由东京驿出发携往日内瓦。已完成之意见书原案,日文字约占大型纸张百页内外。其内容非采取辩驳报告书之态度,而由大局作攻势与防御两样之准备,即对于报告书之认识不足之点予以恳切之启发,而观察错误之事项,则附与微细之辩驳。又该意见书置重点于左列诸项:(一)诱发满洲事变之根本问题之中国事态,予以正当之正视;(二)阐明"满洲国"成立之真相;(三)使其明瞭日本帝国陆军之行动为正当,且为当时惟一之手段。

【东京十四日新联电】 关于日本政府对莱顿报告书之意见书发表时期,现于关系当局间协议中。然该意见书预定由松冈代表二十一日由东京出发携往日内瓦,提出国联。惟国联行政院系于十月十四日开会,是以其未开会前,认为有使世界充分认识日本之正当立场之必要,故有考虑松冈代表提出国联同时发表全文外,而从速提前发表意见书之摘要。

【东京十四日路透电】 外务省发言人关于日本向日内瓦行将提出之意见书发表谈话,称"日政府审慎研究莱顿报告书后,深信该报告书大部分为该团抱有偏见之专家二人所作成:一为杨华德博士,一为某荷兰译员。前者为著名之强烈反日派。日政府虽不拟提出正式声诉或提及个人之姓名,但认为必须声明者,即此种偏见之专家于起草报告书时,竟如此积极参加,对日殊不公允。尤其因日本曾经同意,应由不偏袒之调查委员而非偏袒之局外者起草报告书"云云。顷间意见书性质尚未披露,但该发言人明白表示,日本将特别集中注意点于排货问题。大概或将企图获得一国际决定,将排货与战争并列入一类,且申述中国在日本采用武力前两月已经开始排货,故中国为真正之侵略者云。

(《大公报》,1932年10月15日,第三版)

107. 西南执行部及政委会对报告书通电全文:明知日本侵略而不敢作公正主张,领土主权只有凭我民族力量维持

平讯。中执会西南执行部及西南政委会对国联调查团报告书指摘之真电,全文昨已到平,照录如下:

"洛阳中央党部、国民政府钧鉴,各院部会勋鉴,南京中央党部、国民政府、各院部会办事处勋鉴,各省市党部、各省市政府、各总司令、各总指挥、各军师旅长、各机关、各团体、各报馆均[钧]鉴:自九一八事变发生,当局不图抵抗,而倚赖国联。日本则蔑视国联,一再违反决议,而日亟扩展其侵略之范围。不闻国联有照约执行有效之处置,而于举世共见共闻之事实,乃藉派遣调查团以迁延时日。遂使日本军阀肆行,益无顾忌,对我沪淞为空前之蹂躏,对我东北袭用亡韩之故智,以造成傀儡之组织。近更悍然对此傀儡组织加以承认,而自定立等于吞并之条约,亦不闻国联有一言之纠正。我国受此深巨之创痛而犹事隐忍者,将以容调查团工作之完成,冀国联根据其报告,或有公正之解决。不料昨阅报载,本月一日公布之调查团报告书摘要,该团提出所谓能令满意解决

满案之基础原则及办法,乃不惜自抛弃其所根据之公约及所认定之事实,不顾立言之矛盾,以迁就日本。既知日方系有一种精密预备之计画,中国并无进击日军及危害日侨之企图,日方之军事行动不能视为合法自卫之办法,则日本显为破坏国联盟约之戎首,应受相当之制裁,非先依国联历次决议恢复九一八以前原状,则无解决可能,乃竟谓恢复旧状并非解决办法,舍所谓该案全部之理论,而顾及非法造成之局势。对于东北政治之改革,既知东三省完全为中国领土,无论在法律上事实上均不可脱离,则东三省政治之如何改善,乃属于中国内政范围,中国政府自有其一贯之对内政策,讵容外国之干涉,乃竟主张在顾问会议之下,组织一种特殊制度之政府,以一种特殊宪兵维持内部之治安,东三省行政长官之任命、税收之分配,中国之中央政府均无过问之权,特殊宪兵须由外人训练,税收机关须由外人监督,东三省之中央银行须以外人为总顾问,自治政府更须聘相当数额之外国顾问,而以日本人占重要之比例。在现时之情势,所谓顾问会议者,亦必由日人操纵。如此而美其名曰自治,直与国际共管而由日本代行无异,而曰维持中国主权独立及领土之完整,又将谁欺?该报告书所谓树立中日之新条约关系,对于日本则主张得自由参加经济上之开发,推广居住及租地之权利,扩大领事裁判权之范围,至现未被日本占据之热河,亦包括在内。对于中国,竟主张满洲应逐渐成为一无军备区,以条约规定对无军备区不得侵犯,并在商约内担任禁止国内之抵制日货运动。夫国联公约、非战公约及九国公约尚不能制止日本之侵犯,则所谓对满无军备区不得侵犯者,为制止中国之驻兵防卫而已。买卖货物纯出于人民之自由,非政府所能干涉,即有抵制运动,亦为【非】暴力之和平抵御,各国不乏其例,岂有在约条上应负禁止义务之理?往者日本对我提出之'二十一条件',所要求关于满蒙之特殊权利,不谓此次调查团所列举之苛酷亦如此,而曰适合中日双方之利益,尤为滑稽。至称解决满洲问题须考虑第三方面之利益,更不知其意义何在。当日本未占东北以前,中国何尝有损及苏联之益利?若依调查团之建议,维持日本在东北之特殊势力,致此问题不能解决而至扩大,则将成为整个太平洋问题,非只为日本与所谓第三方面之问题而已。该报告书又谓,政治适当办法最终要件,当如孙逸仙博士之主张,由国际共同合作以完成中国之内部复兴,不知孙总理系主张由国际共同投资发展中国实业,并非所谓政治适当办法之最终要件,发展实业必须权操在我,亦并非他人所能越俎代谋。若藉是以为主张国际共管东北之掩护,不特误解总理遗教,且与民族主义显相背戾。综观该报告书，对日本侵略我国之事实观察非不明晰，而竟为此委曲迁就之建议，不敢作公正之主张，吾人于此益见所谓国联所谓公约者，实无价值之可言。东北问题只有凭我民族之力量乃可以自决，中国领土之完整、主权之独立，亦只有凭我民族之力量，乃可以维持。今后惟有迅下坚决之意志，本牺牲之精神，互为继续之抵抗而求失地之恢复。事机急迫，绝无徘徊反顾之余地，愿我政府与人民共起图之。中国国民党执行委员会西南执行部、国民政府西南政务委员会叩。真（十一日）。"

（《大公报》，1932年10月15日，第三版）

108. 汪下周放洋赴德疗养，罗即赴沪征汪对报告书意见，苏炳文电国联申明兴师除暴

【上海十五日下午十时发专电】 唐有壬言，汪定二十二日偕曾仲鸣放洋赴法，转德入热带病院疗养。临行前将发表声明，免起误会。

【汉口十五日下午十时发专电】 罗文干因调查团报告书须征蒋意见，昨乘飞机来汉后，已谒蒋商询一切。十五日仍继续商讨，并有所请示。定十六晨飞京，转沪谒汪，征询意见。

【汉口十五日下午十一时发专电】 罗文干十五日晨八时偕朱鹤翔等渡江，赴武昌高法院及看守所监狱视察。下午三时返汉，四时许赴怡和村再度谒蒋，商询对报告书意见，谈一小时辞出。七时应特三区管理局长郭泰桢约，至特三区管理局晚餐。定十六晨八时乘塞可斯机返京。

【海拉尔十三日发公电】 顷致国际联盟一电，文曰："本总、副司令受东北各地方民众代表之付托，及各军将领之推戴，于中华民国二十一年十月一日，在海拉尔就任东北民众救国军总、副司令职。仅[谨]于兴师除暴之前，特将年来日军违约暴行及我三千万民众真正意旨，为全世界各友邦陈之。日本以侵略主义强行占据中国东北，假借民意，威迫挟持溥仪，组织满洲伪国，迄今已逾一载。中国民众既全体反对，而东北全境更陷于永无止息之纷乱状态中。日本虽驻重兵，毫无维持治安能力，而变本加厉，倒行逆施，焚杀淫掠，种种残暴，无一不出公理人道恒轨以外。现在东北居民四分之三已不能生活。此种行

动,损害中国领土主权之完整,已违反九国公约第一条。其不用和平方法解决争端,而擅动武力破坏和平,则违反非战公约第二条。又侵及国联会员间之政治独立,不顾忠告,蔑视盟约,同时违反国联盟约第十条、第十二条、第十三条等规定。而国际间迁延至今,毫无约束制止日本暴行之能力,中国民众实不能不取紧急有效之自卫手段。最近日本军阀更悍然与满洲伪国缔结承认条约,独占东北利源,封锁国际商务。东亚局势将起绝大危机,我东北民众万难忍受。至日本迫令伪国以民众自决、王道治国、开放均等、共存共荣各假面具相号召,用以朦蔽世界人之耳目,藉以掩饰其强占东北之形迹,更作永久割据之根基。此种威胁强迫卑劣举动,我民众自始至终未曾承认。文等职在军人,义当救国,爰本我三千万民众之瞩望,振旅东征,打倒日本之野蛮军团。必期解放全民,恢复领土,消灭伪国,建树和平。凡我友邦,应知日本军阀不独损害中国,即外籍侨民亦同被其祸,倘不将其驱逐,中外咸感威胁。日本暴军及其收买之华籍匪团,既均显然不能保持各城市安宁,东北地方自今日起,惟有我民众救国军为唯一之负责权力。凡我军所至,中外居民一律保护。倘有一阻碍我军行动、为日一军侵略主义作工具者,无论任何国籍,概在碍难保护之列。又日本民众对东北事变并未获益,而负担增重,经济恐慌,失业日多,同受压迫。若是则我军直接为中国民族求自由,间接亦即为日本民众除暴政,更为世界一切民族求永久之和平。庶使我东北三千万民众之真正意旨,得揭扬于世界,不致为暴力所诬蔑。更希望一切有觉悟争解放者,联合战线,前后夹攻,此为东亚民众求生路而战。昭告世界,谨此宣言。东北民众救国军总司令苏炳文、副司令张殿九叩。蒸(十日)。印。谨电奉闻。"

【南京十五日下午九时发专电】 罗文干十五日在汉未回,欢迎人员在机场候至薄暮始散。

(《大公报》,1932年10月16日,第三版)

109. 莱顿广播演说,深信国联可以应付困难

【伦敦十四日路透电】 本日莱顿爵士作广播演词,陈述个人对于国联调查团工作之观点。氏特别注重各地官方对于调查团目的之注意,以及在满时

所受之周备的招待。氏称:"余等欲避免日夜招宴之辛劳,颇为困难。"氏述及圆满解决之希望时,谓:"困难顷仍极大,但余深信国联凭十二年来所得经验,应付此事当能成功"云。

【伦敦十四日合众社电】 本日莱顿作广播演词,陈述在远东之经验。氏称,各调查团员对于报告书所列主要事实,一致同意。氏称,惟有对于如何解决中日危机之方法,团员意见不同。氏称:"余希望在国联讨论报告书时,亦能如调查团员在北平时意见之一致。"氏演词大部分系陈述调查团之工作,以及行程经验。氏对于中日以及全世界接受报告书之态度,未发表意见,关于调查团员意见纷歧之程度,亦未详述。

(《大公报》,1932年10月16日,第三版)

110. 湘省党部电国联,述对报告书意见

【国闻社十四日长沙电】 湘省党部十三日电日内瓦国际联合会,对调查团报告书陈述意见三点,大略如下:(一)日本处心积虑、甘为戎首之真相,及事变后制造傀儡组织、破坏我领土、完全欺骗世界之伎俩,既已大白于天下,国际间若尚有正义与公理,对于日本所负祸首之责任,及事变后一切侵略行为所造成之罪恶,实不能置而不问,以开凭借强权蹂躏他国领土与主权之恶例,因以危害今后世界之和平。(二)东省事变之责任已明,正当解决厥为恢复九一八以前之原状,使怀侵略野心之国家,知国际间尚有正义公理之保障,不致走向循环报复之一途,真正之和平赖以确保,而国联尊严亦可维持不坠。(三)中国国民对日抵货运动,实发生于日本以暴力侵占我三省土地、杀戮我民众之后。若不责日人侵略,而责中国国民之抵货,因果倒置,实非平情之论。恳联盟深察中国国民运动真相,免生误会。末谓中日纠纷正亟,东亚风云将变,正祸变于眉睫,保和平于永久,胥惟国联尊重自身立场,确维正义公理,制裁强权是赖等语。

(《大公报》,1932年10月16日,第四版)

111. 国联行政院会议新阵容，莱顿等均列席，美国当然参加，颜长大会代表，顾出席行政院，汪决出洋，宋仍代长行政

【上海十六日下午八时发专电】 顾孟余、曾仲鸣十六日晨到沪，在真茹下车，即赴汪宅，访陈璧君。曾谈：汪决趁三月假期赴海外疗治，行政院大概不更动，仍由宋代理；汪临行前将与在沪各要人商外交、内政应付办法。褚民谊十六日晨十时访宋子文，商行政院事务。宋将于十七日飞京。

【南京十六日下午十时发专电】 汪于数月前第一次辞行政长时，即向外部领有赴欧游历护照，此次并未重领。汪左右称，汪因中央准假三月，故迁地休养，无政治问题，但一般均恐汪难如期返国销假视事。

【上海十六日下午九时发专电】 汪出国，曾仲鸣或不同行。顾孟余十六日午由沪杭公路赴杭。

【汉口十六日下午八时发专电】 罗文干十六日晨偕朱鹤翔乘机返京。同机赴京者有萧吉珊、翁照垣。

【南京十六日下午五时发专电】 罗文干十六晨由汉飞京，十二时一刻到达，徐谟、刘崇杰等在机场欢迎。罗下机后即乘车返私邸休息，拟日内乘车赴沪谒汪，征询对报告书意见。有询以此次赴汉结果者，罗答赴汉与蒋对报告书意见有详细磋商，但内容则非俟政府将整个意见具体决定后不能发表。

【南京十六日下午六时发专电】 罗文干乘机返京，翁照垣、萧吉珊同来。罗称，与蒋数度商讨报告书，内容未便宣布。罗因不惯空中来去，精神疲乏，在寓休息，未见客，晚始召徐谟、刘崇杰外部重要员司往谈。罗定十七日召集外交委员会议，报告与蒋接洽情形，去沪否尚未定。翁称，谒蒋报告该军"剿匪"情形及解决陈国辉经过，并请示出洋考察事宜，在京勾留数日赴沪。塞可斯机载罗到京后，一时半飞沪，因宋子文十七日将乘该机来京。

【南京十六日下午十一时发专电】 外部息。颜惠庆本年一月受任国联行政院我国代表，九月又受任国联大会我国首席代表，任重事繁，曾迭电政府，请另派代表分任其一。颜以此次国联行政院开会，最要者为讨论报告书，并邀莱

顿出席，我顾代表曾亲参与调查工作，由彼代表出席，自属更为适宜，故曾选电推重顾氏，担任行政院我国代表。政府已征得顾氏同意，即用命令发表。现颜任大会首席代表，顾任行政院代表，通力合作。

【日内瓦十五日路透电】 国联行政院会邀请莱顿调查团团员于讨论报告书时列席。查此举系按照该团之意愿，俾能解释提出质问之各点。按此举最值注意者，即讨论报告书时，确将与美国有关，盖美方调查员麦考易亦将参加云。

【华盛顿十五日合众社电】 中国驻美使馆秘书梁鋆立，本日在此公开演说，赞美莱顿报告。氏谓莱顿报告对于事实之陈述及所提之建议，获得世界之赞许，并非误谬，惟一表示异议者，即自以为受冤屈之一方。据氏之意见，莱顿报告无疑指明去年日本采取战争手段，系违犯国联盟约之意义。又谓，日本侵犯中国领土完整，违反九国公约。

法政府拒绝与日本联盟

【伦敦十五日合众社电】 伦敦《星期泰晤士报》本日重新证明前此该报所载日本请求与法国正式联盟。该报声称，此事为口头提议，颇有具体根据。法国外部曾保证作即刻之考虑。法外部与对于远东问题最有研究之顾问会商后，拒绝日本政府之提议。据本日《星期泰晤士报》之证实，法外部考虑远东问题后，宣称在现状下与日本正式联盟，有损法国之光荣。重要顾虑之一，即法国为刻正设法解决中日满洲冲突有力之拥护者。

日外部注意英、美之行动

【东京十六日日本新联电】 十一月十四日开会之国联大会，对于满洲问题之运命解决，现在不能即下断定，因须视转移国联之原动力之英、美两国向背如何，故此日本外务省对于该两国将来对日行动，极为注意。该两国中尤须戒心者为美国，预想将因十一月八日大总统选举战之结果，而发生一大变化。盖因：（一）此次之大总统选举战，共和党之旗色颇恶，倘因此而民主党政府出现，则从来之对日积极态度当将取消；（二）假使共和党再胜，现任国务长官斯蒂生亦难免于辞职，盖因斯氏与胡佛之关系缺欠圆满，以及与军缩问题有关之赔偿战债问题失败之故；（三）美国内之舆论，尤其财界方面，反对美国容纳占国联大部分之欧洲诸国之无责任的希望，而站立于对日强硬策之前面。美国之大势既如上述，再观英国，当然毫无决意独立以当日本之冲。法国之态度倘无变化,至其他诸国表面无论如何饶舌,结局将不至颠覆大势。

日政友会之亚细亚政策

【东京十五日路透电】 政友会在和歌山开会,通过决议案若干。其中最堪注意者,为采用纯粹亚细亚政策,以应付因日本承认"满洲国"而引起之情势。该决议案并请求建立一新工业政策,以促进日"满"经济关系。政友会总裁铃木预料,日本将来之政策不至有何变更。氏指摘莱顿报告书中"严重之错误",谓系由于"不经意之调查所造成",并称此项报告书对于根本问题无从解决。氏称,彼深信国联"将不根据莱顿报告书讨论解决之办法,爱好和平之国联将不致采取不灵活的政策,引起进一步之纠纷"。氏最后称,无论国联采取何种态度,日本将不改变其方针云。

(《大公报》,1932年10月17日,第三版)

112. 李、白电粤,严驳报告书

【香港十六日下午十一时发专电】 李宗仁、白崇禧十四日电政务会,严驳报告书之不当及条陈我方应采步骤。略谓:该书对我国主权及领土,不独不能保持独立与完整,且损害尤重。若承认该书,与承认"二十一条件"无异,四集团全体官兵誓死反对。

(《大公报》,1932年10月17日,第三版)

113. 外委会昨再开会,报告书意见已大体决定,罗文干今日赴沪谒汪请示,伍朝枢谈必须要自己努力,国联我代表团电京请速制止内战

【南京十七日下午十时发专电】 外部顷接国联我国代表团来电,报告国际间对华空气因鲁川之事颇受影响,盼望政府迅速制止,以恢复国际间视听。

【南京十七日下午七时发专电】 伍朝枢夫妇十七晨由沪来京，罗文干亲往车站迎接，偕同至外交官舍休息。罗、伍畅谈最近外交问题甚久。午罗宴伍后，陪同出外，访居正等中央各要人，至四时半始回外交官舍。六时许，伍夫妇过江，乘车北上，赴平游历。伍对报告书意见，赞同罗等主张。罗定十八日夜车赴沪谒汪，请示对报告书意见。据可靠方面消息，罗与蒋商谈报告书事，蒋对罗提出之外委会主张，极表同意。

【南京十七日下午八时发专电】 罗文干返京后，以对报告书意见已与蒋详细磋商，有召集外交委员会再度研究之必要，适伍朝枢亦由沪来京，罗乃于十七日午宴伍及各外委，五时赴外交官舍开会讨论。到居正、朱家骅、陈公博、何应钦、朱培德、陈果夫、陈绍宽、贺耀祖等，伍因急于渡江，故未参加。首由罗报告赴汉与蒋磋商经过，讨论至七时散。闻各委意见已大致集中。罗定十八日赴沪谒汪，作最后具体之决定。

【上海十七日下午九时发专电】 汪赴德入柏林近郊一热带医院，系脑尔介绍。汪走后行政院仍由宋代理，各部或有局部更动。

【上海十八日上午一时发专电】 宋子文十七夜乘花车附夜快车入京，曾仲鸣同车行。

伍朝枢谈话

【南京十七日下午八时发专电】 伍朝枢十七晨偕夫人抵京，据谈："（一）对调查团报告书意见，在沪时已略有发表，现无特殊意见。此事由外交当局审慎筹划，必能应付裕如，本人不拟向中央提出意见书。（二）此次国联大会对中日问题将谋一适当之解决，大会前途如何进展，现时极难揣测。但英、法两国之态度如何，最值吾人注意，盖英、法为国联最有力之会员国，其势力当足以左右国联也。同时英、法两国之态度，亦常以美国之态度为转移，故美国之态度如何，吾人亦不可忽视。总之，对于中日问题，吾人一面固应观察国际形势，一面则应反求诸己，必须用自己之力量，贯澈自己之主张，始能得圆满结果。凡事未有本身不努力振作，而能得他人之同情援助者，此吾人所应深加警惕者也。（三）国联大会为期已迫，国际空气日趋紧张，日方对调查团报告书所提出之意见书，仍以中国为无组织、无政府之国家为借口，而肆意攻讦。当此严重关头，吾国朝野如再不团结一致，而仍勇于内战，则前途诚不堪设想。（四）美国此次大选，一般观察均以民主党罗斯福有获胜希望。民主党之对外政策,将不若共和党之积极注意,故一般人以为,万一民主党获胜,则其对外将改变其现时之政策。据本人观察,民主、共和两党之政纲,在原则上并无根本之冲突,所不同者,即于每一政策施行时,互相攻击反对而已。盖民主党实亦并非不注意对外政策者,试观美国参加世界大战,即在民主党威尔逊总统当政之时,可以明显。故此次大选,如共和党获胜,自然仍一贯其向来之政策进行;如民主党获胜,则其对外政策恐将以罗斯福个人及其政府之外交当局所抱之主张而定。(五)本人最近在沪并未与汪先生会晤,出国之事亦仅于报上见之。对于琼崖特区长官一职,本人始终未往就。经陆海二军纠纷后,琼崖行政、财政现由广东省政府直接管理。此次北上游历平津,纯为私人之旅行性质,别无其他任务。勾留时间久暂,须视游兴而定。本人离平津已十六易寒暑,不知今日景况又如何也。"

(《大公报》,1932年10月18日,第三版)

114. 一集团特别党部通电指摘调查团报告:解决东北问题惟有抵抗

【广州十五日下午公电】"慨自九一八事变发生以来,日本帝国主义者不顾国际公法,公然冒天下之大不韪,实施其侵略我国之政策,既攫夺我东北于前,复蹂躏我淞沪于后。然我当局之不图抵抗,所以召此创巨痛深而仍隐忍者,无非以依赖国联能有公正之解决耳。讵知我之依赖国联愈殷,而暴日则蔑视国联愈甚。国联以不能依照盟约执行有效之处置,藉派遣调查团以迁延时日,遂致暴日悍然袭用其亡韩故智,竟造成傀儡组织而承认之,订立并吞条约以图之。国联派遣调查团之初,我人虽明知其不能为我切实谋解决,然于当局不图抵抗之中,尚衷心窃冀调查团根据事实,作公正之立论,以图解决。不料本月一日公布之调查团报告书摘要,其立论对吾国实百害而无一利。就报告书内容观察,其提议解决满案十项基本原则及办法,直不顾立言矛盾,只是迁就强权。既知九一八事件之爆发,系日方抱有一种精密预备之计画,中国并无进击日军及危害日侨之企图,日方之军事行动,不能视为合法自卫之行为,则日本显系破坏盟约之戎首,应受国联相当之制裁。乃对于暴日无斥责,竟谓恢复旧状并非解决办法,此非承认暴日非法造成之局势而何?'东三省完全为中国领土',已为该团所承认,乃又主张组织顾问会议,设立特殊制度,以治理东三省,以特殊宪兵维持东省治安,此何异将吾国领土交由国际共管,非破坏中国主权独立及领土完整而何?该报告又□解决满洲问题必须承认日本在满洲之权利及第三方面苏联之利益,并谓中国政府承认在其权力内,禁止并遏抑有组织之抵制日货运动,因而至曲解总理遗教,建议由国际公共协作以完成中国内部复兴。诸如此类之谬论,在在皆见。总之,调查团之报告书,无一非破坏我主权独立、干涉我自由,而为迁就强权、欺压弱国之乖谬论调。所谓国联盟约者,白纸黑字之虚文也;所谓国联调查团者,不啻强国雇用之巡捕,徒为虎作伥,而不能为弱国主持公道者也。为今之计,吾人深知东北问题之解决,要在吾人迅下坚决之志意与牺牲之精神,而持有效之抵抗,国家民族,庶几有望。愿我政府与国民共图之。中国国民党国民革命军第一集团军总司令特别党部执监委员会。寒(十四日)。印。"

(《大公报》,1932 年 10 月 18 日,第三版)

115. 李宗仁对报告书意见:建议部份自相矛盾,收复失地全靠自己

【香港十七日下午十一时发专电】 李宗仁十四日电王逊志,发表对报告书意见,略谓:"关于事实部份,虽不十分满意,但也相当满意。建议部份则无论如何不能同意:第一,自相矛盾。既承认日本违法,何又主张中国撤去东省国防?第二,就国联立场,应讲法讲理,不应夹以威力恫吓、利益诱惑,甚至注意苏俄在满利益,实是遗憾。本人觉得中国无论如何,不能依靠国联。要收复失地,只有靠自己的力量。"

(《大公报》,1932 年 10 月 18 日,第三版)

116. 读者论坛：读了国联调查团报告书之后

多日以来，人人渴望着的国联调查团报告书，已经公布了。当时，一般党国要人、国内名流，都有宏言伟论，就是这草介之辈的我，读过了事关远东和平的报告书以后，也不无区区之感。

报告书刊布以后，欧美各国大多数是极表赞同。不过，他们是居于第三者的地方，顺水推舟，说几句风凉话，情有可原。日本尚在准备反驳，但是我们中国表示满意者竟不乏其人，好奇怪呀！

"日本之占据东北，不是自卫……"——不错，这一点是正义的苏醒。我认为这似乎是调查团为维持国联的尊严起见而说出来的公道话，这是他们分内的事情！再者，我们中国，也是国联里面的会员之一，自然有受正义庇护的权利。所以关于这一点，我们表示感激就够了，用不着歌功颂德！

"……划东北为自治区，酌聘各关系国的人员，充任顾问……"——这是什么意思呢？为什么要把我们的领土，划一部分出来作自治区呢？这不是破坏我们的领土的完整吗？从这一点上看，就可以知道，他们肯说句公道话的居心了。他们的目的，就是想在我们的东三省内，享受一种机会均等的权利！关于这个建议，我们绝对不接受！如果接受国联这个建议的话，不如干脆把东三省送给日本！日本占领了我们的东北，和把东北交给国联共管，有什么分别呢？不是一样的葬送我们的领土吗？很不必从狼嘴里夺出来，再送到虎口里去！且是日本占领我们的东北，我们只有一个决斗的对象；如果把东北交给国联，那么我们的决斗的对象，岂不更加多了吗？这样赶走一只恶狗，引来一群饿狼的利害关系，是很显明的，人人都可以看得到！

关于这个建议——瓜分我们的领土的建议——向来主持公论的美国，其史汀生氏竟大加赞许，的确令人惊讶！美以前有"门罗主义"之倡，不许欧人染指，现在却想远涉重洋，来我们远东帮忙，我们当深谢厚意：不敢劳驾，其实也大可不必！

现在，我们对于欧美各国，依然保持固有的邦交；至于我们亚洲的事情，我们自己负责置理，不必请他们费神！这并不是我们有负国联盛意，一则是日本作梗，二则是"国联"负不起处理的责任来。趁此机会，我们很可以和日本，把几十年来的积欠,清清楚楚的结算一下。

结算的方式有二:

A 笔底下的。这或者正和着日本的口味,不过得有相当的条件,至少是得日本撤兵,恢复东北的,九一八以前的状态。看到日本的野心正在炽烈的时候,说这样的话,或者是等于赤子说梦!但是,如果日本不是闭着眼睛抱着我们的东北,以为可以到手,同时抬起头来看看,要晓得不但我们不甘心放弃,且是还有人在虎视耽耽,一定会有一点醒悟。若是日本仍然作着"大亚细亚主义"的迷梦,我们以最怯弱的方策,把东北交给国联共管,日本又将如何呢?如果国联共管东北实现之后,我们中国的前途暂且不提,就是对于日本在亚洲之发展的前途上,也有不少的阻力吧?我想,关于这一点,日本不会看不到的。若是日本肯站起身来,在地球上瞭望一下,他们一定会看得到,今日的世界上只有两个姓氏——黄氏和白氏。白氏的兄弟多,占领的地域广——五大洋遍有其足迹,六大洲他们占了六分之五还多;而我们黄氏,只有中国和日本,仅仅的保有一个残缺的亚洲。若是我们黄氏自家仍然互相倾轧,不难让白氏兄弟收渔人之利;若是我们黄氏而今而后重修旧好,缔结互惠条约,结为兄弟之国,相守相望,共谋发展,以保持我们黄氏在世界上的荣誉和地位,到那时候,我们和白氏兄弟并驾齐驱,东西对峙,方不损及我们黄氏的本色!我想,日本国民并不见得怎样的不聪明,如果他们的头脑稍微一冷静,关于这种利害关系,绝不会看不到,绝不会没有一点觉悟,更绝不会盲从或放纵他们的军阀胡作胡为的了。

B 枪杆上的。如果日阀仍然作着"大亚细亚主义"的迷梦,那么我们中国无妨作一度的牺牲,给日阀一个警戒。若是依靠国联,收复我们的东北,根本就是一种幻想!欧美各国若不是为了他们自己的利益,谁肯主持正义,来帮助我们收复失地呢?现时的世界上,根本没有那么回事!要想收回我们的东北,非自己出马不可!干吧!时机到了!不战,我们大好的山河,白白的被日人夺去了;如果战的时候,至少是鹿死谁手,尚未可知!为什么不战呢?说句最泄气的话,纵然我们目前失利,不能驱贼出境,我们还可以再接再励。只要我们意志一定,那怕我们的东北,不物归原主呢?波兰国曾被人瓜分过三次,但是现在终能完成一个独立的国家——有志者,事竟成!若是我们中国,抱定宁为玉碎,不为瓦全的决心,我们东北的光复,至多不过是时间的问题!且是我敢相信,我们只要破釜沉舟的和日本对抗,我们大中华民族的灵魂存在的时候,日阀的"大亚细亚主义",就没有实现的那一天！也或者说不一定,在宇宙改组之后！

在我们的政府方面,或者觉得国联的盛意难却,同时以为向来以"和平"自任,一旦要从事干戈,有些儿难以改口！其实这有什么关系呢？国联能处理我们和日本的纠纷,自当遵守国联的意旨；不然,也只有谢绝而已。说到破坏东亚和平,日本当负其完全责任,我们是为了领土的完整,不得不战！为了维持远东的和平,也不得不战！当着倭兵寇境的时候,还忍辱受痛的来谈什么"和平"！像这样的爱好"和平",世界上只有我们中国人有这样的瘾头！像我们四万万人民的一个国家,被一个区区的岛国一辱再辱,寇东北,扰淞沪,我们不谋自救之策,一味仰人鼻息,依靠国联,这根本是我们大中华民族的最大的耻辱！

当着日本并吞朝鲜的时候,我们中国就应该给日本一个相当的警告,因为那就是日本实行"大亚细亚主义"的初步。无奈我们中国,爱好"和平",抱着"多一事不如省一事"的委曲求全的观念,未曾过问,尚可！现在,日本又占领了我们的东北,就是他们促成"大亚细亚主义"的第二步了,我们还爱好"和平"吗？照这样推测,纵然日本把我们中国整个的拿了去,我们也得要爱好"和平"了,何必如此的至死不悟呢！

我们也为着"和平"牺牲的不少了,我们赶快把爱好"和平"的情绪,暂时束置高阁,起来从事奋斗吧！当着这不奋斗不能生存的关头,不必作那样缘木求鱼的蠢笨的事情了！（十月六日于济南）

（《大公报》,1932年10月18日,第八版）

117. 外委会对报告书意见将提今日中政会审核,罗改明日与宋同赴沪谒汪,孙科继长行政院呼声甚高

【南京十八日下午七时发专电】 宋子文、褚民谊、曾仲鸣等十八晨回京,出席行政院会议。宋称:"汪赴德疗病,非出洋游历,中央自不能拂其本意而挽留。行政院政务暂时由本人代理,各部均无更动。国人对报告书意见,无论赞否,政府均愿接受,归纳研究,俾得一具体一致之主张。"行政院各部会长日内将赴沪谒汪,请示今后政务方针,并欢送放洋。陈公博等定二十日前往。

【南京十八日下午八时发专电】 外交委员会十八日午后在宋子文寓开会。闻十九晨中政会议,宋、罗将提出对报告书研究所得,请中央审核决定。罗原拟十八夜赴沪晤汪,现改二十日与宋子文等同去。

【上海十八日下午九时发专电】 孙科长行政院呼声益高,惟接洽尚未完满。

【南京十八日下午九时发专电】 政府十八日接国联我国代表团来电称,十七日大会闭幕时,主席宣称:"关于远东纠纷,本会期内有一极重要之事项,即莱顿报告书之发表是也。该书记载详晰,能使吾人对于满洲极复杂形势,得有较前次更明瞭之了解,且含有数种关于和平解决极有价值的提议。此后特别大会,当乐于向双方当事国提出"云。

【南京十八日下午九时发专电】 十八日行政院会议要案:(一)罗文干报告出席国联特别大会代表,除颜惠庆一员外,余代表二员,请派顾维钧、郭泰祺两使充任;(二)罗文干报告国联行政院代表颜惠庆因事繁无力兼顾,请派顾维钧充任;(三)何应钦报告制止川鲁军事经过;(四)罗文干报告西藏情形。

(《大公报》,1932年10月19日,第三版)

118. 莱顿答日记者问:确认伪国非真正民意,分割中国领土即抵触各种条约,日本如排斥任何妥协必遭牺牲,报告书内容与其谓亲华无宁谓袒日

十五日大阪《每日新闻》载,该社楠山特派员十三日自伦敦发电云:"莱顿报告书现为世界舆论之的。英国一部份人士非难报告书之袒华过甚,余(楠山特派员)欲一闻莱顿爵士之无伪的心境,乃访之于伦敦郊外三十里业补瓦斯村之寓所。此日会晤问答,颇有触及要点者。莱顿所言有报告书中所不能见之议论,请余勿在报纸上发表。会谈约一点半钟之久,除删去关系太大之各点外,兹记是日谈话大略如次。"

楠山:"报告书在日本所受批评极恶,认为调查不充分,日'满'两国所供给之材料多未加注意。故关于阁下对日本自卫行动之见解颇有疑问,且自卫行动之判断本为主观的,第三者之判断总含有不得当之危险。"

莱顿：" 如精读报告书，即可瞭然：余未曾有一言非难日本，对于所用之一字一句均曾十分慎重。关于自卫行动一点，并无对保护现地之日本将校表示怀疑之语。"

楠山：" 关于自卫行动彼此见地既异，讨论恐终无结果，且为过去之事，可不必再说。余第二质问者为满洲问题解决之中心点，且为余读报告书后最不可解之点，即报告书谓满洲人大多数不满于现在满洲政府一事是也。今既未令三千万之满洲人实行一般投票，即不能有此大胆之结论，且调查团在满滞留未久，似难感触一般之空气，何从得知民意？"

莱顿：" 一部分报纸谓调查团逗留沈阳仅两星期，奚能了解满洲问题。不知余等在满洲滞留六星期实地调查，曾竭力询问各方面之意见。只有少数朝鲜团体之代表至余处赞扬满洲现政府，曾与余接谈之各种阶级之人及所收匿名信一千五百封，皆为表示反对意见者。'满洲国'虽受少数人之支持，然多数住民之反对究属事实，因是余毫不踌躇称呼'满洲政府'为伪政府，其非由满洲居民决意而成立者，盖毫无疑义。"

楠山：" 阁下言曾与各种阶级之人接谈，但据传闻而均属接近中国方面之人。匿名信一千五百封与三千万人口比较，亦属少数，且由一人发出亦非不可能，只须贴上邮票，所费无几，手续简单。究竟此项信件内容如何，极愿一看。"

莱顿：" 俱已焚化矣。"

楠山：" 关于非武装提案一节，请问日军撤退后，确信能以宪兵队外守国境、内维治安乎？"

莱顿：" 此层系时间问题，故未提及立即撤兵，其实本想□不触及撤兵问题。何则？撤兵如不得俄方成立谅解，即不可能，然调查委员无有与俄方官宪接触之权限，因是难以确立具体的政策。虽然，中、日、俄三国缔结互不侵犯条约之交涉，若由国联从中斡旋，亦非不可能。故此约成立，则国境可以安全，以后取缔土匪、维持治安，则警察优为之。然则日本可省驻兵费，于财政为有利，纵令安全保障不能胜于今日，总可维持与今日同样之安全。"

楠山：" 中国或俄国之无近代国家组织，当然为阁下可深悉。日本如安心缔结不侵犯条约，然后撤兵，余以为极危险。再者报告书之焦点，在将满洲自体置诸中国宗主权之下，果有不得不如此之理由乎？"

莱顿：" 实因'满洲国'并非由满洲人之发意而成立者。且分割中国领土，即抵触各种条约。中国要求名义上之主权，乃最低限度。名义上尊重中国之主权,日本则收经济上之实益。余曾与内田外相及多数日本要人晤面,皆异口同音,言明日本并无领土的野心。故日本不满意于此项解决案,其理由真令人难以索解。"

楠山:"君设词真巧,令余言之,似缺乏重要之前提。如中国总不见强固中央政府成立,则东亚全局之和平则不能确保。日谚云:'造佛而不入以魂。'今阁下解决案,主张以名与中国中央政府,而与日本以实益,是与此谚比喻相等,殊有不澈底而贻患后日之虞。故余以为,在中国未确立中央势力以前,维持现状似为贤明。"

莱顿:"不然。此次由列强保障日本之权益,故日本可以安心。且不妨仍听满洲现政府继续存在,形式上由南京政府追加任命,或以能十分容纳日方要求之满洲人为首领树立政府,并用外国顾问若干名。关于此层且须尊重日本之意见,日本如对于任何妥协案均加排斥,务求贯澈其主张,恐须有极大牺牲。"

楠山:"阁下意见余亦了解。惟日本朝野大为反对,且报告书签字后日本已承认'满洲新国',局面既已改变,阁下究有对于此新事实之修正意见否?"

莱顿:"从今日之事情推之,国联临时总会必有一番争论。报告书乃对行政院之提案,是否采纳,其权在行政院。余亦不希望解决案十条全获采纳,各条皆有修正可能,只求于事件之圆满解决有济即可。最后余请阁下代在大阪每日、东京日日两报上登载如左之意见:

调查团一行对于中日两国均抱平等之友谊的态度,毫无偏袒。感谢中日之待遇,大体自英国国民之传统的感情言之,如回忆日英同盟,实有倾向日本之感,如认报告书为亲华的,实属意外之事。

余深信该报告书系于考虑中日两国之立场,并对理论及实际详加研究后始着手起草者。"

(《大公报》,1932年10月19日,第三版)

119. 调查团报告书日方陈述索隐,附几句忠告之言

今日得见国联调查团报告书原文全部,读至第四章日方关于九一八之役自行剖陈之语,益信天下事惟真实者乃耐人研讨,任世人横看竖看、反看覆看,无不处处相符,愈查愈真。若伪造之语,未有不顾此失彼、捉襟见肘、欲盖弥彰而心劳日拙者也。九一八之役,日人藉口于华兵之炸彼路轨,此莫须有之事耳。爆炸声响时刻,据当时在场者所述,多谓在午后十时,乃十九日关东军司令官本庄繁所出告示(见去岁《国闻周报》三十八期四页)及十九日东京路透电传日本军部所出公告,均谓在十时三十分,以后官方所述亦是如此。彼何苦硬改时刻,故与事实相违? 则以当时又有其他事实,为彼等事前所未曾想到,而事后不得不掩饰弥缝者。

此项最雄辩而又彼所最畏人知的事实,曾经中国国际联盟同志会于其所上调查团节略第一章第二、第三两节为之指出剖陈,特别唤起调查团之注意。于是此中真相,了无遁形。兹将此两段照译如左:

"(三) 依据日人以外之独立报告,南满路爆炸声响约在午后十时,日军开火则微在此后。例如《字林西报》主笔 Edwin Haward 氏曾特往东北,以期获得对于此案原始的印象,于其所著之 The Manchurian Medley 一文中言曰:'由长春南下之第十四次列车之司机者,确知其于九一八之夜十时三十分准时到达奉天车站。此列车曾于爆炸声响后约十分钟经过所谓炸坏之点,遵照前面所揭示之意外有雾信号而减低速率。其列车当徐徐经过此点时,微向左倾,但其人经过此处后仍能加快速率,于表列准时到达奉天,用能保全南满路久已著称的依时开到的纪录而勿失焉。'查该列车由所谓被炸之地点(柳河沟)开到奉天站,亦需若干时间,可见闻爆炸声约在午后十时(十时爆炸,十时十分列车通过柳河沟爆炸地点,十时三十分列车到达奉天站)。若如日军当局次日公告,谓爆炸声响在午后十时三十分,则是日军进攻在先,炸路在后,日人有先见之明,预知人有炸路之举,而提前膺惩之矣,不亦滑稽之至乎? 虽然,日人非不欲照实报告爆炸声响之真时刻也。无如彼等旋即发现当夜施放炸药□刻实未曾四面八方顾虑周到,因若称十时零分炸毁路轨,则其后第十四次南下列车安然通过此点而于十时三十分依时达沈阳站之事实,苦于无法调和而自圆其说,

故最后公式报告,不得不将爆炸时刻改迟在事实之后半小时,此中实煞费匠心。但如此说法,又与其他事实枘凿而不能相符。作伪心劳,进退失据,此之谓矣。造化主之布置空间与时间关系,绝对谨严,丝毫不能假借,人未有挪移其一点而仍能斗笋合缝不暴露其他点者。凡说一句谎言者,所露出之破绽,不得不再说十句谎言以遮掩之。而此十句谎言所露出之更多破绽,又不得不再说许多谎言以遮掩之。如是阴谋者不免自堕其所手造之网罗矣。

(四)日人所称被毁之南满路轨地段,毫无军略上价值。其实路轨有无毁坏,且属疑问,因其后日军之移动,丝毫未受阻碍故也。日人欲自圆其说,乃扬言被破坏处于黑夜中,旋即修复,此又是以谎言遮掩谎言之一例。设华军真欲破坏日方交通,以为进攻日军计画之一部,如日方之所宣传,则必选有关重要之点毁之,且必大加破坏,使之不易修复,而不止但毁其一接口铁版[板]也。日方诬捏之词,颇令人忆及世间常见之经验,即凡自造伤痕以图诬捏他人者,大抵皆皮肤浅伤,甚少自刎其喉或伤及其他要害部分者。日人之毁路诬人,毋乃类是。"

本年春间,余得见外间所传日方节略,其词句内容多与调查团报告书中所述者相类所不同者,谓爆炸时刻在十时三十分,且无一语涉及长春南下列车事。关于河本中尉之自述,亦不过谓"A little after 10 p. m. as he thought it was"等游移两可、富有伸缩余地之句语。盖"十时后不久"一语,可解作十点半,倘后来被对方指出长春火车依时到沈事以相难,又可解为十点后十分或五分。惟今阅调查团报告书所述,则又已老老实实改为十时零分,且又已添入长春火车南下一段,对于当时情景添枝加叶,说得好像煞有介事。彼岂愿为此等更张,以损其军部及关东军司令官宣言之信用哉?无亦以南满车搭客不少中立国人士,而是晚火车有无误点,又为此等搭客及其亲友所曾经注意而记忆无讹者,一经有人指出,则原先十时三十分爆炸之说万难立足,故不若径直承认此点而加以相当之弥缝粉饰,或较为得计耳。此原文之所由来也。

虽然,天下事真相终难遮掩,补苴愈甚,则罅漏亦愈多,自以为得机变之巧者,适以成其拙耳。读者试取调查团报告书第四章日本方面之陈述首二段细读之。彼河本中尉既于闻爆炸声响后,于夜光隐约中行二百码至被炸地点,验明路轨受毁情形,然后展开阵线,从容应战。既将华兵击退,又北进二百码,复与大队华兵相遇,乃派人报告第三连长遣兵来援。布置已竟,始闻长春南下车自远处而来,乃命人以爆响药置于炸坏点北方铁轨上,俾来车闻响停驶,以免出轨。凡此种种,在在需时,若如所云以时计之,则爆炸声响时且在十点以前矣。今姑撇开此点不计,单问河本中尉及其部下既对于长春南下火车如此极度关心,努力照应,不惜牺牲宝贵生命,对于大队袭击自己之华兵,停止"自卫"手段,以期阻止长春列车前进(读者试闭目一想,河本等数人于三四百华兵向己射击之中,沿铁路线挺身前进,还要发号施令,使潜伏之敌人有声可闻,还要从容照应南下列车,这是何等危险?而彼等卒一无死伤,不可谓非奇事异迹),则其事后对于南下火车经过断轨之事,万无忘记之理,而长春火车到沈时刻,又为在满日本官吏、军民人等人人周知之事。然则事后河本等军官之报告,断无谓爆炸时刻在十时三十分之理。乃翌日本庄繁之告示与东京军部之公告,均称爆炸时刻在十时三十分,此其故盖不难知矣。

兹者国联调查团报告书已出,事实大明,本无申论之必要。日方为掩饰九一八真相计,亦不得不推翻前说,不惜打关东军司令官及军部当局的嘴巴。然当日日本军事当局公告爆炸时刻在十时三十分,乃普世皆知不可磨灭的事实,其意义不容忽视。今者日方多此一改,适见其欲盖弥彰、进退失据而已。吾知日当局接到调查团报告书后,又将纷纷扰扰,西抹东涂,图为第三次之掩饰。然每多一番掩饰,必多露一重破绽,用尽心机,费尽笔墨,不过向普世人赢得作伪老手的徽号,是亦不可以已乎?

夫国于天地,必有与立。与立者何?忠信公道,其首要也。九一八事件之真相,在满日军以亲预斯役故,无不知之甚审。今日本军事当局乃公然号于众曰:是役也,华兵实先袭我,我为自卫计耳。是说也,能否瞒世人且勿论,而先不能瞒当事之日军,无论彼果赞成其当局无端侵犯友邦土地人民与否,而终不能不匿笑其长官立言之欺罔。日当局为图赚得本不正当而又不可必得的物质权利,竟不惜教其无数少壮子弟相率□伪,其精神道德上之损失,不已多乎?贪一时之便宜,而播下永久之恶种,其所得果足以偿其所失乎?他日者,此许多少壮军人,即以夫子之教,还诸夫子之身,今之当局其将若之何?我国今日百不如人,是诚无可为讳,调查团报告书中所指摘之处,吾人亦当引为药石,而努力求所以改善之。然东邻观政者若因此遂谓我国民族将永无振拔之一日,则未免小视中华民族过甚。且我国今日之形形色色,半由前清末叶与民国以来有势位者种下恶因,其始造端甚微,末流遂至于此。今日欲求自拔,惟有反其所为,力种善因,庶有可以自存之道。今东邻领袖人物,挟其功利主义,教其国人相率为伪,凌弱欺邻,蔑视公道。以此为训,吾恐鲁弱齐乱,正不知国命谁长耳。

　　年来日本国民受当局之欺饰宣传所蒙蔽,或竟以为九一八之役真出于正当自卫,"满洲国"之建立真出于当地舆情。今读调查团报告书第四章、第六章局外人之公正陈述与夫日本官方关于爆炸路轨报告之前后矛盾,当晓然于本国出师无名、劳民伤财、糜烂地方、破坏市场、两败俱伤、害人而不利己之非计。倘从此幡然醒悟,以国民力量督促政府速即撤兵、和平开议,则种种问题,非无平允解决之途径。此后百年大计,但使日本对于中国不存领土野心,专以经济合作互助为限,则以中日两国唇齿为邻,楼台近水,其久远利益必有什百于一时凭掠夺手段之所能得者。昔有北风与南风比赛,看孰能取得过客所披之外氅。北风凭恃暴力掠夺,岂知寒风刮得愈烈,过客之拥抱其外衣亦愈紧,北风终不能如其所愿。其后南风继至,熏风送暖,和蔼可亲,其人旋即将外氅脱去。曩者北风所强夺而不能得者,南风乃以和平方法自然得之。此言虽小,可以喻大。但不知自命有组织之东邻国民及其国会,有此觉悟与魄力否耳?

　　当九一八事件发生之初,东邦贤达尚有发为正论,以期抑止彼邦军阀之暴举者。其襟度之恢宏、眼光之广远,与其主持公理、不尚强权之精神,殊可敬佩。惟迩来此项主持正义之呼声,似稍归沉寂。闻其中且有舍其主张,不惜替本国政府侵略政策向外国任辩护宣传之役者。夫人之爱国,谁不如我。爱国之人,必不怪他人之自爱其国。虽然,爱国自有其道。攘邻封一时之利,而贻民族百年之忧,可谓之真爱国乎?竭全国人民之膏血,而快少数阀阅之野心,可谓之真爱国乎?且人民之应否袒于其国政府,亦视乎两国争端是非曲直之谁属耳。设中国而为强国,又恃其强权以凌弱暴寡焉,则吾必据理以力争之,而不为狭隘之国家观念所蔽。惜我生不辰,尚无机会以证明此义耳。

　　总之,中日之局,非日本从根本上舍弃其侵略中国政策,专向发展中日间工商业利益着眼,则凡百交涉,无论其□由国联,或直接办理,都不会有丝毫诚意,亦不会有良好结果。中日两国间前途之幸不幸,乃至东亚大局前途之幸不幸,一系于日方要人方针之转移。易曰:"不远复,无祗悔,元吉。"临崖勒马,作速回头,此时亦尚未为晚。然而当彼等趾高气扬、不可一世,如中狂疾、如饮狂泉的时候,吾人又何敢存此奢望!夫亦曰求之在我而已。

二十一.十.十八

(《大公报》,1932年10月19日,第四版)

120. 罗文干今日赴沪谒汪，决定对报告书意见，返京后即训令颜代表遵照，汪出洋期近，宋子文等往晤

【南京十九日下午十时发专电】 外交委员会研究报告书对策，确闻经前昨两度会议，已通盘决定。十九日中政会议未曾提出，原因以宋子文处于代理行政院长地位，依法应与汪作最后一商，请示可否。宋邀罗文干二十日午同乘机去沪，惟罗则拟下午乘车前往，俟回京后将经过向中政会作大体报告，整个方针即交外部，训令颜代表向国联提出。

【南京十九日下午十二时发专电】 汪定二十二日离沪赴德就医，宋子文、陈公博、朱家骅、褚民谊、钮永建十九日晚十一时乘花车赴沪，与汪晤谈。罗文干定二十日前往，对报告书意见与汪有所磋商。

【上海十九日下午九时发专电】 吴铁城十九日晨分访巴西公使、英代办。刘崇杰、陈绍宽十九日晨到沪。刘携来汪夫妇及女并医生、秘书出洋护照五张，送汪宅。汪病确见松，惟腿软须疗养。

日政府意见书尚须重新修改

【东京十八日路透电】 外务省起草关于莱顿报告之意见书，顷已完竣，本日下午与陆海军高级军官讨论。

【东京十九日新联电】 日本政府对莱顿报告书之意见书，一两日可以完成，即由松冈代表携带，二十一日由东京出发，十一月四、五日抵日内瓦之后，再与日本代表团交换意见，然后由泽田节藏提交国联秘书长。彼时日本代表团将要求日本意见书与报告书一并讨论。

【东京十九日新联电】 日本意见书本定由二十一日出发之松冈代表携往日内瓦，嗣经发见有再行考究之事项，故决定重新研究修改。惟二十一日以前修改完竣实为不可能，故预定由二十八日出发之吉田携往。然有提议，若必要时则于途中由飞机递送。

美国官方关切日本背约声明

【华盛顿十八日合众社电】 顷间华盛顿官方对日政府正式声明不拟遵守

一九二二年华盛顿九国公约条款事，引起重大关切。此间纷纷讨论，当华盛顿会议时日代表是否有心愚弄美国，诱其取消一部分舰队，并令菲岛不设防务。此间宣称，日方主张九国公约原意并非为现时远东情势而设，但据国务部纪录，则显然与日方所称者相矛盾。因此日方之声明，引起此间讨论，在华盛顿会议中，日方态度究存何种意义。据本日表示，在此间接得驻日美大使馆之报告，并经官方加以讨论前，关于日政府声明将不发表正式宣言。惟一般承认，自东京关于九国公约之声明发表后，曾引起若干之讨论云。

（《大公报》，1932年10月20日，第三版）

121. 政治重心移到上海，中央要人联翩莅沪谒汪，汪发表告别书明日放洋，三中全会将于十二月初召集

【上海二十日下午九时发专电】 汪精卫发表告别书云："当九月初旬，兆铭患病增剧，请假调理，以为静养旬日，即可全愈。及十月初旬四医生诊断书发表后，始知病势严重，且有出国疗养之必要。中央遂宽予假期，俾得从事医药。当此国事危急，恝然舍去，实乖素愿，但与其困卧床褥，因循无补，不如从医所言，暂时出国，以谋专门治疗，或得康复，以继续为国事努力也。卧病以来，时承同志垂问，久稽答覆，至歉于怀。今当暂别，谨述鄙见数事，以当面谈。兆铭自去岁十月由广州至上海，今岁一月入京，以至于今，共赴国难之志，始终未有变易。惟政治设施，十未达一，内疚神明，非言可喻。夫政治不修明，则虽欲共赴国难，亦苦无所藉手。然政治上之张弛缓急，各同志间见解容有异同，则又不可不以共赴国难之念驱之于一致。此两者似相矛盾，实则相成，所愿诸同志精神不懈，而审慎从事也。中央政治会议常务委员，本为蒋、胡两同志及兆铭三人。胡同志久未赴京，兆铭今又因病旷职，致蒋同志独任其难，思之戚然于心。而兆铭抱病以来，行政院长职务得宋副院长毅然代理，且得安心疗养，诚不胜其感谢。国联调查团报告书病中已得披阅，兹述其感想如下：第一，中国政府此次将对日案件提交国际联合会，立场与方法实为最合理及最合法者。盖国联盟约为今日世界会员各国及赞成国联盟约者所应共同遵守之惟一法律，惟世界各国能共守此约，然后世界之和平方得维持。中国政府始终不忘

保持,故将此案件提交身负保障和平责任之国联。第二,实行国联盟约为国联所负之责任。自中国政府提出此案,国联历次决议案,亦皆根据国联盟约之原则。此次调查团之派遣,在调查事实之真相及决定责任之谁属。第三,调查团报告书对于事实之叙述及东北事件因果之观察,明白公认,对于日本蓄意破坏中国领土完整,以遂其侵略政策,认为该国预定之计划一点,尤为明确,值得吾人对调查团之努力及公平判断予以赞赏。惟于此尚不能无憾者,调查团叙述事实后而建议之解决方法,似觉与其自述之事实不相符合耳。第四,由报告书立言之意旨言,调查团似明白以法律、政治及道德上之全副责任加诸日本,且知调查团于日本过去在东三省所作为及所图谋者,认为远东一切祸乱之源,而于所谓'满洲国'者,亦明认为仅由日本武力哺育而成之傀儡组织。然调查团于此不敢责令日本担负此项事变之完全责任,乃不惜迂回曲折,以提出所谓和平的和解方法。倘使调查团此种建议而为国联所完全接受,则适足表现国联虽有公平之观察及对于正义之同情心,而其制裁力不足以副之,不仅世界和平全失保障,即国联所引为职志之消弭国际纠纷,亦无从贯澈。中国为和平前途计,对于此点,不能不唤起世界对此之深切注意。第五,我国今应郑重考虑者,当前问题之对付方法。战争乎？和平乎？由前之道,则凡日本用武力攫夺而去者,亦由武力恢复之,此由武力以求公道也；由后之道,则由和平以求公道,其最要方法,在接受国联对于我之同情心,而于其制裁力之薄弱,则求所以矫正而增益之,以期得最后之胜利。惟无论如何,均须政府人民团结一致。否则,言和平则乱唱高调,无裨实际；言战争则又不能自整其一致之阵,是益促吾国家之危亡而已。过去失败之造成,其原因殆不外乎此,今后能不蹈覆辙,则所获多矣。第六,团结即是力量,今日救亡之道,团结一致而已。同志与同志之间,政府与人民之间,中央与地方之间,均当视此为天经地义,而一致以赴之。至于地方与地方之间因地盘冲突而发生内战,则尤不容于中国。彼身冒大不韪而甘为戎首者,适足自灭耳。以上鄙见所及,聊述梗概,惟垂鉴之,幸甚。二十一年十月二十日,汪兆铭谨启。"

【上海二十日下午九时发专电】 宋子文、褚民谊、陈公博、朱家骅、钮永建等二十晨八时到沪。汪二十日出院,寓褚民谊宅。宋等先后往访,谈至十一时出。宋谓:汪二十二日离沪；汪对报告书意见已托本人及罗文干转达外交委员会；行政院事二十一日与在沪各部长再行晤商；曾仲鸣本拟与汪同行,因部务中止云云。行政院长仍由宋代,俟三中全会决定,继任者传于右任有望。

【上海二十一日上午一时发专电】　黄绍雄二十晚来沪。罗文干、何应钦、朱培德、叶楚伧、石青阳、刘瑞恒等夜车已离京，二十一晨到沪。

【南京二十日下午十一时发专电】　罗文干、何应钦、朱培德、叶楚伧、唐有壬、曾仲鸣等二十夜车赴沪，参与汪宅会议。

【南京二十日下午六时发专电】　二十日中常会讨论三中全会问题。各委以"剿匪"已告一段落，党政进行事宜亟待切实会商，均主十二月上旬召集。由中央秘书处电告各地中委，征询意见，并请来京参加。俟接得各方复电，再行决定日期。

【香港二十日下午十时发专电】　西南执行部及政务会定二十日开联席会议，讨论报告书。将再发通电，并促京方表示态度。

【广州十九日路透电】　某官方发言人于批评南京方面对莱顿报告书之态度时，宣称西南对蒋氏之决定，正予以密切之注意，并将尽力阻止接受莱顿各种建议。西南政委会将再起草一宣言，反对调查团建议之解决方法云。

外交成败全求诸己

【南京二十日下午八时发专电】　中央某委发表对报告书意见称："自报告书送达中央后，中政会、外委会即开始为审慎之研讨。开会多次，初则为大体讨论，继则对第九、第十两章各要点作详晰研究。此种研究讨论之基础，为与民意一致，力争我国在东三省主权领土之完整，同时谋适应国际之情况。依上述基础，对调查团建议案及建议案所自出之原则，凡有妨害我国主权领土之完整者，均明白表示不能接受；有认为事属内政、应出以自动者，均予以合理之对案；有在无害主权领土范围以内，予以原则接受；其他节目，亦均经相当研究。但认为在国联尚未开会以前，实有临时应机、暂守沈默之必要。至于第八章及其以前各章所含调查观察部分，固亦有错误，但大体尚称平允。吾人于此际对于必要详明者外，不特不愿似日本方面之无理抨击，并亦认识其经过苦心。但外交成败，全求诸己，未有己不自振而能求振于人者。故我国上下于此，一方自当寻求外交胜利之途径，一方仍当积极以谋国力之充实，乃克有济焉。"

莱顿报告又一评价

【伦敦十九日合众社电】　莱顿爵士本日应此间美国新闻记者协会之宴。莱氏演说，谓日本承认"满洲国"，不能损害调查团报告书之价值，因起草报告书时,已确知日政府在调查团报告书公布前将承认"满洲国"。莱顿谓调查团五委员对报告书曾一致同意,惟关于陈述调查团之考察意见不一。莱顿相信时间愈久,将愈证明调查团报告书为解决远东中日纠纷之因素。

【伦敦十九日路透电】 前任上海《字林西报》主笔格林氏在《晨邮报》发表一文,称莱顿报告最重要之部分为主张中国急需西方之协助,俾能脱离内部纷扰。氏称彼恐大众在道德方面谴责日本时,有忽视此点之危险。氏表示远东不安之源泉,单独在于中国,此为能获得最后和睦之出发点,此点不至被认为太受重视。氏指陈,在远东与全亚尚有一更大之危险,即为赤色力量可畏的增长。氏陈述其范围,并表示在今后数星期中,上海无疑的将为一危险地点,上海前途之整个问题久被忽视云。

(《大公报》,1932年10月21日,第三版)

122. 港电汇志

广州各界援助义军大会二十日发致马占山、汤玉麟、何柱国及热河民众四电,勉以努力抗日,粤民众誓为后盾。

广州西南对外协会十九日通电,反对莱顿报告书。

(《大公报》,1932年10月21日,第三版)

123. 社评:报告书中之国际合作

最近欧洲传来对莱顿报告书之评论,颇有致重于国际合作以援助中国建设之一点。如前日伦敦电前上海《字林报》主笔格林氏之主张,及昨日哈瓦斯社电日内瓦《国际日报》之论调,皆属于此。察自莱顿报告书发表,吾国人士侧重其第四、六两章责任问题,对九、十两章解决东三省问题之建议,当然不表满意,至报告书中所云"依据孙中山博士建议,以暂时之国际合作,促进中国之内部建设",则未尝加以重视。盖其事既超越东三省之中日问题,而该团只系原则的陈述,并无具体的建议故也。乃观欧电,竟有人注重此点,加以日本政府之对国联大会作战计划,在将以全力诋毁中国,是则对于莱顿报告书所谓国际合作,促进中国内部建设一点,遂不得不与以正当之批评。

第一愿质问:国联及以国联为中心之国际团体,有何能力能促进中国之建设?据近年经过,中国政府与国联合作之政策行之已久,国联亦尝派员为各方面之调查。大抵中国现政府之政策,在不损害中国主权范围以内,在不附政治的条件之范围内,固愿以国联为中心,以接受对于中国建设之经济的技术的援助者也。然宋子文氏等中国当局者运用数年,有何具体效果?今者世界恐慌,日甚一日,各国对于国内及国际之经济问题苦心焦虑,毫无办法;深沟高垒之关税战,生产过剩之工业恐慌,纠缠莫解之战债、赔款两大问题,百计协商,不能解决。欧洲列强对于欧洲本身问题,大者如法德关系,小者如中欧、东欧小国之救济,且束手无策,试问对于中国经济建设之绝大事业,有何能力及余暇,能以过问哉?是以且不论所谓国际合作之是否带政治色彩,亦不论中国之政府人民作何感想,要之此乃不能实行之空言,中国纵欲接受而不得者也。

第二愿声明:孙中山先生之实业计划,只系赞同吸收外资,开发实业,此本一般中国人所赞同,吸收外资须与以安全之保障,此点亦无问题,然如此止矣。倘有人希图加中国主权以制限,而形成所谓国际共管,则中国国民绝对反对。纵国联真能发起大规模之经济援助,而其中含有政治色彩之条件,中国尚不愿接受,况前既言之,明明无力亦无暇办此大事业,其将以空言饵中国,使之眩于国际合作之美名,而自落国际共管之圈套乎?吾信莱顿诸氏之意,当不在此也。假使有人梦想及此,则中国之反对,当一如其反对日本分割我东三省矣!或曰:中国不安,世界受累。此种理论,中国人以之自责自勉则可,外人主张之则不可。世界危机奇多,纷扰奇大,与中国何干?岂军缩之不成、欧局之杌陧,皆中国所致哉!中国所责于世界者,守公约,不侵略,足已。中国本身之建设问题,中国国民本身责任上应速进行,然断不能承认中国为世界祸源之言。盖事实上纵完全撇开中国问题,世界早满布祸乱之种子故也。

总之,中国原则上本欢迎国际合作,平等互利,然其性质要为经济的,非政治的。而中国建设问题如何,与日本破坏公约、占领三省,全属两事。国联宜努力护约,自挣扎维持其存在之理由,慎勿题外生枝也!

(《大公报》,1932年10月22日,第二版)

124. 罗文干谈外交原则不变，汪精卫今午赴欧疗养，中央要人盼汪康复早归，川战影响外交，汪主查办

【上海二十一日下午十一时发专电】 汪精卫行装料理已竣，二十二晨上船，午放洋。二十一晨，罗文干、何应钦等十余要员到沪。张静江、朱家骅、石青阳二十一晨先到褚宅晤汪，辞出后，陈公博、黄绍雄、罗文干、何应钦、顾祝同莅谒，朱培德、顾孟余、叶楚伧续至。未久，宋子文、陈绍宽、刘瑞恒、白云梯、赵丕廉、吴铁城、彭学沛、蒋代表张群均到，多表示盼汪早回。谈至十一时去，张群续谈至午始出。午后孙科派陈剑如访汪，顾孟余、曾仲鸣、唐生智、唐有壬等均到。诺尔医生偕汪行，曾仲鸣送汪至港后回京。曾言，行政院仍由宋子文负责，对外照已定方针进行。罗文干言："此行系偕政府同人来送行，并商外交。报告书事当然为讨论问题之一。政府对报告书态度，汪告别书中已述梗概，惟政府应付方法虽定，而运用时仍须随机应变，度势出之，原则则千变不易。原则者，即本人八二八向中外所述四项，现已为各国深切注意。其中最重要一条，即解决现在时局之合理办法，必须不背国联盟约、非战公约及九国公约之文字与精神暨中国之主权，同时又能巩固远东永久之和平为必要条件。总之，步骤容因时而异，原则始终不渝。至详细步骤，恕不告。"张群谈：系代蒋慰汪，盼汪早回，晚间汪仍须招本人晤谈。

【上海二十一日下午十一时发专电】 二十一晚汪发表问答体谈话稿，对川战、鲁战表示谓："现地方军人割据局面并未打破，中央亦未能臻强有力地位，无可讳言。本人意中央对此等事要明是非、辨曲直、加强制。如全国人民能起为中央助，则此等内战必可停息。本人与蒋、宋函电商榷，意见相同。鲁事闻有转机，蜀情复杂特甚。以蜀省土沃民众，徒供割据，实可痛恨。"继又提及今春蜀省因牵掣未能出兵抗日事，谓："最近西康边事未见成功，又将以内战影响边事，予强邻笑骂，失国际同情，害及外交。本人以为中央宜一面严令各将领各守原防，静候查办，一面简派大员前往澈查，确定办法，俾资遵守。有不奉命者，公布其罪状，与天下共弃之。"此谈话专为川事而发。

【上海二十二日上午一时发专电】 二十一日汪见各中委时仍卧床，并有

医生在宅。京方二十日发表之某中委对调查团报告书意见（按原文已见昨日本报），与中央意见相合，各委即以此告汪。汪特备头低脚高藤榻，备轮中用。

【香港二十一日下午十一时发专电】 西南两机关联席会议，因陈济棠尚未销假、邓泽如亦未返省，改二十四日再讨论二次对报告书通电，并拟发表宣言，唤起民众注意。邓泽如访胡汉民，对报告书有所研究，并对西南时局有所磋商。

【华盛顿二十日合众社电】 胡佛总统本日接见中国前实业部长孔祥熙。孔氏与胡佛会谈后，对记者称，彼代表国民政府考察实业，希望在美国逗遛①一月，并望彼活动之结果，中美贸易可以增加。孔氏与胡佛谈话之性质，并未公布。但据指陈，氏除负有考察实业使命外，尚奉命与美国官方讨论中国政府对于中日纠纷之态度。孔氏逗遛华盛顿期间，直至下月国联讨论莱顿报告书之后，将与中国驻美使馆维持密切接触。

松冈洋右衔命赴欧

【东京二十一日日本新联电】 松冈洋右本日午后三时十五分访问斋藤，陈述即晚出发赴日内瓦，并根据对国联之根本方针作种种重要协议。至四时辞去。

【东京二十日日本新联电】 内田面交松冈洋右之训令，要点如下：（一）解决中日纷争，依据国联之干涉，乃徒使纠纷延长而陷远东事态于恶化，故请将此中情形为恳切详细之说明，并希望静观国联方面之大势；（二）中日间一切悬案，由两当事国直接交涉折冲为之；（三）国联之意见始终尊重，因此对莱顿报告书亦不取完全无视之态度；（四）最后尤应力说者，为对于"满洲国"俨然独立之事实，无论国联用何术策，日本丝毫不能相让。日本之承认与缔结"日满议定书"之事实，不许丝毫加以改变。因此国联苟有出于无视此项事实之态度，则日本出于退出国联之最后手段，亦所不辞。

苏俄决不承认伪国

【东京二十一日路透电】 据外务省所接官电，得悉苏俄在最近之将来，不至承认"满洲国"。据该官电称，驻沈苏俄总领事近与武藤部下人员谈话，暗示

---

① 编者按：今作"逗留"，下同。

苏俄不欲采取任何步骤,足以阻碍与中国政府复交云。

【爱特弗二十日日本新联电】 美国上院外交委员长波拉氏,本日在此间之非正式集会席上,对听众之质问陈述如下:"余拟尽速使菲律宾独立。日本目下注意他方面之问题,故对于菲律宾问题毫未予以关心。日本侵入满洲,不顾世界之反对,依然坐据该地"云云。

【旧金山二十日合众社电】 美国花旗银行副行长海特,本日由远东旅行归来,表示相信日本军事准备之目的并非对美。海特接见此地记者宣称,日本兵工厂日夜工作,并谓此种军火之制造,在日美间并不足惧,因日本增加军事准备集中于陆军,而非海军。又称日本军火制造有两种可能之解释:日本计划侵略中国,占据天津及北平,或准备与苏俄冲突。

《国际日报》一种观察

【日内瓦二十日哈瓦斯社电】 据报界消息,中国政府对莱顿报告书态度似已有所改变。《国际日报》载称:"此项消息若果属实,中国若果准备参加顾问会议,对于东三省树立一特别制度,从事讨论并制作详细议案,不提出先决条件,吾人相信必可获一解决方案。此种直接谈判,将与一九三一年之所谓直接谈判异其性质,满洲地方代表自必参加讨论。此为莱顿调查团意见。盖以该团团员见地而论,'满洲国'现在政府虽未由国际承认,但该政府已在事实上存在,其所治理之地方关系事项,自必任其陈述意见。若以吾人见地而论,则满洲地方即未宣告独立,其人民代表亦当任其陈述意见。盖时至今日,凡处置领土而不顾及居民意志,实不合宜。按照莱顿报告书结论,国联行政院任务在双方意见不同之点一经提出,即应努力使其归于妥协。此种居间任务,较之法官审判任务易于执行,则以争执事项,其内容多非吾人所得而知,观于莱顿报告书即已见之。然则解决手续如是划定范围,对于争执内容毫无成见,自与国联盟约精神相符合,而可以提出建议。兹中国既允接受,自属佳事。又况中日两国间其他一切问题,按照莱顿报告书所表示意见,尚须同时加以讨论。其中抵制日货问题,尤必最先加以讨论乎。所难者莱顿报告书第九章第十条,主张国际合作以建设中国,不易实行耳"云云。

(《大公报》,1932年10月22日,第三版)

125. 读者论坛：救国之急务

国联调查团报告书，既已公布于世。就其指摘日人逾越自卫权、伪造满国各点言之，固属于我有利；然就其指摘我国猛烈排外、军阀专肆、顽迷守旧、不知爱国各点言之，仍属于我有害。我若诋毁报告书，恐利我各点亦失效用，反致日人张目；我若赞美报告书，则就其指摘我者，应辩护耶？抑承认而悔改耶？是不可不与国人共同研究者也。

愚以为辩护无效，益增罪戾，承认悔改较为得策。自九一八事变以来，党政当局何尝不知前此之失，何尝无悔改之意，但为数年来自定方针所牵制，自造舆论所束缚，一旦改变宗旨，不啻自批其颊。况值大敌当前，侵暴未已，若对外稍示软化，又恐张敌氛而长寇。其遇可悲，其情可悯。

愚以为党政当局误国之罪，诚不容代为讳言。惟政治责任究属公罪，且前此之失，由于求治太急，负责过猛，谓为爱国热诚过高则可，谓为有意误国则不可。故自前救国急务，为党政当局立向国民自责，逐条指摘自己过失，与国人约，从此改定方针，变更指导国民方略。君子之过，如日月之蚀，过也人皆见之，更也人皆仰之。人谁无过，过而能改，善莫大焉。有此大转旋后，外交方针始能研究，始能确定。否则人人心与口违，人人口唱高调，上以此欺下，下以此欺上，全国人尽唱高调，而上无一人敢负责任矣。当局者违道干誉，而下无一人敢进忠言矣。

夫外交情势，瞬息万变。但使比较利我之机会已至，即不能丝毫放松。党政当局作茧自缚，九一八至今失却几多机会，谁不知之，而谁敢言之？人人明白，而人人胡涂。此时若再不冲破网罗，另求活路，前途真不堪设想。国联调查团报告书既猛烈攻击我不应以排外为国是，正好趁此机会表示不排外。大端既定，夫而后有识之士乃敢谈外交，乃敢研究外交。政府当局者乃敢负责任办外交，如此天大祸，乃有收场之一日。国民不因政府改变外交方针之故，立时视仇如友，仍继续其良心上之爱国行为。但：（甲）万不可仇友混为一谈，排仇则可，排友则不可。既友之矣，则友所加于我者，我纵不得忍受，亦宜"忍耐""自反"，徐与协商，联之以情谊，感之以至诚。孔子曰："言忠信，行笃敬，虽蛮貊之邦，行矣。"曾湘乡谓，"忠信笃敬"四字为办洋务之秘诀。在国人以禽兽夷狄视洋人时,湘乡独发此伟论,信乎其为真英雄大人物也。(乙)即排仇亦宜有分际,凡在行动上有所表示或言论上的发挥。但须知此种行为,在以我民心之愤激、民气之不可侮告知敌方,为我政府外交后援,非以此牵掣我政府也。若果以此诚意表示发挥,政府与人民尽可心领神会,彼此默契,对外而已,政府与人民不因此而稍有芥蒂也,是之谓精诚合作。(丙)党国当局真能悔过自新,国民宜力予拥护。一切反对党国当局之意见言论,尽可公然发表。再有阴谋团结作反动行为者,以国贼论,全民共起而诛之。不仅此也,党国政府既居中央地位,就大义名分论,反对者即是贼,国民真心爱国,应立于大义名分之下,拥护之,服从之。如此则天下可定。

一言以蔽之曰:目前国民态度,对内宜尊崇大义名分,对外应主张讲信修睦。

(《大公报》,1932年10月23日,第八版)

126. 汪过法将小作勾留,中央要人联翩返京,国府应付国联方针已训示代表团,斋藤宣称现状之下不能直接交涉

【南京二十三日下午十一时发专电】 政府对本届国联大会所采应付方针,已发电致日内瓦我国出席代表。政界中人称,汪过法或将稍留,以静观国际局面。

【南京二十三日下午十时发专电】 何应钦、朱培德、陈绍宽等二十三晨同车返京。下午陈绍宽招待何、朱,与戴季陶、陈调元、赵丕廉、罗家伦等各界要人,参观宁海军舰,举行茶会。罗文干、陈公博等二十三晚十一时由沪回京。

【伦敦二十三日路透电】《观察报社》评称:"日本前以离脱国联为要挟,日代表兹已启程赴欧,此种恫吓当不实行。吾人认此为数月以来最好之消息。盖放弃傲慢态度,乃调解成功之要素也。松冈虽曾声言不能接受莱顿建议之第十项,但国际外交岂若是幼稚,竟因松冈之声明惊惶失措耶?吾人对于日内瓦即将开始之谈判,觉有希望"云云。

【叶山二十三日日本新联电】 斋藤首相二十二日午后五时抵叶山一色之

别庄,发表时局谈话如下:"关于国联对策,除披沥诚意,以使各国谅解日本之立场外无他法。如万宝山事件,调查团不直接听取朝鲜人之申述,而仅接纳中国方面之言。此等认识不足之事,将妥为说明,并努力以使列国认识日本之态度与其时宜的处置。中国之无秩序与混乱,调查团已有某程度之承认,以现状下之中国为对手而行直接交涉,究不可能。若中国之国策统一并树立秩序,则无论何时,中日皆可直接交涉。要之,系时间问题。因国联若明瞭维持满洲之治安及使满蒙成为乐土,非援助日本①不可之时,问题自然消灭。关于与苏俄之不侵犯条约问题,为使相互无事,或者缔结该项条约亦无不可,当充分的研究。"

【东京二十三日日本新联电】 各国政府对于莱顿报告书深切研究,遂致国际外交舞台因中日纷争而呈异常之紧张。日本外务省将不以权谋术数为生命,而拘泥于旧式外交,无论如何,决取独自之方针,以应付国联大会。当莱顿报告书公布后,各国乃起而利用,为使各该国在远东之有利的展开,早已开始国际外交之前哨战。最近有日法协约、日英密约以及日"满"俄不侵条约等缔结之传说,日方认为显然系恐惧日本出于断乎的决意之方面所传出,或企图探知日本将采之外交政策的根本基础之一种手段。今后日内瓦之风云无论如何险恶,日本绝对不采取依靠某一国之力以求打开之态度,而仍持对英、美、法各国平等协调之方针,努力以谋形势全般的好转。故对于与某一特殊国缔结密约,而与其他大部分国家为敌之事,当求避免。

(《大公报》,1932年10月24日,第三版)

127. 读者论坛:"不适合于公断人合法形式"的李顿调查团报告书

根本错误在忘却国联本身义务与责任。经济抵制沿一般国际法律演进之过程已具备合法形质。中国抵制日货纯由日本强烈压迫之反映,决非一般排外运动。满洲无独立运动,同时亦无自治运动。第十章建议办法中国断难接

---

① 编者按:原文如此,应为"日本援助"。

受。顾问会议为变相的处分满洲的国际代表会议。中国在原则上可接受满洲合法自治,但不能接受变相的自主组织。满洲为中国国防第一线,当然有驻兵权,不能与日本相提并论。缔结条约须具备意思自由与合致之要素,不具备要素之条约决不能防止将来事变。建议三项中日条约,日本利益七种,中国除尚难确定者二种外,别无利益。日本违法夺取之优越权利,将一一取得法律上效用。报告书调和办法并非根本的,亦非双方的,不适合于公断人合法形式。

自李顿调查团报告书发表后,各国政府除日本外,大率抱持重沉默态度,以俟国联之行动。然国际间一般舆论,莫不集中于此报告书之批评。在日内瓦与纽约方面,多视为"排难解纷之实在途径",不曰"法律事实,均若兼顾",即曰"鞭辟入里,持论公平"。在巴黎尤其在柏林方面,则多惜"其出现之过晚","已为事实所掩蔽",乃至目为"无意识之空言与国联之又一骗局"者。其他指摘日本先事承认"满洲国"之不当与中国内部分化者有之,其于国联处理困难与纠纷决不可能,尤多失望悲观之感。虽其持论各有精到处,然未若伦敦《太晤士报》谓其所拟条陈"不适合于公断人之合法形式,但适合于中日双方友人者之智慧"之批评,则一针见血。该报并谓在此环境中能否实现,亦认为问题,亦与吾人之见地不谋而合也。

统观报告书全文所陈述者,调查团之根本错误,在但知"考虑中日争议之可能的解决办法"(绪言),而忘却本身即为国联之缩影,负有国联盟约及其他公约上之义务与责任。而其所建议办法,犹复于解决可能范围上,缺乏深澈理智之考虑。故其愈谋双方根本利益之调和,愈增其争议之严重性,而失其平和解决之可能性。如满洲高度自治之建议,如顾问会议之设置,如中日双方撤除满洲驻军权之办法,如日本在满洲扩大经济上及其他特殊权利之条议等等,即其明证。其概念所重加申明者,如谓"对于已往行动之责任坚持较轻,而对于寻求防止将来再发生此类行动之方法坚持较重",尤为错误之错误。报告书第四、第六两章,虽曾指证九一八满洲之事变,"不能视为合法自卫之办法","满洲国"之构成亦认"为日本军队之在场及日本文武官吏之活动",而第九、第十两章于解决原则(条件及所建议办法),绝无一字一句涉及责任问题,岂独"较轻",直不"坚持"耳!夫既不坚持已往行动之责任,则所寻求防止之方法,自不适合于公断人合法之形式,乃欲完成其所谓"考虑中日争议之可能的解决办法"之任务,不綦难乎?试举例以喻之。譬如有盗窃据主人之财产,主人诉之公断人,公断人主张盗与主人根本利益调和,不坚持以往责任,但寻求防止将来方法,微论盗主未闻以调和方式求解决者,藉曰事有或然,孰能保其盗之不再犯与他盗之不生心乎？今调查团报告书如上述云云,得毋类是！

调查团报告书根本之错误,既如上述,故其所陈述事实及其建议办法,既感左右支绌之困难,自不免于支离矛盾之弊。从某一方面观察,一若法律事实兼顾,富有调和性；若从另一方面观察,法律终为事实所掩,则殊缺乏实现性。试就吾人之见地一评论之。

一、事实部份

报告书自第一章至第八章,在陈述中日双方及关系国在满洲之权益与九一八前后纠纷之事实,用为历史背景而加以考虑,以为寻求解决双方争议方法之资料。则此项事实之陈述与考虑之结论,果否合乎"公道""和平"之实质,其关系应视建议部份有同一重要性,固不可不辨也。今就吾人之理解,其第二章关于满洲状况及其与中国其他部份及俄国之关系,第三章关于九一八以前中日关于满洲之争执,与第四章关于满洲事变、第六章关于"满洲国"之叙述,实较公正而少疵,其间虽有若干闪烁其词不无可议者,究其是非之所在与责任之所归,固能一读了然,不足为病也。惟第一章与第七章所论列,显多出入之处,其与报告书他项所陈述者,亦多不相侔也。

中国基于近代民族主义而有国家统一之觉悟,为谋国家统一而迭酿内战,其事固难讳言,其关系报告书亦曾提示,政治上之波澜、社会及经济上之不安,乃必然之现象,然其影响所及,在与中国接触之各国经济贸易上蒙受不利,诚属无可避免,然亦世界各国政治演变中共同之现象,非中国所独具。调查团一若视此有威胁世界和平之趋势,甚至认为构成世界经济不景气之一原因,颇致疑于中国政治之前途与国际关系之连锁问题,并指斥中国经济抵抗及排外宣传导入学校之太猛。凡此皆足予世人对中国不良之印象,不知中国对内企图统一,同时对外不能不要求解放,为要求对外解放,乃于华盛顿会议时踏入以国际合作解决中国困难之途径,诚属中国之愿望。反对日本特殊势力,则为事不容讳者,并无所谓"不规则",亦无一般排外之观念于其间。所谓经济抵制者,是诚抵御强国之合法武器,导入学校,在时间上为偶然,言对象为日本,决非一般排外之宣传,以视日本将中国领土画入日本舆图,并种种侮辱文字列入学校教材,为何如耶？

然中国民族所以有如此强烈之情绪,形成普遍而有组织之运动,纯然由于日本强烈压迫之反映，为一般国民所自动。中国政府固尝从而干涉之，各省地多数抗日救国团体之封禁与一般民众集会游行之取缔足证也。使调查团认弱小民族国家于此消极的经济抵制为一国际法之问题，乃欲有所拘束，不但助黩武主义者以张目，直国联本身威胁世界和平耳！

报告书第一章所陈述，对于中日争议有以中国经济抵制为造成特殊空气为言。第七章亦谓经济绝交之运动影响中日关系重大，又不啻暗示人以中国经济抵制——绝交，为中日冲突之一因素，至少亦有若干神秘关系之印象。"日本要求在满洲特殊权利"，"限制中国主权之行使至一种程度时，使中日两国不得不发生冲突"，又"日本渴望在两者（中国与苏俄）之间，介以一与两者不生关系之满洲"，此皆报告书第二、第三两章所陈述者，是即中日冲突之真因。中国经济抵制，亦即此冲突酿成之恶果，实非其恶因也。使无此恶因，即无其恶果。中国并不情愿演此恶果，使此恶因一旦扫除，则恶果立见消灭，自可保证。况对外经济抵制，原非中国国民所独创，土耳其之抵制奥货、印度甘地之排斥外布，皆是其例。在现代国际形势之下，此种（经济抵制）运动，无形中已沿一般国际法律演进之过程，具备合法之形质。国联盟约第十六条之规定，即为其感应。中国抵制日货虽不止今次，大率随事态之演变而呈紧张或弛急之象，亦有归于消灭者。其非一般排外与不为中日冲突之因素，并无其他神秘之关系，于此应视为一种有力而又合理的反证。然调查团报告书固皆无一语及之，殊令人不能不致疑于调查团何见之不广、言之不尽也。

报告书第五章、第八章，节要简单，不具论。

二、建议部份

报告书之为世人所重视者，厥为第九、第十两章。前者（第九章）为解决之原则及条件，后者（第十章）为审查之意见及建议。以前者言，所谓原则——条件，虽无在不有迁就其所谓"既成事实"之迹象，然却自认亦不满意，其言质直而饶理智，尚不失为公断人之态度。惟关于（一）恢复旧状与（二）维持"满洲国"之论点，于法于理，两不可通。"'满洲国'之属于中国，已为不可变更之事实"（第二章），则地方行政制度之变更或改进，应基于中国主权之发动或地方人民自由之意志，依其便利而行之。"在一九三一年九月以前，满洲毫未闻有独立运动"（第六章），然满洲亦何尝有所谓自治运动？今乃一经"和制"，则认为恢复旧状徒见纠纷，遽欲代以变相的自主组织，是不啻否认中国国家主权，侵害地方人民自由。试问将来依建议法所树立的满洲自治，究与以暴力压迫的"和制'满洲国'"何以异？此其一。同时，调查团观察经济上、社会上之密切关系，视满洲与外蒙古大异。从种族、文化及国民性情各方面观察，犹谓满洲与其邻省山东、河北相同，乃复强中国与以半开化之外蒙古相等自治权，使其与种族、文化、性情种种相同之邻省生活于所谓"特殊制度"之下，此其矛盾，亦足惊人。此其二。更端言之：满洲旧状既为日本暴力所击破，依国际最普通之惯例，恢复原状，日本应负其责。今姑如报告书所述，为调解争端之计，不遑追求，然则满洲现状，抑何不寻求维持之办法？如谓"中国决不愿接受以东三省与本国完全分离之办法"，中国又何尝愿接受东三省变相的自主之组织？且其与日本"在两者之间介以一与两者不生关系之满洲"之渴望，复相背驰。今日本且已进一步而承认其所谓"满洲国"矣，其纠纷之重见，固不在彼而在此也。此其三。但吾人鉴于今日中国国家近代化之演进，固不反对任何地方之合法自治。同时，对于李顿爵士、麦考益将军、希尼博士所谓中国将来之政治发展，将沿联邦自治之途线而进之见解（胡适答路透访员谈话），亦为吾人素具之同情。中国固不妨尊重其意见，接受其所谓满洲自治之原则。至自治之性质与其限度，则又别一问题，容下节言之。

以言后者：调查团之目的，据报告书所陈述，"一方面顾及国联原则及关于中国一切条约之精神及文字以及和平之普遍利益，另一方面仍不忽略现有之实况及正在演化中之东三省行政机关"，有此矛盾不可理解之目的，故其建议之办法，殊与报告书全文所陈述之若干事实与理论大相径庭，尤其与前者所建议之原则，显多矛盾之处。将为中国方面所断难接受者，用述于次：

调查团报告书所建议解决中日争议之调和办法，以设置顾问会议为枢纽，以树立满洲自治为标的，以商订中日条约为归宿。在纲领上诚有条有理，在细则上则支离决裂。以言顾问会议，其任务在讨论并提出详密之建议，设立一种特殊制度，以治理东三省，其职权散见于各项建议下者：（一）议定中央之权限；（二）为现政体与新政体继续之协助；（三）讨论中日两国权利和利益争端；（四）提出参差意见于国联行政院；（五）决定中央与东三省政府税款收入之分配；（六）议定东三省某种选举制度。其性质至难定，谓为中日双方直接交涉之一机会，而当事双方尚须以国联行政院之协助，先行协定大纲，且议订中日条约。又别有磋商代表，谓为中日和平的对等会议，而最后提议仅须送交中国政府列入宣言之中，转送国际联盟、九国公条［约］之签字各国，将被认为对于中国政府有国际协定之约束性质。以代表人选言，依中日方法选出者或相当，此外有满洲居民代表，有中立观察员，又不啻一变相的国际代表会议。顾其任务与职权所关涉，并特定提议送交中国列入宣言内之事件，要皆为中国国家主权及中国政府事权范围内的事件。而议定满洲行政长官出缺选任方法，尤关涉其地方居民之创制权及其他国民权利。质而言之，所谓顾问会议者，殆一变相的处分满洲的国际代表会议，其提议列入中国宣言内者，固明明认为有国联协定之拘束性质也。由是而有一疑问题焉：满洲问题既认为有国际性，国际何不履行其盟约上所负之义务及其职权，并利用其机关之便利而处理之？抑何并□委托九国公约签字各国召集会议而解决之？此诚吾人百思而不解者也！使由此变相的国际代表会议所胎生之满洲自治，岂得谓之自治乎？况满洲自治政府得指派外国特别宪兵教练官、警察、税收机关等等外籍监督人员，及其他日本人民占一重要比例之外国顾问，所谓"维持中国领土行政之原则"者，固如是乎？吾人感觉日方所宣传之"国际共管"与"代治"之尖锐，颇致疑于满洲自治。适当英国袒日某报谓中国国家为"国际之礼貌"之称，以"公道""和平"标榜之调查团建议，其支离决裂有如此者，不禁令人失望而悲愤！（未完）

（《大公报》，1932年10月25日，第八版）

128. 英下院质问上海情势，日侨组织保卫团将引起严重事件，外长西门展期答覆

【伦敦二十四日路透电】 下院关切上海情势之议员，本日向外长西门提出质问。西门报告中日紧张情形增加，但经上海市长与租界当局合作后，除单独事件外，一般行动显然在范围以内。保守党议员摩林质问，上海日侨组织保卫团"或将引起最严重事件"。西门对此项质问，展缓答覆。又西门在下院宣称，在国联行政院会考虑莱顿报告书以前，政府不需说明对于整个报告书或其中特别提案所持态度。保守党议员麦克道那质问，英政府将采取何种步骤，以保障满洲海关解款与中国政府因此项收入为外债之担保。外长答称，"满洲当局"已宣布有意偿付一额定数目作为归还外债之用，惟顷间尚未获得履行此项意向之妥协，又满方曾汇若干款项至上海云。

希尼演说满洲问题

【柏林二十四日哈瓦斯社电】 国联调查团团员希尼,今日在德国殖民协会全体大会演说调查团在远东之行动,对于满洲问题解决,宣言如下:"日本承认满洲为独立国,系在莱顿调查团报告书缮具以后,故欲按调查团指示之意向解决此项问题,绝不可能。盖中国对东三省主权不愿放弃,然为此问题觅一和平永久解决办法,又非由中日两国根据调查团之建议以求妥协不可。近代之满洲由中日两国之合力而成,其大多数居民为中国人,而地方之发展则深赖日本之投资及其铁路。欲求两国之合作,须成立一种谅解。"希尼又谓中日争执如不解决,则不惟有害于世界经济,且将危及远东与世界之和平云。

英国报界对日观察

【伦敦二十五日哈瓦斯社电】 奉命往日内瓦解释日政府对莱顿报告书态度之松冈代表,其所负使命究将发生何种结果,此间《时事日报》有所批评。该报宣称,松冈行抵日内瓦后之言动如与其在东京时所表示者同出一辙,则国联不是屈服于日本权威之下,即将反对日人之举动,而发挥其迄未行使之威权。惟此时不必即抱悲观,盖松冈在日之所表示,无非限定日本一隅之现象,作为推论之根据,将来行抵日内瓦后之言论更为重要。而法、英、美各强国之态度如何,则尤堪重视也。苟在某种情形下,日本首席代表或则代表日本政府签订一种光荣之协议,或则坚持己见,甘为全世界之公敌。在此两者之间,日代表又非择其一不可时,吾人深信即是日本最顽固之军阀,亦将不得不采取第一途径,而签订一种光荣协定云。

(《大公报》,1932年10月26日,第三版)

129. 读者论坛:"不适合于公断人合法形式"的李顿调查团报告书(续)

以言满洲自治,依吾人之见地,中国应不妨接受其原则,前既言之矣。惟自治(Contradiction)之解释,不得与自主(Autonomy)相混。其性质之认定,固不必如德国学派视国家为万能，同时亦不可如英国学派视地方自治属于自然之现象。盖满洲在今日特殊状况之下，国家已无好恶与取之威权，人民亦无独立自由之资能，既不能趋重法理，复不可过偏政论，惟须折衷于二者之间，以具备法律之形质，定其自治之限度。换言之，即满洲之自治，在法律之中，中央政府固无妨于干涉，而在法律之外，则绝对不许其对于自治政府行使任何监督权。吾人基此折衷派之出发点，试一探讨报告书建议中所谓满洲特殊制度究为何物。据其所保留于中央之权限以观，直不伦不类之变相的自主组织，以言特殊，是诚特殊矣。其保留之权限如下：

（一）除特别规定外，有管理一般的条约及外交关系之权，但应了解中央政府不得缔结与宣言条款相违反之国际协定。

（二）有管辖海关、邮政、盐务所之权，或于可能范围内有管辖印花税及烟酒税行政之权。关于此类税款之纯收入，中央政府与东三省政府间如何公平分配，当由顾问会议决定之。

（三）有依照宣言所规定之程序，任命东三省政府行政长官之权，至少初步应当如此。至出缺时，或以同样方法补充，或以东三省某种选举制度行之，当由顾问会议合意议定，并列入宣言之内。

（四）对于东三省行政长官为颁发某种必要训令，以保证履行中国中央政府所缔结关于东三省自治政府管辖下各事项之国际协定之权。

（五）顾问会议所合意议定之其他权限。

至一切其他权限，均属于东三省自治政府，谓为自主。则东三省政府行政长官，中央有任命之权，并得颁发某种必要训令，谓为自治。除中央管理条约及不完全的外交关系权与有限制的关税权外，如国防、兵役、货币、交通、矿产、森林、国际贸易、劳动法、劳动保险等等立法权，为现代一般联邦自治国家所具备者，皆为满洲自治政府保留。

但就国防论，满洲为中国国防第一线，当然有驻兵权。九一八以前驻有国防军二十万人以上，迄今如调查团所认为"混战"之东三省各地，亦有中国正式军队及非正式的具有军队实力（义勇军）者，至低额亦有三十万余人。此类军队除非正式军外，原皆中国政府定为东北国防军者，散驻于东三省各国防地带，固未能与日本在条约上为护路保侨、在事实上为侵略占领之需要而临时递增之军队相提并论。乃调查团报告书建议项下，以满洲自治之美名，划满洲为无军备区，中国国防军亦包括于日本之特别警队、铁路守备队及其他武装实力项下,应予撤退。以国联义务言,调查团应根据行政院屡次决议案,尤其是一九三一年十月二十四日决议案第四项甲款,及十二月十日决议案第一节,责令日本军队撤退至九一八以前原驻地带,若谓日本护路保侨之一应警队概须撤退,则又显然与报告书建议之"遵守现行多方面之条约"之原则不符,当非日本所能接受。尤其是报告书所谓日本文武官员常谓满洲为"日本之生命线","欲谋阻止满洲被利用为攻击日本之根据,并欲于满洲边境被外国军队冲过之某种情形下,日本得为适当之军事布置"(第九章)之企图,又岂调查团之一纸报告所能根本打销耶?中国在九一八以后,对于"满洲国防"并未增兵,固无所谓撤退。使中国在中国领土——国防第一防线之满洲不能驻兵,即无异于满洲领土非复中国所有,彼所谓"尊重中国领土主权行政完整"云者不啻画饼,故不免于"空言""骗局"之诮也。

　　以言商订中日条约,据报告书第十章所建议者,一为关系日方利益之中日条约,二为中日和解仲裁不侵犯及互助之条约,三为中日商约。中日问题之复杂,以满洲问题为中心,固尽人而知之也。而满洲问题之症结,则在日本要求满洲特殊权利之迫切,往往因条约解释之差异,或执持不合时势需要(一九〇五年《中日满洲善后协约》)与原始不发生效力(一九一五年日本要求"二十一条")之具文,或竟溢其范围,责中国以遵重并履行之义务,辄至采取不必要的威胁手段——如一九一九年长春事件、福州事件,一九二三年长沙六一惨案,一九二四年南满出兵问题,一九二七年山东出兵问题,乃至一九三一年九一八沈阳事变等等皆是——遂致酿成不幸的意外纠纷。今欲消弭此意外纠纷与更新双方之国际关系,必须重订新约。在此原则之下,吾人固乐予接受。惟条约之缔结,须具备意思之自由与合致之要素。上述报告书所建议之各项条约内所包含之各项问题,日方且不必问,但就吾人理解所及者,中国方面殊难合致。吾人固知此各项条约之缔结,尚须经当事国之磋商,必使意思合致而始能订立,然寻绎其所包含各问题中所关系于日方特殊利益者,视一九〇五年满洲善后条约、一九一五年"二十一条"乃至其他关涉中日局部之各项协商文书,更形扩大其范围,如:(一)东三省经济上之开发,日方得自由参加;(二)热河省享有权予以维持;(三)居住及租地权推及于东三省全境;(四)铁路使用之协定;(五)地方最高法院延用外国顾问二人,其一必须日籍——以上属于第一项条约;(六)缔约国之一方或第三者,对无军备区域(满洲)不得任何侵犯——属于第二项条约;(七)中国政府担任采有效办法,禁示并遏抑有组织之抵制日货——属于第三项条约。使国联果有履行盟约上义务之权能,使日本中止上节所述之日本文武官吏视"满洲为日本生命线"之企图,并不岌岌实现吞并满洲之侵略政策,自当满意接受。使日本果有接受其原则之可能,中国一方受日本暴力之威胁,他方在原始信赖国联与国联权力调解之下,即欲不合致而不可得,在此情况缔结之条约,决无意思自由之可言。然则此种条约之成立,实际上已不具备要素。以视现行国联盟约、九国公约、凯洛格公约,为多数国家合意签准之国际公约,尚不为世人所信赖,若此者其效用当可逆睹,其能防止将来再发生此类行动乎?况其上述所包含之之各项问题,中国除领事裁判权有酌予变更及中国铁路利益合并尚难确定之利益外,不但中国别无所谓权益,且日本违法夺取之优越权利,将一一得法律上之效用。彼所谓愿以国联之力,以适合公道与和平之办法,对于中日两国之根本利益予以调和者,如是如是! 本年三月十一日,国联大会决案中曾有如左之声明:

"凡用违反国联盟约及巴黎公约(凯洛格公约)之办法,所取得之地位、条约或协定,联盟会员均不能承认之。"

如上所述,是知调查团之支离决裂达于何度。故吾人曰:彼愈谋双方根本利益之调和,愈增其争议之严重性,而消失其和平解决之可能性,此类是也。盖所谓解决办法,并非根本的,所谓根本利益,亦非双方的。自国联立场言之,使谋根本解决,应将满洲恢复九一八以前旧状,日本违法夺取之优越权利、条约及协定,一律撤废,另订中日平等友好条约。否则应将满洲视同一八一七年法国之亚尔萨斯、罗林,作日本战利品,断令中国割归日本,仍不失为权力调解光明磊落之一途径。使谋取双方利益,亦应以恢复九一八以前旧状为原则,一面将日本在满洲及中国他部份利益,在平等友好原则之下予以合理的、合法的维持,或于经济上予日本在满洲方面有若干与中国双方合作而又不妨碍满洲政治的、经济的发展之机会。若调查团建议如报告书云云,既迁就"既成事实"之过度,遂缺乏"公道""和平"之真诚,不但不适合于公断人合法之形式,并国联及一切国际盟约之尊严不顾,惜哉!(完)

二一十年,双十节,于上海中社。

(《大公报》,1932年10月27日,第八版)

130. 社评：中日战线又移到日内瓦

自九一八以来，中日之间虽无宣战之形式，而实质上精神上完全处于敌对状态。近以国联调查团提出报告书，国联行政院将于来月十四日开会审议，故中日战线又将移到日内瓦，必有一场恶斗。前方对垒之斗士，我为颜惠庆、顾维钧、郭泰祺，日本则为长冈、佐藤及新赴日内瓦尚在途中之松冈洋右。颜、顾皆国际间卓著声誉之外交家，顾更为国联盟约起草之一人，与英国之西西尔爵士资望相等，又系调查团中之惟一中国参与员，对东北问题有最新之智识，政府应颜代表之请，特任顾氏出席行政院会议，代表中国，可谓配置得宜；郭氏则为外交界出身之有名政客，本年上海停战会议备极辛劳，协定签字，尤著毅力，实系中国政治界翘露头角之一新人物。日方则长冈久驻法国，以法学知名，周旋国际，具有才干；佐藤曾以孤军奋斗于国联议席，才气横溢，为日本外交家后起之秀；松冈系日本有名之"中国通"，自幼苦学于美国，语学擅长，辩才无碍。日俄战争时代，曾服务上海日本总领事馆，因得缔交于当时任上海三井支店长之三井系财阀要人山本条太郎，由此因缘，其后得任南满铁路理事副总裁等职，又加入政友会，投身国会，蜚声于众议院者有年，霸气纵横，雄心勃勃，视中国蔑如也。去年七月，松冈曾出版《动的满蒙》一书，鼓吹断然侵略，攻击币原外交，两月之间，翻版十三次，读其书者，即可逆知日本必将有大举动于东北。上海战事起，氏任犬养毅个人代表，飞跃于春申浦上，停战运动与有力焉。其人系由外交官转入政党，颇似中国代表郭泰祺氏之经历，与顾维钧氏素相认识。巴黎会议时，顾已俨然为世界的人物，松冈则充日本代表随员，专任招待报界而已。松冈尝语人，甚倾佩顾氏而讥其不习本国事，谓须再回中国留学云。然顾氏自巴黎及华府两次会议，回国数年，历任枢要，民国十七年下野后，寄居辽沈，数历寒暑，其于国内情形、东北状况，不特明习，且有卓见，已非往年松冈目中之吴下阿蒙。来月行政院会议席上，此自负"中国通"之松冈洋右，必于世界政治家环视之下，以唇枪舌剑，与向所敬畏而又加以讥刺之顾博士鏖战，此亦一极有兴趣之事也。

关于双方在日内瓦之战略，详情尚在保持秘密之中，所可推知者，中国对报告书必为保留条件之承认，日本自为违反事实之辩驳，中国非有满意之修正，断乎不能接受，日本求脱不利之立场，必将运动延缓，国联果无解决之决心,亦必乐于苟且迁延,保持各各不相破裂之局面,则势当容纳日本希望,付之特种委员会,参以专门家,详细审核,藉为从长调解之计。果尔则日本得以利用时机,一面剿灭义勇军,安定东三省侵占之局势,一面操纵外交,谋环境之好转,其计诚得矣。抑日本虽反对报告书,而于外交策战则布置固甚周到。知各小国之啧有烦言也,特于诸弱小国间努力交欢;知劳工界之主张正义也,特以右派工会领袖、久充国际劳工会议代表之铃木文治与松冈同行,使在第二国际之劳工团体间暗中飞跃,减少反日舆论之力量;此外无线电之广播宣传、新闻纸之运动收买,无不积极进行,与代表团之坫坛战,联络呼应,异流同归。吾人不知我政府除于日内瓦派出得力之斗士以外,其他方面有何布置?夫日本所求在不解决而拖延,我国则比较以速决为利,政府是否能于行政院开会后,要求立开临时大会,促成有利于我之决议?此事自非诸方运用,制造良好之环境不为功,更不知当轴方面,迄今为止有何成算?夫既已诉之国联,经过调查,自当尽最后之力,求得一种结果。今日内瓦短兵相接之期近矣,以日本之顽强抵抗,诡谲多端,仅以颜、顾、郭三斗士,逞口舌之力,断难应付裕如,吾人窃愿略陈日方之战略与阵容,唤起政府注意,希望多方进行,增加我方之战斗力,则颜、顾、郭三代表之奋斗,当不致徒劳无功也。

(《大公报》,1932年10月29日,第二版)

131. 日方对报告书意见:不顾事实图卸责任,即由吉田携欧提出国联

【东京二十八日电通社电】 对于莱顿报告书之日方意见已于昨日脱稿,一俟本日提出阁议通过并经内田奏请日皇批准后,即可送交定本晚由当地出发之吉田大使,携赴日内瓦。该项意见书用英文做成,全书约达百页,内分为九一八事件、中日间满洲悬案、"满洲国"及结论等五章,其要点如左:

(一)日方在九一八事件当时及其后所采行动,系属严格的行使其自卫权者。故报告书内所作之逾越自卫权范围的结论,乃仅系依据华方片面的材料而成。矧其是否属于自卫行为,应仅由当事国政府自行决定,既已为克罗克所显然主张,则其了然于事件前之中日间紧张的事态者,无论何人,当仍支持日

方见解。

（二）当新国家成立之初，先进国人士予以赞助，在欧美各国亦不乏其例。故报告书谓"满洲国"系建设于日参谋本部指导之下，实属厚诬日本之举。

（三）报告书轻视不得认中国为有组织的国家之事实，而此种事实即属远东和平之祸根。因即详述近代中国无统制的状态，而纠正国联之见解。

（四）关于中国排货问题，报告书中未曾充分论及中国政府之责任。盖排货系出于国民党之发纵指使，而属对日本不依据武力之一种侵略行为。故国联等闲视之，殊非所以保持盟约神圣之道。

（五）报告书之解决劝告案，在日本业已承认"满洲国"之今日，碍难遵从。且论断中国无统一全国力量之调查团，兹复主张将"满洲国"置于中国政府之下，毋乃前后矛盾？故报告书所主张之解决案，实含有足引起将来纠纷的危险。因之日政府现确信，舍承认"满洲国"独立及由中、日、"满"间作协调的折冲外，别无解决善法。

（《大公报》，1932年10月29日，第三版）

132. 伍朝枢抵绥游览，伍谈话对报告书建议不满

【绥化二十八日下午十一时发专电】 伍朝枢、曾广勷二十八日下午三时来绥，四时游舍力图青境，六时傅作义为伍洗尘。伍谈：对调查团报告书，不以其于我有利与否而喜欢或诋毁；我国于十一月十四日国联理事会开会讨论时，应对报告书建议条件表示不满，绝对拒绝。

（《大公报》，1932年10月29日，第三版）

133. 日本意见书吉田昨已启程携往日内瓦，明明武力造成伪国偏要说是民意

【东京二十九日电通电】 内田于奏请日皇批准日政府意见书后，即招致吉田，授以意见书正文及分送国联理事会代表之副本若干。于昨晚九时二十

五分,由吉田自当地转经西比利亚携赴日内瓦。其到着日期,预定十一月十五六日。惟理事会若果照预定日程于十月十四日开会,该项意见书当改由莫斯科用飞机向日内瓦输送。

【国府津二十八日新联电】 吉田于车中对访问之记者谈话云:"关于满洲问题,曾有种种臆测,但目下尚不能乐观,亦不能悲观。惟国联处理中日纷争,系以报告书为基调,故在行政院之讨论尚无何结果之前,大会殊不能加以决定。对于报告书虽有种种非难之处,但不能一概予以否认,对于日本有利之点,尤须予以利用。例如明确指摘'对于中日纷争,若不明瞭其复杂的事情与历史的背景,则不能加以判断'一点。换言之,即不通晓满洲事情者,不得轻自启口之点,实可使西锡尔爵士等所主张之国联决议不能不改变其态度,且可使行政院不能如从来擅呼日本为侵略者。又云'日本于满洲之立场,于行政、经济及其他所有分野,全然具有特异性,此种关系,无论世界何部分未曾见其例'云,亦于日本非常有利。至报告书之第九章及第十章,莱顿本人亦承认,若如现在刻刻变化之场合,有加以适当变更之必要云,故对于此点不能不充分的考虑,尤其关于九月十八日之事件发生及'满洲国'成立事情之叙述,日本断不能承认,可以充分的说明日本自卫权之发动。至关于'满洲国'之成立,三千万民众之力,仅以一千五百封之信,何能推翻,故不成问题。滞留满洲仅六星期间之调查团,谓其什么亦不知为正当,亦未可知。余预定十四日以前抵日内瓦,倘赶不及,则意见书或将由飞机递送"云。

(《大公报》,1932年10月30日,第三版)

134. 莱顿对日本之新论战:非战、九国两约存在为事实,国联为现代文化之生命线

【伦敦二十八日路透电】 莱顿爵士在《旁观报》撰一文,标题为"满洲:今后之步骤",内称:"吾人完成吾等之工作,明知国联对于事实并非真正茫无所知。如在予吾等训令中之措词所指者,吾人信国联殆欲吾等协助其恢复和平,并获得为和平根据之善良的了解。凡称吾人之报告书为凭理想而不切实际者,应忆及此点。吾人预料,报告书决不能获得中日两国任何热烈欢迎。吾人并不信满

洲问题,立时能永久之解决。吾人所一致信仰者,即在大众负责维持全世和平之制度的结构中,能获得一解决办法。日本单独承认'满洲国'一举,不但不削减报告书之力量,且足令其巩固。此项步骤,并不足以减少各代表将来在国联大会中进行此项工作之信任。各代表所需者,即信仰国联原则,并决心将其援用于此次之争端中。所要者,应立时开始。国联应一致确定解决任何争端时可适用之原则,并订定进行程序,关于详情应加以讨论。"莱顿氏力辩国联调查团曾发现日本有罪之说。氏申述,此事尚未由国联决定,中日两国在彼,均有陈述之权利。氏于驳斥调查团未能认识纠纷事实之论断时称:"国联、非战公约与九国公约之存在,同为一种事实,不能加以漠视。谨忆各国担保之相互的义务,并坚持尊重以如此庞大牺牲得来之和平机械,当然非不切实之理想,而为绝对的实际。吾人对于日本之满洲观点,已予以记录。但吾人以为有责请日本外相注意,即其他国家为一事所下之牺牲,较日本对满洲之牺牲为尤巨,彼等亦有同等之决心,加以拥护。此物即为国联之组织,此即为现代文明之生命线也"云云。

(《大公报》,1932年10月30日,第三版)

135. 短评:现代文明的生命线

　　日本人常制造一种新名词,以为侵略的藉口。二十余年前,日人说朝鲜是他的"防卫线的最前哨",结果朝鲜被他并吞了;近来又说满洲是他的"生命线",于是偌大的东三省又摆他的铁蹄之下了。这种侵略欲的扩张,势非毁灭了人类文明不止。

　　日人说国联调查团报告书"对事实认识不足"。其实这种侵略的"事实",是不能与正义公道并存的。莱顿爵士最近发表一篇论文,说国际联盟、非战公约与九国公约的存在,同为一种事实,不能加以漠视,并促日本政府注意——国联之组织,为现代文明的"生命线",世界各国必决心拥护云。这话很能揭发日人的野心,而出于调查团领袖者莱顿爵士之口,尤为亲切有力。

　　日本侵略欲的"生命线"存在呢?还是现代文明的"生命线"存在呢?这是今后人类文明或野蛮的分野。文明的人类,站在我们的"生命线"上来!

(《大公报》,1932年10月30日,第四版)

136. 如何解决中日纠纷,英美方面之两种倾向:国联组特委会审查莱顿报告;设国际委员会监视中日交涉

【南京三十日新联电】 国联对于中日纷争将如何予以最终的解决,国联当局固勿论,即各国政府现亦在完全暗中摸索之状态,而皆注意对手方之举动。其主要原因,系对于美国大选与德国对国联之军备均等问题,以及日、英、美、法、义五国海军军缩会议等,尚未认清楚之故。尤其英、美间拟将军缩问题与满洲问题连作一处,而谋对日共同战线之潜行运动,似相当深刻的进行。如美国军缩代表台维斯最近拼命奔走于伦敦、巴黎、日内瓦间之事实,极惹起欧美外交家之注目。然对于美国似此策动之结果将导出如何结论之事,殊难于预测。惟综合英、美方面与政府有关系之舆论观之,对于中日纷争,目下似讲究下之两种方策之倾向,即:其一,国联为避开因与日本正面冲突而致自体崩坏起见,对于大会而设置一种特别委员会,委托审议莱顿报告书及中日两国意见书之真意;其他,则依中日之直接交涉以谋解决,惟为使此项交涉最有效果的进行,特由同盟国中比较与中日问题有深切关之诸国,各选派委员,组织一种国际共同委员会,以斡旋及监视中日之交涉等。然日本对于中日纷争之复杂的特殊性与现实问题无条件的委托单纯的国际委员会之事,殊不容易应诺。

(《大公报》,1932年10月31日,第三版)

137. 国联行政院会将展期,拟改本月二十一日举行,武力侵略报告书已明白裁定,日政府仍复强辩欲朦蔽世人

【南京一日下午十时十分发专电】 某要人谈,日本政府对于莱顿报告书之所谓观察,据悉共分五章,其第一、第二两章,系关于九一八事件及伪满洲国问题。查报告书对此两点,已有明白之裁定。如关于九一八事件,调查团宣称,日军在是夜所采之军事行动,不能认为合法之自卫手段;关于"满洲国"之成立,则认系由于日本军队之在场及日本文武官吏之活动,不能认为由于真正

的及自然的独立运动所产生。日本于此仍哓哓置辩，颠倒黑白，恐终不能掩尽天下人之耳目。第三章攻击中国为不统一无组织之国家，中国今日尚未能臻于完全统一之地位者，半由于中国正在演进时期中所发生之现象，半由于日本操纵干涉、阴谋破坏之所致。试略举近年来最明显之事例以证之：如民国十七年日本出兵山东，以阻挠国民军为统一中国而北上之师，致造成举世皆知之济南惨案；又如同年日本官吏力阻张学良之易帜，不使其归附中央形成中国统一之局面；至本年嗾使"满洲国"独立，则构煽中国内乱之阴谋已达于顶点。试再引报告书中之纪载以实之，则第一章中有云：南京政府正在将重要赤军渐次消灭之际，乃因他处事变，不得不停止攻势，将大部分军队撤回。斯时石友三在北方变叛，同时又有沈阳九月十八日之事发生，赤军受上述情势之鼓励，复取攻势，为时不久，而前此战胜之结果均消失无余。报告书此节已说明中国历年"戡乱"统一事业功败垂成之故。第四章称中国人排日问题，本年八月二十九日罗外长曾对外宣言，申述原则四项，其一有在日本武力侵略造成之现状下，而欲中国人对日本人表示最敦睦之友谊，诚万不可能，改进与恢复中日两国人民之关系，是在日本自为之，解铃系铃，愿日人深自猛省。第五章称，自日本承认"满洲国"，而调查团之报告已不复适用。关于此，莱顿最近在英《旁观周报》发表论文，有正确之解答。其言曰：日本单独承认"满洲国"之事，实毫不足以减损报告书，且适足加其力量，故出席未来国联大会之代表，不必因此项举动而自减对于其任务之信仰。日本常称报告书偏于理论而远于事实，莱顿亦曰国联、非战公约、九国条约之存在，亦同是事实而不可加以蔑视，其言可谓严峻。总之事实最为雄辩。日本期凭借武力侵略中国，当世界正论之前犹复不知反省，徒仗恃宣传中伤中国，冀以矇蔽世界、掩饰其侵略之罪恶，适见其心劳日拙而已。

【南京一日下午八时发专电】 国联行政院会期原定十四日，为欲集中精力解决中日问题，拟改二十一日举行。闻我国仍望如期举行，但必须延期亦不反对。

【日内瓦一日哈瓦斯社电】 可靠方面消息，国联行政院将于十一月二十日开会，讨论莱顿报告书。又称，十九国委员会于十一月二十日开会，至国联大会临时大会，将在十二月第一星期内召集。

英政府无条件承认莱顿报告

二十八日大阪《朝日新闻》载称，二十四日《波斯顿科学报》曾登载一特电，详述英国之远东政策，盖即对于以满洲问题为中心之中日纷争问题之解决案，提倡非战条约之哥伦比亚大学教授萧特维尔，赞赏该案为最足维持世界和平者。其大要如次：（一）英政府以无条件承认莱顿报告之纲领，而斯蒂生不承认"满洲国"之政策，英国政府亦蹈袭之、支持之；（二）虽英政府之远东政策不必即含有反日之意，【一】千九百十九年四国借款问题发生时，卡赞卿所采承认日本在满特殊权益之政策，现在仍无须变更，惟对于日本为拥护其权益所采之方法、手段不无遗憾；（三）为解决中日纷争问题计，应依据莱顿报告之主旨，由一种直接交涉而发见妥协之方法；（四）今春上海停战时，各国领事所组织之国际委员会颇著效果，为谋中日直接交涉圆滑进展起见，亦应举行国际会议实行援助；（五）上项国际会议将成一种成例，极为重要，应请美国及苏俄参加。

法国重视盟约，欧亚同等适用

二十九日大阪《朝日新闻》载巴黎二十七日特电云。十一月三日法政府之与党即急进党，将在楚尔滋地方举行例年大会，提出该党关于对外政策之报告。此项报告系由该党议员佛郎索·阿德铁桑起草，其中关于中日纷争之部分，最足表现该党之舆论，殊堪注意。按急进党在下院为多数之第一党，在上院占绝对过半数，现赫理欧内阁亦以该党为中心而成立者，铁桑氏则为日本通，曾由日本授以勋章。至右述报告，大略如次："我党尝谓法德关系足以左右欧洲之安宁，现中日关系之现状，已令人对于亚细亚大陆深抱忧虑，且成为国际联盟之重大问题。莱顿报告书乃最近数年间之最有价值之文，吾人现正研究实现该报告书所提建议之方法。吾党总裁赫理欧氏曾要约法国之舆论曰，'惟有联盟规约。若对盟约妄加解释，谓应有适用于远东事件者与适用于欧洲者之分，则万万不可也'。"

（《大公报》，1932年11月2日，第三版）

138. 社评：国联之展望

讨论莱顿报告书之国联行政院会议已定于本月二十一日，国联大会则将在下月第一星期内举行。日内瓦外交战之正式开始，距今只余十数日。

当此各方正钩心斗角之时，确切形势自难预言，然大势已有可知者，试略论之。第一，最近国际问题之最值注目者，为英美关于海军之妥协。据日本报纸报告，日前胡佛所称美国将不得已充尽伦敦条约范围建造海军之声明，英国方面，反表好感。盖美代表与英国已商定对海军缩军案取一致态度，故英美将提携以抑制第三者，而胡佛声明之对象自非英国。又据日本报伦敦电：对于莱顿报告书之态度，英美一致，即承认报告书之纲领，而主张组织国际委员会以援助中日交涉，此说最近似。第二，法国政府以拥护国联为其政策之中心，故于莱顿报告书亦将采用与英美相同之政策。如昨报所载，法国现内阁中坚政党急进党之声明，谓赫里欧以维持联盟规约为枢纽政策，该规约对于欧亚问题，应一致适用。声明书中并称赞莱顿报告书为最有价值之文。此足代表法国态度者也。英法美态度既如此，故可判断国联行政院会议及大会，将大体维持莱顿报告书。

日本近制一长文意见书，反驳莱顿报告书，我政府昨已用非正式声明，痛斥其谬。夫岂特中国也，日本一切论辩，在国联席上断不能通过。盖调查团所举日本制造伪国之事实，本为人人所周知共信，故日本之自辩，断不能邀各国之倾听。

然则国联开会之结果，决于中国有利乎？是又不然。此无他，今日远东问题之重大，已超越外交方法解决之范围。不观胡佛方声明将建造条约所许之军舰，而日本庞大之造舰计划，业已发表！日本明知英美对海军问题已若干妥协，然其否认胡佛缩军案之立场依然坚持，此足见国际大局之真正紧张，遂可知国联会议无力强日本之接受也。就现在判断，国联会议将于理由上承认莱顿报告书，办法上则将更采取软性富有弹力之计划。大抵将欲不直接作如何解决之详案，更将蝉脱交付于一种委员会，以促成中日之交涉。列强意见，恐竟如此。国联最大能为一原则的决议，然日本犹极难承认。日本主张国联静观不问，此国联之所不受，然列强既无意于此时与日本决裂，则势将求实际的缓冲,欲其斩钉截铁,作一裁判,不可得也。

本月八日为美国大选预选之期,胡佛、罗斯福孰胜,为世界注目所集中。虽然,假令罗斯福胜利,其对国联、对远东之政策,实际上恐绝少变动。美国今日无人主张孤立政策及轻视东亚前途,故两党之外交,结果一也。如所拟新民主党政府国务卿之贝克,在九一八变后极作正论,铮铮有声;且今春曾与哈佛大学校长等,同发起对日经济绝交之运动。是与斯蒂生之情感理论,初无二致也。一国外交方针,由其国是上之必要而生,而行动则限于实力,此皆超越党争与个人问题。故美国大选之结果,与美国对国联之关系及对本案之态度,将无何歧异。同时任何党当选,可判断美政府行动,不易超越胡佛现政府之程度。此无他,再单独猛进,即为日美战争,此美国今日所不肯亦不能者也。

是以简单言之,此届国联开会,形式上将似有利中国,而实际上仍不能解决问题。今后如何,仍将视中国之自演与国际全局之转移。所可断言者,日阀所挑起之世界战机,由此愈迫,而中国民族救亡建国之最后试验,此后更无可躲闪等待矣。本月之国联会议,结束一年来之失败的演进,同时导东亚危机入于新的阶段。由此点论,则本届之会,亦不无重大意义也。

(《大公报》,1932 年 11 月 3 日,第二版)

139. 日意见书要点反对撤军最力,全文俟提出国联即公布

【东京二日新联电】 日本政府对于莱顿报告书之意见书,昨日之阁议,内田曾有详细说明。其内容除绪论外,分成五章,即绪论、第一章中国、第二章满洲、第三章九月十八日事件及其后之军事行动、第四章"新国家"、第五章结论等。用打字机打成百三十页,每页十行,每行三十字,其标题为"对于根据一九三一年十二月十日行政院会议决议而任命之调查委员会报告书之意见书"。全文于提出行政院同时公布,对于下记诸点,尤为力说:(一)第十章之诸提议,事实上为变相的国际管理"满洲国",此不但"满洲国"不能容认,即日本亦不能予以受诺;(二)诸提议至少须以纷争当事国均有健全而且可信赖之中央政府为条件,然若使该项提议适用于满洲问题,则将使纷纠更加混乱;(三)撤

退满洲之军备，而仅依据国际宪兵队以维持该地方之和平与秩序之提议，实不适合于现在之事态。因此种办法，将助成日本最欲排除之该地方之不安与混乱，且将使事态较委员会所期待之恢复现状更行恶化。此点殊不能满意。

(《大公报》，1932年11月3日，第三版)

140. 三中全会粤方提案大纲：收复失地，肃清"共匪"，纠正报告书之谬误

【香港一日下午十二时发专电】 政务会一日开常会，陈济棠、邹鲁、邓泽如提议：嗣后发觉公务人员走运私货或得贿庇纵，应照惩治贪官污吏暂行条例，一律处以死刑。议决通过，并令省府总部会同布告，派谢瀛洲为甄别律师委员会委员。会议完毕，各委员续讨论三中全会提案，拟定大纲：(一)请由全会议决，明令军政部迅速调军出关，收复东北失地；(二)请全会限期肃清"共匪"；(三)请由全会决议，纠正调查团报告书之谬误等案。出席代表仍推区芳浦，如不暇往，于崔广秀、邓青阳、詹菊似选一或二人出席。又电促萧佛成回国，或将意见电达，以候提出。

(《大公报》，1932年11月3日，第三版)

141. 英、法、美态度日趋鲜明，英下院辩论东北问题，莱顿说明报告书用意，西锡尔请英政府拥护国联

【南京三日下午九时发专电】 国联行政会原定于十四日开会，现决改于二十一日举行。闻展期原因为候军缩会议及美国大选之结束，以便集中力量谋中日问题之适当解决，并非由日方之要求，故政府亦不反对。闻国联行政院开会时，对莱顿报告将立时提出作初步讨论，附以审查意见，提请十九国委员会讨论后，再提国联特别大会讨论。我方对应付方针早经外委会决定，由外部电令日内瓦我代表团届时力争。

【南京三日下午八时发专电】 国联行政院已定二十一日开会，讨论莱顿报告书。外部除早决定具体方针外，对各国态度仍刻刻注意，日内瓦我代表团与外部每日电讯频繁。闻列强态度日趋鲜明，法坚持维持国联尊严政策，英美意见亦趋一致。美大选无论胜利属共和党或民主党，其传统外交政策决不致有何变动。对中日问题最重要之一幕，即所谓"满洲国"问题，各国对美国务卿斯蒂生历次宣布之不承认侵略之结果一节，现已完全一致。

【伦敦二日路透电】 贵族院本日辩论满洲问题，反对党领袖彭森贝贵族请政府发表对莱顿报告书所持态度。彭氏盛赞报告书，谓仅仅恢复事前原状不能解决此项问题一节，至为明瞭。氏申述日内瓦考虑报告书时，英国对于问题之解决应居倡导地位，殊属重要。氏称，国联未能时常采取敏捷办法以符若干人愿望，但对于避免远东战事则已护〔获〕得胜利，此项胜利虽不耸人观听，但确甚伟大。罗式安氏称，在满洲战端背后之最大问题，即关于解决此问题时，吾人应否采取进一步之办法，以树立某种之国际制度，抑返回至不能免除之战争途径。氏提及一九二一年华盛顿会议之条款，以及非战公约与斯蒂生宣言，谓倘能以明智坚决态度加以运用，此项约文当可为处理本问题之特出的有力武器。氏称，满洲之癌如不割除，预料华盛顿条约将被扯碎，海军军备之限制亦将被废止。如是，裁军问题与非战公约将若何？英帝国孤悬太平洋中之领土将若何？西锡尔氏请求政府及早宣布决心拥护国联，如莱顿报告书能邀国联行政院会之通过，亦将予以赞助。莱顿爵士对贵院赞同报告书表示谢意。氏称除非获得一致，国联将无能作为。如各国均预先持有成见，莅会则不能获得一致，惟再听任此项情势漂流无定，殊属危险。氏感谢中日政府忠实协助调查团，谓该团建议之用意，毋宁为启发性而非论断性。氏赞许罗式安氏演词中认此问题为严重，以及应付此微妙情势需要智力之语，谓成功之绝大希望在听国联自由措施。氏颇盼望外长西门能接受报告书为其在日内瓦讨论之要略，俾能化拟议的提案为一最有意义的成就。陆长海尔山代表政府答覆时，赞许报告书措词明晰，能从建设方面着眼。氏称报告书之命意显然对于双方均属公允，并企图进行一困难。但彼希望其并非不能解决之工作，俾能在国联机构中倡导□国间之敦睦关系。"吾人对于两国，常希望能维持最友善之关系。英国在日内瓦之目的，并不欲作富有戏剧意味之行动，使一般对于吾人倡导与领袖地位集中注意，毋宁欲与其他列强联合，而探求一联合的政策，其目的尤注重劝导中日两国政府参加。"彼深知此为一极严重与广泛之问题，在国联行政院会对报告书加以考虑前，英政府对报告书之整个或特种建议，不欲声明采取何种行动。彭森贝氏于结束辩论时，谓对于莱顿所称西门出席日内瓦之要略即为国联报告书本身之提议，殊觉满意。辩论当即宣告结束。

【伦敦二日合众社电】 陆长海尔山本日在贵院答覆彭森贝氏质问，说明英国对莱顿报告书之态度，谓英国对于莱顿报告，毋宁注意于国际合作，而非求个人之光荣。氏称，英国在日内瓦会中，对莱顿报告将采不迎不拒之主张："吾人在日内瓦之目的，不拟采取某种戏剧的步骤，使世界集中注意于吾人之号召力与领袖地位。吾人并非以自具一单独方针为目的，毋宁将与其他列强联合，俾探求一种独个的方针，可名之为国联的方针。"为努力获得此项方针计，英政府必须敦劝中日政府协调，以赴此同一"标的"。海氏宣读之声明，系由外部草成，获得议员高声欢呼。彭森贝氏曾在贵院演说，谓全世界盼望国联能有较坚决之举动，氏谓："吾人相信英国默认日本之军事举动，未能获得他国热列之拥护。全世有一种感想，以为国联应援用其所代表之国际法"云。国联调查团主席莱顿氏亦列席辩论会，氏称，据彼之审慎判断，如各国代表预先抱有某种方针莅会，则在日内瓦将不能获得一致之意见。又谓："吾人当前之问题，为若干纠纷之一，不能以左右袒之偏见令获解决"云。自由党议员罗式安氏演说，称世界和平系于此问题之能以审慎处理。如此项情势不能以坚决明智之态度应付之，无疑将挑起远东长期之战争与混乱。中国迟早有清醒之一日，届时中国青年之一辈，或将准备一种战争与报复政策云。

(《大公报》,1932年11月4日,第三版)

142. 莱顿爵士定期演说

【伦敦五日路透电】 莱顿爵士定九日在下议院保守党外交委员会演说，由对华分科委员会主席义德顿主席。据闻下院谙习远东事件人员，对于莱顿报告书重视中国政治不安定为一切困难之根本原因，极为注意。预料莱顿对此问题将特别加以陈述。

(《大公报》,1932年11月7日,第三版)

143. 我国向国联提案原则注重确定事变责任，日本狡谋悉被国际间看破

【南京七日下午九时发专电】 罗文干语人,我国向国联会议提案之原则内容共分两点:(一)注重国联调查团报告书之第一章至第九章,藉以根据证明九一八东北事变及一·二八上海事变之责任问题。肇事之责任究在日本抑在中国得一澈底明白后,则其他责任以内之问题均可根据此原则连续讨论,使国联得以作公平之处置,使中日问题之是非有所归宿;(二)关于调查团报告书第十章亦另有说明,因第十章系调查团对国联之建议,并非肯定的,我国自应提出对案,同时依据中国之事实问题,加以切实之说明。

【南京七日下午十时发专电】 外交界某要人谈,英、法、美三国对远东事件已取同一态度,其原因为最近军缩问题,国联威信上感受极大影响。英法为维持世界和平,故极力联络美国,增加国联力量。顷美俄关系亦日见密切,美对伪组织绝不能有表示同情可能,则日本所希望苏俄承认伪组织者,俄必不甘弃美而就满。俄之欲与日订不侵犯条约,在使日不能侵入俄境。该约即能有成,亦非有利日本。再考日之所以不惮与俄频通款曲,真正用意初不在事实之得臻圆满,不过借此以宽慰本国民众之恐惧心,一以壮伪组织之胆,同时假日俄订约浓厚空气威胁美国。其计固狡,惜已被国际间看破。至中日问题,则静待国联讨论。我国提案大体根据报告书,盼国联公允的判断东北与上海事件之责任究属中国抑属日本。责任既明,其余不难解决。各使将于中旬来京,与我政府当局有所商讨,以与日内瓦相遥应也。

【上海七日下午八时发专电】 国新社七日晨二时发表宋子文谈话,略谓日本某负责大员告新闻记者,谓中日交涉较满洲问题更重大,但不知中政府果在何处、何人主政等语,此讯是否确实殊可疑。日使方于数周前向国府呈国书,设某大员语可靠,无异否认本国公使。去冬美政治家裴克曾谓任何国与日本定约,为安全计,须与日外部、参谋部各签两份。由上述事,可证裴语之确切。或者因汪赴欧,致起国府分裂之谣。第汪临行有坦白声明,俟汪到日内瓦,谣当永息。或又引鲁川战事为政府将倒预兆,但彼认政府隐忍,适为势力

日渐巩固之明证。政府现知武力统一难见功,故改施道德制裁,藉舆论助力解地方之争。优秀份子所组废战同盟势力日厚,瞬将成为废止武力解决政治问题之重要分子,故中央不欲轻用兵,留兵力以对外。今夏粤战自停,今鲁战亦息,概为隐忍政策之效。川战相信可即停,不劳中央武力。政府顺从痛恶内战之民意,基础方日以巩固,国内外债信用之增进,可资佐证。

…………

(《大公报》,1932年11月8日,第三版)

144. 莱顿报告书日本竟图抹杀,拟在国联大会扩大活动,英、美既定政策不致变更

五日大阪《每日新闻》社特派员楠山伦敦三日发电。关于满洲问题,二日英国陆军大臣海尔山、莱顿爵士、工党之彭森贝爵士曾在上议院有所议论。西门外长在下院发表言论,其讨论结果为吾人所可得知者,不过英政府对于满洲问题守严正中立、不采过激政策而已。日本驻英大使松平二日曾晤西门,关于裁军及满洲问题,秘密交换意见。在先又曾与莱顿晤谈,稍有所得。与裁军会议美国代表台维斯亦曾会晤两三次,而台维斯与西门则曾会晤数次。以是英国外交界关于裁军及满洲问题,英、美、日三国已开始激烈之外交战。惟因上述各方之会晤俱严守秘密外交之形式,其具体的内容,未泄露于外。据从英、美、日各方面当局所得情报,则英国在国联总会所采态度,实以下列二点为中心:(一)赞助莱顿报告书;(二)使最后的解决延期。至英国政府所以赞助莱顿报告书作为讨论之基础者,由于:第一,该报告书乃国联调查团之正式报告;第二,委员长莱顿系西门所推荐;第三,该报告书在欧洲博得意外之好评;第四,美国亦主张赞助该项报告。

英国主张延期解决

从上述事情观之,在形式论上及实际外交上,均毫无蔑视报告书之理由。惟成为问题者,乃日本业已承认"满洲国"一点。日本决不能无条件取消"满洲国"之承认,然则国联如认满洲为中国领土,日本又已承认其为独立国,其势难

免正式冲突。若国联强日本以承认满洲为中国领土,则惹起日本脱离国联之大事件,并使英首相麦克唐纳所抱裁军与世界经济会议之二大外交理想成为泡影,故英国遂采上述解决延期策,暂作外交之避难。申言之,莱顿报告因[固]应采用以为原则,然即时实行则未必妥当。鉴于东洋问题之复杂性质,欲期最后圆满之解决,不可不假以时日。此种英国政府阁议之决定,实即仿效去年十二月巴黎所开第三次理事会之故智,其用意正与当时以派遣调查团为弥缝国联对日本正面冲突之计相同。且英国政府似自信此项方针有成功之希望,其理由如次:

联合小国解决纠纷

(一)英国为国联内部既成势力,如英国政府态度决定,则可视为国联政策已决定一半。

(二)欧洲各国中多有认日本经营满洲终有疲于奔命之一日,尤其因财政打击过巨,不久恐将自行放弃。故从来对日极抱恶感之小国中,亦有谓日本若要经营,则任其所为,看他能继续到何时者。英国以为可以利用此种倾向,以纠合各小国而实行其解决延期策。

(三)认日本亦赞成解决延期策。盖日本预料中国之分裂,不久即可藉口于中国之不统一,向各国宣言不能将满洲治安委诸中国。故日本虽不赞成第一二[之]报告书承认案,然可属望于第二之解决延期案。

日本伺机大事活动

从上述三项观之,可见英国实欲于所定政策成功之时,即作成一种方式,一面维持国联之威权,一面斟酌日本之希望,将问题之解决延期至来年九月总会时。查英国案二原则中,最着重之点乃第二之延期政策。第一倾于形式,第二着重实际。至如何决定方式之内容,乃国联总会之重要任务,较莱顿报告书尤为重要。何则?视方式内容或竟使报告书成为具文,作成一种方式,在表面上赞同报告书,实际使其失却效力,亦非不可能之事。故国联总会诚日本运用机敏外交之国际大舞台也。

(《大公报》,1932年11月10日,第四版)

145. 顾维钧对法记者谈：中国尊重国际义务，竭全力拥护国联之工作，东北问题应求澈底解决

【巴黎十日哈瓦斯社电】《民国报》记者往见中国驻法公使顾维钧，当由顾氏接见，并作如下之谈话："世界无论任何国，皆不能与他国脱离而一意孤行。目下所有重大事件，皆影响及全世界。因而中国自国联成立起，即竭全力拥护其工作，国联盟约、九国条约及非战公约为中国政策之基础。东北问题即世界问题之一。此问题须本华盛顿条约之原则，即中国领土之完整及门户开放而求解决，否则任何国际问题，皆无澈底解决之可能。"

关于东北问题及远东和平，顾氏谓："中国只有局部之纷扰，盖中国领土之广、人口之多，局部纷扰之事在所不免。实际情形并非如敌方之恶宣传之甚，于中国之建设并无障碍。再者中国尊重国际义务。前者有英籍妇女一名被刺杀，又有英侨二人被绑，世界各报咸为注意。然上述事件皆发生于日军驻防之地点，中国当局毫无权过问。"顾氏又谈及报告书第十章关于国际之合作，彼谓："余等希望国际合作。最近外人专家对于中国之卫生、教育、农业等之协助甚多，内有法国专家多人。但在国联未解决东北问题以前，中国不能澈底进行国际合作。"记者提及谢介石最近在东京之宣言，谓只有国民党领袖反对满洲之独立，并征询顾氏之见意，当蒙答称："凡中国人民，皆知'满洲国'为日人手创之傀儡。当调查团抵东北之时，日人某日逼令中国商人发出非本意之宣言，次日该商人等又向调查团秘密报告当日之宣言实出自日人，惜国联报告书对此类事件并未详述"云。

(《大公报》，1932年11月11日，第三版)

146. 国联将采纡回曲折方式，另立解决中日案新机构，拟组国际委员会，加入美、俄代表，利用国际力量迫日本采纳调解，昨外交委员开会讨论我方应付态度

【南京十一日下午七时发专电】 颜惠庆电外部，报告国联秘书长对解决中日问题，拟组织国际委员会，其组织份子除行政院九理事外，另将加入美俄。以后研究中日问题解决之责任，似将由该会负之，而国联则从旁赞助。因在过去期间，国联对中日纠纷屡有决议而屡次无效，此次特采纡曲折之方式，务集各方之意见归于一致，藉国际间各种之力量造成日本不能不采纳之环境，故其事决非能迅速着手、于短促期间即议决何种办法。十一日下午五时，外交委员会仍在外交官舍开会，讨论主旨。殆即根据颜电先为准备，并决定我方应取之态度，外交当局尚不悲观。

【东京十一日新联电】 国联行政院开会期已迫近旬日，一方美国之大总统选举战业以民主党之大胜利而终局，故美国之对极东政策已可看清。因此以英法为中心之国联内部，关于满洲问题解决方策之关心，遂至急速的增高。约言之，即伦敦、巴黎、日内瓦方面，对于中日纷争之解决方式，似将采取由除当事国之中日两国外，同盟国中与极东问题有密切关系之英、法、德、义、比等及非盟国之美国，设立一国际委员会，从事于解决，庶几避免无关系之小国容喙，致陷于纠纷之祸。极东亦已为此项空气所反映。英国驻华代理公使殷格兰及法国驻华公使韦尔敦等，最近奔走于北平、上海、南京，对于中日问题有所磋商。日本政府亦以今早回国之有吉公使所报告之南京、上海、北平方面之华方及英法方面之情报为基础，慎重协议对策，以期今后与日内瓦相呼应。中日问题之折冲，将有急速的进展。

【东京十一日电通电】 传驻华英、美、法、德、义五国公使，以鉴于沪领团会议对于沪案发生后中日停战交涉上之贡献，故为促进中日间关于满洲问题之解决交涉起见，近特作成在东京或上海召开包含有九国条约关系国及俄国之国际委员会之提案，而非公式的由法使韦尔敦向驻华日使有吉及国府外长罗文干提出。关于此说，日外务局现已表明反对态度，其所持理由如下：

(一)关于沪案之中日交涉,其所以由英、美、法、义四国公使斡旋之故,系以鉴于沪案性质及该地情形,而满洲问题则自有特殊性,故绝对反对第三国加以干预;(二)若在中国及各国承认"满洲国"后,由侧面援助解决该问题,则可不反对设置该项委员会;(三)若在日内瓦作该项提案而行具体化,则日政府将于事前加以阻止或采取反对手段。

英工党议员责政府懦弱

【伦敦十一日路透电】 工党议员阿特利少佐在下院辩论时,指责英政府应付中日纠纷态度懦弱。氏提出一决议案,请政府赞助莱顿报告书,以维持国联盟约原则。阿氏称,满洲问题为国联能否保障会员国不受攻击之试金石,如此问题不能圆满解决,则国联将丧失其精神方面之权威,而世界亦将重复独自进行军备与局部缔结盟约。氏称,工党欲知政府是否拟采纳莱顿报告书,作为政府方针之根据。外长西门答称,莱顿报告书不能过分加以揄扬,英政府已承允听取日本之意见书,今于见此文件前骤下批判,殊属欠缺公正。彼定于听取日方意见书前,不作断语。氏称,英政府将继续与国联合作,但事先单独发表宣言,非仅于事无益,而且有所窒碍云。下院当以四百另二票对四十四票通过保守党动议,赞成外长发表之方针。

张伯伦忠告日本政治家

【伦敦十日合众社电】 前英国保守党外长张伯伦本日指示,彼为缔结英日同盟之一人。氏向日本政治家呼吁,请其对莱顿报告陈述之事实予以公正之考虑,请日本政治家对莱顿报告结论各点详加研究。氏谓,如彼等研究后,颇易使旧友(指英国)维持对日本之倾慕。不久国联将讨论莱顿报告及日本之意见书,莱顿报告提出解决中日纠纷之建议,张伯伦切盼日本政治家不仅公平详细考虑解决建议,且应考虑莱顿报告指示破坏远东国际关系之责任。

(《大公报》,1932年11月12日,第三版)

147. 成立国际委员会问题国联正征求各关系国同意，谢冠生谒蒋请示后已返京

【南京十三日下午八时发专电】 罗文干派谢冠生十日飞汉，向蒋等报告国联最近主张成立国际委员会解决中日纠纷，并请示应付机宜，蒋有所指示。谢十三日午乘机返京，下午谒罗覆命。

【南京十三日下午六时发专电】 成立国际委员会讨论中日问题，已引起各国深刻注意。据某客卿观察，此事在国联方面，正在征求中日两当事国及其他与远东有关系各国之意见中。在九国公约签字国中，除中日两国外，其他当表示赞成，将来苏俄亦将加入为委员。日本之态度闻已决定原则，谓："国际委员会之性质如系调停中日问题，日本当能赞成。如系直接解决中日问题，而对于满洲事件取干涉态度者，即将反对。"将来委员会讨论中日问题方式，第一步根据莱顿报告书，如双方争执而仍无具体解决之方法，则第二步或将提出九国公约。

【伦敦十三日路透电】 《观察报》表示，对远东问题解决前途颇有希望。该报论及下届国联行政院会讨论莱顿报告书事，称"此项特出文件之智慧，获得较普遍之领会后，一般对此困难问题解决之希望增加。在外交各方面，吾人现时见有倾向信任甚至乐观活动之好转"云。

【柏林十二日哈瓦斯社电】 国联调查团德委员希尼氏，已将该团调查情形报告兴登堡总统。

松冈在巴黎狂妄之谈话

【巴黎十二日路透电】 日代表松冈抵此。氏于接见英、美、法各报新闻记者时，称日本赞同莱顿报告书之某某数点，但拟在日内瓦指陈调查团错误之处。氏称，日本对于远东之了解较西方人士为佳，西方人士将中国之"混沌"情形视作居于次要地位，"中国人之仇敌为中国人，并非外人"。氏称：日本与"满洲国"顷正整顿盗匪充斥之广大领土，不久彼间将成为全中国之最安全地点；"满洲国"决意尊重中国与外国政府所缔之条约，并将维持日本一向赞同之门

户开放政策云。

【巴黎十二日新联电】 松冈代表一行本日午前十一时半抵加尔诺，出迎者有长冈、佐藤两大使及泽田国联日本事务局长并多数日本人，下车后即赴马吉齐克斯旅馆。又松冈预定下星期访问法揆赫里欧。

国联开会前日方之宣传

【东京十三日新联电】 当此讨议中日纷争之行政院及国联大会未开会前之关于纷争之解决案，不仅日本，即国际外交界亦同样的颇为注目。最近有国联之最高当局者，对于日本关于该问题曾送致重要之提案，因此日本外务省俟与关系当局磋商之后，今后将进行慎重之协议。惟当计议中日纷争，大体已确立左之二大原则。对此国联之重要国方面与日本之间，似有相当之谅解。该二大原则为：（一）关于九月十八日中日纷争发生以前之中日关系及日本于满之特殊性，大体承认莱顿报告之趣旨。惟此外对于追溯所有既往之事实，而徒论及中日双方之责任问题之事，应严重的谨慎。（二）中国之安定不仅为极东，且系世界和平之础石，故国联应以改善中日问题而予以协力，并为达成此项目的而讨论有效之方策。此次之行政院会议及国联大会，将依据以上之原则进行议事。其结果国联为使问题得实际的解决，将避开多数国之议论纠纷，而与直接关系国间进行着实稳健之协议。日本除不侵犯"满洲国"存在之事实外，将以极东和平及秩序担当者之立场上，披沥日本独自之见解于国联之前之方针。

（《大公报》，1932年11月14日，第三版）

148. 必须根据过去事实与责任，中日问题始能公正解决，日虽力图规避，我则决难放松，关于损害赔偿亦决定向国联提出

【南京十四日下午七时发专电】 关系方面接日本电讯。日本对国联将组织国际委员会解决中日纠纷之拟议，坚持反对。其最大原因，殆为美俄两国之被邀参加。向来国联对中日问题，曾邀美加入，日本坚持会章规定，反对非会员国加入。此次拟组国际委员会，加入美俄，所以加厚国际力量以压日本。我

国当局对此尚无正式表示。日方近作种种宣传,如谓日对解决中日问题原则,严重禁止溯及既往事实。关系方面称,日方之意显在回避责任及庇护伪国,我方对此决难放松,将来关于一切之损害赔偿必然提出,以纠日方之暴行。致谓既往事实不可追溯,则凡国联约章、九国公约、非战公约,皆系事实,日方何未加顾虑? 故现在问题,决非仅持不正当造成之事实,可以抹煞一切云。

【南京十四日下午八时发专电】 国联开会期近,日本所定之对策,决规避溯述过去事实与责任问题,而专就现在之事实讨论。据外交界某要人谈,日本图规避讨论过去之事实与责任,显见其心虚胆怯。关于九一八事变之经过与责任,莱顿报告已有公正之记述,日本虽欲规避而不可得。中日问题必须根据过去之事实与责任,始能作公正之解决,此为一定不移之理。故对于中日纠纷之责任问题,我代表团势在力争,因责任问题而引起之赔偿要求,我代表团亦必提出。再日本认叛逆组织为既成之事实,殊不知此种叛逆组织纯为日本凭借武力一手所造成,如日本一旦撤去武力,此叛逆组织将立即消灭,故不能认为既成之事实云。

美国将不参加行政院特别会

【华盛顿十三日合众电】 此间官方本日指示,美国将不参加日内瓦下星期讨论莱顿报告之国联行政院特别会议。据称,美国已将对满洲问题领导世界舆论之地位卸交国联,美国在明瞭国联如何办法前,将不采取重要步骤。此地解释,现在美国处于次要领袖地位者,非对远东问题不加注意,亦非相信采取进一步办法毫无用处,殆为主张联合世界舆论对付中日问题计也。美方认莱顿报告已充分能使世界舆论集中于远东问题,现时美国不采取任何步骤,盖恐在国联讨论莱顿报告前紊乱世界舆论,或使问题更加复杂,或分散世界舆论,或使国联更感困难云。

日政府意见书十八日可提出

【巴黎十三日新联电】 吉田携往日内瓦之日本政府对莱顿报告书之意见书,其后日本代表团曾接日本政府之训令,有多少修改之处,故亟盼吉田早日来到。据今早接到吉田来电云,十五日可以抵巴黎。以此拟于到后即行着手修正,以期十八日提出国联秘书处。

【巴黎十三日新联电】 十二日抵巴黎之松冈,于大使馆与长冈、佐藤、松平等共进晚餐,同时并作事实上之磋商。十三日午前十时半,复于日本事务局举行第一次之首脑员会议,出席者为松冈、长冈、佐藤三代表及松平、杉村、泽田、堀田、矢田、建川等十名。关于巩固内部之统制及对于行政院大会之如何策战,搜集各情报,并详细听取松冈关于政府训令之报告,代表团之构成以至于事务局问题,均予以讨论。此次之协商,国联当局及各方皆非常之注意。日本代表团决定未到日内瓦之前,不表示一切之态度。

【又电】 午前十时半开会之日本代表团会议,截至午后一时暂行休息,午后三时半复行会合,继续协议。散会后松冈谈称:"与长冈、佐藤两大使及其他会见,听取关于中日问题之各国之意向,大有心得。余对于国联之审议前途,不乐观亦不悲观,惟在东京所想像之事,及至巴黎,颇感相同。行政院会议大部分为余出席,惟长冈则以理事之资格出席。余非理事,对于行政院将出于如何手段,未出席之前不能言明。"

【又电】 午后三时续行开会之日本代表团会议,截至午后六时始行散会。席上主要为松冈之详细报告政府之训令及满洲之状势等,次为松平、长冈、佐藤、杉村等报告关系各国政府之状势,最后对于国联对策之极微妙之点交换意见。并决定代表团之构成如下:代表松冈洋右、长冈春一、佐藤尚武,代表代理泽田节藏、伊藤述史、堀田正昭、建川美次,代表团事务分担者为会议书记局干事长泽田节藏及其他干事数名,会议系总务部长泽田节藏,文书、电报、会计主务秘书伊藤述史,情报部长伊藤述史。

【巴黎十三日新联电】 二十一日开会之国联行政院会议,日本代表团将由长冈以理事之资格出席,若入于事实上之讨议,则由松冈专任之,业于十三日之代表团会议决定。

(《大公报》,1932年11月15日,第三版)

149. 外委会将开会讨论对国际委员会意见,报告书建议之东北顾问会议外部决反对,已电令我代表团

【南京十五日下午七时发专电】 中央各要人对国联组织国际委员会拟议,迭加慎重考虑。多数人意见,以为国际委员会如有权直接解决中日问题,

大体上可示赞同。外交委员会日内将再讨论，为最后决定。外交当局闻有电令致日内瓦我国代表团，对莱顿报告书第十章建议项下所谓东北顾问会议一节，大致难予同意。其理由以伪组织系在日人指使下成立，若开顾问会议成立地方特别政府，参加会议之满洲代表并非真正之满洲人民代表，仅属变相的日本代表，中国决难承认。

【南京十五日下午六时发专电】 外息。国联设国际委员会之拟议，渐趋成熟。对中日问题，国联因本身力量薄弱，日本态度强横，颇感棘手，早有邀美俄参加国联，期厚实力之意。但日本藉口美俄非国联会员国，加以反对，遂有另设委员会之拟议。国联开会时，如对此委员会一致同意，即断然设立，不因日方反对而中止。

【上海十五日下午九时发专电】 孙科谓，据彼观察，美政治将有变更。美俄复交不久可实现，因此中俄复交较易，国际形势可较好。东北事国联方面年内难有进展，须待至明春。总之，须看英、美、法是否有一致拥护非战、九国等约之决心。如一致，任何方式均足制裁日本，我今当力谋政治安定。

【香港十五日下午十一时发专电】 朱兆莘十五日晨发表对报告书意见，大致：（一）须问我国有无收复失地决心；（二）须问调查团有无迁就强权用意；（三）须问日本有无接受报告书可能。谓该报告书有最纰谬者三端：（一）诬经济抵制为排外；（二）以政局递嬗为构成世界经济之变象；（三）谓中国共党与国民政府作实际之对抗。

【广州十四日路透电】 朱兆莘于接见路透社访员时，预料日本将接受莱顿报告书，因其中第十章规定之解决根据，即为沪战前日本所求之目的。氏宣称，日方之努力集中于令中国政府承认其在满之非法获得。氏指斥莱顿建议，称为屈服于军权之懦怯行动，并谓中国除使用武力外，不能恢复满洲之统治。氏最后表示意见，称调查团"拟废止抵货运动，实属错误"。氏对于"报告书述及沪战时，采取含混态度"，亦表示悲观。

【伦敦十四日路透电】 满洲问题现为战债与裁军讨论所遮掩。据非正式方面预料，国联或将采纳莱顿报告书前八章，而将包括建议之后二章提交一新委员会。该委员会将包括美俄代表各一，其职责在尽量根据莱顿建议，制成一解决方案云。

【美国意利诺州欧班那十四日合众社电】 前国务卿及非战公约起草人开洛格本日在此表示，相信非战公约可以制止中日远东大战。本日开氏领受纽曼奖章，褒扬其发起非战公约。氏讨论远东危机时，问"谁知非战公约有何限制力量？如无非战公约，中日在远东恐不免大战"云。

(《大公报》，1932年11月16日，第三版)

150. 顾维钧昨抵日内瓦，驳斥松冈宣言：中国并不排外

【日内瓦十五日路透电】 驻法中国公使顾维钧自巴黎抵此，出席国联行政院会。氏于驳斥日代表松冈在巴黎之宣言时，称莱顿报告书中所指示之强盛与统一的中国，其想象使日方局蹐不安，故彼等肆意宣传，讥评中国情形。现时外人平安居住中国内地者以万计，即在已往十四个月中，日军横行满洲与轰炸上海时，旅华日侨之生命与财产亦受保护，故中国并无排外之意云。

(《大公报》，1932年11月17日，第三版)

151. 外委会昨晚决定新策略，国联大会明年始能举行，行政院会专议莱顿报告，国际委员会问题国联考虑中

【南京十七日下午十时发专电】 外委会十七日下午四时在外交官舍开会，到罗文干、朱培德、顾孟余、陈公博、朱家骅、陈果夫、徐谟等。议至七时始散，决定对国联某项策略，训令我代表团遵照。罗文干语人：关于国联将组国际委员会以解决中日事件之传说，政府并未接到任何方面之正式报告，此或系国联方面一种酝酿；外传我国对于该项组织表示若何态度之说，全系臆测，因既未接到正式报告，当然说不上态度如何。

【南京十七日下午七时发专电】 国联行政院开会期迫，外部与代表团间往来电报日有数起。届时将由顾代表出席，会议开后，根据调查团报告书，对九、十两章加以讨论，全案即移付十九国委员会商讨决定，再付大会讨论。组织国际委员会说，当局谓未据正式报告。前日外间亦有致疑该委员会，谓为国联延宕解决中日问题之办法者，当局对此尚守沉默。别方面观察，以国际委员会之组成当在明年三月罗斯福就美总统职后，时期固未免过迟。但该委员会

之决定,将来必求其能实现,不再徒托空言。使在此期间,国内能趋团结,而努力于抵货与接济义勇军,则所以压迫日本者,收效必巨。关系方面并称,外间所传国际委员会已趋成熟及我方已示赞同者,皆不免言之过早,我方虽有准备,但尚未达正式宣露时期。

【南京十七日下午十一时电】 国联行政院会期只余三日,关于会议之趋势及国际委员会对我之利害,中央社记者顷向外交界探悉,国联对我空气现颇良好。此次会议对中日争端决以莱顿报告为讨论根据,首先听取中日两方对该报告书前八章之意见,九、十两章因系建议,不具硬性的限制性,采用与否行政院不加决定。行政院会期约两周,汇集各方意见,即送十九国委员会研究,签具意见,送特别大会。特别大会会期约在明年正月,是否采用国际委员会制度,即由特别大会决定。但现时空气浓厚,大有实现趋势。我外委会对此已加研究,惟因此事尚未见诸事实,故接受或拒绝,现不加决定。国际委员会决邀美俄参加,此系国联另设之机关,日虽反对,但无理由可阻其实现。惟设立时期,大约须在明年三月四日罗斯福就任以后。就性质而论,有美俄参加,集中全世界力量对日施以威力压迫,且该会所定办法将立即见诸实行,不若国联决议案可延宕不理。此与日方向用之延宕政策及不许第三者置喙之主张根本冲突,实为日所最畏忌反对者。但我国利害所在,全在人民自谋自决。该会设立尚有三四个月,国人如何运用此时期,即利害之分歧。自九一八事变后,国人厉行经济绝交,日本经济大受打击,并以世界经济不景气之影响,日货对欧美销售停滞,加以巨额军费之支出,日本经济已极紊乱。例如汇兑日金一圆向值国币二元四角者,现已跌至九角,且有跌至八角之倾向;美金一元向值日金二元者,现值五元。日本内外债无形增加一倍以上,国家预算不敷九万万元,工商业凋敝,国民经济乃趋破产之途。如我继续厉行经济绝交,则三四个月后,日本经济必不可收拾。再东北义军声势日趋浩大,难民无法谋生,均投义军,逆军日有反正。日本对北满已无法应付,南满日侨亦不能安居,如对义军接济源源不绝,则日军必疲于奔命,而引起日本人民对政府一致之反响。故未来之三四个月,实为我国家民族生死存亡及外交胜负关头。如国民一致自谋自决,发挥自己力量,则国际委员会召集时,不待列强压迫,我已自能制裁暴日。又某银行家语中央社记者,自莱顿报告公布后,东北叛逆知伪组织不能久存,纷将现金兑往欧美,为数已达四五千万之巨。东北经济极度恐慌,向日本举债,因日本经济紊乱,自顾不暇,无法实现。现除滥发纸币外,别无他策,东北经济势将破产。

【日内瓦十六日路透电】 定于十八日递交国联行政院各理事披阅之日本对莱顿报告意见书,计为一印刷九十页之文件,定二十一日发表。据闻该意见书仅讨论莱顿报告书前八章关于叙述经过之部分,并未提及解决办法之建议。据国联秘书厅意见,行政会议程第一部分仅将讨论中日纠纷起源,预料挽救办法之提案,在耶诞(十二月二十五日)前将不予以考虑。关于邀请美俄参加讨论之最佳方法,顷正在切实考虑中。顷间计议所及者,有三种可能办法:或邀请两国参与十九国委员会,或邀请彼等参加一特别顾问委员会,或在国联以外另组一完全独立之会议,讨论此项问题。至于中日代表对处理办法将立时发生冲突,几有确定之势。华方似将质问行政院处理此事之权限问题,并将力争此问题须由十九国委员会或国联特别大会处理。日代表则不承认十九国委员会,并将敦促国联行政会采取确切行动云。

【日内瓦十六日日本新联电】 二十一日开会之行政院会议议事方法,杉村与德留蒙及行政院方面协议结果,关于研究材料决定仅采用莱顿报告书,至调查团之专门委员所作之报告书附属文书则除外。

【日内瓦十七日路透电】 国联顷已准备扮演一重头剧,其第一幕定下星期一(二十一日)露演,即国联行政院会议是也。据闻莱顿调查团将有四委员列席,答覆咨询。二十日晚莱顿爵士将在国联短波无线电台广播一序幕演词。

【日内瓦十六日日本新联电】 留居巴黎之日本代表团,关于国联对策业已磋商完毕。松冈一行将于十八晨七时抵日内瓦,伊藤述史等已进行诸般之准备。松冈抵日内瓦后,即将访问国联秘书长德留蒙、英外相西门及美国代表台维斯等,并定午后五时起在麦特洛保尔旅馆与外国记者团会见,同时发表声明书,十九、二十两日举行内部会议。惟十九日午后,系招集与会议有关之日本人全部并加入记者团举行茶话会,以期团结日本人全体之内部。现日内瓦空气已呈紧张状态。

【伦敦十六日哈瓦斯社电】 自由党国联同志会执委会顷通过一动议案,要求政府运用所有势力,俾国联行政院采用莱顿报告书。至政府对国联盟约及非战公约所载原则,应行维持,亦当以忍耐而有力量之态度处之。

【日内瓦十六日路透电】 今日清晨,日内瓦与东京间试验无线电话成功。国联人员曾与东京附近之神奈川无线电站交谈。在讨论莱顿报告书前夕,又获得一敏捷通话之新方法云。

(《大公报》,1932年11月18日,第三版)

152. 国联行政院会后日开幕，将正式表示否认伪组织，莱顿赴日内瓦出席行政院会

【南京十八日下午十时发专电】 外交界息。国联各会员国对莱顿报告书中所述之"满洲国"各节，均认为系忠实而正确之记载。二十一日行政院开会讨论报告书时，行政院将正式表示否认所谓"满洲国"之存在。十九国委员会及特别大会即将根据此意见，为讨论之基础。

【南京十八日下午九时电】 据外交界消息，二十一日国联行政院会议先将莱顿报告书提出讨论后，再将讨论结果提付国联特别大会讨论实行。届时行政院对于中日问题或另有意见附于莱顿报告书。因国联调查团之来华调查，系由国联行政院产生，故调查团报告书应由行政院先行讨论。但行政院受命于国联大会，其对于中日问题之解决权仍须属于国联本身及国联特别大会。惟将来特别大会之讨论，当以此次行政院会议所讨论莱顿报告书之结论作为相当依据，毫无疑义。此事在日内瓦之我国代表团，近曾有来电报告。

【南京十八日下午九时电】 各国驻华公使日内均将来京。据外交界某要人谈，各使此来纯因国联行政院会议开会在即，以便就近征询，以转达与各该国有关系之各项意见，并无其他任务，且南下者乃重要各国公使，而非全体。

【伦敦十八日路透电】 莱顿定明日赴日内瓦，出席行政院会议，以备咨询。闻其他委员虽在日内瓦，但不出席会议。于必要时莱顿将召集各委，讨论行政院质询问题。各委共同拟定答覆后，由莱顿向行政院口头报告。

【南京十八日下午十时发专电】 外交界息。伪组织派丁士源赴欧活动，丁在莫斯科盘桓多日，毫无所得，现又至巴黎。法当局得悉此讯，已正式声明，法政府未承认伪组织，对丁不负招待之责，更不与接洽任何事项，如丁持伪组织护照，法当令彼立即出境。某国代表希图使丁至日内瓦列席国联会议，决难实现。

荒谬绝伦之日本意见书

【东京十八日日本新联电】 日政府意见书十八日提出国联秘书处。泽田

节藏现正与国联当局接洽发表之时间,尚未得最后的决定,惟大约在二十一日午前十时,日本时间为午后六时,在日内瓦、东京两地同时发表。又审议莱顿报告书之行政院会议,将于二十一日午前十一时开会。然依据常例,将先开秘密会议,采择讨议之项目后,即入于公开会议,故公开会议将在午前十一时半开会。

【东京十八日日本电通电】 日政府对莱顿报告书向国联提出之意见书内容,大体如左。

绪论 莱顿报告书中,足使日方满足之两点如次:(一)承认中国已陷于分裂混乱之无政府状态;(二)承认排斥日货确系受南京政府之奖励及默助,且依诉诸武力之非合法的手段而行之。至其在利于华方、不利于日方之佐证下所下断定,则系因其依一国军队侵略他国领土之成见派遣委员,且复无足资矫正之任何适当方法,以致卒作此种不合理的结论。是乃由于各委员既均不谙华语,且其逗留期间亦复过短之故。

第一章 中国 中国者,乃曾成为统一的国家之现在之广大地域之名称也。但欧美人士现对已陷于不统一及无政府状态之中国,仍不脱作为一存续的国家之观念。夫领土不可侵之原则,虽应神圣视之,而在无政府之国家则不适用。盖以陷于无政府状态之国,已不成其为国家故也。中国于属于最后的统一政府之袁世凯之共和政府瓦解后,即已成为无政府之国家。故在华府会议中,虚伪的容认中国尚有所谓统一的政府,实属使中国堕落之一因。中国无论在何时,固绝对尚未成为如人理想之国家,而各国之所以承认南京政府,不过限于其权威所及范围内。至满洲则并未在其范围内,即在报告书中,亦未承认满洲在南京政府之指挥下也。

第二章 满洲 满洲原属离中国本土而独立存在者。当清朝成立时,虽曾一度合并,但自清朝没落后,又复自行分离。而于张氏二代之间,并未由中国本土受任何拘束。一九二八年,张学良虽曾与南京政府稍事联络,但仍非属于单一国家之结合。且依张氏二代之暴政,不期然而然的在满洲民间,酿成独立之气势。

第三章 九一八事件及其后之军事行动 各委员虽承认有炸毁铁路情形,但不明言其责在何方,且复断定日军行动实超越自卫范围。顾日本若不采取当时之措置,或至被驱逐出满,亦未可知。是以该委员会之断定,未免过于偏重华方说明,而忽视刻下之中日关系,实由于华方之继续的攻击态度进展之结果。至日军轰炸锦州之举,在委员方面虽视为不当,而实则日方行动,固仍属在海牙条约所承认范围内之正当行动也。

第四章 "新国家" 报告书谓"新国家"系由日军所造成,实忽视日政府及军司令部曾发出严禁日人不得参加满洲政治运动之命令。至其断定满洲住民不乐于在日本支配之下一节,亦不应解为仍盼复处于无政府或南京政府之下。是故该地一般住民莫不希望恢复地方政权,则其谓由日本创造"满洲国"之委员会之断定,适仅足成为地方政权何故被驱逐出满之理由而已。又其谓碍难承认在外国军队存在下之革命说,亦仅能指摘在外国军队怀有敌意之时。彼伊斯脱尼亚之革命,非曾行于联合军之前耶?巴拿马之革命,非曾行于美国海军援助之下且立获其承认耶?要之,"满洲国"系受满洲人之支配,且华人亦为安居乐业计而希望其实现并予以赞助也。

第五章 结论 报告书中第九、第十两章,系依上述误谬的见解而成立之结论,且"满洲国"既已告成立,而与张氏当政时情形完全不同,则上述两章,在问题解决上自无一顾之价值也。本上述之理由,各国若欲根本解决中日纠纷,自应正确认识中国与满洲之现状,且确信现只有依恃"满洲国"之存在,方能保持远东和平与世界和平也。

(《大公报》,1932年11月19日,第三版)

153. 粤中委明日讨论外交方策,行政院会将有强烈争辩,日本意图阻碍国联进行

【香港十九日下午十一时发专电】 外罗电命林东海,征询西南当局对加入国际委员会意见。各委以如有利于我国及有实力制裁日本暴行,当然同情,但该会之设是否替代国联责任,国联是否谋避免责任及不履行条约义务,又是否专为解决中日问题而设,认为绝大疑问,二十一日提出执行部讨论。林东海十九日再度赴港,征胡汉民意见。

【上海二十日上午一时发专电】 日内瓦电。郭泰祺访美代表台维斯,谈甚洽。郭言外人:对东北重视义军抵抗及抵货;日方策略在阻碍日内瓦进行,同时迅速解决义军。

【日内瓦十九日路透电】 国联行政院于二十一日开会时,中日两国代表将力争程序问题。日本代表团要求一切中日问题由国联行政院讨论,而中国代表团则要求将莱顿调查团报告书交十九国委员会或召集国联全体大会讨论之。其理由因十九国委员会及国联全体大会中,小国代表甚多,各小国一向均同情于中国,且多主张以迅速及积极方式解决中日问题。关于程序问题之争辩,将引起国联盟约第十条、第十二条及第十五条之解释问题,至最后无法解决时或将根据法理表云。

日意见书毫无理由

【南京十九日下午九时发专电】 日政府对莱顿报告书之意见书,十八日已由日代表团提交国联秘书厅,并由日外务省公布要点,对我横加诬蔑,措词荒谬绝伦,态度蛮横无理,达于极点。闻该项意见书全文并未正式送达我外交部,但本月一日当该项意见书通过日内阁经我政府探悉其内容时,即由政府某要人加以痛驳申斥。据外交当局意见,莱顿调查团系国联行政院所正式派出,并经中日两国同意派员参加,具有法律上之地位。至日政府之意见书,虽对我肆意侮辱,并无法律之根据,无足轻重。且调查团在起草报告书之前,曾尽量听取中日两国代表之意见,日代表吉田曾尽量提供说帖,但调查团以日代表所述各节并非事实,未予采纳。今日方因憾调查团之未加重视,乃自制为意见书,其价值可想。至我政府对日意见书是否有再加驳斥之必要,俟见其全文后再行决定。

【日内瓦十八日路透电】 中国驻英公使兼国联行政院会议代表郭泰祺,对日本代表松冈谈话作如下之批评,谓:"日本军人之舌人现向各国记者表示,日本在东三省一切行动纯系出于自卫,而中国内政几近无政府状态。实则中国向以文人治国,非若日本随时以暗杀手段解决政治纠纷,此种现象已成为日本近代政治舞台上之惯技。中国政府控治武人势力之能力与日本政府相比较,最低限度于最近八个月内亦可谓不弱于日本。"

松冈洋右巧舌如簧

【日内瓦十八日路透电】 日本出席国联行政院会议代表松冈洋右,十八日向各国记者谓:"有人曾以为日本为中日纠纷中之侵略国,其实适得其反。日本年来屡次受中国之侵略,日本军队并未侵占他国土地。日本军队早已驻于东三省境内，保护日本已有之权利，中国在东三省之主权不过虚有其名。日本之立场并不违反任何其他国家之政策，甚至与中国人本身之立场亦无违反处。东三省内部之不安，实为世界和平之危机。目前东三省之'新政府'既可保护当地人民财产生命之安全，亦可维护外侨之利益。日本政府拟继续其在东三省之试验事业。由日本地位着想，日本别无其他办法。"

【日内瓦十八日日本新联电】 松冈洋右一行二十四人十八晨抵日内瓦，当即赴麦特洛保旅馆，松平、吉田定于明早到此。又电，日政府意见书经松冈带来，已于本日正午提出国联秘书厅，决定二十日午后四时在日内瓦发表，国联秘书厅已着手译成法文。又松冈卸下旅装后，即于午前十一时往访国联秘书长德留蒙，事后谈称："本人因系首次与德留蒙会晤，故先由长冈介绍，告以此次之行政院会议，本人为主要之参加者。次关于开会手续问题，即谁先发言及如何处置报告书等，有所接洽。会谈内容除此以外，不能发表。本人预定二十一日演说。"

【东京十九日日本新联电】 关于出席国联大会之日本主席全权，因从来之关系及其他之事情起用松冈问题，曾有种种之困难。嗣经十八日之阁议，业将所有障碍排除，遂决定任松冈为主席全权。本日已由外务省训令驻日内瓦日本代表团。

(《大公报》，1932年11月20日，第三版)

154. 国联行政院会今晨开幕，空气紧张国际焦虑，中日问题难望速决，松冈准备提出裁军问题

【南京二十日下午十九时发专电】 国联行政院会二十一日晨开幕，二十日外交部连接代表团发来三电，报告会议情势。依通晓国际情势者观察，国联行政院各小国对日均甚愤慨，咸同情于我，日本虽用恶意宣传，各国决不为动。日本处境对外为受国际力量压迫，对内受经济枯竭影响，撑持甚艰。但中日问题在目前无即时解决之望，国联即议定办法，亦须待时机成熟，方能期其实现。

【南京二十日下午十时发专电】 外交界息。日本对莱顿报告书之意见书蛮横无理，厚诬我国，已失去文明国在国际文书上应有之礼貌，我政府将严予

驳斥。至于我方对莱顿报告书态度,已有极明显表示,此时并无整个意见书送国联。我国认定莱顿报告书无论其观察或建议有无错误,但究为解决中日争端之合法文书也。

【日内瓦二十日日本新联电】 二十一日之行政院会议,各理事国代表已决定如下:德国纽拉斯,英国约翰·西门,中国顾维钧,西班牙慈易志,法国保尔[罗]·彭考,瓜特马拉马斯特,爱尔兰狄凡勒拉,义大利亚路易吉,日本松冈洋右、长冈春一,墨西哥巴尼,挪威伯拉特兰,巴拿马加列,波兰加徒斯基,捷克贝尼斯。

【日内瓦十九日电】 国联方面对二十一日召集之特别行政院会议感觉焦虑,因此次议程中包括热烈争持之问题数件。尤甚者在初步谈判之中,空气未能澄清,会议为电流强烈之浓云所笼罩,大有一触即发之势。其中最惹人注目者,为莱顿报告及日本意见书之讨论,日方态度极呈混沌复杂之观。据称日代表松冈准备在行政院会中提出裁军问题,以期淆惑观听,或则以此为交换条件,俾能获得列强对满洲问题之让步。行政院本届并将讨论波兰与但泽市争议问题云。

【日内瓦十九日路透电】 国联行政院会二十一日开会时,将不讨论莱顿报告书,而或于二十三日加以讨论。二十一日将开秘密会讨论例行问题,或不举行公开会议。参加讨论诸人拟采取折衷办法,以便利此后考虑之进展。查通常国联秘书厅于行政院开会前,多少须准备一种确定程序,但相信此次即秘书厅亦莫知所措。日本对莱顿报告之意见书要略,将于明日在伦敦、华盛顿与东京同时发表。本日代表松冈访美代表挪门·台维斯,谈九十分钟,又访行政院主席狄凡勒拉。

【日内瓦十九日日本新联电】 二十一日之行政院会议关于手续问题大体已决定。行政院主席致开会辞后,即由松冈发言,其次似由顾维钧演说。然因各国代表无暇研究日本意见书之故,似将以检讨之名义,暂缓举行公开会议,俾于其间举行秘密会议,进行私的折冲之模样。国联拥护论者虽急欲举行十九国委员会,但观测行政院会期至少将在二星期以上。目前中日问题如何处理始得打开难关,颇为各国代表所焦思。关于问题之微妙点,谁亦未能判明。要之,国联陷于无方策而为难之实状。但目下欧美诸国代表因较中日问题尤视为重要之军缩、战债及其他问题多如山积,故对于中日问题,似将依据私的折冲以讲求打开局面之道。

【日内瓦十九日日本新联电】 为出席行政院会议本日抵此间之莱顿爵士,将于二十日午后一时在国联无线广播局关于满洲问题向全世界作广播演说。又电莱顿爵士抵日内瓦后,其他调查委员四人亦将于二十一日晨全部集合于日内瓦。国联方面之要求调查团集合于日内瓦者,盖为预备日本意见书中对于莱顿报告书或作事实上之反驳之际,俾得就近听取作制报告书之意见。至关于莱顿报告书结论之讨论,则毫无关系。

日意见书正式发表

【东京二十一日日本新联电】 日政府二十一日午前零时发表对于莱顿报告书之意见书,同时并发表其摘要。该意见书由绪论以次五章而成,其要旨如下。

绪论 帝国政府以报告书除公的材料之外,系以新闻记事、私人通信及谈话为基调,其结果致认九一八事件日本军之行动为不当,而□于根本之误解,且作关于满洲之将来缺乏始终一贯及与现实事态不一致之提案。报告书对于中国国民有作对于日本方面深藏反感之暗示,然与事实则相反,日本将来将永久依据两国国民之协力,以循相互繁荣之道□进。

第一章 关于中国方面,列举违反华府会议规定之中国混乱状态、排外运动及革命外交之非。

第二章 关于满洲方面,张作霖对驻劄北京之外国公使宣言不认东三省为中国共和国之领土,及力说地理的、历史的分离状态。其次列举张氏之非政、日本之特殊地位、文化的功绩及张氏之压迫鲜人、商租权之妨害、中村虐杀事件等之日本地位之被害。

第三章 陈述九一八事件及其后之军事行动,帝国政府之自卫行动不许外观之论议。

第四章 详述"新国家"成立以来着着进行之状态。

第五章 结论 约言之,归结于下列诸点:(一)中国自民国以来迄至今日,系近于无政府之状态,接续此种状态,实无订结国交之真值,至少不能预断有永续性之中央政府之时期到来;(二)右之结果,中国对于外国人生命财产不能予以充分之保障;(三)因此,诸外国乃有治外法权、租界、驻扎军队及维持军舰之常驻,而继续行使其例外的权力;(四)中国之无政府状态及排外政策,受害最大者为日本;(五)日本于满洲之地位,为与世界其他部分不能比类之例外特殊;(六)旧满洲官宪对于日本权益为炽烈频繁之侵迫;(七)九一八事件系由以上侵迫之空气中发生,日本之措置未越出自卫权范围;(八)满洲对于中国本部立于别个的地位,排斥张氏之暴政及自决之主张成为自发的民众行动,清朝复辟运动为其指导。最后陈述于"满洲国"之建设日本所取之态度,及对其承认之不违反国际条约。报告书亦排斥简单回复原状之事,然帝国政府则认维持"满洲国"为必要,且列国亦应迅速承认"满洲国",对其发达予以协力,俾安定满洲之事态,置远东于和平之境,实为唯一之方法。报告书第九章中之原则第十,有使中国本部国际共管之虞;同样第十章中关于满洲之诸提议,使满洲成为变相的国际共管之事,殊为"满洲国"及日本所不能受诺。满洲之军备撤退,有反使酿成该地方之不安及混乱之虞,且中国又无强硬之中央政府,实不能适用。对于"满洲国"无同情之态度,有搅乱安定满洲之危险。然则努力于安定现下满洲之事态,岂非真正之经纶乎?

英伦报界观察不同

【伦敦二十日路透电】 伦敦《星期泰晤士报》讨论日内瓦问题时,称"世界现正置于锋利之快刃上",倘令国联通过莱顿报告书,则将遭遇日本退出国联之威胁,且裁军会议前途现仍未定。英著名记者施蒂德氏讨论此事云:"倘令日本退出国联行政院会,则行政院与特别大会将考虑是否应维持本年三月十一日特别大会一致通过之决议案,且应予以维持至若何程度。又美国与其他国联会员应否加以遂行,因该决议案曾援用非战公约故也。如日本拒绝莱顿报告书,勿论其是否退出国联,将造成一最严重之情势。裁军会议之命运,亦将视国联对于莱顿报告书能否坚持为判。"又电。《观察报》评论国联行政院会二十一日接受莱顿报告书事,称"据日代表松冈之宣言,吾人明瞭此事件之核心,在给予满洲自治之明确性质如何。松冈曾用'地方自治'字面,非正式预示日本之要求。日内瓦开会时,在莱顿与松冈以外,无疑将有他种之意见发表。惟吾人预料,不至有任何不能调停之歧见"云。

(《大公报》,1932年11月21日,第三版)

155. 社评：日内瓦此会与中国

自昨日起，全世界视线又集中于日内瓦，此自为现代国际政局之一大事也。然由某种意义言，乃与中国无涉。日本否认莱顿报告书，使日内瓦各国代表为之紧张与悲观。虽然，此岂因中国而然哉！本案现在所以成为国际大事者，因问题已扩大为日本对国联之直接冲突。国联约章相约会员国之互保，而日本侵略；国联行政院以调解会员国争端为职责，而日本不受；莱顿调查团之派遣为国联调解之最后手段，其报告书为调解之最后方式，而日本竟不承认。于是国联穷矣。而国联者，在日本或不需，在英法等则必要，虽纸虎乎，但究为现在国际政局不可缺之组织，裁军也，战债也，经济会议也，世界几许国家和平幸福所关之重大问题，方赖此组织为之推进，而日本竟抹杀其权威，否认其调解，使国联精神上、事实上皆陷于难境，于是各国皆穷矣。全世界注目此会之结果，而认为国际大事者，徒以此也。

是以由某种意义言，此会结果如何，对于中国之困难，绝不能畀以任何解决，或径可谓毫无关系。何则？目前日内瓦之问题，徒为国联与日本或各国与日本间之问题，至中国吃亏，早已决定，未来困难，尚须亲尝，不论日内瓦此会如何，中国本身之境遇，无所改变故也。夫微论莱顿报告书之建议案不能贯澈！即贯澈矣，东三省权利亦尽归日本，在中国为名存而实亡。况国联与日本之间，若调停妥协，则中国吃亏更甚，或决裂散会，则中国失土依然。是以国联与日本之间，能否调停，或径决裂，在国联，在日本，在各国，皆为有重大利害关系之问题。故在国际政局，为有重大影响之问题，独于受害者之中国，则由某种意义言，乃关系最小，影响最轻。此似奇矫之谈，而亦为事实之论也。

且日本之目无中国也久矣！九一八以后，凡日本行动，皆以国际为对象，非以中国作敌手。依其愿望，早大举动员以侵中国沿海矣。当九一八之始，日本尚轻视问题，及国联十三对一、美国一七宣言之后，乃认为国家大事。然后政党推翻，军阀专政，大举备战，以应非常。此皆为对国际，非对中国也。日本此次意见书丑诋中国之非国家，其辞荒谬，令人发指。然日本之意，岂止此纸上之攻击哉！彼盖欲事实上以其兵力做到中国之非国家、无政府。中国人民闻其毒言而发指，岂知日本之毒，更不止于言哉。

中国为国联会员国，有义务，有权利。况一年以来，中国时时守国联决议，事事纳国联调停，而结果如此。是当此国联本身义应对本案作最后裁处之时，中国当然严守其壁垒，伸张其理由，鸣日阀之罪恶，呼正义之声援。故我政府之郑重将事，各代表之努力折冲，事皆必要，理所宜然。虽然，凡此皆外交上技术的问题而已，中国真正问题，并不在此。愿问当局者及国民！今姑不推断国联及各国如何，盍先自问自责中国欲如何？及能如何？伦敦某报昨论本案曰："世界究系法律统治，抑武力统治，将视此会而定。"此言甚警，实则早可明白下一断语：世界是武力统治，非法律统治。此日各国间之言法律，徒以武力解决之未达最后时机，而日本对中国之抹杀法律，则显因恃其武力万能。此事早明，何待讨论？吾人但问我国自身，九一八以后之一年，果作何努力？而今日以后，更拟如何自存？日本挟其武力，占我疆土，咒我非国家，而我只口口声声三大公约，翘首侧耳，以注意日内瓦议场之一举一动，朝三暮四则喜，暮四朝三则愁。此等生活，究欲继续几久？况今日者，国联之寻常手段已穷，而日本之侵吞欺凌无已。以目前言，关内都会依然到处笙歌，独不悟似此无备，何地不可作吉黑？而淞沪之炮火，何时不可再受哉？现政府人，年来政策，以"剿匪"安内为先，今"匪"势蘖矣，如何绝政治的造"匪"之源，如何积极振刷以御大患、雪奇羞？此绝对为本身自办之事，国联会议丝毫不能与以援助者也。日本军阀备战有素，尚以为不足，而盛倡非常时期之政治，况受害之中国，真处非常之时，外交、内政、军事、经济之非常计划及步骤，果为如何？此岂能亦望诸日内瓦者！事急矣！毋问国联，速问自己！此本文区区之意也。

(《大公报》,1932 年 11 月 22 日,第二版)

156. 国联形势五里雾中，中国要求迅予解决

【日内瓦二十日电】 本日顾维钧晤国联行政院主席狄凡勒拉，盼国联对东北问题取迅速及最后的决定。颜惠庆接见报界，声述希望国联勿使中国沉沦之意。

【南京二十一日下午十时发专电】 外交界某要人谈，国联行政院会议不仅讨论中日问题，是以除秘密会议及讨论其他问题外，对莱顿报告书则定二十

三日开始讨论。我国希望能根据事实,作公正决定。意见可以反对,事实不容巧辩。日本于去年九一八遽然出兵,占领东三省,事实所在,非强词夺理所能诿卸责任。莱顿报告书以东北领土及行政主权属于中国为原则,即包涵九一八事件日本应负完全责任在内。国联如觉世界公理未泯,应根据莱顿报告书东北领土行政主权属于中国之原则讨论,并应令日本负九一八、一·二八事件完全责任。日来日内瓦方面对于讨论程序一层已起争辩,足证日本心虚胆怯,希望中日问题行政院讨论后不复转交十九国委员会及国联大会。盖各小国一致同情于我,反对日本武力侵略。惟中日问题是否转交十九国委员会及特别大会,在国联本身组织上自有其相当使命。我国惟望其能依照组织与会章进行,勿为日本强词夺理所动摇。我国外交当局对日本致国联对莱顿报告意见书,必要时将加以反驳。日本称中国无组织,不成为国家,试问有吉来京呈递国书,究将作何解释?但我国既重事实作根据,故其强词夺理,于各国洞悉其奸之下,亦不能发生影响也。

【上海二十一日下午九时发专电】 宋子文因蒋将返京,二十一晨偕端纳返京,出席午后外交委员会。

【南京二十一日下午六时发专电】 宋子文二十一日午由沪乘机来京。据谈:"国联开会,我代表团将随时电京报告,外委会亦决自今日起随时开会,讨论指示方针。国联此次为中日纠纷谋最后解决,前途趋势如何,吾人不必预测,尽我所能,全力应付。全国人民应竭诚信仰政府之外交,最后胜利谁属,甚易判断也。"

【南京二十一日下午九时电】 日政府对莱顿报告之意见书,十八日已提送国联秘书厅,并定二十一日正式发表,内容荒谬绝伦,措词横蛮无理,开国际外交文电未有之奇态。现国联方面对日意见书已引起极大反感,美国业已予以驳斥。闻外交部以日意见书虽已于本月一日经我政府某要人驳斥,但值兹国联开幕伊始,仍有痛驳之必要,现已草拟驳斥文件。

【南京十一日路透电】 宋子文夫妇本日乘飞机由沪抵京。预料氏至少须留京一星期,与政府领袖商日内瓦情形。

【日内瓦二十日日本新联电】 行政院会议第一日之会程如下:(一)主席狄凡勒拉致开会辞;(二)主席报告经过;(三)松冈演说;(四)中国代表演说。中日代表演说后,不即入于讨议,而暂告散会。两国代表之演说,大约午后一时完毕。

外交委会昨有会议

【南京二十一日下午九时发专电】 国联行政院会议二十一日开幕。闻行政院会期约有两周，我国代表顾维钧出席，将来特别大会开会时则由颜、顾、郭三人出席，而由颜任首席代表。闻外交委员会今日下午在外交官舍曾举行会议，有所讨论。在国联行政院会议期间，该会每日均将举行会议，俾对国联行政院会议之发展逐日研究讨论，训令我代表团遵照应付。

颜代表谈我国态度

【日内瓦二十日路透电】 本日下午颜惠庆于接见各国记者时宣称，中国政府无意企图推翻莱顿调查团之报告书。中国对于各点虽不能一一赞同，但认争执之一造，不愿挑剔调查团报告。该团系由双方赞同之著名人物所组成，尤甚者此事真相至为瞭然，中国将不至宣布不顾莱顿调查团之劝告，采取一种直接违反莱顿建议之方针，或坚持一种方针，直率蔑视国联与对于条约之义务。"吾人亦不至声称军阀主义为一纯洁与荣誉之事物。吾人抗拒日本之军阀主义，迄今已有一年。吾人准备延长与加紧此种之抵抗，遇必要时或将依赖武力主义，俾领土脱离侵略。但吾人憎恶武力主义，嫉恨战争而憧憬和平。吾人来日内瓦系请国联予吾人以和平与正义，不幸吾人有理由可以相信日本军阀不欲和平而欲战争。彼等视日内瓦之讨论并非公允解决之方法，而认此为再行获得迁延之机会；并欲对于外方之干涉，获得一种消极的国际保障，在彼等对华不宣而战之局势下，重新进行一更野心之阶段。吾人对国联保持信义，并信时机届临时，国联各会员国对吾人亦保持信义，毫不加以犹豫。"颜氏暗示，中国于不得已时，或将被迫援用国联盟约其他条款。氏于征引莱顿报告书中之长文语句后，郑重申述中国政府"近顷应付共产主义之显著成功"。嗣谈及满洲情形，谓满洲对于日本移民不能适合。又称在日军侵略前，从未闻有所谓独立运动。并于结束时称，中国与世界期待国联迅速确切的行动，以获得一种解决办法之时期，今已届临，中国在国联盟约下，得享受此项权利。又称彼确切感觉日本欲延缓解决，俾在军事观点上得令事态恶化。此种策略，不应令其占胜。最后国联对于举世之景仰，应给予一种证明，使人知国联将为公理与正义而努力，并有胆力，敢作决定，且能将此项决定加以执行云。

中日问题应交大会

【南京二十一日下午九时电】 国联行政院会已于二十一晨开幕。闻外交部已接日内瓦代表团电告,莱顿报告书将于二十三日提出讨论,以便二十一二两日讨论手续及程序等问题。闻日方意见仍主张中日问题由国联行政院解决,反对提送十九国委员会或特别大会讨论。测其用意,盖以行政院会议只由常任理事及非常任理事国参加,换言之,只有大国参加,日方于活动上较为便利,特别大会时则大小会员国五十余国均须参加,各小国对日本之侵略政策向来抨击,于日不利。但当本年二月十二日我国根据国联盟约第十五条向国联提出申诉,请将中日争端提交国联大会,并经国联大会开会受理,故中日争端之讨论早已移入国联大会之手。此次国联重行集会,中日争端本应即由大会讨论,但以莱顿调查团系行政院所派出,故不得不先由行政院加以讨论。至最后讨论及解决之权,仍属诸大会。故日代表虽在日内瓦活动,企图将中日争端由行政院处理,但各国殊难同意。

【日内瓦二十日路透电】 日本对于莱顿报告之意见书发表后,此间感觉远东事件渐达危机,各方颇感悲观。日政府之意见书明白表示日本不愿接受莱顿建议,故行政院依据国联会章第十一条所规定之调解步骤不能再行施展。此后事态之进展,无可挽回。国联特别大会前曾委任十九国委员会,考虑中日争端,因此行政院之活动,仅限于调解办法。日本意见书及中国颜代表之宣言发表后,行政院之调解既不能成立,嗣后当由十九国委员会决定召集特别大会日期,并考虑对莱顿报告应采何种举动。逆料行政院会议时,中日代表对于程序问题将有激争。

莱顿演说否认伪国

【日内瓦二十日路透电】 本日莱顿爵士自日内瓦电台向全世界作广播演词。氏称目前时间至堪焦虑,但彼希望自满洲吹来之风暴,可用明智的政治家手腕避免之。又称满洲之现状不能认为合于现行国际约章,当前之问题非仅中日争占满洲问题,实乃各国共同负责维持世界和平之原则之存亡问题,此则较诸满洲更为重要。莱顿旋述调查团在满经过之情形,谓调查团对于在满自称为"独立国政府"者,不能加以承认,亦不能承认彼等"国家"之存在或彼辈所司之职守。调查团委员仅能与彼等以礼貌往来,故每次相逢必玄衣高冠,宴会时则互举香槟,以尽宾主之谊也。关于日本承认满洲问题,莱顿称日本承认满洲系属无理,不能因其已经承认满洲而即认之为有理。继言调查团所建议之解决方案,对中日均有利益。因日本若在中国抵抗及全世界不满之下保持满洲现状,所需代价之昂巨可想而知。在中国方面着想,亦有利益,因调查团之建议足以制止满洲冲突之重现也。莱顿末请各国忍耐,信仰国联,用会议方法解决国际纠纷。此种方法虽使世人不耐,但系和解技术所必须之方法。

美国官方深切注意

【华盛顿二十日合众社电】 本日此地消息宣称,明日日本代表在日内瓦国联行政院会议中,以日本在满洲之行动与美国在巴拿马之行动相比较,引起华盛顿官方锐敏之反感。本日美国官方与合众社记者讨论日本策略时,郑重声述:日本在满洲之行动,与美国在巴拿马之活动根本不同。自美国干涉巴拿马革命后,九国条约及非战公约已经缔成。美日皆曾签字于斯项条约,美国政府即遵守此项条约,美国之政策即完全根据此种条约。华盛顿深切注意对莱顿报告之讨论。此地对未来重要讨论,是否确切指责日本违反非战公约、九国公约及国联盟约,颇多推测。在国联行政院及大会采取行动之后,美国政府将再决定是否继续拥护国联对于远东问题之努力,或是否重申不承认违反尊重中国领土、行政主权之义务及国际和平条约所造成之任何既成事实。

英国舆论指摘日本

【伦敦二十一日路透电】 克明斯氏本日在《新闻记事报》发表一文,论及本日国联行政院开会事,称:"此或为国联最后之机会。"氏称日本最后所意欲者,即为退出国联。日代表将尽力引诱国联,俾"满洲国"试验得以成功,大概或将草拟一自由与宽大统治,作为莱顿报告书之一种似是而非的替代物。国联对于此种勾引手段,将否予以摒绝而坚持不动耶?本日为长期试验之开始,以决定一最高问题,判明现代世界上法律与武力之统治孰占优胜。又电。工党《每日前锋报》于评论日本意见书时,称此项文件蔑视国联行政院会指派之调查团,且视行政院会为一敌意的团体,对其权力予以怀疑,对其报告则加讥讪。日本否认国联行政院会与大会有权讨论其行动,此问题现已扩大至中日纠纷以外,国联与整个和平机械之前途,现均悬于孤注之一掷矣。自由党《新闻纪事报》称,日本意见书直率拒绝接受莱顿报告书,或除去其自身用刀尖压迫以外之任何判断,如果吾人所预料。

(《大公报》,1932年11月22日,第三版)

157. 平教界宣言:满案真相已明,须谋积极奋图

国闻社云。北平教育界徐炳昶、傅斯年、沈尹默等五十七人,昨对国联调查报告发表意见。宣言如次。

对于国联调查团报告书意见宣言:

"自去岁国难起后,吾人即持二义:一为谋自身积极之奋斗,二为谋使九一八暴行真像大明于世界。现国联调查团之报告书已发表,其前八章虽于我国民众经济绝交之论点尚不免有瞻徇暴力之处,而由全体言已足阐明真相,与吾人所持之第二义相符合,吾人表示满意。至其与前八章精神完全不合之九、十两章,则因今日国际联盟组织之自身不过为调停国际争端之场所,尚未达到国际法庭的程度,有不得不然之势。和事老人所表示之态度与论调,□极圆到,吾人对其盛意表示感谢。但其所提出之办法,势将割裂吾国三百万方里之土地、三千万之人民,使之陷于国际共管,与人类正谊、国家主权完整之大原则均不能并存,吾人根本不能承认。因吾国与友邦人士努力,破坏世界和平与中国领土之责任,应完全由日本担负,已为世界之所公认。则吾人之第二目的点已经达到,今后即当聚精会神于第一目的点,誓死奋斗。吾人相信正谊必能打倒暴力,而得最后的胜利也。丁道衡、王桐龄、王尚颐、白鹏飞、朱希亮、吴文潞、吴祥凤、吴蕴瑞、吴承仕、李麟玉、李宗侗、李建勋、李照、李季谷、沈尹默、沈兼士、何士骥、柯政和、范会国、袁复礼、袁敦礼、袁民宝、徐炳昶、徐诵明、常道直、孙国封、马裕藻、马衡、陆懋德、陈君哲、庄尚严、郭毓彬、陈中平、张贻惠、冯友兰、童德禧、傅斯年、黄文弼、曾仲鲁、杨立奎、杨仲子、杨宗翰、褚保权、黎锦熙、刘复、郑奠、刘拓、刘运蕃、潘渊、蔡钟瀛、刘玉峰,钱玄同、谌亚达、谢似颜、魏建功、顾澄。"

(《大公报》,1932年11月22日,第四版)

158. 行政院会今日续开，中日问题即付讨论

【南京二十二日下午十一时发专电】 外交界某要人谈，关于日本对莱顿报告书之意见书中所涉，多系专门问题，如援引美国占领巴拿马与彼占领东三省事件相比，及非战公约所载自卫权得超过其土地管辖范围等。外部已依据外交委员会之决定，于二十二日训令表团详加驳覆。日本现仍极力向各方活动，希图国联对远东问题于此次行政院会中作一无关重要而富于弹性的决议以后，特别大会不再提此事，以待时间延长，使此问题得以自然解决。考日方不欲将中日问题提交大会之用意，简言之系为心虚胆怯。盖因行政院会仅十四国代表，且其常任理事悉属大国，人数既少，顾忌又多，决难作有力之解决；至于特别大会，共有五十余国代表，且多属小国，彼等既无自身利害关系，惟知同情于被侵略者，而坦白的说公道话，对日方至为不利也。但从各方面观察，日方此种活动难得行政院之同意云云。

【南京二十二日下午五时发专电】 外部当局认日本对调查团报告之意见书荒谬无理，已草拟驳斥文词。惟不正式发表，而拟用谈话方式。外部今日电日内瓦代表团，对该意见书应驳斥各点电示由顾维钧相机向国联提出。

【上海二十二日下午十时发专电】 刘崇杰今到沪，将与在沪各中委有所会商。

【日内瓦二十二日路透电】 国联中人认为顾维钧与松冈之演说，完全申述双方绝对不能同意之各点，故行政院此后进行将感极大困难，因中日问题内容甚为复杂，不能有直截了当之决议也。

会场之光景

【日内瓦二十一日电】 国联第六十九届行政院会，照例举行不公开会议后，于本午在狄凡勒拉主席下开会。莱顿调查团五委员坐外交官旁听席上，凝视观察会议进行，其面部表情镇静异常，毫无情感冲动。日代表松冈起立演说，抗辩莱顿报告书，演说历一小时余。中国方面则于下午开会时，由顾维钧演说。顾氏措词遒劲，思路缜密，显予会众以极深刻之印象。中日双方发言人于申述其针对之理由时，均使用强烈措词，使国联方面愈为惨淡云雾所笼罩。

一般认国联已接近最严厉之试验,即遥远之解决方法亦无从策划。现时调解歧见之唯一希望,为集中之幕后谈判。据闻此项谈判之核心,即在允许满洲自治之确实性质问题。为便利此项谈判起见,行政院于此项辩论结束后,将不再讨论此种问题。大概于会议将结束时,以莱顿报告交十九国委员会,惟届时须视日本能否取消现时对此举之反对云。

松冈之演说

日首席代表松冈在国联行政院陈述日方理由时,其演词大意与昨日发表之日本备忘录相同。氏称莱顿报告书自大体言之,尤其关于叙述方面,可视作有价值之事实报告,其中有数段日本政府可以完全同意,日方首先需向调查团表示其诚恳申谢之意。但报告书之观察,究不若经长时间研究所得者为适当,"故吾人拟就意见书,希望行政院诸理事予以深切之研究"。报告书对中国情势之乐观,日本不能同意。今日中国状况不如华盛顿会议时之中国,当时中国无共产党之威胁,目前蒋介石努力于"剿共"工作。但中国国民政府与国民党仍未放弃其原有政策,按数年前,该种政策曾使各国增兵上海。目前满洲之不安,实可谓受中国之影响。中国有援助此种不安行动,藉以向世界表示满洲人民之不满。如认目前满洲情势应由日本负责,殊为不公。松冈复谓,自中国接受急进思想后,中国与列强关系并无进步。国民党养成排外意气,努力教青年以排外学说。五千万中国青年受此熏陶,于短时期内将成为可怖危机。日侨在华数年来备受压迫,中国政府利用排货,压迫外人放弃其在华之合法权利。列强既有条约明文不准假用武力,试问行政院会,正式或非正式之排货运动,是否不为国联所痛诋,不受国联之制裁?关于调查团报告书常表示日本确有仇视中国之处,日本觉华方误解日本态度,听信不正确之报告,而徒自恐怖。日本人民向来希望依赖商业发展,度其和平生活,其态度纯属友善,且深望两国能于互助中享受繁荣。调查团报告书曾谓九一八南满路轨被损事,不能认为日本作军事行动之正当理由等语,松冈称,路轨被损事如只从路轨本身受损着想,当然无采取军事行动必要,但调查团未提及九一八事件严重背景。倘令该事件在任何其他时间发生,形势无九一八之紧张,则调查团之观察极为正确。报告书认日军于九一八、九一九之军事行动,并非合法自卫行动,日本断难同意。关于此点,松冈氏援引开洛格氏一九二八年六月二十三日之照会,曾说明任何自主国均有自卫权,且自卫权为任何条约所规定者。氏又称,美上院于通过非战公约时曾有决议案,表示于必要时,施行自卫权之国家或须超越该国之土地管理范围。松冈又引英前任外长张伯伦氏一九二八年五月十九日与同年八月十八日之两函。张氏于第一函中,称英政府意见,认美方之草案并未将一国家于被迫行使自卫权时之行动除外,并注重英方观点,以为于干涉某某区域,其福利与完整成为和平与安全之特别重要利益时,不能予以容忍。氏于引用张氏第二函时,注重其同意于此项条约并不限制或损碍自卫权观点之一节,以及各国单独有权决定何时在情势下有必需为此采取战争手段之观点。日本政府在此项显明之保留下,认日本军队之行动完全系为自卫。非战公约对此权利有明显之谅解,对于任何国家并无疑问或加以反对。日本前此未将满洲问题提交国联者:第一因全国舆情不容外方之干涉;第二因国联程序辄不免迟延,满洲日侨之状况因此将受严重之损碍;第三因西方人士在开始辩论时,情势或已趋严重,日本希望获得解决,坚持或嫌太久;第四当情势决裂后,一切事件均自然发展矣。松冈对于满洲为中国领土完整部份一节,不肯同意,谓从未有任何被承认之政府统辖该地。彼对调查团主张满洲恢复原状必难满意一节,表示同意,但对该团以维持现在新政权(指伪国)亦难得人满意一节,完全不同意。"满洲国"之建立乃唯一可能的解决方法,此日本所以予以承认也。松冈又称:吾人如一味顾虑,选择另一可能之解决方法,或有使远东情形趋于严重混乱之可能。此足以摇动满洲之信用,且必鼓励中国作发生骚动进一步之活动,吾人不得不一加顾虑。松冈氏对于调查团怀疑独立运动真伪之声明,特加驳斥。松冈宣称,"满洲国"之建立,本不由日本之帮助而成。彼断言此事之发端,乃因人民屏弃张氏政权之公意而起。由松冈氏之观察推断,该团似于各方供给该团关于此事若干之消息,竟予忽视。彼切称,日政府曾禁止日本文武当局加入建立满洲新政权之企图,该团似被怂恿而接收张学良系所作之陈述,彼对此颇引为遗憾。松冈氏引"满洲国"近来所臻之惊人进步为例证,内包含财政预算情形。松冈论及现在土匪情形,谓若令日本对于满洲所发生之事负其责任,实有失公允。松冈又谓,倘令中国全部或单论满洲能统治适当,而日侨生命权益可不遭公然破坏,日本不采用何种变更可也。日本采取自动的行为乃为自卫,及至日本采取行动时,独立运动亦自动发生。松冈氏引希腊那佛立奴之事件为对照,该处为偶发一弹,而惹起自卫之还击,卒肇端希腊之独立。氏又称,日本对于满洲结果不能负责任,但中国及张学良之政府必须负责。此乃彼等之所为,非日本所为。此事系不顾吾国屡次警告而发生者,日本既不违反国联盟约、九国公约,亦不违反非战公约。松冈请求行政院须少安毋躁,行政院对华既慨然持以忍耐,对日亦应尔尔。松冈氏复于结尾时称,吾国不愿与任何国启战端,吾国不愿扩张领土,吾国非侵略他国者,吾国深愿吾之最大邻邦臻于福利云云。

顾代表演说

【日内瓦二十一日路透电】 中国代表顾维钧本日在国联行政院演说,首先讨论日代表松冈之演说。氏称倘吾人尽信松冈所云,吾人当相信日本直似中国口中之驯羊,所幸莱顿报告书所言与此相反。氏对于松冈之论点若干保留批评,谓彼只愿讨论其中之一两点。彼称纵令假定松冈之声明为正确,试问日本军事侵略,其具有理由究至何种程度?倘吾人解释非战公约一如日本,则吾人保持此种工具究有何益?吾人以为解释自卫之意义与性质,按照非战公约之条款较为安全。顾氏又宣读中国政府对于莱顿报告书表示意见之详细声明书。氏对于日方当初阻止其以调查团中国参与代表之资格视察满案肇事地点,或设法呈出中国证据予该团所施之无理限制及禁止,表示不平。氏以日本参与员在中国本部各处游历所享之自由为对照。中国在建设途中所遭之困难虽不一端,而其最大者,即日本屡次阻止其建设达于成功之企图。日本虽无一日不向世界抱怨中国缺乏统一,然更坚决寻求阻止中国统一之政策,此足引起日本果真愿见中国统一之疑问。氏又称日本每以中国统一为日本开拓政策之障碍,而引为杞忧。日本之大陆政策,乃数世纪以来日本军阀遗教之结晶,其目的在以中国为其征服亚洲之初步。此种大陆政策乃远东和平一种真实威胁,其危险性格外巨大。因其背后潜伏挟有现代最强战争机械之军阀,藉暗箭伤人之手段,而寻求其政策之完全实现。顾氏称因抵抗日本毫无忌惮的侵略政策故,始有抵货举动。对于此种自动的群众运动,世上无一政府能完全加以不顾。况此系一种合法自卫手段,中央政府未便不加默许。虽然如此,因政府限制排外行动甚严,自日人侵入满洲以来发生意外之事绝鲜。顾氏继称,在此情形下,中国政府即令认排斥日货日商为合法,并采取更一致之方法加以实施,或亦不得谓为无有理由。中国所以未出此者,实因保持自制与温和政策耳。排货之有组织的施行是否与友谊关系冲突之问题,于另一先决问题解决前不能发生。该先决问题即日本无端侵入中国领土,对日关系能否依然视为亲善也。顾氏引证莱顿报告书以证中国之断言,称沈阳之变日本无在邻近处所采取军事行动之理由,同夜又占据长春、吉林、营口,更无理由。顾氏对一九三一年十月锦州事变唤起大众注意,作为日本军事当局缺乏信义之佐证。日本既将锦州、吉林及满洲其他地方政权破坏,依然不断抱怨满洲缺乏秩序。顾氏引证莱顿报告一百二十七页,关于该团所认日本所施之民族同化作用以及恐怖情状之过程一节,实与日本当局对于国联所发之庄严保证相反。氏先提及一九三二年一月沪案后,继称厥后日本极端蔑视条约之明显实例,即日本不顾背弃盟约上之庄严义务以及国际条约,与其对行政院屡次之誓言,即径行正式承认"满洲国"是也。顾氏称,此问题必须在下次国联特别大会得一解决,中国政府对于莱顿报告书赞成其所持态度,表示满意,此项态度即中国与任何其他国家之讨论,必须以中国在国联盟约与非战公约下所享之权利为根据。凡符合此项伟大原则之任何建议,中国政府均愿加以接受,作为讨论根据。中国政府保留向日本要求其侵略行动之赔偿。根据国联去年九月三十日与十二月十日之决议案,日本政府所负之撤兵义务仍无变更。此项撤兵举动仍属根本解决纠纷之主要先决条件。欲以公正态度讨论解决纠纷之道,不得不先承认一种需要,即首应停止军事占领之压力,以及在此期中用武力造成之既成事实的压力也。

顾氏结束时宣称,莱顿报告予满洲情势一明白详尽之叙述,现时国联应采取敏捷有效之行动。惟有按照国际约章明显规定之正义与公平原则,迅速有效的解决争端,中国始能希望纠正其冤屈,而世界和平工具方能获有保障云。

今日继续开会,程序问题我国已得胜利

【南京二十二日下午九时发专电】 外交界息。国联行政院会二十二日将解决程序问题。日方主张由行政院解决中日争端之一节,外交部早已训令日内瓦代表团反对。闻行政院方面关于程序问题,对我颇表同情。盖中日争端之讨论,在法律上早已操于大会之手。大会既于今春组织十九国委员会,则中日争端自应由行政院交十九国委员会讨论后,送大会讨论。此开会后第一争执,我方可望胜利。

【南京二十二日下午九时发专电】 国联行政院二十三日开会,将由莱顿爵士致词,对报告书作详细之解释,继以各国代表演说,此为国联行政院正式讨论莱顿报告书之开始。据外交界观察,莱顿二十三日之演词与其十九日之广播演说,将为同一之内容,而更扩大详晰。莱顿演词中所述调查团不承认所谓"满洲国"及日本承认"满洲国"系属无理一节，外交界认为至为公正，且极关重要，并信行政院必能接受莱顿之公正意见，于会议闭幕前正式声明不承认"满洲国"。至莱顿所述用会议方法和平解决纠纷，亦致无穷之期望于国联，而希望其迅速圆满实现云。

【南京二十二日下午九时发专电】　确息。日内瓦我国代表团二十二日有电到京，报告国联会议进展趋势。称国联行政院二十二日未举行会议，二十三日上午继续开会。首由莱顿爵士致词，对日政府之意见书加以答复，继由各国代表发言，对日代表质疑询问，并询日代表对中日争端，日政府是否有和平解决之意，然后休会至十六日再行开会。二十六日开会后，行政院即将莱顿报告书及本届会议纪录移送十九国委员会讨论。对程序问题，我国已争得胜利。

....

（《大公报》，1932年11月23日，第三版）

159. 国际形势渐趋明显，英、美一致关系重大，国联行政院会之第二幕；有吉到沪称日本无意直接交涉

【南京二十三日下午七时发专电】　二十三日下午外委开会，讨论内容闻系：(一)顾代表来电，行政院对中日问题讨论程序虽未决定，但大致已赞成我方主张，提交十九国委员会，是否须要求即行召开；(二)我国对国联调查报告之意见书，提交秘书处，性质等于声明书，需否再提特别委员会；(三)顾访英外相西门，商谈甚久，大致对调查报告书第一章至第八章，行政院将加以决议，确认事实，其第九、第十两章建议，则留待特别委员会决议。行政院二十三日下午三时开会，京中须二十四日晨方能接得日内瓦电讯。在开会期间，外部员司均坐以待旦，批阅日内瓦代表团来电。

【南京二十三日下午十时发专电】　外部发言人称，中日问题，我方对国联所要求者非仅为程序问题，而重在责任与赔偿。莱顿报告书中对此虽无详细叙述，惟我方已由顾代表提出。如此中心问题能解决，其他均可迎刃而解。

【上海二十三日下午九时发专电】　有吉二十三日晨九时到沪，日使馆人员均迎往。有吉谈：中日直接交涉，日方无此意；国际委员会，日本不参加；返

国并无何种建议云云。有吉携有日政府对越界筑路案新训令。

【上海二十四日上午三时发专电】 国联二十三日开会后,即由松冈发言,专对顾维钧二十一日演说答辩,否认有田中奏折及大陆侵略计划,又谓中国在受压迫时始行排货一说非真相,但常以此向列强勒索让步。

【日内瓦二十三日路透电】 日本首席代表松冈二十三日下午赶至会场,已稍误时,喘气不止。稍事休息饮水后,主席狄凡勒拉始宣告开会,随即请松冈发言。松冈谓彼保留关于其他事件此后发言权,今日下午彼将仅对中国首席代表顾维钧博士二十一日所谈略有申述。顾氏曾谓据松冈所言,日本为中国口中一驯羊,松冈谓彼绝无此意,且无人可设想日本为一驯羊。顾氏称如日本对非战公约意义之解释可予以接受时,该条约之价值将完全丧失,松冈极力否认此说。彼继即对顾氏二十一日向大会朗读之中国方面意见书加以批评,谓日本并无中国代表所称之大陆政策,中国无须有此种忧虑,因该种事实将仅见于梦中也。二十世纪中日本仅有一人曾被称为日本之拿破仑,有战胜世界之幻想,及派员往征大陆,但此人之计划已完全失败。日本可扩充其势力范围之机会甚多,而日本向未利用此种机会,其唯一理由即日本之酷爱和平心殊为坚决也。顾氏曾历述多数日本政界要人之言论,以证明日本所谓侵略心,余(松冈自称)不愿讨论此节,因行政院同人均可明瞭,任何人均可集合任何国政界要人不经心而发表之言论,而可以最严重之罪状加诸该国之身云云。

我代表团提交备忘录,各国代表考虑应采步骤

【日内瓦二十二日哈瓦斯社电】 出席国联行政院中国代表团,今晨向国联秘书厅提出备忘录三件,请转致国联大会会员;第一件述东北因日本军事行动所受之物质损失及人命之伤亡;第二件斥责"满洲国"之征兵制,闻该项军队为灭绝中国义勇军;第三件报告日人在东北之活动,彼等强迫东北中国组织签字,承认"满洲国"借债。行政院必俟明日下午始能进行中日争执案。今日各关系代表团与行政院各委员审查中日双方所交之公文,各方须一日半之时间,考量应采之步骤。此时之情形,简要胪列如下:(一)中日代表之宣言,是否须互相答辩;(二)双方代表皆欲先事详细审查昨日交行政院会文件,再定进止;(三)关于某某点是否应与现在日内瓦之调查团会商。一般以为无需调查团参预,然遇有报告书内所述之事实被中日某一方攻击时,调查团势不得不加以辩白,因报告书内容毫无变更之必要。明日开会时,莱顿或被邀对全部问题向会议报告。行政院各国代表,除中日代表外,是否于演说时有所表示,尚不得知。各国代表似欲俟中日案呈至十九国委员会时,再发表意见。一般相信,各关系方面及行政院会员将有接洽云。

【南京二十三日下午九时发专电】 外交界息。国联行政院今日会议完毕后,即行休会,明后两日将在会外接洽程序问题。预计本星期六再行开会后,即将通过之莱顿报告书及本届会议纪录移送十九国委员会讨论。但日代表对此仍极反对,本星期六会议时,或将投反对票,惟其余十三国均将投票赞成。按国联会章,决议案之成立,必须全体同意,始能生效,但手续及程序问题,只须三分之二同意票即发生效力。故日代表虽反对,亦不能阻止实现移送十九国委员会之计划。

列强各国无重要声明,特别大会下月初或召集

【日内瓦二十二日路透电】 明日行政院会议程第一项为讨论中日纠纷,下午三时半开会,报名发言者仅日代表松冈一人;第二项讨论非洲拉比利里问题;第三项讨论但泽市之波兰货币问题。本日中日纠纷之讨论,限于代表团间某某代表之私人谈话。一般代表团考虑今后应采步骤,极形忙碌。因目前情势微妙,故谈话范围均守极端秘密。据现时所能证明者,即各较小国家代表团迄今未披露意向。惟在明日行政院会中,各较小国家大致似将不发表演词。一般预料,会中将由日本代表答覆顾代表宣言,华方或将再予以驳覆。大概莱顿爵士亦将乘机答覆关于报告书之批评,但任何列强似均不致作重要声明。据国联各方建议,称此项问题应转付华盛顿条约签约国会议讨论,而邀请苏俄参加。但据可靠消息,苏俄不愿参加任何此项会议,美国亦不欲直接参加讨论。美代表方面对目前情势顷正予以极密切注意,据闻美代表挪门·台维斯明日将与华代表共餐。国联最负责方面虽不愿预测行政院讨论之时期长短与经过程序,但据某方面声称,行政院会于本星期末可将此事作一交代。此间消息灵通之《万国新闻》强烈主张,行政院会不应以交换意见并将莱顿报告及行政院意见书提交大会,即作为竭尽盟约第十六条下规定之调解职责。据消息灵通方面讯,国联特别大会或将于十二月初召集。国联方面毋宁获得一种印象,以为松冈与顾维钧陈述中日双方理由时,代替在莱顿报告书中探求某种双方同意之点,而专注重绝对不同意之点。一般感觉,此点将令行政院之工作极见困难。无论如何,凭此等问题性质之复杂,当不能获得一种明显之决定云。

英美一致否认伪组织，美国宣布政策影响重大

【伦敦二十三日路透电】 顷在日内瓦之《新闻纪事报》政治主撰克明斯氏之印象，以为自上次国联会议以来，颇有重大改变。氏承认此次得悉一般舆情，对日本确见强硬，并强烈决定不用不履行之手段使国联盟约屈服。据克氏意见，英方或将尝试使行动缓滞，但将赞助发表宣言，拒绝承认"满洲国"并拒绝与"满洲国"之发展合作。据伦敦《泰晤士报》长文社评，称国联行动在远东未尝不生效力。该文意见，以为倘无国联，则中国北部极有发生大规模战事可能。顷间中日双方均有声诉。日本原可抹煞国联，顷正尽力与其和解。国联行政院会不能判决有罪或无罪，因双方对于情势之剧转均不能无咎也。但吾人应重视者，即国联应认明何者彼能做到，何者不能做到，不应尝试越出该机关能力所及之范围。国联不能以一举笔之劳，将"满洲国"复化为中国之行省；反之，国联必须确切拒绝承认"满洲国"，因其存在与莱顿报告书冲突，而须根据报告书以获得解决也。前上海《字林西报》主笔格林氏投函《泰晤士报》，述及中国国内情势，请国联必注意莱顿报告书某一方面，因一般眼光集中于满洲问题，有被忽视之危险。氏指陈，该报告书申请国际合作助中国内政建设，其所占篇幅较对于满洲解决方法为多。氏结论称，国联对此，在其经历中，获有最大之机会，故对报告书应整个的而非片段的加以接受云。

【日内瓦二十三日路透电】 此间接华盛顿来电称，虽美政府于国联讨论中日问题时严守静默态度，但据可靠方面表示，如国联保持其拥护中国态度，则各国可一致拒绝承认满洲，因美国政府向来均反对承认满洲也。上项电讯传抵日内瓦后，此间袒华方面为之雀跃，因斯蒂生不承认满洲政策于此时重行宣布，实极关重要。素来袒华各方闻此消息，意志将益坚决，而袒日各方得此消息，定有莫大影响。闻我代表顾维钧正从事起草一备忘录，驳斥松冈洋右于二十一日会议时所述各点。

钩心斗角，日政府策略：反对提交国联大会讨论

【日内瓦二十三日日本新联电】 审议中日纷争之国联行政院会议已决定二十三日午后三时续开，目下提出发言通告者仅松冈一人。松冈之发言通告系为反驳二十一日会议席上中国代表顾维钧之演说，顾代表对此若再予以反驳，则大论战将由此而展开。又电。二十二日午后十时，日代表松冈、佐藤及

泽田、伊藤、杉村等集合开会,以二十三日行政院会松冈之演说草稿为主题,协议至深更。又电。二十二日夜之日代表会议,其后长冈、松平两氏亦参加,自十时起协议至次晨一时余。会议结果,关于二十三日行政院会松冈之演说,决定不用草稿,而采自由演说,避开琐细之议论,由大体予以反驳。惟关于细目须逐一反驳者,则用书面提出行政院。

【东京二十三日日本电通电】 据日内瓦方面情报,国联方面以日政府之意态异常强硬,满洲问题势难于短期内在行政院中获得满意的解决,故多有主张将此问题移交大会解决并召开十九国委员会者。关于此事,日外务省虽尚未接官电报告,但据日方意见,以为满洲问题决无使中日两国断绝国交之虞,故反对适用盟约第十五条,将此问题移交大会讨论。剟莱顿调查团既系由行政院会所任命,则行政院会自当充分尽其审议报告书之义务,故即依此理由,绝对反对在未经行政院会作实质的结束以前,即将此问题移交大会讨论。设行政院会主席不顾一切而竟出于斯举,则日方将坚持其主张,而于移交大会事件在行政院会讨论时,即为促国联方面猛省计,似将令日代表团退出日内瓦。外务当局对于最近二三日间之情势,颇为重视。

(《大公报》,1932年11月24日,第三版)

160. 顾代表再痛驳松冈,日方竟阻莱顿发言,昨日续会莱顿驳覆日本

【上海二十五日上午二时发专电】 二十四日国联行政院会,顾代表续驳松冈。顾氏言论引起会议室中极大印象。德留蒙将沪商、银各会去电散与各理事及会场中人员,均为感动。

【南京二十四日下午六时发专电】 国联行政院二十四日继续开会,将先由顾维钧发言,对松冈妄言继续答辩。莱顿亦定出席发言。日代表对莱顿出席致词曾表示反对,谓调查团工作已了,无须再任莱顿发言,后决定仍请莱顿致词。

【南京二十四日下午八时发专电】 外交界息。国联行政院二十三日会议,因日代表发言太多且反对莱顿发言,致莱顿爵士未能按预定计划致词。二

十四日下午三时半继续开会，莱顿将代表调查团答覆日本之意见书，各国代表亦将相继发言，中日两方代表并将有一番舌战。闻我代表顾维钧将于下星期一对松冈之荒谬演词作一总驳覆。

【南京二十四日下午十二时发专电】 日内瓦电。莱顿领导下之调查团二十四日开会，讨论中日代表对报告书均已发表意见，行政院予以修改机会，究竟有无修改必要。经讨论结果，以调查团报告历时数月方成，且曾经全体通过，故认为无须修改。

【南京二十四日下午九时发专电】 国联讨论中日争端之程序问题，因日代表坚决反对移送十九国委员会及特别大会，现正由各国代表会外活动。据外交界观察，行政院将莱顿报告移交十九国委员会及特别大会之计划，决非日方之反对所可阻止。惟国联方面甚望能得一致之同意，且日来行政院会议席上中日两方代表均有激烈辩论，致预定程序略形稽延，故莱顿报告移送讨论之期，或将展至下星期初云。外部对日本意见书之驳文早经草就，惟因日代表松冈此次在国联会议席上所发之演词系日意见书之轮廓，业经顾代表痛驳无遗，故外部之驳文决中止发表。

【日内瓦二十四日哈瓦斯社电】 国联行政院昨日下午继续公开审查东北问题。松冈与顾维钧二氏，对莱顿报告书均有新意见提出。相信行政院为考虑此项事宜，或将所有文件移交国联大会特别会议。中日问题之解决，有二种趋向：（一）于十二月初召集大会，同时举行特别委员会，专为审查莱顿报告书，该委会即于明年一月二次大会时呈交决议案；（二）或由十九国委员会自行审查莱顿报告书，则大会只于二月间开一次会议，宣判对东北问题最后之决定。据会议方面传说，中国代表对此二种办法咸无异议，然日方认为只有全体大会方能有和议之成效。惟无论如何，此案必须照盟约第十五款施行。十九国委员会之数小国，拟于大会以投票法决定计划，如：（一）通过莱顿报告书前八章；（二）声明不承认"满洲国"；（三）组织一审议委员会，邀请美国参加工作，该委员会即审查莱顿报告书内之建议，以期谋中日争执之解决。

【南京二十四日下午六时发专电】 宋子文二十四日午，假国际联欢社欢宴美、法、德、义各使及英、比代办，由罗文干、徐谟作陪。关于国联讨论中日纠纷事，宋代院长于随便谈话中表示中国政府之意见，并对日本发表对莱顿报告之声明书及松冈在国联演词有所评议。宋对各使关心中日事件，南下来京，表示谢忱与慰劳之意。

松冈之谬论

【日内瓦二十三日路透电】日本首席代表松冈二十三日下午赶至会场，已稍误时，喘气不止。稍事休息饮水后，主席狄凡勒拉始宣告开会，随即请松冈发言。松冈谓彼保留关于其他事件此后发言权，今日下午彼将仅对中国首席代表顾维钧博士二十一日所谈略有申述。顾氏曾谓据松冈所言，日本为中国口中一驯羊，松冈谓彼决无此意，且无人可设想日本为一孱弱之羊。顾氏称如日本对非战公约意义之解释可予以接受时，该条约之价值将完全丧失，松冈极力否认此说。彼继即对顾氏二十一日向大会朗读之中国方面意见书加以批评，谓日本并无中国代表所称之大陆政策，中国无须有此种畏虑，因该种事实，将仅见于噩梦中也。二十世纪中日本仅有一人曾被称为日本之拿破仑，有战胜世界之幻想及派员往征大陆，但此人之计划已完全失败。日本可扩充其势力范围之机会甚多，而日本向未利用此种机会，其唯一理由，即日本之酷爱和平心殊为坚决也。顾氏曾历述多数日本政界要人之言论，以证明日本所谓侵略野心，余（松冈自称）不愿讨论此节。因行政院同人均可明瞭，任何人均可集合任何国政界要人不经心而发表之言论，而可以最严重之罪状加诸该国之身。松冈氏谈及所谓田中奏议事，竭力宣称决未有此奏章，亦决未呈奏日皇。此全般事件为可笑之杜撰，彼等感觉无须否认。彼（松冈）与田中甚为密切，知其决无此项上奏。氏请行政院会注意，一九三零年王正廷氏曾允采取充分步骤，设法防止此种伪制文件之流传，发生搅乱影响。但顾氏现时请会众注意，一似其真实性毫无疑义者，中国官方颇有矛盾。此种小册纷纷流入美国，即大小各学校亦均收到，作为所谓日本政策之佐证，但熟知此奏议措词者，将明瞭其定属伪造。氏当即征引奏议中若干处，证明其说。氏述及一例，谓日皇病甚，不能过问国政，故不能召集会议，如该小册中之所述。又谓，伪造该奏议者显然不知地理，例如在某一处所称距菲岛一箭之地，实际则相距有一千七百英里。有若干华人，显因其利用外人易欺之成功，又发表其他文件，名为《日本拓务省奏章与会议录》。此等文件之价值，行政院会自身即可判定。氏谈及抵货运动，称如谓中国仅于彼感觉为列强所欺侮时方组织抵货运动，殊属不确，中国且用以逼迫与勒索列强让步。氏称抵货为变相战争，并引述顾氏所称抵货为和平态度之自卫，谓华方实际将承认抵货之合法，"余以为此点至为严重"。氏唤起注意，称抵制美货为中国第一次之有组织的大规模运动，近年来以此有效的对付列强。氏又征引美方函件,称美政府声述此项运动为敲诈的非正式与非法之外交手段,且为得中国政府同情之敌意的行动,清政府在职责上应予以制止。氏郑重称,美政府为执行此项观点计,曾训令太平洋舰队准备,于是在二十四小时内将此项运动制止。氏又列举其他不能谓为反对日本任何侵略者之对日抵货运动,又谓抵制美货事,更非反对任何美国海陆军侵略事件。

松冈氏对于顾氏所陈"中国内地加害外侨之事件绝鲜"一层,称倘行政院一查此种事件之纪录,可以自获结论。近十年来中国学校中连同幼稚园在内,广布排外主义,彼谓目前排外之背景与庚子义和团相同。日本曾屡对国联,唤起注意。此种对五千万儿童施行排外教育,乃国联应立即提起之适合问题。倘任其继续进行,吾人将遭遇较义和团运动更烈十倍、二十倍之祸殃。为华方本身利益计,中国领袖对于此等可怕影响应当警觉,即无此类教育,中国人民已有足够之困矣。

松冈演词经翻译后,又继续发言。氏述及田中奏折,谓行政院某理事对田中曾严加指斥,行政院同人应知,吾人不能凭检举之词,即判定某人或某国为有罪,而应按照以下规律,即"吾人在被证明为有罪前,均属无辜"。氏续称,日政府从未违犯各项条约,遇必要时,彼等准备对此节在行政院会中说明其观点。松冈称,日方对于中国之强盛与统一,从未有所恐惧,彼等会尽力协助中国,恢复和平。日本之政策,即尽力运用其力量,以维持东亚和平。华方时常不顾事实,提出不负责之指摘,此事常系出于故意。但此项指摘既系在行政院会发表,则日本意欲此种宣言得有证明,"吾人心中赞助中国现时之统治,并不亚于美国,吾人曾挽救中华民国,孙中山遇险时,曾亡命日本"。

谈及反对日本之中俄同盟条约(一八九六年缔结)时,松冈称:"俄国在此条约下,能以极迅速手段侵入满洲,日本无抉择余地,惟有一战。当吾人为自身生存而战争时,并恢复俄国所占之满洲部分,将其奉还中国。在该战役中,吾人肩重大之财政负担,讵不值一谢?倘令在日俄战事结束时,吾人得悉有此秘密同盟之存在,吾以为日政府将要求将全满割让,而今日更无满洲问题之可言矣。吾人不能确保有一日不另缔一秘密同盟,直接对付日本之生存问题。"

谈及顾氏申诉请国联迅速采取有效行动事,松冈称日政府观点,以为国联在采取任何仓卒之步骤前,应当深思。氏向行政院会确称,再度犹豫,并不致令满洲之三千万华人,多遇流血事件与苦痛。此辈人民所享受之幸福与快乐,实较优于居住在兵匪猖狂之中国之四万万人民。中国代表宣言谓如有延缓,其意义即为流血与苦痛,因此彼对于此和平机关(国联),不能不感暗中之威胁。氏并再三向行政院会确陈,延缓讨论并不至发生如此之影响。

顾代表答辩

松冈发言后,中国首席代表顾维钧起立,谓时间已晚,争辩之点甚多,彼拟于下次会议时,一一予以批评。但彼愿于数点,作简略之陈述。关于田中奏折一点,松冈未向会场说明该项奏折所提之政策,即为日本近数十年来之政策。田中本人创成所谓极积政策,事实俱在,空言无补。以该奏折诚系捏造,则捏造者必为日本人,因除日本人外,另无他人可想出此种凶恶政策,且该项政策,已为日本近年所切实履行者。顾氏提及"二十一条"事,称最初日政府否认该事,并谓系中国所捏造,但最后日本亦只得承认其为事实。得如此经验后,中国对田中奏折,不能不寒心。松冈谓抵制外货等于变相战争,诚如此言,则中国深愿日本抵制华货,而不以武力侵占东三省(全场大笑)。松冈谓,日本向系协助中国统一,请问其计划如何?是否用进攻上海之手段乎?或飞机轰炸无抵抗之城市乎?甚至此时日本军队仍在与反满洲军队作战,将领土中最富庶之部份,强使其脱离中央政府,宁得谓为帮助中国统一?犹之拐去一家子女,宁得谓为帮助其家?顾氏因时限关系,旋即结束其发言,将其余各点保留。顾氏演词,于驳论松冈某某数点时辩才敏捷,且措词圆妙,始终无一丝笑容,博得行政院会甚隽颖之印象。松冈氏答覆顾氏,请其不必声辩田中奏稿,但申明其主张。继称:"予所以论此者,因在下次会议中,君可明瞭予之请求。"

延莱顿入席

旋由议长狄凡勒拉延莱顿入席。狄氏咨询国联调查团团员,聆得中日两国之见意,是否觉得该团之定谳有修正之必要。狄氏请求该团委员开会,尽速作答。在狄氏作此请求后,松冈表示意见,称该团已停止存在,故无发表任何意见之资格。狄氏谓,该团于奉令解散前依然存在,故可发挥意见。松冈反对狄氏之主张,称彼不能加以接受。狄氏称,此系惯例。顾氏对于邀请调查团发表意见一层表示赞成,谓予该团此种机会方为公允,但请求必先允其完成彼对日案辩论。狄氏对此,当即同意。松冈重行声叙,调查团不得发表任何意见,且谓倘日本之解释不对,彼准备加以放弃,但彼认不对一节,颇可怀疑。狄氏又称,刻下并无主张调查团应当修正报告书之拟议,但倘调查团愿加修改,自当有此机会。旋由莱顿发言：自本团各团员分别归国后，并未开会。彼对被邀请由该团批评中日意见一节，事前并未与闻，但愿告知行政院，是否于听得此项意见后，有修正报告之必要。彼准备与其同僚，本此目的，明日开一会议，加以讨论。顷悉莱顿偕其团员，曾徇主席之请列席，但无席位。狄氏称，除日本表示保留外，行政院刻已对此节表示同意，彼希望尽早接到此项陈述。松冈复以强调声明日本之反对，并坚请予以记录。行政院旋即转而讨论但泽币制问题。以现势度之，行政院似至少须再开会两次，然后方能决定采取第二步办法之决议，但可望于本星期结束本届会议云。

顾昨日演说

【日内瓦二十四日路透电】 行政院二十四日下午三时半开会，顾维钧首先发言。顾称，松冈昨日演说，关于满洲问题似无直接关系之争点颇多，为节省时间计，本人（顾自称）对于此种争点暂不答辩，拟用书面形式详细答覆，本不愿效法日本代表提出枝节问题，虚费时间。关于田中密奏问题，顾称，证明此种文件之真实，除非调阅日本政府卷宗，外人当无其他证据，但今日之满洲状况，即田中密奏最好之明证也。顾旋引松冈所著之《满洲独立运动》一书，于是书内，松冈谓田中奏章乃日人所伪造，故即使田中密奏全属子虚，亦系日人所伪造。密奏之真伪姑且勿论，而田中对华之侵略政策确系事实。顾请行政院会员细读田中奏折，然后与今日之日本对华政策作一比较，则可明瞭此项文件之重要。松冈昨谓中俄在日俄战争前缔结密约，危害日本，顾氏称日本自身于一九零九、一九一零、一九一二及一九一六等年，曾与俄国缔结密约，日本所缔结之密约，当不止于外间所已发现者云。松冈昨谓满洲人民较前更为安乐，顾驳称，自去岁九一八以至今日，日机屡次轰炸中国村落，日军惨杀无数平民，在此情况之下，有何安乐可言？顾旋讲到中日争执之正题，据称在讨论之前，数项问题必须答覆：日军九一八之行动，是否为自卫起见，非也；"满洲国"之独立，是否出诸人民之自由意旨，非也；日政府屡次郑重声明撤兵，已否履行此项允诺，未也。但中日是否可以和平解决？顾答曰是。顾请行政院会员谨记上述各项之重要答案。顾又谓日本与"满洲国"缔结同盟，系属违反九国条约。吾人对于事实问题，不必再加争辩，因全部事实，均在吾人之前，即莱顿报告是也。对于莱顿调查团之调查结果，吾人此时若再加争辩，则解决中日事件，将无时日矣。关于九一八前，日本何以不将争执事件提交国联审理，松冈昨日曾加辩述。顾驳称,若依松冈所言,则一国之舆论,将为国际间一切是非曲直之唯一标准耳。顾问日本所希望之中日问题之解决究如何?答曰:日本欲于中国灾祸相乘、世界经济危急之际,为所欲为,无所惮忌,故日本认九一八为绝好之良机也。日本所谋之解决,乃日本偏面之解决,九一八事件即日本式解决中日问题之初幕也。日本肆意妄为,中国权利及世界和平均所罔顾,此种态度,适合于现代世界之精神之国联会章岂可任其撕毁乎?九国条约仅为要人签字之纪念品乎?吾人倘欲以和平方法代替武力解决国际纠纷,则吾人对于日本之挑战,不得不有对付云。顾末促国联维护国联会章以及世界和平之工具。顾今日演说,兴奋异常,与昨日态度显然不同,各国代表均获深刻印象。

(《大公报》,1932年11月25日,第三版)

161. 莱顿报告书的讨论,《外交月报》专号出版

《外交月报》第四期最近出版,系"国联调查团报告书专号",对莱顿报告书作具体的讨论批评,分章逐节的研究,刊录报告书全文,并附吴涤愆君对外交部译本的译文正误,报告书原文的错误,亦逐一指止,甚有价值。卷首有胡适之的序文,以墨稿制为梓版刊印,颇为名贵。各文执笔者类皆学者、专家。当兹日内瓦讨论莱顿报告书之时,允为国人参证研究之读物。全书共四百页,每册四角,本报代办部及国内各书局均有代售。

(《大公报》,1932年11月25日,第四版)

162. 社评:国联今后之趋势

国联行政院会议定昨晚结束,移交十二月五日之全体大会。此为本案一大关键,将来趋势已大体可知,兹试述之。

日本此次之战术,第一为阻挠移交大会,欲使行政院先制成一袒日之决议案。其故有二:(一)行政院理事多大国代表,日本希望用政治的方法缓和列强,达其目的;至全体大会,则绝对无疏通操纵之可能。(二)大会决议不必全

体一致。据国联约章第十五条第十项："大会之报告书，除相争各造之代表外，如经联合会出席于行政院会员之代表并联合会其他会员多数之赞同者，应与行政院之报告书，除相争之一造或一造以上之代表外，经该院会员全体赞成者，同其效力。"会议既多数取决，日本更无从把持。

其次，日本希望先击破莱顿报告书，尤其关于九一八事变责任问题及伪国制造问题。其战术欲使行政院大国代表怵于日本脱盟之威吓，不坚持莱顿报告书之见解。故连日会议，力阻莱顿之被邀发言。然其计不遂，莱顿委员团已自行开会，其答覆行政院，大抵谓报告书无修改之必需。

就国联地位言，日本之战术，有必败之运命者也。国联处理本案一年余矣，不问日本如何，国联只有依约章及过去决议案行事。一年来屡次之决议与宣言，莫不郑重覆述约章第十条之责任，即"联合会会员，担任并保持所有联合会各会员之领土完全及现有之政治上独立"。今年二月十六日，行政院十二理事致日本之紧急请求书，及三月三日特别大会开幕主席法代表彭古之致词，又皆郑重声明："凡不顾该条文而侵犯国联任何会员国领土完整、变更其政治独立者，国联会员皆不能认为合法有效。"故否认日本分裂中国领土，乃国联铁案，日本任用如何手腕所不能变更者也。莱顿调查团为行政院所派，今其报告书既证明伪国之非民意矣，行政院何能再倾耳于日本一面之词，以变更报告书中之认识？故松冈之阻挠莱顿发言，其跋扈恣睢之状，徒增加在会各国之恶感而已，无他效也。然行政院既受日本恫愒而不能作有效之解决，则当然移交大会。盖本年二月十九日行政院本已通过决议，据中国请求，依照第十五条第九项，移交大会，而三月十一日大会组织之十九国委员会，现仍继续存在。且是日大会之决议案，本包括中日争端之全部问题，其规定十九国委员会权限第二项，为"注意一九三一年九月三十日及十二月十日行政院决议案之履行"。是以莱顿报告书虽系致行政院，结果当然移交大会，日本阻挠，徒为无益之举耳。今试就移交大会后之形势判断之。第一，莱顿报告书之事实部分，大会将不加改动，伪国非民意一点，自为大会所同情。第二，关于解决方法之部分，不独日本反对，中国亦另有对案，故此点将有讨论及争辩。然大会所采用之原则，要不能违背约章第十条，易言之，必不能抹杀中国在东三省之领土主权。是以现在趋势，日本与大会必正面冲突，且为日本所无可疏通。盖争点已到约章第十条有效与否之根本问题，微论一般会员国必坚持护约，即二三大国亦断不能轻受日本之恫吓，无疑矣。说者或虑因美国反对缓付战债，致法国寒心，影响国联处理远东问题之力量,不知此为截然两事。欧陆国家之中以维持国联为国策者,法国实其领袖,现内阁尤尊重国联。目前之问题涉及国联根本,美国反在局外,故无论法、英,终不能舍弃国联最后之立场,可断言矣。然则国联大会可以实际解决本案乎?曰:是则不然。盖结果有三途:其一,日本至最后变更态度,略尊大会公意;第二,日本一怒而果宣布脱盟,同时积极对华捣乱;第三,大会虽决议,而日本实际不承认,但亦不脱盟。由现在观察,恐第三途最近似。日本虽宣传脱盟,但事亦非易,名实的国际孤立,非日本今日之所能堪,然同时绝无悔祸之意,而又期料国际强力干涉日本之难,故结果恐既不守决议,亦不退出国联。中日全部问题,实际恐仍俟今后之推演。就国际论,英国态度殆为问题枢纽;就中国本身论,严防不测之袭,自示立国之道,为一切根本矣。是以国历正二月,乃九一八以来应付国难之最重要时期。目前之外交战,皆剧中节目,去全剧结束尚遥远也!

(《大公报》,1932年11月26日,第二版)

163. 行政院预定昨晚结束,下月五日开全体大会,宋子文否认直接交涉之谣

【南京二十五日下午七时发专电】 二十五日晨十时,外部接顾代表来电,报告二十四日行政院会情形。电中并述会议时决定二十五日下午三时半续开时,由莱顿及顾报告。最初松冈反对甚力,后比利时、西班牙、英国各代表相继发言,主张莱顿应出席致词,松冈遂亦让步,惟要求莱顿报告后,日代表须有发言机会。我代表亦要求于松冈发言后,得再起立发言。

【南京二十五日下午九时发专电】 据消息灵通者谈,国联行政院二十五日会议由莱顿致词后,有力谋结束说,俾将全案移送十九国委员会讨论后提特别大会讨论,以免中日两方代表舌战,徒费时日,致误中日问题之根本解决。

【南京二十五日下午十时发专电】 国联行政院会议开幕后,对南美波、巴冲突及但泽自由城管理问题已议定解决办法。关于中日事件,各国代表决于听取莱顿意见后作一建议,提交十九国委员会讨论。如松冈不故意捣乱,使时间延长,二十六会议当可闭幕。

【南京二十五日下午十时发专电】 国联行政院连日开会,讨论莱顿报告。日方竟大施造谣,谓中日问题有直接交涉之可能云云。宋子文以行政院代院长资格,与外长罗文干二十五日晨在北极阁宋氏私邸,接见美、法、义公使及英、德代办。谈及此事时,宋正式声明:"中日直接交涉说绝对不确。每次国联开会,日方均谣传直接交涉之说,已司空见惯,不足为奇。现中日问题已入国联之手,国联应迅速谋一适当之解决,并维持国联本身及盟约之尊严"云。

【南京二十五日路透电】 中国政府正式宣布,任何中日间开直接谈判解决满洲纠纷之提议,中国均绝对不能接受。

【日内瓦二十五日路透电】 据闻,顷间决定于下月五日举行国联大会,希望行政院会讨论可于今晚结束。莱顿调查团昨晚举行会议,今晨将再开一次。

【日内瓦二十五日路透电】 据云,国联当局已决意于星期一招集十九国特别委员会。如此说属实,则国联全体大会将于十二月三日举行。

【日内瓦二十四日路透电】 英方人士观点,认日方反对莱顿调查团团员发言,系由于误会,并感觉调查团为行政院会之仆夫,而非一批评者或主人。一般认中日问题不久将直接提出大会之情绪渐渐增加,惟此问题或有经由十九国委员会正式提交大会之可能。据指陈,行政院会处理此项事件极为困难,因行政院之决定必须一致,故以国联大会处理此事最为切实当行。英外长西门大概将于明日赴伦敦与麦克唐纳协商,数日内再返日内瓦。

【又电】 莱顿调查团将国联秘书厅委员室开会。据最近表示,调查团团员或能于晨间拟就对行政院会之答覆。倘令如此,则除非本日下午顾氏与松冈演词有由调查团再加考虑必要,则莱顿大概将于本日下午答覆行政院会。(续电)莱顿调查团会议于十二点十五分停会十余分钟。当时莱顿仍在委员室中,大概系起草会议经过纪录。会议于十二时三十分重开,团员对纪录将予以同意。一般印象,渐认调查团对报告书大概将不与修改。

【日内瓦二十五日路透电】 国联行政院二十五日下午四时举行公开会议,将波利维亚与巴拉圭两国纠纷及爱若克与西利两国边界问题报告毕,随即开始讨论中日问题。日本代表团有书面报告,声明日本对莱顿调查团参加行政院会议事之意见。日方谓调查团将报告书草就交诸行政院后,其职务已告终结。日本不反对调查团代表在行政院会议时有所询问,但日本认为调查团代表无权对中日两国代表在行政院间所发意见予以批评。日本首席代表松冈二十四日所发挥言论,于意见书中再重新申述一遍。松冈于意见书中,谓如调查团愿修改报告书,日本并不反对,但所修改者限于报告书中之不明瞭处。松冈谓如日方不断向调查团质问报告书各点,则会议时间将延长过久。

【日内瓦二十五日路透电】 行政院将日本意见书予以备案后,请调查团主席莱顿出席发言。莱顿爵士应主席之请起立,谓如调查团报告书能有助益于行政院,则调查团同人中[衷]心欣慰,除此而外,调查团不愿于报告书外再有所表示。主席问行政院各代表,有无询问事件。捷克代表称,最简单之办法,即将整个中日问题移交国联全体大会讨论,彼欲保留关于此点发表意见权。主席问各代表,是否欲稍候再将中日问题交诸全体大会。彼谓由事实方面着想,中日问题似不适于在行政院中讨论,且将此案交大会后,行政院各代表可有机会发表其对调查团报告书之观察。根据目前已发表之言论,中日问题得以迅速解决之希望甚少。中日两国代表并无双方同意点,俾行政院同人予以有益之批评。彼深望中日代表现时所持态度,并非中日两国政府之最后态度,且如有澈底解决中日问题之办法,希望中日两国勿拒绝之。如中日两国中有一国与世界舆论相对抗,使国联工具不得尽量施行,或以不合作方法阻挠国联工作,则吾人决不能宽恕此种行为也。

【中央社日内瓦二十五日电】 行政院会多数主张将中日争执移交特别大会。我国代表同意于此主张。日代表团向东京请训,大会下星期一续开。

调查团将坚持原说,松冈力阻发言无效

【日内瓦二十四日路透电】 国联行政院二十四日下午三时半开会。中国代表顾维钧氏对日代表松冈演说驳斥后(顾演词已见昨报),日代表又开始演说,谓:"华方刻已实际上承认其对于田中奏稿并无真确凭证矣。现在使予相信,顾氏对予所陈述该伪造文件系无聊日人之捏造一节,已表示同意。一国出席行政院负责代表,何以不能证明真伪,竟自提出一严重之诉状?"松冈氏旋又对华代表已承认中国政府帮助排货一节,唤起行政院之注意。松冈氏并对莱顿报告附件中载有中国政府对于排货之密令,及该报告中之其他秘密文件,一并唤起行政院注意。松冈称,顾氏责备本代表提出枝节问题,而彼则巧于提出枝节问题。松冈对于顾氏对彼所提主要问题所出之答覆特加反驳,并称:日本向来忠实拥护国联,成绩俱在,自可证明;中国仅于见到有利用国联达其自身目的时,表示援助国联。日本本忠于国联,只要查得与其国家之存在以及其维持远东和平之政策不绝对的抵触时,则希望依然忠于国联。松冈声明彼保留以书面供献意见权后,主席狄凡勒拉称时间已晚,本日可无庸继续讨论调查团报告书,但彼仍将予双方以发挥意见之相当机会。狄氏谓,调查团各代表应出席行政院会议,并对于行政院会所提任何质问予以答覆。松冈问此种质问是否仅限于报告书及各方对该报告书之批评,主席答称,二十三日之建议,乃问调查团各代表于中日代发表意见后,彼等对报告书内容有无修改之意。松冈谓,如行政院与调查团可对东三省问题互相问答,则实出乎调查团权限之范围,且如此办法果真实行,会议时间或将延长逾月,亦未可知,因各代表可有权以报告书以外之事实问调查团也。主席答称,目前问题甚为简单,仅为调查团是否欲维持原案,或欲修改报告书,并不涉及他事。松冈称如调查团决议不愿修改报告书,则彼必将质问调查团不愿修改之理由,此种问题势必稽延时日。松冈与狄凡勒拉诘难多时,松冈坚称调查团与行政院会议毫无关系,主席乃征求其他代表之意见。捷克代表贝尼斯起立,谓彼完全赞同主席意见,觉主席之解释极为公正,调查团之工作虽已完毕,但调查团仍然存在,行政院随时可向该团垂询。西班牙代表马达里亚加氏亦赞成贝氏意见。彼觉听中日代表争辩后,再听调查团之意见,决无不当处。调查团固已草一报告,但如根据行政院之请求,即再作一报告书,亦无不可。调查团仍然存在一点,毫无问题。如因此而会议延长时日,亦固无不可。英国首席代表外长西门谓,此事有先例可援,并述及秘书长德留蒙氏关于此种程序之言论。西门继称,调查团各代表来此地,非为旁听而来,彼等来此自有用处,实显而易见,此来非为协助行政院为何?松冈氏宣称,德留蒙氏所举之先例,使日本观点更为有力。调查团团员列席说明该报告之某章某节,彼并不反对,而大体上参与议程彼则反对。松冈请主席准其以书面提出日本观察。狄凡勒拉当即允准,并发表意见,称顷间必须对于调查团开会讨论是否修正或增加其报告一节,不再持异议。行政院本日下午五时五十五分延会,二十五日下午再开。

(《大公报》,1932年11月26日,第三版)

164. 解决中日问题方案国联大会直接负责，行政院决定移大会讨论

【南京二十六日下午七时发专电】 二十六日下午，国联行政院有不公开会议。二十八日之公开会议，无重要讨论，即将形式通过，以中日问题提交大会。依国联大会三月十一日之决议，系组织十九人委员会，专负设法解决中日纠纷之责任，一切文件亦得由十九人特委会收受，于必要时即可召开大会。此后中日问题，即由十九人委员会商拟办法。日代表虽在请训中，但观察日方不致反对。我方对莱顿调查报告意见及应付日内瓦时局之各种步骤，早由外部训令我代表团相机提出。惟关于日本对莱顿报告意见书已肆意攻讦，我方不愿于此时再作何表示，故由顾氏声明保留，同时则声明接受第九章内之第三项，以取国联好感。此间对日内瓦空气尚沉静。

【日内瓦二十六日哈瓦斯社电】 国联特别大会将于下月五日召集，开会讨论莱顿报告书。又闻国联行政院不顾日代表之反对，已经决定莱顿调查团一时不必解散，解散之期须在国联特别大会以后。

莱顿报告书提交大会讨论，顾赞成，松冈电日请示

【日内瓦二十五日路透电】 主席狄凡勒拉氏请求中日双方慎重考虑，彼等若何可以协助国联。日本已拒绝调查团报告书所建议办法，中国既已接受调查团报告书之不违反国联盟约及非战公约条文与精神部份，彼认为行政院不必向全体大会有所建议，俾予全体大会以充分自由，讨论中日问题。日本代表松冈对主席及行政院同人努力及指导表示感谢之意，继谓："现因行政院自身处置此案，应慎重研究报告书内容，不可轻予批准，且日本根本觉调查团无权有所建议。日本对报告书内容不同意各点，已有数次说明。日本最初提议与中国直接交涉，但中国拒绝，因而局势顺其自然而进展，非人力所能变更。今既如此，余须向本国政府请示。依余个人观察，应根据国联盟约第十一条，尽力谋和解办法。此问题性质过于重要，除中日双方能有同意解决办法外，定无良策。日本希望维持远东和平，并非纸上和平。自去年以至今日，日本一切

行动均根据一种信心,即只有履行承认'满洲国'政策,始能维持远东和平。"松冈末称,彼保留日后发言权。主席问松冈,几时日本政府训令可到,松冈答二十六日下午可到。

【日内瓦二十五日路透电】 中国代表顾维钧赞成将中日问题移交全体大会讨论。关于解决办法之原则及条件,中国政府斯时保留其意见,因目前对报告书其他部份陈述意见毫无用处。惟最低限度,彼认为只有日本代表松冈接受调查团报告书所定原则,即中日问题之解决方法必与国联盟约、九国公约及非战公约之条文与精神相符。松冈谓解决应根据事实(即承认"满洲国")处理此案,中国绝对不能以此事实为解决方式之基础,必依照国联盟约以谋解决,最快方法即移交全体大会。松冈继之起立发言称,顾博士为其老友,并称顾博士所谓事实者,将认国际联盟及世间任何事实。行政院准许松冈向其本国政府请示关于中日问题提交大会事,松冈应允尽力设法。主席提议下次会二十八日举行,全场同意。

行政院主席谆劝中日代表致力于问题之积极方面

【日内瓦二十六日路透电】 昨行政院会议关于程序问题,主席狄凡勒拉发表重要演词。据称:"中日两方对于莱顿报告均已发表意见,而国联大会于本年三月十一日之决议案内,请求行政院将中日事件提交国联大会,故当前之问题,乃行政院是否即将中日问题交付大会讨论,抑或暂缓移交。行政院于本年二月十九日所通过之决议案,已决依照国联会章第十五条,将中日争端移交大会,是以此时负寻获解决方案之直接责任者,乃国联大会也。余(狄氏自称)认行政院内一般意见,均欲特别大会于最短期内重行集会,继续讨论中日问题。行政院会员亦为大会会员,故于召集大会时,仍可有充分发表意见之机会,且于大会内发表意见,更为适宜。余信吾人于听取中日代表言论时,无不盼望其言词足以引起迅速解决中日冲突之希望。但吾人迄今所听取者,未能满足此种希望。日本政府于意见书内并不接受莱顿调查团所建议之解决原则,仅赞同莱顿告报书内所称'徒谋恢复九一八前满洲原状不足解决问题'一节。中国代表团对于解决之条件,保留嗣后发表意见权,目前所声明赞同之莱顿建议原则者,仅第三项原则,即'任何解决方案,必须符合国联会章、非战公约及九国条约之规定是也'。在此情况之下,行政院此时之任何决定,对于大会之探讨解决方针,似无实际援助"云。莱顿继狄氏发言。莱称:"主席及中日代表对于报告书之慷慨陈词,本人代表调查团表示【感谢】。倘调查团之报告书对于国联讨论此项极端复杂困难之问题将有贡献,吾人于愿已偿。吾人于报告书所述外,不欲再加意见"云。主席于闭会前复称:"余为责任所趋使,再行表示希望中日代表数日内所发表之意见,均非两方政府之最后态度。余非特代表行政院发言,诚乃代表世界之舆论。如牵涉中日两重要会员国之满洲事件,不能尽量引用国联和平工具图一解决,或国联之和平策略如横受任何一方且挠,则世界舆论将受一不可容忍之打击。中日两方现均以其意见置于行政院之前,余应代表行政院谆劝两方致力于问题上之积极方面,即考虑准备如何援助国联获一解决也"云。

(《大公报》,1932年11月27日,第三版)

165. 行政院会昨日闭幕,大会决下星期召集

【南京二十八日下午六时发专电】 国联行政院二十八日午开会后,即正式通过将中日问题全案移交十九国委员会。该会接受后,即由主席西姆斯二十九日起召集开会,其会期当在下月初。行政院通过该案后,即宣告闭会。

【南京二十八日下午七时发专电】 外交界息。国联行政院会议二十八日上午十一时半继续开会,今日会议将决议将莱顿报告及中日争端全案移送特别大会。闻日方对此虽已不坚持反对,但亦未全赞同。故今日会议日代表将不投票,其他十三国代表将一致投票通过。按照本年三月十一日国联大会决议之规定,全案之移送,将由十九国委员会接受。但该委员会以有向大会请训之必要,故接受后将首先决定大会开会日期。大约本星期六或下星期一,大会即可举行。大会中将对莱顿报告之前八章决议接受,对"满洲国"亦将决议不能承认。至解决办法,仍交十九国委员会讨论。故十九国委员会将为解决中日争端之总枢。

【南京二十八日下午九时发专电】 二十七日外电推测国联大会趋势,谓将要求中国于国联监视下保障日本在满之权益,并将组织国际行政及军事委员会,实行监视满洲行政,并决定何时日本权益已有相当保障,日军应行退出满洲。官方对此认为只系日内瓦之一种推测,并信国联大会将来亦决不致采

取此种为中国全国所誓死反对之办法。盖此项计划,有损中国领土主权之完整,与九国公约之精神完全相反云。

【日内瓦二十八日路透电】 国联行政院今日上午开会,通过将中日问题交付国联大会讨论。会议时间仅历十分钟。主席狄凡勒拉宣告开会后,宣读松冈洋右来函,略述日本政府致松冈之训令。据称日本对于引用国联会章第十五条及将中日问题移交国联会两事均有相当保留,故日本将不投票云云。行政院会员均无发表意见或提出询问之意,主席遂宣告讨论终结,以将满洲问题移交大会之提案付表决,结果通过。主席对于调查团委员之援助表示感谢,并谓于必要时或将请调查团委员援助国大会。狄氏继谓松冈因认调查团工作已告完毕,曾作保留,行政院已经阅悉。主席旋即宣告闭会,会议时间仅达十分钟。英外相西门因事返英,由英外交次官列席会议。

【日内瓦二十八日路透电】 国联秘书长今日开始与十九国委员会主席西姆斯接洽大会日期问题。大会将于下月五日或六日开会。十九国委员会将于本星期四日集会,大会之会期约在一周与十天之间。现已报告准备发表意见者,有伐维拉(爱尔兰)、柏斯(捷克)、马达利亚加(西班牙)等代表,瑞典、挪威、英、法、义以及南美各国代表亦必发言。大会之辩论,殆半将限于原则问题。众意满洲事件经大会辩论后,各国对莱顿报告以及主要争点,及国联会章曾否遭受破坏,当可表明态度,而使美国明瞭国联之地位,庶可决定其自身之态度。美国迄今认为中日问题为国联之责任,不欲置喙。但国联倘使美国信任国联有解决中日问题之决心,美国或将变更其目前之观望态度,而与国联合作。国联大会闭会时,将使十九国委员会总括各方意见,草拟报告或决议案,同时进行和解步骤。

【日内瓦二十八日中央社电】 我代表郭泰祺昨晚在国联电台广播演说,对中国建设事业之进行及国家基础之巩固详加阐明。今日国联行政院结束讨论中日事件,将提交特别大会。日代表已接到东京政府回训,对援用国联盟约第十五条一节,仍表示反对。松冈声称,日本关于提交特别大会一案将不投票,并称日本对莱顿调查团仍认为不再存在。就各方观测,国联无论作任何决议,日本显将坚持其传统政策而不变。

【日内瓦二十八日路透电】 行政院决将中日问题提交大会后,此间对于此后事态之进展,颇多推测:(一)近有主张于国联外召集独立会议,邀请非战公约及九国条约之缔约国参加会议者,此议现未寝。(二)尚有赞同邀请美俄参加十九委员会者,图使十九国委员会集中努力于根据国联会章第十五条第三款进行和解程序,期于六十天内进行和解。倘于六十日后,该委员会之努力仍无结果,然后再行召集大会,考虑根据国联会章第十五条第四款之应行步骤。上述两项计划,均赖美俄两国之协作。但依据目前情形,美俄似无分担国联责任之意。

日方所传之对策,令日代表勿退出

【东京二十八日新联电】 日政府对国联方针,二十七日对代表团发出训电如下:今后国联大会因小国方面之策动,表面上无论如何呈现大波澜,但大国方面之极东政策业有一贯的决定,代表团对于此点应以充分确信,而予奋斗。(一)美国对于满洲问题确言无容喙国联之意思,而苏俄亦绝对保持独自之立场,故解决中日纷争为目的之国际会议开会,亦无加入之事。(二)以上述之情势而临国联,日本代表团无论如何,于国联内努力说明日本之立场及维持"满洲国"现状有树立极东和平之可能性,以促国联方面之反省。(三)今后国联内因小国方面之恶意的妄动,或有采择不承认"满洲国"之决议案。但对此我国固勿论,即"满洲国"对于此项政击,亦毫不感痛痒,故代表团并无离开日内瓦或退出国联等狼狈的必要,尽可以此自信以临国联总会。

【东京二十七日电通社电】 一般人士均确信,国联方面将在大会中考虑其之维持中日两国与国联体面之解决案。是时日本代表度亦将徇国联希望,提示一解决案。其正在考虑中之要点,大体如左:(一)关于满洲问题,国联宜作成依据中日直接交涉之具体的解决案,而向中日双方提出此项要求;(二)当直接交涉时,须采取确保极东和平所必要之共同动作,并图恢复中日亲善关系,且从速调整外交关系;(三)仍维持华府条约、非战公约等中日关系诸条约之精神。

(《大公报》,1932年11月29日,第三版)

166. 日本左派的莱顿报告书观——室伏高信揭露日政府欺蒙国民的罪恶

日本左派理论家室伏高信，自中日事变以来曾发表多次言论，皆一般日本人所不能言亦不敢言者。这篇文章是室伏高信读国联调查团报告书的感想，载在最近的日本《大众经济》杂志。这篇文章虽然亦对报告书不满，但与一般日本人之见解迥然不同。他说一切帝国主义者均无主张正义和平的资格。这是左派的立场，可不深论。但他同时揭露日本外务省和军部对报告书不顾廉耻的愤怒，及一般日本国民被虚伪的宣传欺蒙，因莱顿报告书而揭开真相。这在日本国内实是不可多得的大胆文字。兹承张君伯筠译寄，特介绍于国人。（记者）

（一）

余所读之莱顿报告书，仅新闻上简略的发表，不过简略之中亦颇充分。

此报告书撰作颇佳，想莱顿定是简洁明晰、贵族高雅、大有风貌之人。但在日本以此微少的文字而能运用自若的政治家，尚无一人，在表现上说，已达到顶点。如日本外务省与军部，不顾廉耻的愤怒，但怒骂都不妨，可是冷静些最好。如果日本踏着正道，内心无疚的来维持日本生命的行动，无需乎恐慌愤怒；列举的确的事实，征求世界的承认，更使全国民众不得有异言。莱顿报告书内之一切事实，与吾等时所耳闻者，甚相差异。如果揭开隐密的事实，读此报告书，吾等想此事为不思议的，或当然的。若感觉并无其他新事实，则非吾所知。

日本一般国民之所知者，仅由新闻上得来之"事实"。例如：张学良是恶汉，溥仪是天才，国民政府是搅乱东洋和平的恶政府，非逐出于东三省不可；日本此次首起者，纯为自卫，毫无野心；"满洲国"之产生，是三千万民众自发的行动，从此行尧舜之王道政治，人人享此乐土；为谋东洋和平与三千万民众之幸福起见，日本绝对支持满洲，使日本忠勇义烈之军人，保守朔北之地；如果世界反对，立即退出国际联盟，纵令日本化为焦土，日本亦要一致团结，唯有一战。

此皆赐与吾辈之教言,恐怕也是命令。

关于内政上的问题,已与吾等一定量知识与讨论的自由,但限于外交与战争,使吾们必须信仰政府。

凡是内田外相的一言一语,即成为日本国民之声;荒木陆相之所言,成为《圣经》上之十诫,而为举国一致的期望。阶级斗争,党派斗争,兄弟阋墙,皆非所愿有。但强劲的举国一致,或可酿成内部的斗争,盖所谓强劲的举国一致,其本体即是内部的斗争。

在重大事变之际,国民的度量须大,态度务须宽容,言论与报导随时给以自由。然若依言论自由而得舆论之机会,仍无余暇应付之国民,诚非伟大之国民。

莱顿报告书未发表以前,日本自己应有充分的反省。国民不知自省,悬崖勒马,其运命诚有灭亡之虞。

(二)

乌鸦本系黑色,鹭系白色,皎然可辨。日本军事行动是否自卫,"满洲国"是否自发成立,犹如乌黑鹭白一样。

余之言尽于此,不过再进一步追求,为裁判官之任务,非政治家所过问。近代帝国主义的国家,例如英、美、法、德各国,其所为之行动,已在被批判之列。

凡近代之大国立于征服欲之上者,口口声声国际正义,然国际正义究施行于何处?是否有施行之可能性?所谓"一块块的石子,一块块的罪",一个个的帝国主义,亦一个个的罪。英国对印度、中国如何?美国对原始民族与黑人以及墨西哥所取之态度又如何?此等国家,有声言和平与人道正义的资格否?

莱顿理应明瞭印度的内容,英国之对印度是否正义?英国人之对满洲,不如报告印度的情形,却是彼等国际的义务。印度之成为英国殖民地,果为印度"自发"之行动,英国官吏使甘地入狱,亦为"自卫"耶?自卫乎?侵略乎?实非一满洲问题,系支配地球五分之一的大英国中第一问题。

国际联盟如果为和平正义之拥护者,未议满洲问题以前,必须先议印度问题,由此如埃及、耶路撒冷、阿富汗、法领印度支那。总之除却日本以外,全亚细亚之问题,唯有从头再议方可。国际联盟与美国政治家诸君,谓和平即为维持现状。彼所谓维持现状者,即维持帝国主义与侵略之合法化,大半亚细亚,恐将永久化于奴隶状态之下。白人为维持世界霸权,倡军缩,订非战条约、九国公约,而又开国际联盟会议。但吾辈必使帝国主义一切暴露,一切从头审议,而世界必须改造,方为亚细亚人之正当要求,即战争亦由此意味而承认之。

(三)

莱顿报告书明被国联多数支持,日本与国联之冲突,已毫无可疑。日本退出国联未必不可,然于必要之际亦可宣战。与美战英战,以全白人为对手而战扑白人霸权之任务,已课于日本。亚细亚解放非伟大之任务耶?纵使日本化为焦土,日本亦不能忘此任务。凡白人之势力,逐出于亚细亚之外。亚细亚非能妥协,甘地所谓不合作,即与白人不合作。俟摧毁白人的征服后,方可谓完全解放亚细亚。

(四)

莱顿报告书限于此处并未提及,掩耳盗铃,似无价值。彼等在谈满洲,同时暴露了自己。批判日本,犹如批判自己。所谓虚伪假善,白人精神必曝露光天化日之下。日本政府之反驳书如何,尚不得知,但日本不能忘却日本之任务,自己最好中止辩护满洲问题。如果日本一定要对满洲辩解,不如仍要丈夫气的改正自己的行动,同时宣露英国于世界所犯之罪,俾其自白。

(五)

何为帝国主义?何为民族主义?吾等必须明瞭。帝国主义之一切行动是不能辩解的,如日本认自己实是帝国主义者,即可堂堂乎宣明帝国主义之必要,切勿效白人之虚伪假善。今日之世界,为帝国主义之世界,处此世界上,除立场于帝国主义,别无他途。日本无需辩解,可将日本之帝国主义宣明于世界。如耻为帝国主义,或有亏于心,于[与]其进一步虚伪辩解,不若自行放弃其罪恶。阴谋伪善与日本主义不一致,日本精神大和魂,亦绝不与此阴谋黑暗虚伪相同。日本人中之任何人,不能使其为此种战争而流血。日本军人非杀人恶鬼,更非为利己心之工具。吾等必本吾等之良心而行动,此即是日本主义,亦是唯一的日本主义。

我们对"满洲国",似不足成为问题。如若日本所谓之"满洲国"依中国人之自发而成立,为伟大之独立国,则"满洲国"必恃本国之军队自卫自守,以本国人民自治自裁。设独立命运不能维持,即可任其灭亡。日本最关心者,即中国与印度。中印为东洋之两大民族,更为世界上之两大民族,与日本相对之兄弟,切勿与二国为敌。若对二国取为敌之政策,难免失败,不但支配日本之运命,更忘却日本之义务。如日本能将中印解放,虽战不辞。战争之价值,亦许起于此两大民族解放之时。但中国尚被军阀支配,外受白人支配,内有军阀专横,必须打倒军阀,而世界亦必自一切军阀内解放。为中国解放,日本竟可参加战争或军事干涉,就中更可使印度脱开英国之羁绊。组织东方联盟,日本为盟主或指导,一定逐出白人在东方之霸权,方为今日之问题。

阅莱顿报告书,颇偏袒中国,其用意之动机及意图为何?不外刺激东方民族之敌对精神,"分而征服",结果显出东方民族结合的弱点。日本万勿以此机会与人,在莱顿未袒护中国前,日本非袒护中国不可。使中国信赖莱顿,不如使其信赖日本。非白人和平,更非日本和平,乃民族自由。日本、中国、印度在被解放民族之上,必建一新东方。日本永久的胜利,置于被解放的东方,勿以莱顿报告书为问题。日本之正当任务,必置于东方解放。仅日本能与白人对抗,其战必胜。依此胜利之荣光,庶可无愧。

(《大公报》,1932年11月29日,第四版)

167. 短评:莱顿报告与日本国民

日本军阀侵略了中国,同时也欺骗了本国的国民。乌鸦本是黑的,鹭鸟本是白的,但是日本国民却已失掉了这种鉴别力。

莱顿报告书的发表,确定了侵略者的罪恶,同时也恢复了日本国民辨别黑白的聪明。"幸迷途之未远,知今是而昨非",这是日本国民应该感谢莱顿诸氏的地方!

读室伏高信对莱顿报告书的感想,便知道日本军阀是怎样的欺骗本国国民了。日本报章是仰承军阀意旨的,所以报上载的事实,都是中国如何坏,日本是自卫,满洲是乐土……内田的话是民意,荒木的话是圣经。至于他们的横暴行为,是一手遮天,不给国民知道的。

(《大公报》,1932年11月29日,第四版)

168. 日本意见书之谬妄——就法律观点的驳斥

【南京二十九日下午十时发专电】 某法律家二十九晚发表对于日政府对莱顿报告意见书，就法律观点批评如下。

（一）采证方法 日人以为调查团对已证实之官方材料，应较诸偶来函札及私人谈话更为重视。殊不知关于九一八事件及"满洲国"成立，愈是"已证实之官方材料"，愈不可靠。盖此所谓官方，其行动正应受调查者也。反之，独立之来源与案情无直接关系者之供词，实供给调查团以唯一可靠之材料。关于所谓独立运动之真假一节，日人之批评尤为无理。按调查团职权在查明东三省居民对于"新国"究抱何感，对于日本进攻有无反响，惟有私人谈话与偶来函札，方能为最好之证据。而此项证据，则显已证明该处人民反对"满洲国"达于极点。

（二）在华外人之特殊地位 日意见书述及所谓"外国在华之特殊制度"，冀以此辩护其在满洲行动之正当。查此项特殊制度非中国人民之所愿，日本政府更不能利用之以为对我国领土及行政完整作更进一步侵略之理由，且任何外国从未有利用此项特殊制度，如日本自九一八以来在东三省及上海所为者。又关于适用"现有和平机关"，吾人以为中国与其他外国间之关系，既愈特殊，则所有中外争端，愈应以和平方法解决。日意见书又指控中国政府曾经宣布意思，以外交以外之手段取消治外法权，并引证中国政府关于此事所颁布之各种法令。按日本人自认此种特殊权利，竟欲使中国成为国际间之法外者，不能享有诉达于和平机关之权，则中国之急于采取取消政策，更何足怪？中国官厅虽屡次发表一切布告，然绝未曾以外交以外之手段取消治外法权。六年以前，中国政府即已开始与日本谈判，修改中日条约及收回日本之领判权。但在此期间，日本人民仍继续享受治外法权之权利，中国政府并未尝以非法手段试行恢复其法律的地位。惟是日本在此过去十四阅月之中，对于我国曾有连次的侵略行为，若我国而非酷爱和平之国家，则对日本之种种行为，早足以为取消中日间一切协定之理由而有余。

（三）"自卫权" 莱顿报告书谓九月十八日夜间，日本之军事行动，"不能认为合法的自卫手段"。日本意见书辩称，"单独一国即可决定某种情形，是【否】需要以作战争自卫"，又称"宣布日本军事手段是否合法之权，惟日本政府有之"。此种说法,自国际法大体而言,未尝无理,但须其政府自身并无其他协定上之束缚方可。今日本政府似已忘却其对于国联行政院一九三一年十二月十日决议曾经赞同,该项决议即所以委派调查团实地调查凡足以扰乱中日间和平之任何情形具报于行政院者也。该调查团关于何种问题应行报告,自有决定之权。国联行政院白里安主席,当提出该项决议案时曾正式宣称:"在原则上无论何项问题,关系任何情形,足以影响国际关系而有扰乱中日两国和平及和平所维系者,经该委员会认为须加研究者,均不得除外。"日本在满洲所采取之军事手段,当然为调查团应行报告之问题。中国业已依据盟约规定,将中日争议全案提交国联,而此项程序,日本亦经同意。去年十二月十日之决议案,日本亦予以赞同。该决议案显然指明国联机关对于争议中之一切重要情形,尤以对调查团所报告者,益有审议案发表意见之资格。由此观之,日本政府虽为抗议,国联仍有讨论及宣告日本军事手段是否合法之权。日意见书又以加罗林案证其自卫之说,但查加罗林案之事实,据奥末汉所著《国际法》第一册第二一八页所载,则日本藉口沈阳事件而进攻满洲,显然不能与加罗林案相提并论。在加罗林案中,英国政府之行动系对英国叛徒而非对外国人民,其事发生于美国边界,为时不过数小时,事后英国军队立即退回。美国政府并不赞同英国之行为,并否认当时有自卫之必要,至英国政府则以违犯美国领土主权,曾正式道歉。倘日本在满洲之行动系仿照加罗林成例,则现时当无所谓中日争端,而无待国联之解决矣。

(四)蔑视国联盟约 日意见书对九一八事件,表示其避用武力、委曲求全之苦心,殊不知国联盟约、九国公约皆可引用,乃舍此不图,而竟诸诉诸军事行动。松冈在国联行政院演说,曾谓:"日本不将满洲交付国联,盖因国民情感不容外界干预。"夫以一国之正式代表,称其政府不能履行国际义务乃因"舆情不许",此实为吾人第一次听闻。倘一国政府能以如此理由,便可自由卸除其自身庄严之约言,则以自由意志而缔结之国际条约,尚复有何价值可言?当日本签订国联盟约、九国公约及非战公约时,日本岂即存心认定其遵守该约等之规定,仅以日本国民情形所容许者为限乎?日本另一托词,则为国联手续迂缓,难期解决。惟据日人所言,彼等积愤已历有年所,则尽有余时,何不早向国联述乎?

(五)伪造正式文件 日本意见书述及一九三一年九月六日,张主任学良致沈阳军警训令避免冲突之电文,并谓"此电苟在实际上果已拍发,则其后来谅必已予取消或并不遵守"。照此说法,明谓中国官方出示莱顿调查团之文书系属伪造矣。中国政府绝对否认,中国政府从未伪造或改损公文,但世人苟忆及有所谓"一九零五年条约之附件",即可知中国无此高妙手法也。

（六）所谓独立运动　关于"满洲国"及所谓独立运动,日本意见书又谓:"当外国军队在场而宣布独立者,在其他国不乏其例,何以世人对之不加疑问?"此言也,在巴尔干各国历史上自可获得相当之证据,但在此类证例中,外国军队之开入,大都为扶助业经存在之独立运动。此类独立运动,并非因外国干涉而发生,而乃存于干涉之前,业已对压迫者为一种公开之武装革命,有时叛徒且自己请求同情各国之干涉。此与所谓"满洲国"之独立运动,纯系外国军队所酝酿所发动所操纵者,决不可同日而语也。

（《大公报》,1932年11月30日,第三版）

169. 大会定下月六日召集,十九国特别委员会明日开会

【日内瓦二十九日路透电】　国联当局正式公布:十九国特别委员会定于十二月一日开会,国联全体大会则于十二月六日举行。

【日内瓦二十九日哈瓦斯社电】　国联行政院既经议决,将中日问题提交特别大会讨论,则十九国委员会即将召集特别大会,解决中日争议。最初以为十九国委员会主席西姆斯最迟明日即可到日内瓦,顷悉比利时总选揭晓后,内阁改组以前,西姆斯似不能离开比京,故西氏明日能否抵此,尚未敢必。会议方面谣传,十九国委员会须俟星期四、五方能召集,故在下月七八号以前,特别大会不能召集云。

【日内瓦二十九日哈瓦斯社电】　国联大会主席西姆斯氏,召集国联大会。会议议程计有:(一)中国政府之呼吁;(二)通过行政院呈会之议决案;(三)推举爱文诺氏代德留蒙为国联秘书长。十九国委员会十二月一日上午十一时开会,专讨论中日问题。

【东京二十九日路透电】　外务省电训日内瓦日本代表,参加十九国委员会与国联大会。

【东京二十八日路透电】　日本对日内瓦之反响,仍无变动。各国继续指

摘行政院会意欲将纠纷交付国联大会,以避免其责任。官方注重,倘令国联认日本关于"满洲国"事,顷闻准备改变根本立场,实属大误。一般公众对于日本被视作对簿公庭之罪犯之说,强烈表示愤怒云。

中日案各国之态度

英

【伦敦二十九日哈瓦斯社电】 昨日英下院有人询问外长西门爵士,莱顿报告是否将由国联大会讨论。西氏答称,行政院已决定将中日案呈交大会特别会议。下院议员提出此种问题,足能表示英国对中日案之注意云。

法

【巴黎二十九日哈瓦斯社电】 消息灵通方面严词否认某外国通信社消息,谓法国鉴美国对战债之立场,将变更其对远东之态度。据称法国之对中日问题只立于国联会员国之立场,最近法代表团在日内瓦之行为,足表现法国之中立态度云。

美

【华盛顿二十八日合众社电】 美国对国际协力解决中日满洲冲突,不愿采取进一步办法,关于上星期国联行政院之发展,不能不表示意见。美国务部发言人称,美政府对于国联处理远东危机完全满意,为表明美国立场。国务部人员称,莱顿报告纯为国联之事务,调查团为行政院所组织,故报告于行政院,对于莱顿报告建议决定采取何种办法,乃国联之事。但此地称,美国拥护国联、努力解决中日纠纷之政策,并无变更。美国将与国联合作,但在明瞭国联采取何种政策以前,不作独立行动。该发言人又称,美政府认美国否认日本占领满洲,斯蒂生及其他人员已有极显明之表示,但美国虽抱此态度,并不能阻止其参加与莱顿等无关之调解中日问题之任何委员会云。

德

【柏林二十八日电】 顷间德报对于远东问题之论调,较此问题初起时所持之独断态度,已大相径庭。各报现多避免作任何确定观点,大概系受莱顿报告书之影响,渐明此问题之复杂性。一般论文均以祈求双方在国联领袖下并遵照国联行政院会之迭次建议,获得同意。与政府接近方面,注重德国在远东无政治利益,仅注意于经济与文化观点,因此极愿见此问题之和平解决云。

(《大公报》,1932年11月30日,第三版)

170. 中日问题移送大会,十九国委员会今日开会通过

【南京三十日下午七时发专电】 十九国委员会一日集会,讨论莱顿报告书。与会各委员发言后,即将决定送大会讨论。关系方面据报,日本要求加入十九国委员会。此间官方观察,该委员会系三月十一日大会决议除开中日两国外所组织,日本如加入,与原决议不符。即使日本如愿以偿,中国亦必要求同样加入。

【南京三十日下午八时发专电】 外交界息。国联十九国委员会定一日上午十一时开会,讨论行政院交议之中日问题,中日两国代表均不参加。闻委员会之会议极为简单,开会后即通过将全案移送特别大会讨论,俟大会于六日开会决议,将全案再交委员会讨论后,委员会始从事讨论解决之办法。

英政府集中力量求解决中日纠纷

【伦敦二十九日路透电】 本日贵族院质问裁军与中日纠纷问题。西锡尔氏请政府对此项事件发表声明,并引日政府赞助国联之宣言加以赞许。氏称倘令日本有意赞助国联,则于危机之严重性将有重大分别。顷间当事方之问题,即彼等是否接受莱顿报告书提议,作为解决根据。氏提及日本曾同意于莱顿调查团之委派及其定,并请英政府尽力赞助调查团。反对党首领彭森贝氏称,目前彼不期待政府关于中日纠纷有何声明。罗式安氏建议各国应共同协助中国,建立一现代的有效率政府。陆长海尔山于答覆时,申述英政府一切力量均集中于探求解决中日纠纷之办法,俾国联以及与远东问题有密切关系之列强均能满意。彭森贝氏赞同西锡尔主张,称日内瓦须举行公开会议。里丁氏盛赞莱顿报告书之重要与其公正持平,以及该团履行职务之态度。氏称此项报告得一般之赞同,其意义并非欲一切均被接受,但除非遇有极有力之理由

与事实外,无一点可加以蔑视云。

【伦敦三十日路透电】《每日电讯日报》评昨日上院满洲问题之辩论,据或谓莱顿报告业已断定日本之侵略罪状,但海尔山勋爵昨在上院所发言论或其他政府人员所发意见,并不赞成上述之论调。目前政府所表示者,仅为英国将续与各国尤其美国疏诚合作。

....

(《大公报》,1932年12月1日,第三版)

171. 王德林反对莱顿报告书:所谓顾问会议决难承认,电全国及国联抵抗到底

【北平通信】 吉林救国军总司令王德林有通电到平,反对国联调查团报告书,声明不承认伪国,誓死抵抗,电文如下。

致全国电 "洛阳中央党部、国民政府南京转蒋委员长、各部院长钧鉴,全国各省市党部、各省市政府、各军旅、各法团、各报馆、各慈善机关均[钧]鉴:德林抗日以来,迄今一载,浴血鏖战,屡挫敌锋。而暴日吞并野心,日益坚厉。其屠洗之凶惨,炸毁之剧烈,奸掳杀戮,实为历史未有之浩劫。嗟我东北同胞,何堪受此荼毒。兹复于冰天雪地忍冻奋斗中,得阅国联调查团报告书。回环披读,愤虑横生,是我政府酷爱和平、尊重盟约之希望,将陷于无充分合理之结束矣。其中如伪国定为无军备区域暨举行顾问会议各节,竟欲使我遭日本铁蹄蹂躏之后,再受国际共管之束缚,酷辣至于极点。东北存亡攸关,为今之计,如我政府果有求存志愿,要当积极备战,全国动员,并电国联,严重抗议,否认报告书内不合法各条,以救垂亡,毋稍顾虑。总之,德林紧逼强邻,只知救国。兹特披肝沥胆,郑重声明:我救国军七万铁血同志,无论政府能否整饬军旅,收复失地,并国联能否主持公允,保障和平,决不仰人鼻息,忍令版图割裂,亦必与暴日长期抵抗,周旋到底,纵至一人一弹,不捣三岛不止。枕戈陈词,伏惟鉴照。救国军总司令王德林叩。有(二十五日)。"

致国联电 "日内瓦中国代表团转国际联盟大会赐鉴:溯自九一八事变而后,暴日侵占我土地,杀戮我人民,屠洗轰炸,无所不用其极。德林目击心伤,

兴师抵御,出生入死,瞬逾一年。而暴日吞并之野心,日益坚厉,嗾使汉奸,组织伪国,近复麕集援军,恃强压迫,势须将我百余万救国健儿铲除净尽而后已,凶惨暴戾,罄竹难书。兹值国联开幕在即,对于中日纠纷,自可得充分合理之公判。惟德林不惜牺牲,只知救国,尚有不得不郑重声明者:我救国军为保存垂亡之东北计,坚持抵抗主义,既不承认傀儡之组织,更不容国际共管之实现,决与暴日誓死奋斗,纵余一人一弹,亦必周旋到底。迨至光复河山,版图完整,了我应尽天职,再行解甲归田。沥血陈词,祈共鉴之。国民救国军总司令王德林叩。有(二十五日)。"

（《大公报》,1932 年 12 月 2 日,第四版）

172. 国联有无解纷权能,关键全在此次大会,颜惠庆请确定延期限度

【日内瓦二日路透电】 十九国委员会兹已决议,将莱顿报告书送交国联大会审议,大会定下星期二集会。观察者咸认为,此乃国联肇造以来,最重要之关头。下星期大会辩论关系甚重,非特可以表示国联有无解决中日问题之权能,且可决定嗣后与国联合作之程度。大会虽将讨论调查团全部报告,但各方所最注目者,厥为莱顿报告书建议。是项建议谅将由大会重交十九国委员会,作最后之考虑。就美国与国联合作问题着想,国联对于"满洲国"之态度极为重要。众料国联将宣告不承认"满洲新国"。其他要点如依据会章第十五条,限定提出中日问题最后之时期。中国代表颜惠庆博士对于此点,颇为注目,故十九国委员会于大会闭会时,即将集会解决此事。闻星期二大会开会时,日代表团或将提出冗长之备忘录,不特回溯以往,且将表示日本对于将来之意见。但该备忘录将不提出任何切实提案。

【日内瓦一日路透电】 十九国委员会与预期相反,于今晨十一时一刻举行公开会议。主席西姆斯氏宣称,行政院会讨论既经竣事,彼在职责上应召集国联大会。彼根据行政院会纪录,得悉各理事在行政院中均不愿发言,但有人表示愿意在大会席上致词。后嗣又欢迎土耳其代表出席十九国委员会。土代表答称,此次得参与委员会,以谋获得一种解决方法,希望能使国联盟约与非

战公约趋于巩固,至为愉快。主席嗣宣读颜惠庆氏函件,内容希望将讨论尽量缩短,因满洲义军与异国侵略军队业经发生严重战事,故必需迅速获得解决。西氏说明国联盟约第十五条规定延期一点,谓颜氏主张须将其确定。氏提议允彼通知颜氏,在目前状况下不能规定任何延期之限制,必须首先听取大会讨论,然后彼方能判定大约需要若干时日。捷克代表贝尼斯氏称,据彼所知,在大会讨论终结后,十九国委员会将及早讨论此项规定延期之重要事件。主席表示同意。瑞士代表穆他氏称,中日问题由行政院会或由大会应付,为合理之举,但后者为国联较完满之机关,故整个问题之讨论应交大会,故一般均认现时不能规定延期之期限。英代表外次艾登氏赞成此项意见,认委员会现时不能规定延期事,须待大会讨论后再定。爱尔兰代表康诺莱氏质问十九国委员会决定延期后,是否仍须召集大会予以通过,氏称此举将稽延时日。西氏称,将此决定提出大会,乃系必要举动。委员会赞同西氏之答覆。委员会于十二时散会,大会定下星期二(六日)上午十一时举行。

【又电】 本日十九国委员会开会时,主席西姆斯宣读颜惠庆氏来函,称调查团报告书现既提交十九国委员会,颜氏希望及早议决办法,提交大会,因国联盟约规定,行政院会应于六个月内作成报告,此项期限应否延长,须即时予以最后之确定。中国政府对延期事认为极端重要,前此同意本系勉徇众请,故甚愿其尽量缩短。氏又称,据中国政府来电,谓日军在满顷与义军又发生激战,满洲中国人民受日军继续侵略之荼毒,此为国联应于最早期内制止日方非法行动之另一理由云。

············

(《大公报》,1932年12月3日,第三版)

173. 蒋电日内瓦郑重声明,绝未主张直接交涉,深信国联必能谋公平解决,大会将通过不承认伪国案

【南京三日下午八时发专电】 中日直接交涉说纯系谣传,前已由宋子文、罗文干向各国驻华代表声明不确。昨日蒋电日内瓦颜、顾、郭三代表,极力否认,略谓:"中日问题现正由国联设法解决,乃有人传称中正个人主张直接交

涉,显图离间国联,故淆听闻。除政府方面已由宋代院长及罗外交部长向各国驻华外交代表声明否认外,兹特郑重声明:中正绝未主张直接交涉,深信国联必能维持国联盟约及其他条约之尊严,为中日问题谋公平适当之解决"云。

【南京三日下午十时发专电】 外交委员会三日下午五时在外交官舍开会,到罗文干、朱培德、陈果夫、贺耀祖、陈绍宽等,议至七时散。

【日内瓦三日电】 我国代表顾维钧今日又以长函致国联,驳覆日代表冈松之声明书,历叙日本在军人统治下之不安情况,并追述日本昔日排外行为之激烈,迥非今日中国所采之合理的经济自卫方法所可比拟。

【日内瓦三日路透电】 此间英、美、法、义代表忙于军缩谈判,中日事件暂处次要地位,但幕后颇多活动。国联秘书处及各小国代表仍极注意中日问题,小国尤其注意美国参加及不承认"满洲国"议案两事。某方认为国联大会不宜通过任何议案,应以全案委诸十九国委员会办理,并谓即此可予国联较大之自由行动,或将较易得到美国之同意。但其他方面均主通过议案,宣告不承认"满洲国",使国联及美国之态度趋于一致。逆料此种办法将得大多数之同意。关于美国参加问题,或谓国联大会仅将授权十九国委员会以平等待遇邀请他国合作,而不指明应行邀请之国家。日政府去岁曾提出程序问题,反对美国参加国联讨论。但日本现已准备加入十九国委员会之讨论,故对于邀请美国加入,谅不再提异议。

确定延长期限须待大会竣后

【日内瓦三日路透电】 中国代表团称,中国当局对于满洲里、海拉尔一带之日籍俘虏,均予以合于人道之待遇。十月三十日满洲里当局释放日本俘虏一百二十一名,上月二十一日复准海拉尔日侨三十八名离境。但日军不顾及日俘虏之安全,反向义军攻击云。

【又电】 中国代表颜惠庆博士,近函十九国委员会主席西姆斯,请求确定延长期限。希氏复称,渠对于颜氏之请求甚为了解,但十九国委员会未悉国联大会之意见前,难于考虑颜之请求,须待大会闭幕,十九国委员会始可从事研究解决方针,同时讨论确定最后延长期限问题。

【日内瓦二日合众社电】 国联大会主席西姆斯致函中国首席代表颜惠庆之结果,预料国联大会努力解决中日纠纷将无限期拖延。西姆斯对颜惠庆要求大会讨论莱顿报告应有期限之答覆,称十九国委员会在知大会观点前,不能考虑一解决中日危机之方案。本日西姆斯通知颜惠庆,星期二开会之国联大会之观点,下星期将提交十九国委员会。十九国委员会接此观点后,即将开始考察中日问题及其解决之可能。根据行政院主席狄凡勒拉之推测,大会将提交莱顿报告书于十九国委员会,命该会起草一解决中日满洲问题之方案云。

(《大公报》,1932年12月4日,第三版)

174. 沪战损失统计共二十万万,将送国联补充莱顿报告,准备将来提出赔偿问题

【南京三日下午六时发专电】 沪战损失,据沪市府统计,直接、间接损失共二十万万。外部正在整理翻译,将训令代表团分致国联秘书处,补充莱顿调查报告第五章,准备将来提出赔偿问题。

(《大公报》,1932年12月4日,第三版)

175. 国联小国代表活动,力主否认傀儡组织

【日内瓦三日电】 国联各小国会员代表连日非正式会商对于中日事件之态度,西班牙及瓜地马拉代表尤为活动。彼等之会商,集中于:(一)最后决议案应由国联大会或由十九国特委会决定;(二)国联应即宣布不承认"满洲国"。又电,我国首席代表颜惠庆应哥伦比亚公司之请,将于明日广播关于中日问题之演说至美国及加拿大。

【日内瓦三日日本新联电】 中国代表团决定本日午后将中政府对于莱顿报告书之意见书提出国联秘书厅,全文四十页。秘书厅接到后,即着手译成法文,预定五日发表。

【日内瓦四日路透电】 国联秘书厅近以"满洲国"来电抄送各会员国,中国代表团业已提出抗议。中国代表团有一长篇文件交国联秘书厅,内容闻系答覆松冈一日之备忘录。

【日内瓦三日日本新联电】 松冈本日午后五时往访法总理赫里欧,关于

中日问题重复说明日本之立场。又电,松冈将于五日正午访问麦克唐纳,业与麦氏约妥。此次与麦氏会见,主要虽为磋商军缩问题,但关于中日问题之审议进展,英国实握有重大关键,故此次之会谈颇堪注目。

杨格发表解决方案

【东京四日日本新联电】 国联调查团美国方面之最高随员欧尔德·杨格氏,二日在《纽约泰晤士报》发表关于中日纷争问题之长篇论文。该论文有使本届国联大会采择可能解决之私案,由此可以看出英美方面真意之鳞爪,极可注目。其要旨如下:(一)承认斯蒂生对于满洲问题根据国联盟约、非战公约及九国条约之主旨而发表之论调,依此将使满洲本来之行政权复兴。(二)中日直接交涉加入中立国之旁听员,使斡旋于双方。此际可注意者,为问题并不一举而求解决,且不限定期间,可使无时不期待交涉之推行。(三)网罗与中日事件有关系之国家,组织国际委员会,根据莱顿报告书第九章记载之趣旨,作制中日纷争之解决案。又该氏于结论称,上述三案虽可得美国之支持,但对于对日经济绝交之事,则绝对不可能。

黔驴之技,图乱观听

【日内瓦三日路透电】 日代表团以"满洲国"外部暨满洲各公团摄述满洲人民对莱顿报告书舆论之电讯多份,通知国联大会。"满洲国"外部电称,阅读满洲居民致"满洲国"之信件等约三千余通,显然得悉"满洲国"获有大多数人民充分热烈之拥护。彼等鉴于政务之猛进,深信前途光明。自"新国"成立以来,以前统治之腐化业已澄清,现时司法方面亦公正有效,政府将军费较旧时削减三分之一,并实行制定收支相衡之预算,安宁秩序亦逐渐恢复。该电继称,莱顿报告书中否认"满洲国"各节,系根据偏见,其中充满矛盾。"满洲国"人确切不能同意该报告之观点,其建议不但不能建立和平,且将令此问题愈形紊乱与复杂。"满洲国"人对于使现时事态变更或阻止"满洲国"独立进步之任何计划,均坚决反对。报告书中有多处表示,该团于莅满之前即挟有解决该案之预定计划。该团在满时,又未能使用积极方法证实人民之志愿,但收受来源可疑之函件一千余通。"满洲国"人对该团根据此项函件作武断草率之结论,实不胜愤慨云。

【北平电话】 据山海关四日下午八时电。日阀又强奸我民意,欺骗世界,近竟胁使傀儡通令各县机关团体,同向国联申诉"满洲国"乃本诸三千万民族自决之立场而成立,对莱顿报告书之观点不能认为系正确云云。各县伪组织迫于权威,已低首遵从。又日军近欲转变国际间对义军之观感,特收买汉奸赴各县,使抗日救国军受其操纵利用。又辽西方面日军派员招收救国军,自带枪马者月饷三十元。我军抗日到底,无应者。

(《大公报》,1932年12月5日,第三版)

176. 对于国联调查团报告书建议之批评

国联调查团报告书已正式发表数日,作者另有《对于国际联合会调查团报告书之批评》一文,载下期(十二月份)《时事月报》。兹但就建议之部分,就一般批评者所未见及而与我国权利关系颇为重要者——如建议领事裁判权与居住权同时并行,且推广其范围至北满、热河等——一伸论之,以供国人参考。

国联调查团报告书可分为二部:一为纯料[粹]叙述之部(第一章至第八章);一为建议之部(第九章、第十章)。在叙述部分,调查团纯本客观态度,持论尚称公允,除对于"满洲国"及中国之经济绝交稍发表意见外,绝少主观之批评。但该报告书一入建议部分,即不免牵就事实太过,不能主持正义,终致引起建议与原则自相矛盾,不能自圆其说。试逐条分论如右。

(一)该报告书于第九章"解决之原则及条件"之始,即声明:"调查团之任务,并不在就该案作辩论,但欲设法供给充分之材料,使国联能得一适合于争议国双方之荣誉、尊严暨国家利益之解决办法。仅恃批评不足以达此目的,必须从事于调解之切实努力。"此种英美人实求是之精神,吾人固可予以谅解,但吾人所希望于国联者,实望其能主持正义,明示此次事变之责任,判断是非曲直所在,以明世界尚有正谊,足为吾人努力奋斗之声援。盖国联自九一八事变发生以来,吾人早已对之失去信仰,国联对于日本一再让步,一再迁就,不特对于中国,即对全世界亦早已威信扫地。故吾人退一步但望国联尚能主持正义,而吾人所望于调查团者,亦在判明责任所在一点。今调查团并此亦不能达到,实不能无令人失望之处。

(二)调查团谓恢复原状,属于"不能认为满意之解决办法",谓"因此次冲突,原系发生于在去年九月前所存在之各种情形之下,故今日如将各该情形恢复原状,亦徒使纠纷重见,且有仅仅顾及全案之理论方面,而忽略其局势之真相之弊"。吾人所要求者,则为先明责任问题,责任问题既明,当然应根据此责任二字,一方面赔偿损失,一方面恢复领土主权。所谓恢复原状,自属正当且自然之事。若谓以前之纠纷仍然存在,恢复原状不过使纠纷重现,则该调查团亦并不否认九一八事变前有和平解决之可能。总之当以恢复原状为先决条件,在此先决条件之下方可磋商其他。

(三)第十章中建议召集一种顾问会议,谓:"应及早召集一顾问会议,讨论并提出一种特殊制度之设立,以治理东三省之详密议案。此项会议,可由中日两国政府之代表,暨代表当地人民之代表团两组组成之。该两代表团,一由中国政府规定之方法选出之,一由日本政府规定之方法选出之。如经当事双方同意,顾问会议可得中立观察员之协助。"(外交部所印报告书二一八页)作者以为调查团提议中之荒谬,莫过于顾问会议一点。报告书在第六章论"满洲国"之结论中,该调查团亦承认:"一般中国人对'满洲国政府'均不赞助,此所谓'满洲国政府'在当地中国人心目中,直是日人之工具而已。"既如此,东三省人民皆不愿脱离中国,东三省既无疑的为中国之一部分,则代表东三省人民自有中国国民政府在,何必再另求所谓"代表当地人民之代表团"?尤令人不解者,代表团且分两组,一由中国政府规定之方法选出之,一由日本政府规定之方法选出之。吾人纵使退一步讲,原则上承认选出代表团,则东三省系中国领土,选出代表团方法自当由中国政府规定,日本以何资格得规定选出方法,而组成一与中国对立之代表团?凡此种种,皆为调查团太牵就事实、依附强权之弊,结果不得不自相矛盾,前后互相抵触。

若照此所谓顾问会议举行集会,则由日本政府规定之方法选出之代表团,无疑的代表日本,非代表当地人民,结果变相的使伪国得以派遣代表出席顾问会议,与承认伪国事实上有何差别?

(五)①调查团此外又建议一种特殊制度,予东三省以高度之自治,谓:"此项为满洲而设之自治制度,拟仅施行于辽宁(奉天)、吉林、黑龙江三省。日本现时在热河(东内蒙古)所享有之权利,当于关系日本利益之条约中,加以规定(二三〇页)。并于所建议之中国政府宣言中,代为划分中央及地方之权限。

---

① 编者按:原文如此,应为(四)。

兹提议保留于中央政府之权限应如下列：

（1）除特别规定外，有管理一般的条约及外交关系之权，但中央政府不得缔结与宣言条款相违反之国际协定。

（2）有管理海关、邮政、盐税之权，并或可有管理印花税及烟酒税行政之权。关于此类税款之纯收入，中央政府与东三省地方政府间如何公平分配，当由顾问会议规定之。

（3）有依照宣言所规之程序，任命东三省行政长官之权，至少初步应当如此。至出缺时，当以同样方法补充，或以东三省某种选举制度行之。此则应由顾问会议合意议定，并列入宣言之内。

（4）有对于东三省行政长官颁发某种必要训令，以保证履行中国中央政府所缔结关于东三省自治政府管辖下各事项之国际协定之权。

（5）顾问会议所合意议定之其他权限。一切其他权限均属于东三省自治政府。"（二二〇—二二一页）（未完）

（《大公报》，1932年12月5日，第四版）

177. 国联大会今日开幕，中日问题偏重调解，颜代表促国联切实应付

【南京五日下午六时发专电】连日日内瓦及东京各方轰传解决中日问题各种办法，此间当局正在镇静观察，但甚注意。依目下最有力之趋势，为偏重于调解。其办法大约承认莱顿报告书第一至第八章，其第九、第十两章，则组调解委员会，用政治手腕以解决之，就第九、第十两章建议，商得一解决办法。惟依据莱顿报告书第一至第八章所认定之事实，伪组织系日人嗾使，根本不认有伪国之存在，日方对伪国组织颇为坚持，预料此点将惹起最烈之争执。关于调解委员会组织，日内瓦方面拟议加入美俄之传说亦盛，但未臻具体化。此外如杨格氏之三种办法，此间观察认为系杨氏个人之观察，亦为今日日内瓦最盛传之议论。大势所趋，国联无采取刚性决议之势气，或竟实现调解委员会，谋解决办法。中日问题性迟慢而多曲折，决无迅速解决可能。

【日内瓦五日路透电】国联大会定六日开幕，众信大会将不讨论任何

建议,仅将讨论莱顿报告书之事实部份,然后将全案送交十九国委员会,并附一建议,请该委员会竭力使用调解程序。各方渐信国联不宜采取任何含有强迫性质之举动。大会主席西姆斯表示,希望大会可于九日闭会,因渠欲于是日返比。昨日除中日代表播音演讲外,此间对于中日问题,未有任何活动。

【日内瓦四日路透电】 本日为国联特别大会开会之前夕,中国代表颜惠庆以英语作广播演说,略称:"国联如何迟疑不决,不图迅速解决满洲事件,不独满洲三千万人民流血痛苦,日处于荼毒之中,且全世界信任国联保障和平正义之效能,亦势将根本动摇。日本自去岁以还,应允国联撤兵,但仍继续攻击,力图巩固满洲势力。日军侵略行为有加无已,其破坏国联和平公约、九国公约,当为世人共见。莱顿近在英国上院称,国联亟应切实对付满洲问题,倘仍任其延长,则危险甚矣,余(颜自称)愿以此语警惕世人"云云。日代表松冈洋右继颜演讲,略称:"吾人不欲占领满洲,但愿国联对于满洲问题维持忍耐。日本愿与国联永久合作。中国政府既已无力管辖国境,自无法统治满洲属地之权。满洲匪患戡平后,'满洲国'将日臻繁荣,与中国本部之贫穷痛苦,将有天壤之别。本人渴望和平,并愿与国联永久合作。倘国联对于满洲之解决仓卒失宜,日本虽将首受影响,但国联亦将终于懊丧"云。

【日内瓦五日路透电】 国联秘书厅今日发表中国代表团备忘录,痛斥日本为毫无信义之国家,屡次表示撤兵停止军事行动,而仍根据其大陆侵略政策,侵占东三省全部。此种不可靠之国家,实为世界和平之仇敌云。

【日内瓦四日电】 国联各小国会员虽渴望维持和平公约,但大会显不欲于此时采取任何切实行动。预料国联大会或将令十九国特委会向大会作最后解决办法之建议。此项建议将作为对于中国请求解决东北事件之答覆,并藉以开辟中日和解之途径。一般观察,以为现已届严重时期,中国政府应自己决定以不损害国权为解决本案之条件。

(《大公报》,1932年12月6日,第三版)

178. 国联大会开幕，颜代表提严正要求：一、宣布日本违反公约；二、促令撤兵，解散伪国；三、国联宣布否认傀儡

【南京六日下午十时发专电】外交界息。国联特别大会于六日上午十一时半开幕，由比外长西姆斯主席。西姆斯致开会词后，即由我首席代表颜惠庆致词，氏演词纯为发表我国对莱顿报告书之意见。松冈继颜氏之后将发表日方之意见，爱尔兰代表康诺莱亦将发表意见，叙述行政院开会经过。其他各小国代表预定发言者甚多，但将展至七日之第二次会议始有机会。此次大会会期约为三日或四日，预测大会于闭会前对莱顿报告书将作一决议，表示原则上接受，但对中日争端之解决办法，将交十九国委员会拟定后，再提大会讨论。

【日内瓦六日电】颜代表今日在国联大会宣言，首提及本年三月三日中国要求、三月十一日大会决议之原则及行政院决议案等，并质问日本是否业已履行其所承诺之政治上、军事上之义务。答案非特未曾履行，且情形益加严重，莱顿报告书可为明证，"满洲国"之承认且为行政院主席及特别委员会所得各中立方面可靠之消息。而今则莱顿报告书业已提出，莱顿氏并言此次报告书并未因"满洲国"之被承认而减损其效用。颜氏对于报告书依据国际公约之原则而立论深致赞美，但惜其未能将此项原则发挥尽致，如宣布日本为侵略国家、要求解散"满洲国"、撤退日军、赔偿损害等等，均未能明白举出。或者莱顿调查团之意，以为此项事件应留诸大会决之，故未列入报告书中耳。颜氏宣称中国政府之意，以为报告书中已含不少事实，足使大会接受并决定行动而有余，如所谓三百件未决悬案、九月十八日事变、占据东三省及制造"满洲国"等项，即足充分证明日本军事上及政治上之侵略。国联对于中日问题之处置，今日若再迟延，将成为对中国之莫大祸害。现战事复起于北满，时急势迫，不容再缓，故特请求大会：（一）根据报告书，宣布日本违反国联盟约、非战公约及九国公约；（二）令日本履行行政院决议，撤退军队，并解散"满洲国"；（三）在"满洲国"未解散以前，依照三月十一日大会决议之精神，宣布不承认"满洲国"，并不与之发生任何关系；（四）在最短时期内依照国联盟约第十五条第一项，作成报告。中国亦深悉大会为此种行动不无困难，但在上海战争时，因主

张一致，卒获成功。坚定的决心，足以辅助勇敢的十九路军。莱顿氏有言："国联为现代文化之生命线"，若中日纠纷不依国联盟约而解决，则不特影响于中国之权利，且影响于国联之生存云云。

【日内瓦六日电】 国联大会我代表颜惠庆演说，精警透辟，听者动容。日代表松冈洋右继颜氏发言，重弹其在行政院之老调，且隐含提倡国际共管中国之谬论。

【日内瓦六日电】 国联大会特会今日下午三时半继续开会，爱尔兰代表康诺莱、捷克斯拉夫代表贝尼斯、瑞典代表恩顿及挪威代表朗齐相继发言，对莱顿报告书中所叙事实表示信任，并主张国联亟应宣布不承认"满洲国"，从速促成中日两国之和解。

国联秘书厅发表顾代表备忘录：解散伪组织为必要条件

【日内瓦五日路透电】 顾维钧致国联之备忘录，用打字机缮成，计四十八页，详论远东情势各方面，并批评日本意见书。关于中国抵货问题，称抵货运动之责任在于日本，不在中国，中国人民抵制日货之原因，日本应完全负责，如此种原因解除，则抵货运动自将停止。顾氏之备忘录次述九一八事件及所谓"满洲国"成立之经过情形。据称调查团曾得满洲人民之公函一千九百四十八件，反对"满洲国"。至于其他未与调查团通讯之民众，亦不赞助现有政局。观数十万义军之继续不断，与日军肉搏血战，即可知中国民众反对伪国之烈。九一八后日军轰炸村落，拘捕无辜良民，严厉检查新闻，满洲已陷入恐慌，各地人民所受荼毒，惨不忍闻。闻日本素常借口在满特殊地位，耸动国际听闻，但所谓特殊地位者，无非日本传统的并吞大陆政策之假面具云。

【日内瓦五日路透电】 国联秘书厅本日将中国代表顾维钧反驳日代表松冈在行政院会之宣言，及日本对莱顿意见书所具进一步意见之长篇文牍，分送各代表。中国意见书宣称，日本对行政院所发表之意见书与宣言，并未证明莱顿调查团所证实关于满洲形势之重要事实，与该团根据此项事实所具之结论有任何修改理由。九一八沈阳事变，乃日本军事当局依其在亚洲大陆侵略他人、开拓疆土之传统政策所促成。日方虽屡向国联誓言不使形势恶化，但悍然不顾诺言，仍在东三省边地带扩大军事行动，卒实行其蓄谋已久之计划，而将全满占领。日人坚持破坏中国行政权，组织独立运动，创立"满洲国"以及加以承认，均系日人根据其固定程序，而分阶段实行。东三省之民众大会、示威运动以及选派代表向调查团呈递请愿书,此种种运动均系日人捏造,志在以人民自愿之外貌,朦混其他国家。日本基本观念,在以统制并征服远东之既成事实,昭示世界。中国权益,即就东三省领土主权而言,已成日本侵略之的,无论如何,不能漠视。日军之撤退,必须尽早实行。中国对于满洲现在政权(指"满洲国")之维持与承认,全然不能接受,且"满洲国"之解散,乃谋任何解决办法上不可缺之条件。查和平既以正义为本,则对侵略者不应加以奖励,对被侵略者应予以充分之补偿。中国意见书论及日方意见书所称"莱顿调查团提出之计划,主张最小限度两争执国,每一国必须有强有力且可恃之中央政府"一节,以强调声明,中国无日不谨慎的遵守国际义务,日本为早日得一解决计,需要一可恃之中央政府。国联及列强已察知日本在国联盟约、非战公约以及九国公约下所负之庄严义务,已被破坏无遗,岂非一苦痛之经验?日本代表所出之种种诺言,例如力避攻击锦州、齐齐哈尔,早日撤兵至铁道地带,停止政治军事之扩大,均轻意的食言。中国代表团以为一可恃之政府,纵然似力量微弱,总比一强有力却不可恃之政府,专以危害国际秩序基础为事者,在应付国际交涉上稍胜一筹。中国意见书援引莱顿报告书第一百二十九页,宣称除中日两国不计外,其他各国皆有重大利害关系,并依据与世界和平赖以维系之各项相互平等条约之规定不相矛盾之协定,为中日争端真实恒久解决办法出而仗义。倘任盟约原则之适用及非战公约在世界任何方面失其信赖,而该原则之价值及效力,即在各处消灭,故中国政府为恪遵国际义务及关切和平起见,与调查团完全一致,同时并深信中日问题无论如何解决,总以不背国联盟约条文、非战公约及九国公约为本云。

....

(《大公报》,1932年12月7日,第三版)

179. 对于国联调查团报告书建议之批评(续)

国联调查团报告书已正式发表数日,作者另有《对于国际联合会调查团报告书之批评》一文,载下期(十二月份)《时事月报》。兹但就建议之部分,就一般批评者所未见及而与我国权利关系颇为重要者——如建议领事裁判权与居住权同时并行,且推广其范围至北满、热河等——申论之,以供国人参考。

此种区分权限方法,对于中央政府用列举法,对于地方政府保留一切未曾列举之权限,宛然抄袭美国联邦宪法,以强行于中国中央政府与东三省地方政府之间。吾人之答覆,则东三省系中国完整领土之一部分,与关内其他行省完全相同,无设立一种变相的联邦制度之必要。且中央政府权限一经列举,则其权限即有限制,异日中国如行所得税或财产税或其他新国税时,以未曾列举,即不得推行于东三省,是无异分割东三省于中国之外,使自成一特别所谓"高度自治"区域,与变相独立又何以异?

(六)此外调查团在"关系日利益之中日条约"建议中,竟□然提议:

"居住及租地之权,推及于东省全境;同时对于领事裁判权之原则,酌予变更。"(二二三页)

更谓:

"……于是有调和方法二种:其一,现有之居住权及其附带之领事裁判权地位,应予以维持,其居住权范围应加以扩大,俾在北满及热河之日本人民及朝鲜人民,均得享受,但无领事裁判权。其二,在东三省及热河之任何地方,日本人民应予以居住权及领事裁判权,而朝鲜人民则仅有居住权而无领事裁判权。"(二二四页)

是项提议,变本加厉,其给予日本方面之利益,竟超过日本方面所要求利益程度之上,诚不识调查团所谓调解工作、公平方法,何以竟偏袒一至于斯!何以言之?第一,在吾国再三否认、举国力争之"二十一条款"及一九一五年中日条约换文中,日本所要求之商租权亦不过规定"日本国臣民在南满为盖造商工业应用之房厂,或为经营农业,得商租其需用地亩"。可见日本方面之要求商租权,亦不过限于南满,犹且为吾国上下所一致拒绝,加以否认。今调查团竟慷他人之慨,将商租权"推及于东省全境",且及于热河。此种办法,何厚于日本,何仇于中国,是为吾人所万不能承认者!

第二,居住权□领事裁判权不能并行,已□国际法上习惯的原则。日本、英、法、美、意各国,因在中国享有领事裁判权,故不能享有居住权,而有租界以范围其住区。盖不若是,则外人踪迹所至、居住所在之内地,其各本国之法律管辖权即随至,结果中国领土主权及行政权,必被破坏无余。所以欲取得内地居住权必放弃租界及领事裁判权,为至明显之事实。是在一九二八年十一月二十三日国民政府所缔结之中比条约中,允许比国人民在中国有居住权,但取消领事裁判权,继又收回天津比租界可以见之。即以前中日关于商租权之交涉中(在一九三一年以前十年间,中日至少曾有三次直接交涉,以冀成立一协定。)(见调查团报告书八十六页),日本亦曾提出在东三省放弃领事裁判权,以取得自由租地权。但当时中国方面深惧两国人民经济势力悬距,中国农民不能与挟有资本之日人竞争,故日人虽以放弃领事裁判权相交换,中国犹自反对。今调查团提议,竟主张"现有之居住权及其附带之领事裁判权地位,均应予以维持",甚且"其居住区域范围应加以扩大,俾在北满及热河之日本人民及朝鲜人民,均得享受,但无领事裁判权",或"在东三省及热河之任何地方,日本人民应予以居住权及领事裁判权,而朝鲜人民则仅有居住权,无领事裁判权"。居住权与领事裁判权同时保存,且扩大其范围,即日本自身之要求,亦不若是之甚。调查团此种建议,殊令人愤懑不平。细考其原因,则调查团诸公自身,为其各本国之利益着想,难免有若干私心存于其间。作者发此议论,并非无的放矢,而有确凿之证据在。证据维何？即:

日本人民之居住权利,如有任何推广,应在同样条件之外,适用于其他一切享有最惠国条款利益之国家之人民,只须此类享有领事裁判权人民之国家,与中国订立同样条约(报告书二二五页)。

可见调查团之所以竭力主张居住权与领事裁判权并行,主张居住权范围推广至北满及热河,原来早已为自己国家利益打算。所谓享有最惠国条款利益之国家,则组织调查团各代表之本国——英、法、德、意、美——皆在中国享有最惠国条款利益。日人如取得居住权及领事裁判权,并同时扩大其范围,该各国人民只须援例已足。东三省原料丰富,前途发展无限,英、法、德、美各国早思染指,今其野心已不知不觉流露于报告书中。吾人对此,惟有坚决予以拒绝,虽推翻调查团全部之工作,亦所不惜!

此外建议中尚多可议之点,如提议"将中日两国之铁路利益合并",谓"此种合并办法,一方面既可保障中国之权利,一方面又可使满洲一切铁路得利用南满铁路专门经验之利益"。果如此办,必使东三省所有铁路全在日人支配管理之下,所谓"保障中国之权利",何异于痴人说梦？凡此种种,皆调查团仅事空论、未顾事实所引起之结果,皆为吾人所当反对者。

总之,吾人对于调查团报告书叙述之部,尚可以原则上表接受(但对于中国经济绝交之批评及其他错误之处,颠倒因果,须加以修正),至对于第九章、

第十章建议之部,则原则上当加以拒绝。但调查团报告书在日本已备受抨击,日本政府势将拒绝接受,吾国为外交策略计,当尽量对上述各点——尤以顾问会议之组织、特殊自治制度、中央与地方自治权限之划分、领事裁判权与居住权之并行并扩大范围各点为最——提出修正,然后予以接受。如此,方可以保全国权,而在外交上不致陷于孤立地位。个人研究报告书之结果如此,值此该报告书发表未久,国人宜确定对于该书态度之时,谨以贡献于国人,或亦不无一得愚焉。

一九三二.十.二十,南京。

(《大公报》,1932年12月7日,第五版)

180. 国联大会之第二日:世界公论痛责日本,西班牙代表郑重宣言"中国之东三省不许变为日本之'满洲国'"

【日内瓦六日路透电】 国联大会今晨十一时开会,当由主席西姆斯请西班牙代表马达里亚加发言。马氏宣称,国联大会现在所开之会,系赓续一九三二年三月三日之大会。彼主张刻下出席之各代表团首领,应自动的替代上届所选出之副议长,因彼等或有人缺席。本日议事日程,列有两项问题:(一)中国之申请;(二)指派爱文诺继德留蒙充任国联秘书长问题。西姆斯先述及中日争端经过,后又请会众注意国联大会当前之文件(此即为莱顿报告书与其附带文件),以及中日代表团意见书。彼称,大会必须以莱顿报告书为讨论根据,而以其他文件作为补充证据之性质。西姆斯又称,大会予争执之两造尽先发言之机会,旋请中国代表颜惠庆陈述中国之理由。本日开会时,英首相麦克唐纳、法总理赫里欧、德外长纽拉斯及美国出席世界裁军会议代表台维斯均出席,使大会愈为生色。旁观者乘机拍摄电影影片与照相,会场传达声浪,不甚合适,故颜惠庆与松冈之演词,均不能十分清晰。首由颜惠庆致词(演词已见昨报)。颜氏于其演说中,插入一声叙,证实相传满洲有三村落男女儿童两千七百人横遭屠戮之事,并引身历其境调查之美国某访员之电为证。松冈对于屠戮村民之说特加以驳覆,称关于此案,日本早有正式声明送达行政院会。据日方消息,访员系由某只身游历之教士口传得来之虚构消息,乃立即拍电,此即中国代表所传播者。国联大会延至本日下午三时三十分再开。日代表松冈今晨在大会宣称,日本对莱顿报告书关于中国混乱情形各节主要不能同意之处,即因该报告书对于中国善后情形过抱乐观。日本素来有此希望,但对于最近之将来,不抱此希望,因一国之混乱如中国,不能迅速恢复。日本对国联为一忠实之拥护者,许多年来力避因挑拨而起之战争。松冈继称,彼对于经由谈判手续而获得更好谅解一节,日本并未放弃其希望,且不希求国联保护,实因鉴于国联现下之组织,难望其作迅速之保护。松冈于煞尾宣称,日本承认"满洲国",乃系日本希望和平。日本因其关系重大,无论如何亦不能撤回承认。日本已熟读盟约,觉得其非硬性刚毅之工具,且其原则殆不能一概适用云。

【日内瓦七日路透电】 国联全体大会七日上午开会时,主席比国外相西姆斯读中国代表颜惠庆博士一公函,内称主席于请各代表注意各种文件,作研究中日问题之参考时,主席并未提及中国代表团于十二月三日提出之备忘录,答覆日本对调查团报告书之观察。主席答称颜博士所指备忘录,系于十一月二十八日以后提出,而行政院于二十八日曾有决议案,将报告书、日本意见书及行政院议事纪录一齐移交大会讨论。中国代表所指备忘录,于大会开会时始分发各代表,故未提及。主席继称中国备忘录实为各代表参考文件中之一重要者。大会将主席解释予以备案。

【日内瓦七日哈瓦斯社电】 国联特别大会,列强代表迄未要求发言,各方对此均有批评。各大国代表显欲使各小国代表担负一切发言责任。国联方面认为各大国代表现已极力避免发表任何意见,一俟辩论结束后,彼等即行从事调停工作。

【日内瓦七日日本新联电】 国联大会因丹麦及英国自治领代表将发言,故至快将续开至八日,但公开会议并无何项采择,问题之一切殆将移入十九国特别委员会。该委员会起草之决议案,似以下列诸点为其主要之骨干:(一)支持莱顿报告书之前八章;(二)反驳关于自卫权之日本之见解;(三)不承认"满洲国"问题;(四)解决纷争之和解委员会设置案。

爱尔兰代表演说:日本破坏公约,反对帝国主义开拓疆土,坚决拒绝东北傀儡组织

【日内瓦六日路透电】 爱尔兰自由邦代表康诺莱本日在国联大会演说,谓莱顿报告书以及国联大会对于该报告书或将采取之行动,不但与中日两国有关，抑且影响国联自身将来之命运。远东和战之广大问题，以及其对世界和平不可避免之影响，均系于对此问题达到之决议。吾人必须努力，祈求对于事实作公正之判断，对关系各方面作公正不偏之解决，以中止冲突，消弭将来敌意之再行发生。国联依其组织范围，本有保持世界和平之重大力量，惟须准备毅然决然作盟约及其决议案之后盾，坚持其立场。倘国联犹豫不决、依违两可，而以其行动或将开罪他人为虑，则国联即不能生存，抑且无生存之价值。日本建设及维持"满洲国"之活动，虽不能忽视，各方对于日本官吏终必完全统制"满洲国"一节所抱之惶虑，不能谓其无理由。莱顿报告似已明白表示，国联盟约、非战公约以及九国公约实际均被破坏，而"满洲国"之建立即根据于此。莱顿调查团结论，以为原状之恢复虽不能视作解决之方法，而满洲现有政权（指"满洲国"）之维持，亦不能使人满意，因其不顾三省人民之公意，且"满洲国"之建立与维持，最后是否于日本有利，仍属疑问一节，实为目前情势之核心。纵令认日本在满洲有确定之权益，对之须充分顾虑。但彼希望，权益之保护，须以和平手段探求，较诸使用武力更为适当。彼并望大会能予以同意，日本经三思后，亦能予以同意。"余觉鉴于莱顿之报告，吾人倘不准备将其否认，则为列席各国计，必须宣布拒绝承认'满洲国'。经欧洲大战之结果，始有国联之产生。纵令其仅为一维系世界各国之纤细的绳索，吾人亦不能任其割断。"氏表示意见：据莱顿报告书建议，以为创设满洲当地警察一节，可视作根本解决之张本。彼以为爱尔兰自由邦对于帝国主义开拓疆土或民族拓殖政策之观念，完全反对。"予觉大会必须确实接受莱顿报告书，予毅然代表本国政府以接受之。仅就爱尔兰自由邦之立场言，吾国拟依据莱顿报告之建议，拒绝现在满洲建设之'新邦'。"

捷克代表之演说：应用制裁办法，中国领土未能被人尊重，国联应即采取勇敢行动

【日内瓦六日路透电】捷克代表贝尼斯继康诺莱演说，述及本问题之严重，谓自国联成立以来，大会在盟约第十五条下采取行动，此当为第一次。氏称此为作最后确切决定之问题，或须应用制裁办法。贝氏称，彼赞同采纳莱顿报告书，该报告书实为一珍贵的、庄严的、最公正的文件。莱顿报告书指明，满、沪军事不能视作合法的防卫，从此点可以表明中国之领土与国联之盟约，均未能被人尊重。在此状况下，无获得其他结论之可能。氏又称，在最后解决时,关于排外以及抵货之申诉,颇值得严重之考虑。氏又称,十九国委员会对于日本承认"满洲国"事,尤感失望,此举令和解工作极为困难。氏以雄辩的申诉,请双方勿造成一种情势,使吾人不得不处于裁判者之地位。倘令友谊调解失败时,则国联之工作将为实行判决,国联必须不作保留,无所犹豫,以坚定公正与庄严态度,采取勇敢的行动。当一种问题牵涉国联之原则时,则大会之行动,不能以含混的态度出之也。瑞典代表恩顿宣称,中日关系为变相的战争。挪威代表朗齐氏称,彼反对任何国家以自身之行动为法律,已往在历史上,此等残暴方法之事例不胜枚举,但今日因有非战公约与仲裁条约之力,于是较良之和解方法获得胜利云。大会于下午五时五十五分散会,明晨(七日)十时四十五分再开,届时演说者将为西班牙代表马达里亚加、瑞士代表穆他与希腊代表波里迪斯。

西班牙代表演说:痛斥日本违法,朝允撤兵夕即攻占城市,各国应一致作法律后盾

【日内瓦七日路透电】 国联全体大会七日上午举行第二次公开会议,西班牙代表马达里亚加起立发言。彼谓主席请吾人说几句负责的话,而在目前严重景况之下,实以闭口无言为最妥。中日纠纷初起时,仅为两国间之争执,但逐渐变成国际联盟正式组织与国联会员中一最有力者之严重争持。此问题既复杂,又困难,中日双方均有得失之处。不过目前所最令人担忧者,即国联本身与日本政府已发生争执,对此事发言固极痛心之事。继称目前之纠纷,为国家利权与改造良好世界之新道德势力相奋斗。在过去一年内,中日纠纷形势愈加严重,朝有不使形势恶化之允诺,夕即攻占城市,朝有撤兵之郑重表示,夕则以武力夺占东三省全部。此种国家利权与世界利权之争执,于日本国内激起重大反响,日本最老且组织最严密之政治组织已有动摇之势,日本伟大领袖如井上及犬养毅等,均为此新骚动下之牺牲者。国联处理此案,取慎重、精密及耐辱态度,各代表深知此事之严重,亦不愿迟延不决,致予有武力者以机会造成新局势。而余(马自称,下同)仍曾以私人资格,努力设法谋一和平解决方法。至于日本代表松冈洋右谓国联此次程序迟缓及日本政局并未请求国联予以处决等语,余闻之殊觉愤愤不平。吾人之责任,不仅在停止军事行动,谋一解决办法,吾人同时应恢复国联威信,阐扬国联主义,庶几解决中日问题之办法,得为千载所宗之法则,而甚为有益。西班牙政府完全接受莱顿报告之观察与建议。西班牙政府觉中国之东三省,决不能使其变为日本之"满洲国",否则国联盟约之价值将完全归于乌有,该盟约之第十及第十二条,尤将失其效用。日本之真正永久利权与国联利权相同,凡与国联利权相抵触者,即与日本之利权相抵触。吾人应使历史上永久存在之日本,明瞭吾人所反对者,乃此时日本之手段。无政府之狂澜已波及全球,今日世界所最急需者为治安。但穿制服之军队不能代表治安,有法律才能有治安,吾人应一致作法律后盾。(全场鼓掌)

(《大公报》,1932年12月8日,第三版)

181. 莱顿爵士之演说:已到最后关头,国联对日本之两种期待

【伦敦七日路透电】 国联调查团主席莱顿爵士,昨于拥护国联协会席上演讲中日问题,首谓中日问题现已非理想上之争执,亦非仅为法理问题,已至应有切实办法及实行该种办法之日期。莱顿爵士述及东京传出消息,谓如调查团报告书于一年前提出,则日本或可予以接受。彼对于此消息颇为满意,因可见调查团之建议于日本权利并无冲突之处。日本此时主张另一解决办法,同时国联可设法反对日本所提办法者,接受一折衷办法,并劝日本亦予以同意。如国联不能谋一双方同意之解决办法,则世界对国联之信任心,必因之一落千丈。日本向为拥护国联最出力者之一,此次为日本外交史上,可再以事实证明日本拥护国联之忠实。国联所求于日本者有二点:(一)日本应信任国联,决不使日本放弃其所谓关系于日本生死存亡之利权;(二)日本应使关系日本生死存亡之利权,与关系他国生死存亡之利权,不相抵触。莱顿爵士末称,有人以为只要日本同意,东三省问题即可解决,此说大谬。中国之同意,亦同等重要。中日双方均不愿求吾人宽宥或受吾人之侮辱,彼等欲得吾人之谅解与信心。

(《大公报》,1932年12月8日,第三版)

182. 国联趋势侧重调解，将邀美、俄两国参加，四国合提决议草案，严正宣布日本罪状，郭代表昨有重要演说

【日内瓦八日电】 八日下午我国代表郭泰祺在国联大会演说，谓任何解决方案，必须以盟约及中国主权完整为基础，现状之下直接交涉断不可能。

【日内瓦八日路透电】 郭泰祺八日在国联演说要点如次：（一）中国之抵制日货及义军之反抗日军，系属合法自卫，仍将继续实行。（二）国府地位稳固，势力日见增加。郭引莱顿报告及伦敦《泰晤士报》与上海《字林西报》之记载作为证明。（三）大会三月十一日之决议案责成日本撤兵，日本应先完成撤兵，然后举行国际会议。（四）中国对于国联始终拥护，中国决将于国联规定范围内应付中日问题。（五）中国反对直接交涉，准备赞同如英外相西门所提之合于国联范围内之国际会议。此项会须请美俄两国加入，并须以国联大会三月十一日之决议案及莱顿报告书第二章第三段（即任何解决，必须合国联会章、非战公约及九国条约）为根据。（六）所谓"满洲国"者，乃一冒牌之傀儡，尊之为"满洲国"，不啻侮辱世界之正式国家。（七）九一八前日本常谓中国侵害日人权益，是时中国即愿提出公断，或交国联，或交其他国际公断机关审理。讵料日本非特拒绝公断，且竟采取军事行动。日本从未实行国联所规定之解决纠纷办法，而中国则竭诚引用此种办法云云。

【南京八日下午九时发专电】 中日争端之全案即将移送十九国委员会，讨论解决办法。连日会议各小国代表颇能主张正义，力谋制裁暴日，但各大国代表过于持重，未肯切实表示态度。故此次会议，实质上未有显著之进展。闻政府已训令我代表团，请十九国委员会于接受全案后，应迅谋适当之解决。

【日内瓦七日路透电】 中国代表颜惠庆博士，今日对大会各代表分发蒋委员长中正来电一件，否认曾主张中日直接交涉事，深信国联有力维护国联盟约之尊严及予中日纠纷以公正之处置。

【日内瓦八日路透电】 据闻西门在提议邀请美俄参加调解委员会工作前，曾获有确保，邀请二国事，不至不受欢迎。在国联大会通过一决议案赞同此项邀请前，尚不能采取进一步办法。决议案通过时，将由大会主席正式向美

俄双方接洽云。

【东京八日日本新联电】 七日之国联大会，英外相西门对于解决中日纷争，提议组织二十一国和解委员会，大会大势倾向该提案之空气颇为浓厚。日本外务当局接到此项报告后，即于今晨召集关系方面协议对策，结果对于西门之提案，认为非先确定该委员会之职务及权限，不能决定赞否。然以为倘有抵触下述之日本方针，则决予以反对，即：（一）解决满洲问题之委员会，加入当事国代表认为绝对必要，日本对于本问题绝对排除第三国之容喙；（二）满洲问题应由行政院审议，交和解委员会审议乃违反国联本来之使命；（三）解决满洲问题之必要条件，须以日本承认"满洲国"之事实为前提，对于此点始终的主张。又电。日陆军当局对于二十一国和解委员会之组织，认为全然无法的根据，实为暴露国联之微弱，露出反对之意向。

【日内瓦七日路透电】 七日上午国联大会，首由瑞士代表穆他演说，拥护国联盟约。氏建议应训令十九国委员会发起一和解办法，并予以监察，深信如此可以成功，而避免应用国联盟约第十五条第四款云。次由希腊代表发言（详见另条），又次西班牙代表演说（详见昨报）。又次中美瓜地马拉代表麦都继希腊代表发言。氏说明各小国对中日纠纷之关切，因其与原则有关。氏并宣称，本国政府赞助国联盟约原则，瓜地马拉主张尊重各种条约云。大会于下午三时三十分延会。

日本应遵决议，希、保纠纷可为先例，国联对日应予痛斥

【日内瓦七日路透电】 希腊代表波里迪斯于全场鼓掌声中起立发言，谓今早静听各代表之宏论后，实无其他意见可说。国联曾解决上海之中日战事，其功极大，目前所须处理者，系东三省问题。彼对调查团报告书多方称许，谓该报告书系各代表深悉当地情形，且予国联以解决此问题之路径。国联全体大会此时急应讨论之最重要问题，系合法之自卫问题。任何国家于受危害时，得立时采取自卫行动，自国际公法上研究此问题，莱顿爵士为国际公法著名专家，而调查团报告书关于此点之观察极为显明。除非日本能另觅证据，推倒报告书之理论，则日本应尊重国联全体大会之决议。彼提及一九二五年希腊与保加里亚之争，希腊将该项纠纷提交国联解决，由行政院判决希腊应付赔偿金，希腊皆悉数遵守。此次中日纠纷日本虽曾受侮，如取消条约、排斥日货、反日运动等，但该时形势是否如此危急与真实，而日本竟不诉诸国联，虽松冈洋右曾申述日方理由,但彼深觉日本应先试请国联设法,出而调停。日本主张及用意或系出于至诚,但国联有痛斥日本之责任。目前形势尚未绝望,全体大会仍可觅一和平解决方案,而不引用国联盟约第十五条第四节也。

英国倾向袒日,西门演词于我不利,国际论调深为骇异

【日内瓦八日电】 七日各大国代表发言,英国代表言论颇有袒日倾向,凡莱顿报告书对我不利之点,如抵货、排外等,均予申述,对日不利之点则【一】概不提。尤可注意者,英代表引莱顿报告书之言,谓"恢复九一八以前状态为不可能",而对于莱顿所称维持伪国亦属不合之句竟不提及。此间一般论调,莫不深为骇异。

【日内瓦七日路透电】 英代表西门爵士继彭考发言。氏称:"莱顿报告书最大之贡献,即将满洲问题之繁复以及其异常性质,一一表明。此项事件并不单纯,盖满洲有多种现象,在世界其他部分无确切相同之事例也。报告书不偏袒任何一方,对中日两国均予以有分寸之批评。日本不完全接受该报告书,中国亦然。在特别事件外,中日问题之严重点,在未能应用国联规定之办法,将来在可能范围内,必须拥护国联盟约,使用国联之方法。查目前纠纷既系起于去年九月以前之一般情形,故恢复事前原状,仅将召致困难之再现,是仅在理论方面应付此整个局势,而未能计及其实际也。吾人必须关切实际,广义的根据报告书前部历史的结论与事实,从事进行。吾人必须维持国联之原则,促进和解办法。余以为十九国委员会倘能有美俄代表加入处理此事,则其效力将远过大会。最重要者,吾人必须探求一切实解决方法。国联倘能以明智审慎态度促进解决,其功能至为伟大。英国对于探求一公正解决办法之举,愿意竭力合作,俾能终止目前之冲突,消除将来敌视之可能。"西门继谓,松冈曾表示,日本为国联之拥护者,彼希望日本可保持此种态度。西门末引美总统林肯第二次就职时之演词,谓与任何人无怨毒,与一般以宽大。吾人对于正义不屈,以百折不挠之精神,完成吾人之工作,造成全世界之永久和平。

【日内瓦七日路透电】 英外相西门发言后,荷兰代表莫烈斯康谓,关于调查团报告书,彼与以上发言各代表之意见相同,不愿即下断语。吾人现仍应根据国联盟约第十五条第三节,设法和平解决。彼赞成西门之提议,请美国与苏俄出席十九国特委会,并请凡在东三省有领馆之各国,随时报告当地情形。末称,各国应一致担保不承认"满洲国"。丹麦代表包伯称,国联盟约价值在各人之看法如何,中日纠纷应依据国联盟约之原则解决之。彼称彼深望中日两国

任何国，勿为全体中之弱点。

法、德代表演说：达到采用武力阶段，势将危及世界和平

【日内瓦七日路透电】 法国代表彭考称，批评国联本属易事。有人以为如欧洲有纠纷，国联处置之慢亦如此次，彼等此种印象，纯为错误。中日纠纷之情形殊为特异，非寻常事件可比。例如彼等应知，此次纠纷国之一，有驻兵于其另一国境之特权。关于解决中日纠纷办法，彼以为在一年前十二月十日国联由白里安担任主席时，通过决议案且有附带宣言，不但行政院予以赞同，即纠纷国亦均同意。此后乃有调查团之成立，其报告书已交吾人之前。报告书分二部，第一部为观察，第二部为建议，吾人应根据该报告书之观察而努力。国联全体大会工作亦分二部：第一部为和平方式，指示最低限度，为和解基础；第二部即为引用国联盟约第十五条第四节。调查团报告书表示，最好之和解方法，即为由中日两国直接交涉。中日双方对报告书之建议，尚无表示。彼觉报告书建议各点，应予以分别详细讨论，且初步工作必须在设法和解。法国代表彭考之演讲，缺乏头绪，且不甚清楚。

【日内瓦七日电】 德外长纽拉斯作重要演词，注重如德国之无武装国家，对于国联能以和平方法解决国际争端，感觉异常强烈之注意。观近顷之冲突，可见冲突达到采用武力之阶段，其应付之困难为如何。据调查团报告，满洲事件既不同一国向他国宣战，亦非一邻国以武力侵入他国边境之单纯事件。反之，此为一奇特事件，其间因政治、经济与社会利益之冲突，以至诉诸武力，更因两国之法律制度不同，使情势全趋复杂。氏称，国联努力解决此事，不能仅以多少应用正常之原则为满足，必须获得一种建设的计划。氏侧重当事国政府应履行国联盟约与非战公约原则，不仅从字面加以解释。各国对于远东之利益多少不等，但一切国家多少均将蒙受其影响，盖远东之情势与其发展，表明将危及世界之和平也，因此德国对远东感觉敏锐注意。氏又作有意义之声明，谓此时国联遭遇两大严重问题，其事并非偶然。除满洲问题外，另有关系世界之问题一件，等候日内瓦之解决。氏又称，各国如欲推得安全，以防将来再有冲突之可能，必须注意完全取消各国之武力工具。氏结束时称，彼赞同邀请美俄参加解决远东问题。

【日内瓦七日路透电】 义大利代表阿罗希演说，注重国联应依据实际而求结论。莱顿报告所提出解决方案，与在国联指导下解决中日事件之原则完

全符合。该报告书之建议,可为解决基础,但不必认之为固定及硬性之规定。莱顿报告提议列强援助中国,维持稳定状况,此节亦当注重,因远东和平依赖长久之建设工作。予希望此种工作可于双方同时进行,一方解决中日事件,一方由列强援助中国之建设。吾人或可另设机关进行此项工作,最简单之方法,即将莱顿调查团改成此种机关。义大利并不反对此种步骤。

四国联合提案:九一八后军事行动不能视作合法自卫

【日内瓦七日路透电】 捷克、爱尔兰、西班牙与瑞典所提之决议草案宣称,国联大会应声述:(一)自一九三一年九月十八日事件发生以来之大规模军事行动与占领,不能视作合法自卫手段;(二)满洲统治之所以能于实现,系由于日军在场;(三)承认满洲现时统治抵触现存之国际义务;(四)大会应赋权予十九国委员会邀请美俄两国政府合作,俾能与当事双方接洽,保证根据莱顿调查团报告书解决纠纷。

第二决议案系由瑞士及捷克向国联大会提出,略称大会业已收到莱顿调查团之报告与两方之意见书暨行政院十一月二十一日至二十八日之会议纪录,决请十九国委员会:(一)研究此次会议中各方所发表之意见与建议,以及大会收到之提案;(二)起草建议,藉图中日事件之解决;(三)于可能范围内之最短期间,向大会提出建议。

日代表团惊愕:反对四国联合提案,松冈要求原案撤回

【日内瓦八日路透电】 关于西班牙、捷克、爱尔兰、瑞典四国代表团之提案,日本代表团负责人顷发表文告如次:"西、捷、爱、瑞四国之提案,余阅读后甚为惊愕。据余意见,此项提案之用意,仅在屈辱日本。目前日本正在阐明其立场,而英法以及其他大小各国现亦提出调解。日代表团深信吾人业已接近调解途径,即大会席上各代表之演说,亦重和解精神。但四国突然提出上述提案,完全违背此项精神。倘该案竟获大会之赞助,则吾人对此数日间在大会中演说者之诚意,不得不加疑虑"云。

【日内瓦八日路透电】 日代表松冈宣称,除非捷克、爱尔兰、西班牙与瑞典提出之决议案撤回,将发生一提议人所未能料及之结果。又电。在土耳其与墨西哥代表演说后,松冈声称,提出大会之决议草案,系断定日本罪状,其措词与莱顿报告书及国联原则均不称合。氏要求将其撤回,如不能撤回,则主席

应将其付表决,俾日本能知大会之情绪。主席决定大会应继续讨论,提出该决议案各国代表退席,进行秘密协商。按日方之恫吓,显然指示,如该决议案通过,则日本将退出国联。

【日内瓦八日路透电】 国联大会八日上午十时四十五分继续会议,土耳其、墨西哥两代表相继演说。次松冈发表意见:据称大会现收到提案一件,对日肆加诋毁,不合国联原则,本人要求撤销云云。国联大会散会后,小国代表举行会议,认为松冈要求四国撤销提案,不合大会程序。如照松冈要求,则上述提案须有三分之二之多数始可通过,惟国联大会内难获三分之二之多数。

【日内瓦八日路透电】 大会今晨散会后,英外相与中国代表晤谈半小时。又电。闻各小国决将松冈所要求撤销之四国提案(内容规定不承认"满洲国")先交十九国委员会审查。

(《大公报》,1932年12月9日,第三版)

183. 社评:对于英外相演词之质疑

国联大会连日开会,各国代表先后陈辞,多能发扬正谊,主张公理,足使吾人感谢。惟英国外相西门爵士七日在大会演词,殊令中国国民为之遗憾。盖据日内瓦电传,西门表示不免予人以袒日之印象。观其对于莱顿报告书,断章取义,凡涉不利中国之处,申述惟恐不明,其于对日不利之点,则慎重不加叙说。如既称"恢复九一八以前状态为不可能",而于莱顿所云"维持伪国,亦属不合",则略而不提。莱顿报告书原文,诚所谓"不偏袒任何一方",顾何以英国政府代表之公开表示,竟冒"偏袒一方"之嫌,此诚吾人引为意外者。夫吾人固言中国不应依赖国联,乞怜友邦,然而公道正谊,人类所共,吾人诚应负自救自助之义务,而对此人类共有之公道正谊,吾人当然有要求主张之权利。此尤吾人所愿为英国政府与国民申其不平之鸣者也。

夫中英两国友谊,本有八十年之历史。国民革命进行期中,虽华南有排英运动,实由一部分英国人士之反动态度激之使然。及至上海五卅惨案,原起于日本工厂之打死中国工人顾正红,乃公共租界当局之英人代人受过,压迫爱国运动,遂使反英狂潮弥漫全国,而粤港罢工,益予英国商务以重大之打击。此等事实,因果具在。幸而英国有贤明之政治家,洞澈症结,毅然变计,于一九二四年厘定对华新政策。是年十一月十日,英前首相包尔温在上院答覆质问云:"英国所抱之政策,全以解决合法华人怨愤不平,及适应爱国华人所提之合法要求为归宿。"同年十月十四日,英公使蓝博森在伦敦中国协会演说:"英人所望者,惟和平与安固,以及合理之商业条件而已。"同年十二月十八日,英国驻北京代办公使欧迈莱发表说帖,声明列国同情中国要求在国际上之自由平等,并建议各国政府,发表宣言,"迎合中国国民合法之愿望,并废弃以中国政治、经济非赖外人指导不能发达之见解",是为英国对华新政策之正式表示。华人闻之,欣然色喜,反英感情顿见低落。吾人当时曾于是月二十八日著论谓:"英人至今日能提倡各国对中国国民运动之同情与了解,诚吾人所当表示满意者。"足证爱好和平之中国国民,对于列强恩怨分明,并无好恶,盖吾人所求者,公理而已。数年以来,蓝博森公使在任,中英睦谊愈见增进,从前失坠之英国商权遂渐恢复,两国关系且将因中国之和平建设益趋密接。在此种友好空气之中,突闻前日西门外相之言,中国国民当然不能不失望,几以为英国当局或者受日人蛊惑,或为所劫持,致不愿或不敢主张公道。果尔,其如英国在远东之地位何?又其如中英商务之无限前途何?夫英国国民,果以为远东四万万民众聚居之消费市场,不值一顾,则亦已耳,否则此种广土众民之公众意思,自应在负责者考虑之列要也。

抑吾人尝闻之英国名记者史蒂德之言曰:"英政府之行为,殆受谨慎、过度小心、怯弱与恐怖之影响",且断言其态度为"已对大英帝国精神,加以不堪洗刷之污辱"。彼国同业之言是否中肯,非吾人所能知,然吾人就西门爵士前日演词,实多怀疑之点。如曰:"中日问题之严重点,在未能应用国联规定之办法,将来在可能范围内,必须拥护国联盟约。"夫既曰拥护国联盟约矣,奈何对日本割裂中国领土、强造傀儡组织之公开罪恶,置之不论不议。又曰:"吾人须关切实际,必须维持国际之原则,促进和解办法。"夫重事实、轻理论,诚为英人之特质,然而日本破坏国联规约、非战公约、九国条约,固赫然之事实也,奈之何不遗一矢,而又再三以维持国联原则昭告世界,抑何矛盾之至耶?吾人诚不敢望英国助我张目,然而以重视公理之价值、实爱中英之友好之故,窃愿英国朝野上下,高瞻远瞩,勿以苟简了事为得计。须知任何办法,如果违反我四万万民众之意志,则事实上仍无促进解决之可能也。

(《大公报》,1932年12月10日,第二版)

184. 国联大会闭幕，四国提案竟被搁置，昨日决议令人失望，十九国委员会下周开会，决请美、俄两国参加调解

【日内瓦九日路透电】 国联全体会议今日下午通过主席团所起草之决议案，系将捷克与瑞士所提决议案加以修改而成。该决议案全文如下：

国联全体会议收到一九三一年十二月十日国联行政院决议案成立之调查团所草就之报告书、中日两国对于该报告书之意见及国联行政院于本年十一月二十一日至十一月二十八日间会议纪录。国联全体会议于十二月六日至十二月九日间讨论后，请由本年三月十一日国联全体会议决议案成立之十九国特委会：（一）研究调查团之报告书、中日两国对该报告书之意见、国联全体会议时各代表以任何方式所发表之意见及建议；（二）起草提案，以解决本年二月十九日国联行政院决议提交大会之纠纷；（三）于最早期间内将该项提案交国联全体大会讨论。

【日内瓦九日路透电】 据可靠方面消息，十九国委员会定于下星期一（十二日）开会。主席西姆斯因政务羁身，不能离比京布鲁塞尔，届时决难出席。本应推举瑞士代表马达为主席，但因马达于全体大会时发言多有斥责日本处，故日本方面反对马任主席之议。据目前情形，义代表西诺西继任主席之呼声为最高。闻十九国委员会于十二日开会时，即决议请美与苏俄参加该委会，共同进行和解工作。当日即休会，延期至耶稣圣诞节（十二月二十五日）后再开。

【日内瓦九日路透电】 国联大会主席团九日晨举行不公开会议，讨论日代表松冈之要求及瑞士、爱尔兰、西班牙、捷克四国所提决议案等问题。经过短时间之商谈后，再交由主席西姆斯于下午大会时提出决议案，请大会将调查团报告书及附带文件、全体大会四日来会议纪录及四国所提之决议案，一并移交十九国特委会讨论。大会并不发表意见，亦不表示态度，故四国所提决议案仅为四国代表之意见，不能代表大会全体态度。十九国特委会有全权讨论各案，丝毫不受任何拘束。据云，此决议案已得日代表之同意。诚如此言，则九日下午大会将费时无多，仅完毕通过该决议之手续而已。

【日内瓦九日路透电】 今日下午国联全体大会时，主席西姆斯将提出决

议案,交大会通过。该决议案乃主张十九国特别委员会变为和解委员会,由大会予该委员会以特权,设法使中日两国能有相当谅解,并请中日两国亦参加该委员会工作,协力谋一和解方式。至于请美国与苏俄两国政府亦派代表参加和解委员会一事,将另作一题讨论,今日下午全体大会将以主席西姆斯之提案为讨论范围。

【南京九日下午七时发专电】 九日晨各报均著论,对英代表西门七日在国联大会之演词,一致认为失言且有袒日嫌疑,以年来中英邦交之敦睦及英国在华商业之进展,极示惋惜。闻八日午我代表与西门会晤时,我代表曾告以七日西门在大会之演说,或将引起中国方面之反响,西门谓彼系出于无意,颇希望中国方面不要认为有袒日之意。大会形势依连日观察,未有显著进展。外部前电颜代表,令其向大会提出四项要求,最低限度亦须大会通过决议案,宣布日本为侵略国,并拒绝承认伪国。惟依日来趋向,则此项决议案亦有难于通过之势,我代表正在力争中。

【南京九日下午十一时发专电】 九日各报对西门演说之评论,路透社已电至日内瓦、伦敦。闻外部更将集全国各报对西门之社评电至日内瓦,俾表示全国舆论之反响。

【日内瓦八日路透电】 八日晨国联大会开会后,英外长西门秘密接见中日代表,说明英国方针为对于双方平等待遇,不作左右袒。彼所抱之目的为调解,彼将尽力予双方以同等之忠实协助,与去冬英使蓝博森对上海停战会议之贡献相同,即在双方作忍耐与诚恳的居间人,因其他有关系国家之忠实赞助,逐渐获得一双方可接受之决定。而氏覆述,英国意拟拥护国联盟约。

【伦敦九日路透电】《孟鸠斯德卫报》今晨有社评,力斥某大国不应施用压力,将各小国所提出关于中日纠纷之决议案搁置一旁。该报谓调查团报告书对中日纠纷最关重要几点已判定,系日本方面之过失,无论他人如何为日本申述,亦不能将真理完全遮掩。该报刻对英、法、义三国主张中日直接交涉之提议,谓至少国联亦应避免国联弃中国而不顾之恶名,中国同为国联会员,其地位不亚于吾人(英人自称)。该报赞成瑞士与捷克所提出之决议案,即中日纠纷之解决,应根据调查团报告书意见。该报末称,无论如何,国联全体大会终久必有一日须下决心,是否让日本退出国联。

郭代表演说：国联应决议不承认伪国，同时责成日本完成撤兵

【日内瓦八日路透电】 本日下午大会中，南美科仑比亚代表奎萨都演说后，郭泰祺氏继起发言。氏力辩抵制日货为合法自卫，据称，去冬美国负责人民亦曾提议，参加中国之对日抵制，声援中国。中国此后仍将继续抵制，抵抗日军之横暴。至于武力抵抗，东省之义军决与日军坚持到底。中国长期抵抗之实力，实较日本为强。日人因军阀之需求无厌，以致捐税负担奇重，政府预算不敷甚巨。日金价格较诸去年已落五分之二，行政院前次会议时，东京交易所之日本证券亦有惨落。日本人民之痛苦日见增加，行政制度亦愈趋窳败。而中国之抵抗外侮以及行政之力量，则日见强盛。郭氏绝对否认中日直接交涉之说。郭称，昨日莱顿演说，曾谓中日直接交涉，渠亦略有所闻。但余（郭自称）可声明，莱顿决非自中国代表团得此消息，因中国绝不接受直接谈判，此种传说，毫无根据。但国联大会尽可信任中国将竭力援助国联。中国于赞成国联之下，举行国际共同谈判，若于十九国外加入美俄两国，即可成为进行此种谈判最好之机关。国联大会此后一切之举动，应严格遵守三月十一日大会议案内所规定之种种原则，于未开始谈判前，且应责成日本完成撤兵，此为必须之条件。郭氏于陈述中国政府态度时，称中国准备加入谈判，但此种谈判必须为国际性质，并由十九国委员会主持。大会于谈判之先，应通过议案，宣告不承认"满洲国"，并不与之发生任何关系。此项谈判应根据大会三月十一日之决议案，以及莱顿报告第九章第三节之原则。如无任何此种宣言，将不能开始任何有结果之谈判。中国政府承受国土之瓜分，将为不可思议之举，"予正告大会且兼告日本：吾人决不能承认所谓'满洲国'政府，吾人决不能屈服于领土之被人征服，或令彼间居住之三千万人民沦为奴隶。大会出席同人，当无不同此感想也"。郭氏复述中国主张，称在一九三一年九一八事件前，日本并无在铁道线内之驻兵条约权利。无论如何，此项问题之重大远过于此。日军占领一广大之土地，距铁路线有数百里之遥，故若称此举在种种方面并非最严重之军事侵略，殊属误解云。

松冈之谬论：竟昌言视满洲为生命线，并称苏俄承认日本地位

【日内瓦八日路透电】 日本首席代表松冈洋右继郭泰祺演说，首对莱顿报告书矛盾之点加以评断，谓关于此事，倘国联大会欲得证据，可请调查团团员质证。日本对于报告书，绝对不能接受。日本当初加入国际联盟，本信美国

自必加入，当时美国既未加入，日本为保持其各种自身利益计，亦不当加入。但日本竟自加入，实因日本亟愿对于国联工作有所贡献。松冈又称，现在日本国中有许多激烈份子，觉得国联既不谅解日本之理由，劝日本退出国联。松冈又力言苏俄未列席国联之重大性。彼谓有许多发言人，呼国联为彼等存在之生命线，而日本则视满洲为日本之生命线。谈及"满洲国"问题，冈松〔松冈〕称，"满洲国"果发荣滋长，有加无已，将来必有形成远东和平基础之一日。并称国联应知满洲之事，彼推荐前海关税务司"满洲国"顾问易纨士等三人于国联，请向彼等一为探询。松冈称，中国当初曾破坏天津条约，谋扩张在朝鲜之势力，而引起日俄战争之重要原因，即由于中俄之反日密约所造成。试问当时日本不与俄国一战，今日之中国将不知如何。吾人保全中国，并保全中华民国，中国革命领袖，曾亡命日本。假定日本承认报告书，撤出满洲，首先应决定者，即谁之军队前往恢复秩序。中国或将主张其主权，以张学良或其他将领军队接收，但莱顿报告书称原状不能恢复。松冈又称："半年前，日本报纸无一主张与苏俄缔结不侵条约，但今日则大多数报纸完全赞成该约之缔结，盖苏俄承认吾人之地位，并未企图加以干涉也。中国深信国联必为其后盾，以敌对日本。中国国内欲与日本获得谅解者颇不乏人，但不能表示情感，恐被殴打或杀害。今日中国过激主义盛行之地，其面积之大，四倍日本。如日本之地位衰弱，则过激主义将扩充至扬子江口，不久将遍及中国之大部分。倘令一般对于世界和平与远东和平之希望果属真诚，则欲实现此项希望，其惟一方法即为巩固日本之地位"云。大会宣告散会。

（《大公报》，1932年12月10日，第三版）

185. 英代表在国联言论直不啻为日本作说客，世间宁复有公理正谊！

【南京十一日下午九时发专电】　某要人谈，国联会上各国之态度，谓吾人对于捷克、西班牙、希腊、瑞士等国各代表态度之鲜明、言辞之严正，深为满意。该代表等能认识莱顿报告书中所载事实之力量，而不辞下一公正之判断，明白宣布国联盟约业被破坏，日本已超越自卫之范围，"满洲国"为日本所制造，并声明拥护国联盟约、九国条约及非战公约,对于远东政治情势能有明确之了解,根据良心发表其所认为正当之主张,洵不愧政治家之风范。某要人之意以为,该代表等之主张,与我罗外长八月二十九日所宣布之中国立场,前后恰相符合,即谓"任何解决东北事件之办法,苟以由日本武力创造维持与支配之东省伪组织为前提者,中国绝不能同意",又"中国深信将来解决东北事件之合理的办法,必以不背国联盟约、非战公约、九国条约之文字与精神与夫中国之主权,同时又确能巩固远东永远之和平者,为必要之条件"。又谓"此次国联大会席上,不幸竟有反面之论调,尤以英国代表之言论,已在我国民心中种下一悲痛之印象。此种印象,复因坎拿大代表不负责任之演词,而愈形深刻。英代表西门外相所称,中日问题'不应按无理论','不应除外事实',而应'寻求事实的解决'云云,是否彼以为日本之非法行动应予纵容,日本之侵略政策应予曲恕?英外相将莱顿报告书中较利日本之点肆情叙述,而将其中指摘日本及其政策之处故意不提。英外相是否不为日本作说客,诚不无令人怀疑之处"。末谓吾人仍希望英国能细心考量其在国联之态度,英国须知彼苟能与其他各会员国诚意合作,中日纠纷欲得一合法公正之解决,并非难事云。

(《大公报》,1932年12月12日,第三版)

186. 短评:国联的前途

当九一八事变爆发之始,国联虽则没有实力来制裁日本的暴行,表面上却还有抑制强暴的愿望,所以有两度令日本撤兵和两度十三对一的决议。现在呢,不但把四国提案搁置不议,便是莱顿报告书的前八章也不敢加以讨论,同时却想强拉对于四国提案和莱顿报告书前八章精神上同情的美俄参加和解委员会,来解决中日问题。我们不谈本身的利害,光把国联的举措想一想,怎会便宜成功?还有什么劲儿?

欧洲大政治家们,别打算太精了,别说中日问题延宕下去和你们没有利害关系!这样的干下去,是毁弃国联的历史和前途。到头算账,种什么因,收什么果,是一点儿没法变更的!

(《大公报》,1932年12月15日,第四版)

187. 中国代表处结束，案卷等均交外部保管

国闻社云。参与国联调查团中国代表办事处即行结束，该处秘书长王广圻日前接顾维钧来电，着将该处案卷一切交由外交部驻平档案保管处保管。王氏已与保管处长王承传氏晤洽，本周内可以实行移交完竣。闻尚有一部份账目未办理清楚，将由代表处科长数人假保管处继续办理。王广圻并定下星期一二日离平赴京，向外部报告。

(《大公报》，1932年12月15日，第四版)

188. 东北问题与联盟：中日代表在国联之舌战

【日内瓦通信】 千呼万唤、一再延期之国联行政院会议，已于十一月二十一日上午十一时开幕，中日纠纷为主要议题之一，故最足引起一般人之兴趣。调查团首先入席，坐于讲坛后列左端，自左而右为希尼博士、麦考益将军、莱顿爵士、克劳待将军及马柯迪伯爵。调查团秘书长哈斯博士及其他秘书等，则紧坐于坛下莱顿爵士等之后。移时，我国代表顾维钧博士及国联秘书长德留蒙爵士亦入席，皆先后出与调查团握手道寒暄。我国首席代表颜惠庆博士、代表郭泰祺公使及其他代表团重要人员，皆列席旁听。摄影后，主席爱尔兰自由邦大总统狄凡勒拉氏

主席开会词

主席致开会词，略谓："调查团报告书已经分送行政院各代表，当已经各代表详细研究。行政院对于本会两会员国之不幸的争端，为求排除追求本案事实之困难起见，曾决议'派遣一以五人组织之委员会，就地研究任何情形影响国际关系而有扰乱中日两国和平或和平所维系之谅解之虞者，并报告于行政院'。此项决议案之通过，迄今已逾十一个月矣。前行政院主席白里安提出上述决议时，曾声明在原则上调查团对于在其广阔的职务范围之内的任何问题认为

应行研究者，悉得研究之。白里安又称，调查团得有充分之裁量，以决定何项问题应报告于行政院。调查团委员资格，系于一九三二年一月十四日经行政院核准。该团任务极为繁重，而对于该项任务尤能以全心全力赴之。余知行政院全体代表当均愿对莱顿爵士及其他委员及其公平正直、洞微烛隐之报告书，表示最诚意之感谢。调查团之报告书，经全体委员一致同意，其内容不特对中日事件之事实及历史的背景有所申述，而对于为国联责任之解决本案方法之意见，亦有所观察。故余以主席资格，谨代表行政院对莱顿爵士及其同人等致谢其工作之完美的成功。夫调查团之竟能委派，及委派后竟能由争议两国之赞助及两国代表之合作而完成其工作，皆为可欣幸之事实，而足以予吾人以鼓励者也。余希望以后再有此种调查团之组织时，其进行方法可以改良，藉以避免在委派各委员前之长期的谈判，然此事与吾人目前工作无关。余信莱顿调查团之成功，除对于中日争端一案之供献外，实已创立一含有重大价值之先例，而形成国联困难之前程上树立一真正具体的进步矣。调查团除造报正式报告书外，当在东三省时曾于四月二十九日作一初步报告书。该报告书及若干附件，亦均已分发行政院各代表研究，所有附件等等未经修正之样张，已经分送中日两政府。调查团造报正式报告书时，对于各该附件当然已经考虑，故吾人此时之讨论，自应以该正式报告书为主要文件也。至于此时吾人讨论本案之进行程序，当记得调查团尚在进行调查时，行政院曾于本年二月十九日通过决议案，决定将中日争端依照国联盟约第十五条第九节之规定，提交国联大会知悉。'为考虑该项争端所必需之各种事实报告之搜集方法，仍将继续进行'，声请'本争端两造依照盟约第十五条第二节之规定，尽量将所有关于本案各项意见资料，送交秘书处转陈大会采择'，声明'行政院对于依照国联盟约之规定所负维持和平之责任，并不以本决议案而有所变更'。本案经上述决议转移于大会之后，复经大会于三月十一日决议，认为'中国政府所提出之请求即包括全部争端在内，已由行政院移交大会'，决定'组织十九委员会'，申请'行政院对于所有视为应转送大会之一切文件，随同行政院之意见，随时送交十九委员会'。余主张本案之讨论，应先由日本政府代表发言，藉对日本政府发表之对调查团报告书之声明书有所增补。下午复开会时，则由中国政府代表陈述其意见。"

日代表强辩

次日代表松冈洋右氏演说,以军阀之口吻、武断之态度、犀利之文字,一方面猛烈攻击中国内部之如何混乱,一方面详细表明"满洲国"之如何组织,同时并责备国联与调查团,且牵涉及英、法、美诸国。而其最着重者,即请国联勿干预"满洲国"事。无论何方面听后,均感不快。日内瓦报至著论讥之曰"可怜的日本",以其时代错误也。

我代表演词

午后,我国代表顾维钧博士演说,对于日本代表攻击中国之处,保留辩驳之权,对于日本代表引用非战公约、文饰其侵略为自卫,则请在座签字于该公约者自加判别。于是乃详述中国对于东北问题之立场、从有明以来历史上日本侵略中国之事实,直至调查团之报告书作成为止,历二小时之久。请国联依据盟约、九国条约、非战公约及莱顿报告书,谋根本之解决。兹将全文照录如下:

余在声叙中国政府意见之前,窃愿对今晨日代表所述有所指陈。吾人若对日代表所称全部接受,则日本竟是一驯良之绵羊,为凶暴之中国所啮,方尽力图脱以求生存耳。所幸行政院已有调查团之报告可作对证,盖该项报告之内容,固完全为不偏不倚之公言也。日代表在今晨演说中曾提出数点,该数点亦即余所即将提述者。惟尚有他点及甫于昨晚发表之"意见书"中各点,余将于下次再加批评。日代表演说中最可骇异者,厥为对于中国政府现况之指摘。在此点余即将对日政府所以不断对中国攻击之理由,加以若干阐明。且吾人即使为讨论计,姑定日政府所称并非完全不确,吾人亦仍当询问在此种情形下,是否即可认日本政府之武力侵略及日军之军事占领中国国境幅员与法德两国领土相等之最富饶之东三省为有理乎?日代表又称,日军在东三省之行动仅为自卫行动,并援用凯洛格非战公约各主要签字国所特别提出之保留为其张目。惟日代表同时又称日本军部早已预定详细计画,一声发难,全军俱起,其行动几成为自动的。日代表对于此项计画之迅速精密实行表示得意,然日代表竟忘未指出中国方面绝无侵略或自卫之计画。凡此莱顿报告书均已加以证实,九一八晚至九一九日日军用机关枪、大炮实行其预定计画时,中国军队自动撤退,绝未作任何抵抗。仅就此一点言,吾人尚能视日军之行为为自卫行为乎？日军此种行为若果如日代表所言，可以视为在凯洛格非战公约保留部分范围内之自卫行为者，试问吾人尚何须维持此项和平公约耶？惟余深信行政院诸君一部分曾亲与该约之成立者，当有较佳之解释，余亦唯有请诸君自行解释之耳。（未完）

（《大公报》，1932年12月16日，第四版）

189. 国联通过决议草案，内容空泛不着边际

【日内瓦十六日路透电】 十九国委员会昨日下午开会，对起草委员会之草案略加技术上之修正后，即加通过。当将草案送交中日两方，希于明日可得两方之答覆。各委对草案内容严守秘密，但料措词必极委婉，日本不致反对。起草委员会今日下午将再开会，讨论技术上之修正，然后再提十九国委员会集会审议。昨日十九国委员会开会后，发表下列公报："十九国委员会今日下午开会，讨论起草委员会之决议，加以通过，并授权十九委员会主席及国联秘书长向中日两方接洽。"

【日内瓦十五日路透电】 今日起草委员会及十九国委员会之两会议，对决议案草案加以最后整理，定本晚提交中日两方。据各委谈，草案之措词极为和缓，或认调解较为有望，但东京及南京两方面对草案之态度，在一二日内外间尚难知悉。会场以外之意见，认为国联虑中国之反对，较虑日本之反对为甚。闻草案内尚有二段措词未定：一为政治性质，须本晚与中日两代表团商议后方可决定；另有一段，关于邀请美俄两国，亦未决定。因国联向美俄两国之探询，未得切实结果，而十九国特委会在未能确知两国均将应允加入前，势不欲确定邀请美俄两国。中日两国之答覆谅须四十八小时，故国联秘书处人员逆料，下星期一以前难以召集国联大会。又电。草案共分四段，大略如次：第一段对国联调查团之工作表示欣感，并谓调解委员会将利用调查团之报告进行和解工作；第二段重申大会三月十一日之决议；第三段提议以十九国委员会加入中日代表，改为调解委员会；第四段系关于邀请美俄两国加入调解委员会。

【日内瓦十六日路透电】 小组委员会拟定之决议草案，因受英国袒日之影响，以致颇为空泛含混，一若为日本预留狡辩地步也者。设英外相西门星期

二不返伦敦,则所得结果决较此尤大。据中央社记者探悉,小组委员会初稿,对于调解基础,仅及规定以和平方法解决争端之国联盟约及凯洛格非战公约,而未列入明定保障中国领土行政完整之九国公约,经我国代表要求,始行加入。又决议草案中,对于解决期限并未规定,仅谓十九国特委会应于明年三月一日向大会报告调解成绩,而提出建议。

【南京十六日下午十时发专电】 东北旅京同乡救国会十五日致电国联,痛斥西门妄论,并电日内瓦各友邦代表,应本正义、人道,秉公发言,以制暴日,而挽未来之浩劫。

【南京十六日下午五时发专电】 西门在国联言论经我国舆论指摘后,英代办应格兰三次访罗解释,昨见罗时并转达西门来电,有所解释。

【日内瓦十五日电】 国联虽欲以其全力实行和解,但大国袒日态度未改,中国只有两条路可走:一则坚决不挠,一则供人牺牲耳。又十九国特委会今日已通过起草委员会决议之草案。

【日内瓦十五日电】 就现象观察,苏俄似将不愿参加十九国特委会。至美国,则须先获悉对于调解中日问题之基础条件,始尤参加。昨夜国联已电华盛顿征询意见。

决议草案要点

【日内瓦十六日日本新联电】 提示中日两当事国代表团之决议草案,其正文之第一项如下:"大会对于根据一九三一年十二月十日国联行政院之决议而组织之莱顿委员会,感谢其有价值之努力,并可宣言该委员会之报告书乃系公平之业绩。据此,该决议草案显然确认莱顿报告书为公平无私,故此日本方面已惹起相当之异议。"又电。日代表团对于昨日采择之二个决议草案及理由书协议,至今晓二时已将日代表团之意见禀告日本外务省。该理由书中未言及"满洲国"之存在及承认,因其有与此二种事实不能调和之事项,是以间接含有不承认"满洲国"之意味。对于此点,日代表团决定予以绝对之排击。又电。昨日十九国委员会采择之第二决议案,要点如下:(一)中日两国于直接交涉,决定设置调解委员会;(二)调查委员会由十九国委员会任命,使与中日两国协力进行调停;(三)招请美俄两国代表参加调解委员会,但非以委员之资格,而仅以参加交涉之意味;(四)和解可以莱顿报告书第九章之原则为基础,而以第十章为参考。

日本表示反对

【东京十六日路透电】 日政府紧急训令日内瓦日本代表团，反对美俄参加调解委员会，并表决反对委员会之任何决议案，重新确认本年三月十一日之决议案。日政府并训令代表团向国联指陈，将日军撤退至铁道线内之议，因日方承认"满洲国"，已失去意义。训令又称，该代表团应使用一切方法，避免或将拘束日本将来政策之任何决议。

【东京十六日日本新联电】 外务省十五日午后开会，特召请军部参加。对于起草委员会之决议及设立和平委员会问题，依据日内瓦日本代表团之情报加以协议。结果即于是夜将日本之方针急电日本代表团，内容如下："大会于此次之决议案重行确认三月十一日大会之决议，尤其尊重盟约或不承认侵略政治的结果等斯蒂生主义之讴歌。在现在平和之时，此种宣言不但不必要，且系有害。招请美俄参加和解委员会固应反对，即日本亦不能参加。将来日本有被拘束之事，须断然避开。如设立非根据第十九条之其他委员会，并以承认'满洲国'为前提，且与日本之方针不抵触者，乃可予以充分之考虑。若接受□议案之际，应对照上述方针，要求订立。倘被拒绝而直行提出大会讨论时，日本可依据从来放弃表决权之方针，断然反对投票。"

(《大公报》，1932年12月17日，第三版)

190. 东北问题与联盟(续)：中日代表在国联之舌战

余对日代表演说已作上述之指陈，兹谨再将中国政府【对】调查团报告书之意见，为行政院诸君一陈之。调查团工作之结晶，即为其对行政院之报告书，应受最大之赞美。中国民众对莱顿爵士及其同人暨调查团一行秘书、专家及其他工作人员之完成其重大之使命，表示恳切的敬意，其固甚宜。余谨藉此机会，再正式表示中国政府之感佩。调查团在九阅月中，奔走工作，曾不以境地、气候之变迁而一易其赴事之热诚。余以中国代表之资格，追随诸君子之后，亲炙诸君子之精诚毅力及责任心，尤为不胜荣幸。调查团对于中国代表随同赴东三省之种种不必须的阻挠，先已颇加忧虑，及中国代表及其随员等一行抵东三省后，则种种出奇之拘束层出不穷，所有一切行动悉受限制，致中国代表未能依照去年十二月十日行政院决议案中所规定，尽量在调查团当地调查时加以职务范围内之襄助。至有数次，中国代表乃不得不请调查团注意渠及渠一行随员所受之种种困难及不便利。此种困难及不便利，实足不需要的限制其行动之自由而阻碍其任务之执行。犹忆中国代表于本年四月二十七日在沈阳时曾作一公函于调查团，其中有言：

"中国代表团任何人于外出时，其后必随有日警一人或多人，雅玛多旅馆之内或有多数日警循环监视。中国代表自一室至他室或入餐室进餐时，悉有人追随其后。中国代表所出入房间之号数，亦被登记入册。尚有一部分中国代表团寓于东洋旅馆，情势更为困难，底层有日警约十人监视。中国代表团人员外出时，必须通知馆中侦探，俾可派人'保护'。在馆内私室中，亦绝不能有片刻安闲，日警随时可以闯入室中，向代表团人员询问一切。中国代表团对外交接完全隔绝，华人绝对不许赴雅玛多旅馆或东洋旅馆谒见代表团，并悉数华人有因此被捕者。"又中国代表在长春时，曾于五月三日致牍调查团，对于渠在雅玛多旅馆接见两外籍教士时所受日警之干涉，有所陈述，其中有一节如下：

"开门时即见有日人五六人，其中为首一人坚欲入室，侦查来客为谁及其来访目的，其后得悉该日人系关东租借地警务厅长春警厅高级警务处之警长。渠入室后，直待中国代表踏出自己内间，方始离室。此时调查团爱斯德君适经过该处，经渠向日警长询问，乃知日警长之所欲知者，乃为中国代表是否已得日警允许接见外客，及该外客等是否亦已得日警允许往见中国代表。"

中国代表在吉林时，由日军手擎上有刺刀之步枪到处"护卫"，在哈尔滨时，则由正式日警及便衣队"护卫"。因此种种不合的限制及禁止，中国代表竟至不能随同调查团亲赴出事地点调查一切，或提出华人见证以备调查团之访询。至东三省之华人未得日当局允许，更绝对不准晤见调查团或华代表。报告书一〇七页中言：

"惟日警种种方法之结果，仅为隔离一切见证，有许多华人甚且不敢晤见调查团之团员。调查团在某处曾得悉，在到达该处之前，当局曾通告无论何人未得官方核准，不得往晤调查团。是以调查团所有访问均系秘密进行，甚感困难，并有多人晤调查团，此种秘密晤会方法，仍极危险。调查团所接见之代表团，多数系由日本当局或'满洲国'当局所介绍。各委员对于该代表团等之意见书，深信其必曾先得日本之核准者。"

日本当局对中国代表及其随员等在中国国境一部分之东三省时之待遇，与中国当局所予日本代表在中国其他各处时之种种大量之自由及便利，一相比较，高低立判。盖调查团在南京、上海、汉口、北平及其他各处时，中国当局从未设法以任何方法限碍日本代表向调查团提供日籍见证，或日本人民之访见调查团以贡献其意见者也。

以上数点，不过为一种初步指陈，兹再就报告书所提出之较重要问题及事实数点，表示意见如下。日本政府曾指称中国为非一有组织的国家。日本此说，表面虽在辩护其在中国，尤其在东三省之不当行为，而其真正目的则在淆惑公众舆论，以避免真实问题。中国为国际联合会最初会员国之一，日本政府竟以此种言辞称呼之，是不特可见其缺乏礼教，抑可见日本方面对于本案之辩点实已绝无可作健全理由者。中国刻正在由四千年之帝国政制改进于现代民主政体之进程中，其所受种种困难，在熟悉任何国家改造之政治历史者之心目中，绝无可怪。中国国内所有种种纵横参杂之势力及因素，不过为中国民族觉醒后所有力量及生命素之表示，而为四万万五千万人民衣食所倚之国家的进步之明证。中国在过渡进程中之现象，容非完全可使旁观者感觉满意，然此种现象，实为任何旧建筑改造进程中之一般现象。其最重要两点，厥为如调查团报告书第十七页中所言："中国政府虽有种种困难、迟延及失败，而其所成就者，亦已不少矣。"

一九二二年二月六日签字于华盛顿之九国公约之签字国，包括日本在内，鉴于中国在改造中需要此项过渡时期，共同约定"予中国以最完全、最少限碍之机会，俾得自己发展并维待一有力而巩固之政府"。不幸中国在其统一及建设努力之进程中，其最大困难之一，即为日本之一再阻挠其成功。今试举一例以明之。日本著名政治家后藤新平男在其《日民及日军在满蒙之活动》之日文小册内，明言当民国初年袁世凯正将统一之时，日本方面曾在东三省组织一复辟运劲，以推翻袁氏。该册中直言日本财政家大仓八郎当时曾以巨款供与满清王族肃亲王，俾其立时进行是项运动。后藤并称当时日军第五团司令土肥大佐，奉命率领多数日军低级官员，组织并计划反袁军队。然此尤较久之事，诸君或已不甚记忆，兹再提出较近事实为诸君道之。一九二七年、一九二八年，日本政府两次突派重军赴山东省城之济南，名为保护毫无危险之日侨，实则在阻碍蒋介石将军所率领之常胜国民革命军之统一华北，使归南京国民政府控制。一九二八年五月二十八日，日本政府由田中首相发表之威胁性宣言，内称北京及天津方面如有骚乱事发生,则日本将被迫采取相当步骤,以维持东三省之和平及秩序。此项宣言发出后,张作霖将军即遭炸车而死。该宣言之目的,亦即在阻挠中国之统一之成功。此后驻沈阳日总领事日本特派员林男爵及日军旅长佐藤曾警告张学良将军,不得联络南京中央政府,并不得树青天白日满地红旗。一九二八年八月九日张学良将军赴日总领署答访林男爵,又受同样警告。张学良旋提出责词:日本此种态度是否合理? 而佐藤则笑称:"此时已非讨论任何事件之合理不合理之时。田中首相已决定此时不应飞扬新旗,即此一点,即是充分之理由矣。"从上种种,可见日本一方面口口声声对全世界哀告中国之不统一,而一方面则坚持进行其阻挠中国一统之政策。此乃一极可怪异而又大有意味之事实,吾人不可不注意也。吾人于此之问题,即日本是否诚愿中国一统,吾人显然可见日本深恐中国统一之后,日本之大帝国发展政策及其战胜世界之希望,即将受一打击。调查团报告书第十三页有言:

"就日本方面言,本问题之中心,即在其对新中国政治发展及其将来之倾向之一种忧虑。"(未完)

(《大公报》,1932年12月17日,第四版)

191. 东北问题与联盟(续):中日代表在国联之舌战

吾人就其字里行间细细意味,即可得其真义矣。任何国家组织之完整与否之重要性,即在该国对其他各国关系之影响。此种影响,往往有不少因素可以表示,对外贸易之发展,即其一也。就此点言,中国之成绩,并不逊于其他各国。在过去二十年中,世界各国虽受一种有组织有恶意的宣传,而对中国发生一种感觉,然中国在全世界之经济上,实有极重大而逐渐增加之供献。中国之对外贸易统计,即为反证日本批评家指摘之最良器具。查一九一一年中国全部对外贸易,为海关银八四九,〇〇〇,〇〇〇两,一九二一年增至关银一,五〇〇,〇〇〇,〇〇〇两,一九三〇年增至关银二,二〇四,〇〇〇,〇〇〇两。易言之,二十年来中国对外贸易,已增加至百分之一五八之多矣。一个国家政治组织完善程度之另一可靠的指数,即为该国对他国在尊重国际条约上所表示之忠诚及合作之程度。此种合作,为国际新生命及世界和平组织之实现上所不可或缺之需要。吾人若以此点为准绳,试问日本之国家组织,其完善已达至若何程度乎?国联当前对于东三省事件之真正困难,即为日本之不肯尊重其国际义务,如明白规定于国联盟约、凯洛格公约及九国公约者皆是,及其不肯实行对行政院之诺言,撤退驻在东三省之日军,以防止增加事件之严重性。吾人且不问此事是否由于日本政府之不愿,或是否由于日本政府之无力控驭其有势有力之军阀,其影响于全世界者,则同属可虑。国联去年已感觉之矣,而今日则殆仍有同样之感觉也。关于此点,吾人欲深知远东情形,应先知调查团报告书中所提及之日本传统的开展政策之目的及影响。此项政策,日人名之"大陆政策",即战胜亚洲之大陆政策也。其步骤共分两支:一为北支,即由朝鲜侵略东三省、华北;一为南支,即以台湾为根据地,侵略华南、华中及南海各处。十六世纪时日丰臣秀吉即主张并吞中国,其答朝鲜国王之书中有云:

"夫人之居世,自古不满百岁,安能郁郁久居此乎?吾欲假道贵国,超越山海,直入于明,使其四百州尽化我俗,以施王政于亿万斯年,是秀吉宿志也。凡海外后至者,皆所不释。贵国先修使币,帝甚嘉之。秀吉入明之日,其率士卒,会军营,以为我前导。"

十九世纪中叶佐贺藩霸主兼肥前守卫锠[锅]岛于其上书中有云:

"幕府 Shoyunete① 之职,世号'征夷大将军'。此'征夷'二字,为万世不易的眼目。当今太平日久,士气偷惰,正宜趁势奋发,耀威国外,乃足以挽回国运,奠定国基。"

西乡隆盛之前,大木乔任主张吞并朝鲜、分隔中国最力。其在论日本政策中有言曰:

"日本之最大隐患,厥为俄国。盖俄国以其位置言,最便阻碍日本之实行其大陆政策。日本如决心施行此项政策,应即与俄国成立联盟,均分中国土地。"

余之所以提出以上各节,并非以其有历史的兴味,而实为其对于日本现代对华及对远东政策之莫大关系。盖以上各节,其中所包含之精神及所主张之政策,与日本目前之精神及政策初无二致。一九二二年三月三十一日东京陆、海军部开一重要联席会议,陆、海军部最高级长官均出席,决定一种新战略。次日东京《读卖新闻》对于会议内容作一纪载,内称最高军事会议已决定,一旦

---

① 编者按:原文如此,应为 Shogunate。

发生战事,日本应立即与亚洲大陆自汉口、山东以至哈尔滨、萨哈达各处,建立密切通讯网,作为第一道防线。对于军事行动计划,该报有如下之惊人纪载:

"为巩固其防线起见,日本应先增厚在朝鲜、萨哈达及台湾之警备军力,并应以全力购得汉阳及萍乡煤铁矿之自由取给权,俾得充实军需,庶长期战争可恃,而最后胜利可期。又为准备国际关系之迅速转变起见,日本应先取得北京,同时占领东三省沈阳及长春,俾各种物料之供应,无虞缺之。"

一九二二年春,日本国会开会,日本陆相山黎对议员关于最高军事会议所定新军事国防计划□问答称:

"前与日本密切联络之一国(英国),已决定对联盟条约不再赓续,故一旦发生战事,日本有受经济封锁之虞。日本为预防此种情势计,自应占领大陆(指中国)及西伯利亚,以获得充分食物及战需品之保证。"(未完)

(《大公报》,1932年12月18日,第四版)

192. 东北问题与联盟(续):顾代表在国联之演词

数百年来,日本军人努力提倡之结晶之双管齐下的大陆开展政策,其第一步即着眼于中国,以为战胜亚洲全部之起点。其进行也,南北同时着手,适与毒蝎之同时以首尾攻击其牺牲品略似。于此吾人即可了然于一八九四——五年中日战争终了之后,何以日本坚欲中国割让辽东半岛及台湾岛,于此吾人乃可深悉日本于一八七九年攫取中国琉球群岛,以至日俄战后之占据南满、并吞朝鲜,一九一一年之派兵深入扬子江流域中心之汉口,一九一四——一九二二年之占据山东,一九一五年之提出"二十一条",以及其踌躇撤回东部西伯利亚之远征军,一九二七年及一九二八年之派大军至济南,最后乃及于一九三一年九月十八、十九之攻占沈阳及其他各城,占据东三省全部,不顾全世界舆论,自食其诺言,违反其义务,而不肯撤兵之真正意义矣。吾人就大木乔任之言测之,可知日本政府于一九零七年、一九一零年、一九一二年及一九一六年迭次与俄政府商订密约,图谋瓜分满蒙,及于一九一七年关于南满及山东省对各国秘密换文之真正目的矣,而日政府最近拟设法在欧洲各国中觅一同盟国之用意,亦可晓然无疑。吾人敢言,日本此项为新中国领袖人物所习知之大陆政策,实为远东和平之真正威胁,实为世界各国之最大骚乱因素。而其所以有如此重大之危险性者,则厥因在此政策之后,为一擅作威福而不悔之军阀势力,握有最有威力之战具,而饕足其欲望之方法,又处处维持武力及强权者也。中国在过渡时期不可避免之不稳状态,虽不宜任其不需要的延长,其本身要与以法治及国际间用和平方法解决争端之原则作根据之国际新生命无冲突。日本军阀不断的阻碍中国之统一,增加中国之困难,利用中国之种种艰苦,如水灾及共党骚扰等,以推进其土地开展及大陆征服政策。凡此种种,殆为中日两国间和平谅解之真正障碍。试观六十年来中日关系之历史,即可证余言之不谬。六十年来日本对华不断的战争、军事远征及侵略行动,虽其表现之时地各殊,而其背后之开展占领及克服政策,则继续一贯,绝无异致也。吾人应注意此项政策,其目标并不仅在取得满蒙为止。据日本前首相田中义一之奏折——该奏折在一九三一年九月之前,日本报纸时时引证之,对于其真实性,绝未尝加以怀疑——控制中国之东三省,不过为克服全世界秩序中之一步。折中有言:

"将来欲制支那,以打倒美国势力为先决问题,与日俄战争之意,大同小异。惟欲征服支那,必先征服满蒙;如欲征服世界,必先征服支那。倘支那完全可被我国征服,其他如小中亚细亚及印度、南洋等异服之民族,必畏我、敬我而降于我,使世界知东亚为我国之东亚,永不敢向我侵犯。此乃明治大帝之遗策,是亦我日本帝国之存立上必要之事也。"

明治天皇此项计划,日本仍不仅视为一段仅有历史的兴趣的事件。吾人就今日日本重要政治家及军人之言论观之,似明治天皇之雄策,仍为日本之指导势力。北一辉于一九一九年曾草一《日本改造法案大纲》,书出后,即成为一般青年军官之圣经,迄今犹然。该书中有言,国家有权宣布并实行作战,以自卫或解放被压迫之民族,例如解放印度于英国之束缚,或中国于列强之侵略,皆是也。该书又言,国家又有权对握有广大领土、或治理该项领土不善之国作战之权,例如从英国夺取澳洲,从俄国夺取西伯利亚皆是。前日本内阁总书记官森恪在本年七月间之《金钢石经济杂志》上刊论文,内称:

"日本民族受条约之束缚,被困于本国国境之内。九国公约及凯洛格公约目前的解释,如任其不变,则日本不能在远东扩展其势力。吾人若欲进步,非打倒此等条约之防线不可。"

现内阁陆相荒木,固已世界闻名矣。渠在最近日本陆军机关杂志《偕行社记事》中,曾作一论文,鼓励日本国民效忠于民族精神。又称,东亚各国为白人压迫之目的物,此乃不可否认之事实,日应不再坐视而不加裁制。日本民众之责任,在反对列强一切举动之不合日本帝国之精神者,盖帝国精神,实为公平及正直之表现也。日本对东亚任何部份之骚乱,不能闭眼不问,因日本帝国之精神,不能与骚乱并存。任何日本国民,应时时作精神物质上之准备,以恢复安定,即使乞灵于武力,亦所不惜。荒木此文,即日本政策之精神及范围也。至于其实施方法,吾人但观一八九四——五年中日战争时期中之日本外相陆奥光宗记事中所载,即可知其大略。陆奥光宗在中日战争中之地位极为重要。中日战争之起因,数十年来成为一般舆论争执之点,陆奥记事出版后,群疑始息。盖日本之迫使中国不得不作战之责任,至此方无可遁饰。一八九四年六月间日本大批陆海军被遣赴鲜,由日本驻鲜公使大岛圭介统领。是时朝鲜情形渐告平靖,对华作战计划有未能即行实现之势。陆奥乃急电大岛,谓断然行动之时已至,可用任何藉口以开始积极行动。盖日本政策之主要原则,如陆奥所言,为"在军事行动中,日本应以先下手为强,惟同时仍应设法制造形势,使一般观察者以为日本之动手,乃出于被迫无奈也"。昔日之朝鲜如是,今日之东三省亦如是。日本之侵略行为,必有原因,必有藉口。然无论此项原因、藉口之能被全世界接受与否,日本非获得侵略行为之目标不可。调查团报告书七十七页中称:"日本在日内瓦提出保留后,即继续依照其计划处理东三省情事。"非其确证耶?

关于中国人对日本经济绝交一点,日本已数度抗争,余仅愿对报告书有味之陈述加以若干意见。经济绝交者,不过为一种自卫方法而已。经济绝交仅为一种对外来固定原因之反动,绝非中国所能约束。过去二十五年中,中国人对日货之杯葛运动,计有九次。报告书一一五页中言:

"如将此种经济绝交运动详加研究,则知每一运动之发生,与某项确定事实、事件或事变有关。此类事件,概属政治性质,且常为中国所认为与其实质之利益有碍,或与其民族之威望有损。是以一九三一年之经济绝交,系直接因同年六月间万宝山事件及七月间韩人之屠杀,方始发生,而同年九月之沈阳事件及一九三二年一月之上海事件,复使之变本加厉。"(未完)

(《大公报》,1932年12月19日,第四版)

193. 社评：中日关系永陷绝地

国际联盟为中日问题，行政院推之大会，大会又推之十九国委员会。十九国委员会推无可推，方欲另组调解委员会再事拖延，而因中日之坚决、美俄之冷淡，迄今不能得一决议案。此真僵而又僵之局也。

查莱顿调查报告书关于事实部分，叙述极为明瞭，举凡九一八之日本侵略行为，"满洲国"之傀儡组织，信谳昭昭，无可否认。故日本根本不愿十九国委员会有任何决议案，使彼在字里行间受世界公道之裁判，此为日本反对决议案之真意。盖彼国内田外相固曾谓纵令全国化为焦土，亦不能取消所谓"满洲国"。中国方面，明知国联无能为力，然仍不愿尸破坏国际和平组织之责任，忍耐期待，至前日始由驻日内瓦代表团发表宣言，声称："日本放弃所谓'满洲国'者，乃为调解之最必要条件。"此种坦白之声叙，实表中国愿意调解之诚意。乃日本各大报、各通信社竟于十九日发表共同宣言，奉承军部之意旨，为维持伪国，表示"军制"之民意，与中国代表团宣言针锋相对。于此证明日本决计与全世界公理为敌，甘与中国永立于反目地位。两国国家与国民，至此殆已绝对无恢复感情之途径。不特今日如此，且凡两国昨今呱呱堕地之婴儿，与夫将来尚未出生之赤子，先天地已有不幸的运命，随以俱来。中日世仇，固结莫解。此等责任，今日之日本人应对现在将来无数的双方之子若孙负之。此真民族的大悲剧也。

方东事决裂，日本原有在东三省成立"新政权"与"满洲国"两派意见。"新政权"等于对中央宣布独立，尚有转图之余地；"满洲国"则纯为割裂领土，别成国家之极端办法，有识之士多不赞同，即犬养毅亦不以为然。乃军阀必欲贯澈大陆政策，不顾后患，毅然行之。至是之后，中日交涉已陷绝境。国联调查团东来，洞见双方争执之症结。莱顿等二次东渡，劝告内田阻止承认"满洲国"，意在不趋极端，可谋调解。乃日本居心顽梗，故意扩大争端，延长战斗，不特不纳友邦忠言，反亟亟为"日满议定书"之签定，以冀"成事不说"，使国联无如之何。此等政策，纯为蹂躏世间公理，挑拨人类反感，其责任亦惟日本单独负之耳。莱顿等至是犹不放弃其劝和之企图，在报告书中，录列调解办法。国联开会，展转延宕，仍归结于组织特会、斡旋两国之方案，其用心可谓苦矣。乃日本坚执不许涉及否认"满洲国",冀从根本上推翻莱顿报告书,以其明白违背公约所造成之结果,强世界认许。此其意义,直等于用侵略精神征服世界,在势与理断无成功之可能。此不待中国宣言发表,即可知日本已甘陷绝地、不肯自拔也。

夫日本阻塞调解之途,深入不通之路,求仁得仁,固不足怪,顾何以近来公私表示,又以中日直接交涉为言?岂不知日本既已坚执维持伪组织,则中国国民对之已无话可说!盖我四万万民众,根本只知日本侵占我东三省,屠杀我中国人,不知有所谓"满洲国"。汝割裂我之领土,伪造我之民意,乃希望我在虚伪的事实、公然的罪恶之下,与尔开交涉,此如南辕而北辙,万万无实现之日。依吾人所闻,日阀意见,宁可愈走愈歧,不许转圜挽救。近来长春市上,复辟声高,南满北满,又传请愿。此皆日阀之主动,必欲利溥仪之名义,为入关侵略之暴行,推翻民国,变更现状,以求打开僵局。不知如此政策,适足以坚中国国民抗日卫国之决心,斩断其对逊清一线仅余之情感。盖年来中国公私事业凡有日本背景者,绝对受社会之唾弃,无存在之余地。中国帝制思想诚未尽绝,复辟分子诚有其人,然而可以断言者,苟以日本之力扶植溥仪内犯,则必不崇朝而倒。良以复辟已为民众所深恶,拥日本人为太上皇,尤非含生负气之伦所能须臾容忍。纵国民反对政府,亦断不能为日本作工具。故世有受人利用、妄思活动者,等于尸溥仪于市朝,掘逊清【之】祖若宗之坟墓。而日阀此种政策,其于中日国民恶感,直如火上加油,又无待论也。

抑吾人最不解者,日本自明治维新,人才辈出,爱国志士垂史册者,不一其人,何以今日六千万民众,甘受少数军阀之意志所支配,与世代邻接之四万万中华民族为仇,与世界无数国家对敌。昔人谓"千夫所指,无病而死",今之日本,已成国际间之独夫,讥评责诘,何止万众。奈之何真正民意,迄不能有一毫觉悟之表现?尤可怪者,十万大军转战于冰天雪地中间,一年将兹,所得者国外则世界反对,永无合法承认之期,国内则军费膨胀,国家必有破产之日,而满洲繁荣依然为新闻之宣传,中国各地日商等于长期之休假。失败至此,迄不省悟。吾人于是,不能不太息日本社会之无人,与夫新闻政策之万恶也。

(《大公报》,1932年12月20日,第二版)

194. 东北问题与联盟(续)：顾代表在国联之演词

于此应指出者,在韩华侨之惨被屠杀,自一九三二年七月三日起至十三日止,延绵至十日之久。屠杀场所凡七,均为朝鲜之城镇。屠杀结果,无辜华侨死一四七人,伤五四六人,失踪九一人,财产损失逾日金四,〇〇〇,〇〇〇元。出事时,日警既未指使,亦未阻止。日军对东亚大埠、中国富庶中心之上海之攻击,杀伤华人二万四千人,毁灭财产十五万万元。而目下东三省中国生命之正在被杀害、财产之正在被损毁者,更不可算计。夫上海固为经济绝交活动之中心,然上海中国人民于熟闻东三省日军不宣而战之事实后,身受二月至三月五个星期中之种种痛苦,再观日军于五月间撤退沪境后,立即调赴东北,继续杀戮工作,试问吾人尚能责其不应采取此种报复方法乎？当余于本年五月中旬与调查团同在哈尔滨时,目睹由沪调哈之日军第十四师团,列队经过余所寓居之旅馆外之大道,而炮火枪声复时时入吾耳目,一日一夜,盖不知残杀吾多少无辜同胞,然竟无法可阻止此项悲剧。在此情况中,吾人岂不能想象中国他处人民中心[心中]之对于其同胞之惨酷之悲愤为如何乎？中国人民之经济绝交运动,即为抵制是项日军之暴行而开始而继续者也。吾人于此种事实加以考虑,即知中国人民无论个人、团体,之所以拒购日货而参加抵制活动,俾获得充分之效力。渠等深知其祖国军备薄弱、军器不充,故惟有采用此自制制人之报复方法,藉以表示其对日本对华暴行之愤慨。盖抵制日货者,尤其商人,于采取此项方法时,自身不免亦受损失。此乃一种自身的牺牲,更绝无攫取日本人民所有之日货之事。有时即因误会,一待事实判明,亦即归还原主,决无留难者也。在此自然的民众运动中,无论任何政府,当然不能完全取不闻不问态度。在人民之眼光中,政府为保护人民安全,使不受外来侵略之主宰,是以中国政府一方面深觉中国所受之日本之暴行,一方面乃不得不表同情于此等经济绝交之运动而容忍之。尤有进者,经济绝交为合法之自卫方策,政府决不能加以取缔。同时民众以日本对中国不宣而战,愤慨至于极度,至政府有时乃不得不命令各地方当局,随时开导民众舆情之激昂,使其入于合法的轨道中,而对于保护日侨生命财产之安全,亦加三致意。迄自日本侵略东三省以来,中国国内极少发生对日侨暴动之事变者,即由此。调查团报告书中,对于此点,固已有证实矣。有人以为中国政府对于目下有组织之对日经济绝交,如有正式指导,则似有引起责任问题之可能。关于此点,以中国政府观察,实绝无责任之可言。吾人在日本此种残暴预定军事侵略行动之前,认为任何形式之抵抗,均为合理合法。吾人虽已依盟约规定,将本案提交国际,以求和平解决,并静俟其结果,然同时不能不就可能范围设法制止日军继续的前进,以增甚形势的严重,深恐任何情形一经造成,即将以其为既成事实之故,而加以重视也。中国既已坚持其和平容忍之政策不变,故对于抵抗上亦采取此种和平方法,深信此种加于侵略国之压力,并无杀人流血,故当然人道多,否则如以武力对武力,结果杀人流血之事决不可避免也。

经济绝交对日本不利影响,乃在意料之中,然较之日军在东三省、上海、天津各处所杀害之数万华人生命,所毁减之数十万万华人财产,则相去天壤矣。在此种爱国愤慨中所激成之民众运动中,有时或有二三激昂之徒,运用并不完全合乎严格的法律规定之方法,以求该运动之加倍有效者。然吾人一念及中国最富饶之东三省为日军无理侵略而占据,则此辈行为殆亦可认为合理。试问任何其他国家若承认同样暴行,至于威胁其生存,则情形又当若何?故就目前状况论,即使中国政府宣布今日全中国之对日经济绝交为合法,以求实行该项运动之更整齐之方法,亦不能谓为全无理由也。然中国政府则尚不出此,即此可见政策之温和容忍矣。中国对日本实行经济绝交,乃出于无可奈何,此点吾人最应注意。盖经济绝交虽为对日军暴行之一种抵制方法,然对中国人民自身亦有不少伤害。中国酷爱和平,对国际争端尤时时以和平政策为主,故对日本此次侵略,亦极望以公断方法获得解决。日本在军备上虽较中国为强,然亦为国际联合会会员国,若能依照国联盟约中规定之和平方法之一,向中国提出任何要求,此为中国所最希冀者。然日本军人计不出此,自始即以武力为政策,实行其预定之侵略计划,故就中国政府观,对日经济绝交之精密的施行乃为必需者,且国联之补救方法既需时日,此种抵制手腕尤不可缓。过去十四个月之经历,似已证实此项见地之不谬矣。日本政府非特未曾履行其在去年九月三十日及十二月十日之行政院决议案中所接受之义务,将日军退入南满铁道区,反变本加厉,继续活动,至今日而东三省各处乃几无一地不在日军铁蹄之下。而国际联合会在此长期内,亦尚未觅得一种有效方法,可以阻止日军在政治上或军事上对于当地情形严重性之增进,或迫使日军履行诺言,退入铁道区以符决议案之主张。吾人若不承认中国对日军暴行运用经济绝交以为抵制,即是不承认和平合法之自卫方策。尤有进者,在现代世界经济上,举凡保护税率、分配制及限制汇兑之运用,悉已被视为合法。此等方法犹被视为合法之经济侵略之自卫方策,则中国之经济绝交,其性质即极相类似,何独不准其运用以为抵制武力侵略之自卫方策乎?至中国对日实行经济绝交,是否与对日友谊及条约义务有冲突,此项问题更非今日所应问。盖欲决此问题,吾人必先询在日本政府在朝鲜屠杀无数华侨,在满洲、上海及其他各处侵占中国国土,杀害无数中国生命,毁减无数中国财产,种种暴行之下,中日邦交是否尚可视为友善?在日本有意破坏一切条约义务之下,中国是否犹应努力履行单方面之义务?后二问题吾人若获得答案,则前一问题自可无庸提出。(未完)

(《大公报》,1932年12月20日,第四版)

195. 东北问题与联盟(续):顾代表在国联之演词

余深望上述各点,在考虑中国对日经济绝交问题上,及对于此项运动之真正意义上,多少有所阐明。中国国家思想近年来虽极迅速发展,然实际并无排外意味。中国一般舆论虽希望若干政治性质之特权归还中国,以符中国国权之尊严,然任何富有理解性之华人,除运用世界公认之谈判及协定方法以达到其目的外,决不主张其他方法。有时吾人或可在街头墙角见得一二标语,或在学校讲坛上听得一二演说,对中外国交之现行根据有所指摘,然此种标语演辞,决不能代表全国之谨慎态度,适如西方各国之共产报纸不足代表各该国之一般意见同也。

中国国民党孙先总理所倡导之民族主义为三民主义之一,其性质全为自卫的、和平的、建设的。此项民族主义,实为中国与世界各国交接后所得经验之结果,为一种民族的期望之表现,欲求中国从不平等条约中求解脱,以求与世界各国平等之地位。是以其性质纯为自卫的、和平的,同时该民族主义又为建设的。何以故?盖其最后目的,实为经民族主义之途径以达到世界大同也。中国愿望逐步进展,成为一坚强繁荣之大国,俾在全世界和平幸福上,可以有所贡献。深知世界各国其前进之最后一步,终将成为一种"国族",共入于大同之境。此种政治上之最高见解,中国古圣贤之言论中已每每有之,孔子即其一也。孙先总理更从而发扬光大其意,乃成为国民党主义上、政策上之主要点焉。虽然,中国人民对于日本之控制、克服中国之传统政策,则上下一致反对之。中日邦谊每经一次冲突,日本之传统政策亦愈见鲜明,而其足以危害中国之安全生存,亦愈益无疑。中国人民之视目下东三省事件,并不视为局部事件,而视为日本全部大陆政策之一端。善哉,调查团报告书二十三页中言云:

"近数年中,日本之要求,在中国方面已认为对于中国国家愿望之一种严重挑衅,较之列强所主张之一切权利犹有甚焉。"

中国人民之作此观念,并非出于疑惧,实乃出于过去数十年之经验习知所得也。至于对其他各国,则中国绝无排外之意,上至政府,下至人民,皆诚心愿望中外各国间邦谊之敦睦,以为互相利益。关于此点,殊无需余之多言,今仅举数字为证。现在各国侨民之在中国平安工作生活者,共有三十六万人,外商行号共有八千二百家,侨民中有七五六七人为教士,在中国内地各处传道,并无困难艰险,间有肇事,亦属例外。即在中国本部之许多日侨,虽当此日中情感紧张之秋,在中国政府保护之下,亦仍能安居乐业,绝少不测事件之发生也。更有一事可证明者,中国许多国营事业中,雇用外侨人员甚多。中央政府各部会中,即有八国专家四十余人,襄助一切行政,以后人数且更有增加之势。报告书中对于此点,亦曾提及。其言曰:

"国民政府近来对于解决中国各种问题,均寻求及接受国际之援助,如自一九三〇年以来之财政事宜,自一九三一年全国经济委员会成立以来,联络国联专门机关以办理经济之设计及发展事宜,又于同年办理水灾救济事宜等等,皆是。"

最近国民政府曾请国联为介,聘请专家多人,来华研究教育、卫生、浚河、农业及丝业等等问题。中国对外若果有仇意,则此种合作计划,当未能获得若是之成功也。日方所提出对于中国之指摘,其目的显然为求淆惑听闻,藏饰真问题。其所有比较重要各点,余已为指出其不当矣。远东和平之真正威胁,实为日本之大陆政策,亦已如上述矣。然则关于本案最关重要之各项事实,其已在报告书中阐明者,果为何乎?试为诸君一道之。日本对于其九一八事变及其后种种行为之解释,曾提出许多夸大异常的要求。中国政府对于调查团报告中各节,揭微发隐,甚感兴味。日本曾声请中日悬案多至三百余件,日本之所以取武力行动,实为求此等悬案之圆满解决。然调查团报告书六十六页中言:

"惟所谓两国间有三百件未决之案,又为解决各该案件,和平方法已由一方逐渐用尽等语,则均未能证实。"

报告书又称:"于是必要时,应以武力解决一切悬案之语,遂为一通行之口号。"又称:"凡武力解决之决议,陆军省、参谋本部等讨论武力计划之会议,以及关于必要时如何实行此项计划所发致关东军司令官及驻在奉天九月初被召至东京且主张从速以武力解决一切悬案之土肥原大佐之确定的训令,均在各报中随意引载。阅各报关于此种种方面及其他团体之情感之记载,即可知情势日趋于危险的紧张。"报告书六十六页又指出日本陆相在东京之激烈演说,主张日本在满洲之军队采取直接行动,并指出在沈阳日军夜操之挑衅行为及其不时的开火,最后乃述及九一八事件。该项事件就报告书中所称,乃为"武力占领满洲之初步"。观于此,可见目下中日争端之导线,并非一国对另一国之悬案之未解决,而实为日本军事当局之干涉行为。又关于中日悬案,调查团在报告书中固已表示,其性质可用公断或法律的方法决解决者矣。然则日本在一九三一年九月十八、十九之武力行为,是否果如日本所称纯为自卫行为乎?此问题之答案,不特对中国,乃且对国联含有极大之重要性,盖此点与国联盟约之规定大有关系也。日本声言日军犯满,实为自卫行动。然调查团对日方此说并不同意,其言曰:

"中日双方军队间情绪之激昂,实无容讳。本调查团曾得一种证明:日方对事前确有充分计划,以应付中日间万一发生之战事。此计划于九月十八日至十九日之夜见诸实行,迅速证确。中国方面遵守上峰之训令(见六九页),既无进攻日军之准备,在彼时或在该地亦无危害日人生命财产之计划,对付日军并未集中应战,亦未奉命开火,故于日军之突击及其以后之行动,莫不认为诧异。"

日方声言九月十八日晚约十时间,中国军队在沈阳附近曾炸毁该处之南满路轨。日方制造此项藉口,无非借作其军事计划之导火。报告书之言曰:

"至九月十八日下午十时至十时半在路轨上或路轨旁发生之炸裂之事,虽无疑义,惟铁轨纵有破坏,实际上并未能阻止长春南下之列车之准时到站,断不能引为军事行动之理由。故前节所述日军在是夜所采之军事行动,不能认为合法之自卫手段。"

此点极关重要。沈阳附近之所谓炸裂事件,如不能认为日军在附近各处军事行动之合法理由,则同时日军在数百哩外之中国其他各处,如长春、吉林、营口等地之军事行为,当然更不能认为合理。日军攻击华军军营并放火焚烧之,而华军则固曾奉令不得对日军冲突者,此点报告书中亦曾道及矣。日本当局对于铲除东三省之中国文官不遗余力,报告书中对此亦甚加注意。九月三十日国联行政院通过决议案后,正在该议案之有效时间,日本对东三省华人文官势力之摧残,进行尤猛。吾人试观该决议案之内容,其第二节则云:

"行政院对于日本政府之声明,谓对于东省并无图谋领土之意,认为重要。"(未完)

(《大公报》,1932年12月21日,第四版)

196. 东北问题与联盟(续):顾代表在国联之演词

其第三节则云:

"行政院知悉日本代表之声明,谓日本军队业经开始撤退,日本政府当以日本人民生命财产之安全有切确之保证为比例,仍继续将其军队从速撤退至铁路区域以内,并希望从速完全实行此项旨愿。"

其第五节则云:

"行政院知悉中日代表已保证各该国政府采取一切必要步骤,以防止事变之扩大或情势之愈加严重。"

此项决议案系由日本所接受,然事实昭示于吾人者,则为何乎?中国辽宁省政府之官员,如代理主席、财政厅长、教育厅长、公安局长等等,被日军之压迫,不得不退出省政府所在地之沈阳,而避至沈阳以西数十哩之锦州城。报告书中称,日本不准中国当局避出沈阳以至锦州设立省政府,且设法以毁灭之。十月八日,日军飞机即从事轰炸锦州省政府所在地之交通大学、火车站、树有红十字旗之医院及其他绝无武装之各地点。日机低飞时,更作机关枪之扫射。是日本用意,在完全扫除中国当局之势力,彰彰明甚。而此种中国当局,其对于南满政府组织及治安维持上,实均为不可缺者也。锦州、吉林及满洲其各他处之华当局势力,逐一被日军消诚后,日方乃从事叹惜痛恨满洲各处之无秩序。日方目的无非在取华当局而代之。此项目的,中国知之,而日本则否认之。其装腔作调，国联行政院及大会殆已熟见之矣。日首相犬养于一九三一年十二月曾表示，中国即以满洲奉送，日本亦决不接受。然同时各中立新闻机关如联合新闻社、路透电报社等，则不断的报告日当局竭力直接的或由其他傀儡间接的攫夺满洲治权之事实。余之所以请诸君对一九三一年十月十八日轰炸锦州事件及其后锦州乃至满洲其他各行政中心被占据事件特别注意者，其原因即在指出日当局之绝无诚意，一方面继续阻挠本案之和平解决，一方面更对国联盟约及其他法理加以践踏也。日人藐视国联尊严之结果，其所加于中国人民之痛苦，不知凡几，余亦不愿详细指述，重增在场诸君之不安，惟有一二点可道者，试为请君陈之。日本先于九月三十日，旋复于十二月十日，对国联保证不再作何行动，以增加事件之严重性。所谓任何行动者，当然包括杀人流血事件之导火行为在内。然保证尽保证，而行为自行为。在中国近代史中，中国土地上及行政上主权所受攻击，当以日本此次暴行为最。日本军事行动已将三千万中国民众与其大部同胞隔绝，东三省效忠于政府之官员悉被除名，而代以日本之傀儡，东三省之关务、盐务机关悉被强占，邮局、电线、矿产、铁道、无线电台及税收机关以及税收，悉被攫夺，至今日而任何行政方策，未得日方允许万无不能在东三省实行。凡此种种，日本违反其对国联庄严之保证，而独断独行之继续的恐怖政策及同化政策之表现也。调查团报告书一二七页有云：

"日本军队未经宣战，将向来毫无疑义属于中国领土之一大部分地面强夺占领，使其与中国分离并宣布独立，事实俱在。此事经过所采之步骤，日本谓为合于国联盟约、非战公约及华盛顿九国条约之义务，而实则各该约之意义正在防止此种行为。"

不特此也，一九三一年二月二十八日日本更继续侵略华土，进攻上海，杀伤华人二万四千余人，毁灭并未武装之城之上海及其附近各处财产价值至十五万万之巨。驻沪之新中国军队即与日军接触，其抵抗成绩不啻对有关各方做一通告，谓中国人民固能极度容忍而采取消极抵抗，然亦能奋发有为，作强有力之武装自卫。然日军虽在沪遭遇恶运，并不中止其野心。其一意孤行，更可于其公然承认所谓"满洲国"之一举中见之。日本承认"满洲国"，乃在本年九月十四日与伪国组织订定所谓协定书，盖已完全不顾其对于国联盟约及其他国际条约之义务及其屡次对行政院之诺言矣。关于东三省状况以至"满洲国"之被日本承认，调查团报告书七十七页有言云：

"故独立运动于一九三一年九月以前,在满洲从未听得。所以能有此项运动者,仅由于日本军队之在场,甚为明显。与第四章所述之日本新政治运动有密切关系之现任或已退职之日本文武官吏,曾考虑、组织并实行此项运动,认为一种解决九月十八日事变后满洲局面之方法。该官吏等利用某种华人之名义及举动,并利用不满从前政府之少数居民,企图达到上述目的。日本参谋本部自始或至少在短时期内,明瞭此项自治运动之可以利用,又毫无疑义。故该部对于独立运动之组织份子,予以援助及指导。调查团认为满意者,即依各方所得一切证据,确信助成'满洲国'成立之原动力虽有若干种,但其中两种,即一为日本军队之在场,一为日本文武官吏之活动。两者联合,发生之效力最大。依我等之判断,若无此两者,'新国家'不能成立。基此理由,现在政体不能认为由真正的及自然的独立运动所产生。"(未完)

(《大公报》,1932年12月22日,第四版)

197. 东北问题与联盟(续):顾代表在国联之演词

吾人观于报告书上项意见,则对于日方所称东三省之独立运动乃出于当地人民之自愿者,可以无须再加反驳矣。上述种种,皆为调查团调查所得之较重要各点及其合理的结论。然则吾人应有何解决方法乎?此问题之答案,自应由特别大会供给之。盖自今年二月间起,中日争端业已交大会处理也。调查团对于此点,为便利讨论以求解决办法起见,曾对行政院列举解决办法之条件、原则及意见数点,俾供参考。中国代表团对该数点之意见,保留其俟下次讨论时发表之权,但同时余欲提出报告书意见之一点,以为诸君道:报告书一三〇页中称,任何解决方法,应符合国联盟约、非战公约及华盛顿九国条约之规定,此乃一最重要之原则,为庄严签字于各该和平条约上之各国之所不可不尊敬者也。中国政府屡次声言尊敬国联盟约、非战公约及九国条约之必要,盖各该约文正式的或暗示的均表示尊重中国国权及其政治上之独立及土地上、行政上之整个性者也。中国代表于去年十月二十三日行政院席上曾称:"中国及任何他国间之交涉,必以中国在国联盟约及非战公约下之权利义务为根据,并须尊敬一九二二年华盛顿会议中所立之原则。"中国政府对于此点仍坚持不变，故对报告书之同意于中国政府之态度不胜满意。此后对于任何建议，如能符合此项重大原则者，则中国政府必乐于讨论者也。吾人根据此项主要原则，乃可得补助原则数点，从此对于中日争端之主要争点乃更可获得明确之见解，以为世界和平基础之助力，兹谨为诸君略陈之。吾人不应鼓励侵略，报告书中称，日本之军事行为不能视为自卫手段，斩钉截铁，断然无疑。易言之，此种军事行为，即是侵略行为也。国联盟约第十条称，国际联合会各会员国，对于全体会员国之领土的统一及现行政治的独立，应尊敬维护之，使不受外方之侵略。

是以中国既被保证决不受外国侵略在前，自不能因此项侵略而遽放弃其在被侵略前所有之权利。反之，侵略国在实行侵略行为前所不应有之利益，亦决不能因其侵略行为而遽使其获得之。此项维持世界和平正义之原则，吾人若不尊敬而履行之，则即是奖励侵略行为，因其足使任何一国以不当行为获得不当利益也。此种先例一开，世界和平前途之危险，即不堪设想。而调查团报告书中固称：

"要之，维持和平之旨趣，举世相同。倘国联及非战公约原则之实施，在世界任何部分失其信仰，则此项原则之价值及效能，将无往而不受减损。"

此吾人不可不注意者也。职是之故，任何一国既受保证不受外来侵略，则一旦竟受是项侵略之后，自有要求赔偿损失之权利。中国政府是以对解决本案事件上，保留其提出要求赔偿之权。关于此点，一九三一年十二月十日中国代表在行政院会议席上，已声明：

"中国推定本办法(指一九三一年十二月十日派遣调查团之决议及主席之声明)，对于中国及中国人民因东省事件而发生之损害及赔偿问题，无论直接或间接，均不生影响。中国对于此点，特提出特别之保留。"

行政院及特别大会所通过之决议案，就其尚未实行之各点观之，自应认为继续有效。如日本政府依照九月三十日及十二月十日决议案之规定应将其军队撤回铁路区，日本对于此项义务，自仍应履行。须知中日争端解决之先决条件，即为日军之撤退也。中国政府在不背其对于本案之迭次宣言，并深信国际其他各会员国并未变更态度之下，以为本争议之全部，若不先认定举凡一切军事占领压迫或在军事占领时用武力造成之既成事实之压迫应先解除之，则决不能进行公平的解决。以上种种原则，在中国政府之意，应在任何公正永久的解决方法中受承认。盖吾人对于调查团报告书中所有重要而详密的事实的研寻,自应加以尊敬,而对于为人类永久和平希望所集中之国际新生命之维护,更应加以注意也。以上余所言各点,兹再为诸君概括陈之,以为总结:(一)中国政府及中国人民对于调查团之成绩,表示感谢。(二)中国代表在东三省时忍受种种不需要的阻挠,使其未能充分完成其对调查团的责任,乃致调查团于其重要之工作上,增加不少困难。(三)中国现况在表面上虽有不安定之现象,实则中国人民全体有一种主要的共同目的,正以全力赴之。惟中国在一统努力上,屡因日本之传统的干涉阻挠政策而增困难。日本因恐惧中国一统之故,一方对中国之前进力加阻碍,一方则向世界大声疾呼,表示遗憾于中国之分裂,言行绝不合一。(四)东亚及全世界和平之最大威胁,实为日本之所谓大陆政策。其目的在征服亚州[洲]乃至全世界,而其进行之步骤,则系由朝鲜、台湾而满蒙,而华北,而华中,而华南,而南洋各处,乃推进至于全世界。(五)中国并无仇外之意,中国之对日经济绝交运动,仅为中国人民对日本侵略之一种自然的反动。此项运动,虽使中国人民自身感受巨大损失,然为自卫故,乃不得不采取此合法而和平之方法也。(六)余已提出调查团报告书中重要之事实及关于满洲状况重要之结论,请诸君注意。(七)余已提出尊敬维护国际和平条约之主要原则及其补助原则。此等补助原则,乃可从报告书之事实之报告及结论中合理的获得之者。此种原则,在中国政府之意,应为考虑任何永久解决方法时所不可或忘者。

  调查团之报告书,在过去十个月中,国联无日不望其早日完成,俾从中可得一解决中日争端方法之根据。该项报告书,已经完成而在诸君前矣。调查团对于中日争执之主要各点,一以端详精密之观察赴之。结果吾人乃得一对于东三省情况之明确报告,举凡事实之胪举及意见之表示,均条例清渐,明白了当。今日者,已至国联采取迅速有效举动之时矣。若再迁延时日,则非特使东三省三千万中国民众多受流血痛苦,深恐公众舆论对此尊严的世界和平组织之国际联合会之权威之信仰,亦将一落千丈,万劫不复。犹忆努力世界和平最力之故白里安氏,于去年十月二十四日在行政院会议主席时曾言,若再将此种形势延长,则是对此已经绵延过久之忧虑,更从而加甚之。白氏之作此言,迄今又愈一年。在此一年中,日军继续在东三省、上海、天津进行其侵略行为,致中国无辜人民之被杀害者,又增多万千,中国财产之被损毁者,又增多数十万万元。吾人目前之地位,已达于不仅中国之生存感受危险,抑且国联之命运横被挑战之境。吾人若求中国之不平得一补救,世界之和平得一保障,则亦惟

有依照余所屡次提及之国际平和各条约所规定之正义的原则,一求迅速有力之解决方案耳。(完)

(《大公报》,1932年12月23日,第四版)

198. 英国外交政策——英外长西门演词全文

日来本埠英文《泰晤士报》记者潘君在该报著文,与本社记者商榷英国对远东之外交政策,甚盛甚盛。兹觉得英外长西门爵士十一月十日在英下院演说英国外交政策之演词全文,由震东君译出,以资读者快览,俾对于英国外交政策,有更深切之了解也。

(一) 中日问题

我们很难把莱顿报告书揄扬过甚(欢呼)。那是一个很值得看的文件。那一种温和态度,很为明显,写的时候有很深挚的同情心,政治家的和真实客观的态度。那不仅是意见一致的报告,并且得着五国代表的签字,实在是很可重视的一个文件。

莱顿爵士一手作此报告,大部份并且是八月间在北平一个病榻上写成的。平常寓居在北平的人们,那时全跑到山上或者海滨去了。我觉得全院同人,希望莱顿爵士能知道我们不仅对于他的手段、他的领导,并且对他的勇敢和毅力十分钦敬(欢呼)。亚特利君(按:系工党议员,曾任工党内阁外次)对国际联盟关于满洲事件的行动和英国政府所取的地位,曾经加以批评。但莱顿委员会之被指派,所用的方法,自始至终都是国联所讨论取决于全体同意的结果,英政府从旁赞助的力量也不小(欢呼)。

有人曾问英政府对于莱顿调查团的态度。假如那时没有别的情形,我一定毫不迟疑的给一个直接了当的答覆。在九月的末尾,报告书将要公布之先,日本请给他一个短时间,在国联行政院会没有讨论的时候,日本可以研究作一个意见书,送交日内瓦。

假使当时不允许日本的请求,在行政院会中或者有无论那一个会员国表决反对,我以为在今天,十一月十日,未收到日本意见书的时候,政府应该宣布他的判断。曾经允许了人家听他的意见,现在尚未见到他的意见,遽然表示自己的判断,不但不公,并且是不应该的(欢呼)。

中国代表在国联行政院会曾经要求,假使会议不免要延期的话,也要决定一个确切的日期,免得无限制□拖延,此层我曾赞助。那时行政院的主席是狄凡勒拉,他的态度完全公正,实在是很可钦敬的。最后经全体同意,才决定一个调解的办法——以十一月十四号为止,给日本时间,预备材料提交行政院会,并决定十一月十八日各理事均应当有一份可以研究。狄凡勒拉并同时决定,在研究日本材料之后,行政院会在二十一日再开会。

我对所谓重要性的莱顿报告书部份,曾十分留心。没有人不深感,如此的材料,能博得全体的同意决定,实在难能。至于日本的观察如何,我不知道。但在未知他们意见之先,我十分的坚决,不表示意见,使我国受拘束。对这件事,我们将仍照以前,继续与国联合作。假使单独提前发表意见,不但无补于事,并且使国联的权威受着影响。我们的意见,以为我们的行动和整个国联是一致的,虽在十分急迫情状之下,从多方面说不能算满意,但我们不仅可与其他各会员国一致行动,并且可与美国有很亲切的合作,有互相的信心,亦十分满足(欢呼)。

…………

(《大公报》,1932 年 12 月 24 日,第三版)

199. 国联对中日案意向:承认中国在东省主权,俟明年美国总统就职后或将引用盟约第十五条;顾谈国联应采有力步骤

【东京二十六日日本新联电】 关于中日纷争问题,表面上系以本月二十日告一段落,而一切均将俟明年正月十六日以后再议,实则仍以日本修正案为中心,有所接洽,并经杉村屡次与德留蒙交换意见之结果,现已将其经过报告日本外务省。据该报告称,国联最终之意向为,无论如何坚持于某种形式下承认中国对满洲之宗主权,业已明瞭,故日本政府对于再开后之国联大会决定采取断然的态度。且国联之意向,对于中日问题将拖延至明年三月,一俟四月美

国大总统就职之后则一举而诉诸盟约第十五条第四项之状态,颇为显明,故日本为澈底的破坏此项企图起见,外务省正在考究方针。

【巴黎二十六日哈瓦斯社电】《文艺报》昨日登载顾维钧及松冈之谈话如下。顾氏略谓:"余愿详述一简单而重要之事实:日本不断向世界诉述中国不统一或无政府,但同时又不遗余力破坏中国之统一,故目下之问题,即日本是否欲中国统一。日本畏惧中国之统一阻碍日本之吞并政策及侵略之梦想,调查团报告书亦暗示日本之恐惧。报告书述说东北实情,极为清晰。此时国联宜取澈底而有力之步骤。国联如再犹延,恐将再演流血惨剧,并增加东北三千万人民之痛苦。关于中日问题之谈判,已逾年余。如此案再延迟不决,则增加中国人民之牺牲,日本可扩大在东北之势力,或侵略中国其他部分"云云。松冈谓:"国联调查团报告书并非完全不利于日本。调查团能明晓最复杂及一般人所不深悉之局面,日本政府极为感激。但调查团在中国之短时间,及其调查地点之范围,未能深切认识中国之情形。调查团只悉中国不重要之地方,而对重要之事件,只能得不可靠之宣言或报告。幸而调查团能得见中国之排外运动,此种运动,实由国民党所指使。惟报告书未提抵制日货运动。中国以此种运动为内政之工具,以夺列强本合法条约得来之权利。报告书承认日本为受中国无政府状况影响最大者,日本政府相信本盟约第十一条,只国联行政院有权讨论中日问题。吾人希望中日问题,能速解决。此次日内瓦之辩论,使日本国民印象极恶。凡欧洲外交家深知日本在东北之牺牲者,皆不归罪日本。外间对东北之政治及经济情形,似尚不确切了解,但余希望局外人终能了解"云云。

顾代表驳斥日本,昨致国联备忘录

【日内瓦二十六日电】 我国代表顾维钧今日又致国联秘书处备忘录一件,驳斥日代表之狡辩。共分四章,其要点如下:(一)蒋委员长之"剿赤"工作,迭受日本侵略之影响,非常困难,但至今日卒告成功。(二)所谓一八九六年中俄秘密盟约,今已不复有效。(三)当日俄战争时,日本拒绝中国参加,要求中国中立。其后由美故总统罗斯福之主张,始将满洲归还中国,并明定于《朴资茅斯条约》中。日本信誉因此役大受贬损。(四)日本所称一九二七年蒋总司令曾请日军留驻济南,及日本对张学良勿听从南京之劝告实由张氏自己主动之两说,均属绝对无稽之谰言云。

(《大公报》,1932年12月27日,第三版)

200. 如何解决中日纠纷(一)——杨华德提出之三方案

据四日东京新联社电,略称"国联调查团美国方面最高随员杨华德氏 C. Walter Young,二日在《纽约时报》发表关于中日纷争问题之长篇论文。该论文有可供本届国联大会采择之解决私案,由此可见英美方面真意之鳞爪,故极堪注目"云云。本社顷已接到杨氏原文,系在十一月二十日《纽约时报》发表(非二日),内容提出解决中日纠纷之三种方案,最后陈述近五年来英美对华事极少合作,"除非此项关系完全转向,则远东情势将少变动希望"云云。爰将该文迻译于次,以飨读者。

国联对莱顿报告书将要采取何种的态度与行动,目前还不敢臆测。世界政治问题,尤其是欧洲政治问题,像安全、裁军运动和发展和平机械的国际组织等等,对于满洲纠纷全有纠结不解的关系。我们尽可合理的下一个断语,以为满洲纠纷的清算,最后要仰赖这些问题的解决。我们也可以同样有力的确言,应该尽量求满洲纠纷的解决,结果那些世界问题,才可以迎刃而解。

在这众论纷纭、莫衷一是的时候,我们不妨列举国联处理莱顿报告书可行的三种办法:(一)由国联大会通过可以做基本原则的建议案,(二)设法遂行莱顿报告书,和(三)召集讨论远东事件的国际大会。

(一) 申述基本原则

这第一种方法并不须使用胁迫手段,也不须全体一致,更不用征得日本和中国方面的同意。它的效用大半在影响世界舆论,叫一般人可以讲一句"国联曾经如此如此的说过"。这种办法采用的方式,就是坚持国联盟约、非战公约和九国公约的基本原则。

国联大会由行政院会的赞助,可以通过一件决议案,拥护那些关于和平与安全的伟大盟约。至于决议案里面是否要加入特别斥责破坏各种盟约的举动的条款,那却无可无不可。那决议案可以申述,无条件接受莱顿报告书第九章里面所列举的十项总则,其中第三项讲:"任何解决的方法,应该符合国联盟约、非战公约和九国公约的规定。"

决议案里面可以宣布,各赞同的国家愿意各个的在远东方面,尤其在满洲,不采取违反上述原则的行动。例如赞同的各国,守约不承认"满洲国",因为莱顿报告书第七条原则,规定在满洲设立一种行政制度,允许它在中国政府权力以内可以自治,并且要符合九国公约里面关于中国领土和行政完整的规定。

(甲) 不承认问题[①]

像上述的决议案,无论在推论或是其他方面观察,全承受所谓不承认既成满洲事实的主义,因为那种情势的发生,是破坏非战公约的结果。那种主义又叫做斯蒂生主义。换句话讲,国联各国关于满洲愿意单独采取一种政策,那便是今年一月七日斯蒂生氏代表美国在致日本和中国的照会里面所解释的。

一般人的意见,以为斯蒂生的不承认主义和莱顿报告书冲突。这种观点并不足重视。满洲事变以前的原状,本没有完全恢复的可能,就是中国负责的官方也承认。莱顿报告书建议不承认"满洲国",但是在事实方面,它承认在最近的将来应采的明智办法,就是设法逐渐的清理满洲纠纷,关于现前的情势以及目今不能用人力推翻的变动,全应该顾到。

莱顿报告书和今年一月间美国国务部所采的态度,可以逐渐的成立一种行政制度,和国联盟约、非战公约以及九国公约符合,但是并非恢复满洲事变前的情势。不论满洲最近将来的情势怎样处在变态当中,大概这是能够有成功希望的唯一途径。美国的政策,已经叫一般舆情团结,赞成不承认"满洲国"。倘使大会再采取这样的一个决议案,对于基本原则持一种确定而坚决的态度,就可以促进目前已发生作用的各种因素,最后或许可以解散"满洲国"。

(二) 直接谈判

第二种可用的办法,就是由国联采取一种步骤,遂行莱顿报告书第十章里面所列的建议案,用中日两国直接谈判的方法清理满洲纠纷,并且由包括中立观察员的咨询会议从旁协助。这一种办法规定中日代表充分进行通常的外交谈判,并且和咨询委员会合作,设法缔成四种条约,其中三种只关系中日两国。这些条约规定满洲自治政府的制度,不违悖中国领土和行政完整的原则;根据合作的新基础,改正满洲的中日条约关系,以替代冲突,取消旧约中不适用的规定,改订与目前情势适应的新办法;规定特别的机构,用和解与仲裁方法解决中日纠纷,并且用不侵略协定和互助协定维持安全;再将中日一般的商务关

---

① 编者按:原文如此,(甲)项之外无其他条目。

系,列入新商约里边。

(甲)谈判的障碍

但是这种直接谈判的提议,恐怕目前在日内瓦的日本代表团未必愿意接受。他们或许用有"满洲国"存在的理由,作为不能和中国谈判满洲事件的障碍。按照目前日本公私方面的激昂论调,预料日本一定不肯放弃他的义子"满洲国"。

我们在这里发现了明显的矛盾,这种情势,显然似乎要规定一种可供回旋的和平时期。国联采取这种途径,可算是完全失败,也可以算做最后的胜利。这正是在岔道上面:一条路是国联的摧毁,另一条路或许得着最后的成功,这种成功虽然不能异常的光明。

日本代表团或许要驳诘莱顿报告书里面所陈述的事实,说明日本和"满洲国"军队能够维持和平与秩序,不过只是时间问题,在满洲情势进步以后,各国将要渐次正式承认"满洲国";并且要叙述中国政府无力在本部建设负责的政府,所以在满洲格外没有能力;最后恐怕还要使用恫吓的手段,声明倘使国联不接受日本的观点,日本要退出国联。

日本方面或许要提出一个给他回旋时期的提案,在那时期届满以后,允许"满洲国"的人民决定最欢迎那一种形式的政府,并且要在那时期以内,由日本军队和"满洲国"军队"合作",安定满洲的秩序。这种命意就是想把莱顿报告书永远搁置起来。这种提案如果被无条件的接受,他们就可以达到目的。国联将藉口接受一种切实的提案,从此便洗手不再过问整个的满洲事件。(未完)

(《大公报》,1932 年 12 月 28 日,第四版)

201. 如何解决中日纠纷(二)——杨华德提出之三方案

据四日东京新联社电,略称"国联调查团美国方面最高随员杨华德氏 C. Walter Young,二日在《纽约时报》发表关于中日纷争问题之长篇论文。该论文有可供本届国联大会采择之解决私案,由此可见英美方面真意之鳞爪,故极堪注目"云云。本社顷已接到杨氏原文,系在十一月二十日《纽约时报》发表,(非二日)内容提出解决中日纠纷之三种方案,最后陈述近五年来英美对华事极少合作,"除非此项关系完全转向,则远东情势将少变动希望"云云。爰将该文迻译于次,以飨读者。

（乙）时间因素的价值

目前日本政府因为有对内问题的严重关系,所以关于"满洲国"的政策,不能立时期待它改变。我们对于这一点既有认识,那末对日本的建议,不能加以修改？或者独立计划出一种方案,俾能得到回旋的期间吗？国联如果能充分应用时间的因素,或许对于解决的方法有许多供献,既可以符合国联盟约,也不至采用武力。

满洲现在正猛烈的反抗"满洲国"统制。预料这种抵抗,是还要继续下去的。日本军事的冒险,已经证明是很糜费的了。它的气焰随着时间的进程,或许要衰杀下去。日本的纳税人民,在这种重大压力之下,或许要逐渐的不宁。中国在经济上继续着排日运动。日本或许有一天要发现莱顿报告书是他脱离在满洲所遭遇的一种最不愉快、最缺乏利益的情势的一种最方便途径。这一切因素,给予国联一些时间,或许可以巩固它的势力。在目前,它尽可以去照顾一些不相干的事。

（丙）国联不能避免的结论

在起初的时候,国联一定要决定某种的结论。倘使遇见日本有退出国联的严重恫吓的时候,它为己身前途着想,尤其是关于欧洲方面,还是仍旧容许一个行动不受拘束的大国在它团体之内的好？或是认国联盟约比较任何一国加入会员国更为重要？这一层关系美俄和中国将来赞助国联的问题。

倘使日本用严重的态度,用退盟做要挟,列强大概要劝告日本,请他重加考虑,告诉他日本在远东以外所享受的强国地位因此要受妨碍。况且即使日本退出国联,也应该在正式声明以后的两年方才可以生效。他暂时对于盟约的一切义务,仍须履行。日本委任统治雅浦群岛 Yap 的权利,因此也要引起问题。那时候中国可以在国联指斥日本,而日本却失掉申辩的机会了。

（丁）日本对国联的关系

除非日本军阀决心凭凌中俄,遂行并吞亚洲大陆的计划,预料他们一定要听从他们外交家比较审慎的劝告,在行动上面稍为存一些顾忌。并吞计划必定要引起战争,除非日本决心单独应战,退出国联似乎是眼光最浅短的行动。日本在国联里面享受许多利益,似乎不至于突然退出。

除非日本有心永久的用武力占领满洲,国联或许要用压力敦促日本政府,规定退兵的时限。这种计划目前的希望并不十分光明,但是采用第一种方法——通过决议案,拥护国联盟约、非战公约和九国公约包含的基本原则,并且采纳莱顿报告书第九章的"通常原则"——可以在世界的眼光里,消减日本军阀在满洲的威势。此外,莱顿报告书虽然没有提及,国联尽可再请"中立观察人"随时报告满洲的情势。

(三) 远东会议

第三种合理可行的方案,就是召集关于远东事件的国际会议。这种会议不仅直接讨论满洲的情势,而且要注意到和目前僵局不能分解的较大问题,藉以探求清算满洲问题的办法。

在远东有利益的大小诸国,可以共聚一堂,讨论应该获得妥协的一切问题。日本应该有机会——倘然他要求的话——说明九国公约应该重加考虑的理由。同样的,中国方面也可以陈述中国的理由。倘然会议能够获得妥协,那末满洲情势就可以藉国际盟约获得一种规定。世界舆论的力量,可以集中在这种结果上面。会议就可以用切实的方法,遂行莱顿报告书规定国际合作协助中国建设的建议了。

接受远东会议的方案,可以叫中日和国联得回旋的时间——想圆满的清理满洲情势,惟有依赖时间产生需要的状况。现在迫切的问题,暂时不加结束,那末比较去年任何时更为严重的危机,或许可以避免了。

美国的态度,似乎可以赞同召开远东国际会议,包括讨论满洲问题的方案。

我们预料现在美国不至于发起这种会议,所以不妨由英国或是法国召集此会,或许可以得到各方热烈的赞助。这一种会议的召集,可以按照国联盟约第十一条的规定,它也牵涉到非战公约的咨询办法,并且可以按照九国公约办理。因为九国公约规定,凡遇到牵涉该约的规定的时候,可以进行充分的坦率讨论。

这一种会议最好在远东举行,会议的地址可以在发起召集会议国家的领土。不但参加九国公约的国家应该出席,就是苏俄各国也应该被邀参加——因为没有苏俄参加,会议很少成功的希望。

在这种状况之下,召集远东国际会议,可以阻止全世界在地理上分成欧洲和东亚的两大集团,并且可以设法叫美国更积极的参加世界问题,以便获得安全与和平。

(四)前途的推测

国联会员国和美国,大致不至采取胁迫的方法,叫日本接受任何解决满洲纠纷的办法。列强尽力证明,他们要用各种可能方法,避免采用国联盟约第十六条经济制裁的条款。

列强同意撤退驻日的使节,或是禁止对日军械子弹的输出,是极少可能的。但是国联大会却应该同意通过一件正式决议案,责备日本是侵略国家,因为他曾经干犯国联盟约、非战公约和九国公约。但是这种胁迫的办法,一定要等到日本宣布退出国联以后,才有运用的可能。

国联所采的途径,大概在主体上是非胁迫的,至多或是半胁迫的。以上所举的三种方案,全是属于这一类。倘使远东国际大会被一般认为不切实际的时候,列强或许仍然要进行国际合作的程序,帮助中国解决国内政治和经济问题,按照中国政府要求的程度,由国联给他专家和财政的协助。

(甲)财政足以左右一切①

因为满洲的冒险举动,日本在国外的财政信用已经蒙受实质的影响。在国联考虑莱顿报告书表示态度的时候,日本财政还要受着更重的影响。倘使列强不承认"满洲国",日本继续无期限的武力占领满洲,日本怎能在国外获得借款,开发满洲的事业?尤其是遇见国内财界人士拒绝借款的时候,"满洲国"在国外的债券价值等于一张纸片的时候,那种情形简直是不可思议了。倘使国际银行家同意集中努力于中国本部的开发而不理满洲,那末半胁迫的刺激就可以算做完成。在现代没有国际财政的援助,是断断不能进行长期的大战事的。

在已往五年,英美两国当中,关于中国的事件,只有极小限度的合作。在这些关系完全有了新转向以前,远东情势很少变动的希望。按照固前的情势,关内也有发生和一年前在满洲发生的纷扰一般的可能。英美采取合作政策,协助中国解决他的内政问题,立时就可以防止这一类的发展,并且可以协助满洲情势的清理。对于九国公约,最后对于日本的利益,全可以叫它符合。

惟有认识中日经济互赖的原则,用他做日本对东亚政策新转向的根据,才可以保障日本在满洲的安全,以及日本在满洲和中国本部的经济利益。莱顿报告书对于满洲目前的危机,能用远大的眼光去观察,结果,日本人自己总有一天,要很急切的奔投到这一条坦途上来。(完)

(《大公报》,1932年12月29日,第四版)

---

① 编者按:原文如此,(甲)项之下无其他条目。

202. 调查团轶事：调查报告书签字前之曲折

据本埠英文《泰晤士报》日内瓦讯，述及国联调查团在平编制报告书时情形，其经过颇足资谈助，爰为撮述于次。按调查团五国委员，各人素昧平生，一旦萍踪偶聚，故个人间之关系自甚疏隔。其中赖有国联专家哈斯氏周旋之力，始能获得一致之报告，其功绩颇足多焉。五委员中，莱顿氏一向拥护国联，美代表麦考易则具备健全之政治襟抱，德、义代表以干练著称，法代表克劳德尔亦然，但对日颇持亲昵见解。及报告书草成后，莱顿以为就报告书全体言，殊觉其力量薄弱，坚持须另附以个人宣言，作较直率之声叙，尤其关于日本对"满洲国"造成须负责一层，应当特别声明。氏拟径称，经调查结果，彼信日军在攫取沈阳前已有建设"满洲国"之意云云。美代表与哈斯二人闻悉此事，费一日之力，宛转向莱顿劝解，谓彼所欲说者，在报告书中已经具备，且报告书如能获得绝对之意见一致，自增加其力量不少云云。莱顿经苦劝后，始允签字，但签字时首以庄严态度向他代表声明，谓其签字系经过抗议，且保留其以后发表个人意见之权云。按此一幕殊饶戏剧意味，使当时苟无哈斯（法人）从中斡旋，恐尚须发生不少周折也。

（《大公报》，1933年1月4日，第三版）

203. 榆城全破坏，人民死数千，世界文明人类一齐震惊，日军暂未西进，我军在秦皇岛一带

…………

外部提抗议，并令颜代表报告国联

【南京四日下午二时发专电】 政府四日晨接张学良报告榆关不守电后，午刻即电令颜惠庆向国联报告日军攻占榆关情形，要求立采有效办法，制止日军横暴侵略。同时由亚洲司起草严重抗议，即时送出。

【南京四日下午四时发专电】 外部对榆关事件,除向日本严重抗议外,拟同时发表宣言,声明榆关事件之责任。全文已草竣,正在翻译外国文字。如四日来不及,决五日发表。

　　【南京四日下午六时发专电】 外交界息。因华北时局之紧张,我首席代表颜惠庆已由历访各国程途中三日返抵日内瓦,顾、郭两代表亦将遄赴日内瓦,准备执相当之措置。当局以日军攻榆行动不但破坏和平,且系拒绝各国之调解,十九国委员会原拟调解案显然无望,基于情势之必要,我将准备要求十九国委员会提早开会。

　　【伦敦三日路透电】 中国驻英公使郭泰祺,即将启程赴日内瓦。郭氏今日接见英国新闻界,语甚坦率。据谈,国联处理中日事件以来,每次均系于日军炮声之下开会讨论,此次炮声又震动莞钥平津之山海关。莱顿报告既已发表,此时应有切实举动,不能藉口缺乏事实报告,一再稽延。国联畏惧日本退出国联,以致不能尽责,但在日军阀铁蹄下蠕行之国联,殊无存在之价值。中国一再容忍,但现在已至忍无可忍之地步,或将被迫更换方针云云。郭使最后对于英国一般舆论之援助正义和平,表示欣感。又电。郭泰祺旋接见路透记者,表示中国因华北之发展,或将要求提早召集十九国委员会会议。郭认山海关日军之行动乃系依照日本企图占领华北、恢复帝制之整个计划,但此次将有强烈抵抗,与去年沪战时相同。

　　…………

(《大公报》,1933 年 1 月 5 日,第三版)

204. 国联调解趋于绝望,特委会决议案发表,解决纠纷必尊重盟约,不承认目前满洲政局

　　【南京九日下午十时发专电】 国联十九国特委会对中日问题之调解,因榆关事件发生趋于绝望。国联将依会章十五条第四款规定,制作总报告。前日十九国委员会起草之决议案全文及说明书,均经该会公布。此间外交界观察,认为系调解绝望,故将草案宣布,前途异常暗澹。

决议案草案

【日内瓦八日路透电】 十九国特委会所起草之决议案草案,已于今晨发表。全文如次:(一)国联大会回忆依照会章第十五条之规定,大会最先责任在于保障争执案之解决,故对于草拟之报告、阐述争执案之经过情形以及解决之建议,已加以注意。(二)大会于一九三二年二月十一日之决议内,已标明原则,规定国联对于解决争端态度。(三)重申此项解决,必须尊重国联会章、非战公约以及九国条约之规定。(四)决定组织委员会,协同关系国进行谈判,图谋根据莱顿报告书第九章原则,并考虑第十章之建议,合宜解决。(五)指定十九国特委会委员为上述委员会委员。(六)美俄两国如能参预谈判,有利进行,故特委上述委员会邀请两国参加。(七)授权上述委员会,采取一切必需步骤,用以完成其任务。(八)请求上述委员会于一九三三年三月一日前,提出工作报告。(九)关于一九三二年七月一日决议内所提及延缓期间问题,授权上述委员会,征当事两方同意,确定延缓期间。倘当事两方不能同意,该委员会应向大会报□,同时并提出建议。(十)大会暂不休会,授权大会主席于必要时召集全体会议。此外十九国特别委员另草决议一件,对于莱顿调查团之公正工作,表示感激。

说明书全文

国联十九国特委会决议案草案附带之说明书,全文如下。(一)国联全体大会根据十二月九日之决议案,训令十九国特别委员会:(甲)研究国联调查团报告书中日双方观察及建议;(乙)起草提案,以谋解决一九三二年二月十九日国联行政院所决议提交全体大会之纠纷;(丙)于最短时期内,将该提案交全体大会讨论。(二)如十九国特别委员会必须向全体大会报告纠纷经过及实在情况时,该委员会认为国联调查团报告书之前八章描写实情,为一公平、准确及完备之文件。(三)但目前尚无作该种报告之必要。因根据国联盟约第十五条第三款,国联全体大会应先以和解方式解决纠纷。如和解成功,可将事实酌量作一报告;但如和解失败,国联全体大会可根据盟约第十五条第四款,宣布纠纷经过,并提出解决办法。(四)十九国特别委员会鉴于大会之责任,并觉依照国联会章,有极端审慎之必要,故决议案草案仅限于和解之建议。(五)按照三月十一日大会决议,十九国特委会之任务,乃谋于当事两方同意之下制成解决方案。特委会因认美俄两国如参预谈判有利进行,故建议邀请两国参加。(六)为避免一切误会,并明白表示和解之惟一方法有赖于谈判,且表示特委会愿与上述两非会员国共同进行目前工作起见,特委员建议即将特委会改为谈判委员会,进行谈判,并由特委会邀请美俄两国加入会议。(七)谈判委员会应有一切必需权限,用以进行其任务。谈判委员会于必要时可与专家商议,或设立小组委员会,或将其一部分之权限分与具有特别资格之一人或数人。(八)关于法律问题,谈判委员会委员应受大会一九三二年三月十一日决议内最先两项之指导;关于事实问题,应以莱顿报告书一至八章为标准;至于解决方案,应根据莱顿报告第九章之原则,并考虑第十章之建议而寻获之。(九)十九国特委会认为在此争执案特殊情况下,单独恢复一九三二年九月以前之状况,不足得一永久解决,而承认目前满洲之政局,亦非解决之道。

(《大公报》,1933年1月10日,第三版)

205. 汪精卫谈话:国联应判别是非并有解决争端职责,中国不望列强物质上援助,但将以全力反对暴日侵略

【柏林九日路透电】 顷在杜平根疗养肝疾之汪精卫氏,为中日关系问题向斯德加某报访员谈话,反驳中日战事不能避免之理想,特别因中日两国均系国联会员,故国联有探求和平解决争端之职责,同时当日本采取作战方法时,中国将团结一致,竭力御侮,但苦痛撑持到底之公开战事,将为一方面之事件,中国感觉现时无充分力量宣战,但将倾注一切力量,反对日方侵略。氏称,日本有在中国北部设立君主国家意向,并无疑义。氏又称,中国并不期待列强作物质方面之援助,但对于国联关于谁曲谁直作一明显之判断,视为极关重要。汪氏不同意国联调查团报告书中解决争端之建议案,至少不能不附带保留。但彼准备根据报告书,进行谈判。氏称,中苏顷无缔结同盟之望,中国将单独对日作战,但倘令远东战事不已,则不但苏俄,即其他列强亦将与日本冲突云。

(《大公报》,1933年1月11日,第三版)

206. 社评：国联之最严重时期

日内瓦电称：自本月十六日起之一周间，大概将为日内瓦讨论中日冲突以来之最严重时期。此说也，吾亦云然。由一种意义论之，中国人对于国联是否能解决所谓满洲问题，关切渐少，而对于国联自身竟如何维持招牌，焦虑甚大。诚以中国亦会员国之一，而眼看欧战以后世界最大之和平机关，得有世界五十余国家信任与依赖之国际联盟，将无以维持其自身之招牌故也。往者不论已，国联对于中日事件拖宕迁延之手段，自莱顿报告书之提出，已无法再用。中日事件一年余矣，中国地已失三省，战已经多次，若在领土狭小之国家，早已整个灭亡。乃彼有维持世界和平、拥护国联盟约之责任机关，徒为粉饰之词，坐看事态之变，犹曰待事实调查也。乃调查既毕，报告已成，于是到最后关头，无躲闪余地，今日之事，是也。最近形势，调解委员会已势不能成，转瞬十六日开会，国联与会诸公果作何决议，下何决心乎？近日相传，大抵将用十五条第四项，即"倘争议不能如此解决，则行政院经全体或多数之表决，应缮发报告书，说明争议之事实及行政院所认为公允适当之建议"。以理推之，势必出此。然日本既不允调解矣，对于根据第四项之建议亦势必不从，彼时国联又将继以何种步骤乎？抑数月来国联主要会员国之态度，为惟恐伤日本感情，盖虑日本一怒而退会。然事实上欲使日本满足，惟有承认日本占领中国东三省之合法，及"满洲国"之出于民意。而前者扼于约章，因第十条明明规定会员国有互保领土之责任故；后者则扼于莱顿报告书，因该报告书第六章明明声叙"满洲国"非民意故。是则国联终无以使日本满足也，是终无以免日本脱会之恫吓也。更进言之，国联主要会员国力顾日本感情，阻日本退会，纵成功矣，而奈本问题之未决何？至少言之，奈莱顿报告书何？何况日本之战争行动，至今而犹未已，最近且占领所谓满洲以外之山海关矣，对热河省之军事，又开始矣。其计划中之侵略，以何为暂时止境，无人能断言之。国联对此严重事实，究旁观至何程度，敷衍至何时期？一会员国公然侵占另一会员国之领土，继续不已，而国联一面高标金字招牌，一面欲长此保持熟视无睹、垂拱无为之态度，微论理论上不可通，即事实上又岂可许乎？凡此皆吾所以代国联焦虑者也。

然则宜如何？曰：吾人只提一质问，即主持国联事业之各大国，毕竟欲维持国联生命,抑仅欲保留其形骸是也,倘各国目的只保留形骸,不求招牌名实相符,不计信用如何,则吾将不论,因不必论。不然,果尚欲使国联为有生命之机关,尚欲用此机关,实质上作维持世界和平之工具,则今日之事,必须尽约章规定之范围,步步实行,奋斗到底,不问日本从违,应纯依正义公道,以为行动之标准。如是则国联活矣,五十余国人民知国联果为维持正义公道之机关矣!诸主要国家果具决心,日本又岂能顽梗到底哉!或曰:依约章推演,各国须步步为实质的努力,并须最后有失欢日本之决心,孰肯为中国而牺牲者?曰:然则请废除第十六条并第十条!是则国联卸肩,而同时亦木乃伊化矣,此亦问题解决之一道欤。总之,欲高悬招牌,则须具有生命,热心国联事业者,宜熟图之。薛锡尔爵士云:关键在英国,且看十六日以后之推演果何如也。

(《大公报》,1933年1月13日,第二版)

207. 九门口不守,秦皇岛紧张,外部据《辛丑条约》促各国注意,十六以后为国联最严重时期

············

国联调解无望,将采第二步骤

【日内瓦十一日路透电】 顷间一般承认,和解现无希望。在幕后负指导国联政策之责者,对于下周十九国委员会重开时将循何种途径,顷正忙碌计划中。第二步骤将采用盟约第十五条第四节,现似不能避免。因一般承认,顷间极少采用延宕政策以再事拖延之可能,因此大会起草报告之问题,顷正在严重考虑中。据闻有一种倾向,主张采用十九国决议草案与说明书,予以适宜的修改,作为大会报告书根据。此种办法之意义,即系以莱顿报告书中之建议,为解决根据。一般希望能按照此类办法起草此项报告书,其所取态度,将避免与日本决裂。而对于会员国意见之表示,则出以极审慎之方式。惟日本似不能接受对莱顿报告之任何一般的赞成,而中国亦必将迫促能获得一种方式,至少保障其有一较自由之办法。日代表松冈前赴近东与义大利游历,定明日返日内瓦。

【日内瓦十二日路透电】 自一月十六日起之一周间,大概将为日内瓦讨论中日冲突以来最严重之时期。查在此十九国特委会即将重开之数日中,吾人应确知国联秘书长德留蒙与十九国特委会主席西姆斯二氏努力探求双方均可承受并能使和解手续开始之方式,是否获得成功。查二氏曾受起草委员会之托,在耶诞休会期中与双方接洽。倘令彼等努力成功,则十九国特委会之决议案大概即将公布,大会或将早期召集,以决定应否邀请美俄参加和解,以及决定和解委员会之方式。一般相信此项和解团体大概将不包括十九国委员会全体(或有美俄加入),但为一人数较少之委员会,代表与远东有关之主要国家,顷间仍未正式邀请美俄。据闻试探二国意旨,迄未获确切结果。在另一方面,如十九国委员会开会时不能同意于一种方式,则大会将按照盟约第十五条第四节,作成报告书。此项报告书或将根据莱顿报告书全部,或根据报告书前八章,而对于建议部分加以修改云。

【东京十二日日本新联电】 驻日英国大使林德本日午前十一时访问内田,约恳谈半小时余。会谈之内容,似系关于国联对日决议案之妥协问题,传达西门之意向。

(《大公报》,1933年1月13日,第三版)

208. 英国对华政策显然袒护日阀侵华——外报记者发表正论

北平英文《纪事报》载韦氏 C. K. Wye 十二月十三日日内瓦通讯,指斥英外长西门氏之对华政策,兹为逐译如次。

观十二月一日西门氏在国联大会之演词,可以证明其反对中国之态度。西氏抚慰日本,蔑视小国,对国联惟有口惠,对莱顿报告书则求其搁置,而对中国则更予以腹部以下之一踢。西门氏之行为若此,而竟有胆语中国代表曰:英国之政策,在维持一中立超然之态度也。

在吾人讨论西氏国联演词前,试一回溯其以前之言论。其所以未引起如此重大之注意者,盖因其发表地点之不同。西氏言论之实质前后相同,而彼所求之结果亦然。西氏假作痴聋,运用其律师出身之技俩,只知一味为顾主辩护,而抹煞对方之理由。观其一九三一年十一月二十五日在下院之演词,即其一例:

"有一铁路名南满路者,由旅顺经沈阳,而抵哈尔滨之附近。此全路虽完全在满洲境内,但因条约关系,隶属日本……目前困难之起因,并非由于一国军队航海而侵入他国边境,从事侵略。其起因由于日本行使其无疑之条约权利——中国并不争论——得在该路两旁,驻兵护路。日本以良好理由,宣称沈阳以北之铁路被人攻击而破坏该路者,即为中国之军队。"

按上述淆混事实,不言可知:第一,日本在南满路驻军,并无健全之条约根据;第二,日军由其所谓之条约驻军区内侵入中国领土,在事实上即系侵犯中国之领土主权。此举与闯入他国之国境,并无异致。且西门氏对日本自日韩双方增兵入满,又将何说耶?彼等是否侵越边境耶?侵略上海之战事又如何耶?

西门氏在一九三一年十一月之演词中,对华既如是之欠缺公允,而其一九三一年十二月之演词,则愈益不堪。前者不过颠倒事实,而后者则对莱顿报告书断章取义,以为日本申辩矣。此种举动,殆为政治家所不经见。而西门氏更不应以其听众,并未浏览莱顿报告也。关于此点,吾人试引申《曼哲斯德卫报》著名访员戴尔氏 Robert Dall 于十二月八日在该报之批评:"西门演词最严重谬误之一,即其引用莱顿报告书,对其内容加以割裂,或删去其重要之条件。氏引用报告书第一百二十六页,述及冲突所牵涉之问题极端复杂,并非一国对他国宣战,亦非一邻国以武力侵犯他国之单纯事件。但西门氏并未述及该报告次页之语云:'此为一种事实,在未经宣战手续,使无从争论之大片中国领土,以强力被日本武装军力所攫夺与占领。此举结果,遂与中国分离,而宣告独立。'"

西氏又称,莱顿报告书指陈,一九二二年华盛顿会议曾以显著之努力,使中国踏上国际合作之途径,但自该时以来,发生分解运动。但彼所征引之报告书第十八页,并未有此言。其所言者系谓在此十年中,中国应有实质之进步。且报告书曾言,中国政府对若干事件虽属失败,但其成就已多,中国情势颇见进步。

第三,西门氏步松冈之后,申引报告书第一百二十七页,称"仅仅恢复事前原状,将非解决之办法"。西门氏谓,莱顿报告予吾人以某种之领导,惟仅系消极之领导。但西门氏不见报告书第一百二十八页莱顿氏之言乎:"但维持与承认满洲目前之统制,亦同样不能认为满意。"大概西门氏或以为此项声明,不足予大会以任何领导耶?日本对国联有极惊人之忠顺态度,故西门氏以为有认此为"极大满意"之必需。西门氏时常向听众申述,英国拥护国联盟约。试问彼之担保,是否应与日本之所谓忠顺者等量齐观耶?

据某方面称,英方之此项担保,与日本之忠顺,其间有极不相同之点在。因英人心目中,必须挽救国联,尊重盟约,保护非战公约与九国公约。西门氏切欲履行此项政策,故不避荆棘之途径,而求达其目的。既而发觉日本之正面坚不可攻也,乃采用友谊态度以阿谀之。知此动物之凶猛,而不可披逆其毛也,乃束手不动;又知中国之无此凶猛也,则不予以此等周到之注意。吾人希望西氏之如此,不仅系为中国领土完整之利益计,且兼系为维持国联之生命计也。

查西门氏所信者,为中日之直接谈判,盖彼颇欲对此全般事件不再过问。氏或以为彼之政策,能对于英国欧洲及国联之利益予以严重之考虑,表面上与日本主张虽属相同,实际或许迥异。氏苟再偏向日本一步,最后或将引起中国之仇视,此则氏所不计也。如直接谈判不成,氏即欲用调解手段,藉以避免双方之责难。但彼之所谓调解者,其意即对于能受压迫者施以压力。中国对此现已瞭然,使西门氏坚持此项政策,最后必将失望。夫调解必须双方先具有和解态度,日本迄今倔强。除非彼明瞭其所凭借之英国等赞助,仅系一种为保全日本体面计之具文,则日本之态度,今后将愈倔强。此点之揭穿,愈早愈妙。倘令西门氏心中,真正顾全国联之利益者,必须首先揭明此点也。

(《大公报》,1933年1月13日,第四版)

209. 国联决用十五条第四项,敌军飞机活动,前线仍对峙中,英国对日表示关心本身利益

汪院长宣言书促国联迅作公正决议

【日内瓦十二日路透电】 本日日内瓦发表汪精卫宣言,称中国人民因日本企图使用暴力,令中国处于贴危屈辱,故根据正义与公道且为和平利益计,

不得不作坚强之抗战。倘令战争之愤激一旦溃决，能否将只限于中日两国，颇成疑问。在已往十六个月中，中国迄在日内瓦寻求和平之解决，而一方面则对于日方之继续侵略予以抵抗。中国政府与人民对于此种拖延，不能不感觉失望。莱顿报告书证明日方侵略缺乏理由，以及"满洲国"傀儡政府出于伪制，实已丝毫无有疑义。中国对报告内容虽不完全同意，并对于国联缺乏防止侵略权力表示遗憾，但颇愿接受报告书之一般原则，作为公开坦率讨论之根据。日本明显政策为阻碍、延缓并破坏国联之行动，并以蔑视凶暴态度推进其侵略程序，在每一阶段中，希冀授世界最高法庭以既成之事实，然后更坚持须作现存事实之承认。日方上月既达到阻碍和解办法之目的，匆匆于一月十六日十九国特委会开会前攻占榆关，其用意即在此。日方最近之冒险，不仅再度证明中国有战斗到底以防卫领土、维持国家生存之必需，且为对于国联之挑战。倘令国联于此时不能迅作公正之议决，以采取有效方法解决争端，则和平理想将成幻梦，战争阴影将成世界和平之活跃的威胁矣。倘今中国失望，对日阀采取长期之奋斗，则其牺牲代价将至重大，其对于全世界之影响，亦滋惨巨。

....

（《大公报》，1933年1月14日，第三版）

210. 十九国委员会和解途穷，势将报告大会用十五条第四项，国联入最终阶段，中国守最后立场

【日内瓦十六日日本新联电】 十二月二十日以来休会之十九国委员会，十六日午后四时在国联秘书厅开会，出席者如下：秘书长德留蒙，主席西姆斯，各国代表为西门（英国）、马希格里（法国）、凯勒（德国）、比干克里（义大利）、加莱（巴拿马）、兰格（挪威）、斯亚列斯（墨西哥）、赖新斯基（波兰）、西前斯基（捷克）、马斯特（瓜地马拉）、李斯德（爱尔兰）、西拉布（西班牙）、基塞特（哥伦比亚）、班连尼（匈牙利）、巴斯干西洛（葡萄牙）、威斯特曼（瑞典）、莫他（瑞士）、匈斯麦（土耳其）。

【南京十七日下午九时发专电】 政府对所谓新妥协案坚决反对到底，认该案内容我国绝无接受可能。记者十七晚晤某当局要人，谓我态度强硬到底，

始终不变，吾人抱定宗旨，绝不能受人胁迫，亦不令其如愿云云。此间外人方面接电，所谓新妥协案大致仍将如昙花一现，因我颜代表严厉质问、各小国之极力反对以及美方之异议，已趋于消灭之途径，而日本方面原曾示赞同者，至是忽亦反对，故今后趋势即为十九国委员会调解已经绝望，将依十五条第四款规定，由大会制定报告书。

【日内瓦十七日电】 我颜、顾两代表今晨访十九国委员会主席西姆斯，对中国政府态度有所阐明，并称中国政府决不能接受任何不否认"满洲国"之决议案，即有妥协方案，如不得中国政府同意，则进行如趋决裂，中国政府不负其责。

【日内瓦十六日路透电】 综观十九国特委会今日会议情形，局势陡变恶劣，前途更为黯淡，大部份系因颜惠庆对所谓德留蒙案之抗议，及某某小国反对任何人有修改十九国决议草案之权。德留蒙于会议席上否认渠系修改草案之主动人，会议对报界所发表之公报，则对于此点显极含混。但无论如何，调解之希望，则确已失败。本日西姆斯及西门数度向质难者保证，休会而暗中进行谈判之时期，现已告终，表示愿早日召集国联大会。于此情况之下，势难再望东京覆文，辟一妥协基础。此后趋势将由十九国特委会报告国联大会其任务失败之经过情形，然后由大会后照会章第十五条第四款，草拟报告。国联若徒按该款规定进行，尚不致与日破裂，破裂与否将视大会报告之内容如何而定。据目前一切征象，大会报告谅将根据十九国特委会之决议及其附带声明书，换言之，即根据莱顿报告之建议，故星期三之会议，诚为当前之紧要关头。

【日内瓦十六日路透电】 十九国特委会今日下午开会时，秘书长德留蒙对于中国首席代表颜惠庆博士之质问书有所解释。德留蒙否认彼对于决议案草案有修改提议说，彼谓在国联秘书厅供职之日本某秘书，曾询彼十九国特委会能否接受某种提议，而彼之答覆则极为普通，与答覆任何其他国联盟约国者相同。因之有人建议，于特委会散会后，由特委会正式否认该项消息。但结果决定由特委会发表一普通之通告，并决定致覆函与颜惠庆博士，解释真相，并谓十九国特委会并未向日本有所建议，同时并表示十九国特委会决不长此稽延而不能决定，即根据盟约第十五条采取第二步工作。据闻增加之声明，系从西门氏建议。爱尔兰代表李士德指陈，每遇委员会休会期中，辄遭遇一两次战事，此次休会亦非例外。西姆斯氏于会后向新闻记者谈称，此次为十九国特委会进行和解之最后尝试。

【日内瓦十六日日本新联电】 对于德留蒙与杉村之妥协私案,专俟日政府回训到后进行讨议,乃形势突然逆转,又复陷于不容预断之状态。其原因第一因颜惠庆对于德留蒙私案有抗议的书翰送致西姆斯,第二则因爱尔兰等之二三小国代表复强硬的与中国取同一之态度。此等代表由纯理论批驳不得任意改窜更改十九国委员会正式任命之起草委员会所制之决议理由书草案,而对于德留蒙之越权加以非难。西门为缓和小国代表,声称中日纷争事件于从来之会谈业已完毕,现在之和解手续倘失败,惟有移入于采用第十五条第四项等语,加以劝解。又西门以现在之大势既已如此,似已抱最近召集大会报告和解手续失败经过之观念,是以今晚遂有宣言之发表,极为各方面所注目。

【日内瓦十七日路透电】 国联方面一般意见,昨日日方允限时提出答覆,意味颇类有时限之通牒。当事国双方均曾接受十二月二十日之十九国特委会决议,或愿接受其影响。此项影响,大概将限于采纳莱顿建议案。国联采用第十六条之理想,可勿置论。西门首先倡议,如日方答覆不能认为满意时,可进行第二步骤,此节颇堪注意。一般均希望日方答覆,将能提出适当办法。据推论,美俄不列席和解委员会,或不致成为不可胜过之阻力。惟日方如坚持不提及"满洲国",则势必破坏谅解之成立,因各小国对此点坚决争持云。又电。英国官方鉴于一般传称英政府对中日争端已更改立场,因此指陈英方自始即认有两项问题不应共同处理,此即为和解问题与国联大会之报告。惟有和解失败时,始应采取后一种办法。远东和平之友人,不欲抱何成见,以为和解不能获得成功之机会。十九国委员会认为,必须予日本以机会,提出可接受之方案,作为和解根据云。

【东京十七日路透电】 经阁议通过后,外务省将训令电达日内瓦日代表团。据闻训令中反对邀请非会员参加小组委员会,并坚持该小组委员会不得干涉中日直接谈判。

【伦敦十六日路透电】 十九日阁议在讨论其他问题外,将涉及满洲情势。外长西门将由日内瓦返国,出席阁议,并报告十九国委员会讨论经过。

············

(《大公报》,1933年1月18日,第三版)

211. 和解绝望中之最后一会：十九国委员会昨讨论修正案，罗斯福宣言美国必拥护条约

【南京十八日下午八时发专电】 外交界息。国联十九国委员会定十八日下午三时半继续开会，会议详情至早须至十九晨三四时始能抵京。但关于新妥协案，因我方之强硬反对、各小国之一致抨击，美国又于此时再三表示态度，不能承认侵略之结果，故日内瓦对调解空气至为悲观。闻日政府对新妥协案已颁发训令致代表团，坚决反对邀请美俄加入，故十八日十九国委员会势必宣布新妥协案失败。闻英国西门外相尚拟对调解作最后之努力，但必遭失败，毫无疑问。十九国委员会势必于最短期间草拟报告书。

【日内瓦十八日电】 国联对于中日案之调解工作，现已达生死关头。德留蒙最近与日方之离奇接洽，备受各方责难。法国自德国要求军备平等后，即决意维持国联之巩固；英外相西门之袒日态度，亦不为其本国舆论所拥护，麦克唐政府且因此而被不良之影响，更以日军侵入山海关，损及英国在华北之利益；同时美国对国联之延宕政策，复表示极端坚决。十九国委员会当此种情况之下，势将采取依照盟约第十五条第四项草拟报告之步骤。闻此次报告草案，已在商议中。我顾代表曾告新被选之国联秘书长爱文诺，上述报告中务须声明日本违犯国联盟约，此为必不可少之条件。郭代表昨晚访西门，询英政府所持态度如何。

【日内瓦十七日路透电】 中日问题调解希望几濒绝境，但各方犹作最后之努力，图使死灰复燃。十七日西门、西姆斯、德留蒙以及中日代表与其他各国代表，终日奔走，忙碌异常。此间谣传纷纷，但各代表皆守沉默，不欲因报章之过分宣传，以致妨害十八日会议之一线生机。

【日内瓦十七日路透电】 国联中人认十六日十九国特委会会议之决议，乃促关系两方接受特委会十二月二十日决议之哀的美敦书，不然，则应负其责任。众认倘调解失败，国联仅将通过莱顿报告书之建议。（又电）日本方案内容倘为国联所不能接受时，则大会须造报告。对于此点，英国态度极为明显。西门曾于十二月二日声明，英国愿居于国联一忠实会员之地位，而定其一切行

动,且认国联会章关系綦要,倘调解失败,势将引起通过莱顿报告书之问题。英方对此点之态度,亦甚明显。英方认为倘大会须依照会章第十五条第四项制定报告,则莱顿报告书乃大会报告最显著之材料。惟大会必须于十九国特委会向其报告调解失败,然后再着特委会起草报告。(又电)关于妥协新方案,谣传德留蒙事先曾征求英政府意见,英方绝对否认。

【日内瓦十八日路透电】 日本覆书今日送十九国特委会,内容拒绝国联讨论"满洲国"存在问题,并反对非会员国之参预调解程序。

【日内瓦十八日路透电】 日政府覆书到后,日代表团十七晚先非正式通知西门、西姆斯、德留蒙及法代表,今日复将全文送交西姆斯。日覆文除反对美俄外,对德留蒙与日人杉村会议所产生之新方案,几全部接受。但十九国特委会是否通过此案,中国是否接受,此时皆属疑问。至邀美俄参加问题,除日反对外,尚有某某数国亦认此事关系国联原则及程序,对此举表示疑问。但众信十九国特委会将不顾日本反对,邀请美俄参加。十九国特委会十六日开会时,曾有质问德留蒙擅自修改草案者,故德留蒙案将用日本修正案名义提出。十八日特委会会议,德留蒙自当以其地位所代表之一切而援助之。中国方面之修正案,已先提交特委会矣。此间反对调解空气颇浓,不可漠视。或认调解必失败,组织调解委员会徒足延长痛苦,毫无裨补。十八日特委会会议席上抱此见解者,必力促特委会决然放弃调解,进行依照会章第十五条第四项之办法。果尔,则必须召集国联大会,惟大会在下月初以前难于集会。

【东京十八日路透电】 外务省为传称国联将采用盟约第十五条第四项消息,发表下列声明:(一)致日内瓦日代表之训令,昨始发出。故推测日本与国联之谈判现已失败,不无过早。此种匆促的推测,不过为国联某某方面之阴谋。(二)日政府现已明白表示,愿同意和解,故不必以为第三项现已失败。(三)日本抗议邀请美俄两国,其主要理由系根据第十五条第三项,该条未有容纳非会员国之规定。故关于此事发生之僵局,不一定即须采用第十五条第四项。(四)第四项之执行,需要争执两造外各会员国之一致表决。但此事极为棘手,纵令获得同意,制成建议案,但对于日本之拘束力极微。

【华盛顿十七日电】 美国下届新总统罗斯福今日发表谈话,谓:"关系某一区域特殊外交情势之谈话,至应由国务卿发表。但余甚愿表明美国外交政策,必维护国际条约之尊严。盖维护国际条约之尊严,实一切国际关系之基础。"按罗氏此言,系为赞助斯蒂生政策所发。

【伦敦十八日哈瓦斯社电】　此间认罗斯福简单正确之宣言,赞同美国历来之远东政策,可增加日内瓦美代表之立场。然英国舆论之分歧情形,并未因之减少。在日内瓦方面,则国联秘书长德留蒙与爱尔兰代表李斯德之意见不一。《曼哲斯特卫报》曾著社论,严厉攻击德留蒙。英国报纸意见,亦不一致。工党方面再请国联采取强硬态度,对付日本。英政府明日阁议,将讨论中日问题,外长西门将赶到参加。

【伦敦十八日路透电】《曼哲斯特卫报》于评论满洲问题时称,经十六阅月之光阴,欧洲舆论态度逐渐增加之鞭策所未能做到者,今乃以日本之毒螫,而居然达到目的矣。国联委员会为日本强悍态度所逼迫,直至河干,国联无论愿意与否,至少亦须作喝水之势矣。自由党《新闻纪事报》称,现时之问题,即国联是否能容忍日本所依恃以行动之强权。果尔,则国联之存在,试问有何意义?

………

(《大公报》,1933年1月19日,第三版)

212. 国联最后努力,调解系于今日一会,日对决议草案如仍刁难,即依十五条四项制报告

【南京十九日下午八时发专电】　外部十九日据我代表团报告十八日十九国委员会开会情形,会场曾有激烈辩论。日代表对十九国委员会决议草案,仍持反对两点,(一)为否认"满洲国",(二)为邀请美俄加入调解委员会。结果各代表对于邀请美俄一点可以放弃,其余则不能通融。当决定由日代表电询日政府,是否除邀美俄加入一点以外皆可同意。如日仍倔强,则十九国委员会惟有请召集大会,依照十五条第四项制作报告云。政府某要人谈:"政府同仁对中日问题已至忍无可忍地位。如日不放弃伪组织之存在,我亦必不甘丢开东三省。此后既非从理的争持所可平反,只有力的较量,以谋国家生存之出路。一年余来,国联予我之教训,早当憬悟。如自身无办法,幸望他人之援助,不啻自未下井,求人先坠,天下宁有是理?有人以为国联果无办法,不妨乞灵于九国公约,斯实无异被骗于匪,而求助有拆白"云。

【日内瓦十八日路透电】 十九国特委会今日讨论三小时后,决向日本建议,倘邀请美俄之议作罢,日本对于草案其余各点是否均能接受。故就日本方面观之,目前问题乃是否接受莱顿报告为调解基础,抑或因原则问题(邀请美俄问题不在此例),而负与国联破裂之责任。十九国特委会定星期五日再行开会,众认中日危机仅暂延缓,并未打破。国联中人逆料,此数日内特委会将向国联大会报告调解之必败,因日本之提案除反对邀请美俄一点外,其他各点,日本亦难放弃。至于美俄两国是否愿意加入,颇属疑问。此间连日所接华盛顿电讯,表示美国仍坚守斯蒂生之远东政策。

【日内瓦十九日路透电】 目前情势,一言以蔽之,即此项棘手问题颇形混沌是也。国联中人感觉,向日本方面建议取消邀请美俄,颇难影响大局。盖调解事件无论如何已注定失败,不过藉此表示一种姿态,尽力予日本以避免决裂之机会已耳。华代表方面认昨日之会为失望,因未有一事满足中国增加决议案势力之要求,亦未斥责日本之行动与拒绝承认"满洲国"。此项决定虽谓为最后议决,但无一处表示如日本提出新案时,将不予容纳。至于超然方面批判昨会者,则以屏除感情之态度指陈,以为无论如何,昨日会议之结果应视作对于日本之大让步,放弃邀请非会员之建议,已为日本之胜利。惟观察此项情势不应太为悲观,盖谈判之途径,顷间尚未闭塞云。

…………

(《大公报》,1933年1月20日,第三版)

213. 日本已答覆,昨夕再开会,明知调解失败尚作最后周旋,胡、罗两总统昨晤商远东问题

【南京二十日下午八时发专电】 外部二十日接代表团电称,二十日十九国委员会开会否尚未全定,因松冈态度犹豫,只称已电日政府请训,但不言覆电何时可到。我国前提出之修正草案意见两点,据代表团来电称,国联方面表示现对原决议草案不能增加,只可缩减,中国所提意见可附加于声明中,请为谅解等语。外交当局意,闻对否认伪组织一点最所坚持,对取消美俄加入办法,认为此系国联之事,非中国所能主张,故并不坚持。政府据报,迩来法国朝

野态度突变,对中日争端极能主张正义。英方原来袒日,经我国舆论指摘后,颇有感动。英方语我代表团,力白无袒日之意,谓前此不过于日人来询问时,曾以英方所见告之,并非有意袒日云。

【日内瓦二十日路透电】 十九国特委会本日下午五时十分开会,因日方昨晚宣言结果,预料会议首先将讨论德留蒙个人问题,将其解释白明〔明白〕。德留蒙氏拟有个人说明书,声请特委会核准发表。但此事讨论时间将不久,盖十九国特委会急欲讨论正式问题也。当特委会开会时,东京答覆尚未到,由日本代表自行负责,提出声明书,请特委会考虑。

【日内瓦二十日路透电】 十九国特委会定下午五时开会,届时冀得日方覆文。众信日覆文之措词不致决绝,将留继续谈判之余地。特委会谅将询日代表团三点,要求切实答覆:(一)日是否接受莱顿报告为历史背景之根据;(二)日是否接受莱顿报告第九章为调解之基础;(三)日是否接受顾问委员会之指导。倘日答覆能使特委会满意,该会仍继续调解之程序云。

【日内瓦二十日路透电】 十九国委会颇多代表对援引十五条第四款之影响感觉疑惑,彼等询问,倘国联依第四款办法草拟报告,其结果如何？国联责任如何？远东方面势将发生如何影响？彼等对此种种疑问不能确定,惟恐引第四款对国联或将引起严重责任,以致裹足莫前,复思继续进行调解程序。

【日内瓦十九日路透电】 中日事件实际本日并无发展,正等候东京消息。各关系方面举行会晤,但路透社确悉,此项会晤仅系讨论一般情势与可能办法。预料日方答覆,明晨可到。某著名日方发言人宣称:"吾人来此系为妥协,并非为不妥协。十九国特委会屏除中日直接妥协之可能,而令此项争执事件成为国联与日本间之争执,殊属不可思议。欲避免此种不幸,吾人认为并非无望"云。中国态度为抱一种审慎的希望。郭泰祺氏于接见路透记者时,称彼信此项事件最后或能转入正道,日本或将被迫揭开真意。无论如何,重要点仍恃十九国特委会如何对于莱顿报告书措置其报告。但中国期待许久之道义的与法律的批判,国联不久似可发表云。

【日内瓦二十日哈瓦斯社电】 日本代表团又将十九国委员会之最近要求,报告本国政府,请示办法。按十九国委员会希望日本代表明白表示态度,对于去年十二月二十日国联议决案及引用莱顿报告书作为解决之基本方案,究竟作何主张。日本方面宣称,在东京覆文未到前,不能有所决定,但彼等亦认日本政府恐亦不能给予十九国委员会满意之答覆。现在国联方面,拟即放弃一切和解计划，并将援引盟约第十五条第四项。日本代表团亦深知十九国委员会之大多数委员，均作此种主张。日本代表对于国联决定引用盟约十五条第四项，日本政府所持态度，拒绝在事前表示意见。据闻十九国委员会如果决定向国联大会提出报告时，日本代表团将不即退出日内瓦，但仍留此间，观察事实之演变与各会员国之反响。若然，则日本至少当暂时不参加国联会议，而采取数年前阿根庭政府所采取之态度。

日回训已发出，态度依然强硬

【东京十九日路透电】 此间对国联同意取消非会员国参加事表示满意，但指示，日本并不准备改变于其对于一九三二年十二月二十日委员会决议案中所列之其他提案之态度。日本反对此等提案，尤反对不承认"满洲国"问题与采用莱顿报告书前八章为决解之根据。

【东京二十日新联电】 日本外务省今早对日本代表团发出以下之回训：（一）国联现尚在讲究盟约第十五条第三项之和解手续之程序中，今后仍请继续折冲。（二）中日纷争解决交涉之新委员会，无论于如何之形式，不得加入美俄。（三）对于旧决议案，请努力诠衡以下诸点：甲，决议案理由书改为议长宣言，并删除否认目下满洲政权之点；乙，第一决议案之和解委员会，改为交涉委员会，俾成为帮助中日直接交涉之形式；丙，新委员会审议基础，贯彻不得采择莱顿报告书全部之趣旨。

【日内瓦十九日电通社电】 日代表部于本晚十时，就十九国委员会对策开会讨论之结果，已决定如次：（一）在十九国委员会开会以前若尚未接到回训，则为期使该委员会得如期开始审议计，可传达日代表部意见，俾作为讨议基础。（二）此项意见系说明对十九国委员会决议原案及秘书厅案之政府回训，而希望其以适宜的形式，与日方提案相接近。（三）若该委员会向日方要求说明时，可由松冈代表出席声明，谓调解之努力虽颇需时日方能奏效，但日方可予接受。

．．．．．．．．．．．．

(《大公报》，1933年1月21日，第三版)

214. 国联宣告调解失败，将由全体大会自发表解决案，罗外长对内田演说纠正谬妄

【南京二十二日下午七时发专电】 外部接代表团电告，二十一日下午十九国委员会开会。日代表团称，已接到日政府答覆，日政府对十九国委员会征询同意决议草案，除美俄不参加而外，仍未能同意，惟二十日之会日代表团所提之修正案，系得日政府同意，请为考虑。十九国委员会前此撤销美俄加入，原冀日本可同意，今仍得如是结果，认为系调解失败，当送请大会决定，一方面即着手起草依照十五条第四项制作报告书。定二十三日再开会，将全案移送大会，为最后之决定。

【日内瓦二十一日路透电】 十九国特委会今日下午五时开会讨论，讨论时间计二小时零十五分，决定调解程序实际上已告失败，继即讨论依照会章第十五条第四项之行进程序，最后决定二十三日继续讨论。闻特委会对于大会报告已拟具三种草案，分送各代表考虑，惟草案内容暂守秘密。据消息灵通者称，特委会今日研究日本提案时，认为关于数点不能接受，故全体同意进行第二步，且认中日两方之意见相距太远，调解似觉无从着手。瑞士代表胡伯称，调解是否已告失败，应由大会正式决定，故特委会决定大会开会之前，特委会仍有维持和解之可能，任何一方如有足为解决基础之提案，特委会无不欢迎，但将同时讨论关于起草报告之各项问题。预料国联大会将于二月一二日召集。某代表问特委会，应否先询大会，然后提出报告。特委会决定，根据去年三月十一日大会之决议，起草报告乃属特委会权限范围之内，不必先询大会。特委会旋复讨论各程序问题，惟报告条款之问题尚未谈及，二十三日开会时，似亦不能谈及。因十九国特委会开会，故原定二十三日开会之国联行政院会，延至二十四日举行。

【日内瓦二十一日路透电】 本日中日满洲问题，较十四个月之前解决希望，并不较见接近。各方对此令人疲敝之一幕，毋宁亟盼其结束。然十九国特委会中，包括极力拥护盟约者数人在内，仍然审慎步伐，以免失足危崖。会中因缺少先例，故常引起长时间无结果之辩论。如本日特委会对于是否有宣布和解

失败与起草报告之权限,踌躇不决,即其一例。此项问题,顷以取巧方法规避之：第一,先决定和解之途径在名义上仍然敞开,然料定其无论若何,不至再有径行之希望也；第二,则决定准备一报告书,向大会建议采纳。盛传十九国特委会中,有个人或小组拟提出不一致之草案。经向委员等秘密刺探后,得悉彼等敏锐注意有全体一致与头脑冷静之需要,在能办到之合理事件外,不愿意作其他任何企图,因此来日情形将煞费推敲也。吾人有把握可以确言者,即英国将尽量主张采用莱顿报告书,盖深信永久的和平之唯一希望,即在能大致按照莱顿报告书旨趣,使中日接近也。因此十九国特委会报告无疑将以莱顿报告书为蓝本,而提出建议。至于此项建议之性质若何,有何实际影响,则现时不能逆料。

....

(《大公报》,1933年1月23日,第三版)

215. 国联已正式起草报告,特委会指派九国起草委员,内容分事实、结论、建议三段,事实部份将根据莱顿报告

【日内瓦二十三日路透电】 本日十九国特委会开会两小时,决定指派起草报告委员会。起草委员会包括德(主席)、瑞士、英、法、捷克、比、义、瑞典、西班牙九国代表。

【日内瓦二十三日路透电】 今晨十九国特委会发表公报,称本日第一次讨论关于拟制报告草案之方式,以便提出国联特别大会,俾能履行其在国联盟约第十五条第四项下所负之职责。特委会考虑用何种方式最后通知大会,告以企图解决争端之举已经决裂,以及如何陈述此项争端之一切情势。会中未讨论大会或将建议之最公正与适当之解决办法。在会议中,关于起草报告发生种种问题。起草委员会委员已经指定该委员会应将其工作情形,随时通知十九国特委会。在起草委员会以外之十九国特委如欲提出任何方案时,得将提案以书面送达起草委员会。

【日内瓦二十三日路透电】 今晨十九国特委会开会时,关于起草报告问题,讨论至为热烈。关于报告第一部陈述中日争端历史的起源之着笔,意见至为纷歧。英方提议应采纳莱顿报告书,因该报告书所包括之畴范颇为充分,如

企图将整个事件重加缀述,仅为浪掷时间。经讨论后,特委会决定指派委员九人组织小组委员会,整理各委员意见。一般承认,关于报告草案不能立时获得决定。预料分科委员会准备报告草案,至少需时一星期。目前仅讨论历史部分,关于报告第二部建议案之起草,十九国特委会必须再开会讨论。因本周将举行国际会议多种,故九国小组委员会下次会议时间不能规定,大概将于明日国联行政院开会后举行。比代表西姆斯今晚返国,小组委员会一切进行,将在电话中接洽。西氏将为小组会与十九特委会之联络员。小组委员会中未列入爱尔兰代表,颇引起若干批评,尤因爱代表现充国联行政院主席,对近顷中日事件之发展颇为活跃。预料十九国特委会将于月底再度会议,决定召集国联大会日期,将竭力使会期提前,否则按照议程,开会议将在二月初间举行。某某数小国意欲在报告中,对日本迄今之行动予以较明确之指摘。此次开会时,义代表亚罗希持缄默态度颇值注意,因已往义代表在会议中,态度颇为积极云。

【日内瓦二十三日路透电】此间对日本怀好意人士感觉,打开目前僵局之惟一办法,即采纳莱顿报告中关于和解之规定。在一方面,返回原状固不可能,在另一方面,则需尝试获得互相同意之最后办法,使目前情形于争执双方,俱认为可堪容忍,故此等人士感觉,敦促采纳莱顿报告之建议,于中日双方具有同样利益。彼等并感觉,目前以日本之武力,对现局固可畅所欲为,但经过长久时间,则日本必将感觉到中国抵抗的力量。例如沪战即可为一种殷鉴,且抵货之武器亦极富效果也。

报告草案内容

【日内瓦二十三日下午路透电】今晨十九国特委会考虑之报告草案,系国联秘书厅草拟之文件,包括三部:(一)历史的陈述;(二)结论;(三)意见的陈述。关于建议部分,容后由十九国特委会指导进行。第一历史部分,包括国联干涉经过与大会及行政院会之决议案,及其他关于在欧洲方面争议之一切,至关于亚洲方面之争议,则援引莱顿报告书之部分颇为广泛。因此英代表建议莫如将莱顿报告书包括在内,以免再费力重拟。英代表提议虽获法代表马希格里赞助,但未能通过,会议仍主张自行起草报告。第二部分标题为结论,内容包括多点,如"满洲为中国完整之一部","中国在过渡时期不能保障充分行使政府之权力","中国用抵货为防卫武器","日本军事行动溢出合法自卫行动之需要","'满洲国'并非自动的产生,但返回事前原状则不可能"。第三关于一般观察部分颇为杂乱,故引起不少修正之提议。大半提议,系根据中国大部分领土虽被占领,然并未经过任何宣战手续,故此部分之大半将重行起草。预料十九国特委会将于明日开始此项工作。会议发生之一般印象,以为纵拥护国联盟约最猛烈之人士,其态度亦不得不稍示让步,显然无压迫采取制裁之丝毫表示,甚至关于争执事件之道德问题,亦未下任何批判也。

国联对侵略者应予严重判决,法报论中日事件

【巴黎二十三日哈瓦斯社电】 社会党机关报《人民报》评论中日事件,谓调解程序失败后,国联十九国委员会所当提出之建议应具有满足世界舆论之性质。又日军事行动实系世界舆论为之震动,对于侵略者当予以严重之判决。盖惟如此,乃可使全世界舆论起而反对日本,并使经济上、外交上之裁制方法得以实现,俾可制止日本并吞满洲与热河。国联业已耗费宝贵时光,今则非迅速行动不可。

惟精神上压力可使日本让步,莱顿盼英国主动

【伦敦二十三日哈瓦斯社电】《星期纪事报》登载国联满洲调查团主席莱顿爵士论文,首先叙述远东问题各要素,然后说明补救方法,要求国联作一决定。"但可能之方法为何乎?"莱氏答称,列强方面在物质上一切行动,均可由日本认为战争之理由,惟有藉精神上之压力,方可使日本循国联会之道而行。假使列强在日内瓦一致赞成国联反对日本之决议案,则日本迟早必将让步。要之,英国在未来事变中,当担负最大部分之责任,全世界之视线现均集中英国,英当自居于主动地位。因英国系日本昔时之同盟国,欲使日本接近国联,当由英国引导之。政法家在目下所负责任,艰难盖未有如外长西门之甚者云。

日方一味强横,准备指摘国联,根据第五项陈述

【东京二十三日新联电】 关于国联其后之形势,日本代表团时刻有情报致外务省。据此,日本代表团与德留蒙及西姆斯会见之际,亦露出委员会之事态尚未到最后地步之口吻,然亦难以豫测。日本外务首脑部今早关于今后之对策协议结果,对于国联方面根据第四项作制报告书,日本为对抗上决开始准备,作制依据第十五条第五项之陈述书,以指摘国联对于极东问题之无能与无理解。假使国联方面今后更发动同条之第六项第七项,日本之方针亦不能有何变更,且决定对于满洲"匪贼"之讨伐及其他为保护侨华日人,必定自由的行使自卫权之发动之意。向中外阐明上述之意,已电告驻日内瓦日本代表团。

【东京二十三日电通社电】 关于十九国委员会采择盟约第十五条第四项之公电,日外务当局作如次之观测:"在无新提案时,大会自当采取第四项办法,且帝国政府亦已早料及此,故现认为无关痛痒,而不至遽出于撤回代表或退出国联之举。国联当决定第四项之劝告案时,若破坏帝国政府不许第三国干预中日直接交涉之铁则,或坚主以依据莱顿报告书为解纷争之限度,而否认'满洲国'之独立,则日方自当实行退出国联,否则仍拟尽力维持世界和平。"

【日内瓦二十二日电通社电】 十九国委员会中心人物已于昨晚起,就依据第四项之报告书劝告书之第一部的纷争事实记述,以秘书厅所准备之草案为基础,开始研究。其内容系对满洲事变之经过,视日本为一面用外交辞令以避外部之干涉,一面则扩大其军事行动者,故自某种意义言,殆较莱顿报告书尤为峻烈,而终非日本所能接受。此案乃由秘书厅内之反日份子所起草者,故当兹小国方面的兴奋情形尚未销除之际,其能否在提出十九国委员会时设法缓和,殊属疑问。而其以此为基础之劝告案性质,亦不难于想象。果尔,则国联放弃其调解的努力之日,当即属日本与国联发生正面冲突之时。

【东京二十三日新联电】 日外务省对和平解决之希望,认为尚未断绝。据外务省发言人意见,以为在所谓之一月二十一日最后通牒与采用第十五条第四项间,日本与国联仍有谈判余地。十九国委会发表之公报指陈,提交大会之中日争议提案,结果已经失败。其结束称,委员会欢迎争执两造提出新案云云。此项声明显然表示国联于采取最后步骤前,欲作适当之考虑。该发言人续称,日本已确切向十九特委会宣布其提案,故关于此事,并无新提案可以提出,一切只有听其自然,惟望十九国特委按照第四项起草报告时,对日方主张予以适当考虑,尤望二十四日西门重返日内瓦时,可以如此。故日方观察,以为此次起草之报告,将采和缓之基调,远过以前许多文件云。

(《大公报》,1933年1月24日,第三版)

216. 报告中应具确定意见，各小国力持坚决勇敢态度，德国代表亦反对英法理论，英报称国联必须揭出日本罪状

【日内瓦二十四日路透电】 因本日下午他项会议忙碌异常，相信九国起草小组委员会于明晨以前，会议不致开成。惟顷间国联秘书厅正忙于将十九特委会争执之点，重加起草。各小国力持报告中应表示某种确定意见，持此态度最显著者为瑞典、瑞士、捷克与西班牙。彼等反对仅仅通过莱顿报告书，主要原因为该报告书避免宣布判决。据闻昨日会议中，各小国又获得一意外之赞助人，新任德国驻日内瓦常任代表凯勒氏极反对英法理论。今晨在行政院会中，凯氏态度愈为露骨，关于委任统治问题（参阅本日四版另条）曾故意挖苦英法两国代表，故德代表（九国小组委员会主席）对今后中日事件之发展或将使二国不安。日方之声明，一般视为对于近顷谈判之经过作一平允、坦率之充分说明。然各方对该文件之观察，则各因其主观而异。有人以为日方有意表示缓和态度，以期消灭世界舆论之打击。其他方面则相信此系日方再作让步之征兆，因国联曾重新企图开始和解之手续。持此见解者，大抵系受东京所传电讯政友会议员芦田均氏指摘政府消息之影响。惟无论如何，此间印象尚不甚恶，一般感觉此为日本不愿与国联决裂之新证。

【日内瓦二十四日路透电】 日代表团今日发表一文，详述日本与德留蒙谈判之经过，略称是项谈判产生之提案，已被十九国特委会拒绝。该提案之最重要部份，即取消邀请非会员国，并取消理由书第九款。日方认第九款提及"满洲国"问题，攻击日方基本政策云。

英报忠告国联，勿再畏怯迟疑

【伦敦二十四日路透电】 工党《每日前锋报》及自由党《新闻纪事报》今日评中日问题，皆注意于国联报告起草委会工作之严重。《每日前锋报》称："因此种工作性质之严重，故国联着手此事应持坚勇态度，不宜轻率。中日问题过去一年间所与吾人之教训，即畏怯迟疑不足以济事是也。国联若徒追认莱顿报告，建议中日两方以莱顿报告为解决基础，而对莱顿报告书提出后发生之事

实含混不提,则仅图卸责而已。国联大会绝对不能仅以提莱顿报告即此了事,国联此后之行动应至任何地步,必须审慎决定,但吾人希望国联不再希图卸责"云。《新闻纪事报》称:"日内瓦最近谈判,向正确方面急转。国联首次负起责任,处理中日事件。国联如欲中日自行解决争端,不啻任其开战,以致影响全球。今日世界信仰之主义,乃无论任何战端,无不关系国联全体会员。国联若放弃此种主义,势必引起悲惨结果。但吾人直至昨日,始敢深信国联不放弃此种主义。国联现既定态度,英政府亦亟应表示。英政府乃国联之援助者,国联并未请英国对日宣战或封锁日本,仅请英政府宣告:无论任何一国,理由无论正当与否,不能蔑视国联,以武力谋达任何目的"云。

伦敦《泰晤士报》评满洲事,称惟有充分多数之国家,指摘其中任何一方之舆论发生强烈影响,使该国等之政府准备牺牲生命、物质、贸易、金钱与"侵略者"周旋时,然后国联之行动始能生效。《曼哲斯特卫报》社评称,日本自始至终故意延滞,至使特委会深信凡国联认为最低限度之解决根据,日本均不接受。各国外交家对于满洲问题始则犹疑不决,继则屈从武力,助长日方气焰。迨至今日,国联无论有无英国援助,必须揭出日本罪状,不能再事敷衍。国联对日态度,今始较趋强硬,此诚日本之自取。

(《大公报》,1933年1月25日,第三版)

217. 报告书措词考量中,英代表不主张宣布调解失败,叙述中将引用莱顿报告要点

【南京二十六日下午十时发专电】 外交界息。十九国特委会报告书起草委员会正在商洽起草建议部份,对措词之程序问题煞费考量。查报告范围,二十五日起草会中,各国初主只就莱顿调查报告范围着笔,因小国之力争,决将于莱顿报告之外,再参加该委会之意见。惟国联对日究具何决心,尚不明瞭,似复有延宕情势。当局正予以严密注意。

【南京二十六日下午九时发专电】 外交界息。国联对中日争端,交九国委员会起草报告书,于下月初提国联大会讨论。我国抱定拒绝不利于我之任何办法之方针,于必要时并将有更严重之对付办法。闻此项态度已由外交当

局训令各驻外代表,通知各国政府。

【日内瓦二十六日路透电】 今晨国联行政院会议讨论南美科仑比亚与秘鲁争端,发生意外延迟,故下午须重新开会,讨论英波两国油案。九国小组委员会正式开会,因此又遇阻碍。但该委员会决意不再耗费时间,当即举行非正式之不公开会议,据闻实际已决定赞同只作报告一件。此项决定大半系因受国际著名法学家瑞士代表胡伯氏之劝告。据胡氏直率意见,小组委员会可以径行采取第四项办法,不必经过国联大会正式表决,因第四项中有"倘争议不能解决"字样,故显然不需要通过调解失败云。

【日内瓦二十五日路透电】 今晨九国起草分科委员会开会,历时一小时余,系采取极随意形式,甚至并无人主席,比代表波坤代西姆斯氏出席。谈话范围包括初步问题,如报告中应列之大意。会议起始并未尝试起草报告,关于其内容大概亦未获得确切决定。会议因召集经济筹备会中止,下次会期仍未定。又电,今晨九国分科委员会讨论之问题,完全集中应起草报告书二件或一件。倘决定起草报告书二件时,其一将纪录调解之失败,换言之即根据国联盟约第十五章第三项,其二则将为在第四项下草成之报告书与建议案。倘遇仅提一报告时,则该报告中只将提及在第三项下办法之失败。按照英方观点,就至少限度言之,宣布调解失败为极端不合宜之举,惟会议并未获得决定。但本晚据闻,国联秘书长德留蒙顷拟有一种方式,企图使各方满足且令办法简单化。九国分科委员会定明日下午开会,以后将缜密进行工作。自明日(二十六)起至星期一(三十日),行政院会或裁军会干部会议均无会。十九国特委会在二十六日前将不开会,分科委员会因其他开会事比较稀少,故遇必需时,每日将集会三次。彼等应付之工作,异常繁重。顷间明瞭,分科会实际上已经同意,该报告将不仅以采纳莱顿报告书为限,惟将引用莱顿报告书大部分,使历史之叙述完备。委员会对于字句间自然将予以极审慎之斟酌,故讨论时,预期定甚烦麻[麻烦]。

【日内瓦二十六日路透电】 外传中日直接交涉,中国代表团极端否认。据称中国政府于日军占领压力之下,决不与日谈判。又电,中国代表团昨公布中国关于榆关事件对日之第二次通牒。

【日内瓦二十四日日本新联电】 国联虽强硬着手,准备适用第四项,然将如何进行,尚无何项确定,乃系事实。国联现似陷于进退两难之状况。杉村与德留蒙继续作私人的折冲,二十九日西门与日本方面亦将有所接洽。惟新局面之打开究能达到几分程度,殊难逆料。

【日内瓦二十五日路透电】《万国新闻报》刊载自称为真正报告草案之长文撮要。据称其中主要点之一,即认占领满洲事与现行条约不符。该草案系按照莱顿报告书大意作成,以后部分则与一月二十三日电讯中所述者相同。至关于满洲方面,承认该处情势不能与世界其他部分比拟,惟认"中国领土为武力夺取,并为日本军队所占领。此项战事结果,致令其与中国其他部分相离,并宣布独立"云。

……

(《大公报》,1933 年 1 月 27 日,第三版)

218. 报告书内容大体决定,将声明东三省为中国领土,九一八事变中国不负责任

【南京二十八日下午九时发专电】 外交界息。九国起草委员会所起草之报告书,经数度会商,已决定内容分为四部:(一)历史,(二)事实,(三)结论,(四)建议。历史及事实两部份,均以莱顿报告为根据,一则追溯东三省与我国历史上之关系,一则叙述九一八事变发生后之变迁及国联处理之经过。结论部份说明日本在东三省之行动是否为合法自卫,及伪组织是否为真正之民意组织,并宣告国联对中日争端调解失败。建议部份最难着手,各小国代表均主张明白规定九一八事变系日本有计划之侵略行动,并宣布不能承认伪组织,惟大国态度仍然灰色。大约再经数度会议,即可完全决定,俾提请十九国委员会通过后,提出下月初之国联大会讨论。

【日内瓦二十八日电】 九国起草委员会已草成报告书之第一、第二两节及第三节之一部份。第三节中重行确言东三省为中国领土及九一八事变中国不负其责,对于中国抵货运动是否合法及日本所称之自卫行动为主动的抑为被动的,尚待下星期详加考虑。此项报告书之性质,为正式表示国联自身之立场,与进行调解须得两造同意者迥异其趣。故此项报告书之根据,以莱顿报告及国联秘书厅之草案为主,而以瑞典等国草案为辅。其中最难着笔之建议部份,或亦将以莱顿报告第九章之十个原则为依据。

【日内瓦二十七日电】 九国起草委员会今日下午决定报告书中声明东三

省为中国国土，中国对争议事件不负责任。惟关于经济绝交及自卫方法二点尚有疑问，待星期一继续讨论。

【日内瓦二十七日电】 十九国特委会之小组委员会草拟中日纷争案之报告书，工作上殆达完全停顿之地步。小组委员会已将报告书中历史一部分草成，闻多取材于莱顿报告书。现于专涉纷争案之建议一部分，已陷于僵局，按此为报告书中之主要部分。就目前局势观之，十九国特委会与国联大会能否办理中日纷争案，极无把握。

【日内瓦二十七日电】 九国起草委员会今晨开会，决定缮制一个报告，内分四部份：（一）历史的背景；（二）九一八事变至现在；（三）理由；（四）解决本案之建议。第一、第二两部份均尽量采用莱顿报告书，第三部份今日下午讨论，第四部份众认为最难着笔，势需较长时间之考虑云。

【日内瓦二十七日电】 十九国委员会之起草委员会草拟报告书，首三章实际已可称完竣，仅余两大问题尚未决定：一为九月十八日日军在沈阳之行动，一为中国抵货之是否合法。据闻各委员对于日军九一八在沈阳所为是否纯粹自卫行动，意见各异，而对于抵货之合法与否亦讨论甚久，未能决定。至目下所草之报告，闻系叙明国联一切调解努力之失败，重述莱顿报告首八章，并叙至最近山海关冲突为止。一切结论皆根据于前述事实，惟其建议尚待十九国委员会开会指示方针后再行准备。至曾引起无数争辩之"满洲国"问题，闻仅轻描淡写，声明一九三一年九月十八日以后，日本承认"满洲国政府"，但他国未有承认之者等数语以了之。

【日内瓦二十七日路透电】 起草委员会今日上下午开会两次，成绩颇佳。大会报告之前三部份，除两点外，余均草拟就绪。第一部份叙言极短，仅有一句，说明报告之性质。第二部份事实，叙述争案之历史以及国联处理争案之经过，对于中日纠纷作一有系统之纪述，大都引用莱顿报告一至八章与国联大会及行政院会历次决议以及驻远东外国领事之报告。第三部份结论，系国联秘书厅草成，共含十二点，多系根据莱顿报告之第九章，并采用其他各章之要点，如"满洲国"之创造非出于人民之自由意志等。起草会所未能一致同意者共有二点：一为抵货问题，一为日本行动是否出于合法自卫行动。按照秘书厅提议之原文，称抵货运动系施于一本身运用军力之国家，故不能认为非法。此项整个赞同抵货原则之声明，显然引起若干反对。在另一方面，关于日本行动是否合法自卫之问题，引起某种法律点，或须由法学专家予以特别研究。秘书厅所拟草案之结论称："如九一八事件未爆发前，两方对于紧张情势似或互有责任，但九一八后所发生一切事件，则不能诿诸中国负责。"至于报告之建议，将待下星期初十九国特委会集会起草，秘书厅中人赞成采用莱顿报告第十章之十项原则。

【日内瓦二十八日路透电】 九国小组会在下星期一、二前无会，因昨日讨论结果有若干枝节点需要修正，故秘书厅顷正准备一新草案。报告草案将为一相当的长文件，用打字机缮成，约五六十页，而以莱顿报告书为附录。报告起草字斟句酌，煞费苦心，可见九国小组会工作之微妙与棘手。据可靠方面讯，迄今讨论进行颇为圆滑与和洽，对任何点并未引起强烈反对。惟以为小组会意见之矛盾仅在探求适当字句，则又不然。盖字句斟酌固非易举，但秘书厅对此，颇优为之。十九国特委会何时召集尚未决定，大概在下星期三四。据悉报告草案在特委会中，或将再经过一番爬梳与润饰。据现时表示，小组会并将为报告最后部分拟一草案，作为建议案根据。顷间全般空气较觉乐观，因一般感觉，现时获有真正之进步，将以不容误会之态度，维持国联原则。其态度之公允，即日本方面亦难于反对，惟远东反响如何，此时自然不能预测耳。中日代表团对于一切发展，均予以最敏锐之注视。两国代表团现虽守完全缄默，但据东京来电，关于日本政友会态度已予以说明，而华方对任何直接谈判之问题亦予以辩正，在数日中似不至有任何重大发展。法国阁潮（参阅本日四版）如不过分延长，大概于谈判上可不生影响。因法国将仍以马希格里氏充代表，关于原则上之任何重要决定，当然必予以赞助云。

⋯⋯⋯⋯⋯⋯

（《大公报》，1933年1月29日，第三版）

219. 报告草案声明责在日本，东三省确为中国领土之一部，九一八事变非日本自卫行动，满洲无独立运动，抵货为报复性质

【南京一日下午九时发专电】 罗外长发表谈话，国联现已达到严重时期，应以大无畏之精神将国联行政院及大会历次决议所包含与国联自身所代表之

诸大原则毅然援用。查去岁三月十一日国联大会决议,决议案中曾载有一原则,即国联会员国对于违反国联盟约及巴黎公约之方法所造成之局势或缔结之条约或协定,均不应予以承认。彼在日内瓦之列强代表,今竟于明白宣言否认满洲之傀儡政府一事表示迟疑,似系对于彼等因赞成上述决议案之原则所以允担受之责任意欲设法规避。夫"满洲国"者,莱顿报告书中固早已认为全因日军在满始克存在,则其有背国联盟约及巴黎公约,自为毫不容疑之事。由国联宣告此项傀儡组织不应为尊重中国主权之国家所承认,乃适用不承认原则时必要而且合理之步骤。而此项不承认原则,业经各国所宣布且接受者也。苟有任何一国表示愿为将来留非法承认"满洲国"地步,则是该国不啻谋欲破坏三月十一日决议案之效力,且欲破坏国联盟约及非战公约之效力,至属显然。中国不信此项情势果将实现,而深信所有关系各国对于为日本侵略工具之非法组织,必将有严正之表示。

【南京一日下午八时发专电】 外交当局接报,九国起草之报告书前三部份已竣,惟形势逆转,关于不承认伪组织一点,竟有不列入之趋向。此间得讯,极为愤懑。因果如是,则非特国联不能发觉公理之存在,即对去年三月十一日之大会决议仅谓"凡违反盟约所造成之情形,不能承认"之语,亦自行推翻。中国对此十分遗憾,闻当局颇主张即时退出国联。外罗并有正式表示,即晚可发表(罗外长谈话见另条)。

【日内瓦三十一日路透电】 九国起草委员会今日会议三小时半,决明晨继续讨论。起草会今日对于报告草案,逐点极精细加以审慎之研究。据可靠方面称,草案第二读现已完毕,各代表对于草案内容要点几已完全同意,即抵货及自卫两争论难题,亦已解决。起草会明晨继续会议时,将讨论爱尔兰代表李斯德之提案及某项非重要之细目,并将开始讨论建议问题。因九国委员会之同意须经十九国特委会认可,故报告草案以后仍有修改可能。又电。据本晚所得消息,起草委员会已完成之报告草案各部份大略如次:

序言仅五六行,声述国联现按会章第十五条第四项进行工作。第一部份颇为复杂,内容采用莱顿报告书第一至第八章及驻华外国领事之报告,并另增一章,叙述迄报告完成日之发展。第二部份叙述一九三一年九一八后中日问题之经过情形,并参以国联历次会议之措施,以供对照。第三部份包括结论十二项:(一)简述满洲与中国之关系,以及与日本之关系;(二)申述满洲乃中国领土之一部,但事实上久已处于自治地位;(三)申述近年满洲中国人口之激增;(四)申述日本在满洲之权益,如南满铁路及辽东租借地等,并谓日本在满洲之特殊地位,与中国国家思想之发展势必发生紧张情势;(五)申述中国日前处于过渡时期,须外力援助,助其建设成功;(六)涉及为中日紧张原因之抵货运动,认系刺激性质,但自九一八后,中国之抵货系反对日本军事行动之报复性质;(七)申述日本蔑弃公断之机会;(八)申述日本九一八行动不能为合法自卫,任何国家不能藉口自卫,不顾会章第十二条之义务;(九)申述满洲未有自动之独立运动,并称日方之军事活动含极多政治性质;(十)申述无可疑义之中国一大部分领土被武力占领,强行分裂;(十一)声称日本于莱顿报告书提出后,始承认"满洲国";(十二)申述九一八以前之状况双方虽均须负责,但九一八以后发生之事件,不能归咎中国。

【日内瓦一日路透电】 国联秘书厅政治组主要职员维格因有感冒,未能援助起草会整理报告草案,故起草会兹所完成之首先两部份,即将照其粗草现状提交十九国特委会。但该两部份既系叙述性质,文字之修改当属十分紧要。至于第三"结论"部分,起草会自加整理,兹已完全竣事。起草会今日讨论爱尔兰代表李斯德之修正案后,对于结论部分加以极为细微之修改。除此以外,起草会认为李氏之各项提案或已包括在草案内,或为不能接受。十九国特委会是否于三日或四日集会,因维格卧病,故犹未能决定。或主特委会于三日集会,先行讨论建议部份,四日再行讨论全部报告草案。各方因起草会对于结论部份意见一致,颇为欣慰。但讨论之焦点当在建议部分,尤其关于"满洲国"之问题。小国仍坚持明白宣告不承认"满洲国",且信德代表亦赞同此种主张,各大国则欲以较合外交家之手腕对付此项问题。但各方既皆同意不能承认"满洲国",似可求一妥协办法达此意旨。国联即极婉转温和,指责日本承认"满洲国"之举,日本是否能加接受,此时难于逆料。但众信国联若婉转曲折而求微露其不满之意,则日本政府能表示温和态度,不致遽采激烈行动。

【日内瓦三十一日路透电】 在九国起草委员会中,对承认"满洲国"问题迄未提及,明日(一日)或将涉及,因届时对建议问题将作初步讨论。建议问题,大抵只予以极匆促之讨论,因一般承认,必须听取十九国特委会之训令也。因行政院会与裁军大会总委员会等会议拥挤,十九国特委会在星期日(五日)前或不能开成。

【日内瓦三十一日电】 九国起草委员会今日下午开会,对抵货及自卫两问题激烈辩论,仍无结果,明日继续讨论。

【东京一日路透电】 英大使林莱本日下午赴外务省访内田,探询日政府对国联最后态度,内田示以今晨拍发致日内瓦代表团之训令一分。

....

(《大公报》,1933年2月2日,第三版)

220. 英外部正式辟谣,否认所传英日密约之说,英使亦向外部解释误会;报告建议部份候特委会决定

【南京二日下午八时发专电】 外交界息。九国起草委员会业将报告书中之序言、历史、结论三部分起草完竣。惟因建议部分极难着手,九国起草委员会不能负起该项责任,将仍请十九国特委会决定。十九国特委会已定三日开会。闻国联方面调解尚未完全绝缘,大会至迟十三日可开会。英使来京后,努力向我外交当局解释误会,冀复已往好感。二日英使接英政府来电,正式否认日来所传英日间有密约之说,谓英对华过去无阴谋,将来亦无阴谋,对目前之中日争端,固望能调解,但如调解不成,英亦惟有实行莱顿报告书,此即指不承认伪国。

【伦敦一日路透电】 日内瓦报载消息,称英国为日本在满谋自由行动,以英国于西藏作自由行动为交换条件云云,已由英外部正式否认。据称,英政府或印度当局从来决无在西藏作自由行动之野心。英政府对于中日事件之态度,绝对不受关于西藏事件之任何影响。外长西门已在日内瓦作十分明白之表示,称于调解失败时,英政府准备实现莱顿报告之通过云。

我国代表团促速提报告并确定展缓期间

【日内瓦一日路透电】 中国代表团函特委会主席,要求特委会行将向国联大会提出调解失败之报告内应确定展缓期间,并谓是项期间已逾期五月,而国联迄今犹未限定日期,特委会初步工作系限于进行调解,但调解程序因日本之倔强已告失败,中国政府要求特委会以过去事实于最短期内报告大会。

【日内瓦二日哈瓦斯社电】 中国代表团昨致函十九国特委会主席西姆斯,请定期完成致国联大会之报告书。该函略称:"敝国政府甚愿关于中日案

致大会之报告书早日完成,及依照国联盟约第十五条第四项公布之。阁下可追忆盟约所定之期,已逾五月。因调查团报告书之迟延,又因国联行政院审查该报告书之迟延,当时承认不能规定最后之期限。去年十二月九日非常大会通过决议案,请委员会审查报告书及附件,以便从速解决此案,委员会已担任调停。然结果因日本之强暴,调解失败。中国政府意见以为,此次失败虽属遗憾,中国不负其责,失败情形应即向大会报告。草案第一项关于调解之建议,指明决定一确定期限(如一九三二年七月一日大会之议决案所规定)。今调解即已失败,议决案亦不能采用,敝团推测,上述步骤亦当放弃,同时请委员会于提出报告时,建议指定延迟之期限。因最后之报告即将完成,中国深望延迟只在需要之限度。中国坚持规定期限之理由,已经数次向委员会及大会报告。敝团声述期限之延缓对中国极为不公,因中国时时被迫抵抗日人之侵略,热河情形日渐恶劣。因此敝团再请特别委员会迅速进行其工作,且须深记根据盟约急速指定期限之需要。"

日再提新案,国联难接受,咸认调解已失败

【日内瓦一日路透电】 闻日代表本日接到东京训令后,将作最后努力,谋使十九国特委会仍按会章十五条第三项进行,即进行调解程序。日代表团将于本晚会议,讨论如何与何时与特委会接洽。众料松冈明日或将先以日方意旨通知十九国特委会代理主席比代表波坤。日方提案大略注重两点:(一)放弃邀请非会员国(此点特委会已经承诺);(二)修改特委会前拟意见理由书之末节第九段,内容系关于"满洲国"问题。按特委会前曾决定国联大会未宣告调解失败以前,引用会章十五条第三项之机会仍未断绝,故日本此时仍可提出调解新提案。但国联中人对于日本新提案之能否成功,极怀疑义,并认纵使日本无条件接受特委会之决议案草案及理由书,亦难阻止特委会按照会章十五条第四项进行。各方咸认调解程序业已失败,无可留恋,国联如再依依不舍,徒为虚靡时间而已。特委会目前趋势,显欲充实去年十二月十五日议定之决议草案,并欲使建议部份较莱顿报告更为有力。兹已证实十九国特委会在本星期六以前,不能召集。至于国联大会,某方虽料于下星期内可召集,但此仅系少数之意见。

(《大公报》,1933年2月3日,第三版)

221. 短评：英国之辟谣

在日内瓦僵局之中，举足轻重的英国，最足引起世人的疑虑。英外部日前正式声明，否认日来所传英日密约之说，谓英国对华过去无阴谋，将来亦无阴谋，对于中日争端固望调解，如调解不成，亦惟有实行莱顿报告书云云。这种正式声明，自能祛除一切谣传。我们深信这个声明是衷心之言，并相信惟有如此，才是友邦所应采取的公正态度。希望英国政府坚守此言，以至最后！

(《大公报》，1933年2月3日，第四版)

222. 社评：国联特委会之最近行动

国联十九国特委会，前日对于将来根据十五条第四项之国联大会报告书草案之建议解决办法部分，讨论结果，同意三点：（一）一致不承认满洲伪国，且不与之合作；（二）赞成通知"满洲国"邻近国家与九国条约签字国家，并向其作上项建议，以期合作；（三）赞成组织一小组会，继续代表国联，与远东情势维持接触。尤可注目者，英法两代表之表示异常坚定。英外次艾顿氏宣称，"满洲国"之现存统治，并不具有国家之条件，故无被承认之权利。又称列强将以荣誉担保，不作违反此建议精神之行动。法代表演说，赞助此项意见，并请大会决定不与"满洲国"合作。在最近谣诼纷起之后，英法两大国领导十九国特委会，有此鲜明公正之表示，诚足以澄清国际空气，巩固国联尊严，就世界大局及远东情势论，皆可表充分之赞佩。查否认伪国事，据国联立场及其历次之决议案，本不成问题，由十九国特委会论，尤无躲闪余地。盖现在之特委会，乃据去年三月十一日大会决议案所产生，而该决议案开宗明义即声明：（一）严格尊重条约之原则；（二）联盟会员担任尊重并保持所有联盟各会员领土之完整及现有政治上之独立，以防御外来之侵犯。此本国联约章所定，该决议案特声明其必须适用。根据此点，则莱顿报告书所证明为日本制造并非人民公意之所谓"满洲国"，凡国联会员国当然予以否认。是以前日特委会之决议，以法律言，只系承袭过去之决议，履行会员国之本分，并非国联态度新有变更。其所以特值注目者，徒以近旬多谣，空气混沌，今得一举而澄清之，而一般会员国所疑为袒日之英国，能领导主张，坚决表示，法代表更进一步主张勿与伪国合作，就政治上论，此乃一重要之展开矣。

虽然，在旬日来根据第四项起草报告期间，同时仍进行第三项之所谓和解办法。前日特委会一方议决坚定之三原则，一方则以和解方面之最后案交付日方。据昨日所传，日政府对此最后案似已倾向承认。是则，事实推演，前述之报告书或不果提，或又延缓。是以前述特委会之决议，尚不能必其具体化也。按第三项办法，去年十二月十六日十九国特委会有决议草案。其要点：（一）解决争执须依去年三月十一日大会决议案之原则，必须尊重国联会章、非战公约及九国公约之规定；（二）决组织委员会，协同关系国进行谈判，图谋根据莱顿报告书第九章原则，并考虑第十章之建议，合宜解决；（三）以十九国特委会委员为上述委员会委员；（四）邀请美俄参加。在草案后，并附以说明书。最末声明：认为在此争执案特殊情况下，单独恢复一九三一年九月以前之状况，不足得一永久解决，而承认目前满洲之政局，亦非解决之道。此项草案，中国因其措词含混表示不满；而日本并此而反对之，其最恶者，为美俄参加，而最坚持者，以承认伪国之事实为前提。其后国联让步两点：（一）取消邀请美俄；（二）日本对于本案之说明书，可依照日方所提修正案，作保留之声明。驻日英大使于特委会准备据第四项起草报告之后，访晤内田，亦劝告其接受。直至前日，国联交付日方之所谓最后案即此，中国代表团闻讯激昂表示不满者，亦即此也。

本届国联大会开会以来，在日本方面极力斡旋者，首推英国。其本意为希望第三项办法之获得结果，即大体以莱顿报告书为基础而成立一委员会，协同当事国进行解决是也。中间因日本坚持，故准备改依第四项行动，然实际为督促第三项办法之进行。前日特委会对于否认伪国坚决表示之用意，亦在逼日本承认所谓和解办法之最后案。昨晚所传，日本似大体承认矣。由以上所述，评断国联最近之行动：（一）特委会否认伪国之决议，在政治上有重要意义。盖日前盛传英国对此点含糊，今则证明坚定。英法与北美关于此点政策一致，而苏联外长前日在裁军会议之演说，显指日本为侵略者。可知世界列强，一致否认日本所制造之伪国，此在国际上已成为历史的铁案。（二）目前事实上之进行，恐仍不出第三项范围，小组委员会可以成立。（三）和解事业实际将失败,因日本将攻热河。夫以国联五十余国之公意,而不能弭战,则调解从何做起?(四)因此可知目前之国联程序,皆系日本所发起之大凶剧、大悲剧中之一幕,去终场远甚。正义在我,首视吾国民自身之奋斗如何矣!

(《大公报》,1933年2月8日,第二版)

223.《大美晚报》社评:特委会不承认伪国,实接受斯蒂生政策

【上海七日下午九时发专电】《大美晚报》七日社评云,十九国特委会已全体决议,原则上不予"满洲国"以外交上之承认,此实为赞同斯蒂生政策之重要确实表示,其第二步之举动若何,姑不置论,但此项决议,实已达到满案解决方针之一种重要发展,尤其是间接接受斯蒂生氏之政策。日人对斯蒂生政策,每否认其为一国际方针,且名之曰个人见解或一国之政策,今观十九国特委会决议,则可知日人见解之谬误矣。日本外务省顾问培蒂博士,在一年前曾将日政府承认"满洲国"之举加以警告。培蒂博士盖曾明白表示"满洲国"实建造于日军枪刺之上也。培蒂博士又谓,此种"国家"之存在,既依赖于日本之护持,则日本实不应承认之,盖依据国际公法之原则,日本如承认一自动独立国家则可,若承认依赖其军力所造成之国家,则非所宜。博士又谓,日本如承认"满洲国",则将来必引起纠纷,且日本必因此而陷于孤立之地。然日本竟终置其警告于不顾,而直公然的承认之矣。莱顿调查团对日本承认"满洲国",曾有极深刻之表示,略谓基于种种证明,深觉"满洲国"若非藉日本军队之力,决不能组成。其结论并谓因此之故,"满洲国"之成立,绝不能谓东北人民自动脱离中国之举。调查团经翔确之考察,故末段谓在满华人,实未有设立"满洲国"之意,彼等不特不加拥护,且名之为日人之工具。莱顿调查团之结论,与培蒂博士之见解暨斯蒂生氏之表示,实为引起十九国特委会决议之动机。盖近代之世界,各国在良心上,无不反对向因别国人强制民意而设立之傀儡政府予以外交上之承认,反之,则国际公法之原则将被一扫而尽矣云云。

(《大公报》,1933年2月8日,第三版)

224. 西门演词全文,去年在国联大会发表(一)

英外长西门去年十二月七日在日内瓦国联大会的演词,要略由通讯社传到远东以后,曾经引起中国方面严厉的批评。上海《字林西报》为明真象起见,在三日把英国官方发表的西门演词全文揭露出来,特为译出,以谂国人。以下即西门演词全文:

诸位同人已经发表了许多值得注意的演词,鄙人的情绪在大体上是赞同的,所以不愿意再占大会太长的时间发言。不过鄙人觉得,诸位或许愿意听听鄙人所代表的政府的意见,所以在此特地声明几句。

鄙人第一要表示的,就是对于诸位揄扬这特殊的报告书,抱着热烈的同情。它的方式、精神以及它在每一页上宣布诚恳公正的批判所显现的努力,很可以做将来有同样努力时的典型。关于它的结论,或者关于各方面的细节,不论我们是否意见相同,但是鄙人以为诸位一定完全同意,承认国联是很幸运的,能够得着五位调查委员帮忙,对我们提出了一件一致同意的报告书。这一项文件,因为它是一个一致的报告,所以大大的增加了它的优异的权威。不但如此,而且它代表五个不同国家的五位人物的一致意见,他们各人从专门的角度研究这事件,但是却能获得一个大家同意的结论。

我们出席国联的代表,有权力可以讲,像波里迪斯君(希腊代表)今晨所讲的一样,这个报告是国联的一种成就,如果没有国联,那是不能产生的。倘使我们回顾世界史,并且想到要大体上确实决定许多历史冲突事件的情形是如何困难,那末我们便可以明白,我们以国际团体的资格,能获得这意见一致的莱顿报告书,那是多大的一种收获了。对于报告书,鄙人请求诸位注意两种特殊现象。对于详情,我们可以不必讨论,但是有两种广大的现象,据鄙人的意见,以为是极重要的,但是或许不常被大家注意。在我们运用报告书以前,却应该予以注意:

第一,莱顿调查团最大的劳绩之一,就是把满洲问题真正复杂的性质呈现了出来。鄙人试把报告书第一百二十页的一段,宣读出来:"……现在冲突中之问题,并不如寻常所拟议者之简单。此项问题实属异常复杂,而惟深悉一切事实及其历史背景者,始足以表示一正确之意见。良以此案既非此国对于彼国不先利用国际联合会盟约所定和解之机会而运行宣战之事件,亦非此一邻国以武力侵犯彼一邻国边界之简单案件,实因满洲具有许多特点,非世界其他各地所可确切比拟者也。"(按见国府外交部修正译本第二〇七页,在第九章第二段)

让鄙人完全按照礼貌讲,这问题的复杂,丝毫不能影响到我们按照国联原则,应该用公正平允的态度,采取行动的天职。但是在我们能够这样行动以前,最要紧的,就是应该明瞭这问题真正的复杂性质。像我们的朋友彭考君方才说的,倘然你要替国联在世界上找一个地方,给他一种艰重的工作,你就选择一个地方,在那里有很奇异的、非常的权利的要求和权力的混合,就如像在满洲一样。

鄙人对报告书的第二种观察,就是要指明,和许多方面的印象相反,这报告书并没有作偏于一方面的纪述,对一方面完全抹上黑灰,而对另一方面,却把它比做没有丝毫的斑点。它对于中日双方全有一种有分寸的批评。日本不全承认报告书的纪述,中国也不这样。例如我们听见人们热烈辩护中国没有排外的感情,但是报告书对此事的结论,却以为无疑的有这样的运动存在。(未完)

(《大公报》,1933年2月8日,第三版)

225. 西门演词全文,去年在国联大会发表(二)

对于这一件事或是那一件事继续争持,那是没有用的。我们应该研究的,就是一般的情势。像鄙人所指明的,我们被邀请所应该研究的,就是在一般情势当中,要看出这问题的复杂,我们并且得悉,所谓对于双方有分寸的批评。

在报告书前几章关于满洲现前状况以及近年来中国大部分状况的纪述,叫人看了很觉悲观。那报告书指示,在一九二二年华盛顿会议以后,中国发生退化,那时是如此的努力,想叫中国踏上国际合作的途径。鄙人根据莱顿报告书十八页,宣读以下的一节——那是关于一九二二年华盛顿会议以后的讨论:

"……中国苟能继续一贯,则在已往之十年中,当已有更具体之进步。奈因采取猛烈之排外宣传,致遭阻碍,并在两点特殊之处肆意为之,以致助成发

生现时冲突之形势,斯即利用经济抵制及在学校内介入排外宣传是也。"(见上述译本第二十四页)

讲到报告书的本身,鄙人对于起草人具有十二分的敬意,并且也尊敬他们的辛勤、热忱和牺牲。鄙人更认明他们用有分寸和公正的言词,审慎地表现出他们的意见。鄙人以为我们心里应该记牢适才所讲报告书的第二种特殊现象,是真正的存在。换一句话讲,这报告书并不是偏于一方面的文件,但是请大家注意到双方所有的困难的文件。

鄙人敢冒昧的讲一句,报告书里面如果不包含第二章满洲可悲的情形的叙述和第七章排货的客观叙述,便不能算作平允的纪载。鄙人在个人方面和代表政府的方面,完全赞同昨日贝尼斯博士(捷克代表)所讲的话。他说得好,他不愿意做任何一造的裁判员,因为诸位阅读了报告书,对于叙述双方的话平允的斟酌一下,就可以明瞭一件与国联有深切关系的事实。

除去特别事件和有争执的章节以外,我们应该认真的事实就是。这不幸的纠纷达到顶点的时候,并没有运用国联方法,这是我们应注意的中心事实。所以据鄙人的意见,保障国联盟约和注意将来再有这种事件发生的时候,应该尽力运用国联的方法,那是我们国联会员国的天职。据鄙人的意见,我们根本注意的,就是国联的榜样和行为所能运用的势力。我们现在必定要尽力运用他,改进目前的情势。我们现在必定要那样做——我们必定要着手这种工作——我们必定要充分认明,如果不能这样做,于国联的前途必定要发生严重的影响。所以鄙人向本人——并且以极大的敬意,向诸位——提出以下的疑问,就是怎样能够达到这个目的? 在这里莱顿报告书已经给我们一些指导,但是诸位也许讲,这个仅仅是消极的指导。在报告书第一百二十七页,调查团报告书里面讲:"仅仅恢复事前原状,不能作为一种解决办法。"他们举出了他们的理由,那种理由是很值得考虑的。他们讲:"既然现在的冲突,是因为九一八以前的情形而起,所以恢复这些情形,惟有召致困难的再现。"那样是变成用理论处理整个的问题,而把实际情势搁在脑后了。

现在鄙人相信,我们一方面坚决的维持国联的原则和理想,而在另一方面,却对于这件事,恳切的愿拿讲求实际的人的资格,采取行动。我们必定要注重实际。鄙人已经说过,没有一方面愿意完全接受报告书。我们并不怪他们这样。在每一件争议事件当中,很难叫其中的一造承认他的观点是应该有限制的。但是我们对双方必定要用坚决而完全友善的态度,做所能很够做的事,好好的利用报告书,从里面探求出和解的办法。鄙人个人方面,很同意昨天蓝奇博士所说的——我们不能不按照报告书中所列的史实的广大根据进行,尤其注重报告书的前八章。鄙人并不望各人接受他,像一种圣经。人类的缺点,常常要造成错误。但是我们如果像注重实际的人行动,我们必定要有一个根据。但是除了这报告书所规定的以外,我不知道还有什么根据。我们必定要维持国联的原则。我们这样做,并不是为能用以上行下的言词责备旁人,因为这种举动是很容易的,但是我们必须按照友谊和伴侣的精神,促进和解。

鄙人也曾经听见关于双方直接谈判的话。是的,倘使直接谈判能够产生良好结果,那末我们定然要用力所能及的各种方法,去鼓励他们。但是国联机关或许能够像鄙人相信他们所能够的,协助这种和解的工作。鄙人要大胆说一句话,并且希望不要因此发生任何外交的困难:据鄙见看,在这种事件达到某种阶段的时候,如果能够用一种方法邀请于远东有重大关系而本身非国联会员的两大国——美国和苏联——各一位代表参加,那末调解委员会对于处理这种目的,或许能较为有效。(未完)

(《大公报》,1933年2月9日,第三版)

226. 西门演词全文,去年在国联大会发表(三)

现在我们可以考虑一下,对于各方态度加以注意以后,我们要使得调解运动有益,有什么希望? 日本代表松冈曾经在行政院会讲过,日本是国联良好和忠实的会员国,日本愿意尽力保持那种态度,并且不辜负这种声誉。鄙人回忆他的宣言,极为感觉满意。这话说得很好。鄙人相信,这种精神是我们欢迎的,而且要运用的。至于鄙人个人,是代表时常做国联忠实会员国的国家和政府说话。鄙人在此地所代表的原则,就是敝国要以国联忠实会员国的资格,采取行动。关于这一点——请诸君原谅——并没有有时所谓的小国和大国的分别。

但是在这一方面,无疑的是有一种分别的,就是大国因为他们所处的地位,肩上或许要负起最大的责任和最大的冒险。但是讲起具有以国联忠实会员国资格行动的意愿和决心来,那末对于我们大家全是一样的。国联盟约就是我们的宪法，这就是我们到这里来的原故，这是基本的法律，这是不能用轻松或没有思想的姿态所能够搁置的，因为这是国际合作的根据。我们不能自由抹煞它的，我们不得不支持它。鄙人在结束的时候要说的就是，我们必须探求一种切实的解决方法。鄙人相信，国联可以有许多成就，倘然它能用明智和审慎的态度行动，促进问题的解决。

鄙人谈到切实的解决，还想再引用一下莱顿报告书。当这五位调查委员结束他们的工作，考虑对大会应提的劝告和讨论解决的希望的时候，他们在报告书第一百二十七页，这样的讲："仅恃批评不足以达此目的，必须从事于调解之切实努力。"我们的同人保罗·彭考刚才在演说结束的时候所提及的报告书建议，据它的起草人讲，是为的按照公道与和平，为中日两国在满洲获得永久的利益着想。现在鄙人要特别声明，英国政府将要尽力和其他国联会员国（包括中日在内）合作（按照刚才第一位开始辩论的爱尔兰自由邦代表所说的），去探求一种解决方法，对于各关系方面的利益，全能维持公正，以终止目前的冲突和扫除未来敌抗的可能。鄙人应该请诸君原谅，就是倘然鄙人的结论，也是注重当前的工作的严重。国联是世界的希望，它是世界在战后探求用国际合作代替国家敌意的理想的实行工具。所以倘然我们尝试调解，我们肩上的责任是异常重大的。一个人没有调解性，是不能调解的。我们在行动和言论当中，必定要抑制我们的判断，尊重他人的情感，明瞭一个国家受人指摘的时候，一个爱国者胸中所怀的矜持。但是同时我们确言，要遵守国联的原则。用这种方法，我们希望可以证明这伟大机关的效用，增进两大国间的调解——他们全是我们的友邦——他们应该互相获得一种友谊的解决。

默想到这件事，叫人回忆到在一个伟大民族历史上遇见危急的时候所宣布的名句，那名句和目前的情势异常适合。诸君可以回想林肯第二次就职时候的宣言，他讲："……对没有一个人存恶意，对一切的人存仁心。坚决的扶持正义。像上帝指示给我们的，让我们努力完成我们所做的工作。……做一切可成就的事件。在我们当中和对于世界各国，憧憬一种公正而永久的和平。"（已完）

（《大公报》，1933年2月10日，第三版）

227. 国际形势重大化，日本将答覆国联否认中国主权，对侵略热河之质问仍承认不讳，调解陷绝境，日本对国联将决裂

【日内瓦九日电】 九日下午四时五十分，松冈访德留蒙，声明对十九国委员会之质问，将以书面答覆。答覆内容仅再说日本既定方针而止，故与十九国委员会之希望，势必不能一致，调解至此认为绝望。松冈访德留蒙后声称："非常明白之事，乃再三提出质问，殊属不解。试问吾人在'满洲国'之立场尚能变更乎？然为使人了解起见，不惮再三说明吾人提案，盖从最后的一步不让之立场而出发者。"又电。日代表团九日晚五时半开会，对十九国委员会质问经长时间讨论，决不请训政府即作否定答覆，十日正式以回答书交德留蒙。旋复讨论如十九国委员会决定放弃调解、采用第四项时之应付办法。散会后松冈即电告日政府报告。

【南京十日下午九时电话】 外交界息。国联九国委员会虽已进行起草报告书，但原定十三日开幕之国联大会，恐将延期。

【上海十日下午八时电】 据东京电，外交首脑部十日晨集议，传以十九国委员会之质问，使日政府之对满政策发生裂痕。日政府之正式答覆将表示最后决心，不能仅由日代表团答覆，正午已由内田电令松冈，须待政府训令。

【东京十日日本新联电】 日内瓦日代表团之报告到达外务省后，该省当即与军部连络开首脑部会议，着手研究德留蒙之书翰。议论百出，有以其完全无视日本之新提案，主张无予以回答之余地者，又有主张十五条之适用，日本曾予以全般的保留，殊无以文书答覆之必要者。然回答如何，将为日本之重大决意。故此际关于其内容及形式，不仅有外交技术上慎重考虑之必要，且亦须经阁议之决定。故正午先对日代表团发出训电，命其于接到指示之前，一切暂守静默。又电。十九国委员会除书翰外，复由德留蒙以口头询问日本对热河之意向。外务省对此现正与军部方面重复协议中，惟对于热河问题，认为与现在国联成为问题之中日纷争全然有别，不能允许国联有所容喙。盖因热河为"满洲国"之一部，故讨伐该地方之"匪贼"，乃"满洲国"主权之发动。日本因基于"日满议定书"第二条，有共同防卫之义务，且一九三一年十二月十日巴黎国联行政院会议席上对于讨伐满洲"匪贼"，芳泽代表亦曾有保留宣言，故日本之

态度为正当云云予以说明。至关于其他事项，乃系日本之大权事项，应属于现地军司令官所管，日本政府仅能予以说明。

【东京十日路透电】 十九国特委会要求日方，关于莱顿报告第九章所列之第七项原则较为确切表示态度。日官方认为日本前已明白表示态度，并认为"满洲国"之继续存在乃远东和平惟一之保障，今国联又以此项问题见询，无非轻视日本。闻日政府将以此意训令日内瓦日代表团。又电。日当局虽称关于"满洲国"地位问题，不愿放弃其素持之原则，但外传外务省今日电日代表团，关于日本之态度应静侯训令，暂不通知国联。因日政府认为须审慎考虑，然后切实答覆国联。日内阁即将集会讨论。

【日内瓦十日路透电】 本日无新发展模样。裁军总委员会正进行工作，大概散会时，九国小组会将无开会余暇。秘书长德留蒙向十九国特委会通知，称彼曾往访松冈，传达十九国特委会昨日赋彼使命。氏并将会见松冈时之关系谈话，回报特委会。惟此项答覆系根据口头谈话，纯系非会见正式性质，放在明日接得日方正式答覆前，不能用作根据，以采取行动云。

【日内瓦九日合众社电】 西班牙首席代表马达里亚加氏今日与合众社记者谈话时，谓国联对中日纠纷努力之重新进行，其可能性仅一，即日本承认中国在满洲之主权。氏谓日本如不承认中国在满洲主权，调解终不可能。深信十九国委员会不久将知日本首席代表松冈此星期提交之最后提案，完全不可接受。因日本最后之所谓调解努力不能接受，国联必预备其向大会提出之建议书。马氏简洁说明十九国委员会对最近东京政府之最后建议所取之地位，其他委员则对热河之情状，表现十分关切。十九国委员会会员今日以口头请求日本代表给东京政府关于热河意向之说明，据谓日本侵略热河于国联之建议书通过后，必造成日内瓦新迫切之情状。一般深信，日本欲以武力压迫热河，国联会员国将担保拒绝承认"满洲国"，故日内瓦之新僵局即在目前。各会员深感即以强有力建议之决议案，亦难遮盖日本并忽视其所冀之结果。一般深信中国在日内瓦最大之希望，仅可得道义之胜利，以为国联对远东冲突阻止失败——即恢复中国在满洲之领土行政及政治主权失败——之粉饰。日本现方巩固其在满洲之地位，在日本计划中，征服热河实为其有效之巩固步骤。日本现已集中其大部军力于热河之东边。

············

（《大公报》，1933年2月11日，第三版）

228. 社评：九国委员会之报告案

国联九国委员会对于根据第四项之大会报告书及建议案,已起草完成。兹读该报告草案之结论全文及建议案三章之要点,可视为国联权威之伸张,世界公论之胜利。因足窥主要列强最近之态度,遂可知日本拒绝劝告后形势之严重。

该报告结论叙述东三省过去及现在,颇为公允而勇敢。试举其要点：(一)满洲本为中国领土;(二)九国公约完全适用于满洲;(三)在此次事变之第一段阶,日本亦从未否认满洲为中国领土,且主张应由中日两国交涉;(四)九一八之变,日本不得为合法的自卫;(五)日本参谋部人员在九一八后鼓动独立运动,"满洲国"不得认为人民意志,其实权在日人手;(六)东三省人民不拥护"满洲国";(七)九一八后之排货,系报复行为。凡此皆至公至确之事实,莱顿报告书所纪述而此次报告草案特再郑重声明者也。经九国委员会此次之证明,日本对华之侵略愈成国际铁案,任令日本如何诡辩,全世界文明人类无受其愚者矣。

次读其建议案三章要点,亦复应有尽有：(一)国联盟约第十条、非战公约、九国公约关于中国领土完整之条,皆必须遵守;(二)去年三月十一日国联大会之决议,亦须遵守;(三)劝大会采用莱顿报告书第九章;(四)设监视委员会,设立与中国权利相符之东三省政府;(五)此委员会首先须办理使日军撤退至南满线以内之事;(六)中日交涉由监视委员会指导之;(七)邀美俄参加;(八)建议国联会员国一致不承认"满洲国"。其中最值称赞者,为否认伪国与监视日本之撤兵。

此草案将于今日交十九国委员会,该会如通过,即提交大会。查九国委员会此次之坚决不挠,乃有国际的必然之背景。九国委员会,十九国委员会,要之,一也。故九国能起草,十九国即能赞同;而大会一般会员,本主张如此,焉有不通过者！是以一旦交大会,即可望通过为正式决议无疑也。惟有一点应论及者,现在第三项之活动尚未终止,日本对于国联所质询者尚未答覆。依日本向来所标榜者论之,应早已断然否认,然迄今未答,是显可见日本之逡巡。抑查国联根据第三项对日之最后质询,只问其是否承认中国主权及对热河如何，较之此次起草之报告及建议，其峻缓显然有差。英国等或尚冀日本鉴于形势之重大，而最后承认第三项之和解案欤？虽然，由事实推察，日本早深陷绝路，对于国联之质询，殆终不能承认。故大势所趋，第三项已无可希图，而此根据第四项之报告草案，不日即成大会之议题。

是以由国际政局论，此报告书草案，殆有重大之意义与宏远之影响。夫日本常以退盟相恫吓，而第四项之建议，复无强制执行之规定，国联本身亦无强制之力，凡此皆国联及各国所共知也。日本对最低限度之和解且加拒绝，则对于邀美俄参加之监视委员会更不听从，此亦国联及各国所预料也。然今者九国委员会竟通过焉，是必主要会员国有某种之觉悟与决心可知。此无他，国联及列强本极迁就日本，然而图穷匕见，竟欲牵就而不能。夫纵依莱顿报告书，所有东三省之权利实质上已尽归日本，为中国保留者，领土完整而已。迨至最近第三项和解之进行，国联最后案较莱顿报告书，又差几步。一言蔽之，使日本取具实，而中国在其名而已。此诚可谓迁就日本，达于极点者也。然而日本竟不接受，必欲撕碎三大公约，唾国联之面，使其完全屈从于日本，而自行宣布其破产。问题至此，已超越中日之争，而为日本与国联与全世界之争。各主要会员国至此，遂必须决定其态度：救国联或袒日本，二者之间，必取其一。而列强最后所决者，为救国联！此旬日来最新之大势也。英国态度久蒙灰色之嫌，然今则协同法国领导此新趋势，英伦舆论日趋锋锐，此在国际政局上为最可注目之点。而伦敦、华盛顿间显有提携，不然，日内瓦空气或尚不至此。是以今后大势之推演，日本为一方，全世界为另一方，此次报告草案，即表明此种形势之第一步。第四项固无制裁之规定，制裁亦实非简单之行为。然天下事，要之环境逼迫而成。一旦国联大会通过建议案，而日本不听而宣告退会，而扩大侵华，国联及各国将袖手乎？则何以为颜？将过问乎？则必须前进。列强今日既赞同此报告，斯将来必拥护此政策，步步推演，非至最后不止！吾故曰：有重大之意义也。至由中国论，我国民应认识公理之有在、正义之不孤，努力奋斗，勿虑牺牲，尤注意严整统一之阵容，力图政治之改进，则最后胜利，必在多助者！世界动矣！端视吾民自身之努力如何也！

(《大公报》，1933年2月13日，第二版)

229. 国联宣布报告草案：伪国非民意，主权在中国，建议设监视委员会促日本撤兵，劝全体会员国一致否认"满洲国"

【日内瓦十一日路透电】 起草会下午三时半开会，六时半散会。建议草案除关于谈判会（或称监视机关）之规定尚待最后整理外，余均草竣，定十三日提出十九国特委会。起草委员对建议草案一致赞同，此于数月前似难办到。建议草案共四页（内容见另条）。此外起草会本晚尚讨论其他问题，尤其如任何一方拒绝国联建议，应如何办法。闻起草会赞同接受建议之期限，定三个月。瑞士代表莫他提及强制公断问题，但无结果。至十九国特委会是否继续存在起草会，亦未决定。谈判会之人数，将由大会决定，至多谅不出十二人，将由与远东有特殊关系各国代表充任之。此时起草会虽不欲提到援引会章第十六条之可能，但认谈判如失败，则此问题终不能悬而不解。报告草案序言述调解之失败，致使国联援引会章十五条第四项起草报告。序言后共分四部分：第一部分叙述远东之经过情形，采用莱顿报告一至八章，认此记述为满洲问题正确之历史背景；第二部分叙述国联处理中日问题之经过，间或提及远东事态，藉以阐明国联各项决议，此外则引用上海外国领事之报告，申述"一·二八"事件，并提及榆关事件及日军谋占热河之恫吓；第三部分则为结论；第四部分建议。

结论

起草委员会所拟报告之结论部分，其最后真确全文如次：

（一）提出国联大会之中日争议，起源于满洲。该处系中国以及外国列强所认为中国之一部，在中国政府主权之下。

日本政府在其对国联报告书之意见书中，对于赋予俄国在极端有限制之区域所谓南满路地带之权利，嗣后为日本所获得者，与中国主权相冲突之理由，日本政府予以辩驳。反之，此等权利系由中国主权产生，中国赋予俄国之权利，嗣后又赋予日本者，在事实上系由中国主权产生。

□一九零五年《北京条约》中中国政府对俄国□《朴资茅斯条约》下让渡日本之一□权利，均予同意。□一九零五年日本系向中国请求扩充其□满之权利。又一九一五年五月二十五日关于南满与内蒙东部之条约，亦系与中国政府所缔成。

在华盛顿会议中，日本放弃其南满与内蒙东部之某种主要权利，并说明其所以作此决定，系以公允与和平为准则，时常尊重中国之主权与机会均等之原则。

九国公约适用于满洲，与对中国其他部分无异。

最后，在此次冲突中第一阶段，日本绝未声称满洲非中国完整之一部。日本甚至坚持，此项冲突应由中日双方解决。

（二）国联大会于注意上述事实时，并非不关心于满洲自治之传统关系。例如，在一极端例证下，使张作霖氏能于一九二四年九月二十日以中国东三省自治政府名义，与苏俄为中东铁路、航权、勘界等问题缔结奉俄协定。

惟据该项协议之方式与规定，此三省政府未自视为对中国独立之国家政府，至为显然。但该政府相信鉴于在数阅月以前，关于某种问题曾与该国缔结协议，故该政府理应与俄谈判关于中国东三省权利之问题。

此项之满洲自治，在行政上亦有反映。张作霖迭次宣布独立，其意义决非表示彼本人或满洲人民意欲与中国分离。在各次战争与独立期中，满洲迄为中国完整之一部。况自一九二八年以来，张学良一向承认中国国民政府之权力。

（三）迄一九三一年九月为止之二十五年中，满洲与中国之政治的与经济的关系日见重要，日本在满洲之利益亦继续发展。

在中华民国下，东三省为其他各省移民之处，门户大为开放。移民保有土地，驯至满洲在多方面，成为长城以南之中国单纯的推展。在三千万人民中，估计其中之华人或同化之满人，共计约有二千八百万。在张作霖、张学良之下，关于开发满洲经济资源，中国之人民与利益，较前更见重要。

（四）另一方面，日本□同一期间，获得或要求在满洲之权利，以致使中国行使主权受有限制。其状态与程度，颇为他处所未见。关东州政府在实际上行使之权力，等于充分之主权。

彼因南满路而治理之铁路线，其中包括数城市与沈阳、长春等人口殷繁城市之重要部分。彼在此等地方管理警察、捐税、教育及公用事业，在某某部分并驻有军队，如租借地之关东军、南满线内之护路队以及各处领馆附属之警察。夫如双方出于自由意愿或予以承受,并曾采取一种经济与政治密切合作政策,则此种情形或能继续维持,而不致引起复杂关系与不断之纠纷,否则其引起互相误会与冲突,乃势所必至也。

各该方面权利之互相关联与法律地位之不明,有时增加日方特殊地位之理想与中国国家主义要求之对抗,此又为许多事件与纠纷之另一根源。

在一九三一年九月十八日前,每一方均有合法之不平□由:日本利用有疑问之权利,而中国则阻碍无疑问的权利之行使。紧在九一八事件发生前,曾有以外交与和平方法解决悬案之努力,此项方法并未用罄,但紧张之情势日见增加。日方意见主张予以解决,于必要时且使用武力。

(五)中国目前处于过渡时期,国内建设虽有进步,但政治变化势所不免,应行国际合作政策。国联将继续予中国以技术上之援助,俾谋革新中国制度,援助中国改造与巩固国家基础。华盛顿会议已订国联合作主要之原则,迟迟未能充分实行,较要原因,系为中国不时有激烈之排外宣传,并对之经济抵制。学校之排外宣传,亦足增长此次中日问题爆发中之紧张空气。

(六)九一八前,中国实行抵制外货,表示对某事之愤慨或图援助某项之要求,势必使已形紧张之局势更趋严重。九一八后之对日抵制,则属国际报复之举。但吾人于此应加声明,就普通国联[际]关系着想,甲方若用剧烈行动,乙方亦必采取剧烈行动对付之。

(七)国联会章之确切目的,系图谋阻止国际之紧张扩张,扩张以至于不免决裂之地位。国联调查团认为中日之间一切争执,均可藉公断解决。但因中日争执久悬未决,遂渐增加,故益使两国间关系更形紧张,因此任何一方若觉外交谈判过于迟缓迂回,应促国联注意。且国联会章第十条,对于和平解决定为会员国正式之义务。

(八)日军于九一八夜,或许自信其行动出于合法卫。此种可能,不必断定其无有。但就日军是夜在沈阳以及满洲他处之军事行动论之,不能认其为自卫办法。即日本嗣后之军事行动,于全部论之,亦不能认为自卫。抑有进者,一国之采取合法自卫,并不免除其依照会章第十二条之义务。

(九)自九一八后,日军当局于军事及行政之活动,于基本上系受政治理由所驱使。日方扩大军事,占领一切重要城镇,废除中国管理权,改组行政机关,日本军政官宪筹组施行满洲之独立运动,藉解决九一八后满洲之状况,并用素与中国当局抱有仇隙之某某名人、当地团体及少数人之各义以及活动,图达上述目的。此种运动,系受日军参谋部之援助与指导,所得贯行者,端赖日军之存在,不能视同自动或真实之独立运动。

（十）上述运动产生之"满洲国政府"之主要政治行政权限,均操诸日官宪及日籍顾问手中。彼辈所居地位,实足有效驭制满洲行政。至于大多数之中国居民,则未赞助此种政府,并认其为供日人操纵之器具。"满洲国"于调查团完成报告书后,得日本之承认,唯尚未得其他任何一国之承认,此点亦当加以注意云。

建议

【日内瓦十二日路透电】下列为迄今所得建议案最完全内容,对该文件不难窥见全豹。该文件包含三大章,再分为若干节。第一章:(甲)重列国联盟约十条、非战公约与九国公约关于中国领土完整之条文,称上述一切原则必须遵守;(乙)重列去年三月十一日之国联决议案,以此决议亦须遵守;(丙)重列莱顿报告书第九章之十点,劝国联大会予以接受,认为圆满解决之必需条件。第二章:(甲)建议设立监视委员会,其权力范围为在与中国权利相符之下设立一满洲政府,并须能担保公共秩序以及保护日本之权利;(乙)建议此项委员会必须首先应付日本撤退军队至南满线内;(丙)建议援用莱顿报告书中第九章中十点之其他原则;(丁)规定中日谈判由监视委员会指导,如遇发生困难时,该委员会必须向国联大会提出报告,由该大会宣布意见。监视委员会委员归大会指派,但建议九国公约签字国、十九国委员会委员与苏俄政府应在邀请之列。第三章:建议各国联会员国不承认"满洲国",并避免足以阻止监视委员会进行工作之举动,并建议请非会员国亦采取同样态度。

(《大公报》,1933年2月13日,第三版)

230. 列强变态度,日本感觉危险

【伦敦十二日路透电】名记者史蒂德氏在《星期泰晤士报》声称,国联起草委员会关于中日纠纷建议之基调,显为数周来列强改变态度之结果。此项改变,在东京已发生影响。近项日本退出国联之恫吓,远不如前此之甚嚣尘

上。东京官方在一月来,已敏锐领略几与全世界反目之危险,故日本不至于轻率拒绝建议案一节,虽无把握,但颇有可能性也。国联方面态度继续一致,或可获得某种差强人意之解决,反之日政府或将视放弃承认"满洲国"太为丢脸。此点虽值严重考虑,但国联如承认本身无权力促进解决,或仍继续认侮慢其权力之强国为行政院会之理事国,对于其本身在全世界前之丢脸,亦不得不慎加考虑也。

(《大公报》,1933年2月13日,第三版)

231. 报告书将提大会,日本已覆拒国联,全局甚紧张,我认为道义上胜利奋斗在己

【南京十四日下午七时发专电】 特委会十三日会议已将报告草案前三部分完全通过,对草案略加修正,尤以历史部分为较多。但修正各点仅及于辞句间文字上之修正,实质未有变易,且均依爱尔兰代表之主张,将原草案辞句更趋有力。十四日继续开会,专讨论建议部分。该部分较复杂而重要,恐不及讨论完竣,十五日将续行讨论。日本答覆已到国联,对质问两点无正面答覆。大会约下星期一举行,颜惠庆赴俄亦因此延□。外交当局谈称,报告书草案犹只是草案,政府认为尚未到表示态度时,此时不必作何批评。惟有可得而言者,即报告书纵然通过大会,亦不过吾人在道义上得到胜利,其事实上之胜利则恃自己之努力。若【中】国以为凭国联一纸报告书可收复东三省失地,则其结果无有不失望者。

【日内瓦十四日路透电】 十九国特委会本日下午三时三十分开会,立即讨论日方答覆与十九国特委会对日方之答覆。有特委数人对热河问题大动情感,此项情感或将包含于对日之答覆中,其措词将较上周德留蒙之谈话更见锋利云。

【华盛顿十三日路透电】 此间视日本退出国联已成定局。官场真切恐惧满洲不免发生大规模之战事,若干人预料,日本将封锁中国海港云。

建议全文最后修正案

【日内瓦十三日路透电】 国联报告书建议全文,已由秘书厅分发十九国

委员会各委员。据各委私人推测,十四日开会时将无重要修改。建议全文尚未公布,但最后修正草案探悉如次。第一章:(甲)任何解决办法,须不违反国联盟约、非战公约及九国条约;(乙)须与一九三二年三月十一日所通过决议案第一段及第二段之原则相吻合;(丙)须与白里安于一九三一年十二月十日所发表宣言之原则相吻合;(丁)国联盟约国不承认凡以违反国联盟约及非战公约之方式造成之任何局势;(戊)不能于武力压迫下解决此事;(己)重行申述莱顿调查团报告书、国联盟约第十条、非战公约及九国条约之原则,并谓一切解决办法不得违反以上各原则。第二章:第一段,全体大会建议:(甲)设立东三省自治政府,但仍在中国主权之下;(乙)日军自南满铁路区外所占各地撤回原防;(丙)解决其他中日悬案;(丁)与中日双方谈判,设法施行以上建议。第二段,中日两方于谈判委员会指导下开始交涉,该会委员名单由全体大会指定,并请美俄参加。第三段,谈判会将组织东三省新自治政府及日军撤退情形,随时报告国联盟约国及美俄两政府。第四段,关于谈判会职权之一切解释,该委会须提交全体大会决定。第三章,国联盟约国在事实上与名义上,均将继续不承认现时在东三省之一切组织。关于东省问题,各盟约国应允不采取任何单独行动,努力采取一致动作,于可能范围内与有关之非盟约国合作(此段重述九国公约条文)。九国公约条文显明表示,如任何签约国对于该条约某段之施行有纠纷时,有与其他签约国互商之责任。

调解计划未完全放弃

【日内瓦十四日电】 日对十九国委员会关于中国在满主权之建议虽不允让步,并有退出国联之说,但各委仍多有未绝调停之望者,故其建议之措辞中,仍冀中日接受调解计划。其中一项曾规定,中日在国联大会采用报告书后,一个月内应同意由特设委员会开始谈判。照此情形,国联之通过报告书,未必定须终止调解努力也。此外又规定,倘双方同意于设置谈判委员会,则日本应于开始谈判后三个月内,将其军队撤至铁路区域。惟建议内未规定开始谈判时限,故两国接受谈判原则后,该委员会仍可静待若干时再开始工作。至此后第二步,或将即为与美俄开始非正式接洽,决定其愿否参加谈判及关于其他建议之合作。现已有数方面相信,届时倘美国允参加,则苏俄亦将取同样行动。

【日内瓦十四日电】 国联所草满案报告书,一俟九国委员会最后通过,即将赶印。照目前计划,国联大会将于二十日召集。闻十九国委员会中小国代表如西班牙、捷克等,亟望今日通过建议,以便本星期末即可召集大会。但众信建议内三部分未必能于今日议毕。

日本答覆不变更立场

【东京十四日日本新联电】 十三日午后十时,内田急电日代表团之回答文如下:"十九国委员会本月九日以援用国联调查团报告书第九章解决中日纷争原则第七项,质问日政府日本之立场,日政府及日代表团于所有之机会,曾以口头或文书充分说明,故相信已为十九国委员会所谅解。且二月四日该委员会发表之宣言,亦云提议中日两当事国之意见,以主席宣言付保留之事。然该委员会若非熟知日政府对'满洲国'之方针,相信断不能作此项之提议。日政府对于决议及主席宣言附入调查团报告书第九章之解决原则不予以反对者,盖因该报告书起草后事态之进展,得加以考虑之谅解之故,并非同意中日纷争悉行采用该原则。由和解之精神观之,上述之事,实系由于问题之事前,未有予以确定的判断之考虑而出发者。日政府所以始终一贯努力于和解的解决者,实系认定十九国委员会对于日政府对本事件之态度,即日政府承认'满洲国'之独立并予以育成,乃系以远东和平唯一保障为前提,而确信问题于此基础下可由中日两当事国间解决,具有充分谅解之故。此致国联秘书长德留蒙阁下,日本帝国政府代表松冈洋右。"又电,日政府回答文已于十三日夜到达日内瓦。松冈对此于今早致电外务省,要求将回答文第一项中"日本之立场曾以口头或文书充分说明"之句削除,此外对于有刺激国联神经之句调,亦要求修改。外务省当即覆电,谓照原文提出无妨。

(《大公报》,1933年2月15日,第三版)

232. 时局顿趋紧张,十九国委员会通过建议案,日本将于二十五日退国联,将发最后通牒迫热河退兵

【北平十五日路透电】 据此间日本重要人员谈,日本及"满洲国"即将向中国提出三项哀的美敦书,一由"满洲国"致汤玉麟,一由武藤致张学良,一由东京向中国政府提出,内容相同,要求撤退热河中国军队,并限定接收期间。

但中国屡次声明日军侵热,中国将尽力抵抗,故似无接受可能。上述之哀的美敦书谅即将提出,因日方预定本月二十七日开始攻热,目前已成公开之秘密。日方预期于"满洲国"二周纪念左右有相当进展。

【北平电话】 日使馆发言人对外国记者发布消息,谓日伪政府预备最后通牒,要求中国政府立即撤退热河军队。此项消息传播以后,使馆界颇为重视,因甲国政府对乙国政府致送最后通牒,即系含有正式宣战之意,故昨日各使署纷纷派员至日本使馆探听发出通牒日□,据复时间尚未夺云。

【南京十五日路透电】 关于日方最后通牒讯,因无正式暗示,故此间官场对此事不发表意见,惟申述热河如遇任何侵略,决将抵抗。一般恐热河战事引起华北大规模军事,酿成生死问题之斗争。又因日内瓦确称不承认"满洲国",故有数方面主张,中国不但应防卫热河,且应以武力恢复全满云。

【东京十五日日本电通电】 关于日本退出国联事,国联日代表松冈向日政府请训,决于二十五日国联大会席上,发表与国联断绝关系之宣言,并即离日内瓦,取道美国返日。日外务省已复电照准。

【北平电话】 昨日下午日使署发言人证实电通社所发消息,谓日政府决定于本月二十五日正式退出国联。日外务省并已训令日本首席代表松冈,届时经由美国遄返东京。

【南京十五日下午七时发专电】 国联大会改下星期二(二十一日)举行。依外交界观察,大会将来对报告书是否即顺利通过及通过是否即准备引用第十六条,均难断言。如国联无极大决心,报告书甚难望实行,故对于报告书尚未能遽示乐观。该案前途之发展,仍视吾人抵抗力量如何为衡。十九国特委会昨已将报告书全部通过,会中对建议部分亦略有文字上修正,惟实质未有变易。

【南京十五日下午九时发专电】 外交界息。十九国委员会十四日会议,已将报告书建议部分完全通过,除对日军撤退期限加以缩短外,别无修改。十五日将全部加以整理,十六日付印,并分送各会员国。大会决延迟一日,至下星期二举行,俾各会员国代表得作充分之研究。据外交界观察,大会对报告书可望顺利通过,原则上将不致有何变更。大会会□约四五日,至下周末闭幕。

【日内瓦十四日路透电】 十九国特委会已答覆日本十四日关于"满洲国"之函件,内称特委会深抱遗憾,"感觉不得不主张日方二月八日所提之方案,不足视作可接受之调解根据。来函各点,本委员会已予以充分考虑。但□于环境,感觉如加以讨论,将不能获得有收获之结果"。该委员会又称,在大会最后开会日之前,如日本愿再提出方案,特委会愿予以极审慎之研究,"但确实感觉,日本当可明瞭目前情势如有任何恶化时,则对于调解之新努力纵不致破坏,亦将令其更见困难"云。

建议案全文

【日内瓦十五日路透电】 分发与十九国特委之建议案最后方式,其次第与十二日电传者分别极少。全文引用之文件,充塞篇幅。除引用文件不列外,以下为最完备之内容。

不应干犯领土主权

第一章第一节 引用国联盟约第十条、非战公约第二条、九国公约第一条,宣称国联大会采纳一九三一年十二月十日之白里安原则,述及一九三二年二月十六日行政院会十二理事曾申述上项原则,向日本政府呼□,宣称国联会员国不应承认抹煞盟约第十条□干犯领土完整或变更任何会员国政治独立而造成之任何情势。为欲根据上述国际条约,以谋中日间永久谅解计,故争议之谅解必须与下列国联调查团所提解决条件相符合(以下列入莱顿报告书第九章十项原则)。

满洲主权属于中国

第二章第一节 因满洲主权属于中国,故大会建议在适当期间,在满洲设立一在中国主权下与中国行政院完整符合之机关,规定一广大之自治办法,使与法律条件相符,并顾及日本之特别权益、现行之多边条约、第三者之权益,以及在第一章中所列之一般原则与条件。各种权力之决定以及中央政府与地方当局间之关系,应由中国政府加以声明,其效力与国际条约相同。第二节 因日本军队出现于南满铁路地带以外,与解决争议所应当遵守之法律原则不符,故大会建议此等军队之撤退。建议之第一项谈判目的,应为命令撤兵,并决定其条件、阶段与时限。第三节 除上述两项建议所讨论之问题外,调查团报告书中并述及某种其他关于中日良好谅解之问题,为远东和平之所系。大会向两造建议,以调查团报告书中所列之原则与条件为根据,解决此项问题。第四节 关于履行上述建议所需之谈判在进行时,一造不得以与上述建议不符之条件强令另一造承受。为此点计，大会建议两造于进行谈判时，应按照下列指陈之方法进行：请任何一造通知国联秘书长，是否接受大会所提之建议解决方法，其唯一条件，即需另一造亦予以接受。谈判之进行应由大会设立之委员会协助，委员会组织如下：九国条约签字国，声明愿意参加之十九国委员会任何委员。在秘书长声明两造接受大会建议时，即指派上项委员。秘书长并应将此项接受事件通知美俄两国，邀请两国指派委员参加。秘书长于通知两造接受建议后之一个月期内，应采取一切适当步骤，开始谈判。于谈判开始后，为使国联会员国能判别任何一造是否遵照建议案行动计，（甲）委员会应报告谈判状况，尤应注意于采用上述建议第一、二两节进行之谈判。无论如何应在谈判开始后适当期中，报告关于建议之第二节。此项报告应由秘书长通知国联。（乙）委员会得将关于第二章解释之一切问题，提出大会。大会将按照盟约第十五章第十□予以解释，其条件与通过本报告所用者相同。

否认东北傀儡组织

第三章　建议之解决方法，与返回一九三一年九月前之原状不同，亦不包括维持与承认满洲现时之统治。此项维持与承认，与现行国际条约之基本原则不能兼容，亦违反为远东和平所系之两国间良好之谅解。国联会员国于采纳本报告时，尤其关于满洲之现统治，显应避免作任何行动，似足妨碍本报告建议之执行，或延缓其应用。彼等将继续在法律与事实上不承认此项统治。彼等并将避免关于满洲情势，作任何单独行动，在会员国间应采一致行动，如可能时，并与非国联会员之有关系各国采取一致行动。此外凡国联会员国兼为九国公约签字国者，曾经同意如有任何情势发生，由任何签约国意中，认为涉及本约规定之适用，并以为此项适用办法应予讨论者，则有关系签约国间应作充分坦率之互相通知。为尽力便利令远东情势与本报告之结论符合计，兹特训秘书长将此报告通知非国联会员之九国公约签字国家，或为非战公约签字国家，告以大会希望彼等赞同报告中表示之意见，并希望其必要时，与国联会员国采取一致之行动与态度。

（《大公报》，1933年2月16日，第三版）

233. 莱顿演说，反对经济制裁

【伦敦十四日合众社电】 莱顿今日在此演说，反对以经济制裁为解决中日满洲争端之工具。莱顿氏为国联远东调查委员会主席，今日在伦敦大学日本学生会前演说，斥责经济制裁。氏谓："经济制裁乃最残酷战争之一种，吾不信为努力和平而反趋向战争。吾不信中日争端须用经济制裁。吾人在中国、满洲及日本调查时，予及同人无意于用经济制裁者，即作报告亦无意于用经济制裁者。"日本学生对莱顿之演辞十分热诚，并以欢呼表示其赞成之意。

(《大公报》，1933年2月16日，第三版)

234. 报告书指摘日本，莱顿报告全被采纳作为谈判会之指导，解决方法须根据三大条约

【日内瓦十七日路透电】 国联报告于本日下午三时以书本式发表，密印二十七页，字里行间对于日本自一九三一年九月十八日以来行动，作直接或间接之指摘，可视作莱顿报告书之胜利。首部采纳莱顿报告之前八章，并将第九章之十项原则完全列入，作为谈判委员会之指导。结论与建议部分，已详前电。至于历史部分，陈述事件经过与国联之努力，极为详赡，并自由征引历次决议案与三大条约，认解决方法应以此为根据。报告更述及中日双方关于去年十二月决议案与德留蒙之谈判，包括德留蒙□□月十四日致日方函件，内容拒绝日本对"满洲国"之态度，最后殿以警告，谓目前情势之恶化，恐将破坏调解之新努力云。

【本社特讯】 十九委会报告书全文于昨晚十时二十分准时发出，波长一八·六四米突，原文为英文。本市昨已接得，声音清晰可听。据无线电专家称，电码发出匀静迅速，料系用最新式机器所发，非由人工。兹将本社接得电文，节译一段于次，以资印证（全文将由外部翻译公布）：行政院会于九月三十日通过下列决议案（见一九三一年十二月公报第二三〇页）。惟行政院之希望，

未能实现。十月二十日中国代表团请求行政院召集紧急会议,因日军斯时又开始作侵略战事。此项请求特别由于日机轰炸锦州,盖沈阳失陷以后,锦州即为省府所在地也。

(《大公报》,1933年2月18日,第三版)

235. 日阁决反对建议案,倘大会通过令代表离日内瓦,是否退出国联今日继续讨论

【南京十七日下午七时发专电】 政府要人对目前日内瓦时局发展及热河情势仍持沉默,不欲多所表示。惟谓政府早准备抵抗到底,毫不觉惊异。对报告书草案,大体认为满意,但尚有一二点须行纠正。闻外部已训令我代表团,于二十一日大会时提出修正。

【南京十七日下午十一时发专电】 外交界息。当局对建议部分,虽列日军撤回南满路区,但未明定撤退期限,未认为满足。关于东三省设自治政府一项,此间亦以为应先恢复中国主权,由我允许设自治政府,较为妥当。

【南京十七日下午八时发专电】 外交界息。十九国委员会之报告书,下周之国联大会势将通过。闻日方对报告书极力反对,拟先行撤回出席国联会议之代表团,俟松冈等一行返国后再考虑退出国联问题。据外交界观察,日本所宣传之退出问题,仍含有恫吓作用。即使日方果然声明退出,则十九国委员会之报告书经大会通过后仍然有效。盖按照国联盟约规定,会员国欲退出国联者,须预先通告国联,在声明退出之二年中,仍须履行国际义务及盟约所负之义务。再此次报告书规定,不必当事国之同意亦可生效,故日本如果退出国联,亦不能阻止报告书之实行云。

【东京十七日路透电】 据闻本日下午阁议决定如次:(一)拒绝接受国联建议案;(二)维持日方在对莱顿报告发表之意见书中之态度,尤注重承认"满洲国"与中日直接交涉、外方不得干涉二点;(三)倘令大会通过建议案,日本将按照盟约第十五条第五项规定,提出申辩;(四)大会如于日代表表决反对后,仍将该报告通过,则日代表将退往伦敦或巴黎,静观以后之发展。

【东京十七日电通电】 日阁议讨论退出国联与否,空气非常紧张,历时甚

久。因尚须详细研究，故未有决定，十八日阁议继续讨论。

【东京十七日路透电】据今晨各报登载，今日(十七日)将开一特别阁议，从事审议国联所拟关于解决满洲争端之建议案。但据《读卖新闻》载称，将连开阁议两日，本日之阁议决定是否退出国联，而明日之阁议决定热河问题。

【东京十七日电通电】日外务当局起草中之陈述书业已脱稿，而提出于本日下午之临时阁议。其内容系以日方意见为基础，而逐条对劝告附报告书，加以反驳，并作如下之结论：(一)该项劝告系依欧洲的见地所考虑者，故不能适用于极东方面情形；(二)"满洲国"之独立与日本之承认，并未违反国际法，且"满洲国"迩来已获作健全的发达；(三)国联既不置信于日政府迭次之声明而无视迩来之事，则日政府自唯有出于退出国联之一途。

【日内瓦十七日路透电】下星期二(二十一日)国联大会议程，首先讨论中日争议案，次指派南山国际救灾局主席，以继现已辞职之胡伯氏(瑞士)。第二案讨论时间将极短，或将首先予以处理。

(《大公报》，1933年2月18日，第三版)

236. 报告书全文发表，大会将发正式宣言，并讨论十六条问题

【日内瓦十八日电】国联特别大会确定下星期二(二十一日)下午由主席比外长西姆斯召集。西氏同时将发表正式宣言，称调解中日争议之努力似已失败，故大会必须按照盟约第十五条第四项进行，并讨论第十六条规定之制裁问题。辩论时，中日代表均将作简短声明。辩论大概将至下星期五(二十四日)结束，届时将在中日代表缺席下，作最后之表决云。

【南京十八日下午八时发专电】国联报告书全文十八日晨三时真茹电台从事接收，六时全部电京。外部随加整理，八时由亚洲、情报两司着手翻译。计有电纸八十五张，英文一万五千余字。迄下午五时，已全部翻竣。复经罗文干、徐谟核阅一过，六时开始缮印。当晚公布全文，由中央广播电台广播全国。大意与前路透社迭次报告相彷彿。

【南京十八日下午十时发专电】报告草案全文外部着手油印，分送各报，

须十二时后竣事。对平、津、汉各报将由中央社广播。惟全文长二万余字,十八夜恐不及播完。

【南京十八日下午十一时发专电】 国联十九国委员会草拟之报告书全文,外部发表译文如次。

国联大会报告书草案

大会按照盟约第十五条第三款所为之种种努力,□使依据该条第九款所提交大会讨论之争议得有解决者,既不幸失败,兹爰依照同条第四款之规定,通过下列之报告书,以载明是项争议之事实及认为公允适当之建议。

第一部 远东之事变并国联调查团报告书前八章之采用及本报告书之计画

中日争端之根本原因甚为复杂,行政院所派遣就地研究之调查团曾称,"本项争端中所包含之各种问题,并不如恒常所说之简单。盖此案极为复杂,惟有对于一切事实之内容及其历史背景有深切之知识者,始能对于此案表示切实之意见",调查团报告书前八章,对于中日争端之历史背景及有关满洲之重要事实,均有公正而详细之叙述。该报告书已另刊印,于此若再节要或重述,自为事实之不可能,且亦未免多事。大会于研究中日两国政府所送致之意见书后,即采用调查团报告书前八章之意见,作为本报告书之一部份。但为使调查团报告书之陈述完备起见,则将关于本争端各方面、行政院及大会所采取之种种办法,以及调查团报告书内所未曾叙载之某某事实,如一九三二年初上海战事之起源,特为叙述,自属必要。关于此等事件,本大会则采用各国领事调查团送致本大会之报告(此项报告已另刊印),以作本报告书之一部份。又自一九三二年九月初满洲各事件之详情,亦有重述之必要,因调查团报告书并未追溯至该日以前也。本争端发展之简单历史的叙述,将载于本报告书之第二章,并须同时参阅调查团报告书中之事实的纪述。第三章中申述本争端之重要特征,及大会根据主要之事□而拟之结论。第四章则载明大会对于本案所认为公允而适当之建议。

第二部 中日争端在国联方面之进展

(一)为发展之简述 自此案提交国联后,行政院及大会屡次之决议,均视本案在远东情势之变迁而定。当中日争端发生之初,中国政府根据盟约第十一条,将本案提请国联处理时,事变之范围不过仅及于沈阳及东三省内之其他地点而已。行政院时并获得日本保证,谓日本在满洲并无领土野心,只须日侨之生命财产得有安全之保证,则日本可将军队撤退至南满区域以内。此即系一九三二[一]年九月三十日决议及十月二十四日决议草案之旨趣,后者除日本外,为行政院全体所同意,故能使行政院向日本代表团再行求取承认。在日本代表拒绝上项草案后,因日本复坚持须解决中日各根本问题,遂使行政院方面,更行提出办法,以□使两国之各问题,得有最后之根本解决。一九三二[一]年十二月十日,行政院接受日本之提议,决定组织一"五人调查团"赴当地调查,并将任何情形影响国际关系而有扰乱中日两国和平或和平所维系之调解之虞者,具报于行政院。在十二月与三月之间,远东情势甚形恶化。日本军队完全占据南满,并开始侵占北满。在满洲以外中日正式军队剧烈之冲突已在上海开始,且进行未已。同时在满洲日本军队占据之区域内,行政机关开始组织,形成"独立国"之建设,名为"满洲国",否认中国之统治权。嗣后中国申请行政院,除按照盟约第十一条外,并依据第十条及第十五条,处理此项争执。一九三二年二月十九日,因中国依照第十五条第九节规定请求之结果,行政院将争执事件提交大会。调查团报告书为详细审查争执之实质所必要,故从一月起,在未接到调查团报告书以前,行政院及以后大会之主要任务,在尽其力之所及以停止敌对行为,并制止形势之更形扩大,同时保持当事国之权利及盟约之原则,使不受"既成事实"之任何影响。大会三月十一日之决议案,明白表示联合会对于争执事件之态度,声言在未遵照盟约解决以前,联合会会员国应不予承认任何情势、任何条约或拟定,其造成之方法违反盟约或巴黎公约者。上海敌对行为告终,但在东三省日本军队或"满洲国"政府军队,继续与中国非正式军队作战。一九三二年九月,于调查团报告书在北平签字后之数日,日本政府态度又有根本之改变,即日本政府承认"满洲国"政府是也。调查团报告书之送达日内瓦,不能在九月底以前,并即六个月期限届满之前。此项期限【系】在盟约内规定,依照第十五条所载送报告书于大会者。故大会经当事国之同意,于七月一日决先展缓必须之期限,但了解此种展期,不得认为先例。调查团因此遂能在当地完成报告书,当事国遂能致送报告书同意见书,而行政院与大会亦能审查所有如此获得之材料。此种材料之审查及与当事国意见之交换,自一九三二年十一月起,直至一九三三年二月,继续不断。经行政院讨论以后,大会根据调查团报告书所载之材料及结论,依照第十五条第三节,以当事国谈判之方法设法解决争端,但无效果。以故大会依照该条第四节通过报告书。(以下接第四版)

(《大公报》,1933年2月19日,第三版)

237. 否认"满洲国",承认中国主权,国联与美完全一致,美国对报告书甚表同情,认系世界舆论集中表现

【华盛顿十七日合众社电】 美国官方对此间所公布之国联十九国委员会关于中日满洲争端之报告书,保守静默,但此系予以政治讨论之故。官方私人消息,关于国联在中日纠纷中所采取之行动,对其报告书甚为满意。彼辈深信其关于满洲事件与美国政策完全一致,特别承认中国在满洲之主权及否认"满洲国",其关于维持国际条约义务部份,亦甚愉快。美国官方对报告书之静默,半因共和党政府不及两星期即须去职,半亦因欲使报告书发生力量,不因地方之意见而增加其烦杂,深信报告书系世界舆论集中之表现,故将来必可得一满意之解决。美国官方迄今尚不表示其是否参加国联之调解委员会,因罗斯福氏全权决定华盛顿政府与国联调解委员会合作下之情状如何。据闻美国有参加调解委员会之倾向,因美国政府对国联之报告甚表同情。此间深冀由国联调解委员会之机,可得一满意之解决方法,一面保护日本利益,一面使之尽遵守条约之义务。共和党上议员波拉氏今日对报告书之批评谓,此报告书恰在吾人期料中,但认日本无论如何亦必进行其计划。

【华盛顿十七日路透电】 刻据国务院表示,关于美国是否参加国联所组之调解中日争端委员会一节,须留待下月初间新任大总统就职后裁夺。或将充任上院外交委员会主席之上议员史旺森氏,今对人宣称:国联报告书过于微妙,此刻难加批评,在新总统就职对满洲政策作一决议前,此刻若发表任何对满政策,未免有过早之嫌云。

(《大公报》,1933年2月19日,第三版)

238. 报告书全文（以上接第三版）

（二）争执提出国联之起因、一九三一年九月十八日起在南满发生之事件、行政院最初之讨论　中国之请求行政院，由于日本军队于一九三一年九月十八夜，在满洲所取之举动。因沈阳为日军所守卫之南满铁路地带，日本军事长官遂以军事上之防范必要为词，派兵至地带外，特别至地带相毗连之中国城市及在沈阳终止之铁路线。中国城市如沈阳、长春、安东、营口及他处遂被占据，中国军队被驱散或缴械。九月二十一日，中国依照盟约第十一条，申请行政院立即采取步骤，制止情势之再有变化，以致危害国际之和平，并回复事变以前之状态，及确定中华民国应得赔偿之性质与数目。九月二十二日，行政院授权行政院主席（即西班牙代表娄洛）致紧急申请书于两国政府，制止任何行动足以使形势扩大或有碍和平解决此项问题者，并劝两国政府可立即进行撤退其军队，而不危及其人民之生命与财产。九月二十八日，行政院主席根据自两当事国所得之报告，向当时大会例会解释情势，声言日本军队撤退至南满铁路地带以内一节正在进行之中，并谓九月二十八日日本代表已在行政院宣称进行撤兵，除沈阳及吉林二处，在铁路地带以外驻有少数日本队伍者，仅新民、郑家屯，为保护日本侨民免受中国兵士及土匪之侵击，因此时士兵及土匪正在扰乱上述之地方。当九月三十日行政院通过下列议决案时（参观一九三一年十二月国联公报第二三零七页），其情形如此。决议案如下：(1) 行政院知悉中日政府对于行政院主席所为紧急声请之答覆及为应付此种声请所取之步骤；(2) 行政院对于日本政府之声明，谓对于东省并无图谋领土之意，认为重要；(3) 行政院知悉日本代表之声明，谓日本军队业经开始撤退，日本政府当以日本人民生命财产之安全得有切实之保证为比例，仍继续将其军队从速撤退至铁路区域以内，并希望从速完全实行此项意愿；(4) 行政院知悉中国代表之声明，谓中国政府对于该区域以外日侨生命财产之安全，在日军继续撤退、中国地方官吏及警察再行恢复时，当负责任；(5) 行政院深信双方政府均极欲避免采取任何行动足以扰乱两国间之和平及谅解者，并知悉中日代表已保证各该国政府采取一切必要步骤，以防止事变范围之扩大或情势之愈加严重；(6) 行政院请求当事两方尽力所能，速行恢复两国间通常之关系，并为求达到此项目的,继续并从速完成上述保证之实行;(7)行政院请求当事两方,随时将关于情势发展之消息,充分供给于行政院;(8)行政院决定,如无意外事件发生,有即时开会之必要者,则于十月十日在日内瓦再行开会,以考量彼时之情势;(9)行政院授权于其主席,经向各同僚尤其两关系国代表咨询后,认为根据从当事国或从其他各会员方面所得关于情势进展之消息,无须再行开会时,得取消本院十月十四日之会议(行政院之愿望未得实现)。十月九日,中国代表并为日军继续积极进攻,用飞机轰炸临时省政府所在地之锦州,要求行政院召开紧急会议。行政院在九月开会时,曾决定将该院之会议及关于中日纠纷之文件送致美国政府,同时美国政府亦表示与国联态度十分同情。十月十六日,行政院决定继续与美国政府合作,并邀请美国政府派遣代表列席行政院,以便商讨巴黎非战公约条文与满洲不幸现状之关系,及关于该问题之其他一切讨论。美国政府送致同样照会于中日两国政府。十月二十二日,行政院主席(法国代表白里安)提出一决议草案,除当事国外一致同意。该决议草案于申述中日两国政府按照九月三十日决议案所承允之约束,及日本代表所称日本在满洲无领土企图之宣言后,即请日本政府立即开始将日军撤退至铁路区域以内,于下次开会以前全数撤尽,并请中国政府准备接收日军撤退区域之办法,以保证日侨生命财产之安全。该草案为实行起见,且将详细办法亦略加规定。该决议草案复向中日两国政府建议,日军撤尽后两国应立即开始直接交涉,谈判中日间一切悬案,尤其关于最近事件及关于由东省铁路情形所发生之纠纷。为达上项目的,行政院建议两当事国,应组织调解委员会或类似之永久机关。最后提议,行政院应于十一月十六日再行集会。十月二十三日中国代表接受该项决议草案,视为最低限度。日本代表则提一对案,说明日本政府鉴于满洲局势之紧张情形,不能预定日军撤尽之确切日期。日本政府认定恢复较宁静之心理状态为绝对必要,因此决定原则数点,为中日两国间经常关系之基础。但日本代表无权将此种原则列入决议案中,亦无权在行政院会议席上详细讨论,以为此种原则只应为两当事国直接谈判之基本条件。行政院认为既不知悉"原则"之内容,当然不能在决议草案内提及。该决议草案,因日本代表之反对(十月二十四日),未曾通过,行政院延会至十一月十六日。中国代表于十月二十四日会议后,曾代表中国政府向行政院主席发表下列之宣言:"中国与其他国联会员,素主张受盟约之约束,谨慎遵守一切条约上之义务。中国政府矢志尽盟约上所规定之一切义务。"为证明此种意志,关于条约解释中国与日本之一切争执,极愿依照盟约第十三条之规定,用公断或交法庭解决之。为实行此种意志,中国政府预与日本订立公断条约,一如中美新近订立之公断条约或近年国联各会员国订立之多数公断条约然。

(三)日本军事行动在北满之进展　行政院十月开会以后,日军在满洲洮昂铁路之嫩江桥附近,复从事攻击。嫩江桥于十月间被黑龙江主席军队所毁,以阻止张海鹏军队之前进,盖据中国方面称,张海鹏系受日本之主使而取攻势者也。为辩护干涉嫩江桥之修理为合理,日本政府曾向中国政府声称,谓嫩江桥系依照合同,由南满铁道株式会社建筑,中国方面尚未偿还债务,且不愿将此债改为借款,故此路可认为属于南满铁道株式会社,该社对于保护该路财产及维持该路交通,自属极为关心云。十一月二日日本政府声明,因南满及洮昂铁路局之请求,于是日派遣工兵一队,由步炮及空军保护,前往修理铁路桥。日军当即与拒绝退让之华军冲突,而将其击退。十一月中,日本军队遂开到且越过中东铁路,而取得昂昂溪,嗣并于十一月十九日,取得齐齐哈尔。

(四)改组满洲行政机关之办法　当军事上行动如此向满进展时,民政机关之改组,亦复同时进行。就沈阳言之,在九一八事变发生、政局解组以后,当地政府首即交由日本上校土肥原负责,嗣于十月二十日,则由东京帝国大学毕业之法律博士华人赵欣伯充任市长。时辽宁前省政府已迁往锦州,因又组织一辽宁省政府,以资对抗。九月二十四日所组织地方维持委员会,十月间改为辽宁省自治公署,十一月七日自治公署复又改为代理辽宁省政府,宣告与从前之东北政府及南京国民政府脱离关系。同时复成立最高指导部,其职构之一部,即为指导并监督省政府及鼓励地方自治。凡此种种新机关以及发行纸币之银行,均派有日本顾问。此项顾问,则大半为南满路具有势力之职员。中国代表则坚称:沈阳、吉林及其他日本占据之地点,所有种种新机关之成立与维持,均应由日军负责,此种种机关均系日军之傀儡、日军之产生物。日代表则答复,以为日本当局除鼓励华人自行组织团体维持秩序外,别无他法,此等团体果能克尽其职责,则对使日本政府屡次所正式表示之愿望,亦谓从速撤兵一节,较易实现。不第此也,一九三一年十一月间,中国代表团曾将盐务稽核会办克利夫兰德博士之迭次报告,送交行政院。据该项报告,则日本陆军当局彼时正以武力夺取满洲各地之盐税。而据日本公文之所述,则谓日本陆军当局将中国盐税机关之余款,另行移转于他一中国机关(当地之地方维持委员会),不能谓为不当。

（五）一九三一年十一——十二月间之行政院会议、调查团之组织　是时行政院正于十一月十六日在巴黎集会。十一月二十一日，日本方面提议派遣调查团至远东调查，并谓日本政府依照九月三十日之决议案，从速撤兵至南满铁路区域之真诚的愿望，决不因此项调查团之产生与派遣而有所变更。该项提议经考虑后，十二月十日行政院乃通过下列之决议："回溯行政院十二会员于一九三二年二月十二日致日本政府声请书中，曾重申此项原则，宣言日轻视盟约第十条之规定，蹂躏联合会会员领土之完整及变更其政治之独立者，联合会各会员均不能认为有效。鉴于上述规定、联合会会员国际关系及和平解决一切争执之原则，与巴黎公约完全相符，而该公约实为世界和平机关之基石。其第二条规定：'缔约各国互允，各国间设有争端，不论如何性质、因何发端，只可用和平方法解决之。'在本会尚未采取最后步骤以解决受理之争执时，特宣告上述原则及规定负有一种必须遵守之性质，并声明凡用违反联合会盟约及巴黎公约之方法所取得之地位、条约及协定，联合会会员均不能承认之。"第二节，大会郑重申说，如由任何一方用武力压迫，以觅取中日争执之解决，实与盟约精神相违背。回溯一九三一年九月二十日及十二月十日，经当事双方同意之行政院所通过之决议，并回溯一九三二年三月四日经当事双方同意之关于切实停战及日军撤退事项大会本身所通过之决议，知悉联合会会员在上海租界有特殊利益国家，对于此项目的准备充分协助，并请求各该国于必要时通力合作，以维持撤退区域之治安。第三节，大会缘一月二十九日中国政府之请求，将联合会盟约第十五条之手续适用于此次之争执。缘二月十二日中国政府之请求，将此次争执依照盟约第十五条第九节之规定，提交大会。并遂二月十九日行政院之决定，鉴于本会接受处理中国政府请求中所指争执之全部，应负有适当盟约第十五条第三节所规定"调解"手续之义务，并于必要时，应负有适当同条第四节所规定"说明建议"手续之义务，决定组织一十九委员之委员会。即以大会主席为该委员会之主席，连同当事国以外之行政院会员及用秘密投票选出之其他会员国代表组织之。该委员会代表大会执行职务，并受大会之监督，应：(1)从速报告关于依照一九三二年三月四日大会之决议，停止战事及缔结协定，使上海战事切实停止，并规定日军撤退各事项；(2)注意一九三二年九月三十日及十二月十日行政院通过之决议实行；(3)经当事双方之同意，并依照盟约第十五条第三节之规定，从事预备解决争执之办法，并拟具声明，提交大会；(4)于必要时得向大会提议，向国际审判法庭提出请其发抒意见之声请；(5) 于必要时,从事预备第十五条第四节所规定之报告书草案；(6) 建议一切似属必要之紧急办法；(7) 于最早时期内,向大会提出第一次报告书,最迟不得过一九三二年五月一日。大会请求行政院将一切视为应行转送大会之文件或附带意见致委员会。大会并不闭会,主席视为必要时,得召集之。三月十二日美国政府宣称,国联大会之措施,实足证非战公约暨国联盟约所赖为基础之安全与正义之原则,成为国际公约。美国政府所为欣慰者,世界各国兹已联合一致,采取一种政策,即对于因违反各该条约所获之结果,不承认为有效。此于国际公法,诚为一特殊之贡献,而亦和平建设之一切基础也。一九三年七月一日,国联大会接据报告,调查团之报告书不能于九月前撰拟完竣。大会得当事双方同意之后,决定就确属必须之范围内,将国联盟约所规定六个月拟具报告书之期限予以延展。国联大会主席于六月二十四日函致中日代表,提议延展盟约所规定之期限时,曾称："本主席职责所在,用进一言：本主席深信当事双方,将恪遵其在行政院中所为不扩大局势之诺言。该项诺言,固曾以明文载诸九月三十日暨十月十日（一九三一年）决议案中。该项决议案,仍有充分之执行效力者也。此项决议案,在六个月限满后,于延展之期限中,将继续有充分之效力。贵代表定与本主席同此意见。兹又请注意者,三月十一日国联大会所通过之决议案,对该两决议案重予申述。"国联大会主席于大会通过延展期限一事之后,曾述及其函中并称"此事既然□大会所采取,决定授权本主席声明当事双方,必不得有任何行动,足以危及调查团工作之成功,或国联为促进解决争端所尽之努力"。（未完）

（《大公报》,1933 年 2 月 19 日,第四版）

239. 莱顿发表声明：国际的制裁不仅限于经济上的封锁,必要时可引用其他方式

【伦敦十七日路透电】 名盛一时之国联调查团主席莱顿氏,本日在曼哲斯德宣称,彼最近在旅英日本学生公会所发表之报告,颇引起错误感想,今请一纠正之。彼继称,倘争议之一造拒绝接受国联友谊的援助,置盟约于不顾而一意孤行,则国联之方法并不因之竭尽。氏称,彼当时曾表示意见,谓以作战

而促进和平，在彼视之乃无用之举。且彼当时曾宣称，施行一普遍的经济封锁，割断日本所有输出品，其受害者仅无辜之民众，而与逾越法律之政府无伤，在实行上不但残忍，抑且必促进两方陷于实际的宣战状态。但可以行使之其他强制方式，正在所多有，如对于不履行义务之国家，采用禁止军火之售与与拒绝经济之援助，或撤出外交代表。唯彼愿明白解释者，彼并不反对于必要之场合采取上列各方式云。

(《大公报》，1933年2月19日，第四版)

240. 热河炮声中国联大会开幕，调解破裂责在日本，主席报告后即延会，星期五再开会讨论报告书

【上海二十一日下午十一时发专电】 日内瓦二十一日电。今日国联大会，主席西姆斯致词，明言调解失败由于日本之不示让步。致词毕即散会，中日代表均未有机会发言。日本一再扬言退盟，据此间观察，以为日本现尚在徘徊却顾中，不致即宣告退出。大会将延至星期五（二十四日）再开，讨论报告书草案，俾各国政府得有充分时间研究报告书后，将应取态度训令其在日内瓦之代表。

【日内瓦二十一日路透电】 十九国委员会于大会散会后，集议收集各国对特委会邀请加入谈判委员会之覆书，俾可将允加入各国之国名列入报告书内。

【日内瓦二十一日路透电】 十九国特委会同意谈判委员会应由委员十人组成，计为德、义、法、英、西班牙、爱尔兰、捷克、坎拿大、葡萄牙、荷兰十国代表。十九国特委会决定于星期四（二十三日）开会，继续讨论手续问题，并决定通过报告时不发表演词，希望大会手续可于星期五晚完成。

【日内瓦二十一日路透电】 昨晚十九国特委会中之八小国代表，举行长时间会议，比代表西姆斯主席，讨论在大会通过报告书与建议案后，应采取何种途径。各代表均强烈主张组织一种机关，继续应付中日争议事件，其方法或维持特别大会不闭会，或按照建议案规定组织谈判委员会，或组织类似十九国特委会之委员会。讨论至清晨一时始散，当议决与德留蒙氏协商能达到此项

目的之最佳方法。

【日内瓦二十一日路透电】 日本有迹兆恶劣之长文照会致国联,附有地图,表明热河与华北中国军队云集,成为"最严重之危险,因日本曾担保协助'满洲国',防御外侮危险",计热河本身有军队十四万四千人,长城以南集中者有三十三万人。该照会结束时作有意义之声明,谓纵令日"满"两军联合作战时,除非中国军队行动以战略原因逼迫日本,日军将不进至长城以南。

....

(《大公报》,1933年2月22日,第三版)

241. 日内瓦乎?莫斯科乎?超政府之日参谋部对两方竟俱加蔑视,日本未能追随西方思想与行为,实受陆海军未脱封建基础影响——莱顿惊人之演说

【巴黎二十日路透电】 莱顿本日在巴黎和平协会发表一惊人演说,称以现势观之,日本未能追随西方政治思想与行为之最近演进。日本虽建立民主方式之政府,其陆海军依然以封建基础组成。其手握军权者,虽号称□员,但超政府而独立,惟对皇室负责,其效率自无庸置疑,但日本参谋本部态度,俨然与一八七〇年及一九一四年时之普鲁士参谋本部相同。而在满之日本国民,由过去十八个月以来之行动观之,似与一八九五年在南非作杰穆森侵略者无异。欧洲政治思想在过去十年中之演变,殆如日本在一八六〇与一九〇〇年间之政治思想之演变相同。现时国际关系受国联盟约与非战公约所拘束,一国为国家利益计,为其行为之唯一仲裁人,不容他人置喙,在今日已不复可能。现时每一国家之参谋本部,不但须受该国政府之统御,抑且须受在国际条约下所负义务之支配。此种事实,日本似未充分认明。因其未能认明,遂产生远东危机。莱顿谈及中国情形时,称目前紧急问题,即如何协助中国,需若干时方可建设一有力之中央政府。氏对中国庞大之人力,具有极深刻之印象。中国之前途似包括于下列问题,即此种优良人类,以何种状态,在何时期,及由何人发动,可予彼等以自觉之统一势力。日内瓦乎?抑莫斯科乎?此大问题之阴影,实蒙蔽东西两方。现在中国宁愿依赖国联,但倘日本坚持其现有政策,致

使国联失败,此种选择或不得已而逆转。日本向恐苏俄共产主义蔓延高丽,故对于中国南方"赤祸"之高□,极其焦虑。日本倘对南京"讨赤"予以臂助,本可欢迎,但日本不此之图,竟强行在满洲建立一由其一手造成之缓冲国,此举只能增加日本所蓄意提防之危险。当予用"日本"二字时,对予万勿误会。查日本人民向对于拥护国联,极为诚恳热心。但此刻支配日本政府之日参谋本部,自信彼大可蔑视莫斯科与日内瓦,但经由此项径路,决无促成和平之可能云。

(《大公报》,1933 年 2 月 22 日,第四版)

242. 国联报告书草案全文(续十九日本报第四版)

国联报告书草案全文,十八日晚十时外部译竣发表。十九日本报已根据南京来电登载最前部份,全文兹已由京寄到,持续刊载如次。十九日电文中脱漏一段,应行补入,即第四版"十二月十日行院[政]院乃通过下列之决议"句之后,应紧接以下一大段:

(1)行政院重申九月三十日一致通过之决议。该决议经中日两方声明,各受其庄严约束,故行政院要求中日政府采取必要步骤实行该项决议,俾日军得依照该决议内所开条件,尽【快】撤退至铁路区内。(2)行政院认为自十一月二十四日会议后,事态更为严重。兹悉两方担任采取必要办法,防止情势之再行扩大,并避免任何行动,致再行发生战争及丧失生命之事。(3)行政院请两方继续将情势之发展,随时通知行政院。(4)行政院请其他会员国将各该国代表就地所得之消息,随时供给行政院。(5)行政院鉴于本案之特殊情形,欲协力促进两国政府,谋两国间各项问题之最后根本解决,故并不妨碍上述办法之实行,决定派遣一委员会。该委员会以五人组织之,就地研究任何情形影响国际关系而有扰乱中日两国和平或和平所维系之谅解之虞者,并报告于行政院。中日两国政府各得派参加委员一人,襄助该委员会。两国政府对于该委员会应予一切便利,俾该委员会所需之任何消息均可得到。兹了解如两方开始任何商议,该项商议不在该委员会职务范围之内。又该委员会对于任何一方之军事,无办法干涉之权。该委员会之委派及其考量,对于日本政府在九月三十日决议内所为日军撤退之铁路区域内之保证,并无任何妨碍。(6)在现在及一月二十五日举行下次常会之间,行政院仍在受理本问题中,请主席注意本问题并于必要时再与召集会议。行政院主席法国代表白里安,于提出是项决议案时,曾郑重声明行政院对于九月三十日之决议案及其自身之确信,以为两国政府将充分履行该决议案之约言各节,均极端重视,并称双方均避免任何足以更致战争或有事态扩大之行动,实为必要而急切。上项决议案通过时,美国政府曾表示愉快,谓实已有确切进步。

(六)日军攻击锦州——南满方面中国残余行政权之摧灭 当行政院从事草拟上项决议案时,中日双方均曾请行政院对于延及满洲西南部之军事行动的危险予以注意。因而有一种努力,即设法在日军与锦州张学良之军队间,设立中立区域。惟是此种努力,不幸失败。日本代表当该决议案通过时,关于该决议案之第二节曾声明接受,惟须了解该节之用意,并非阻止日军因直接保护日侨生命财产,以免满洲各地土匪或不法分子之蹂躏所必须采取之行动。该项行动实系一种例外之办法,基于东省之特殊情形。将来该地常态一经恢复,则此种办法之必要性自亦归于消灭。

十二月廿三日,日军即开始向锦州方面进攻,而于一九三二年一月三日实行占领。日军当更进至长城,而与驻扎长城南山海关之日军连络。此种军事行动之结果,即为南满方面中国行政权之完全摧残。

(七)在上海之敌对行为——敌对行为之起原 一九三二年一月以后,满洲以外各地情形日益险恶,上海亦然。关于上海事变,国联前后从于二月初间在上海当地组织成立之领事团委员会共收报告四件,叙述事变之经过,自开始之日起,至三月五日为止。其后之事件,均载在调查团报告书内。按该调查团之组织,已于上文解释,系成立于一九三二年一月,于三月十四日到达上海。先是在朝鲜曾发生严重之排华暴动,一如调查团报告书所述,是项暴动引起一九三一年六月以后在上海及中国其他各埠之抵制日货。日本军队之占领满洲,使抵货益见紧张。在某数事件中,中国政府及官方组织且有积极之协助,日本商务受重大之损失,两国人民间之紧张情感益趋锐化,严重事变随即发生。因是,上海日侨遂请本国政府派遣军队战舰,制止排日运动,其后日本总领事即向中国上海市市长提出五项条件。上海市长于一月二十一日声明,对于其中两项条件碍难照办(即充分制止排日运动,解散一切挑拨恶感、煽动排日暴动风潮之排日团体)。同日,日本海军司令公布倘中国市长答覆不能满意,为保护日人利权起见,决采取必要步骤。一月廿四日,日本海军增援军队到达上海,谣传华界闸北区中国驻军亦在增兵。一月二十七日,日本总领事要求中国方面,在次日早晨六时以前对于所提条件给予满意之答复。上海市长曾向各国代表表示意旨,将尽量让步,以求避免冲突。一月二十七日至二十八日之晚间,遂停止抗日会,其他抗日机关亦经中国警察分别封闭。一月二十八日晨,日本海军司令通知各国驻军司令,倘中国方面无满意之答覆,决于次晨采取行动。公共租界工部局开会决定,当日下午四时起宣布戒严。至下午四时,日本总领事通知领团,谓业经收到中国答复,接受日本一切条件,该项答复可谓完全满意,暂时不采若何行动。

同时,公共租界防务委员会为适应当时之紧急情形,将租界划分区域,指定各国驻军分别担任防务。防务委员会所指定之日本防区,不仅租界之一部份,并连带突出界外之地段,西至淞沪铁路。日本海军司令部,位在该突出地段之极北端。属工部局之两路,北四川路及狄思威尔路,平时向有日本海军陆战队驻所。午后十一时,日本海军司令宣称:鉴于目前之紧急状态,帝国海军对于有多数日本侨民居住之闸北一带情形极为关怀,已决派遣军队前往该处,希望中国驻闸北之军队迅速向铁路以西撤退。一句钟后,日本陆战队及武装平民,向铁路进发。其最后一队,企图由入租界及防守地段之河南路栅门侵入车站,经驻守该段之上海义勇队加以阻止。该义勇队奉有严格命令,其原则为防守军队之职责,限于防御,不能进攻。遵照防守计划派至闸北一段之日本军队,与中国军队相接触。据领团委员会第一次报告书所称,该项中国军队即使情愿撤退,亦有时间所不许。

(八)在上海之敌对行为——行政院根据盟约第十条之讨论——大会依照第十五条之第一次讨论——上海敌对行为之终止　上海战事,因此遂即开始。当时正在日内瓦开会之行政院及在上海有特殊利益之各国,曾屡次致力制止。上述严重事变发生后,中国遂于一月二十九日要求将争执事件依据第十条及第十五条处理之。二月十六日,行政院各会员国除中国及日本外,向日本政府提出紧急申请书,请注意盟约第十条。按照该条之意义,"凡忽视该条规定,损害合联会[联合会]会员国领土之完整及变更其政治之独立者,联合会各会员国均不应认为有效"。

二月十九日,行政院因中国之请求,将本争执事件提交大会。大会于三月二日召集开会。行政院在大会开会之前,曾作最后一度之努力,以图停止战事,于二月二十九日,提议在上海组织圆桌会议。惟其举行,须待就地已订有停止敌对行为之办法。行政院之提议未曾实行,因战事仍然继续,三月三日,大会于听取双方代表声说之后,于三月四日通过决议案如下:"大会于申述行政院二月二十九日所议决之提议,并声明不妨害提议中所包含之其他方法之后:(1)请中日政府立即采取必要之方法,使两方军事当局所发停战之命令得以有效。(2)请求在上海有特别利益关系之列强,以前项办法实行之状态报告大会。(3)劝告中日代表,以上述列强文武官宪之协助开始磋商,订立办法。此项办法,须确定停止敌对行为,并规定日军之撤退。务请上述列强,随时以磋商情形向大会报告。"三月五日,美国政府暗示已经训令上海该国军事长官通力合作。

经各方所提议之会议,于三月十四日在上海开始进行。大会所组织之十九国委员会,因中国之请求曾两次从中斡旋,将各种困难设法排除。卒于五月五日,在上海签订停战协定。同月六日,日本军队开始撤退。至五月三十一日,由日本派至上海各师团,均已再行登船。各该师团中,惟第十四师团经改派前往满洲。七月一日,大会接到报告,称仅有极少数之日本陆战队依照五月五日协定暂时留驻少数处所,与租界及越界所筑各路线相邻近,嗣后各该队伍亦已撤退。中国方面认日本在上海之干涉,致中国兵士、人民死亡损伤及失踪者达二万四千人,物质上之损失占计约值十五万万余元。

(九)日本在满洲占领之进展——行政改革之进行——"满洲国"之宪法

当上海事件正在发展之时,满洲之时局亦在进展之中。二月五日,哈尔滨为日本军队所占领。嗣后数个月内,日本军队继续向中国军队残部暨"义勇军""土匪"一[以]及其他各种"非正式军队",作军事行动。小规模之战斗,蔓延于满洲一极大部分之地面。同时行政上之改组,亦在进行之中。其最初各时期,已于上文述及。

一九三二年二月十七日有一最高行政院会议,为满洲全部而成立。二月十八日该会议发表独立宣言。二月十九日日本代表于日内瓦行政院会议中说明,在满洲地方"独立"之意义与"自治"之意义相同,日本对此种独立之成功,曾以赞成之态度视之。三月九日,各地方行政机关遂行合并为一独立"国家",名为"满洲国"。该国执政一席,由前清宣统皇帝溥仪君承受之。

中国政府曾于一九三一年十一月十七日声称,该逊帝为日人自天津日本租界勒绑押送至沈阳,其目的在建立一傀儡政策[府],以该逊帝为皇帝。中国政府对该号称"国家"之建立屡次诋为非法,而该"号称国家自成立伊始以及其后发展过程中,所有创立维持,均系由驻满日军指使协助"。

(十)国联大会之讨论——三月十一日之决议——关于依据盟约第十五条拟具报告书期限之决定　同时大会继续在日内瓦研讨该项争执事件,于一九三二年三月十一日经详细讨论之后,通过下列决议案:

(第一节)大会鉴于盟约所载各项规定对于此次争执完全适用,尤以关于:(1)严格尊重条约之原则;(2)联合会会员担任尊重并保持所有联合会各会员领土之完整及现有政治上之独立,以防御外来侵犯之诺言;(3)将彼此间所有一切争执以和平手续解决之义务,采用一九三一年十二月十日行政院主席白里安宣言中所奠立之原则。

(此段之后,再接十九日本报第四版所载之"回溯行政院十二会员……"至"或国联为促进解决争端所尽之努力"句为止,再紧接下文)

"本主席兹复有提请注意者,即三月十一日国联大会曾经宣告国联会员国,对于凡以违反国联盟约或非战公约之手段所缔造之任何局势条约或协定,俱负有不予承认之义务。"

(十一)"满洲国"之组织——日本承认"满洲国"　同时组织"满洲国"之手续继续进行。该政府则设一中央银行,并接办盐税行政(声明愿继续偿付外债所需款项之平衡的部分,该项外债以盐税收入为担保者)、关税行政、关于以关税为担保之债务及赔款作同样之声明以及邮务行政等事务。

"满洲国"军队之造成,出诸被聘为顾问之日方官吏之助力。日本政府于一九三二年四月八日通知书中宣称:"目前以友好之精神予'满洲国'军队以援助,以应其维持治安、恢复秩序之需要。"

依据日本政府一九三二年十一月十八日之意见书,日本驻军东省"于二三年内可将最主要之股匪予以肃清"。

日本与"新国"之关系,自派遣武藤将军驻"满洲国"国都长春后,亦经确定。武藤于八月八日受命为关东军总司令,同时并任有特别使命之特命全权大使及关东总督,统辖领馆事务、关东租界地之行政以及在东省所有之日军。此新任大使并未呈递国书,仅日本一方面曾有此项任命。

九月十五月武藤将军与"满洲国国务总理"签订"日满议定书",内有下列之规定:"兹因日本国确认'满洲国'根据其住民之意思自由成立而成一独立国家之事实,并因'满洲国'宣言'中华民国所有之国际条约,以其应得适用于满洲国者为限,概应尊重之',日本国政府及'满洲国政府',为永远巩固日'满'两国间善邻之关系、互相尊重其领土权且确保东亚之和平起见,为协定如左:(1)'满洲国'于将来日'满'两国间未另订相反的协定之前,在'满洲国'领域内日本国或日本国臣民,依据既存之日华两方之条约、协定、其他约款及公私契约所有之一切权利利益,概应确认尊重之。(2)日本国及'满洲国'确认于缔约国一方之领土及治安之一切威胁,同时亦为对于缔约国他方之安宁及存立之威胁,相约两国合作以维持彼此国家之安全。为此目的所需要之日本国军队,应驻扎于'满洲国'内。本议定书自签订日起,即生效力。""满洲国"遂得日方正式承认。中国政府对于此项承认曾提抗议,并说明"日本援用其对朝鲜之先例,实际上置东省于保护国之列,以为合并之初步"。

(十二)行政院对于调查团报告书之讨论　该项报告书于一九三二年九月四日在北京签字,并于十月一日分别送达两当事国及其他盟约国。日本政府曾要求至少六星期之期间,以便草送意见书。行政院因于九月廿四日决定至迟于上年十一月廿一日开始讨论,当场行政院主席(爱尔兰自由邦之代表狄凡勒拉君)表示遗憾,以国联调查团报告书公布之前,日方不仅承认所谓"满洲国"政府,且与之签订条约,其所取之步骤,不得不认为于争端之解决有碍。国联特别委员会于十月一日公开会议时,亦表示同一之遗憾。

凡勒拉君又谓:"在过去一年间,行政院以团体之资格,与组成行政院之各国政府,对于此项严重争端之是非曲直,始终谨慎,未轻发一字之批评。因已组织调查团对于问题之症结予以考察,而在调查团制成报告书以前,以及国联讨论报告书以前,此整个之问题,乃只能认为留待判决之案件。"

一九三二年【十】一月二十一日至二十八日,行政院开会讨论调查团报告书及两当事国之意见书。对于主席所问之问题,李顿爵士以调查团名义答称:本团同人对报告书不愿有所增加。

关于报告书中所包含之建议,行政院认为在中日代表之声言中不能觅得两当事有任何协调之可能,足以使其有益的进行讨论,及贡献意见或建议于大会者。

在此情形之下,行政院只可将调查团报告、两当事国之意见书及会议纪录递交大会而已。

(十三)大会讨论调查团报告书——试行商议解决办法　大会于一九三二年十二月六日开会,经一番讨论后,即于十二月九日通过下列决议案:

"大会现接到调查团报告书——该调查团系依据一九三二[一]年十二月十日行政院通过之决议案所组织者——及两当事国之意见书,与一九三二年十一月二十日至二十八日行政院会议纪录。鉴于一九三二年十二月六日至九日大会之讨论,爰请根据一九三二年三月十一日大会决议案所指派之特别委员会:(1)研究调查团报告书及两当事国之意见书,与在大会中以任何形式所发表之意见及提出之建议;(2)起草提案,以图解决依照一九三二年二月十九日行政院决议案所提交大会之争执;(3)在可能的极早时间内,将上述提案提交大会。"

十九国特别委员会拟就决议草案二号及声明书,指明该委员会照此根据,认为可继续其图谋解决此争端之努力。

决议草案如下:

第一号决议草案:"国联大会认为依据盟约第十五条规定之条款首要之义务,厥为力谋争端之解决。故目前大会之职责,并不在草拟报告、陈述争端之事实以及对于该项争端提出建议。以为一九三三年二月十一日之大会决议案,已订立原则,将国联对于解决争端之态度予以决定。确认于该项解决办法中,国联盟约、非战公约暨九国公约规定之条款,必须予以尊重。决定组织一委员会,其任务为根据国联调查团报告书第九章所申述之原则并注意及该报告书第十章所为之建议,会同两当事国进行商议,以求解决。指派国联会员国之在十九国特别委员会者组织一特别委员会。

以为美国及苏联如能应允加入谈判最为合宜,付予该上述委员会以邀请美俄两政府参加是项谈判之责。

授权该会得因欲使任务执行之顺利采取各种必要办法。

申请该委员会于一九三三年三月一日前报告该会之工作情形。该委员会应有征求双方同意而订定一九三二年七月一日大会议决案所提之期限之权。如双方不能同意于该项期限时,该委员会应即呈报,并同时将关于该案之建议呈送大会。大会应暂时停开,但该会主席得因必要而立即召集会议。"

决议草案第二号如下:"大会对于依据行政院一九三一年十二月十日决议案委派之调查团所给予之厚助,表示感谢。并宣言该团之报告书,为一种忠实公正工作之模范。"

意见书如下:"大会于一九三二年十二月九日决议请该会之特委会:(1)研究调查团之报告书暨双方之意见书以及各方在大会中所发表之一切意

见及提议;(2)根据行政院一九三二年二月十九日将该案交办之决议,草拟关于解决该项争执之建议;(3)该项建议应于最短期间送呈大会。"如该委员会以为须将事实及情势之大概报告大会时,则在调查团报告书之前八章中可以得到该项陈述所必需之材料。因该委员会以为报告书之该部分中关于各项之主要事实,已予以一种平衡、公允与完整之叙述矣。

但该项陈述尚非其时,因依照国联盟约第十五条第三项之规定,关于争执之解决,大会应先尽力调解。设调解而成功,则该会应即印行一种关于是项事实之适当报告;若调解而失败,则应依据同条款第四节之规定,拟具该项争执事实经过之报告及关于该案之建议。

在根据第十五条第三项继续努力调解之时,大会受盟约对于临时发生事件所赋予之责任,自应特别审慎,所以本委员会于本日提出大会之决议草案仅限于关于调解之建议。经三月十一日大会之决议,特委会奉令拟一双方可以同意之解决争执办法,并以为美俄如能参与协助,双方代表之努力尤为相宜,故提议应邀请该两国政府参加谈判。

为避免误会起见,兹声明现时所拟与两非国联会员国合作者,纯系办理以调解求解决之谈判。为此本特委会提议本委员会应视为办理此项谈判之一新委员会,应受有邀请美俄两政府参加该会会议之权。该谈判委员会因执行任务,于必要时得便宜行事。且该会可以咨询专家,并该会如认为适当时,可以将其职权之一部分,交一个或较多之小组委员会或一个或较多资望索孚之人员办理之。

关于法律事项,该谈判委员会会员应以大会一九三二年三月十一十八决议案之(一)(二)两项为根据。关于事实经过,应依据调查团报告书前八章中之记述。至于考虑解决办法,则应依照调查团报告书第九章中所立之原则办理,并应注意该报告书第十章之建议。

十九国委员会以因该项争执情形之特殊,认为如仅恢复一九三一年九月前之情形,不能作为永久之解决,而维持与承认满洲之现政体,亦不能视为解决之办法。

十二月十五日曾将两决议之草案及意见书送达双方,并经中日代表提出修改。嗣本委员会委员长及秘书长奉令与双方进行谈话。十二月二十日,委员会议决闭会,并规定最迟须于一九三三年一月十六日再行开会,俾谈话得以继续准行。

(十四)日本在山海关长城内之军事行动　一九三三年一月初,山海关发生严重事变。该关位于长城之终点,据北平、辽宁之中心点,在军事上素占重要,适当为自满洲进犯者所欲深入现所称河北省之冲道,且从河北省为入日本认为系"满洲国"一部分之热河省之捷径。据日方消息,张学良将军将大批军队自河北省北部运入热河。惟据中国方面消息,则谓日本军队对于热河已决定取大规模之军事行动。

一九三二年十二月二十九日,据日方报告,在前数日间中国军队之集中为抵抗热河,已昭然若揭。日本代表并于一九三三年一月四日声称驻北平日本当局,曾极力劝告张学良停止军事行动无效,遂在此紧张不安状态之中,于一月一日至二日之夜间发生山海关事件。

日本关东军军队越过长城攻击榆城,旋于一月三日占领之。中国政府确知此役华人民众被杀者不下千数,当以日本非法利用条约上之特权,于一月十一日向一九〇一年和约签字各国提出抗议,并声明中国军队因防护正当权利而抵抗日军侵略所发生之情形,中国政府不负任何责任。

(十五)协商调解之失败　九国委员会复于一九三三年一月十六日集议,说明关于议决案草案及附加理由说明书虽仍与有关各代表继续谈判,为[惟]除中日代表团于十二月间所提之修正案外,并未接到新提案。但据日本代表团称,新提案尚在与本国政府接洽中,当可于四十八小时内提出之。

一月十八日,委员会接到此项提案,得悉其内容与委员十二月十五日送交两当事国者,有数要点根本不同。日本代表团既于新提案时特别注重对于指派之调解机关仅能包括国联会员国一项,则九国委员会以为日本政府倘对于决议草案不过反对此节,尚不难与关系各方磋商解决此问题。是以委员对于此点要求补充说明,是否日本政府如此项困难可以解除,即预备接受十二月十五日之决议草案第一号。委员会以为与中国代表团继续谈判以前,尚须等候日本对于此点之答覆,因中国代表团之提案尚不如日本提案之于决议草案持根本之异议。一月二十一日委员会说明日代表致委员会主席及秘书长之说明书,其要旨谓即使草案内删除邀请非会员国参加调解之规定,日本政府亦不预备接受决议草案之第一号。日本代表团分致此说明书,曾以本国政府名义提出新提案。

委员会经将此项提案(附件一)连同中国代表团对于十二月十五草案原文(附件二)之修正案一并审察后,以有除声明无法制定一双方可接受之草案外,不能更有何办法，且中国代表团及委员会自身均以邀请美俄两国参加调解认为重要，如果委员会须照日本提案之意义同时修改草案中其他规定，则殊难因日本一国之请求，即删除邀请各该国之规定。

委员会又以即使将理由说明书改为宣言，由主席以委员会名义宣读，关系各方并可自由提出保留，日本政府亦不能接受十二月十五日委员会所定之原草案，而必以新提案对于原文要求重要修正，而为委员会所不能接受者。因此情形，九国委员会以为业经努力预备求得双方赞同之调解以符其受托之责任后，但仍似不能向大会提出此种建议。是以委员会为实行一九三二年三月十一日议决案第三段第五节所受托之责务起见，已按照盟约第十五条第四节，拟具报告书草案。

本决定开始拟具此项报告书草案时，委员会不得不提明调解失败后惟大会有权实施第十五条第四节之条文，惟委员会仍可接收双方所拟提出之任何其他提案。至二月八日，日本代表曾将对于二月十五日原文之另一修正案提交委员会。二月九日，委员会考虑此项修正案后，认为可再将有关该案者询问日代表，尤以日本政府是否能接受调查团报告书第九章之第七项原则，即关于在满设立广义之自治机关并承认中国主权行政之完整，作为预定调解基础之一，并将此问题于同日备函送交日本代表团（附件四）。二月十四日，日政府复文，内称确信维持与承认"满洲国"之独立为远东和平之唯一保障，而此全体问题或由中日两国依此基础解决之（附件五）。委员会于答覆此函中，深表惋惜，只得认二月八日之日本提案为绝未给予可资接受之调解基础，并复以在大会末次会期以前，委员会自仍愿对于日政府拟另提之提案加以审查。但日本代表团当确知若加重现有状态，定使一再努力调解之责务，即不失败，亦必更困难（附件六）。

第三部　争议之主要特性

由此记述，可见行政院或大会继续试觅中日争议之解决方法，已逾十有六月，并已根据盟约各条及其他国际公约通过多数议决案，凡事变之历史背景、其情形之复杂与日本在中国境内行使广大权利之满洲特殊情形，以及在满洲数处中日当局间事实上现有关系之错综复杂，均证明国联之长期尽力于协商及调查确为必要。然行政院及大会所抱希望以期由各方之声明及其参加通过之议决案而促现状之进步，则已失败，而现状反趋于更恶劣。在满洲或在国联会员国之一之其他地方,其军事行动诚如调查团所称为"变相的战争"者,犹日进不已。

大会将争执之特要各点详加考虑后,得如下之结论,并知悉下列各项事实:

(一)提交国联大会之中日争执发生于满洲,中国以及列强始终皆认满洲为中国之一部,其主权属于中国。日本政府于其对调查团报告书之意见书内,辩驳在范围极小之南满铁路区域内,中国前给俄国、嗣转让于日本之权利与中国主权冲突之说,谓"其实此项权利系由中国主权而来"。中国始给俄国、嗣给日本之权利,均起源于中国之主权。依照一九〇五年之北京条约,"中国皇室政府应允俄国按《朴次茅斯条约》,对于日本之一切让予"。一九一五年,日本展长其在满洲权利之要求,系向中国政府提出。其后同年五月二十五日关于南满及内蒙东部之条约,亦系由日本与中华民国政府所缔结之。华盛顿会议时,一九二二年二月二日,日本代表团声明日本放弃南满及内蒙东部之某项优先特权,并云"日本之所以决定放弃者,系基于一种公平温和之精神,始终注意中国之主权以及机会均等之原则"云云。华盛顿会议所缔结之九国公约适用于满洲,自与中国其他各部无二。即在此次冲突之初期,日本对于满洲为中国之一部之说,亦从未持异议。

(二)就已往之经验而言,从前支配满洲之当局,对于中国其他各部之事务,至少在华北方面均具有相当之势力,在军事上、政治上处于有利之地位,尤无疑义。若强将该省与中国他部割开,势将造成一严重之"未收回领土"问题,而危及和平。国联大会提出上述事实,非不注意及满洲过去之自治历史。举其极端之例,在中国中央政府权力极弱之时代,张作霖之全权代表,竟以中华民国东三省自治政府之名义,于一九二四年九月二十日与苏联缔结关于中东铁路、航行划界以及其他问题之协定。惟该协定之条文,显然表示东三省自治政府并未自视为对中国独立的国家之政府。盖该政府仅信关于中国在东三省之权益,东三省政策亦可自行与苏联谈判,虽则数月前中央政府已与苏联缔结关于上述问题之协定。

(三)东省之自治,亦可于以前之张作霖及以后之张学良为民政及军事领袖与夫藉其所属之军队及官吏在三省内行使权力各节窥见之。但张作霖迭次宣告之独立,从未表示张氏本人或东三省人民有欲脱离中国之愿望。张氏军队之侵入关内,仅系加以内争,而并非视中国如外国,故在东省屡次战争及独立期间，东三省仍为中国之一部份。且自一九二八年以来，张学良已承认国民政府之权威矣。

（四）在一九三二年九月以前之二十五年，中国与东三省之政治经济关系日增密切，同时日本在东三省之利益亦继续发展。在中华民国时代，东三省所组成之满洲，已为中国他省移民完全开放。此项移民取得土地后，已于种种方面使东省成为中国本部在长城以北之延长部分。东三省人口约三千万，其中汉人及与汉族同化之满人占二千八百万。且于张作霖父子时代，中国人民以及中国人之利益，对于发展及组织东三省经济利源，较前尤为重要。同时日本在满洲所获取或要求之权利，其影响所及，足以限制中国主权之行使。此项限制之情形及程度，殊属逾越常轨。例如日本之治理辽东租借地，公然行使与完全主权相等之权利。又日本以南满铁路为中心，管理铁路地带，包括多数之城市以及人烟稠密之要镇在内，例如沈阳、长春等地。日本在此数处管辖警政、税捐、教育以及公用事业，并在各处驻扎军队，如辽东租借地内之关东军、铁路地带内之路警以及各处领馆之警察。此种状态，如系双方澈底了解之密切，经济及政治合作之表现，或可长久继续，不致发生纠纷及不断之争执。但因无上述条件，此种状态终必引起双方误会及冲突。且两方权利之相互关系、法律及日本特殊地位之观念，与中国国家思想之益形对峙，又为许多争执及纠纷也之源。

（五）在一九三一年九月十八日以前，每一方在东省对于他方均有正当之不平理由，因日本利用有疑问之权利，而中国则阻碍无疑问的权利之行使。在九一八事件发生以前之最近期内，中日两方曾竭力以外交谈判之通常方法与和平手段解决两方悬案。此项手段并未用罄，但中日间在东省紧张之情势日见增加，且日方意见主张于必要时以武力解决一切悬案。

（六）在中国目前所处之过渡及建设时期以内，虽有中央政府之努力，以及已经获得之极大进步，然政治上的骚乱、社会上的不安以及分裂之趋势，实为过渡情形所必不能免。此所以必须运用国际合作之政策也。此项政策之一种方法，即凡中国为使其人民改造及巩固其国家而请求之关于革新制度之技术上帮助，悉由国联继续供给之。华盛顿会议席上所表示之国际合作政策，其原则今仍有效。然迟迟未能实行者，要皆由于中国不时有激烈之排外宣传也。由经济抵制及学校之排外教育两方面，此项宣传之发展，已造成使此次争执爆发之空气。

（七）九一八前，中国为表示对某事之愤慨，或图援助某项要求而实行之抵货运动，足使已形紧张之局势更趋紧张。九一八事件后之抵制日货，则属国际报复之举。

（八）国联盟约对于解决争议之规定，其目的系在制止足使国家与国家不免决裂之紧张局势。国联调查团认为中日间之一切争执，均可用公断程序解决。但中日争执之汇集的增加，已使两国间关系更形紧张。因此自觉受损之国家，于外交谈判过分延长之时，有不得不唤起国联对于此项局势之注意。且国联盟约第十二条所载："(1) 联合会会员约定，倘联合会会员间发生争议势将决裂者，当将此事提交公断，或依法律手续解决，或交行政院审查。并约定无论如何，非俟公断员裁决或法庭判决或行政院报告后三个月届满以前，不得从事战争。(2) 在本条内，无论何案，公断员之裁决或法庭之判决应于相当时间发表，而行政院之报告，应自争议移付之日起六个月内成立。"

以下转十四版

（九）自一九三一年九月十八日夜至翌日为止，当地日军官或许自信其行动出于自卫。此种可能，不必断定其为必无。但日军是夜在沈阳以及东省他处之军事行动，国联大会不能认为自卫手段，即日本嗣后在争执进行中所采取之全部军事行动，亦不能认为自卫手段。且一国之采取自卫手段，并不免除其遵守盟约第十二条之义务。

（十）自九一八后，日军当局之行政及军事之活动，于基本上系受政治理由所驱使。日方在东省继续前进之军事的占领，使东省一切重要城镇均脱离中国当局之支配，并于每次占领之后，行政机关必经一度之改组。日本军政官宪筹组施行满洲之独立运动，藉谋解决九一八后满洲之状况，并利用某某中国人之名义及行动，以及素来不满于中国当局之某某少数份子与地方团体，以期达到此项目的。此种运动，系受日本参谋部之援助与指导。其所以能实行者，端赖日军之存在，不能认为自动及真实之独立运动。

（十一）前段所述运动所产生之"满洲国"政府，其主要政治及行政权，均操诸日本官宪及日籍顾问之手中。彼辈所居地位，足使其实在的指挥及支配东省行政。在东省占人口大多数之中国人，大抵均不拥护此种政府，并视为日人之工具。"满洲国"于调查团完成报告书后、尚未经行政院大会讨论以前，得日本之承认，唯尚未得其他任何一国之承认。国联盟约国特别认为此项承认，与一九三二年三月十一日决议案之精神不合。

引起九一八事变之情形，实具有一种特殊之色彩，随后因日本军事动作之进展，"满洲国"政府之产生，及日本对该政府之承认，情势更形扩大。此案既非此国对于彼国不先利用国联盟约所定调解之机会而遽行宣战之事件，亦非此一邻国以武力侵犯彼一邻国边界之一简单案件，殆无疑义。因就上述情形而言，东省具有许多特点，非世界其他各地所能确切比拟者也。然日本军队未经宣战，将中国领土之大部份强行占领，且使其与中国分离宣布独立，则又为不争之事实。国联行政院于其一九三一年九月三十日决议案中，提及日方声明，谓日本军队业经开始撤退，日本当以日本人民生命财产之安全有切确之保证为比例，仍继续将其军队从速撤退至铁路区域以内，并希望从速完全实行。此项旨愿，又于一九三一年十二月十日决议案中重申。九月三十日之决议，提及当事两方承诺采取必要办法，防止情势之再行扩大，并遏制任何行动，致再令发生战争及丧失性命之事。关于此案应请注意者，国联盟约第十条曾规定，会员国须尊重其他会员国之领土完整及政治上之独，又盟约第十三条曾规定，会员国同意凡会员国间遇有事端足以引起彼此决裂者，愿将争端提交公断，或依法律解决，或由行政院予以调查。在九一八事变以前来之紧张状态，其责任因在于当事两方；但九一八事变后，中国要不负任何责任。

第四部　建议之叙述

本部系叙明关于此次争执事件大会所视为公允适合之建议。

第一节　大会之建议，系注意本案件异常特殊之情形，并以下列各项原则条件及观念为基础：

（甲）本争执事件解决之办法，须遵守国联盟约、非战公约及华盛顿九国条约之规定。查盟约第十条规定：联合会会员担任尊重并保持所有联合会各会员国之领土完全及现有之政治上独立，以防御外来之侵犯。如遇此种侵犯，或有此种侵犯之任何威吓或危险之虞时，行政院应筹履行此项义务之方法。依照非战公约第二条，缔约各国互允各国间设有争端，不论如何性质、因何发端，只可用和平方法解决之。依照华会九国条约第一条，除中国外，缔约各国协定：（一）尊重中国之主权与独立，暨领土与行政之完整。

（乙）本争执事件之解决办法，须遵守一九三二年三月十一日大会决议案第一、第二两节。该议决案条文已见本报告书中。大会在上述决议案内，认盟约所载各项规定，对于此次争执完全适用，尤以关于：（一）严格尊重条约之原则;(二)国联各会员国间所成立之尊重并保持所有联合会各会员国领土之完整及现有政治上之独立,以防外来侵犯之保证;(三)国联各会员国间所负将一切争执由和平方法以求解决之义务。大会曾采用一九三一年十二月十日彼时在职之行政院主席宣言中所定之原则,并回溯行政院十二会员于一九三二年二月十六日致日本政府之申请书中曾重申此项原则,宣言凡轻视盟约第十条之规定,蹂躏国联会员国领土之完整及变更其政治独立者,国联各会员国均不能认为有效。大会曾申述意见,以为上述处理国际关系之原则,及上述以和平方法解决国联各会员国间所发生争执之原则,实与非战公约完全符合。大会于尚未采取最后步骤以解决此项交其处理之争执事件以前,曾宣告上述原则规定负有一种必须遵守之性质,并声明凡有违反国联盟约及巴黎公约之方法,所取得后之地位、条约或协定,国联会员国均应不予承认。最后大会并郑重申说,如由任何一方用武力压迫以觅取中日争执之解决,实与盟约之精神相违。并回溯一九三二年九月卅日及十二月十日经当事双方同意之行政院所通过之决议。

(丙)为使中日两国间得以尊重上述各国际义务为基础,树立一种能垂诸久远之谅解起见,解决争执之办法,须遵照李顿报告书中所定之十项原则:

(一)适合中日双方之利益 双方均为国联会员国,均有要求国联同样考虑之权利。某种解决苟双方均不能获得利益,则此种解决必无补于和平之前途。

(二)考虑苏俄利益 倘仅促进相邻二国间之和平,而忽视第三国之利益,则匪特不公抑且不智,更非求和平之道。

(三)遵守现行之多方面条约 任何解决必须遵守国联盟约、非战公约及华盛顿九国公约之规定。

(四)承认日本在满洲之利益 日本在满洲之权利及利益有不容漠视之事实,凡不承认此点或忽略日本与该地历史上关系之解决,不能认为满意。

(五)树立中日间之新条约 关系中日二国如欲防止其未来冲突及回复其相互信赖与合作,必须另订新约,将中日两国之权利、利益与责任重加声叙。此项条约应为双方所同意之解决纠纷办法之一部分。

(六)切实规定解决将来纠纷之办法 为补充上开办法,以图便利迅速解决随时发生之轻微纠纷起见,有特订办法之必要。

(七)满洲自治 满洲政府应加以变更,俾其在中国主权及行政完整之范围内,获得高度之自治权,以适应该三省地方情形与特性。新民政机关之组织与管理,务须满足良好政府之要件。

(八)内部之秩序与对于外来侵略之保障 满洲之内部秩序,应以有效的地方宪警维持之,至于对外来侵略之保障,则须将宪警以外之军队扫数撤退,并须由关系各国订立互不侵犯条约。

(九)鼓励中日间之经济协调 为达到此目的,中日二国宜订新通商条约。此项条约应有之目的,为将两国间之商业关系置于公平基础之上,并使其与两国间业经改善之政治关系相适合。

(十)以国际合作促进中国之建设 现时中国政局之不稳,既为中日友好之障碍,并为其他各国所关怀。因远东和平之维持为国际间所关怀之事件,而上述条件又非待中国具有强有力之中央政府时不能满足。故其圆满解决之最终要件,厥惟依据孙中山博士之建议,以暂时的国际合作,促进中国之内部建设。

第二节 本节所载各项规定,系构成大会根据盟约第十五条第四节所作之建议。大会既确定解决本争执事件应予适用之原则、条件及观念,爰建议如下。

(一)兹因满洲主权既系属诸中国:(甲)鉴于日军进驻南满铁路区域以外及其在铁路区域以外之动作,既与解决本争执事件应予遵守之合法原则不相符合,而在极早期间成立一种与各该原则互相吻合之局势又在所必要,大会建议此项军队应予撤退。鉴于本案件之情况,嗣后建议会商之第一目的,为从事组织上述之撤兵,并决定其方法、步骤及期限。

(乙)鉴于满洲地方特殊之情形,及日本在该处特殊之权利利益,以及第三国之权利利益,大会建议于一合理期间内,在满洲成立一种之组织。该项组织隶属于中国主权之下,与中国行政完整不相违背,并应具有甚大范围之自治,与当地情形相适合,同时应注意多方面所订之各种现行有效条约、日本之特殊权利利益、第三国之权利利益与就概括论第一节两项所述之各项原则及条件。至中央与地方政府权限之确定暨中央与地方政府之关系,由中国政府以宣言方式行之。该项宣言,具有一种国际承诺之效力。

(二)兹因除甲乙两报告书所讨论各问题外,调查团报告书在上述第一节两项所定解决本争执事件之原则及条件中,既提及某某其他各种问题,各该问题涉及中日双方良好之了解,此种了解,实为远东和平所维系,大会建议当事两方,应以各该原则与条件为基础,将各该问题解决。

(三)兹因实行上述建议之会商,既应由适当机关进行之,大会建议当事两方,依照后开方法开始会商,并请当事各方向秘书长通知,就关于其本国方面而言是否以对方亦应接受为唯一之条件,接受大会之建议。当双方进行会商时,应由大会照后开方法所组织好委员会辅助之。

大会兹邀请每一国政府,一俟接到秘书长通知当事国业已接受大会建议之后,立即派定委员会委员一人。秘书长并应将当事国业已接受大会建议一事,通知美国及苏俄。各该国如愿意指派委员会委员,并应请其各派一人。秘书长在知悉当事双方业经接受大会建议后一个月内,应采取一切适当步骤,开始会商。

为使各会员国于开会后得评判当事各方是否遵照大会建议起见:

(甲)委员会无论何时,如视为适当,对于会商情形得缮具报告,而以关于实行上述甲乙两项建议之会商情形为尤要。关于甲项之建议,委员会无论如何在开始会商三个月内,应缮具报告书。各该报告书并由秘书长分送会员国及在委员会中派有代表之非国会员[会员国]。

(乙)委员会得将与解释报告书第四部分第二节有关之一切问题,提出于大会。大会应依照盟约第十五条第十节,并以通过本报告书之相同情形予以解释。

第三节 鉴于本案件特殊之情形,故所作之建议并非仅从事恢复一九三一年九月以前存在之原状,亦非维持并承认满洲现在之制度。盖维持承认满洲现在之制度,与现在国际义务之基本原则及两国良好之了解不相符合。而二国良好之了解,实为远东和平所维系。国际会员国之通过本报告书,注[意]在遏制采取任何行动,性质近于妨碍或延宕本报告书所建议之实行,而以对于满州现行制度一事为尤甚。无论在法律上或事实上,各该国均应继续不承认各[此]种之制度。各该国对于满州之时局,意在遏制采取任何单独行为。在各会员国及与本事件有关系之非会员国间,应继续采取一致动作。至关于签字九国公约之国联会员,应回忆依照该条约之规定:"无论何时,遇有某种情形发生时,缔约国中之任何一国,认为牵涉本条约规定之适用问题,而该项适用宜付诸讨论者,有关系之缔约各国应完全坦白,互相通知。"

为极力便利在远东成立一种与本报告书建议相符合之局势起见,兹训令秘书长,将该项报告书抄本分送签字非战公约或九国公约之非国联会员国,并

向各该国声明,大会希望各该国赞同报告书之起见解①,在必要时并与会员国采取一致行动及态度。(完)

(《大公报》,1933年2月22日,第十三版转第十四版)

243. 国联报告书今日将通过大会

【南京二十三日下午七时发专电】 国联大会二十四日开会后,将即通过报告书。现日内瓦方面对于报告书通过后对远东时局办法,有三种意见:(一)大会不即闭幕,于任何重要情势发生时,随时召集大会开会讨论;(二)十九国特委会不撤消或组同样性质之委员会,专办理远东事件;(三)从速成立谈判委员会,进行交涉,解决纠纷。外交界信国联会员国除日本外,将一致投票赞成报告书。按照盟约规定,此项报告书无须得当事国之同意,即可生效,故日本纵投反对票,报告书亦可成立。我方对热河问题,俟大会通过报告书后,亦将提出报告,并请大会对日本之侵略行为作有效之制止。

【日内瓦二十二日电】 本日上午国联中人纷纷揣测中日冲突之发展,以及二十四日国联大会召集时对报告书表决将持若何态度。日方于十日发表之照会,竭力拒绝接受报告书,并不允停止热河军事,一般认此足以令情势更见紧张。目前在幕后虽仍作调解努力,但其成功则几于绝望。国联与日本决裂,殆不可免。

【日内瓦二十二日路透电】 十九国特委会渐明瞭其责任与难关并未终结,现待应付之棘手问题甚多,如规定大会议程,成立谈判委员会,讨论万一热河发生战事,是否可由该委员会建议应采之手段,与报告书由大会通过后如何使用积极手段,使大会与一切发展接触等,均须处理。十九国特委会刻已担任一裁判法庭之职责,主席西姆斯将宣告判决书,并应付国联大会开会期间内发生之一切。颜惠庆将于星期五(二十四日)国联大会通过报告书前发言,已为确定事实。但松冈似必静候该报告书通过,然后或发表一极耸动的演说。兹闻十九国委员会中,对于继续接洽办法,是否使大会依然继续,或随时由国联

---

① 编者按:原文如此,多一"起"字。

秘书长德留蒙召集,或组织与九人委员会相类之机关,或改变报告书之方法,以便使谈判委员会不拘两造是否接受该报告,得以尽早开会各节,意见尚未一致。有某某国代表颇趋向于最后所列之办法,因美俄两国之提携,或因此可以实现云。

....

(《大公报》,1933年2月24日,第三版)

244. 国联大会通过报告书,对日本侵略行为毅然宣布判决,一致表决后日本代表全体退席

【日内瓦二十四日加急电】 十九国特委会报告书本日已由大会通过,并将报告书正式通知驻日内瓦美俄两国代表,请求各该政府在最早期内,采取与国联合作之可能行动。

【日内瓦二十四日电】 本日午刻国联大会开会,当比外长西姆斯宣布开会时,议场已告人满,外交界、公众与新闻记者之旁听席,均水泄不通。盖国联处理满洲事件,至此告一段落,此会实具有历史性也。非会员国如美俄等,亦均有代表莅场。西姆斯氏拍案后发言,宣布十九国特委会已一致通过报告书,日本对该报告书态度亦经阐明,因此彼请华代表颜惠庆演说。颜氏即以明确态度,接受报告书与建议。松冈继颜氏演说,在发电时尚未完毕。

大会之光景

【日内瓦二十四日路透电】 国联大会开会前,又有拍摄电影之举,旁听席上几无插足余地,走廊各处情形之紧张,为国联有史以来所未见。各人对日本或将持富于戏剧意味之姿势,纷纷加以揣测。主席西姆斯氏于大众交谈中入席,银发飘萧,与玻窗外山巅之皑皑白雪相映照。日代表松冈紧随西氏后入席,其时上午十时四十五分。松冈与随员均面呈坚定之色,似为议场上最不动神色之一行。十时五十分西姆斯氏振铃,宣布开会。

主席之宣言

西氏先宣称,对报告书中关于指派谈判委员会之规定,稍有修正。氏称自

上次会后，又接到中日代表团双方之通知书数件，包括最近日方之意见书。此项文件已经各会员，尤其十九国特委予以审慎之研究，大会嘱托鄙人作下列宣言："十九国特委对日本意见书已予以审慎之斟酌，顷间认报告书之措词，无修改必要。该报告已经一致审慎通过，故十九国特委会决定不再作声明。"西氏遂请中国代表颜惠庆首先发言。

颜代表演词

颜代表演说，表示感谢之意，谢国联维持中国之政策，并贺国联对于其最重要会员之一，作人类文明史籍上最狂悖之侵略行动，能毅然宣布判决，国联经此演变，已成为一更坚强与更呈生气之工具。关于报告书，氏对于其中某种之缺失表示遗憾，并对于其中若干细节不表同意。氏谓但"吾人现为争议之一造，似不应强持吾人之观点"。颜氏又述及在盟约第十一条下指派之国联调查团，谓嗣后中国虽援用盟约第十条与第十五条，但调查团仍按照一九三一年十月十二日决议案之条款，阐明其任务，以后调查团坚持注意过去行动之责任，□□对于图谋避免以后再有此类行动发生之方法。现时用调解方法解决之努力既已宣告失败，故对于莱顿报告，必须另用新眼光加以研究。氏对于报告书第二部关于史实之纪载，认为满意，以为在环境允许之下，可称为正确之调查。关于第三部，氏征引其中各点，认为满足，并附以意见。颜氏陈述日本篡夺中国之权力与机能，使南满路成为"政府中之政府"，以致破坏中国之主权与条约关系。氏对于报告书中对中国过渡期中表示之同情，陈述深切铭感之意。氏又将中国愿意用公断方法与日本解决关于条约解释之争议情形，与日本拒绝接受在第十条下所负之义务，作一比较。颜氏对关于九一八事件之调查报告以及关于"满洲国"地位之"有力的与无错误的"结论，亦认为满意，因"满洲国"之地位，故国联须负责按照第十条设法履行其义务。又报告书中认以后发生之事件中国应免除责任一段，实为"可畏而正直的检举"。此项检举，即系针对日本军阀主义与对日本政策负责者而发也。颜对于报告书中所列办法，规定中国政府宣言决定在满洲之中央政府与地方当局权力之划分，须在日本撤兵办法以后，表示赞同。氏并热烈欢迎美俄参加合作。氏于结束时称，中国对于报告，将予以无条件之接受，并以强调声明，但倘令日本不接受时，则据按照报书所述，中国系遵照盟约第十五条第六项之争议之一造，其所享受之权利，将完全不受影响云云。日代表松冈继颜演说。

松冈之演词

松冈演说称,日本政府对报告书已予以审慎严重之考虑,今以悲痛之失□,认其为不能承受。十九国特委会未能认识远东之情势与日本在无可比拟之环境中所处之地位,以及迫日本采取行动之最后目的。中国经过革命运动二十年,人民蒙受灾祸,丧失生命者数百万人,其战祸、专制、盗匪、灾荒与各种苦难,为通常西方人士所难想象。莱顿报告书中,曾谓中国为威胁世界和平之问题。日本与中俄两国比较,版图颇小。二十年中,日本对其邻国之状况,抱有深切之忧虑与不安。吾人观测前途阴影,认为无一线足为真正慰藉之希望。中国久已放弃有主权国家之国际责任,日本蒙受其苦痛最为巨大。中国自革命以来,在满洲朝代下之属国均已丧失,现时满洲亦宣告独立。中国对于日本努力合作维持满洲之和平与秩序,时常予以阻碍。松冈坚称,日本将永远维持远东之和平、秩序与进步。日本在满洲采取确定之立场,国联以诚恳公平态度企图早日作圆满解决,惟其行动则继续鼓励中国采取反抗态度。中国之武装者较任何其他国家为多。中国并非一国家,破坏国际担保成性之和平国家,并非能尊重主义之国家。松冈申述莱顿报告书不符实际,尤其关于满洲人民之性质一点。关于十九国报告书,氏称,其内容对于中国则免除其责任,而对于日本长时间保持和平与为满洲人民幸福计,增进其法律与秩序之繁难的努力,则未加以述及。氏以满洲情形与中国其他部分之情形相较,拟证明日本为一文明与安定之伟大力量。氏请国联加考虑,并按照莱顿报告书第九章所列之最后原则提出警告。氏提出质问,谓仅以派遣技术委员会之协助,是否即可对此疲敝之政府予以改变?反之,所需要之办法较此远为重大,无一大国或一国家团体愿意负此重任。氏又质问中国代表,中国政府是否愿意接受任何方式之国际共管。氏请颜氏对此发表意见,以备表决。松冈称,国联真诚之努力,更增加情势之混沌,热河即为其一例。日本对于彼间冲突之结果并无所忧虑,但厌见不需要之流血。报告书之影响,似予中国以一种印象,以为能继续蔑视日本而无害。氏又问美国是否愿意将巴拿马运河归国际共管,或英国愿意将埃及归国际共管。报告书关于抵货之判决,树立一危险之原则。氏结束时称,日本意欲与中国合作,奠定东亚之和平,"余诚恳请求诸君,按照吾人之条款,与吾人协商,并予吾人以信任。如否决吾人此项呼吁,将为一种错误。余请诸君勿通过报告书"云。松冈演说毕,主席询问是否愿聆预定之三代表演说,在餐前提出表决，抑立时宣告延会。大会同意聆三代表发言。松冈演词所采之强烈挑战声调与颜氏安详之态度，适成对照。二人发表演词时，全场均寂静倾听。

坎代表演词

【日内瓦二十四日路透电】 今日国联大会席上，坎拿大代表黎德尔之演辞，大略如次："坎拿大政府深悉调解努力耗竭后，十九国特委会必须依照会章第十五条四款起草报告。今则置于大会之报告书，诚为一公允明达而关系世界和平之委员会之审慎考虑、一致通过之谳书也。自中日问题发生伊始，坎拿大政府曾协助一切为谋和平解决之努力。坎政府审慎避免任何足以阻碍和平解决之言动，对于事实是非，暂守沉默，盖恐不智之言论或将发生影响，以致窒碍各国共同努力，冀谋恢复远东和平所利赖之中日两国之好感。坎拿大政府声明，接受国联报告书，并欲表示钦佩特委会之工作。特委会对于一切调解途径试探殆尽，举世舆论业已洞悉。但调解努力之失败，吾人不得不痛惜而承认之。坎拿大政府认为，国联建议可充远东和平发展之巩固基础。坎拿大政府希望当事两方接受依此建议成立之状态，于可能范围内，使一切冲突皆可迎刃而解。今日各代表决议性质之重要，无庸赘述。世界对于和平解决满洲问题之信仰，已觉动摇。若竟破碎，则惨淡经营保障国际安全之工具，将被牵动，裁军问题将生阻碍，国际经济合作倍感困难。为此种种原因，吾人应赞成通过报告草案。"

委代表演词

委内瑞拉代表朱米达演说，称每次国联机构以忠实无畏之态度运用其权力时，辄发生有效率结果。吾人固不能期待其表演奇迹，但每次有违反国联盟约行□，均将妨碍永久解决之可能。氏称东西方面发生流血惨剧，一如国联盟约无有存在。然者，冲突事件使吾人遇有改变盟约、使国际管理权愈臻严□之需要。此等事件，深切需要在国联权力下予以结束。但和解手续不能进行，则一九三一年以来之使用暴力状况将愈紧张。争议两造均□望和平，延宕并非企求获得永久和之最佳方法，此种办法至为危险。次立陶宛代表邵纽斯演说，称和解办法既已穷尽，彼敦促大会坚决采取适当与必需办法。又称报告书通过后，不能即视为一张废纸。

通过报告书

主席西姆斯宣布,决定按照适合条文,对报告书从事表决。氏说明一致之意义,即等于行政院会各理事全□,外加大会其他会员之大多数。表决用点名方法,四十二国代表齐呼"是"字,惟日本独呼"否",暹罗代表弃权,其余代表缺席。西姆斯氏当即宣布,报告书一致通过。争议两造无表决权。

松冈再发言

西姆斯氏嗣宣读盟约第十五条第六项,注重"联合会会员约定,彼此不得向遵从报告书建议之任何一造从事战争",此点与报中之建议案符合。又宣读第十二条之规定,同意在三个月届满以前,不得从事战争。西氏希望两造接受调解之努力,任何一方均勿干犯无从挽救之行动,只足令纠纷延长。不能停止探求解决方法之国联,将继续进行其□草盟约者所赋予之工作。此时松冈再度发表声明,大会延会至下午五时。松冈第二次声明称,对于报告书之通过,异常抱憾与失望。日本曾参加起草国联盟约,对于日本能协同世界列强进行此项人类共同努力之最伟大事业,殊觉荣幸。氏对于目前情势深感遗憾,因日本政策根本系为保障远东和平与协助全世界和平,顷间已达到。日本企图与国联合作,阻止中日歧见之穷途,惟仍坚持有意对于世界之和平事业,从事合作。

日代表退席

西姆斯氏于宣布大会散会时,称大会定下午五时重开,将讨论关于报告书所引起之一点(大概系关于设立委员会事),并听取报告。大会空气因日代表团耸动的退席,而受影响。彼等退出时,会议已将结束,坐椅并有移动者,惟日代表团之姿态,则颇为明显,凡稍加留意者,均获有深刻印象。松冈面色惨白,呈坚决之态,后随者有长行之日本出席裁军会议与国联会议之代表七八人。会场入口处因有群众伫立,故一行经过时,愈令人触目。日代表作沉思状,目不左右视。至关于日方宣言之意义,有人怀疑其是否含有与国联从此断绝关系。但一般预料,此点将由今后日政□之行动与通知加以说明也。另闻国联副秘书长杉村顷已提出辞呈。大会第二次重开时,特别引人注意之点,即在国联会所中,完全无一日本人踪迹,令大众忆及主席西姆斯氏在分析表决报告书结果时所言。氏称吾人之建议,拒绝其中之一造,该造似欲退处于隔离地位进行其政策,而不顾及他国之公意。报告书顷已完成,谈判委员会名单亦经列入,计为德、比、英、坎、西、法、爱、义、荷、葡、捷、土十二国。

组顾问委会

西姆斯提出一决议草案,全文如下:(一)根据国联盟约第三条第三项,大会开会时得处理属于联合会举动范围以内,或关系世界和平之任何事件,故对于中日争议之发展,不能坐视。(二)根据大会通过报告书第三部十七节,并按照盟约第十五条第四项,会员国关于满洲情势,意欲避免采取任何单独行动,并继续在会员国间以及与有关系之非国联会国间,采取一致行动,按照报告书之建议,尽力便利远东情势之奠定。并训令秘书长以此报告书,通知签署或同意非战公约及九国公约之非会员国家,告以大会希望彼等赞助报告书中表示之意见,于必要时与国联会员国采取必要之一致行动与态度。大会决定指派顾问委员会,注意今后情势,并协助大会遂行其在第三节第三段之职务,并拟协助国联会员国与非会员国作一致动。此项委员会,包括十九国特委员,外加坎拿大、荷兰。委员会邀请美俄政府合作,其工作将为在委员会认为适当时,提出报告与提案,并应将报告通知与合作之非会员国政府。大会将继续开会,其主席于组织委员后,得于认为适当之时召集会议。

顾代表演词

西姆斯嗣请中国代表顾维钧演说。顾氏提及今晨松冈之演说,主席立时加以阻止,故顾氏仅述及热河情势。顾氏热烈促大会注意热河情势之危险,呼吁大会在散会前决定予委员会以权力,采取必需步骤,勿延缓会员与非会国之有效率行动。氏称中国代表团准备尽力在可能状况下与委员会合作,并驳斥日本近顷致国联之照会已揭露其无权侵略热河云。

(《大公报》,1933年2月25日,第三版)

245. 莱顿谈中日纠纷：盼日阀觉悟，拒绝供给军火问题须世界采一致行动，欧洲军械业仍积极活动中

【伦敦十四日路透电】 莱顿爵士接见《先锋日报》记者，谈及中日问题。据称，英国单独不能采取任何步骤，一切行动须以国联会员国之协调为前提，但关于禁止输运军火一节，英国自可发起，谋国联间之一致行动。国联会员国于一国际争端仍在国联处理中，若以军火供给任何当事一方，诚为不可思议之事。此事若竟发现，则应充国联会章规定，会员国不□以军火接济当事国。工党近要求政府禁止军火接济日本，甚为得当，但就另一方面观之，如他各国仍继续输出军火，英国何必单独拒绝云。莱顿继言，就中日问题本身着想，日本无理由。前希腊与布加利亚开战，国联断定希腊无理，希人遂即推翻府政〔政府〕，变换政策。日本于事实上诚受军人之统治，凡日人国外之友好，无不希日本采取与希腊类似之举动。中日问题之满意解决，仍属可能。于满洲完全解除军备，仅设外人教练之警队，实足维持治安云。

【伦敦十三日电】 今晨各报关于政界讨论英国禁运军械至远东之可能时，对此项运输之程度发表惊人数字。据称此项运输军械事件，不仅予英国军械业以生机，轮运业亦大沾其惠。工党《每日前锋报》讯称，自新年以来，英厂输往远东之子弹计三千六百万发，机关枪一千架。按在一九三二年全年中，运出之子弹共计不过一千三百万发，机枪八百架。据《每日捷报》讯，威克亚猛斯特郎军械厂顷间分三班工作，赶制子弹，以应远东方面订购。该报并称，暹罗顷间亦向英国订购大宗军械云。

【史万维克（英国）二十四日哈瓦斯社电】 昨日英传教士代表举行会议，伦敦基督教会之牧师柯克斯主席。通过决议案，称"全国各地传教士百人，抗议运输军火至远东"，决议案底稿已交首相麦克唐纳及兰斯伯雷。

【伦敦二十四日哈瓦斯社电】 《每日电讯报》利物浦记者消息，该处及英国他处口岸起运炸药至中国，昨日某轮船上载炸药去华。又电。日本购买英国旧船，有人在下院提出质问，商部秘书长向下院以书面答复，谓所卖者为废船，并为一种普通商业交易，政府无调查之必要。

（《大公报》，1933年2月25日，第四版）

246. 国联报告书外交部付印发售

【南京二十六日下午七时发专电】 国联通过之报告书，内容较公布时略有变动，即顾问委员会之组织略为扩大。外部已将修正全文付印发售。

(《大公报》，1933年2月27日，第三版)

247. 美国拥护条约神圣，愿与国联诚意合作，我代表团促政府下决心，莱顿主张英国应履行条约责任

【日内瓦二十五日电】 我国代表团某要员谈："十九国委员会之报告书，卒于二十四日经大会认为公正不偏，全部通过，实为三个月前梦想所不及。我方之坚苦忍耐，不为徒然。所惜在中日争端发生之始，国联未能当机立断，致事势转恶，中国所受损失极巨耳。当中国提出本案于行政院时，各国态度多不着边际，即在十一月特别大会开会时，小国及大国间之意见亦大见参差。其时袒日方面以西门为领袖，形势恶劣，然卒因日本之固执及虚伪，致十九国委员会之不满态度突转强硬，而国联亦决定加日本以谴责。又促成此次报告书之通过者，除上述形势以外，尚有中俄之复交。俄国对国联之态度及欧洲政治形态之危险的开展，如盛传一时之德义密约等等，使英法两国大感不安，而深觉拥护盟约以增加国联声势之必要，实亦为促进国联决心之一重大原因。现在全世界已左中国而右日本，吾人自亦当对全世界表示一种最坚强之决心，证明中国不特对侵略者予以抵抗，并有力逐之出境。吾人如不努力，则国土之恢复绝少希望。牺牲愈大，所得亦愈厚，能自助者人亦助之。日本之为全世界唾弃，即我国人奋斗自强之最大机会也。"

【南京二十六日下午十一时发专电】 外交界息。国联通过报告书后，国际形势绝对有利于我。美对国联因报告书颇为满意，遂正式表示美政府见解与国联一致。国联今后将得美国更有力之协助与合作，其行动自当更有力量。惟目前之艰苦牺牲，非我完全负起，不足以造成更新之局面，尤必我具坚强之决心，而后人能为我助。关于此点，颜、顾、郭三代表曾电呈政府，盼切实注意

力行。当局对抗日问题,连日作缜密之研究,极为慎重。各要人意见,完全一致长期抵抗。

【南京二十六日下午七时发专电】 外交界息。国联顾问委员会已正式邀请美俄两国派代表参加。美国务卿斯蒂生与继任国务卿郝尔亦先后表示,报告书之事实部分与美国所接之报告大致相同,建议部分亦与美国之意见一致,故美国与国联合作,已具有极大之可能。惟现距当选总统罗斯福氏就任之期只有五日,故美国与国联之切实合作,或将在新总统就任后具体表现。至苏俄方面,亦将与美国取一致行动。

【伦敦二十六日路透电】 国联调查团主席莱顿爵士谈及中日纠纷事时,谓:"如国联宣布已到引用国联盟约第十六条时,余希望吾国准备履行其条约上所规定之责任。余十分相信,吾人所提出之解决中日纠纷办法,系唯一适合事实之办法。此时应设法使日本明瞭,凡轨外行动,绝非公论所能宽宥。但更须使日本明瞭者,即各国出于至诚,欲于常轨以内谋一解决办法"云。

【华盛顿二十五日合众电】 未来罗斯福内阁国务卿上议员郝尔氏,今日发表一直接与远东问题有关之宣言,拥护条约神圣之原则。氏谓:"此邦或任何国家,对一切条约之意义及精神与夫国际信义,应公同遵守。"此宣言系于郝尔与国务卿斯蒂生氏作长时之谈话后所发出,其所讨论者,特别系关于远东问题及其他外交问题,以为胡佛与罗斯福两任不应有不同之政策。据称关于远东所谓之斯蒂生政策,不久即可称为郝尔政策,因将当权之郝尔氏称,其与斯蒂生所采之政策完全一致。据称斯蒂生及郝尔两氏明日将再举行一度会议。

....

(《大公报》,1933 年 2 月 27 日,第三版)

248. 莱顿主张维护盟约,应即向日本提外交劝告,并佐以渐进的有力压迫,郭泰祺谈裁军会议将因日本侵略中国而搁浅

【伦敦十日路透电】 莱顿爵士顷在《旁观人报》发表一文,称不能以日本退出国联为借口,延缓进一步之行动。顷应立时向日本提出外交劝告,以维护

国联盟约,并佐以渐进的有力压迫之方式,如不借债款与日本等等。对满洲应予以与国联盟约条款相合,并为人民所能接受之有效率的政府。又谓如无日方协助,此事不能成功,为令日本接受国联仲裁计施行压力,同时必须通知日本以关于联国[国联]准备予日方之交换条件云。

【伦敦十日哈瓦斯社电】 国联中国代表、驻英公使郭泰祺氏前由日内瓦遄返此间。昨日下午本社记者前往访问,郭使谓:"中日开始直接交涉,实无其事,因其与中国所持政策相反。且日本现已占据热河,野心未已,其用意在征服全中国,独霸亚洲,故此时直接交涉,实属无益。中国舆论愤激万分,热河虽失,必求光复,此可预料。汤玉麟之死与张学良之辞职,虽无正式消息予以证实,但此后抗日军事必由蒋亲自指挥,而全国人民一德一心,为之后盾。广州与南京前此略有意见,现已放弃前嫌,一致对外。所未同意者,惟国防上应取之方法。是故中国正因外患胁迫,完成其统一。予个人对中国军队之败退,深为失望。但战事虽有时不利,而民气依然激愤。从此以后,全国人民自卫之心理,较前愈甚。故热河之失,反使中国抵抗到底之决心为之愈坚。国联报告书不直日本之所为,甚为明显。日本适于报告书在非常大会通过之后,进占热河,又演侵略行为。似此情形,则国际上以外交及经济手段压迫日本,此时较前尤为必要。而中国人民更有权抵制日货,使其不致倾销于中国市面。"郭使谈话将毕时,复又提及禁止军火出口问题将在日内瓦讨论一层,谓:"本人固盼望裁军会议成功,但个人以为此时无甚希望。日本一日不退出中国领土,则中国即一日不能签字于裁军公约,东京政府亦必拒绝签字。形势如此,则列强所要求之海军裁减,又焉能办到?吾恐裁军会议,将从此搁浅。"星期日英国某无线电公司将请郭氏与松冈洋右演讲中日争端。

(《大公报》,1933 年 3 月 11 日,第三版)

249.《中日问题之真相》——中国致国联调查团之说帖

参与国联调查团中国代表顾维钧氏提出之二十九种说帖,为中日纠纷中最有权威之文件,系由我国代表处专门人员所撰,对中日间各种纠纷问题之真相,作具体而严正之叙述。莱顿报告书之内容,大半取材于此。外交部现将此二十九种说帖汇印出版,列为白皮书第二十六号,书名《中日问题之真相》,合装一巨册。每册道林纸本收工料洋一元六角,新闻纸本洋一元。中外学者如欲取读,可向南京外交部情报司函购。

(《大公报》,1933 年 3 月 22 日,第四版)

250. 日枢密院今晨举行御前会议,讨论退出国联案

【东京二十六日日本新联电】 日政府俟二十七日退盟咨询案发下之际,即于是日午后二时开紧急阁议,以决定手续。午后三时即由斋藤及内田入宫奏请裁可,然后即致电国联秘书长通告退出国联。又电,关于退盟咨询案之枢密院会议,定二十七日午前十时在宫中东溜间日皇亲临之下举行。是日之会议,乃系放弃从来之国联中心外交,而开始自主的协调外交之重要会议。枢密院方面将由仓富议长、平沼审查委员长、各委员及卧病中之古市、召原两顾问官与其他顾问官全体暨二上书记官长出席,政府方面则由斋藤以次各阁僚出席,由平沼报告退盟处置案之经过,将依照审查委员会之决定,通过该案。

(《大公报》,1933 年 3 月 27 日,第三版)

251. 社评:日本通告退出国际联盟

日本退出国际联盟案,业于昨日由枢密院会议可决,即经通告国联。至是日本之情甘孤立,已属自外生成。今后日本是否益无顾忌,进攻中国?世界是否容其凭恃武力,破坏和平?两两对立,形势益亟,吾人诚不可不严重注意之也。

按日本自经一九一四年欧洲大战,经济外交诸博利益,国际地位突飞猛进。一九一九年平和会议,分协约战胜之光荣,僭居五强之一,参与改造世界之大业。当时西园寺实为首席代表,而今之牧野内务大臣次之。对于国际联盟,固居手创者之列。今乃因国内军阀之横行,反动势力之膨胀,被迫而大开倒车,回复锁国时代,退出五十余国之国际大团体,仍复冥行盲进,骄妄无极,宛若甘与世界公理不并立。此其心理状态,令人莫测。然而详加考查,则此举

依旧系军人主动，是诚值得一述也。本来日本退出联盟之说，自九一八以后即见流行，然而元老持重，重臣稳健，内阁阁员、军部先辈反对此议者，亦大有人在。自莱顿报告书通过大会，事机益急而庙议不决。直至二月中旬，关东军方面忽有代表秘密回国，携有关东军干部二十七人联署之意见书，据云系鞭策当局，力主硬论。当局慑于军人之威，如遇炸弹，周章惶恐之余，内阁开会，遂定脱退之议。彼时曾有笑柄，宣传一时，缘日本政友会在众议院有三百余名之议席，居第一大党之地位，只以军人反对政党，故未能获得政权。近来斋藤内阁困难百出，政友会之铃木喜三郎久有要求禅让之运动。方脱退国联争议正盛之时，因元老重臣多主慎重，铃木与歌同调，以示迎合。某日有多数新闻记者往访，铃木宣布政见，唱导平和。讵意记者散会未逾一小时，政友会阁员之鸠山一郎驰报铃木，谓阁议已决退出联盟，其本人在议席首倡赞成。铃木闻报骇然，亟招记者，重新谈话，自谓适间所言，意有未尽，自埋自撊，竟主立即退盟，且请记者易稿刊布。不料二次来者，人数不齐，于是次日各报，同一铃木谈话而内容正相反对。由此可见日本军人之势力，真足以左右国策，而其政党于国家之不忠实无责任，乃至可骇人听闻。如此国家，根本不是二十世纪所应有，其开倒车，盖不足怪。

日本脱退联盟后之外交政策，据谓决立脚于自主、公明与不屈之三标语上，将与美、俄、华三国整理从来之关系，而处处仍坚持其扶植伪国之错误政策，甚至将中、日、"满"联成一句，漫言提携。其为梦呓，世界无人不知，而日本独斤斤道之，其妄其愚，可愤可悯。夫国联盟约上义务，在通告脱退后两年之内仍须担负，故实际上对华问题，日本依旧应受国联决议之束缚。而华府之九国公约、巴黎之不战条约，日本固无脱退否认之余地，故日本在形式上虽自甘暴弃，而各国在法律上绝对不能容许其遗世而独立。彼之通告退盟，不过加重外交困难，增添世界恶感而已，于彼实有害而无益。此等显然之事实、昭著之利害，日本元老重臣、阁员政党谁不熟知？乃竟畏葸苟安，不敢披军人之逆鳞，为国家策万全，彼所谓有组织之国家，固如是乎？虽然，日本今日政权，实际操于少壮军人之手，宛若无羁野马，横奔直驰，殆莫知其所止。彼曹固认定方今世界多事，英国无暇，美俄无力，脱退国联之后，更可任意侵略中国，发挥野心，故最近将来，中国国难或将更趋严重。在此种状态之下，中国对日无话可说，计惟有拼命图存，或与之偕亡耳。此我国上下所应猛省者也。

（《大公报》，1933年3月28日，第二版）

252. 日本退出国际联盟，我国将有重要表示

【南京二十七日下午七时发专电】 政府对日方宣告退盟事，已拟有应付方针。如日本果发表退盟，我政府基于我国之立场，亦将有重要表示。盖日本虽退盟，而二年以内仍将尽其应有之义务。政府对国联方面，亦决定进行新方针，俾暴日终受制裁。

【南京二十七日下午九时发专电】 外交界息。日政府已决于二十七日退出国联，由外务省通知国联及各国政府。此全由于在国联外交全盘失败，故不得不挺而走险，对我并无若何影响。盖日本在退出之二年内，仍有履行一切国际公约及国联盟约之义务，今后国联如对日有何举动，日除仍须接受外，并狡辩之机会亦不可得矣。国联为保持其尊严计，对日政府此种倔强行动，预料必不能坐视不顾。而德国之要求收回南洋各岛统治权，尤使日政府添一劲敌。日本今后外交，殆已完全处于孤立地位。日政府虽企图向英、美、法、俄各取单独联结，但此种计划失败于退出国联之前者，必不能收效于退出国联之后。

【伦敦二十七日路透电】 日本退出国联之决定，已为各方所周知，故一般对日本提出退盟之正式通告，除覆述认为遗憾外，颇少批评。惟日本退盟或将迅速引起日内瓦方面重新活动。中国代表郭泰祺氏定本日抵日内瓦，此举颇堪注意。伦敦华方人士以为，颜惠庆氏或亦将由俄启程赴日内瓦。又美国出席国联顾问委员会代表挪门·台维斯氏，亦于本周抵伦敦，转道赴日内瓦。伦敦华方人士未发表中国代表目前是否有意在日内瓦采取特别行动，华方似仍未搁置最后援用盟约第十六条之可能，但目前似不至采取此项剧烈行动。大概中国代表暂时将静候顾问委员会开会后情势之推移，而临机应变云。

【东京二十七日日本新联电】 讨议退盟咨询案之枢密院御前会议，本日午前十一时在宫中东溜间举行。各顾问官及政府侧诸员于午前九时余陆续入宫，以皇座为中心，依马蹄形设席。枢密院侧，仓富以次各顾问官，政府侧，斋藤以次各阁僚，黑崎、有田、谷、松田等均参加。届时日皇着陆军常礼服，由仓富及二上引导入座，仓富乃宣告开会。平沼报告审查委员会之结果约二十分钟，然后由各顾问官与政府当局间质问应答，并开陈意见。此时日皇热心的听闻讨议。问答完毕后，仓富请赞成者起立，结果各顾问官及各阁僚全体起立，

遂一致依照审查委员会之原案,将退盟案通过,而此历史的御前会议遂告散会。日皇旋即进宫。又电,退盟咨询案本日业经御前会议通过,仓富于御前会议散会后,即以文书上奏枢密院之决定意见,结果午后已发下政府。又电。关于退盟案之枢密院会议午前十一时开会,由平沼报告之后,即入于质问。水町质问与退盟有关之昭和九、十两年度财政方针,高桥答覆。其次石井作赞成退盟之演说,并鞭挞督励政府。然后入于采决,经全体一致通过。又临时阁议本日午后一时半开会,处理经议会协赞之各法律案之公布办法后,候枢密院上奏案之发下,即予以决定之后,由斋藤入宫上奏退盟通告文件。经日皇裁可,复回阁议报告经过。乃由内田对德留蒙发出通告,同时并由内阁将通告文及政府之声明书公布。

通告全文

【东京二十七日日本新联电】 日政府退盟通告文如下:"日政府认为确保东洋和平,进而贡献世界和平之国是,乃系与企图各国间和平安宁之国际联盟之精神及其使命相同。日本得于过去十有三年间以联盟国并以常任理事国协力以达成此崇高之目的,殊觉欣快。其间日本常以不减于任何国之热诚参划国联之事业,乃系不泯之事绩。同时日政府鉴于现下国际社会之状势,为谋世界诸地方之和平,认为有依照此等各地方之现实事态而运用国联盟约之必要。如是,依据此公正之方针,确信国联始能完成其使命。昭和六年九月,中日纷争事件提出国联之始,日政府即始终基于上述之确信,而于国联历次会议及其他之机会,主张国联处理本事件,如欲以公正妥当之方法,增进东洋和平并显扬其威信之际,应对于该方面之现实事态有确实之把握,然后运用盟约,以适应该事态为最要。就中中国乃系完全非统一之国家,其国内之事情与国际之关系极为复杂,认为有变则例外之特异性,以此为一般国际关系基准之国际法之诸原则及其关系,对于中国之适用应加以显著之更改。其结果对此特殊而且异状之国际惯行之成立,有考虑之必要,曾经强调的力说。然征诸十七个月间国联对于本事件审议之经过,则多数联盟国对于东洋现实事态未有把握,且对于国联盟约与其他诸条约及国际法诸原则之适用,尤其于解释上,日本于此等联盟国间显然屡有重大意见之相违。其结果遂致本年二月二十四日临时大会所采择之报告书,有不顾日本除确保东洋和平外无何项企图之精神,而陷于误谬之论断。就中且忆断九一八事件当时及其后日军之行动为非自卫权之发动,而忽视该事件发生前之紧张状态及事后事态之恶化完全属于中国责任,致作成东洋政局新纠纷之基因。一方对于"满洲国"成立之真相复予以无视,而否认该国之日本立场,破坏安定东洋事态之基础。尤其于劝告中所揭之条件,对于确保东洋之康宁并无何项贡献。此在本年二月二十五日日政府之陈述书曾经述过。总之,多数联盟国当处理中日事件,为确保现实之和平,反尊重适用不可能之方式,又为剪除将来之祸根,反有拥护架空的理论之观。此等联盟国与日本间重大相违之事,前已述过。故日政府维持和平之法策及确立东洋和平之根本方针,确认与国联完全迥异。因此日政府相信无再与国联协力之余地,爰根据国联盟约第一条第三项,通告退出国联。"

斋藤声明

【东京二十七日路透电】 日首相斋藤发表声明,覆述引起日本决定退盟之经过,并注重此举之重要,在敕令中已加以说明。日皇在令文中并令日本臣民,在此国难期中,各尽天职。氏表示,深信列强能认明日本始终系遵守保障和平之政策。该声明中注重实现日"满"与中国合作之重要,并敦促全国尽力合作,以遂行日皇所定之政策。

(《大公报》,1933 年 3 月 28 日,第三版)

253. 对于满洲事件国联今后采何步骤? 莱顿爵士著,赵谱巨译

本文载于三月十日 The Spectator,原题为 Manchuria: The Leagues, next step,为国联调查团主席莱顿爵士所撰。国联上次大会通过十九国委员会报告书后,已沈默多日,远东情势在急剧变化中,国联今后采何步骤,实一饶有趣味之问题也。

中国与日本在满洲的纠纷,如果发生于国联未建立之前,则世界上其余国家的注意力,必将限于当事两国的行动,同时还要关切旁的国家是否将牵入漩涡。中立之维持,必将为其余各国政府的主要的顾虑。

自从国联建立以迄今日,世界上任何部分的战争或战争的威胁,都是与国

联会员国有关的事件，并且每个国家都有维护和平的责任。是故，在远东危机中最值得注意的，并非是只要看在满洲发生了什么，而是要看在日内瓦发生了什么，不是中国或日本的行动，而是国联的行动。使中日冲突如此严肃的，是由于战后国际关系组织化的努力。维持世界和平要共同负责的原则，现在还是成败未定。有了这样一个难题的试验，他尚能继续生存下去吗？那是当今最悬念的争点。

但养成已久的思想习惯，不容易适合行动上的一种剧烈变化，如国联之建立使各国行动要被强迫，我们是倾向国联未建立之前。中日问题发展的每个阶段，都有人问："日本下一步怎样做呢？""中国现在将如何呢？"当国联调查团被派定时，人们说调查团成立太迟了，因该团未离欧洲，上海之战已爆发了，他抵满洲，"新国家"已经成立了。调查团报告书公布之后，一般的评论又说太迟了，因为"满洲国"已被日本承认了。现在，大预言家们仍重弹旧调，因为紧随国联的报告书，日本代表团就从日内瓦撤退了，同时日军也占领了热河。

国联今日的问题，也就是从开始到如今的问题，是确定或考核是否行动已履行盟约的义务，国际责任的集体制度是否能重建与维持和平。此工作的第一部分，事件发生十七个月后之今日始告完成，第二部分尚待着手进行。国联博得行动迟缓的批评，但此种迟缓是受进行手续的连累。法律手续必较滥用法律的动作来得迟缓。这些迟缓固增加问题的困难，不过他对于已经决定必须实行的意见之忍耐，却是一种痛苦的尝试。但是决定的最后成功与失败，是在实行决定的能力和决定的性质，而不在实行的期间早晚。

热河之战与日军之轻易占领该省，并不比其他使东三省变归日本统治的军事行动更为重要，也不会比占领吉林、黑龙江有更多的结果。日本代表团之撤退，拒绝参加日后国联关于此问题之讨论，却是异常重要。那是大会接受十九国委员会报告书的不可避免的结果，并且与日本承认"满洲国"同样容易料得到的事情。这本不会令人忿怒与惊慌，不过无疑的他将增加国联的困难，同时还要拖延决定的实行。日本对国联不合作的态度一天不改变，则不会有定局，中日的变相战争也一天不会终止。

在此种情势下，国联能做些什么呢？这是许多人要问的问题。有人回答说要委托某种制裁力，有人说国联的工作已经终了。事实的问题，国联已接受他的调查团的判断，不能有其他的作法了，因为调查团已肯定事实且一致同意。但这只是国联工作的开始，并非国联工作的终了。有两件事情尚待做去，他们且须同时进行。第一件是使日本深信破坏盟约的行动,无论什么时候,无论何种场合,皆不能予以恕赦。此种意义的外交陈述应立即实行,并加以进步的有效的压迫形式。应当把暂时的有区别的禁运军火政策、英国孤立的政策,赶快改为一个各国同谋合作的普遍政策。国联会员国采取国联制定的政策时,就须统一不贷借于日本。

第二件事要使所有的国联会员国深信松冈所说另无办法的话是错误的。另一个办法是建议在满洲组织一个政府,向"满洲国"自认为是而实际全非的那样一个政府,是要不得的。他是要根据盟约一致同意与获得该国人民承认的有效政府,这个工作尚未能接近。如果日本撤退代表团为延迟行动的宽恕,则国联对于他的职责要失败了。的确,没有日本的协助,此种工作不能完成,但这并非说无进步之可为。日本尚不知道,对于建立此种政府,中国需要如何的协助,国联预备给予如何协助。这是日本明白的,压迫他接受国联的公断,必须陪伴着国联预备提出的另一个办法的性质的通知。

国联已指派调解委员会了。中国已允参加合作。有急切的工作待委员会进行,他早日开会就是趋向恢复和平的下一步。此次纷争解决的决定因素,将是日本干犯各国一致同意所造成的情势的力量。当那个力量判明了,国联就必须预备他那另一个办法了。现下还来[未]预备。如果国联进行其工作,不为今日日本政府态度所阻挠,则和平当在不远了。政府的行动是暂时的,且可以改变或取销的,但是满洲、日本、中国人民的需要却是永久的。

现在是国联各国的友人表证他们信心的时候,并提醒他们自身,国联获得的任何决定,必系惠利双方的解决办法。这种解决,不能由单独强制而获得。(完)

(《大公报》,1933年4月22日,第三版)

254. 日本蔑视全世界,日、俄、美三国及国联之地位与影响

美国普林士顿大学国际问题教授谭纳特氏 Tyler Dennett 近在美报著有《日本蔑视全世界》一文,其中述及远东问题发生后,日、俄、美三国及国联之地

位与影响，颇值注意，爰为译述于次。

一、日本

莱顿报告书和十九国特委会报告书对日本下了一个极严重的指摘。但是莱顿报告书的指摘，并没有明白道破，十九国委员会也没有进一步的把它揭穿。我们可以说国联和日本的法律和政治见解不同的中心，就是日本的信义问题。莱顿调查团的心目中，似乎以为日本对于一九二八年六月四日暗杀张作霖的嫌疑，不能洗清。他们以为日本在满洲事件第一年所采的政策，大体上是向中国挑衅。十九国特委会更进一步指明日本对国联本身的挑衅。日内瓦方面很注意满洲事件的发生，就在大会开会的期间，并且注意日本许多次切实声明有必要避免纠纷恶化，但是作战的区域却愈推愈广。一九三二年一月二日占领锦州，一个月以后又发生沪战；"满洲国"承认的实现，正在莱顿调查团编制报告书当中；满洲里的战役，似乎存心安排着给一九三二年十一月召集的国联特别大会一种印象；攻打山海关正和今年一月的和解委员会开会同时，热河进兵又适逢国联大会接受十九国特委会的报告书；朝阳的占领，正在日内瓦通过指摘日本的决议案以后……日本近来的这些行动，应该拿日本并吞高丽、提"二十一条"要求和西比利亚出兵的这一类事件，去做研究的参考，互相发明。日本的方法，一向是挑拨的。倘使日本军阀的命意，是想叫国联对于他的威力得着一种印象，但是结果，在日内瓦发生的影响，却似乎完全相反。日本这种办法，涉及国联的自尊心。国联不禁抱一种印象，以为日本存心侮慢它，并且日本的行动，是不按照文明国家谈判应该具有的信义。日本想拿既成事实给全世界瞧。他起先使用欺骗的手段，以后又采取侮慢的态度，把外交的途径简直摒弃不理了。总而言之，日本到如今在满洲事件当中所受的损失，是很重大的。回想二十九年以前，日本在满洲驱逐俄军，那时候他不但得到日英同盟的帮助，而且美国对他也是十分钦佩——当时伦敦和纽约市场，给予他不少的财政帮助。

二、苏俄

苏俄政府在已往十六个月当中，对中日争端并没有什么积极的贡献，但是一般全承认他是一个有重大关系的潜能因子。结果，苏俄在世界大局上的地位大大的增加了。苏俄的外交政策，因为它的抑制、均衡和慎重，很能博得以前所没有的尊敬。的确,我们尽可以讲,苏俄政府因为满洲事件,身价被抬高了。

苏俄政府倘使有意的话,尽可以在满洲惹出许多麻烦。但是他偏不这样做,反采取一种和平、审慎和纯粹防卫的态度。他对日本作若干的让步,例如中东路运兵的特权,同意用"满洲国"铁路官员代替中国官员,撤退哈尔滨的苏俄商务官,承认"满洲国"在俄设领,并且容许日本在占领哈尔滨以外,又占领日本二十一年以来一向认为在苏俄势力范围之下的北满。去夏莫斯科方面对于渔权租金和日本政府成立了一种临时办法。在满事初起的几个月当中,苏联在东西比利亚增兵,一时日俄关系发生威胁的情势,但是苏俄在一九三一年十二月却向日本建议,要缔结一个不侵略协定,战争的危险很快的过去了。日本虽然迭次拒绝缔结这种条约,但是日首相斋藤在一九三二年六月二日曾经宣布,苏联在满洲的态度是"完全适当的"。

最近的情势,稍微有一些变动。苏俄政府没有和莱顿调查团合作,但是调查团却谆谆的申说,要最后解决满洲事件,必须有苏俄政府代表参加。在日内瓦方面,苏俄外长李维诺夫的言谈,更加受人们的重视。苏俄在一九三二年十二月十二日又和中国复交。这件事的意义,并非表示中国格外左倾,也并非莫斯科在南京方面有什么阴谋,不过是因为去年十二月英外长西门和坎拿大代表在日内瓦对于中国太采取敌视的态度,所以逼迫着中国,和已[以]前几次一般,投入俄国的怀抱。当苏炳文在满洲里抗日退入俄境的时候,莫斯科对华格外采取一种和善的态度,所以两方面更容易接近了。现在中俄政府的关系,还没有十分稳定,日俄对外蒙的争端,也不过是暂时无事,但是莫斯科对国联的关系,却显然日见其亲密。关于亚洲和平的恢复,苏俄不但不再被看做一种妨碍,而且毋宁是一种有价值的帮助了。(未完)

(《大公报》,1933 年 5 月 3 日,第三版)

255. 日本蔑视全世界，日、俄、美三国及国联之地位与影响（续）

三、国联

直到目前为止，因为满洲事件的冲突，东方的中日两国，除去蒙受损失以外，并没有一些收获，但是西方对此恰正是相反。为了中日事件，国联也和苏俄一般，威信突地增加了。国联会员国对于重大事件，像这次对中日事件的这般一心一德，是向来没有过的。大家从最先就承认，中国的申诉是国联的成败关键。国联大会通过莱顿报告书和十九国特委会建议案的行动，揭露了十七个月以前国联所未有的活动力。这种力量的发生，还不得不感谢日本给予它的机会呢。各小国——主要的像捷克（由捷外长贝尼斯领袖）、挪威、瑞典、爱尔兰、西班牙和希腊（打倒日本"自卫"藉口的，就是希腊代表波里迪斯的力量）——得着美政府从旁协助，就把国联挽救过来了。从大体上观察起来，唯一真正丧失威信的，只有英法两大国。西门虽然在最后的一分钟表示忏悔，但是也没有能恢复理应属于英国的领袖地位。英国代表对中国怎样的缺乏同情，中国方面也许是一时忘记不了的。倘然英国按照他开始的政策做下去，侨华的英商恐怕又要遇见一次抵货的运动了。这件事于西门本人，或许也要受一些影响。在已往一年半当中，倘使英国对满洲事件，在日内瓦是采取像沙里斯伯雷侯爵时代的均势手段，这桩冒险事件的代价毋宁是很贵的。至于各大国在感情方面，所以会有显著的转变，对于德国的情势，无疑是要负很大的责任的。列强在日内瓦，实际是对于另一个更严重的事件在预先演习着。照列强的预料，这件事是随时可以在欧洲发生的。

四、美国

在这次满洲事件告一段落的时候，美国政府的地位大体如下：

（一）含有美国特性的不承认主义，在多年前美国曾经对南美使用过，前此对远东也使用过两次，现在已经确切地被采入国联的程序了。美国国务卿斯蒂生在一九三二年一月七日宣布这项主义,三月十一日就被国联大会在原则上通过,并且成为莱顿报告书里面的一种假定。去年十二月,曾经在国联大会经过一番烈的辩论,到今年一月,又经过十九国特委会的讨论,而且成功[为]日本拒绝委员会建议案的主要点。我们虽然承认这种主义纯然是消极的,但是应该明瞭,在另一方面,它可以有一种重要的作用,就是可以用建设的方法,去解决一个问题。否则这问题,恐怕早经解决,叫和平机关的国联和美国的远东利益,全受着损失了。

(二)在这次争执案初起的时候,美国对于法律的运用权能虽然不及国联,但是他不仅倡导反对日本的行动,而且比较国联采取一种更有效率的办法。美政府根据非战公约提出了抗议,按说这文件比国联盟约第十、十二和十五条条文,在实质上差得很远。美国并没有援用九国公约,召集一个和太平洋有主要关系的国家的会议。鉴于目前的形势,这种会议是无效的。至于召集一九二二年签订四国公约的国家会议,那是格外无用了。所以美政府可运用的办法极少,除非是发起采用直接的压迫手段。但是这种手段,显然是舆论反对的。

(三)胡佛政府的外交方针,始终是对于国联增加合作,而且是不仅限于远东问题的,因此美国逐渐有更密切的参加满洲事件的倾向。美国合作的程度,既然达到了今天的这一步地位,倘使一旦想要退出,精神上的权威,是不能不蒙受重大损失的,所以罗斯福政府颇有骑虎难下的形势。

(四)美政府对于远东事件实切注意的另一个证明,就是在已往十五个月当中,美舰队集中太平洋岸。这一种耀武观兵的举动和迭次的不承认声明,已经叫日美关系发生了很重大的紧张局面。

(五)在另一方面,有许多事件可以证明,美国的舆论和在一九二二年缔结华盛顿条约的时候一般,并不准备赞助干涉政策。在政府对远东正采取强硬政策的时候,国会却不顾胡佛的否决,竟然通过了菲岛独立案,这是一种很有意味的表示。又如最近国会外交委员会删去准许总统和各国合作禁运军火往远东的条文,更可以看做一件有意义之举了。目前美国的远东方针,与其说是和舆论并肩走着,不如说是走在舆论的前面,这是很确定的。照目前讲,美国人对于不承认政策是很满足的,但是他们并不愿意更进一步——至少和一九一四年他们对欧战□取不愿意放弃中立的政策一般。(完)

(《大公报》,1933 年 5 月 4 日,第三版)

索 引

A

爱文诺 278,296,359

B

巴黎 41,55 - 58,60,63,72,116,117,122,125,130,140 - 142,146,150,195,203,204,209,211,219 - 221,223 - 226,228,230,231,279,340,368,376,388,403,406,411,414,429,444

白里安 74,99,110,277,304,313,314,337,397,400,409,416,419

柏林 33,47,56,60,63,66,122,125,146,170,195,200,223,279,350

北戴河 1 - 5,7,15

北京饭店 3,4,26 - 29

北满 15,19,65,87,90,103,147,159,229,287,291,294,295,327,406,410,451

北宁路 30,32

北平 2 - 4,7,11,12,14,18,19,21,23,24,26 - 29,31,38,53,66,76,77,81 - 84,107,114,117,126,149,166,191,221,245,281,287,320,338,353,398,399,406,423

贝尼斯 107,108,236,266,283,292,298,385,452

C

长城 32,150,393,414,416,423,426

长春 4,42,44,46,49,53,56,59,68,89,90,109,150,179 - 181,202,250,319,323,327,332,393,408,419,426

长冈（长冈春一） 70,72,123,204,224 - 226,235,236,255

陈公博 52,111,170,175,183,185,189,193,228

褚民谊 36,134,139,143,167,175,183,185

D

大阪 1,54,55,176,178,211,218

大连 23,24,26,28,30 - 32,39,45

德留蒙（德流蒙） 2,63,64,72,76,
　　141,230,235,255,266,278,
　　296,313,339,353,356－361,
　　363,368,370,372,388,389,
　　396,398,402,413,433,446
狄凡勒拉（凡勒拉） 66,70,71,73,
　　108,236,240,241,246,252,
　　257,259,266－268,270,285,
　　313,339,420
抵货（排货、排斥日货、抵制日货）
　　43,44,96,105,141,145,155,
　　158,162,163,166,172,191,
　　194,197,202,206,227,229,
　　232,233,247,249,252,257,
　　258,265,292,299,301－303,
　　310,328,340,367,373－377,
　　385,390,416,427,435,442,452
丁士源 150,231
东京 2,4,5,19,21,32,36,37,40－
　　49,53－55,57,62－66,68,69,
　　72－78,80,84,91,92,106,112,
　　113,121,123,125,132,133,
　　135,136,139,141,145－147,
　　149,150,157,158,161,162,
　　168,169,178,179,181,183,
　　184,190,194,200,205,206,
　　213,220,221,224,226,230－
　　232,235－237,255,265,270,
　　271,278,286,289,300,302,
　　310,316,318,322,332,339,
　　341,343,353,357,358,360,
　　363,364,368－370,375,378,
　　379,388,389,395,396,398,
　　399,403,404,410,442,443,
　　445－447
东三省 9,17,21,35,55,68,74,81,
　　86－88,90,94－96,100－104,
　　110,117,118,120,126,127,
　　129,140,142,154－156,159,
　　160,163,172,173,185－188,
　　191,198,200－202,205,208,
　　234,235,237,239,241,246,
　　259,262,266,272,276,288－
　　296,299,300,302,303,314,
　　315,318－329,331,333－335,
　　337,351,361,373,375,390,
　　391,393,396,397,403,406,
　　425,426,448

E

"二十一条"（"二十一条件"） 88,
　　145,169,202,259,323

F

非战公约（巴黎非战公约、非战条约、
　　凯洛格非战公约、凯洛格公约）
　　8－11,14,20,21,27,37,46,
　　71,74,95,97,98,106,109,111,
　　124,132,139,142,151,152,
　　163,165,189,203,208,210,
　　211,215,220,225,227,228,
　　230,238,244,246,248－250,

252, 257, 267, 268, 270, 271, 273, 277, 286, 291, 293, 298, 299, 301, 304, 307, 312, 315 - 317, 322, 324, 334 - 336, 341, 342, 345, 346, 349, 355, 376, 381, 390, 395, 397, 400, 401, 409, 412, 414, 419, 421, 428, 429, 431, 438, 453

G

顾孟余　111, 120, 127, 131, 138, 167, 189, 228

顾维钧（顾代表、顾博士、顾氏）　2, 3, 5, 7, 10, 11, 13, 15, 23 - 31, 33, 34, 36, 40, 48, 51, 83, 131, 132, 135, 140, 141, 144, 155, 168, 176, 204, 220, 228, 236, 240, 242, 246, 249 - 260, 263 - 265, 267, 268, 284, 292, 313, 315, 323, 328, 330, 333, 335, 340, 359, 438, 442

关东军　91, 179 - 181, 332, 393, 419, 423, 426, 444

郭泰祺　4, 6, 10, 20, 21, 41, 57, 63, 74, 135, 176, 204, 233, 234, 270, 301, 310, 313, 348, 363, 441, 442, 445

国联大会　1, 9 - 12, 15, 18, 20, 23, 25, 27 - 29, 34, 36, 40, 41, 45, 48, 61, 63, 69, 73, 74, 79, 84, 113, 120, 133, 142, 145, 157,

167, 168, 170, 188, 193, 194, 203, 208, 210, 212, 218, 224, 228, 231, 235, 241, 243, 252, 254, 256, 263, 264, 267 - 271, 278, 279, 282, 284 - 286, 289 - 292, 296, 297, 301, 302, 305, 306, 308 - 310, 312, 314, 316, 339, 341, 343, 346, 349, 353, 357, 358, 360, 362, 364, 365, 367, 371 - 374, 376, 378 - 381, 383, 384, 386, 388, 390 - 393, 395, 397, 399, 400, 403 - 405, 412, 413, 419, 421, 425, 427, 432, 433, 436, 450, 452, 453

国联调查团报告书（调查团报告书、莱顿报告书）　2, 3, 5 - 7, 9 - 11, 14 - 16, 20 - 23, 25 - 29, 31, 32, 34, 37, 41 - 47, 50, 51, 55, 56, 59 - 62, 65, 66, 68, 70 - 83, 106 - 108, 110 - 126, 128, 131 - 150, 152, 157 - 159, 161, 162, 164, 166, 169 - 171, 173, 176, 179 - 188, 190 - 192, 194 - 201, 205, 206, 208 - 219, 222, 223, 225, 227, 228, 230 - 232, 234 - 247, 249 - 251, 253, 254, 256, 261, 262, 265 - 268, 272 - 276, 280 - 283, 285 - 287, 289 - 293, 295 - 298, 300 - 306, 308 - 315, 317, 318, 320 - 322, 325, 327, 328, 331, 334, 336 - 346, 349 -

354,356,359,360,363,364,
366,367,369,370,372－381,
383－385,387,390,391,395,
397,398,400,402,405－407,
416,420－422,424,425,430,
435,442,444,448,450,452,453

国联调查团(莱顿调查团) 1－5,
7－9,11－15,17－19,24－26,
30,32,37－39,42,43,45,51,
55,56,59,66,71,77,107,112,
121,125,128,131,139,141,
142,151－153,158,160,165,
168,172,191,200,204,208,
216,218,223,230,231,234,
239,242,243,245,246,255,
259,260,262,264,267,268,
270,278,280,286,291－293,
298,300,305,313,314,316,
326,338,341,343,347,349,
382,383,394,400,412,427,
434,441,442,447,448,450,451

国联理事会 206

国联盟约(国联会章、盟约) 2,4,6,
8,27,45,68,71－74,83,84,94,
95,98,105－107,109,116,121,
124,132,141,142,144,150－
152,163,165,168,171,172,
184,185,189,191,195,197,
199,202－204,206,211,220,
222,230,234,242－244,249,
250,253－256,261,264,267,

268,270,271,277,281－284,
286,291－293,297,298,300－
304,307,309,311,312,314,
315,317,318,322,329,332,
334－336,339－342,344－346,
348,349,351－353,355,357,
359,360,364－366,368,369,
372,376,379,381,384－386,
390,394,395,397,400,401,
403－406,408－412,414,417,
419－422,424,427－432,434,
436－442,444－449,453

国联秘书厅(国联秘书处) 45,47,
50,66,69,71－73,75－77,83,
139,225,230,231,234－236,
241,252,264,284,285,290,
292,316,340,356,357,367,
370,373,374,377

国联行政院 4,11,18,22,23,45,
46,57－59,63,65,70－75,83,
95,100－102,105,110,116,
120,123,139,144,145,162,
167,168,176,191,198,199,
204,209,210,212,214,215,
221,223,225,226,228－231,
234－236,238－240,242－244,
247,249－256,261,263－265,
267,269,270,277－280,308,
313,317,333,334,338－340,
349,365,367,372,375,379,
388,428

国闻社 1—5,7,11,12,15,23—30,
　　45,134,166,245,313

H

哈尔滨(哈埠) 4,24,28,30—33,
　　39,42,45,67,90,91,149,155,
　　319,322,328,354,418,451
哈斯 7,23—25,28—33,39,42,49,
　　51,75,78,83,313,347
何应钦 83,111,120,127,131,138,
　　170,176,186,189,193
赫里欧(赫理欧) 58,63,68,108,
　　211,212,224,286,296
胡佛 20,46,58,63,67,68,111,
　　119,121,122,135,146,168,
　　190,212,213,441,453
胡汉民 120,135,136,140,150,
　　190,233
华盛顿(美京) 8—11,14,20,44,
　　46,55,58—64,66,67,72—74,
　　76,86,95,98,111,121,122,
　　133,135,143,146,154,168,
　　183,184,190,196,215,220,
　　225,236,244,247,253,254,
　　279,317,320,334,335,354,
　　360,362,384,391,393,394,
　　396,407,425,426,428,441,453
荒木(荒木贞夫) 45,46,81,123,
　　273,275,324,325

J

吉林 65,89,101,250,281,288,
　　319,333,408,410,448
吉田(吉田伊三郎) 23,30—32,39,
　　44,75,78,83,132,146,183,
　　205—207,225,234,235
蒋介石(蒋委员长) 12,69,82,160,
　　247,281,301,320,340
锦州 2,39,89—91,155,233,250,
　　293,333,334,403,409,410,
　　416,450
九国公约(华盛顿九国公约、九国条
　　约、华盛顿九国条约) 2,4,6,
　　14,19,20,22,37,46,48,52,
　　55—61,67,68,71,95,98,101,
　　106,109,111,114,142,144,
　　151,152,163,164,168,184,
　　189,199,203,208,210,220,
　　221,223,225,244,249,260,
　　261,268,270,274,277,286,
　　290,291,293,298,301,307,
　　312,315,317,320,322,324,
　　334,335,341,342,345,346,
　　349,355,361,380,381,390,
　　393,395,397,400,401,421,
　　425,428,429,431,438,444,453
九国委员会(九国起草委员会)
　　371,373,374,376—378,388,
　　390,391,397,423,424
九一八事变(九一八事件) 40,81,

111,126,139,148,151,154,162,171,181,182,192,205,209,225,229,232,237,238,241,247,261,262,276,277,281,287,288,292,310,312,331,332,373-375,394,410,427,428,434,446

军部 1,67,80,81,110,112,113,123,132,133,135,136,140,144,149,179-181,272,315,318,322,326,388,444

K

康诺莱 283,291,292,297,298

克劳德尔（克劳特、克劳待） 1,4,23,26,28-33,42,47,83,122,313,347

L

莱顿（李顿、莱登） 1-5,7,11-14,16-18,22-34,36-40,43-45,47,48,50,51,55,56,58,61-64,66,69,70,72,76,81,83,109-116,121,122,126-128,132,135,139,141,143,146,149,150,153,156,160,161,165-168,176-178,183,186-188,193-195,198,200,207-211,214-216,218,219,222,224,225,227-231,234,236-238,241-244,247,250-253,255,256,259,260,262-265,267-270,272,273,275,276,279,281,285,290-292,298-306,310,313,314,317,318,326,338,347,348,350,352,354,357,358,362,363,366-368,370,371,373-375,378,379,389,392,397,402,403,412,414,420,429,434,439-441,447

辽宁（奉天） 101,179,288,332,333,410,423

林森（林主席） 29,39,83

刘崇杰 29,33,34,36,167,183,246

刘迺蕃 3,28,31,32,43

路透社 77,121,126,227,309,363,404

伦敦 4,6,8-11,14,20-22,34,37,47,48,50,55-61,63,64,66-69,72,73,76,108,112,115,116,121,122,124,128,132,135,139,141,142,146,165,166,168,176,186,187,193,195,199,200,207,209,212,215,216,218,221-223,227,230,231,236,238,240,244,254,264,279-281,300,301,307,309,317,348,358,361,368,370,371,378,391,395,402,403,412,439,441,442,445,450

罗文干(罗部长、外罗) 18,25-27,29,33,34,36,40,77,79,83,106,111,119,120,127,131,138,149,157,160,164,165,167,169,170,176,183,185,186,189,193,217,221,223,228,233,256,264,283,284,376,404

M

马德里亚加(马达利亚加、马德里亚加、马达里亚加) 73,270,296

马柯迪(阿露温德、马柯蒂) 1-4,23,28,29,31,36,83,313

麦考益(麦考易、麦克易) 4,23,24,28,29,31,36,83,127,168,198,313,347

麦克唐纳 14,64,115,219,264,286,296,439

满洲里 19,30,32,42,47,147,149,157,284,450,451

《曼哲斯德卫报》(《孟鸠斯德卫报》) 6,9,22,47,59,60,64,69,76,128,309,354

莫斯科 7,67,159-161,207,231,414,415,451

N

南京 2,4,6,7,10,11,18,19,25-29,32,33,36,39,40,42,48,49,52-54,61,65,66,68,69,74,76,77,79,81-85,87,106,110,111,119-121,127,131,132,134,138,139,143,145,148,149,157,160,162,165,167,169,170,175,176,178,183,186,193,209,210,214,215,217,221,223-229,231-235,240-243,246,250,251,253,255,256,263,264,267,269,276,280,281,283-285,289,291,296,301,309,311,316,317,320,321,340,347,348,356,359,361,362,365,371,373,375,376,378,388,396,399,403-405,410,415,432,440-443,445,451

南满 6,73,87,88,103,179,180,202,229,247,294,323,327,329,332,333,354,390,392,393,395,403,406,408,410,416,425,434

南满铁路 87,91,92,104,204,295,377,397,400,408,411,425,426,430

内田(内田康哉) 1,3,19-23,43,44,47-49,54,69,80,102,106,123,178,190,205,206,213,273,275,326,353,365,378,381,388,398,443,446

纽约 8,9,20,58,59,69,72,73,124,195,286,450

《纽约时报》 9,20,55,341,343

P

彭考(保罗·彭考) 63,72,73,140,144,236,303,304,384,387

皮尔特 23,32,33,45

溥仪 19,49,53,90,150,164,272,327,418

Q

齐齐哈尔 42,47,89,149,155,293,410

钱泰 15,29,33

R

热河 2,3,18,26,35,41,53,70,76,101,103,104,145,147-150,157,163,187,202,287,288,294,295,351,368,379,382,388-390,392,396,398,399,403,404,413,414,423,432,435,438,442,448,450

日内瓦 1,3,4,7,9-12,15,18-21,23-28,30-34,36,37,39-42,45,47,51,54,55,57-66,68-77,79,83,95,99,107,108,114,116,121-123,125,127,131-133,135,139,141,144,146,150,161,162,166,168,183,187,190,191,193-195,200,204-207,209,210,212,214-217,221-223,225-228,230-244,246,249-257,260,261,264,265,267-271,278-286,289-292,296-299,301-306,308-310,313,315-318,325,326,338,340,343,347-349,351-353,355-380,383,388,389,391,392,395-400,402-404,406,409,413-415,417-419,432,433,436,440,442,445,448,450-452

S

山海关(榆关) 33,35,39,149,287,347,348,351,356,359,372,374,392,416,423,450

上海 2,7,10,15,22-25,27-31,33-36,38,39,46,52-54,82-84,90,111,118,120,132,134,139,140,144,152,164,167,170,176,183-187,189,199,203,204,211,217,221,227,228,233,241,246,247,251,252,254,255,259,276,291,301,302,306,309,320,325,328-330,334,337,354,382,383,388,392,405,406,411,413,416-418,448

沈觐鼎 27,33,36

沈阳 2,39,42,44,46,53,57,65,75,83,84,89,90,122,126,139,

177,179,202,210,249,277,
292,319,321,323,325,332,
333,347,354,374,393,394,
403,406,408,410,418,426,427

十九国委员会(十九国特委会、十九
国特别委员会、十九国委会)
19,27,45,70,76,79,107,108,
120,210,214,228-231,234,
236,241,243,247,250,251,
253,255,256,262-264,269-
271,278,280,282-285,290,
291,297,299,301-303,305,
306,308-310,316,317,326,
348-350,352,353,356-382,
388-390,392,395-399,401,
403,405,407,413,418,421,
422,432-436,440,447,448,
450,452,453

顺承王府 27-29,117,134

斯蒂生(史汀生) 8-11,14,20,37,
41,44,46,55,58,61,67,68,
108,111,119,121,122,135,
139,168,173,211,213,215,
254,279,286,318,342,360,
362,382,441,453

松冈(松冈洋右) 1,123,132,133,
139,141,145,146,161,162,
183,190,193,200,204,205,
223-226,228,230,234-236,
238,241,246-249,252-268,
270,277,285,286,290-292,

296,297,299,302,303,305,
306,308,310,311,315,340,
352,354,362,364,379,386,
388,389,398,399,403,432-
438,442,449

松平(松平恒雄) 123,146,218,
226,235,255

宋子文 33,34,36,52,83,111,117,
119,120,127,131,134,138,
139,143-145,149,160,167,
170,175,176,183,185,188,
189,217,241,256,263,264,283

孙科 38,120,126,136,140,175,
176,189,227

T

台维斯(挪门·台维斯) 209,218,
230,233,236,253,296,445

《泰晤士报》 8,10,21,58,59,67,
116,132,141,254,286,301,
338,347,371

唐绍仪 131,132,135-137,140

天津 2,30,81,82,89,90,107,137,
150,191,295,311,321,329,
337,418

W

外务省 1,2,4,10,12,19,37,43,
45,50,53,54,63,64,69,72,75,
77,78,80,81,106,112,113,
132,133,135,136,141,146,

161,162,168,183,190,194,
224,234,235,255,272,278,
317,318,339,340,358,360,
364,368,369,378,388,389,
398,399,445

汪精卫（汪兆铭、汪院长） 28,36,
69,184,185,189,350,355

王广圻 3,24,28,31,32,43,313

吴铁城 33,36,183,189

吴秀峰 5,7,25,30-33

伍朝枢 18,111,136,169,170,206

X

西伯利亚（西比利亚） 5,7,15,18,
23-26,28,30-33,39,45,56,
57,74,87,123,129,133,143,
207,323,324,450,451

西门 6,14,63,64,108,115,121,
199,215,216,218,222,230,
236,251,264,266,270,279,
301-303,306,307,309,312,
316,317,338,353-361,368,
369,372,378,383,384,386,
440,451,452

西姆斯 61,64,76,107,269,270,
278,282-285,290,291,296,
297,308,309,353,356-360,
367,368,372,378,404,413,
432,433,437,438

西锡尔（西西尔） 21,204,207,214,
215,280

西园寺 40,44,145,443

希尼 1-4,23,26,28-32,42,47,
66,83,127,198,200,223,313

萧继荣 3,24,28,33,36

谢介石 49,53,68,150,220

徐谟 33,34,36,79,119,167,228,
256,404

Y

颜惠庆（颜代表、颜博士） 10,41,
57,62,63,70-73,76,79,107,
108,120,127,135,139,167,
176,183,204,221,240,242,
243,282-285,289-292,296,
297,301,309,313,347,348,
357,358,396,432-434,445

伊藤[伊藤述史] 1,4,226,230,255

义勇军 17,30,38,134,201,205,
229,252,418

有吉（有吉明） 39,40,221,241,
251,252

Z

曾仲鸣 144,164,167,170,175,
185,186,189

斋藤（斋藤实） 1,40,48,123,141,
190,193,443-447,451

张学良 12,13,17,27-29,31,32,
43,87,114,117,134,139,155,
210,232,248,272,311,321,
340,347,393,398,416,423,

425,426,442
郑孝胥 53,150
中东铁路（中东路） 67,87,97,104,
　　158,159,393,410,425,451

中央社 79,229,265,270,317,405
朱鹤翔 160,164,167
佐藤（佐藤尚武） 69,123,204,
　　224-226,254,321

图书在版编目(CIP)数据

《大公报》报道与评论. 下 / 宋书强，马海天，苏凯编. — 南京：南京大学出版社，2019.12
（李顿调查团档案文献集 / 张生主编）
ISBN 978-7-305-08654-0

Ⅰ.①大… Ⅱ.①宋… ②马… ③苏… Ⅲ.①中国历史—史料—民国 Ⅳ.①K258.06

中国版本图书馆CIP数据核字(2019)第227737号

项目统筹　杨金荣
装帧设计　清　早
印制监督　郭　欣

出版发行　南京大学出版社
社　　址　南京市汉口路22号　　邮编　210093
出 版 人　金鑫荣

丛 书 名　李顿调查团档案文献集
丛书主编　张　生
书　　名　《大公报》报道与评论（下）
编　者　宋书强　马海天　苏　凯
责任编辑　官欣欣
助理编辑　高　晴

照　　排　南京南琳图文制作有限公司
印　　刷　南京爱德印刷有限公司
开　　本　718×1000　1/16　印张 31　字数 524 千
版　　次　2019年12月第1版　2019年12月第1次印刷
ISBN 978-7-305-08654-0
定　　价　150.00元

网址：http://www.njupco.com
官方微博：http://weibo.com/njupco
官方微信号：njupress
销售咨询热线：(025) 83594756

＊版权所有，侵权必究
＊凡购买南大版图书，如有印装质量问题，请与所购
　图书销售部门联系调换